沃尔特·格罗皮乌斯
Walter Gropius

文学纪念碑 042

Walter Gropius

Visionary Founder of the Bauhaus

格罗皮乌斯
包豪斯缔造者

[英] 菲奥娜·麦卡锡 著
Fiona MacCarthy

夏 薇 译

广西师范大学出版社
· 桂林 ·

序 银色王子

　　每逢一些文学活动，都会有读者提出这样的问题："在写作过程中，您是如何确定选题的？"对于这个问题，我回答：不是我去选择选题，而是选题选择了我。就像我对拜伦痴迷执着，于是心诚则灵；又如我与埃里克·吉尔的机缘巧合，是不期而遇。选题就像一份亲密无间的友谊或是命中注定的爱情的开端，它安静而沉默地驻守在你心头的某个角落，甚至有时一待就是数十年，但它终究会占据你所有思绪。实际上，让我下定决心开始寻找有关沃尔特·格罗皮乌斯的信息的，不是某个人，而是一把椅子。

　　那是1964年的一天，我当时还是《卫报》的一个小记者，身穿迷你裙，脚蹬库雷热皮靴。那天，我在伦敦郊区一家名叫布罗姆利之邓恩的现代风格家具店里看到了一把伊索肯长椅。这把椅子虽不是格罗皮乌斯亲自设计的，却出自他在包豪斯学校的同事，也是他的一位密友——马塞尔·布鲁尔之手。两人曾经为躲避德国纳粹党的迫害而迁居英国。作为一名《卫报》设计专栏的记者，我阅物无数，但我从未见过这样一把椅子：它用层积胶合板制成，线条优美、流畅。这把椅子的第一版广告宣传单由同是包豪斯学校出身的大师——拉兹洛·莫霍利－纳吉设计。传单上的广告语很有诱惑力：倚靠长椅，仿若置身云端。我还亲身体验了一下，果然如广告中描述的一样舒适。

这就是引导我走近沃尔特·格罗皮乌斯的一次机缘巧合。最初，由于战争原因，这款椅子所需的材料——爱沙尼亚出产的胶合板十分稀缺，椅子无法投入生产，只能一直被搁置。后来，同样也因诸多巧合，这把椅子又得以继续生产。可以说，是现代企业家杰克·普里查德拯救了它。普里查德是伊索肯公司的创始人，投资建造了位于汉普斯特德的劳恩街公寓，还在格罗皮乌斯和布鲁尔在英期间为他们提供了很多支持。他的成功是他敢于冒险、甘于奉献等优良品质的结果，这也是我钦佩他的地方。与杰克相识并和他交谈不到两分钟后，他便邀请我周末去他在萨福克郡布莱斯堡的家中做客。在之后的二十年里，我和丈夫——设计师大卫·梅勒，经常带着孩子一起去那里。那座房子几乎成了我们第二个家，是可以让我们逃离俗世、超然物外的宝地。

这里的独特之处，还在于杰克和他的妻子——心理治疗师莫莉，永远敞开家门，欢迎所有到访的宾客——建筑师、科学家、艺术家、音乐家、学者、外科医生、精神分析学家、发明家……来访的人形形色色，来自各行各业，络绎不绝。他们无所不谈，从艺术到科学，再到政治，高谈阔论，永无止境。就连小孩子在这里也会被当作成年人认真对待。

去他们家次数多了，那种仿佛回到 20 世纪 30 年代充满了进步和改革气息的汉普斯特德的感觉也越来越强烈。杰克总是强调这座房子是由他的女儿——建筑师珍妮弗设计的，这是他与汉普斯特德幼儿园的老师比阿特丽克斯·图多尔－哈特倾力培养的孩子的傲人之作。这栋房子布局灵活，让人觉得有些似曾相识，似乎与格罗皮乌斯在美国马萨诸塞州林肯市的住宅相仿。在这里，你只须放松自我，忘记拘束。

傍晚时分，在洗完桑拿，欣赏过桦树嫩枝之后，按照惯例，大家要赤身跳入冰冷的游泳池中，感受萨福克郡的寒意。为了招待一些不请自来的宾客，杰克经常不得不把厨房里所有能找到的食物混在一起，做成他的招牌晚餐——"最后通牒沙拉"。这些人经常聊到深夜，谈论的内容多是关于格罗皮乌斯和布鲁尔，还有第二次世界大战前欧洲失落世界的现代主义。他们总是谈论很多关于包豪斯学校的事情：它的品格、它的精神，有关它的方方面面都会成为人们的话题。在耳濡目染之下，我也对包豪斯学校有了很深的了解。

　　这栋房子让我印象最深刻的一点是那些随处可见的布莱斯堡风格的艺术品。亨利·摩尔的小幅画作就随随便便摆放在餐厅边桌上；卡尔德的大作竟然放在孩子的卧室里，而且像是故意放在那儿让孩子们踢来踢去的；而窗帘是由普里查德一家的朋友本·尼科尔森设计的。在这里，艺术没有那么神圣不可侵犯，不是炫耀的资本，也没有引起格外的关注或尊重，更没有沦为世俗的商业产品。艺术令人赏心悦目，它就是人们平凡生活的一部分。这一理念也是格罗皮乌斯创立包豪斯学校的初衷之一。

　　1968年秋，包豪斯作品展在伦敦皇家学院盛大举行。在德国政府的赞助下，作品展首展在斯图加特开幕。当时的德国人迫切地想要抹去遭受纳粹分子迫害的痛苦回忆，因此政府一心要将公众的注意力转移到包豪斯学校（该校在纳粹党的压迫下于1933年被迫关闭），以及格罗皮乌斯所取得的成就上。展览强调了民主艺术的概念，这也是德国传统观念的一个重要组成部分。对格罗皮乌斯本人、幸存的包豪斯学校师生，以及其他参加开幕式的人来说，在那一刻，激动的心情一定难以言说。这次展览和展览目录是由曾经的包豪斯学校大师赫伯特·拜耳设计的。杰克后来愉快地把我介绍给了赫伯特。

　　杰克邀请我到位于草坪路公寓的伊索酒吧（由布鲁尔设计）共进

晚餐，同时安排我与拜耳见面。20世纪60年代，距酒吧初建已有30余年，但这里仍然保持着它的原貌，颇具时代感。我们来到布鲁尔设计的胶合板桌旁，杰克和赫伯特坐在我的对面，我则坐在一把伊索肯椅上。那时的拜耳仍然英俊帅气、温文尔雅、风度翩翩。我们谈论过去，谈论20世纪30年代的包豪斯学校和柏林，谈到拜耳后期在纽约的工作经历。很久以后我才得知，赫伯特与格罗皮乌斯的第二任妻子伊势之间竟还有过一段轰轰烈烈的恋情，而这也给格罗皮乌斯和伊势的婚姻生活造成了严重的威胁。可以说，写传记的独特魅力就在于可以挖掘那些已被湮没、鲜为人知的往事。

第二天，在包豪斯展览贵宾专属馆展台那里，杰克·普里查德亲自将我引荐给格罗皮乌斯。格罗皮乌斯当时已经85岁了，他个头不高，但身形笔直、彬彬有礼，留着日耳曼式的浓密胡须。一看到他的胡子，他过去那身穿轻骑兵金色制服、脸蓄浓须、充满魅力的军官形象就会立刻在我眼前浮现出来。

格罗皮乌斯1968年以前的生活经历主要可以分为三个阶段：第一阶段，在德国，年轻激进的建筑师时期；第二阶段，包豪斯创始人兼校长时期；第三阶段，移民时期（格罗皮乌斯1934年移民到英国，1937年又移民到美国，在那里生活了三十余年）。格罗皮乌斯虽一生漂泊不定，但他的每一次漂泊都不平凡。刚来到维多利亚的格罗皮乌斯说英语时还显得紧张拘谨，根本无法表达自如。他的英语水平在晚年虽有明显进步，但仍保留着一口德国腔。当我见到格罗皮乌斯时，面容消瘦的他已经是风烛残年，处于行将就木之际。一年后，1969年7月，格罗皮乌斯便与世长辞。即便如此，我见到的格罗皮乌斯也依然英姿飒爽，有着一副略带傲慢的绅士派头。我想我越来越理解为什么他钦点的包豪斯首批大师之一保罗·克利在评价早期在魏玛的格罗皮乌斯时称他为"拥有权威和魅力的银色王子"[1]了。

————

　　沃尔特·格罗皮乌斯魅力非凡。在 20 世纪 10 年代到 30 年代的这段时间里，他一直占据着欧洲现代艺术和设计领域的中心地位。格罗皮乌斯于 1913 年设计的法古斯工厂以及后来他为德绍包豪斯学校专门设计的众多建筑物，都堪称别具一格，在当时声名远播，令人见之难忘。

　　作为包豪斯的创始人和董事，格罗皮乌斯开创了新的教育形式，对全世界的艺术院校都产生了巨大的影响。格罗皮乌斯是一位哲学家和思想家，他的信念坚定不移，谈吐清晰文雅。他对女性极具吸引力。许多女人（包括我在内）对格罗皮乌斯的第一印象都是被动、拘谨，但与他接触之后，她们会惊讶地发现，他还有感性的一面。他与音乐家古斯塔夫·马勒的妻子——维也纳性感女神阿尔玛·马勒的恋情闹得沸沸扬扬，满城皆知。格罗皮乌斯也因此成了风流、魅力的代言人。但是现在，不知为何他的魅力似乎大不如前。

　　不过，也有人认为格罗皮乌斯循规蹈矩，想法单调无趣。这是我要在这部传记中极力澄清和破除的一点。这种印象多建立在汤姆·沃尔夫于 1981 年出版的讽刺作品《从包豪斯到我们的豪斯》（*From Bauhaus to Our House*）之上。在这部作品中，沃尔夫对格罗皮乌斯进行了抨击和讽刺，称他为建造千篇一律的都市高楼的"罪魁祸首"。这种评价对格罗皮乌斯来说绝对有失公允。

　　到了晚年，格罗皮乌斯的形象也没有好转。在他的情人阿尔玛·马勒的回忆录中，阿尔玛极力为自己用情不专、水性杨花的形象辩解，转而将格罗皮乌斯贬低为泛泛之辈。在肯·罗素 1974 年的电影《马勒传》中，可怜的格罗皮乌斯又被刻画成四处碰壁的可悲懦夫。而在由柏西·艾德隆和菲利克斯·艾德隆两兄弟执导的邪典电影《沙发上的马勒》（2010）中，我们也能看到格罗皮乌斯的身影。电影讲述了"音乐暴君"马勒因太太红杏出墙而饱受折磨，于是来到荷兰莱顿市向弗洛伊德倾诉心声，讨论婚姻的种种问题。插足马勒婚姻的第三者便是格罗皮乌斯。格罗皮乌斯在电影中又沦为编剧笔下风流成性、饱受争议的人物。我对格罗皮乌斯的看法和上述影片中的观点截然不同。我认为格罗皮乌斯在很多方面都具有英雄气概，他保持着浪漫乐观的态度，是一名伟大的"幸存者"。在人类物质和精神世界动荡不安的 20 世纪，格罗皮乌斯虽在建筑事业上一路坎坷、所获甚微，但是他在现实生活中却生活得多姿多彩、有滋有味。

当格罗皮乌斯于 1910 年在奥地利托伯尔巴德的一家健康水疗中心遇到阿尔玛时，他虽年纪尚轻，但已是小有名气的建筑师，也是柏林先锋派的代表人物。通过他与阿尔玛的往来信件我们可以清楚地知道，两人在夏天相识，彼此间的爱意也犹如夏日一样充满激情，热烈而火辣。不过，他们之间的爱情要比短暂的夏天更加长久、稳定。

实际上，在马勒去世后，格罗皮乌斯与阿尔玛结为夫妻，并经历了五年的婚姻生活。他们曾有一个女儿，名叫玛农，不过在十几岁就夭折了。阿尔班·贝尔格的小提琴协奏曲《为纪念一位天使》就是献给玛农的。格罗皮乌斯在阿尔玛一生中的重要性，无法用三言两语描述。

格罗皮乌斯与阿尔玛在 1920 年离婚。在这段婚姻结束之后他也开启了感情生活的新篇章。根据资料记载，他之后深深地，甚至可以说疯狂地爱上了两个有趣的女人——莉莉·希尔德布兰特和玛丽亚·贝内曼。两人中前者是艺术家，后者是诗人。格罗皮乌斯与两人关系密切，即便在相识数十年后，也还与她们保持着良好的关系。所以在男女感情方面，格罗皮乌斯绝对算得上一个高手。

他的第二任妻子伊势，原名为伊尔丝·弗兰克，是一个敏锐而成熟的女人。两人在 1923 年结婚，育有一子。除了一部分人认为格罗皮乌斯循规蹈矩、风流滥情之外，还有人认为格罗皮乌斯不尊重女性，甚至诋毁女性。伊势的存在则是对这种说法最有力的反击，不实谣言不攻自破。在包豪斯学校的发展过程中，伊势一直为格罗皮乌斯出谋划策，协调组织。可以说如果没有伊势，我们很难看到今天兴旺繁盛的包豪斯风格。伊势详细记录了包豪斯的点点滴滴。我在撰写本书的时候，多次查阅并引用了伊势记录的片段。伊势的这本记录，从最开始包豪斯学校的建立，到后期教职工人员的聘用，详尽阐述了格罗皮乌斯取得的方方面面的成就。包豪斯学校师资力量雄厚，教师涉猎广泛、多才多艺，包括众多名人与大师：保罗·克利、瓦西里·康定斯基、奥斯卡·施莱默、约瑟夫·艾尔伯斯、马塞尔·布鲁尔和拉兹洛·莫霍利-纳吉。这些大师都有卓绝之能，绝非平庸之辈。格罗皮乌斯向来坚持自己的艺术理念，并不惜为此与他人针锋相对，唇枪舌战一番。他坚信，探讨与争论是一件好事，是激发创造力的动力和源泉。

正如格罗皮乌斯最初设想的那样，包豪斯学校是一个充满光明和自由的地方，师生可以在这里潜心研究，不断尝试与实验。格罗皮乌斯经常被拿来与威廉·莫里斯进行比较。其实这两人各有千秋、不分伯仲。不过，他们至少在一点上是一致的——他们都坚信，设计师对建筑材料和技术知识的掌握及拿捏的能力，在其创造新建筑形式的过程中发挥着重要的作用。包豪斯从办学初期就注重将教学重点放在工艺与艺术的基础上，虽然几乎所有的包豪斯大师都是男性，但在包豪斯，女性也可以学习知识，取得丰功伟绩。包豪斯的在校学生中，女性的比例远远大于男性。安妮·艾尔伯斯、坤塔·斯托尔兹、玛格丽特·弗里德兰德、玛丽安·布兰德等，都是包豪斯的代表人物，向世人展现了包豪斯严谨而又随和的精神和校风，与男性大师一起书写了包豪斯的历史。包豪斯还帮助纺织才女艾尔伯斯明确了目的、指引了方向。奥斯卡·施莱默的著名画作现在被陈列在纽约现代艺术博物馆之中，画中包豪斯的女学生挤在德绍包豪斯学校的楼梯上，充满活力。

施莱默完美地捕捉到了这蓬勃向上、令人振奋的一幕。

我认为，任何一个现代的格罗皮乌斯传记的作者都应该驳斥"格罗皮乌斯同情纳粹党"这个谬论。这种说法从 20 世纪 70 年代起开始流传，我在本书中也对此进行了详细研究。格罗皮乌斯怎么可能对纳粹这个法西斯党派有丝毫怜悯之情？自包豪斯先后在魏玛和德绍建校以来，格罗皮乌斯深受纳粹党的反对和折磨。随着暴力和压制的不断升级，格罗皮乌斯对德国政治也越发感到震惊和失望。这一点在他写给女儿玛农的信件中便可见一斑。不过，1928 年，格罗皮乌斯抱着复兴建筑实践的决心重返柏林。这时，他需要养活事务所的员工，需要佣金，需要客户，而那个时代对于所有德国建筑师来说都是举步维艰的黑暗年代。格罗皮乌斯努力寻找着一切可以工作的机会，这其中有一些就是纳粹党的项目工程。试问，在当时的状态下，除了自问"我们还能做些什么"之外，还能怎么办呢？

自 1933 年希特勒掌权开始，包豪斯学校的处境每况愈下，越来越难以为继。纳粹分子反对包豪斯的一切，包括格罗皮乌斯所信仰的创作自由。在许多人眼中，格罗皮乌斯就是包豪斯的化身。格罗皮乌斯并非犹太人，但作为一名与"堕落"流派关系亲密的先锋艺术家，他引起了纳粹分子的排斥和憎恨。格罗皮乌斯并没有因为自己的信仰和阵营而遭到驱逐，甚至背井离乡。他仍有一定的人身自由，但思想却被无情地禁锢了。

从那时起，他就沦落为一个无家可归、颠沛流离的流浪者。格罗皮乌斯 1956 年提到的"身世不明的婴儿"[2]实际上描绘的就是自己身在伦敦的复杂心情。他一直觉得自己是德国人，不过在来到美国之后，他还是设法重塑自己，让自己多方面发展，不拘泥于建筑领域，努力将自己打造成理论家、教育家和建筑大师。据说他与年轻人之间的来往比与自己同龄人的交往更加频繁、密切。从包豪斯办校开始，格罗皮乌斯的交友就有这样的特点。背井离乡的坎坷经历使格罗皮乌斯无论在才学上还是感情上都得到了进一步升华。他作为一个哲学家和教师，备受关注和尊敬，逐渐在美国闯出了一片天地。格罗皮乌斯热衷于宣传并强调发展艺术创造力，特别是儿童天生的创造力。他也开始推广自己的新理念，即"美"在每个人的生命中都具有极为重要的意义。这一观点与威廉·莫里斯不谋而合。"仅仅打造和追求美好的比例和使用美丽的材料是不够的……'美'是人一生中不可或缺的元素，决不能借着美学的名义和旗号，将'美'与生活割裂开来。'美'是所有人的基本生活需求。"[3]

格罗皮乌斯对战后建筑的影响在美国甚至是全世界都产生了极大的轰动。格罗皮乌斯在哈佛大学任教时教过的学生后来也在国际舞台上大展身手。这些学生包括贝聿铭、保罗·鲁道夫、菲利普·约翰逊、布鲁诺·泽维、乌尔里奇·弗朗兹恩、哈里·赛德勒、槇文彦及工业设计师艾略特·诺伊斯。现如今具有国际影响力的英国建筑师理查德·罗杰斯和诺曼·福斯特后来在耶鲁大学师从保罗·鲁道夫。如果没有自包豪斯以来就开始不断发展的泛工业设计理论和方法，相信也不会有今天像美国的查尔斯·伊姆斯一样富有想象力的设计师了。

格罗皮乌斯在美国找到了一席之地，收获了赞誉与声望。但他与众多当代流亡艺术家一样，从未忘记自己欧洲人的血统和过去。20世纪60年代，当我在伦敦遇见他时，他让我想起了克里斯托弗·伊舍伍德笔下的人物伯格曼。伯格曼是克里斯托弗的小说《紫罗兰姑娘》中的人物，他是一名电影导演，出生于奥地利，却流亡他乡。"我认得那张脸，"伯格曼说道，"那是一张写满政治经历的面孔，是一张代表一个时代的面孔，是一张中欧人的面孔。"[4]沃尔特·格罗皮乌斯也是如此，自始至终，他都是一个欧洲人。

《谁是沃尔特·格罗皮乌斯？》是由纪录片导演罗杰·格拉夫于

1967 年执导的电影。这也是我最终下定决心尝试回答的问题。在与格罗皮乌斯初次会面时，我便完全被他吸引住了。随后在为他撰写传记的日子里，他一点点占据了我的脑海。他真的像看起来那样彬彬有礼吗？有些人认为，从格罗皮乌斯的身上只能看到傲慢和暴躁。建筑历史学家约瑟夫·里克威特曾严厉地批评格罗皮乌斯："作为人类，与其他人相比，格罗皮乌斯身上能得到救赎的点少之又少……他死气沉沉的自负心理并没有被光明所开导和感化。"[5] 也有些人从格罗皮乌斯的身上嗅到了一丝虚伪：这就是所谓的伟大建筑师，他到现在都不会画画。那么格罗皮乌斯到底是一位经久不衰的创新思想家，还是像有些人所说的那样，只是一位善于自吹自擂的伪君子？

我时常情不自禁地去思考这些问题。几十年来，格罗皮乌斯一直存在于我的脑海里，一直是我写传记的选材对象之一，想要定义他的冲动变成了我的一种追求和任务。在过去的几年里，我的思考时间、工作时间、研究计划和旅行计划全都被格罗皮乌斯占据了。这本书就是我研究和思考的结果。究竟谁是沃尔特·格罗皮乌斯？这个让人既钦佩又想指责的男人，这个给我们带来复杂情绪的男人，到底给今天的我们留下了怎样的价值财富，带来了怎样的影响？

【注释】

1 菲力克斯·克利，引用诺伊曼，第 44 页。

2 沃尔特·格罗皮乌斯，英国伦敦皇家建筑师学会（RIBA）金奖颁奖典礼致辞，1956 年 4 月 12 日。

3 沃尔特·格罗皮乌斯，《民主下的阿波罗》（纽约，1968），第 10 页。

4 克里斯托弗·伊舍伍德，《紫罗兰姑娘》（伦敦，1946），第 12 页。

5 约瑟夫·里克威特，《泰晤士报文学增刊》，1986 年 5 月 2 日。

目　录

第一人生：德国   001

　1 柏林：1883—1907   002

　2 西班牙：1907—1908   015

　3 柏林：1908—1910   023

　4 维也纳与阿尔玛·马勒：1910—1913   038

　5 战争中的格罗皮乌斯：1914—1918   075

　6 魏玛包豪斯与莉莉·希尔德布兰特：1919—1920   113

　7 魏玛包豪斯与玛丽亚·贝内曼：1920—1922   148

　8 魏玛包豪斯与伊势·格罗皮乌斯：1923—1925   166

　9 德绍包豪斯：1925—1926   202

　10 德绍包豪斯：1927—1928   224

　11 美国：1928   242

　12 柏林：1928—1932   252

　13 柏林：1933—1934   284

第二人生：英国   309

     14 伦敦、柏林、罗马：1934   310

     15 伦敦：1934   333

     16 伦敦：1935   355

     17 伦敦：1935—1936   371

     18 伦敦：1936—1937   399

第三人生：美国   415

     19 哈佛大学：1937—1939   416

     20 哈佛大学与第二次世界大战：1940—1944   451

     21 重返柏林：1945—1947   474

     22 哈佛大学与协和建筑师事务所：1948—1952   490

     23 流浪的星星——日本、巴黎、伦敦、巴格达、柏林：

         1953—1959   510

     24 新英格兰：1960—1969   540

后记：回响   559

引用及参考资料   565

致　谢   571

图片版权信息   574

▸ 第一人生：德国

1 柏林：1883—1907

年迈的格罗皮乌斯回忆起童年时让他记忆犹新的一幕："当我还是个孩子的时候，有人问我最喜欢的颜色是什么。这么多年来，我的家人一想到当时的情景还会嘲笑我一番。当时我听到问题后，想了好一会儿，然后说'我最喜欢彩虹的颜色'。"[1]是的，彩虹的颜色是格罗皮乌斯真正喜欢的颜色。他在很小的时候就表现出对多样性的渴望和向往。他对多样性的态度郑重而严肃，长期而持久。他能欣赏各种不同的建筑风格，既对古希腊建筑赞不绝口，也对20世纪的日本建筑推崇有加；他热爱音乐，沉溺于勋伯格表现主义风格，也笃爱披头士乐队的现代摇滚；在他身边，与他交往的人更是三教九流都有，来自各行各业，甚至有些看上去与他八竿子打不着的人也能和他融洽相处。正如格罗皮乌斯70岁生日那天在芝加哥发表的演讲中所说："我一生中最大的特点就是积极将自己纳入生活的每一个重要组成部分，决不党同伐异，我坚决反对狭隘的教条式生活和思考方式。"

格罗皮乌斯于 1883 年 5 月 18 日出生于德国首都柏林。那时的柏林正处于向外迅速扩张的鼎盛时期，不断地吸纳着来自不同背景的文化。在由卡尔·弗里德里希·申克尔设计并建造的新哥特式弗里德里希韦尔德教堂中，格罗皮乌斯被赐予了"阿道夫·乔治·沃尔特·格罗皮乌斯"的名字。他在成长的过程中接触到了各式建筑风格——哥特风格、罗马风格、巴洛克风格、新古典主义风格，等等。格罗皮乌斯越来越清楚地认识到城市所面临的问题，而这些问题也使他好奇得发狂。什么是理想的城市？建筑师在塑造城市的过程中承担着怎样的责任？在取得弗朗哥·普鲁士战争胜利和实现 1871 年德意志统一之后，柏林迅速崛起，成为可与伦敦、巴黎、维也纳相提并论的强有力的欧洲大国首都。柏林的人口从 1871 年的 82.6 万激增到 1900 年的 190 万。然而，扩张带来的不仅仅是激动与兴奋，还有不可避免的社会问题。格罗皮乌斯见证了柏林从帝国大都市到现代城市的变迁。柏林是他钟爱的第一座城市，是第一个教会他何为建筑师、何为社会义务的地方。即使格罗皮乌斯之后离开德国，在外漂泊多年，柏林也仍然是他牵肠挂肚、一直想要回来重建自己建筑梦想的地方。

格罗皮乌斯自幼便有建筑方面的知识储备。他的父亲出身于普鲁士资产阶级家庭，享有较高的社会地位，受到众人的尊敬和爱戴。他的高祖父曾在萨克森联邦州的一个小镇——黑尔姆施泰特做牧师。格罗皮乌斯家族一脉也主要是神职人员、教师、小土地主和士兵。不过，格罗皮乌斯一家也传承着创业精神的血脉。在 19 世纪初，他的曾祖父约翰·卡尔·克里斯蒂安·格罗皮乌斯就曾是柏林丝绸编织工厂的合伙人。格罗皮乌斯的家庭关系、他对材料知识的了解和早期在工厂实习的经历，都为他日后创建包豪斯学校、明确自己的理念奠定了基础。

格罗皮乌斯的曾祖父约翰的兄弟威廉·恩斯特是一家舞台面具公司的老板。恩斯特并没有满足于此，他心怀斗志，出资购买了一家剧院，精心安排每一场表演。舞台场景如实景重现，所用雕像栩栩如生，灯光效果也令人赞不绝口。他制作的戏剧在柏林备受关注和欢迎。在柏林长大的作家沃尔特·本杰明曾经描述过这些舞台上立体西洋景模型的独特魅力。在每个场景旋转着呈现在满怀期待的观众面前之前，都会有一阵微弱的铃声响起。"每次铃声响起，远方的山麓、城市中如镜子般明亮的窗户、弥漫在火车站的肮脏的黄色烟雾、葡萄园，甚至一片小小的叶子上，都写满了离别的痛苦。"[2]

威廉·恩斯特有两个颇有事业心的儿子，他们在查尔斯·玛丽·溥敦和路易·达盖尔两位著名的巴黎西洋景艺术家的启发之下，在其理论的基础上发展了当时的舞台场景技术，在柏林独立创造了堪称壮观的格罗皮乌斯西洋景。格罗皮乌斯西洋景包括三幅巨大的风景画，每幅画宽 18 米，高 12 米。这三幅风景画按照顺序依次旋转，以四部和声音乐为背景。格罗皮乌斯西洋景一直被沿用至 1850 年。格罗皮乌斯家族对戏剧的迷恋与沃尔特·格罗皮乌斯后来对表演所表现出的兴趣十分相似。格罗皮乌斯后来与埃尔温·皮斯卡托联合提出了"总体剧场"的概念，还在包豪斯与奥斯卡·施莱默共同探寻过用戏剧技巧诠释艺术的方法。

建筑师卡尔·弗里德里希·申克尔在格罗皮乌斯西洋景的发展过程中起到了十分关键的作用。他是约翰·卡尔·克里斯蒂安和威廉·恩斯特兄弟的学生。两位恩师在申克尔建筑师职业生涯早期就对其鼎力相助，不仅聘用他做项目，还鼓励他追求自己的梦想。事实上，申克尔年轻时曾寄住在威廉家中。威廉的家靠近布雷特海峡，位于一家丝绸工厂旁边，申克尔与别人同住在二楼一间狭窄的宿舍里，不过这位心怀鸿鹄之志的建筑师心思巧妙，用彩绘折屏将房间分隔开来。1826 年，申克尔在巴黎完成了格罗皮乌斯西洋景的草图。多年以后，申克尔终于在建筑领域显露锋芒，成为知名建筑师，设计建造了众多大都市建筑，如新岗哨、柏林音乐厅、柏林旧博物馆、格罗皮乌斯洗礼之地、弗里德里希韦尔德教堂，以及包阿卡德米建筑学校。申克尔的实力与才华也决定了他注定将在格罗皮乌斯的建筑世界中发挥重要的作用。

还有一点我们可以十分确定：格罗皮乌斯的叔祖父马丁·格罗皮乌斯的事业之所以能够蒸蒸日上，也是因为他深受申克尔的启发和影响。马丁毕业于柏林建筑学院，并创立了柏林最大的建筑公司之一——格罗皮乌斯和史密登建筑公司。他汲取了申克尔的经典思想和风格，设计出了诸如莱比锡的布商大厦和柏林文艺复兴风格的手工博物馆等比例协调、辉煌宏伟的大型城市建筑。手工博物馆最初为皇家艺术博物馆，现在更名为马丁·格罗皮乌斯大厦。

更让人难以相信的是，格罗皮乌斯的父亲瓦尔瑟·格罗皮乌斯居然也深受申克尔的启发，还曾立志成为一名建筑师。但格罗皮乌斯认为，建筑师是一个需要用多样的方式将创造力大胆表现出来的职业，而他的父亲缺乏自信、容易胆怯退缩的性格与这样的职业要求背道而驰。实际上，瓦尔瑟·格罗皮乌斯确实在涉足建筑设计不久后便彻底放弃了，继而转向了公共服务领域。在儿子沃尔特出生时，瓦尔瑟已经成为一名公民建筑官员。不过，他并没有因为自己在建筑设计事业中半途而废和遭遇挫败而影响他对儿子进入建筑设计领域的支持。据他的一位老朋友说，瓦尔瑟·格罗皮乌斯是他所认识的"唯一真正善良的人"[3]。

瓦尔瑟认为他的儿子会继承家庭传统，继续发扬申克尔充满城市现代气息的风格。不过从某种意义上说，他也不应失望，因为沃尔特·格罗皮乌斯仍然是申克尔及其曾经的导师大卫·基利的忠实拥护者。虽然申克尔的设计从新古典主义转向了浪漫的中世纪风格，但无论什么风格，他的建筑都彰显出了结构的一致性。申克尔对空间的掌控能力一直是格罗皮乌斯所钦佩和赞美的。

即使是 20 世纪早期放荡不羁的现代主义和反装饰主义代表人物阿道夫·路斯也将申克尔标榜为建筑领域正统的典范。与格罗皮乌斯同时代的密斯·凡·德·罗曾表示，申克尔的建筑"具有出色的结构、完美的比例和良好的细节"[4]。格罗皮乌斯的父亲可能曾对儿子后期建筑作品在某种程度上表现的"出格"有过忧虑和担心，但是他知道，父子两人对申克尔所展现出的对建筑完美的驾驭能力的惊叹和钦佩永不会改变。

格罗皮乌斯的父亲在他的人生旅程中并未发挥太多的作用，但格罗皮乌斯的母亲就不一样了。玛农·沙恩韦贝尔·格罗皮乌斯是 17 世纪定居在普鲁士的法国胡格诺流亡派的后裔。这个女人令人敬畏，她十分看重家庭，也有着将家中一切打理好的决心。格罗皮乌斯有三个兄弟姐妹：生于 1879 年的大姐埃莉斯，不幸在十几岁时夭折；第二个姐姐玛农比他年长两岁，沃尔特十分尊敬她；佐治是最小的弟弟，家人都唤他奥尔达。格罗皮乌斯的家庭生活是平静的、有约束的，也是讲究的。历史学家彼得·盖伊在描述格罗皮乌斯时表示，沃尔特·格罗皮乌斯"骨子里散发着有文化的气息"[5]。格罗皮乌斯一家经常外出看歌剧、音乐会和芭蕾舞剧，他们的生活中充满了戏剧、讲座和音乐。沃尔特的姐姐玛农在母亲的鼓励下，还和两个弟弟一起演奏乐器，三姐弟组成了室内演奏三人组。奥尔达拉小提琴，从小就表现出了精湛的琴技；沃尔特拉的是大提琴，不过水平一般。

沃尔特和母亲关系亲密，两人经常待在一起，这份亲密的关系对他的两任妻子来说，无疑是一种挑战。格罗皮乌斯的第一任妻子阿尔玛对此非常抵触，而他的第二任妻子伊势虽然没有公开表态，私下也尽可能地想要改变这对母子之间的亲密关系。

　　格罗皮乌斯一家住在柏林城西舍嫩贝格区的根廷街 23 号。这片住宅区环境优美、宜人，是令柏林人艳羡的地方。住宅区旁边是一座大型公园——蒂尔加藤公园。格罗皮乌斯一家的公寓建于 19 世纪 70 年代，周围绿树成荫。建筑带有居特斯洛风格的高耸尖塔，用鲜红色和橙色的砖砌成，在街道尽头格外显眼。

　　比格罗皮乌斯小 10 岁的沃尔特·本杰明出生在一个犹太家庭，本杰明一家和格罗皮乌斯一家住处离得不远，都过着舒适、优越的资产阶级生活。本杰明在回忆录中提到自己在柏林的童年时说，他和格罗皮乌斯居住的房子像是梦幻中的场景，拥有在中世纪至 19 世纪中期德国繁盛时期的建筑的特点：富丽堂皇、宽敞明亮，带着漂亮的庭院和凉廊。本杰明写道："院子里的所有东西对我来说都是一种迹象或是一种暗示。"[6] 他们家附近的出租马车经常引来很多孩子围观，他们聚精会神地在一旁观看身穿斗篷的马夫洗刷马匹。

　　沃尔特·本杰明的回忆录是在 20 世纪 30 年代早期完成的，那时他虽然还没有像格罗皮乌斯一样被迫离开柏林，但我们却可以神奇地感受到，他在回忆录中隐约透露出了一种即将流亡他乡的不祥预感。多数人认为本杰明最后于 1940 年在西班牙和法国的边境自杀。本杰明对童年的描述有一种特殊的魔力。30 年前，还是孩子的他对蒂尔加藤公园中的雕像充满了好奇和困惑："30 年前，他背着书包，从这些女像柱、男像柱、丘比特裸像和果树女神像身边来来回回无数次。"[7] 本杰明家附近有一座动物园，里面奇妙的声音和景象都让他难以忘怀：动物园里斑马、大象和猴子的叫声伴着蒂尔加藤远处传来的音乐，为本杰明带来了一场奇特的演唱会。在与母亲一起去市区购物的时候，本杰明目睹了柏林富有的上层社会的对立面——贫穷的底层社会的生活，他看到了讨饭的乞丐和浓妆艳抹的妓女。本杰明在书中写道："我很努力地去回想，中产阶级的孩子们印象中的大城市是什么样子的。"[8]

沃尔特·格罗皮乌斯本人的成长经历和本杰明十分相似，他们都见过这座城市光鲜亮丽的一面，也见过其黑暗恐怖的一面。

格罗皮乌斯 6 岁时就读于柏林的一所私立小学，三年后，他开始在柏林一所公立学校——人文高级中学读书，接受传统教育。从 1893 年开始，他先后就读于三所这样的学校，并在年近 20 岁时从斯泰利兹高级中学毕业。格罗皮乌斯在结业考试中表现得十分出色，他在考试中翻译了萨福的《颂歌》，给人留下了深刻的印象。他的父亲对此十分骄傲，于是在凯宾斯基餐厅为他举办了一场豪华的晚宴，庆祝他取得的成功。

这个时期的格罗皮乌斯还相当害羞和孤僻，审美意识也还没有被激活。至少在高中毕业前，他都没有表现出有任何即将成为极具影响力的建筑师的迹象。不过，格罗皮乌斯曾经表示，在校期间的他已经对建筑结构产生了浓厚的兴趣和执念。在中学时期，他阅读了尤利乌斯·恺撒的《高卢战记》，书中恺撒大帝描绘的建造横跨莱茵河大桥的片段令他深感震撼，他甚至还根据文字描述制作了一件等比例桥梁模型。从此，格罗皮乌斯一发不可收拾，走进了建筑结构的世界。

不久之后，在 1903 年初，格罗皮乌斯就读于慕尼黑工业学院，研修历史、设计和建筑构造等建筑学系列强化课程，这是他第一次远离家乡。在求学期间，他住的公寓与慕尼黑老绘画陈列馆和巴伐利亚州立图书馆仅一步之遥，离大学、二手书店和隐藏在街道深处的古老庭院也很近。年轻的格罗皮乌斯在空闲之时，走遍了慕尼黑博物馆的每个角落，研究里面的藏品，欣赏古代荷兰和意大利大师的经典，探索法国印象派画家的作品。

但格罗皮乌斯注定不会在慕尼黑久居。一开始，他在 1903 年夏末收到了服兵役的正式通知。后来，他又得知弟弟奥尔达罹患重病，家人心急如焚。奥尔达被确诊为肾脏疾病。格罗皮乌斯因此决定推迟参

22 岁的格罗皮乌斯，1905

军，并于 1903 年 7 月回到柏林。1904 年 1 月，在与病魔抗争数月之后，奥尔达离世。奥尔达的死给格罗皮乌斯带来了巨大的冲击。他选择留在柏林，在安抚家人的同时，又进入索尔夫和威查德建筑公司当学徒。索尔夫和威查德都是建筑师，也是格罗皮乌斯一家的朋友，沃尔特在他们手下也工作得相对得心应手。最初他只是一名绘图员，但很快，他在实际建筑构造方面的才能得到了认可，被派到施工现场工作，负责把控建筑设计概念和细节。技术绘图不是格罗皮乌斯的强项，这一点几乎众所周知，也无须多说或再做解释。

　　1904 年夏天，格罗皮乌斯终于重新提交了服兵役申请，最后被分派到汉堡附近的旺兹贝克，成了轻骑兵第十五军团的一员。在给母亲的信中，格罗皮乌斯表现得很乐观，以轻快的语气写道，他在一家古老的乡村客栈中生活得十分舒适。我们甚至可以从他的信中感受到一丝虚荣的情绪："制服非常合身，我穿着它显得优雅而高贵。"[9]照片上，身为军校学生的沃尔特·格罗皮乌斯身着轻骑兵的华丽制服，他体形苗条、身姿挺拔、昂首挺胸，将军人的气质和姿态毫无保留地展现了出来，要是他骑在一匹马上，那一定更加完美。

轻骑兵的训练主要集中在马术上，还包括清晨清理马厩，梳理马匹，给马具抛光。在下午的骑术课中，士兵们学习如何在没有马镫和缰绳的情况下，以侧骑、倒骑和站立的姿态骑马。格罗皮乌斯的坐骑名叫"魔鬼"，这匹马难以控制和驯服，可以说是"马如其名"。格罗皮乌斯向他的母亲炫耀道，虽然自己的马桀骜不驯，但是他的骑术仍然出类拔萃，远超自己的同团伙伴。格罗皮乌斯的进步得到了军官们的认可，军官们也给了他很多奖赏和鼓励。在经过密集的训练之后，格罗皮乌斯对马的喜爱越来越强烈，出行也越来越离不开马匹，直到老年他仍然保持着骑马的习惯。

虽然格罗皮乌斯在马术方面不成问题，但是在军团的社交生活方面却面临着巨大的问题和考验。格罗皮乌斯家族与军队有着不解之缘：他的父亲瓦尔瑟参加过普法战争；瓦尔瑟的表亲理查德从1863年开始在军队服役，并详细记录了格罗皮乌斯家族的参军史，其中包括家族中所有亲属获得的头衔和勋章。格罗皮乌斯参军之前并没有任何危机感，但轻骑兵第十五军团是个不折不扣的贵族军团，资产阶级出身的格罗皮乌斯发现自己很难融入那些出身名门望族的同龄人的圈子，更不要说得到他们的认可了。与队友相比，格罗皮乌斯确实是个特殊的存在。不过有趣的是，他和军团中另外一个身份与他人格格不入的犹太人——雷曼"博士"成了好友。格罗皮乌斯在给母亲的信中提到他是"一个非常善良、没有经验、天真、笨拙、没有炫耀的资本和奢靡挥霍的人。他身上没有任何犹太人的特征"[10]。有人会认为格罗皮乌斯对于雷曼的评价过于尖酸刻薄，但是年轻的格罗皮乌斯的这番话恰好反映了当时资产阶级对于犹太人本能的抵触心理。

格罗皮乌斯在马术方面展现的傲人天资和他坚持不懈的精神终于打动了军团成员，他开始渐渐融入军队的生活。汉堡上流社会终于向他敞开了大门，格罗皮乌斯有更多机会听音乐会、欣赏舞蹈表演。但是他发现，上流社会肤浅、势利的生活氛围与他格格不入。他说："女孩都非常漂亮，但她们身上都流淌着汉萨同盟冰冷的血液。"[11] 格罗皮乌斯发现军团的少校对他十分中意，经常请他去看比赛或邀他共进午餐。即便如此，他还是不习惯，也不喜欢军队的生活。他非常想念过去那些可以沉浸在艺术和建筑中的日子。"在军团中待上一年，"格罗皮乌斯向母亲哀叹，"我的精神世界都会变得乏味无趣。"[12]

军团中的消费水平极高，轻骑兵第十五军团也不例外：马匹、制服、马具、定制皮靴等，这些都是军官奢华生活的重要组成部分，开销自然也十分巨大，格罗皮乌斯很快陷入了经济上的窘境。虽然他的家庭比较富有，但父亲可以提供给他的资金远不能满足他在军队的消费。格罗皮乌斯曾经一度不得不向他的犹太朋友雷曼借钱。服役一年后，格罗皮乌斯决定重返校园，接受建筑专业教育，并于 1905 年 9 月在柏林夏洛滕堡的普鲁士皇家理工学院登记入学。这一决定无论对格罗皮乌斯自己，还是对他的父母来说，都是一种解脱。

在接下来的两年里，格罗皮乌斯回到柏林，又一次回到了多年前在慕尼黑接受严格的专业建筑构造培训的日子。学校开设的课程多达 17 门，为了消化吸收课堂内容，学生每天要抽出大约 12 个小时来学习。但格罗皮乌斯总是忙里偷闲，他喜欢离开柏林，前往位于波罗的海北部吕贝克市蒂门多夫的自家别墅度假散心。这座海滨别墅的主人是格罗皮乌斯的母亲，是一位富有的姨妈送给他母亲的一份大礼。这里也是格罗皮乌斯从小就和家人一起度假的地方。

位于波美拉尼亚德朗堡附近的雅尼克别墅也是格罗皮乌斯喜欢去的地方。别墅的主人是他的叔叔埃里希。埃里希是个颇有试验精神的农场主，与哥哥瓦尔瑟相比，埃里希更加敢于冒险，奋发、拼搏的精神更为突出。埃里希在 1883 年买下了雅尼克别墅，在这片充满生机的土地上，树木苍翠，绿荫成片，池塘清澈，鳟鱼成群。埃里希自己研究出了一套繁育牲畜和孵化鱼苗的科学方法。他意识到，农场有效的经营运作需要清晰、明确的规章制度，还要为工人提供舒适的住宿环境。于是，埃里希叔叔给了格罗皮乌斯人生中第一个建筑工程项目——设计雅尼克农场。

1905 年秋，格罗皮乌斯收到了埃里希叔叔的委托。那时的格罗皮乌斯仅 22 岁，刚刚入学皇家理工学院。这个农场项目是一次真正的建筑设计实践的机会，农场里的铁匠房和洗衣房都将由他亲自设计。这样的机会实在来之不易，让人难以抗拒。格罗皮乌斯深知自己在绘图方面的不足，于是找来一位绘图员跟他合作。从这时起他就养成了与人合作的习惯。格罗皮乌斯负责建筑风格设计构想，其助手负责详细施工图的绘制和效果的呈现。在助手工作的过程中，格罗皮乌斯仍然密切关注和指导着他的工作。在农场的第一批建筑建成之后，埃里希叔叔又委派给他一个新任务——建造一座粮仓。格罗皮乌斯设计的粮仓有倾斜的屋顶和高高的窗户，就像格林童话中长发公主居住的高塔一样。

与此同时，格罗皮乌斯正在设计他的第一座住宅建筑。这座住宅靠近德朗堡，主人是格罗皮乌斯家人的朋友——梅茨纳一家。这座建筑拥有许多梦幻的元素：山墙、阳台、低矮的曲线形屋顶。一提到格罗皮乌斯，人们就会想到他是一个实实在在的实用主义者，但实际上，他也十分擅长通过建筑表达自己浓厚的情感。格罗皮乌斯早期的许多建筑与以阿什比、沃伊齐、麦金托什及洛里默为代表的英国工艺美术运动中感性的中世纪主义建筑风格一致。事实上，他这个时期的建筑与后来德国纳粹时期带有神话色彩的建筑风格也有些类似。我想，格罗皮乌斯本人可能会把他设计的第一批建筑物看作他年轻时犯的错误吧。

埃里希叔叔在委托格罗皮乌斯设计雅尼克农场住宅时，不但给了他实际锻炼的机会，同时也培养了他的社会意识和理性思维。埃里希叔叔是一位和蔼可亲的农场主，他教会了格罗皮乌斯作为一名建筑师所要承担的社会责任，这与他在轻骑兵第十五军团培养的狭隘的社会价值观截然不同。他开始意识到这个社会两极分化严重，贫困潦倒的农业劳动者与那些养尊处优的轻骑兵形成鲜明对比。格罗皮乌斯为雅尼克农场设计了四栋简单实用的楼房。每栋楼房都可以容纳两个工人家庭，周围有花园，可以欣赏到整片田地的美景。格罗皮乌斯一生都坚信，人类需要自然，也渴望亲近自然，因为绿色的大自然代表着再生能力，代表着希望。也正是因为怀揣这个信念，格罗皮乌斯才度过了漫长的流亡岁月。

因为找到了更有意思的事情，格罗皮乌斯下定决心辍学，准备放弃皇家理工学院的学业。那时的格罗皮乌斯在学习之余，将全部精力都放在了设计新建筑和监督现场施工上。"因为长时间的间断，我已无法跟上学校的进度了。"格罗皮乌斯对中断学业似乎并不在乎，并以傲慢的态度告诉母亲："总之，在学校里学到的东西都是纸上谈兵，不过天才就另当别论了。"[13]格罗皮乌斯在那时已经表露出自己坚信实践大于理论的观念，他反对在普鲁士皇家理工学院盛行的将新建筑装饰成历史风格的设计理念。格罗皮乌斯做辍学决定时干脆利落，雷厉风行也是他的一贯作风。最后，他没有修完课程，也没有参加学业考试，于1907年离开了柏林普鲁士皇家理工学院。虽然离开了学校，但格罗皮乌斯很快在下一段人生中找到了更为巨大的财富。他在形容这段经历时讲道："踏破铁鞋无觅处，得来全不费工夫。为了更好地了解自己的潜力，我从已枯竭的尽头来到未知的领域。"[14]柏林之旅结束了，格罗皮乌斯开始了为期一年的西班牙探险之旅。

【注释】

沃尔特·格罗皮乌斯童年生活的信息主要来源于他写给父母的信件。这些信件原文为德文，因为伊势曾协助雷金纳德·艾萨克斯撰写格罗皮乌斯的传记，后来便将这些资料从德文译为英文。这些材料的原件现在存放在柏林包豪斯档案馆（BHA）中。彼得·盖伊在其作品《艺术与表演》（纽约，1976）关于格罗皮乌斯的相关章节中，详细地描述了格罗皮乌斯的生活背景和童年经历。关于城市建筑发展的相关资料，请参阅由伊恩·博伊德·怀特和大卫·弗里斯比编著的《柏林大都会 1880—1940》（伯克利，2012）中的相关论文。

1 《总体建筑的范围》（伦敦，1956），第 13 页。

2 瓦尔特·本雅明，《驼背小人（1900 年前后柏林的童年）》（纽约，2000），第 43 页。

3 伊势·格罗皮乌斯对玛农·布尔查德·格罗皮乌斯（格罗皮乌斯的姐姐）所言，1925 年 8 月 20 日，BHA。

4 彼得·盖伊，《艺术与表演》，第 166 页。

5 同上，第 159 页。

6 同注释 2，第 39 页。

7 同上，第 53 页。

8 同上，第 38 页。

9 沃尔特·格罗皮乌斯对玛农·布尔查德·格罗皮乌斯所言，1904 年 9 月 29 日，BHA，引用艾萨克斯，第 12 页。

10 同上，1904 年 10 月 9 日，BHA。

11 沃尔特·格罗皮乌斯对瓦尔瑟·格罗皮乌斯所言，1905 年 1 月 5 日，BHA。

12 同注释 9，1904 年 11 月 7 日，BHA，引用艾萨克斯，第 17 页。

13 同上，1906 年 6 月 26 日，BHA，引用艾萨克斯，第 16 页。

14 同上，日期不详，BHA。

2 西班牙：1907—1908

沃尔特·格罗皮乌斯经常旅行。在他的出游经历中，有好几次旅行让他印象深刻。1928 年他首次访美时，便被随处可见的工业筒仓、桥梁和输送机等大型工业建筑深深震撼。这些拥有良好运行功能的大型建筑给格罗皮乌斯留下深刻印象的同时，也让他坚定了自己的建筑梦。还有 1954 年的日本之旅，为格罗皮乌斯打开了全新的欣赏建筑的视角。在所有这些给他带来巨大影响的旅行中的第一次，是 1907 年的西班牙之旅。

那年秋天，格罗皮乌斯与赫尔穆特·格里斯巴赫一同前往西班牙。赫尔穆特是个年轻有为的艺术家，格罗皮乌斯与他在蒂门多夫海滨度假别墅相识，两人交往多年。赫尔穆特的父亲汉斯·格里斯巴赫是一个柏林上流社会的建筑师，专门设计一些家庭度假别墅。实际上，格罗皮乌斯一开始对这个同伴并不满意，经常抱怨赫尔穆特太迟钝，不会给他回应。"即使面对世上最美妙的东西他也无动于衷。他从未说过任何有趣的事情。"[1]毫无生气的赫尔穆特像一个什么都不会的孩子，将旅行的所有细节的安排都交给了格罗皮乌斯，在这次西班牙之旅中他也没有任何学习西班牙语的想法和心情。不过随着旅途中的不断接触和磨合，两人的关系开始有所改善。

格里斯巴赫与格罗皮乌斯乘坐了一艘名叫"阿尔宾嘉号"的客船。客船在法国北部的勒阿弗尔港口经停。格罗皮乌斯发现这一地带治安欠佳，不过他向母亲保证，在夜晚外出或在港口附近闲逛时，他会带上上了膛的左轮手枪，一旦危险来临可以随时掏出，立即射击。"阿尔宾嘉号"在抵达比斯开湾时遭遇了强烈的风暴，所有乘客都晕了船。当船最后停靠在毕尔巴鄂时，两人终于登陆，获得了解脱。他们之后的旅途也全部是在陆地上。格里斯巴赫还画过一幅两人骑着驴子穿过山区乡村的小漫画。除了骑马、骑驴，他们也会徒步前行。在以往的欧洲之旅中，格罗皮乌斯都是和家人同行，母亲手拿旅游指南，带着全家在意大利、瑞士、奥地利、法国穿行。可以说，格罗皮乌斯与家人的每次旅行都是经过精心策划的，充满了文化的味道。所以，1907 年的这次西班牙之旅对格罗皮乌斯来说是非常特别的。

24 岁的格罗皮乌斯已经开始作为建筑师进行设计实践，他抓住机会研究西班牙的教堂、宫殿和铁塔，认真琢磨这些宏伟建筑的结构。他是一个仔细认真、积极主动的年轻人。在离开毕尔巴鄂之前，格罗皮乌斯与格里斯巴赫马不停蹄地参观了这座城市大大小小的教堂。他们也去了建于 14、15 世纪的圣地亚哥大教堂。因为毕尔巴鄂是朝圣者前往西班牙北部圣地亚哥德孔波斯特拉朝圣的必经之路，这座大教堂便由此得名。格罗皮乌斯和同伴在快到达布尔戈斯时，还在圣多明各·德西洛斯本笃会修道院停留了数日，受到了住持和僧侣的热烈欢迎与款待。

修道院回廊的设计别具匠心，精雕细刻的装饰显得罗马味十足，格罗皮乌斯对此赞不绝口。除了修道院建筑本身之外，罗马天主教弥撒给他带来的全新体验也令他印象深刻。

到那时为止，格罗皮乌斯似乎都没有任何宗教信仰。他在给祖母的一封信中坦言，1903 年慕尼黑的祈祷节游行队伍从他的窗前经过时，他提不起任何兴趣。但四年后，在西班牙，僧侣的格里高利圣咏让他感到十分震撼。

格罗皮乌斯和格里斯巴赫一路南行前往塞戈维亚。在看到富丽堂皇的德科卡城堡时，格罗皮乌斯非常激动。德科卡城堡是一座塔楼形的大型中世纪城堡宫殿，以砖瓦砌成，完美地将伊斯兰风格与华丽的哥特风格融合，是典型的穆德哈尔建筑艺术。格罗皮乌斯在写给母亲的信中这样描述德科卡城堡："城堡在周围贫瘠荒凉的景观中若隐若现，它就像出现在故事书中带有千座尖塔和塔楼的奇妙建筑一般，从忧郁的荒原中崛起，美妙绝伦、气势宏伟、意义非凡。"[2]

位于旧卡斯蒂利亚南部的阿维拉大教堂也给格罗皮乌斯留下了深刻的印象。按最初的设计方案，这座大教堂原本要设计成大教堂堡垒，教堂半圆形的后殿具有双重功能，也是城墙防御炮塔的一个重要组成部分。这座两用建筑建于 11 世纪晚期，它的前身也是一座教堂，但不幸在极端宗教分子一连串的袭击中化为废墟。现在的教堂保留了之前教堂的部分遗迹。格罗皮乌斯从阿维拉大教堂中第一次意识到了建筑脆弱的一面。后来他于 1947 年返回柏林，看到自己的家乡已被第二次世界大战化为废墟时，又一次切身感受到了建筑的脆弱。

让格罗皮乌斯记忆犹新的不仅是阿维拉大教堂这座建筑，还有这座城市的女人。格罗皮乌斯在这里遇到的所有女人都是那么美丽动人。她们魅力独特，与她们相比，北欧的美女就显得逊色多了。格罗皮乌斯成年之后，与女人的关系越发亲密复杂，但令人意外的是，他在年轻时并不擅长与女人交往、相处。他最初连调情都不会，更别说认真地谈一段感情了。不过在西班牙，格罗皮乌斯在一定程度上弥补了这段与异性交往的空白。1907 年 10 月下旬，格罗皮乌斯来到马德里，他在信中告诉母亲，这里的女人都很漂亮，穿着十分得体。他穿着一套最好的正装——轻骑兵便服，去参加沿街举办的晚会。晚会上，在德国大使馆工作人员的介绍下，他遇到了"马德里最美丽的两个女孩"[3]——两个外表精致、身材火辣的年轻古巴女孩。格罗皮乌斯被她们惊艳到几乎喘不过气来，他鼓起勇气陪着其中一个女孩来到餐桌旁。随后格罗皮乌斯发现，她不仅外表美丽，人也聪明伶俐。不过，格罗皮乌斯一再跟母亲强调，他没有真正爱上她，他的心并没有因她而沦陷。

在马德里，格罗皮乌斯还初次看到了斗牛。第一次看到这种残忍的传统西班牙斗牛时，格罗皮乌斯瞠目结舌，这样的场景他从未见过。他惊恐地看着斗牛士和助手拿着特有的架势绕场一周，随后挥舞红布激怒公牛。公牛的身体被长矛刺破，浑身伤痕累累、血迹斑斑，这一幕令格罗皮乌斯感到惊恐，同时也激动地颤抖起来。公牛在痛苦中抽搐，在绝望中迎接死亡。在观众们的呐喊和欢呼声中，斗牛士尽情地展示自己精湛的斗牛技巧。看到应声倒地的公牛，斗牛士更是信心十足。斗牛展现了西班牙人原始的本能和奔放的感情，这既令格罗皮乌斯震惊，也令他着迷。后来他还去斗牛场观看过几次比赛。

生活在柏林的人很容易发现，马德里没有能够和波茨坦广场相媲美的高大宏伟的古迹建筑。也许正是因为这一点，格罗皮乌斯对马德里的评价有失偏颇，但他十分欣赏这座城市优雅的布局，还有美丽的广场和相互连接的长廊。他和格里斯巴赫经常去这里的音乐厅和剧院，格罗皮乌斯还时常参观公共画廊。他大概计算过，他曾先后九次来到普拉多，为的就是欣赏委拉斯开兹的画作。

有了德国大使馆这样的社交平台，格罗皮乌斯和格里斯巴赫认识了很多大人物，也结交了不少朋友。

其中一位新朋友名叫约瑟夫·魏斯贝格尔。约瑟夫是个精明能干、饱经世故的商人，彼时尚未婚娶，精通六种语言，其中包括阿拉伯语。约瑟夫鼓励年轻人在艺术领域创业，他经常在马德里的旧货店购买一些不太贵的小型作品，尤以陶器作品居多，然后再以相当可观的价格卖出去。格罗皮乌斯和几个朋友计划把这个生意做大。当时从家里获得资助最多的赫尔穆特认为自己发现了一件西班牙画家牟利罗的真品，于是通过电报向家里要钱。他们的想法是将淘到的真迹带回德国展出并销售。赫尔穆特也曾将一幅自认为出自克劳迪奥·科洛之手的油画拿给巴黎卢浮宫馆长过目。

一开始，格罗皮乌斯有点怀疑这个想法，但是最后还是觉得有成功的可能，所以他也开始在与母亲的通信中向母亲索要更多的资金。母亲同意了，她表示虽然可以给他钱，但是格罗皮乌斯一定要保证不能让他的父亲知道这件事。在这段时间里，格罗皮乌斯对自己在艺术作品方面的判断能力越来越有信心。他表示，为了市场销售而精心挑选、评估艺术品比起只从业余的角度欣赏作品能学到更多。然而结果却不尽如人意，格罗皮乌斯确实没有销售艺术品的天赋。他们一行人回到德国之后发现，他们收购的那些被牟利罗追随者称为"最佳作品"的艺术品根本卖不出去。

1908 年圣诞节前夕，约瑟夫·魏斯贝格尔与他们一起前往塞戈维亚、格拉纳达和西班牙南部海岸。他们一路上顺着崎岖的岩石景观到达马拉加，感受着热带植被带来的生机，呼吸着闷热的空气，心情也变得愉快舒畅起来。眼前的景色勾起了格罗皮乌斯的思乡之情，这里让他想起了七月温暖的柏林。格罗皮乌斯在家书中描述了西班牙果实累累的橙树、仙人掌（他一直十分喜欢仙人掌），以及成片的菊花和玫瑰。他们在一家餐馆里吃了二十几只牡蛎，十分满足。餐桌上的装饰恰到好处，包间被装扮成美丽的天竺葵凉亭。他们喝了不少当地的雪利酒，在回家的路上，磕磕绊绊地踩过石头，踮着脚小心地穿过花期较晚的西班牙郁金香。格罗皮乌斯在信中还提到，在酒精的作用下和浪漫风景的熏陶下，他们每个人的情绪都发生了些许变化，格里斯巴赫变得郁郁寡欢，魏斯贝格尔越发多愁善感，而格罗皮乌斯本人却变得愈加安静和满足。

这是格罗皮乌斯第一次离家在外过圣诞节。这群旅行者回到马德里，投入西班牙圣诞节庆祝活动：在马德里最优雅的餐厅用餐，并在格罗皮乌斯认为的"西班牙最棒的剧院"——罗拉剧院里欣赏精彩的洛可可式表演。这些活动虽然丰富而充实，但是格罗皮乌斯还是经常情不自禁地陷入对旧时光的回忆和焦虑，脑海里时常浮现父母独自坐在那棵不算太大的圣诞树下的画面。再加上他的弟弟奥尔达才去世不久，格罗皮乌斯更是无法停止对弟弟的思念。这次与父母通信时，格罗皮乌斯以一种从未有过的深情的口吻写道：在圣诞节这段时间，虽然他"身在马德里，但与远在柏林和阿尔费尔德（他母亲的家乡）的亲戚朋友们同在"[4]。格罗皮乌斯又给父亲写了一封信。父亲临近退休，即将结束公务员的职业生涯，他已经开始表现出精神抑郁的迹象，对家庭生活漠不关心。格罗皮乌斯用一丝带有过分自信的口吻告诉父亲，他现在可以安心退休了，因为他的儿子现在的生活已经走上正轨，可以独当一面了。

沃尔特·格罗皮乌斯一生都十分钟爱传统西班牙装饰瓷砖，这种喜好也是从这次西班牙之旅开始形成的。他尤其偏好摩尔风格的镶嵌瓷砖和被称为光花砖的加泰罗尼亚蓝白瓷砖。他称自己在马德里的一个展览上看到了最完美的藏品，这其中令他印象最深刻的是西班牙财政部长德·奥斯马的藏品。格罗皮乌斯应该是从大使馆得到的消息。这个私人展览令他震撼至极，博物馆中所有稍微有些可比性的展品在这件真品面前都变得不重要了。大概只有米兰的波尔迪·佩佐利才能与其媲美吧。德·奥斯马见格罗皮乌斯这个德国人虽然年轻，但是对工艺品展现出了极大的兴趣并拥有许多相关知识，也深感兴奋和欣慰。

通过大使馆的平台，格罗皮乌斯遇到了另一个德国年轻人，同时也是一个艺术的爱好者——汉斯·温德兰。他们一起出发前往巴塞罗那，去那里寻找精美绝伦的传统西班牙工艺品、纺织品和雕刻作品。他们都对加泰罗尼亚装饰瓷砖十分痴迷。正是在这里，格罗皮乌斯想到了重新启用老式瓷砖来装饰当代建筑墙面的方法。他成功地在塞维利亚一家离特里亚纳不远的瓷砖工厂里找到了一份工作，与西班牙工匠一起工作。在特里亚纳，他设计出了一些动物壁饰，将绘制着这些图案的砖坯切成大块，经过上釉、窑烧，最后再组装起来，做出了他的第一幅釉面陶瓷壁画，而这也成为他后期建筑的一大特色。多年以后，当格罗皮乌斯的新婚妻子伊势首次参观包豪斯学校工作室时，也想起了丈夫在西班牙这家最有名气的瓷砖制造厂接受手工技术培训的日子，在接受培训后，"格罗皮乌斯开始逐渐懂得欣赏复杂优秀的作品中所采用的一切原料和素材"[5]。

1908 年，格罗皮乌斯在巴塞罗那第一次看到了安东尼奥·高迪的作品。乍一看，高迪是一个充满幻想的未来主义建筑师，对理性的格罗皮乌斯来说是毫无交集的对立面。但事实上并非完全如此。格罗皮乌斯见证了处于不同建设阶段的高迪的建筑，也欣赏到了最后的成品：位于佩拉达山上的城郊花园——古埃尔公园，一个堪称西班牙迪士尼乐园的游乐场。那里有神奇的生物和奇特魔幻的陶瓷装饰，带有奇妙起伏屋顶的巴特罗之家。格罗皮乌斯或许也看过高迪的超现实主义公寓——米拉之家。不过可以确定的是，他一定看过早期阶段的圣家族教堂，因为格罗皮乌斯与高迪就是在这座施工进展缓慢、不断健全完善的大教堂旁的工作室中相遇的。

这两人的见面并不是件稀奇的事情。在格罗皮乌斯看来，当时的高迪 50 多岁，有点强迫症，性格古怪，工作专注，不善沟通。圣家族教堂这个宏伟的工程项目于 19 世纪 80 年代初正式开工，在格罗皮乌斯来访时，地下室已经竣工，大教堂的耶稣诞生立面正在建造当中。自 1901 年以来，这座带有马赛克装饰的建筑不断在完善。当时的格罗皮乌斯虽对高迪虔诚、狂热的宗教信仰和废寝忘食的工作精神十分敬佩，但对高迪将新哥特式和新艺术风格融合的建筑思想感到困惑不解。在很久之后，格罗皮乌斯才完全体会到高迪作为结构工程师所展现的大胆创新和丰富的创造力。格罗皮乌斯在 1932 年重返巴塞罗那时评论圣家族教堂说："圣家族教堂中的一些墙壁设计堪称奇迹，高迪将他的技术发挥到了极致。"[6] 沃尔特·格罗皮乌斯在早期接受教育时就产生过一个大胆的想法：与既敬业又专业的艺术家工匠团队一起搭建一座大教堂，大家可以一起住在施工现场。

格罗皮乌斯在柏林读高中时曾参加过一场关于中世纪建筑工人公共住宅的讲座，他从那次讲座中受到了很多启发。这些启发在他来到圣家族教堂施工现场与高迪会面时更进一步升华了。格罗皮乌斯看到了完美主义建筑作品背后的无私奉献与精神觉醒，伟大的表现主义大教堂的实质便是组织间的协调合作和有机自然的形式的结合。我们可以在包豪斯的早期阶段看到这种观念的影子，这也象征着开启一个崭新世界的美好愿望。

【注释】

1　沃尔特·格罗皮乌斯对其父母所言，1907 年 10 月 2 日，BHA，引用艾萨克斯，第 17 页。

2　沃尔特·格罗皮乌斯对玛农·布尔查德·格罗皮乌斯所言，1907 年 10 月 21 日，BHA，引用艾萨克斯，第 18 页。

3　同上，1908 年 1 月 8 日，BHA，引用艾萨克斯，第 18 页。

4　同注释 1，1907 年 12 月 16 日，BHA，引用艾萨克斯，第 18 页。

5　伊势·格罗皮乌斯，《初见》，打字稿，约 1970，AAA（华盛顿史密森尼学会美国艺术档案馆）。

6　《圣何塞的崇拜传颂者》，第 66 卷，1932 年 6 月 1 日。

3 柏林：1908—1910

1908 年，格罗皮乌斯回到柏林，他此时的心情与童年居住在柏林的时候完全不同了。柏林现在是整个欧洲大陆发展最快的制造中心，人口随之激增。绝大部分柏林人只能挤进大型的营房式住宅区，过着极不健康的生活。这些出租房里大多居住着工人家庭，体量较大，结构简陋，但是对房地产商来说却是赚钱的好项目。回到西柏林后的格罗皮乌斯与家人住在一起，西柏林的环境相比于柏林其他地区虽好一些，但不安与动荡仍在加剧。正如 1905 年从瑞士前往柏林的记者罗伯特·瓦尔泽所描述的那样："这里的一切都陷入了无止境的进化与变革之中。"[1]

那时的柏林市中心热闹到了狂热的地步。那喧嚣、浮躁、匆忙、慌乱的程度就像是"来到柏林，你会感觉这里似乎刚刚拉响了紧急警报一样，一切事情都在与时间赛跑，人们的动作像逃命一般迅速。这就是你来到柏林之后对这里的印象"，"这样熙熙攘攘的柏林街道绝对可以成为善于描绘柏林街景的基希纳的创作源泉"。[2]富丽堂皇的咖啡馆里座无虚席，老板们秘密碰头会面，大口品尝着柏林蛋糕。柏林这座大都市沦为新式百货商店、购物商场、城市娱乐设施等充满诱惑的场所的汇聚之地，充斥着未来主义结构和玻璃、钢铁等象征着现代的建筑材料。

经过在马德里认识的卡尔·恩斯特·奥斯陶斯的引荐，格罗皮乌斯很快就在彼得·贝伦斯的建筑设计事务所找到了一份工作。奥斯陶斯也是一个年轻的德国人，同时也是一位颇具影响力的前卫艺术家和建筑领域的赞助人，还在哈根成立了弗柯望博物馆。奥斯陶斯是彼得·贝伦斯的朋友，也是他的追随者，还将自己的第一个建筑工程委托给了贝伦斯。在西班牙的时候，奥斯陶斯见格罗皮乌斯对当地的陶瓷了如指掌，便在他的指导下购买了一些西班牙陶器。奥斯陶斯写信给贝伦斯，强烈建议他在格罗皮乌斯回到柏林后立即与这位显然很有前途的年轻建筑师见上一面。

贝伦斯的建筑设计事务所位于波茨坦附近的新巴伯尔斯贝格，是贝伦斯在自家花园中专门建造的大型工作室。事务所的事业蒸蒸日上，格罗皮乌斯加入的这个组织，项目接到手软，显然大有前途。贝伦斯十分重视人才，年轻的密斯·凡·德·罗已经开始在那里做起助手了。有一段日子，密斯和格罗皮乌斯两人联手负责贝伦斯的住宅项目。不久之后，勒·柯布西耶也加入了彼得·贝伦斯的团队。

20世纪初，城市化及工业化发展迅猛，同时也滋生了许多问题，情况不容乐观，甚至令人生畏，建筑界也面临着极大的挑战和威胁。

彼得·贝伦斯，1913年摄于其家中

但贝伦斯的应对方法十分系统有序、冷静从容，令人钦佩。

格罗皮乌斯回忆："设计上出现任何问题，贝伦斯都会从一开始就以公正、全新的视角来审视和分析。"格罗皮乌斯形容贝伦斯时说："他仪表堂堂，衣着整洁，举止从容冷静，这是典型的汉堡保守派贵族所具有的特征。贝伦斯拥有惊人的意志力和敏锐的洞察力，他的理性思维远远高于感性思维。"[3] 格罗皮乌斯公开承认彼得·贝伦斯是他的恩师，正是贝伦斯将建筑和设计的基本工作原则方面的知识传授给了他。

贝伦斯为格罗皮乌斯在建筑事业后期的辉煌发展奠定了"坚实的第一层基础"[4]。可以说，格罗皮乌斯的成功离不开见多识广的贝伦斯的帮助。贝伦斯涉猎甚广，他不仅专注于建筑设计，对家具、纺织品、灯具、餐具、玻璃器皿、瓷器，以及建筑内部、室内细节设计也颇有研究，对印刷和字体设计也信心满满。作为德国最大的电气设备供应商——德国通用电器（AEG）的艺术总监，贝伦斯负责通用公司的所有建筑以及设计事宜。说贝伦斯是工业设计和企业识别系统（CI）之父也毫不为过。

1899 年，贝伦斯曾在达姆施塔特艺术新村得到黑森大公的大力支持，成为该艺术新村的倡导者和领导者。黑森大公和奥斯陶斯一样，都是思想进步、年轻自信、有慧眼识珠能力的欧洲人，是推动 20 世纪现代主义艺术发展的主要人物之一。黑森大公是维多利亚女王的外孙，他的母亲爱丽丝是女王最疼爱的女儿。爱丽丝是一位亲英的艺术爱好者，经常积极赞助和支持英国艺术和工艺品。黑森大公也曾委托查尔斯·阿什比和巴里·斯柯特设计建造达姆施塔特的宫殿。达姆施塔特的建筑延续了彼得·贝伦斯的一贯艺术风格，精美细致，不仅是英国艺术和手工艺的一个奇妙典范，更是对"艺术就是生命"这一概念的完美诠释。贝伦斯所提倡的建筑结构与室内的艺术以及设计的一体性理念，为格罗皮乌斯后期所追求的总体艺术理念提供了灵感与基础。

伊势·格罗皮乌斯多年后回忆起丈夫与彼得·贝伦斯的那段旧时光时说："贝伦斯不仅是一位著名的建筑师，也是实用品设计师。"[5]他向格罗皮乌斯传授了许多"实用的知识"。当时她第一次在魏玛包豪斯研讨会上看到他们对陶器、木工制品、金属制品、编织品、壁画等多种手工艺技巧进行了实践培训。无论机器加工还是手工制作，贝伦斯都会予以尊重。在格罗皮乌斯来到贝伦斯公司的几个月之前，贝伦斯就是德意志制造联盟的联合创始人之一。德意志制造联盟是德国第一个设计组织，集合了建筑师、设计师、艺术家、手工艺人、工业家、学者和对设计感兴趣的知识分子。德意志制造联盟关注设计教育改革，注重将艺术的美感与功能紧密结合，旨在重新定义及努力提升艺术家在社会中的角色和地位，"并在尊重个人创造力的基础上发展新文化"[6]。政府也希望可以通过改善工艺制品的外观增加购买率，从而改善德国经济。德意志制造联盟的上述理念与格罗皮乌斯不谋而合，于是他于1910年也加入了该组织。

格罗皮乌斯在谈到初到贝伦斯公司任职时，谦虚地称自己当时是"在贝伦斯教授后面打杂的小工"[7]，负责所有需要处理的事情。在这之后，他的第一个较正式的职位是施工现场经理，负责过两栋相当神秘、奢侈的私人住宅。他还负责跟进坤诺之屋与施拉德尔之屋，这两个项目最早是由卡尔·恩斯特·奥斯陶斯委托给他们的。两项工程都位于埃彭豪森小镇的山顶上，受达姆施塔特艺术新村的启发，奥斯陶斯同样也想在埃彭豪森开发一个艺术新村。

格罗皮乌斯与贝伦斯私下的关系十分密切。贝伦斯一家住在巴贝斯堡，贝伦斯的家人也十分欢迎格罗皮乌斯，将他视为自己家的孩子，对他十分宠爱。格罗皮乌斯还在贝伦斯家中教贝伦斯的女儿佩特拉打网球。格罗皮乌斯力气很大，身手敏捷，是一个优秀的球员。可能是经常打球的缘故，他似乎因过度训练而伤到了手腕，每当画画或写作时，手腕就会颤抖。格罗皮乌斯手腕的问题年轻时就存在了，现在随着年龄的增长，问题也越来越严重。

在工作上，贝伦斯也对格罗皮乌斯照顾有加。他同格罗皮乌斯分享自己在中世纪梅森行会学到的立体构造的秘密以及希腊建筑几何学等方面的知识和观点。贝伦斯本人是申克尔的崇拜者，认为申克尔是建筑之父。贝伦斯与格罗皮乌斯两人共同探索研究了申克尔在波茨坦及其周围设计的建筑。

1908 年，贝伦斯带着他年轻的助手来到英国对建筑进行考察，这也是格罗皮乌斯第一次访问英国。他一定没有料到，这里将成为他在 20 世纪 30 年代的流亡之地。关于两人此行的详细行程，如两人参观工厂、工业建筑和历史古迹并没有详细的记录。他们很有可能是听取了赫尔曼·穆特休斯的建议而计划了这次英国之旅。赫尔曼·穆特休斯是提出建立德意志制造联盟的重要人物，他与德国驻伦敦大使馆关系密切，在 1896—1903 年主要研究英国住宅。在这个过程中，他发现英国艺术和工艺、建筑和设计多强调简约与理性，于是在返回德国之后，也大力宣传和推动简约、理性的设计理念。

在格罗皮乌斯第一次前往英国的旅途中，他与贝伦斯很有可能参观了位于贝德福德公园的理查德·诺曼·肖的花园郊区，其中包括由沃伊齐建造的一座非同凡响的房子。沃伊齐是穆特休斯十分钦佩的建筑师。他们可能也去参观了由威廉·亨利·巴洛设计的停放在圣潘克拉斯火车站的巨型火车；他们也极有可能去欣赏了约瑟夫·帕克斯顿的水晶宫。水晶宫那时正在锡德纳姆重建，是 19 世纪以钢铁和玻璃为材料的建筑杰作，也是预制装配式建筑的早期代表作之一。格罗皮乌斯后来称水晶宫为"建筑史上的一个里程碑，现代建筑的源泉"[8]。

可以确定的是，格罗皮乌斯利用这次英国之行去探望了他父亲最小的弟弟——威利叔叔。之前在去雅尼克别墅度假的时候，格罗皮乌斯通过埃里希叔叔得知了关于威利叔叔、婶婶以及他们的五个已经完全英国化的孩子的消息。

1908年，格罗皮乌斯一家在肯特郡奇斯尔赫斯特举办家庭聚会，当时留下了一件宝贵的纪念品——一张格罗皮乌斯和维内阿姨坐在长凳上的照片。

在格罗皮乌斯刚到贝伦斯设计公司工作时，贝伦斯已经开始为AEG公司在柏林莫阿比特新建的工厂设计办公楼了。这个新工厂项目也是格罗皮乌斯参与设计的第一个大型建筑。工厂中用于生产大型涡轮发动机新涡轮机的车间，是当时柏林最大的钢结构建筑。该建筑在艺术的表现形式上也别出心裁，理想主义者贝伦斯希望工厂建筑可以"唱出伟大的工作之歌"[9]。涡轮厂房建筑具有申克尔建筑风格的一些特点，但更强调为员工打造良好的工作环境，这毫无疑问也是现代建筑所关注的问题。除了良好的工作环境的必要性之外，格罗皮乌斯还有很多收获。从这个工厂项目中，格罗皮乌斯看到，每个人都有美感，都有审美意识，通常这些感觉潜伏在人们的头脑中、身体里，等待被唤醒。欣赏美是每个人的基本权利。

位于柏林的 AEG 涡轮厂房，2014

他与 AEG 公司创始人之子——沃尔特·拉特瑙关系密切。拉特瑙是一个活力四射、有文化的年轻实业家，他交友甚广，像斯蒂芬·茨威格、马克斯·林哈得和勒内·马利亚·里尔克以及建筑师兼设计师亨利·凡·德·威尔德，都是他的朋友。爱德华·蒙克曾为拉特瑙画过肖像，理查德·戴默尔也曾与他通过电报交流。他是一位现代主义者，热爱美国建筑，热衷于技术和速度等概念。沃尔特·拉特瑙是当时 AEG 公司的总裁。1910 年，格罗皮乌斯与拉特瑙建立私人关系，希望可以与拉特瑙会面，共商他对工厂生产住房的想法。

在参观了鲁尔区克鲁普工人住房之后，格罗皮乌斯深受启发，他向拉特瑙提交文件，建议 AEG 公司投资预制房屋。他指出，美国人已经在大力发展预制房屋了。在提建议时，格罗皮乌斯引用了马萨诸塞州多佛的几家公司，如西尔斯公司、罗巴克公司和霍奇森公司的产品目录，这几家公司为各种风格、外形和尺寸的房屋提供预制组件。用户可以通过邮件订购，之后预制组件将被运输到现场安装。虽然拉特瑙实际上并没有十分看重格罗皮乌斯的提议，但是低成本、快装配住房仍是格罗皮乌斯之后多年思考和关注的重点与核心。

到那时为止，格罗皮乌斯已显示出逐渐脱离贝伦斯的轨道的迹象。他一直在吸收其他思想，对美国建筑的兴趣越来越强烈。在母亲不断的鼓励和指引下，格罗皮乌斯将目光转向了刚在德国出名的弗兰克·劳埃德·赖特，格罗皮乌斯与母亲一起参加了赖特建筑展的柏林首展。最早在德国出版的关于赖特作品的书籍由瓦斯穆特出版发行，正好由英国艺术和工艺建筑师阿什比负责，阿什比的母亲也是德国人。设计和建筑领域的国际化发展趋势越来越明朗，雄心勃勃的格罗皮乌斯变得焦急不安起来。

恰逢此时，贝伦斯的公司出现了问题。由于格罗皮乌斯的失误，位于哈根的坤诺之屋的阁楼高度测量出现偏差，这令贝伦斯很恼火。

贝伦斯发火是可以理解的，因为坤诺之屋项目的客户——威利·坤诺博士是哈根市市长。坤诺夫人对于这个设计缺陷和施工缺少监理十分不满，对他们提出了严肃的批评。阁楼测量的偏差进一步导致圆形楼梯出现了问题，"墙壁的潮湿程度令人十分头疼"[10]。随后施拉德尔之屋项目也遭到了测量失误的投诉。格罗皮乌斯作为项目现场负责人，其能力显然十分有限。

贝伦斯很可能对格罗皮乌斯与沃尔特·拉特瑙私下会面感到恼火。同时也有迹象表明，与格罗皮乌斯相比，贝伦斯的社交能力略显不足。贝伦斯日益严重的社交缺陷逐渐破坏了两人早期的亲密关系。贝伦斯是个私生子，很小的时候就成了孤儿，由监护人抚养长大，而格罗皮乌斯的家庭相对健全，比贝伦斯更有安全感。

不管什么原因，格罗皮乌斯现在已经开始抱怨贝伦斯办公室的情况。他极其厌恶在有钱的客户面前阿谀奉承。这些人大都极为自私，往往只关注个人利益而忽略群众的真正需求。他发现贝伦斯抗压能力很差，总是一副神经紧张、心事重重的样子。这些听起来可能只是格罗皮乌斯自我辩解的借口。不过，我们要知道的是，贝伦斯的另外一名高徒——勒·柯布西耶，也曾说过类似的话。他抱怨贝伦斯不讲道理、情绪不稳定，所以他只在新巴伯尔斯贝格停留了数月而已。格罗皮乌斯和贝伦斯之间的紧张关系愈演愈烈，最后两人分道扬镳也是在所难免。格罗皮乌斯在给奥斯陶斯的信中毫无歉意，虽然奥斯陶斯首先将他们聚集在一起，但"近来贝伦斯和我之间的差异不断扩大，我不得不承认，我不能再与他合作了"[11]。格罗皮乌斯于1910年6月离开了贝伦斯的事务所，虽已离开，但是他意识到自己对贝伦斯多有亏欠，于是两人多年来仍保持着联系。

在离开贝伦斯后，格罗皮乌斯于1910年成立了自己的建筑工作室。工作室一开始在新巴伯尔斯贝格附近，后来迁到了柏林。格罗皮乌斯的实践经验很少，但他却仍然可以展现出很少能在年轻建筑师身上看到的强大自信。他雇用了一位建筑助理——阿道夫·迈耶。迈耶曾在贝伦斯设计公司与格罗皮乌斯合作过。迈耶之后又离开了格罗皮乌斯，与德意志制造联盟中另一位进步建筑师布鲁诺·保罗一起工作。迈耶比格罗皮乌斯大两岁，为人风趣，曾经接受过细木工的培训。他受到荷兰建筑师、神智学家约翰内斯·劳威利克斯的影响，进入杜塞尔多夫艺术学院学习。和当时的进步建筑师一样，迈耶充满了探索精神，秉持现实与抽象层面上和谐统一的思想理念。迈耶和格罗皮乌斯一直保持紧密的工作合作关系。两人的合作一直持续到 1925 年，中间只因战乱而停止了一段时间。

阿道夫·迈耶在格罗皮乌斯心中是什么样的地位至今仍是一个谜。两人对于工作的分工，即在工作中谁负责哪些方面一直争论不休。格罗皮乌斯坚持认为迈耶并不是与他平起平坐、地位平等的合作伙伴，而是他雇用的员工，不过格罗皮乌斯承认迈耶是一位富有创造力的助手。对于格罗皮乌斯对他的评价，迈耶没有进行澄清。不幸的是，中年的迈耶后来在北海巴尔特鲁姆意外溺水身亡。

格罗皮乌斯与阿道夫·迈耶共事时惯用的技巧和经验，或多或少地成了他日后的理念的组成部分。格罗皮乌斯说出他的想法，迈耶则需要将这个想法呈现在图纸上。这是一个相当缓慢的过程，需要反反复复地修改才能将创造付诸实践。也是在这个基础之上，格罗皮乌斯逐渐形成了与自己建筑合作人结成伙伴关系的理念。但是他与阿道夫·迈耶分工明确，这也是格罗皮乌斯的建筑缺乏超越个人品质的原因。与他同时代的柯布西耶和密斯所设计的建筑就与格罗皮乌斯不同了。

在格罗皮乌斯 27 岁开始自己实践的时候，他又从他最忠实的客户——埃里希叔叔那里接到了工作。斗志不减的埃里希叔叔买了一座更大的庄园，庄园位于波美拉尼，毗邻雅尼克。这个名叫戈尔登足特的庄园占地约 10 公顷，土地肥沃，有农场工人的住宅和农业建筑，这给格罗皮乌斯与迈耶提供了机会。他们还通过埃里希叔叔的介绍和关系获得了其他机会，但都是一些相对较小的工程，格罗皮乌斯也因自己一开始项目数量不足而感到不安。

格罗皮乌斯的一个十分重要的委托项目来自母亲家族的亲戚。格罗皮乌斯热衷于与有计划建造新建筑的公司联络，对有声望的人，他总是能善加利用。例如，他抱着尝试的心态给法古斯鞋楦厂的老板——卡尔·本谢德写信。法古斯鞋楦厂位于下萨克森州莱纳河畔的阿尔费尔德，专做矫形鞋的木制鞋楦。格罗皮乌斯在信中提到了母亲的堂兄马克斯·布尔查德是阿尔费尔德的地区行政长官。本谢德是一个专断的进步实业家，他在哈根的福克旺博物馆听过格罗皮乌斯的演讲，并被他的想法深深吸引。

格罗皮乌斯演讲的主题是工业建筑和纪念性艺术，并以美国大型谷物升降机和筒仓为例加以佐证，这两个例子后来成了他最喜欢使用的例证。在此期间，他与赞助人卡尔·恩斯特·奥斯陶斯合作，疯狂地收集了许多美国工业建筑的照片。后来，在格罗皮乌斯开始为法古斯鞋楦厂工作不久前，他给当时的情人阿尔玛·马勒写了一封信。阿尔玛当时正和她的丈夫古斯塔夫·马勒一起在纽约过冬，格罗皮乌斯在信中向情人倾诉了自己浪漫的建筑梦想：

> 建筑整体伟大、纯净，结构丰富，不受建筑内小空间的颜色变化、挂画的价值和内部装饰的影响，仅仅通过明亮的白色墙壁和阴影就能产生强烈的视觉冲击，让人们感受到简单的埃及式的宁静。我越来越有信心，这座建筑将会成为我们这个时代唯一真正的神灵，我们必须通过艺术的方式将其表现出来。[12]

但可惜的是，法古斯鞋楦厂并没有完全按照格罗皮乌斯的想法进行建造，甚至不是格罗皮乌斯所想象的未来派白色建筑。不过，两人于 1911 年 2 月相遇时还是一拍即合，本谢德随即委托格罗皮乌斯设计新鞋厂。

制作矫形鞋的木制鞋楦是非常专业的工作。它与自然疗法和崇尚健康与自由的理念紧密相关，在 19 世纪末和 20 世纪初的德国十分流行。本谢德小的时候患有慢性病，痊愈之后他选择了自然疗法饮食，后来成了一名素食主义者。他一生都有清晨赤脚在田野间散步的习惯。当年轻的本谢德在阿诺德·瑞可经营的有名的自然疗法治疗中心工作时，他开始逐渐看清自己毕生的追求。瑞可意识到，很多患者的足部问题都是由鞋子不合适造成的，而瑞可和本谢德可以做的就是为这些病人制作矫形鞋。本谢德制作的鞋楦工艺精细、左右分明，对于鞋匠改进鞋艺有很大的帮助。

极具进取心的本谢德是 19 世纪德国社会改革运动——新生活运动的一分子，他首先在汉诺威建立了工作室。随后，本谢德被卡尔·贝伦斯任命为公司的总经理。由于本谢德在技术上的创新，贝伦斯在阿尔费尔德地区的公司很快成为德国鞋楦制造商中的领先者。当本谢德和格罗皮乌斯见面时，贝伦斯已去世，本谢德在与贝伦斯继承人发生激烈的争吵后辞职离开公司，在位于波士顿附近的贝弗利，与联合鞋机构公司共同组建自己的公司。本谢德直接在贝伦斯工厂的对面买下地皮——这可能是他做过的最鲁莽的事情了。贝伦斯的工厂有自己的铁路专线，所以这个新工厂可与汉诺威 – 哥廷根主干路连接起来。格罗皮乌斯接受法古斯工厂的委任让他陷入了令人痛苦的当地企业之间的斗争之中，但本谢德就是要公开自己的立场，宣布竞争的开始。

最初，格罗皮乌斯没能参与整个工厂的设计工作。当时，本谢德已经雇用了埃德蒙·沃纳。沃纳是来自汉诺威的建筑师，在工厂设计方面经验丰富，之前也曾参与对面的贝伦斯工厂大楼的设计。沃纳已经设计好了法古斯工厂的总平面、内部平面和施工图。但本谢德认为沃纳并没有设计师的绝对天赋，对于让他设计法古斯工厂的外观并没有多少信心。因此，本谢德将新工厂办公大楼——法古斯工厂的门面委托给了格罗皮乌斯。

法古斯工厂的设计风格深受彼得·贝伦斯的 AEG 涡轮厂房项目的影响，也许正是因为格罗皮乌斯和迈耶在 AEG 项目中发挥了一定的作用，才有机会获得这次法古斯工厂项目的委任。法古斯工厂与 AEG 公司一样饱含现代思想和气息，这座富有进步工业思想的工厂是一座工人可以在其中愉快工作的美丽宫殿，就连对面贝伦斯公司的工人们看到法古斯工厂良好的工作环境也十分心动。本谢德希望对面的工人可以到他这里来，因为他需要他们的专业技能。格罗皮乌斯和迈耶于1911 年 5 月开始了这项伟大、壮观的建筑工程外观的设计建造。随着鞋楦制造业的蓬勃发展，工厂急需扩建。到了 1912 年冬天，原来的设计主力沃纳已经退居二线，承担次要部分的设计。本谢德也将法古斯工厂未来所有的项目都委托给格罗皮乌斯，这也标志着格罗皮乌斯与本谢德家族之间密切关系的正式开始。两人这样的关系维持了十余载，一直到 1925 年。

沃尔特·格罗皮乌斯设计的法古斯工厂大面积使用了玻璃、钢结构幕墙和黄色砖瓦。法古斯工厂经过翻修和扩建，最终于 1914 年完工，成为欧洲建筑史上第一座幕墙结构建筑。法古斯工厂的玻璃墙面由细砖柱分割，从外面看起来建筑就是一面完整的玻璃幕墙。我们可以在法古斯工厂上看到许多其他优秀、独特的建筑的影子，如贝伦斯公司的涡轮厂房和位于布雷斯劳（今波兰弗罗茨瓦夫）、由汉斯·波比锡设计的早期实验性建筑——玻璃及金属结构的维尔德穆勒大厦。但法古斯工厂完全采用玻璃结构，格罗皮乌斯称玻璃为"永恒的材料"[13]，因为玻璃可

法古斯工厂，摄于 2016 年

法古斯工厂立面，摄于 2007 年

以增加建筑整体的轻盈感，让人有种建筑物飘浮在空中的感觉。

评论家雷纳·班纳姆声称自己尤其喜欢法古斯工厂临街正面的西南角部分。从外面透过玻璃向里面看去，建筑内部的楼梯像是悬浮在空中一般。他认为这是"建筑中现代感性的经典位置，它是一种开放、清澈、不受限制的空间，届时，它一定会成为建筑界最具吸引力的项目和国际风格现代建筑的重要里程碑"[14]。不过，除了对法古斯工厂的高度评价之外，班纳姆也确实评论道：如果不是照片拍得好看，这座建筑也许无法到达它现在的传奇地位。

格罗皮乌斯后来也表示，他视法古斯工厂为其人生中第一座重要的建筑作品。格罗皮乌斯在捍卫自己的声誉方面十分强势，他在晚年的时候与美国建筑理论家、评论家刘易斯·芒福德陷入了激烈的唇枪舌战，格罗皮乌斯竭尽全力为自己的法古斯工厂争取地位，强调自己的建筑要比安德烈·鲁尔萨、勒·柯布西耶的建筑更早，是名副其实的首座现代建筑。1924年，伊势与沃尔特·格罗皮乌斯结婚一年后，在参观法古斯工厂时，对工厂留下了深刻的印象，但她在日记中写道："遗憾的是，格罗皮乌斯的这座壮观的建筑作品因地理位置的限制而鲜为人知。"[15]

第二次世界大战后，当时法古斯工厂的老板，即本谢德的儿子告诉格罗皮乌斯，当时占领德国的美国军人惊讶地发现，原来早在1911年第一次世界大战之前，世界上就已经有一座如此现代化的建筑存在了。这些美国士兵开始并不相信这座建筑建造的时间，卡尔只好拿出原始工作图纸来证明这一切都是真的。

【注释】

我们可以从温菲尔德·奈丁格的作品《建筑师沃尔特·格罗皮乌斯》中获取格罗皮乌斯从早期彼得·贝伦斯办公室开始的十分珍贵的背景信息。《建筑师沃尔特·格罗皮乌斯》这部作品完整的目录于1985—1986年被收藏在哈佛大学布什雷辛格博物馆和柏林包豪斯档案馆。关于格罗皮乌斯和贝伦斯之间的更多故事，请参阅艾伦·温莎的作品《建筑师和设计师彼得·贝伦斯》（伦敦，1981），以及彼得·盖伊的《艺术与表演》（纽约，1976）中的相关章节。雷纳·班纳姆的《第一机器时代的理论和设计》（伦敦，1960）自问世以来，一直是一本不可多得的好书，为我们提供了许多独到的见解。

更多关于法古斯工厂的信息，请参阅安玛丽·杰西的《法古斯：从制造联盟到包豪斯的工业文化》（纽约，2000）。杰西在1995年《建筑师》杂志7—8月刊中，对格罗皮乌斯和他的建筑合作伙伴阿道夫·迈耶之间的关系进行了详细的分析。位于阿尔费尔德的法古斯工厂现已被列为联合国教科文组织世界遗产。

1 罗伯特·皮尔泽，"柏林"，《柏林故事》（纽约，2012），第17页。

2 阿尔弗雷德·赫尔曼·弗里德，1908年，引用《维也纳—柏林》展览目录，柏林画廊，2013年，第116页。

3 沃尔特·格罗皮乌斯，"彼得·贝伦斯，证言"，1960年4月24日，《民主下的阿波罗》（纽约，1968），第165页。

4 同上，第166页。

5 伊势·格罗皮乌斯，《初见》打字稿，约1970，AAA。

6 艾伦·温莎，《建筑师和设计师彼得·贝伦斯》（伦敦，1981），第92页。

7 沃尔特·格罗皮乌斯给赫塔·黑塞的信，1969年5月8日，引用奈丁格，第29页。

8 沃尔特·格罗皮乌斯，BBC访谈中谈水晶宫，1936年12月5日，BHA。

9 同注释6，第91页。

10 卡尔·恩斯特·奥斯陶斯对彼得·贝伦斯所言，1910年2月4日，引用艾伦·温莎《建筑师和设计师彼得·贝伦斯》（伦敦，1981），第112页。

11 沃尔特·格罗皮乌斯对卡尔·恩斯特·奥斯陶斯所言，1910年3月6日，引用艾伦·温莎《建筑师和设计师彼得·贝伦斯》（伦敦，1981），第115页。

12 沃尔特·格罗皮乌斯对阿尔玛·马勒所言，日期不详，安玛丽·杰西《法古斯：从制造联盟到包豪斯的工业文化》（纽约，2000），第50页。

13 沃尔特·格罗皮乌斯，哈根演讲，1911年，安玛丽·杰西《法古斯：从制造联盟到包豪斯的工业文化》（纽约，2000），第51页。

14 雷纳·班纳姆，《混凝土亚特兰蒂斯：美国工业建筑和欧洲现代建筑1900—1925》（剑桥，1986），第198页。

15 伊势·格罗皮乌斯日记，1924年10月，AAA。

4 维也纳与阿尔玛·马勒：1910—1913

沃尔特·格罗皮乌斯与阿尔玛·马勒的第一次见面是在维尔德巴德疗养院。这座疗养院坐落在施蒂里亚山上，以海因里希·雷曼博士的替代医学理念为核心。托比尔巴德的自然疗法体系提倡运动、呼吸新鲜空气以及素食。阿尔玛并不喜爱这种自然疗法，她回忆说："我赤脚穿着一件丑陋的睡衣，无力地在风中雨中进行户外运动，这是维尔德巴德顽固理念的标志性治疗方式。"[1]

阿尔玛在温泉中晕倒，被人抬到床上休息。负责阿尔玛的德国医生为阿尔玛更换了另一种治疗方式：社交和跳当时流行的交谊舞。阿尔玛在回忆录中写道：

> 我的医生非常负责，他很担心我过于依赖别人和孤独一人的状态，于是为我介绍了一些年轻的小伙子。其中有一个非常英俊的德国人，他将在《纽伦堡的名歌手》中饰演沃尔特·冯·斯托尔丁一角，我们一起在房间里曼舞轻旋。听说他是一个建筑师，正在和我父亲的一个有名的朋友一起学习。我们便不再跳舞，开始交谈起来。[2]

沃尔特·格罗皮乌斯与阿尔玛·马勒在1910年6月4日初次相遇。格罗皮乌斯当时27岁，正处于创业期，为建立属于自己的建筑工作室而心力交瘁。阿尔玛当时已经 31 岁，是作曲家古斯塔夫·马勒的妻子，也是维也纳前卫派著名的蛇蝎美人。两人似乎一见钟情，在见面之后的短短几分钟内，他们就彻底爱上了对方。阿尔玛后来描述她初见格罗皮乌斯的情景，她完全沦陷在"这个在托比尔巴德认识的年轻人的疯狂追求"[3]之中。阿尔玛撰写回忆录的角度非常自私，她承认自己身体上对马勒的不忠。阿尔玛在日记和她与格罗皮乌斯之间的通信中讲述了两人初见故事的后续。两人在小溪旁漫步聊天，在夜里整夜缠绵。即使多年之后，这些记忆仍然神秘而深刻："我仍记得那个夜晚，路灯微弱的光线洒进窗口，树上传来夜莺甜美的歌声。我从睡梦中醒来，但睁开眼睛看到的却是一个美丽的年轻人在我身旁。那天晚上，是我们灵魂的碰撞，早已超越简单的肉体关系。"[4]

与阿尔玛的见面对于格罗皮乌斯来说至关重要，不但开启了他的情感世界，同时也为他打开了通往全新文化世界的大门。阿尔玛是维也纳人，与格罗皮乌斯的柏林出身形成鲜明对比。"我是传统艺术家之女，"[5]阿尔玛写道。在她的自传《爱是桥梁》之中，阿尔玛没有丝毫谦虚与低调。她所崇拜的父亲埃米尔·雅克布·辛德勒是一位备受推崇的风景画家，他的作品风格浪漫却又带有一丝哀伤。辛德勒于 1892 年去世，当时的阿尔玛只有 13 岁。她的继父卡尔·莫尔曾是施耐德的学生，也是维也纳分离派的创始人之一。维也纳分离派的成员均是当时进步的画家、雕塑家和建筑师。古斯塔夫·克里姆特便是分离派的第一任主席。与格罗皮乌斯所属的德意志制造联盟不同，分离派更加注重微妙的自我表现，更关注装饰、材料质地以及艺术的精神作用。分离派的第一批成员包括建筑师约瑟夫·玛利亚·奥尔布里希和约瑟夫·霍夫曼，后者在卡尔普拉兹设计了分离派的展览大楼。早期维也纳分离派的秘密会议便在阿尔玛的家中举行。1901 年，阿尔玛一家搬进由莫尔委托霍夫曼设计建造的维也纳霍赫沃特别墅。这座房子的内饰为明显的分离派风格，美丽大方。阿尔玛早年就是在这栋房子中生活的。

格罗皮乌斯儿时所受到的教育和影响多是视觉方面的，听觉方面略有涉猎，如业余的音乐制作。对音乐已是专业水平的阿尔玛来说，音乐是她成长过程中最重要的元素。在音乐大师亚历山大·泽姆林斯基的教导和鼓励下，阿尔玛十几岁的时候便开始自己创作歌曲和乐器演奏作品。阿尔玛后来声称自己共创作过不下两百首音乐作品，不过谁也证实不了这个数字，阿尔玛也可能夸大其词了。阿尔玛与马勒的婚姻让她更加彻底地沉醉在维也纳的音乐世界中。对于格罗皮乌斯来说，他与阿尔玛萍水相逢，但两人之间迅速升温的激情和难舍难分的情意给他打开了新的视角，扩大了他的兴趣爱好，使他对人际关系有了更加深刻的理解，对他的一生都产生了深远的影响。

与柏林相比，维也纳是座古老且相对安定的城市。哈布斯堡皇帝弗朗茨·约瑟夫于1848年登基，是一位保守的天主教徒。市长卡尔·吕格是信奉基督教的社会主义者，自1897年上任以来便开始管理维也纳。虽然这座城市中犹太公民比例较高，但吕格仍然成功地在市民中激起了反犹主义情绪。年轻时的阿道夫·希特勒自1908年起也居住在维也纳，因此很可能深受吕格观点的影响。

在格罗皮乌斯与阿尔玛交往的过程中，他能感受到维也纳是一座与众不同的城市，一座正处于转型时期的城市。直到1910年，随着维也纳不安定的局势逐步升级，知识分子和文化精英们强烈抵触旧保守主义，越来越多的人对艺术和建筑、文学、戏剧，特别是人类行为和心理学领域的公认价值提出质疑。这一时期的维也纳正在经历一场根深蒂固的身份危机。

维也纳整个城市的面貌都在发生变化。城市人口膨胀，截至1910年，当地人口数量已高达200多万。维也纳城市规划师、建筑师奥托·瓦格纳挑战以往的历史主义的装饰风格，为维也纳带来了颇具现代技术风格的崭新面貌。建筑师阿道夫·路斯在一系列反资产阶级的、极具煽动力的文章中详细阐述了自己关于诚实、理性和克制的价值观。他的设计作品非常简约。路斯在维也纳设计的最具争议的建筑——公寓楼兼男士剪裁楼，就坐落在装饰华丽的皇宫大门的对面，这无疑是对附加装饰的公然挑衅与大胆反抗。这座建筑就建于1910年——维也纳历史上神奇而又特殊的一年。

在维也纳，格罗皮乌斯的思考方式越来越灵活。他开始重新思考之前从彼得·贝伦斯那里学到的关于总体艺术的概念与知识，并在此基础上进行了填充和扩展。艺术家往往不只精通自己专注的领域，也擅长甚至通晓其他领域。作曲家阿诺德·勋伯格是一位画家，他的朋友瓦西里·康定斯基是"青骑士"艺术团的成员。哲学家路德维希·维特根斯坦在建筑领域中大展身手，为他的妹妹设计了一栋简单朴素的房子。画家奥斯卡·柯克西卡也会写故事和戏剧。让人意想不到的是，奥斯卡·柯克西卡的人生很快就要与格罗皮乌斯的人生，当然还有阿尔玛的人生接轨。

不同领域间的创意碰撞，在精通某个领域的同时，不断扩展另一个领域的能力，这些理念将成为格罗皮乌斯创建包豪斯的思想核心，当然还有当时另一个极有影响力的维也纳理念：孩子生来具备艺术家的天赋，人们应该鼓励孩子发展其天生的创造力，而不是通过正统教育来抑制这种能力。我们可以从格罗皮乌斯对待艺术提倡实验创新和包容开放的态度中，看到维也纳儿童艺术教育先驱——弗朗西斯·西杰克的理念。

在20世纪初叶的维也纳，"性"成为广大学者、艺术家所关注的话题，这在资产阶级社会中掀起了轩然大波。弗洛伊德关于婴儿和儿童时期性行为对后期心理发展的重要性的研究引起了极大的争议。弗洛伊德于 1900 年出版了他的著作《梦的解析》，并于 1905 年发表了精神分析经典《性学三论》。正如奥斯卡·柯克西卡和理查德·盖斯特尔的画像以及人类在极端情况下的自画像一样，艺术作品开始越来越突出反映人类的心理。克里姆特的寓言画、裸体交媾画、自慰女性画，无不反映维也纳在这段历史时期成了一座高度色情的城市的事实。埃贡·席勒的裸体自画像表达了这种思潮带来的美丽的肉体和痛苦的性折磨。儿童卖淫在当时很普遍，我们通过席勒对儿童和青少年生动的描绘可以得知，这一时期维也纳的艺术家和作家都对未成年人性行为表现出了极度的狂热。

从格罗皮乌斯的信件的语气我们可以明显看出，在他与阿尔玛在托比尔巴德相处的六个星期里，阿尔玛将他带入全新的性爱殿堂。那时的阿玛尔已经是一个十分性感的女人了，比格罗皮乌斯年纪要大一些，感情经历丰富。阿尔玛在 17 岁时就有了第一名求婚者——维也纳城堡剧院著名的导演马克斯·伯克哈德，当时他已经四十出头了。伯克哈德准备了浪漫的晚餐，有香槟、山鹑和菠萝，并在晚餐时向阿尔玛求婚。伯克哈德送给阿尔玛的书籍和精装经典著作像小山一样堆放在大洗衣篮里，需要两名搬运工才搬得动。"我们之间也发生过奇怪、尴尬的事情，"阿尔玛写道，"在我第一次被他强烈的男性荷尔蒙吸引时，我只开了个冷冰冰的玩笑掩盖我内心的想法。"[6]

另一个阿尔玛年轻时的狂热且严肃的追求者是她继父卡尔·莫尔的朋友及伙伴——古斯塔夫·克里姆特。克里姆特当时 35 岁，"十分英俊潇洒"[7]。正如阿尔玛后来分析的那样："他的外表和我年轻的魅力，他的天赋和我的才华，我们深爱音乐的共同特点使我们走到一起。我对爱情一无所知，无知到自己都害怕，但是克里姆特能够感受并发现我身体上的每个敏感点。"克里姆特确实是一名感情高手，他和阿尔玛于 1897 年结伴去意大利旅行。那时的阿尔玛只有十几岁，男人见了她就像铁块儿碰到磁石一样被深深吸引，无法自拔。在他们到达热那亚之前，阿尔玛的母亲在偷看自己女儿日记时发现阿尔玛将初吻献给了古斯塔夫·克里姆特，便立即要求两人终止这段关系。

阿尔玛的下一任恋人是她的音乐老师亚历山大·泽姆林斯基。泽姆林斯基是一位非常有才华的音乐家和作曲家，同时也是阿诺尔德·勋伯格的音乐指导老师。阿尔玛在她的回忆录中将泽姆林斯基描述为"一个可怕的侏儒。矮小，没下巴，没有牙齿，身上总是带着咖啡屋的味道，不洗澡——但他文思敏捷、才华横溢，这一点深深吸引了我"[8]。就在泽姆林斯基演奏瓦格纳的《特里斯坦和伊索尔德》时，两人对彼此的情感终于爆发出来。"我靠在钢琴上，弯下膝盖和腰，"阿尔玛写道，"我们将彼此拥入怀抱。"《特里斯坦和伊索尔德》的旋律就像是阿尔玛复杂爱情生活中的主题。不过事实上，阿尔玛从来没有把自己完全交给泽姆林斯基，她只是不断地挑逗他，让他备受折磨，痛苦不已。根据阿尔玛的回忆录，两人这样的关系一直持续到她在一次晚宴通过别人介绍认识了古斯塔夫·马勒，出席那场晚宴的还包括马克斯·伯克哈德和古斯塔夫·克里姆特——她"童年时期的初恋"[9]。

这场晚宴是在 1901 年秋由贝尔塔·祖卡坎德尔举办的。贝尔塔·祖卡坎德尔是一个著名解剖学家的妻子，本人精明能干。这场宴会似乎是阿尔玛追求者的聚会，马勒立刻就注意到了阿尔玛，宴会全程都目不转睛地盯着她看。他看到她坐在伯克哈德和克里姆特两人中间，和两人调情说笑。据阿尔玛后来回忆，她和马勒后来离开了这个花园，"我们被笼罩在找到真爱的那种氛围之中"[10]。第二天早上，她接受了与他在维也纳宫廷歌剧院约会的邀请。马勒当时正在维也纳宫廷歌剧院排练《霍夫曼的故事》这部作品。1902 年 1 月，马勒与阿尔玛公布了他们即将结婚的消息。已经怀孕的阿尔玛在 3 月与马勒结婚，那时的她 22 岁，马勒 41 岁。他们结婚的那天早上下起了小雨，马勒穿着一双雨天专用的胶套鞋，步行来到了华丽壮观的巴洛克圣查尔斯·博罗梅奥大教堂——圣卡尔教堂。

这个小小的细节在阿尔玛心中留下了烙印，在她写回忆录时也记忆犹新。而这种不浪漫的鞋子似乎也暴露了他们之间的年龄差异与代沟，也预示着两人的婚后生活可能会面临种种困难与不合。

年轻的阿尔玛相继与伯克哈德、克里姆特、泽姆林斯基、马勒这几个男人发生过性关系。这些男人都是自己领域中有头有脸的人物，马勒那时已是维也纳宫廷歌剧院的导演，并且其作曲家和指挥家的身份越来越受关注。她遇到沃尔特·格罗皮乌斯时也不例外。虽然格罗皮乌斯当时并不出名，但阿尔玛十分确定她已经看到了他未来将会在建筑界大放异彩的势头。那个夏天，她写信告诉他："我爱你，我爱你的智慧，我爱你的艺术。这一切在我看到你的画作之前，我早就知道了。你的才华，你的生活态度，你的魅力，还有你的美。你为人善良、品行高贵，这两点已经不需要我再说了。"她补充说道，"我想用舌头滑过你的每一寸肌肤、身体的每一个部位。"[11]

阿尔玛与马勒的婚姻始于一种崇高的意图。在他们结婚的那天晚上，两人乘坐火车前往正值冬季的圣彼得堡。马勒在那里指挥阿尔玛最喜欢的歌剧《特里斯坦和伊索尔德》。马勒那时身患冻疮，喉咙酸痛，伴着高烧。即使在这样身体欠佳的情况下，马勒也还是成功地克服重重困难，带来了完美出色的演出。"在这个陌生的世界里，"阿尔玛写道，"我听到了《爱之死》。"——伊索尔德狂热爱情的最后赞美诗。阿尔玛在抵达圣彼得堡时也生病了，所以她获得了站在管弦乐队后面的特别许可，从那里她可以看到丈夫在指挥时的脸。以这样的角度观赏自己的丈夫就像在膜拜神灵一样："那张微微上扬的脸，那两片微微张开的嘴唇！当他表演时，他的表情是那样的高贵神圣、不可侵犯。我颤抖了，我能够感觉到，我的使命是把一切邪恶从他的生命中消除掉，我要为他一人而活。"[12]

然而，九年之后，原本狂热而又富于激情的婚姻生活逐渐变成一种单调而又枯燥的日常生活。甚至在他们举行婚礼之前，马勒坚持让阿尔玛放弃作曲。他嘲笑罗伯特和克拉拉·舒曼的婚姻，他认为克拉拉尝试与自己的丈夫竞争的行为实属可悲，一文不值。马勒给阿尔玛写了一封长信，要求她现在只为他的音乐而活。阿尔玛哭了一整夜，但最终还是答应了。她在婚姻中的角色也从妻子转变为那以自我为中心的天才音乐家的支持者。他们生活的一切都是围绕马勒的工作时间安排进行的。

每年夏天，他们都会在租来的乡间别墅里度过。这座乡间别墅位于卡林西亚的迈尔尼格，在沃瑟湖畔之上。马勒在黎明时起床，开始在森林里一间与世隔绝的小砖屋里作曲。起初阿尔玛见马勒离开，别墅里只剩自己一人，便尝试轻轻弹奏钢琴。尽管马勒的工作室远在树林深处，但不知道为什么，他总是能够听到阿尔玛的琴声，并坚决反对她继续弹琴。马勒在正午游泳之后，吹着口哨让他的妻子来和他一起去船屋，之后再回到别墅里。阿尔玛在回忆录中写道，在经过长途跋涉之后，"汤要到了家才能喝得上……我翻过篱笆，爬过树篱"[13]，每当往几乎垂直的山坡上爬时，几乎都是马勒把她拖到山顶上的。有时候她已经疲惫不堪，身体就像被抽空一样，再也没有力气前行了。

他们在维也纳的生活也十分艰难。马勒的冬季日程安排像钟表一样有规律：七点钟起床、吃早餐，重新检查他的夏季作品，九点钟到维也纳宫廷歌剧院，下午一点钟吃午饭。歌剧院的工作人员会在马勒下班时通知阿尔玛他什么时间到家，确保马勒到家的时候，阿尔玛会打开公寓大门迎接他。马勒的时间安排就是这样争分夺秒。午饭后，他和阿尔玛一起迅速地散完步。两人散步的路线是绕丽城四圈，环绕整个维也纳圆环饭店一圈。用完咖啡和蛋糕之后，马勒便会回到歌剧院，在那里进行部分演出。阿尔玛有时会去接他，但她在歌剧院的时间完全由丈夫掌控。所以她在歌剧院看过很多歌剧，但"都只看到了部分，从未完整地欣赏过"[14]。

当阿尔玛遇到格罗皮乌斯时，她与马勒的婚姻已经是危机重重。由于马勒不善于管理钱财，家庭陷入了严重的资金紧张。同时，马勒将自己的作品定位在 19 世纪和现代之间的举动也经常引发争议，造成了负面的影响和后果。歌剧院一方也反复无常，不堪重负的马勒于1907 年辞职。同年，马勒的大女儿玛丽亚患上猩红热和白喉病，重病缠身。马勒全家也因这场突如其来的变故而心急如焚。家人一直称玛丽亚"普吉"，意思是"宝贵的"。玛丽亚在饱受两周的痛苦折磨之后终于离开人世，当时只有 4 岁。更糟糕的是，几个星期后，马勒又被诊断出患有严重的心脏缺陷疾病。

在这个阶段，阿尔玛和古斯塔夫·马勒的性生活似乎也不尽如人意。尽管有传言说马勒年轻时是个花花公子，关于这一点阿尔玛的母亲也曾提醒过她，但在阿尔玛看来，马勒对于这桩婚姻是极其忠贞的，对

阿尔玛与她和马勒的两个女儿玛利亚（左）、安娜（右），
约摄于 1905—1906 年

待生活保持极度奉献和严苛苦行的态度。即使阿尔玛已经结婚并且严格恪守自己妻子的本分，但善于挑逗、风情万种的阿尔玛仍然令大群男人拜倒在她的石榴裙下。她的追求者包括年轻的钢琴家奥西·加布里洛维奇和作曲家汉斯·普菲茨纳。她在日记中情不自禁地发出悲叹，她觉得自己本是一只生活多彩、自由飞翔的鸟儿，但她与马勒的婚姻却活生生地将她的翅膀折断了。1910 年，阿尔玛的医生认为她的精神状态即将崩溃。"我真的病了，"她写道，"马勒的大脑就像一个巨大的引擎，它一直在高速运转，永不停歇。我的心血和精力已经完全被耗干。"[15]

为了让阿尔玛早日恢复健康，马勒将阿尔玛、小女儿小安娜和保姆一起送到了托比尔巴德的疗养院。（因为安娜的目光特别有穿透力，因此她还有一个别名叫作"古琦"。）马勒同她们在托比尔巴德待了一两天之后，便回到了位于多洛米蒂山托不拉赫的新乡村住宅，马勒一家在小普吉去世后便搬到了这里。马勒此时正奋力继续创作他的《第十交响曲》。

古斯塔夫·马勒（后排）、马克斯·莱因哈特（左）、卡尔·莫尔（中）、汉斯·普菲茨纳（右）在莫尔位于维也纳的别墅中，1905

疗养院坐落在宽阔的山谷中，每一栋精心打造的乡村风格别墅都带有独立的花园。在这个美丽、隐蔽、幽静的地方与格罗皮乌斯会面，阿尔玛很自然地感到兴奋与解脱。

格罗皮乌斯不仅年轻、英俊、有潜力，并且与阿尔玛典型的犹太人个性的丈夫截然不同，因此很快就俘获了阿尔玛的芳心。阿尔玛在回忆录中将格罗皮乌斯比作瓦格纳的作品《纽伦堡的名歌手》中年轻的骑士特·冯·斯托尔丁。

阿尔玛对犹太人的态度，就像她多面的性格一样难以捉摸。一方面，她和那个时期很多维也纳人一样，对犹太人持有偏见，特别是她的继父卡尔·莫尔对犹太人可以说是厌恶至极。阿尔玛极为欣赏格罗皮乌斯身上的雅利安人品质。"你有没有见过格罗皮乌斯？"在 20 世纪 30 年代的时候，阿尔玛如此向作家埃利亚斯·卡内蒂发问，"他特别帅气，是一个真正的雅利安人。他是唯一一个适合我的男人。"然而阿尔玛却嫁给了犹太人古斯塔夫·马勒，最后又嫁给了犹太人弗朗兹·韦尔费尔。她曾坦率地向卡内蒂透露自己观察到的现象："爱上我的都是小个子犹太人。"[16]

格罗皮乌斯与阿尔玛之间的关系越来越亲密。马勒每天都会给阿尔玛寄信，但阿尔玛的回复越来越敷衍，甚至根本不回信，这让他越发感到不安。马勒开始质问阿尔玛，怀疑她对他有所隐瞒。6 月底，马勒来到疗养院查看阿尔玛的情况，擅长伪装的阿尔玛成功骗过了马勒，让他放松了警惕。马勒在信中告诉在维也纳的阿尔玛的母亲，他发现阿尔玛"精力更加充沛了，身体也强壮了许多"，还"确信她在这里的治疗取得了不错的效果"。[17]

但是，阿尔玛的母亲安娜·莫尔当然知道阿尔玛突然奇迹般恢复朝气的原因。7 月初，格罗皮乌斯秘密前往维也纳，其间阿尔玛将他介绍给了她的母亲。这次会面十分成功，格罗皮乌斯随即给安娜写了一封信表示感谢，热情洋溢地称赞她"高尚的人性"。"亲爱的，"格罗皮乌斯叹道，"您让我感受到了母亲般的疼爱。"[18]格罗皮乌斯和阿尔玛两人明显私下商量过，在她回到马勒的夏日避暑别墅的时候，他们可以有更多交流接触的机会。格罗皮乌斯首先通过托不拉赫邮局给阿尔玛寄信，但如果信件有任何被发现的风险，安娜就会以电报的方式把这封信拦截下来。

如果有人对安娜·莫尔在自己女儿婚外情中起到的复杂作用感到诧异的话，那么他必须清楚一个事实：安娜·莫尔自己年轻时的感情生活也十分复杂。她的第二个孩子，阿尔玛的妹妹格蕾特，并不是安娜与辛德勒的女儿，而是她与画家朱利叶斯·维克多·伯杰的私生女。而在丈夫辛德勒去世前，安娜也早与辛德勒的学生兼助手莫尔有了婚外情。阿尔玛对此极度不满，当安娜与莫尔最终结婚时，阿尔玛已经18岁了。安娜·莫尔是一个天生善用计谋的人，格罗皮乌斯的出现为她的生活带来了些许兴奋与刺激。

阿尔玛最终于7月16日离开了疗养院，马勒在托不拉赫车站接她。再次看到阿尔玛时，他突然觉得她更加风情万种、充满诱惑了。阿尔玛在回忆录中推测分析，"也许是年轻的陌生人对她的迷恋"[19]使她重拾自信，这样的她对马勒来说更具吸引力。至于格罗皮乌斯与阿尔玛之间的通信，两人选择了留局待领的邮件业务。邮局距离马勒家3公里，每次收寄信时，都需要阿尔玛亲自来局办理。阿尔玛在信中安慰她的情人格罗皮乌斯："我感到十分对不起G（古斯塔夫）——他一定可以感受到我丝毫没有想和他做爱的念头——我非但没有与他亲密接触，反而极力与他保持距离。到目前为止我已经成功了。"[20]而此时的马勒却被蒙在鼓里，他甚至还通过助手卡尔联系并委托约瑟夫·霍夫曼为下个月阿尔玛31岁生日设计制作皇冠头饰。

这对恋人期待他们之间如何发展呢？安娜·莫尔热情地鼓励格罗

皮乌斯要对自己有信心。她告诉他，他和阿尔玛会有灿烂、美好的未来。安娜显然迫切希望两人能结为夫妇，有一个美好的结局，她写给格罗皮乌斯的成百上千封信件都是以"钟爱你的妈妈"为落款的。然而，相较于自己的母亲，阿尔玛的态度却显得犹豫不决。她在信中告诉格罗皮乌斯，马勒的音乐对她的影响有多深，希望格罗皮乌斯继续等待。年轻的格罗皮乌斯正是血气方刚的年纪，还有些傲慢，很快便无法忍耐阿尔玛的敷衍搪塞。他决定正面面对问题，把事情做一个了断。

7月29日，马勒在托不拉赫的家中收到了一封信。这封信装在灰蓝色的信封里，上面带有格罗皮乌斯亲笔写的"马勒导演先生"字样。阿尔玛后来描述当时的场景时表示，当时的气氛就像许多传记和电影中剧情到了高潮一样。"马勒坐在钢琴前的座椅上，打开了这封信。'这是什么？'他问道，并将那封信递给了我。他的声音就像喘不过气来要窒息一般。"[21] 阿尔玛十分震惊，但又毫无头绪。她给格罗皮乌斯回信："你想想，你的那封描写我们爱之夜的秘密的信，是寄给'古斯塔夫·马勒先生'，寄往'托不拉赫，蒂罗尔'这个地址的。你真的希望看到发生这样的事情吗？还是你在写地址的时候疏忽大意了？"[22] 在这封信的后半部分，阿尔玛写道："我现在几乎可以肯定，在火车离开的时候，你在匆忙间忘了把地址写在前面。我就当事情是这样的了。"[23]

对于格罗皮乌斯将这封信写给马勒，有人认为他是故意的，也有人认为他只是一时疏忽。格罗皮乌斯在20世纪50年代告诉马勒的传记作者亨利-路易·德·拉·格兰奇，他当时确实犯了一个可怕的错误。格罗皮乌斯虽这么说，但这似乎也不太可能。他向来小心谨慎、一丝不苟。在后期结束与阿尔玛的恋情后的日子中，格罗皮乌斯先后与情人莉莉·希尔德布兰特的丈夫、他未来妻子伊尔莎·弗兰克（伊尔莎后更名为伊势）的未婚夫，还有后来他妻子伊势的情人——赫伯特·拜耳发生过对峙和争吵。这一切都表明格罗皮乌斯希望在复杂的感情之中掌控全局。看起来格罗皮乌斯，用我们现在的话讲，很擅长通过谈话解决问题。

可以肯定的是，这封信带来了一场巨大的风暴，马勒因妻子的不忠备受打击，而阿尔玛却自卫反击道，她这样做是他们之间的婚姻并不幸福所致。马勒暂时放下了手中《第十交响曲》的作曲工作，带着阿尔玛去乡下散步谈心，每次两个人脸上都挂满泪水。最后还是安娜·莫尔出面，试图挽回局面。虽然阿尔玛答应马勒永远不会离开他，但她显然还渴望着格罗皮乌斯和他那犹如沃尔特·冯·斯托尔丁一样年轻的身体。"古斯塔夫，"阿尔玛告诉格罗皮乌斯，"就像一个生病了的好孩子。格罗皮乌斯，请你坦率诚实地写信给我，告诉我你对未来的期望，告诉我你将如何安排一切，告诉我会有什么事情将发生在我身上！我，想要一生与你相伴——如果不这么做的话，哦，每当想到这里，我的沃尔特，我便觉得整个一生我都不能再拥有你那强烈真挚的爱情了。"[24]

格罗皮乌斯提议他可以亲自前往托不拉赫与马勒见面，还尝试说服阿尔玛离开马勒。他写信给阿尔玛："如果你不让我过来，我会疯掉。我想要在你们面前为自己辩护、证明我自己。"[25]阿尔玛一而再，再而三的犹豫让格罗皮乌斯十分沮丧，但是他已经下定决心。8月初，对阿尔玛魂牵梦萦的格罗皮乌斯完全没有提前告诉她，便只身来到了托不拉赫。

阿尔玛在回忆录中写道，她当时正开着车穿过村庄，突然间看到了站在桥下的格罗皮乌斯。格罗皮乌斯显然已经在附近待了一段时间。阿尔玛假装没有看见他，回到家后对马勒坦白了一切。马勒去了托不拉赫找到了格罗皮乌斯。"来吧！"马勒对格罗皮乌斯说道。两个男人碰面时正值傍晚，阿尔玛表示当时两人所处的场景气氛十分怪异。在漆黑的傍晚中，马勒手提一盏灯笼，格罗皮乌斯跟在他后面，阿尔玛一直在房间里等着。马勒后来将阿尔玛和格罗皮乌斯两人单独留在房间中，不过阿尔玛很快就结束了与格罗皮乌斯的谈话，她十分担心马勒。马勒一直在书房踱着步，阅读《圣经》，两根蜡烛在他的书桌上燃烧摇曳。"无论你做什么，"马勒严肃地对阿尔玛说，"都是好的。选择吧！"[26]

"我有什么选择？"[27]阿尔玛写道。她显然已经决定要和丈夫在一起。格罗皮乌斯应该是在托不拉赫村中度过了一夜，因为阿尔玛在回忆录中提到，第二天早上她开车去托不拉赫车站送别格罗皮乌斯。马勒在半路焦急地找到阿尔玛，他害怕她又改变主意，要与格罗皮乌斯一起离开。格罗皮乌斯——这名被拒绝的追求者，在乘火车返回柏林的途中，每经过一站都会给阿尔玛发电报恳求她回心转意。但格罗皮乌斯的失意只是短暂的。不久，阿尔玛写信告诉他，她仍然认为他是她的未婚夫。她希望他可以等她，并向他保证，她永远不会看向其他男人："我已经找到了你，为什么我还要再寻找其他人？"

可以想象的是，马勒对剧情的反转始料未及，反应十分强烈。正如阿尔玛所说的那样，他已经"陷入最糟糕的状态"[28]。马勒痴狂、执拗地要和她黏在一起。他与阿尔玛早已分居睡在两个房间，但是两人的房间紧挨在一起。马勒坚持每晚睡觉时要打开两人的房门，这样他可以听到她的呼吸声。她经常一醒来就发现丈夫像个幽灵一样，在黑暗中站在她的床边。阿尔玛在饭点的时候去森林里的小屋接马勒回家吃饭，但是经常发现马勒躺在地上痛哭流涕。马勒说这样做可以离大地更近。

为了挽回阿尔玛的心，马勒变得低声下气，行为举止令人尴尬。他告诉阿尔玛他打算将他的《第八交响曲》献给阿尔玛。他甚至提出要阿尔玛重拾起她的歌曲，那些在结婚前几天他禁止阿尔玛再去碰触的歌曲。"这些歌很好，"他突然告诉阿尔玛，"它们很精彩！我希望你可以好好回顾一下这些歌曲，然后我们再将它们发表。在你再次开始工作之前，我决不会停歇一刻的。"[29] 但是在马勒重新回到《第十交响曲》的创作中之后，我们可以从乐曲中听出马勒歇斯底里的呐喊与祈祷："可怜可怜我吧！天哪！天哪！上帝，你为什么抛弃了我！"[30] "魔鬼正在吞噬我的内心，疯狂已经占据了我，我是被诅咒的人！"[31] 他疯狂地抒发自己的内心："我感到自己陷入肉欲的渴望之中无法自拔，我感到我一生都会被我的欲望所支配！"[32]

阿尔玛看到丈夫几乎丧失理智，感到焦虑不安。她告诉格罗皮乌斯，她担心"马勒现在给我的完全是对偶像一样的爱情和崇拜，这根本就不正常"。就在此时，马勒决定向弗洛伊德咨询自己婚姻中的问题。在与弗洛伊德先后预约三次并次次爽约之后，马勒终于登上了长途火车，前往弗洛伊德当时正在度假的地方——荷兰莱顿。

马勒与弗洛伊德于 8 月 26 日下午在一家咖啡馆见面。他们在接下来的四个小时里一直在荷兰温泉小镇的街道上散步。正如弗洛伊德在1935 年回忆的那样：

> 马勒觉得非常有必要来见我，因为他的妻子当时拒绝与他做爱。在和马勒散步的时候，我发现了非常有意思的事情。我们重温了马勒的生活经历，发现了他对待爱情的条件和要求，还发现了他具有处女情结。这个男人理解事物的能力让我印象深刻。除了他外显的神经强迫症以外，看不出有其他的问题。想看透他就好似在一个结构复杂的大厦里挖一口深井一样错综复杂，让人摸不清头绪。[33]

根据弗洛伊德和他的学生玛丽·波拿巴的描述，这次谈话似乎让马勒很安心。弗洛伊德这位聪明的分析师将重点放在了阿尔玛深爱她的父亲埃米尔·雅克布·辛德勒这个事实上。弗洛伊德表示，阿尔玛只会爱和她父亲一样，具有灵性权威、身材矮小、年长的男人，这些特点古斯塔夫·马勒无疑都符合。弗洛伊德回忆那次会面时，格罗皮乌斯这个因素似乎从未被提及，至少是被淡化了。但是，阿尔玛在她的回忆录中对这件事情的评论大不一样。当然她的评论可能不准确，也可能出于维护自己的颜面的原因。她说弗洛伊德严厉责备她的丈夫对他们的婚姻还有不切实际的期待："像你这种状况的男人怎么敢奢求一个年轻女子一辈子和你在一起？"[34]

事情还在不断发酵。在阿尔玛生日的当天，马勒与格罗皮乌斯两人似乎在送阿尔玛生日礼物上竞争了起来：马勒送给了阿尔玛他委托霍夫曼打造的皇冠头饰，而格罗皮乌斯也不甘示弱，他通过安娜·莫尔送给阿尔玛一件中式夹克。阿尔玛写信告诉他，她会好好珍惜这件夹克："这件夹克曾属于你，曾被你那炙热的双手抚摸过。"[35]阿尔玛与格罗皮乌斯9月往来的信件充斥着爱欲情色，激情犹如夏日烈火般燃烧。阿尔玛写信告诉格罗皮乌斯她多么渴望与他做爱："我觉得，对于我的心和我其他所有器官来说，没有什么比强制禁欲更糟糕了。我所说的不仅仅是感官欲望，没有性生活已经让我提早成为一个与世隔绝、失去女性特征的老妇人了。还有，我的身体一直处于空虚的状态……现在正躺在我的床上……你必须知道我想与你在一起的欲望有多强烈。"[36]阿尔玛在信中问格罗皮乌斯："不知道下次，你在夜晚赤裸地躺在我的旁边，会是什么时候。那时候，除了困意，没有什么可以将我们分开。"[37]她在信的末尾以"你的妻子"署名，并告诉格罗皮乌斯她是多么迫切地想要为他生一个孩子。

阿尔玛与格罗皮乌斯两人策划在维也纳密会。9月初，马勒虽然身体和精神状态不佳，但仍然前往慕尼黑为他的《第八交响曲》首演进行最后的排练，阿尔玛与格罗皮乌斯趁机精心策划在慕尼黑约会。

阿尔玛和马勒住在大陆酒店的豪华公寓里，他们的房间摆满了玫瑰，身在其中仿佛置身于玫瑰花房。格罗皮乌斯也在酒店预订了房间，当马勒在排练时，阿尔玛则在里贾纳帕拉斯酒店入口与她的情人会面。阿尔玛告诉格罗皮乌斯，参加 9 月 12 日的音乐会时一定要小心谨慎。

马勒于 1906 年为包含八位独奏家、双合唱团和管弦乐队创作的大型合唱作品广受好评。格罗皮乌斯甚至也为马勒的音乐天赋感到震惊。格罗皮乌斯后来给阿尔玛写了一封严肃的信，表示他要牺牲自己的感情。格罗皮乌斯在信中告诉阿尔玛说："G（古斯塔夫）的音乐让我感慨系之，所以在听完音乐会后，我认为我们不能伤害他，我们必须向这个男人鞠躬致敬。"[38] 格罗皮乌斯此后一直在阅读保罗·斯特凡撰写的马勒的传记，他告诉阿尔玛他非常敬佩马勒的才能："你的丈夫无论作为一个男人还是作为一名艺术家都具有高尚的品质。"格罗皮乌斯的想法使他很难与阿尔玛继续保持肉体关系。"我昨天遇见了你，打算告诉你我们必须保持纯洁的关系，但是你昨天的一番话语让我无法开口。"

但这封勇气可嘉的信件格罗皮乌斯始终没有发出去。他在信中的口吻明显十分激动，他已经做好准备再次提出关于结束他们之间肉体关系的问题。

他就像瓦格纳式的英雄一样悲壮地告诉阿尔玛：

> 我有一种《特里斯坦和伊索尔德》中特里斯坦式的信仰与情怀。事实证明，我是一名十足的理想主义者，比我想象的程度还要深。我对贞操有着强烈的执念，所以当我想到你和马勒之间的事情时……我就会感到极度恐惧。我对你的爱是如此之深，我最大的愿望就是希望你能一切安好。为了你，我要全身退出，让你获得自由。

格罗皮乌斯在认识到马勒的音乐天赋之后开始起草这封信，他在信中提出，他与阿尔玛至少在马勒还在世的时候不能在一起。格罗皮乌斯此举是出于自我克制的英雄情绪，同时他也迫使自己面对几乎不敢想象，但长期以来一直困扰他的事情——问阿尔玛她与马勒何时恢复正常的性生活。这个问题一直令格罗皮乌斯难以启齿。

我所希望的只是在马勒去世前，你可以跟随他、守护他、保护他，直到他去世。但我并不希望你成为他的爱人。对于你这样意志坚强的人来说，我一直以来写给你的那些文笔笨拙、词不达意的书信可能对你的影响甚微。但是马勒的意志更强大、更成熟，一定会让你信服和屈服的。事实证明，你向我表现你的热情是一个错误的举动，我应该为此承担所有的责任。

这封充满消极的未来景象的信，阿尔玛应该不会收到，阿尔玛与格罗皮乌斯没有放弃彼此。在9月中旬的信件中，格罗皮乌斯在信中心醉沉迷地将阿尔玛称为"我生命中的幸福"。他告诉她，他可以看到"这种长期痛苦结束后会带来更年轻、更美好的生活……我对你的感情绝对没有丝毫抑制与掩饰……我们有很多的相似之处，我们的欲望是共同的，我们的感情波动也是相像的"[39]。他们的关系重新变得亲密无间，与对方在一起就会感到舒适安逸。格罗皮乌斯在阿尔玛的推荐下阅读了司汤达的《帕尔马修道院》。"你读过诺瓦利斯的诗吗？"格罗皮乌斯问阿尔玛。阿尔玛·马勒后来曾为诺瓦利斯的两首诗谱曲。

马勒仍然怀疑格罗皮乌斯与阿尔玛还在秘密地谋划些什么，就像之前两人在维也纳密会一样，但是那个冬天马勒大部分时间都在纽约度过。他与大都会歌剧院签订了合约，并在歌剧院担任指挥一职。与此同时，马勒也预定参加在美国其他城市举办的系列音乐会。阿尔玛一直希望她与格罗皮乌斯可以趁马勒繁忙的时候继续保持交往的关系。但马勒对阿尔玛的占有欲越来越强烈，坚持要她与他一起出行。

他们从瑟堡起航。阿尔玛与马勒商讨得到自己独立完成部分行程的机会：她将从维也纳出发，带着她们一家人的行李乘坐东方快车，途经巴黎。她们的女儿安娜和保姆也将一起前往美国。阿尔玛希望可以在火车上与格罗皮乌斯见面，她给他发送了如下指示：

> 我们见面的地点是慕尼黑。我将于 10 月 14 日，星期五，11 点 55 分搭乘东方快车从维也纳出发，我的 13 号卧铺位于第二节卧铺车厢中。我从未去过小镇，况且我还不知道你的答案。（如果你要来的话）我建议你以沃尔特·格罗特的名义购买火车票，因为古斯塔夫两天后会乘坐那辆火车，并可能会要求调出旅客名单查看。收信后请尽快回复。[40]

阿尔玛的情人"沃尔特·格罗特"在火车到达慕尼黑时与阿尔玛碰面会合。他们共同前往巴黎，成功地一起度过了接下来的几天。当后来阿尔玛和马勒抵达纽约时，阿尔玛兴高采烈地回忆起与格罗皮乌斯在巴黎度过的日子："在巴黎的日子是多么轻松愉快、无忧无虑。我们情投意合，我们之间的爱情从未有过不和谐之处。只是那个可怜的小伙子总是要等我这么久，这对我来说也十分糟糕！我大部分的时间总是与他人相处，但是和我的男人在一起的时间却少之又少！"[41]当阿尔玛离开时，她告诉格罗皮乌斯不要挥霍他那只属于她的"可爱青春"。

格罗皮乌斯回到了他在新巴伯尔斯贝格的办公室。他和迈耶正在设计卡尔维茨的一个坐落在果树园里的淀粉厂，与此同时，两人也兼任埃里希叔叔的庄园项目的建筑师，并于 1910 年冬开始商洽法古斯工厂的相关工作。

格罗皮乌斯和阿尔玛两人也通过位于市区的纽约中央邮局继续保持谨慎、秘密的交流。阿尔玛给格罗皮乌斯寄了几张萨沃伊酒店九楼公寓的草稿图。至少在现阶段，阿尔玛对格罗皮乌斯的建筑事业还持着积极热情的态度，她预见他会取得巨大成功，而且他取得的成功越大，越能彰显她的爱的伟大。"你取得的成功越多，"她告诉他，"你就会越来越只属于我一个人。"[42] 格罗皮乌斯显然已经将他在纽约的建筑事务全权交给阿尔玛处理，阿尔玛回应道："我会尽力为你处理建筑事务，对我来说唯一的困难是不太懂专业词汇。"[43] 她希望格罗皮乌斯可以将他的一些作品的"小照片"寄给她。就在他们离开奥地利之前，她和马勒在谢莫林的布赖滕斯坦新购置了一块地。他们打算放弃托不拉赫的房子，远离在那里发生的绝望与不快，忘记在那里的情绪巨变，在布赖滕斯坦这个离维也纳不远的浪漫山区里打造一栋夏季住宅。阿尔玛希望格罗皮乌斯可以为她的新宅提一些意见，她还告诉格罗皮乌斯，她会将她对于住宅的想法和计划写出来寄给他。在看过之后，格罗皮乌斯可以通过她的母亲安娜，告诉她房子有哪些不足，哪些地方需要改进，他有什么样的建议。阿尔玛的这封信以"你的新娘阿尔玛"署名，她告诉他："我想要自己家里有一些你设计的东西。"

———

到格罗皮乌斯去柏林听马勒的《第七交响曲》时，阿尔玛和他分开已有三个月。格罗皮乌斯在欣赏过这次音乐会之后身心疲惫、情绪激动，状态与他之前听完马勒的《第八交响曲》时一样。格罗皮乌斯说，他现在感觉自己急需"在踏入异境的惊艳感叹中，坚持自己的身份，不想背离自己的道路"[44]。马勒的《第七交响曲》是音乐表现主义的开端之作，堪称艺术界的又一里程碑。这部长达75分钟的交响乐，让格罗皮乌斯暂时陷入柔美朦胧的氛围，完全迷失了方向。

他记得当他9月份在慕尼黑第一次听到马勒的音乐时，那时阿尔玛也在唱。欣赏马勒交响乐的那一刻，万千思绪涌上格罗皮乌斯的心头，他很快体会到了作品的精髓，与作品产生了共鸣。

这次再听马勒的《第七交响曲》，格罗皮乌斯说道："从这部作品中我听出了马勒寻求上帝的虔诚与努力、孤独与绝望。这些都让我十分感动……但是我的艺术是在完全不同的环境下习得、培养的，我担心马勒的这种陌生的力量过于强大。"格罗皮乌斯在那段时间写给阿尔玛的信件中提到，他发现自己与希腊哲学理念越来越趋于一致。"美丽的头脑、美丽的身体和我对于事物双重性的追求。相信你懂得艺术间的相互转化。"格罗皮乌斯很可能在无意识之中映射了当时正盛行的尼采思想的核心——艺术的连续发展与日神和酒神的二元性分不开。

这是一封特别重要的信，因为它显示了格罗皮乌斯正逐渐将艺术和知识、艺术的理论概念与实际存在之间建立联系。这些想法对格罗皮乌斯后期树立、强调教育广度和实验的理念起到了十分重要的作用。格罗皮乌斯深刻理解了马勒的《第七交响曲》背后的创作根源，也深受其影响，从中获得了灵感。"对我来说，"格罗皮乌斯告诉阿尔玛，"今晚，古斯塔夫让我刷新了我对他以及对我们关系的认识。"

与此同时，马勒在美国筋疲力尽、心力交瘁。一方面管弦乐队内部状况连连，另一方面马勒对自己要求严格，即使在生病的情况下也坚持演出。最后，马勒因患链球菌感染而身体崩溃，本来已经十分脆弱的心脏随时有骤停的可能。阿尔玛在1911年3月25日写给格罗皮乌斯的信中说道："这是一种反复发作的心内膜炎——换句话说，对于像马勒这样的心脏脆弱的人来说，是一种非常危险的疾病。"[45] 她告诉格罗皮乌斯自己现在比任何时候都更想念、渴望她年轻而迷人的情人："我亲爱的沃尔特，我恳求你，你必须保持健康、坚强、年轻。只有这样，我们在再次见到彼此时，才可以享受彼此带给对方的快乐和我们之间的爱……我要你！！！但是你呢？你也想要我吗？"

阿尔玛一定十分清楚马勒命不久矣。约瑟夫·弗兰克尔，马勒的医生兼密友，同时也是阿尔玛的爱慕者，表示马勒已经没有任何希望了。阿尔玛现在不得不用勺子喂丈夫进食，晚上也被迫睡在马勒的房间里。安娜·莫尔闻讯来到纽约，他们全家 4 月离开美国，回到瑟堡，又从瑟堡到巴黎。在巴黎，阿尔玛和格罗皮乌斯才度过了无忧无虑的幸福日子。同样是在巴黎，马勒的病情却每况愈下，他先是从爱丽舍宫酒店被转移到疗养院，随着病情的恶化，马勒最终不得不回到维也纳。马勒与他的随行人员乘坐火车抵达维也纳火车站西站，随后被立即送往洛夫疗养院。马勒于 5 月 17 日陷入昏迷，并于 18 日的暴风雨之夜接近午夜时分离开人世。马勒死亡之日正值沃尔特·格罗皮乌斯 28 岁生日，阿尔玛认为这是她与格罗皮乌斯未来美好生活的预示。

尽管阿尔玛在纽约那段日子无微不至地服侍自己重病的丈夫，但是有没有可能阿尔玛想要甚至可能下定决心让自己的丈夫死去呢？阿尔玛在 1920 年 7 月的日记中回顾这一刻并承认："古斯塔夫的死也是我想要的。我曾经爱过另一个男人，但马勒却是横在我和我的情人之间的一堵我无法翻越的墙。"[46] 所以，我们应该说阿尔玛·马勒不过是没心没肺，还是应该谴责她的人品有问题呢？

阿尔玛称自己病重，无法去格林宁墓地参加马勒的葬礼。在经历自己父亲葬礼的痛苦之后，阿尔玛发誓再也不会参加葬礼了。在接下来的几个星期里，阿尔玛大部分时间都卧病在床，但她仍然坚持每日给格罗皮乌斯写情书。格罗皮乌斯对于马勒的离世表示遗憾与同情：

"对于马勒的艺术，我了解得少之又少。但是对于马勒的为人，我深知他是一名高贵优雅的绅士。与他相处的时光是我这辈子都难以忘却的回忆。" [47]

————

马勒去世后，阿尔玛与格罗皮乌斯经常在信中安慰对方说会在马勒死后立刻在一起的美好愿望并没有实现，只要他们在一起就定会招致流言蜚语。阿尔玛现在是一名富裕的寡妇，她可定期获得维也纳宫廷歌剧院支付给马勒的一笔十分可观的退休金，并且继承了马勒的所有财富。马勒不擅长打理钱财，但是阿尔玛自己一人便将事情管理得妥妥当当。马勒的名望给阿尔玛带来了属于她自己的荣誉，阿尔玛也深知并利用了这一点，在社会上取得了一定的地位。比起和格罗皮乌斯这个初出茅庐的年轻建筑师在一起，阿尔玛显然可以通过马勒遗孀的身份获得更多的利益与好处。

从格罗皮乌斯的角度来看，他与阿尔玛的这种关系也存在问题。格罗皮乌斯的建筑事业仍然处于初级阶段，需要他倾注更多的心血去栽培，而不是对阿尔玛百依百顺，过着碌碌无为的生活。此外，他深爱的父亲于当年2月去世，这对格罗皮乌斯来说宛如晴天霹雳，再加上他一直怀疑阿尔玛在马勒病重时期仍与其保持性关系而耿耿于怀。虽然以当时马勒的身体状态来看，这种情况发生的可能性很小，但格罗皮乌斯与后人仍如此认为。

格罗皮乌斯开始回避阿尔玛，并于1911年9月底告诉阿尔玛：

有一种羞愧的感觉占据了我的身心，使我无地自容，告诉我应该远离你。我想离开一段时间，并在这段时间去探寻自己是否能够带给你应该拥有的美好爱情，唯有如此才能抵消和弥补我的羞愧。现在我找不到任何方法，我为自己感到十分伤心和难过。[48]

格罗皮乌斯因患牙床感染加上其他大大小小的事情而身心俱疲，1911 年的整个秋天他都处于萎靡不振、几近崩溃的状态。在这样的情况下，格罗皮乌斯于当年的 12 月来到了位于德累斯顿郊区的一所名叫白鹿的疗养院。白鹿疗养院同样也是由大名鼎鼎的雷曼博士创立的疗养机构。格罗皮乌斯在这里的生活与在托比尔巴德与阿尔玛度过的满心欢喜的那几周截然不同，他在信中告诉母亲，在这里他只能一个人孤独地散步。

当格罗皮乌斯回到柏林时，阿尔玛也赶到柏林与他相见，同时她也第一次拜见了格罗皮乌斯的母亲。那次会面不算愉快，在母亲安娜·莫尔的教导下，在维也纳长大的阿尔玛早已养成了直白流露感情的与人相处的方式。然而，格罗皮乌斯的母亲却是传统保守、规规矩矩、僵硬严肃的典型柏林上层社会的贵妇。阿尔玛对于玛农对儿子的极端占有欲表示无法认同。

继那次拜访之后，阿尔玛与格罗皮乌斯的关系变得越来越紧张，阿尔玛仍不断地向格罗皮乌斯提出各种要求。但是阿尔玛在 1912 年 5 月 18 日寄给格罗皮乌斯的信中，只提及了那天是马勒的忌日，而对于那天也是格罗皮乌斯的生日却只字未提。马勒的忌日是格罗皮乌斯的生日，这种巧合神秘难解。这种尴尬与巧合，格罗皮乌斯和阿尔玛已经在去年经历过一次了。那年的整个夏天，阿尔玛都在责备格罗皮乌斯没有回复她的信件。她质问格罗皮乌斯为什么不来维也纳看她。到了 11 月底，阿尔玛在信中采取了强硬手段，要求格罗皮乌斯归还之前借给他的几本杂志，并质问他："我们难道不是彼此相知、心灵相通的知己吗？"[49] 看来，阿尔玛与格罗皮乌斯之间这场轰轰烈烈的爱情开始慢慢归为尘土了。

格罗皮乌斯终于在12月初回信：

> 我很高兴你在想起我的时候仍然充满爱意，但是我并没有完全理解你话语里的含义。我们的关系渐行渐远，对于彼此的理解也大不如从前。而你真的想知道、想问我："我们对于彼此的了解难道不会随着时间日益增长吗？"不，我们已经无法回到过去了，现在一切都变了。我们难道能将曾经那份刻骨铭心的爱情草草地化作普通平凡的友谊吗？如果我将我们的关系仅仅视为朋友，你会愿意吗？不会的。自我们经历痛彻心扉的肉体与心灵的创伤至今，时间过得很慢很慢。我不知道接下来将会发生什么事情，这并不取决于我。世间的一切都是颠倒对立的：冰与日，珍珠与泥土，魔鬼与天使。[50]

马勒在临终前希望阿尔玛不要在他去世时穿丧服，他鼓励她多去见见其他人，多欣赏音乐会和戏剧。阿尔玛听从马勒的话，并在1912年，也就是她与格罗皮乌斯的爱情开始逐渐淡化的时候，重新开启了她之前纸醉金迷的娱乐生活。正如她在回忆录中所描述的一样："很快，我就回到了与原来一样被优秀的男人所包围的生活。"[51]阿尔玛之所以可以令那些有名望、有才华的男人拜倒在她的石榴裙下，主要是因为她对男人了如指掌，并懂得顺从、尊重男人的意见。还有很重要的一点是，阿尔玛外出时从不穿胸罩或紧身胸衣。阿尔玛那柔软的胸脯、凹凸有致的完美身材向周围的男士散发出"名花未有主"、可以接近的信号。

在阿尔玛恢复单身生活之后，她早期的追求者之一是约瑟夫·弗兰克尔。弗兰克尔是马勒在纽约治疗时尽职尽责的医生。弗兰克尔现在来到维也纳，恳求阿尔玛可以在经过"一段合理时间"[52]的相处后嫁给他。维也纳出身的弗兰克尔在美国闯出了自己的一片天地，成为美国医学界的一个英雄。他是多名百万富翁的私人医生，并利用其在富豪身上赚取的巨额诊金为东部的穷人提供免费治疗。但是对于阿尔玛来说，约瑟夫·弗兰克尔似乎只是"一个病恹恹的又老又矮的男人。他医治严重的肠道疾病，这听起来非常羞耻，一点都不伟大。我不想和这样的人在一起"。弗兰克尔两次从美国横跨大西洋来到欧洲都没有取得任何成效，最后以失败告终。

接下来，阿尔玛在她的"漫游灵魂，寻找爱人"[53]的道路上发现了新的目标——弗朗茨·施雷克尔。弗朗茨·施雷克尔是一个"极具天赋的作曲家"，不过从他当时的歌剧之一——《疯狂的火焰》来看，施雷克尔的艺术生涯"已经处于下滑阶段"，而阿尔玛在夏洛滕堡歌剧院曾欣赏过的施雷克尔的最新歌剧《施米德绅士》可谓一败涂地。阿尔玛在这方面可以做到冷酷无情，残忍决绝。在回忆录里，她在提到施雷克尔时写道："在与施雷克尔并行的这段路程中，我得到了舒缓与放松，然后我在正确的时间离开了他。"

阿尔玛似乎与杰出的实验生物学家保罗·卡梅尔关系比较亲密。阿尔玛赴慕尼黑参加欣赏马勒的疯狂崇拜者布鲁诺·沃尔特首次指挥的马勒的《大地之歌》，在从慕尼黑回去的火车上，阿尔玛遇到了保罗·卡梅尔。令阿尔玛惊讶的是，卡梅尔为她提供了一份助理工作，工作地点在维也纳普拉特的生物实验室。出于好奇心，阿尔玛欣然接受。"当向卡梅尔汇报工作的时候，"阿尔玛记录道，"卡梅尔给我看了一个盒子，盒子里面装满了不断蠕动的粉虫。我要用这些虫子去喂他那些心爱的用于实验的爬行动物。我看到那盒虫子感到恶心作呕。'怎么了？'卡梅尔惊讶地说道，'它们并不坏。'然后他将手伸进装着蠕动的虫子的盒子，抓了一把虫子，然后将虫子塞进嘴里！"[54]

在这件事情发生后的很长一段时间里，阿尔玛再也没碰过面条汤。

最终使阿尔玛下定决心拒绝卡梅尔的并不是粉虫，甚至也不是卡梅尔在实验室的地下室贮藏的蜥蜴眼睛和美西螈。问题在于卡梅尔，这个已经有家室的男子，已经疯狂地爱上了她。"我确实把他当朋友，"阿尔玛写道，"但作为一个男人，他让我觉得恶心。他的行为举止极端可怕。"卡梅尔每隔一天就会跑到阿尔玛的住处，威胁阿尔玛如果不答应他，他就开枪自杀——自杀地点很可能选择在古斯塔夫·马勒的坟墓。

如果说阿尔玛和弗兰克尔、施雷克尔、卡梅尔之间的关系只是逢场作戏，那么她与下一位情人的关系就完全不同了。这段感情甚至超过了阿尔玛与沃尔特·格罗皮乌斯之间狂野的爱情、激烈的性爱和复杂的生活。阿尔玛在回顾自己与奥斯卡·柯克西卡长达三年的"激烈的爱情之战"时表示，自己从来没有经历过"如此紧张、一念天堂、一念地狱般的感情"。[55]

阿尔玛与柯克西卡两人最初是通过阿尔玛的继父——卡尔·莫尔得以相识的。卡尔·莫尔当年委托柯克西卡画一幅自己的肖像，柯克西卡与莫尔在位于霍华特的约瑟夫·霍夫曼的家中会面。柯克西卡当时是一名新风尚的年轻艺术家，其视觉品位高度复杂，十分青睐现在略显过时的带有东方之美的器物，如日式花瓶、挂在墙上用于装饰的大片孔雀羽毛和波斯地毯等。莫尔经常留柯克西卡吃晚饭，就在其中一个晚餐之夜，柯克西卡遇到了阿尔玛。柯克西卡即使在1921年写作随笔时，也能清晰地回忆起第一次与阿尔玛相见的情境："第一次看到阿尔玛时，我就爱上了这个女人。我用我的整颗心爱着她，我甚至可以为爱而死，直到死的那一刻我也依然爱她。"[56]

饭后，阿尔玛带柯克西卡来到了隔壁的房间。她坐在钢琴凳上，开始边演奏钢琴，边唱着伊索尔德的《爱之死》，以她精心练习过的诱惑技巧动情地表演着。根据阿尔玛的描述，柯克西卡一个箭步冲上去将她拥入怀中，阿尔玛在他紧紧的怀抱中感到窒息，这是她从未有过的感觉。

当时柯克西卡 26 岁。柯克西卡与格罗皮乌斯是同代人，两人年龄相仿。但他们的出身背景却截然不同。柯克西卡出生在距离维也纳不远的多瑙河畔的一个名叫珀希拉恩的小镇，他的父亲出身于布拉格的金匠世家，但随后成为一家珠宝商公司的旅行推销员。柯克西卡获得了一所位于维也纳的进步应用艺术学院的奖学金并在此学习。与格罗皮乌斯富足安逸、享有特权的成长背景相比，柯克西卡的早年生活可以说是艰辛落魄的。阿尔玛描述自己第一次见到柯克西卡时，觉得他外表极其粗鲁。"他身材高大、修长，但双手红肿；他的耳朵虽然小而轮廓分明，但显得有些突兀；他的鼻翼宽大，像肿了一般；他走路的样子十分懒散，仿佛勉强把自己推向前方一样。"[57] 但是对于阿尔玛来说，这种粗狂、豪放正是柯克西卡吸引她的特点，与格罗皮乌斯高大正直、光彩照人的形象形成鲜明对比："我喜欢他身上那种狂野的气息和孩子般的顽固。"

柯克西卡做爱的方式也十分狂野、放荡不羁。阿尔玛在回忆录中写道，他的做爱方式就像游戏一样千奇百怪。他告诉她："除了骑在我的背上，我永远不会让你再次离开，这样就没有人能把你从我身边带走。我会伴着你的外套入眠，至少这样我可以感受到你的体香。"[58] 柯克西卡显然有些受虐的倾向，正如他对阿尔玛所说的那样："我非常希望你可以对我生气发火，然后用你那双可爱的小手打我！"

柯克西卡与格罗皮乌斯虽然出身背景截然不同，但他们在艺术领域的野心和天赋却不相上下，两人都具备阿尔玛在恋人身上寻找的那种名人成名前的表现特征。格罗皮乌斯当时是柏林年轻的进步建筑师，前途不可限量。他在此阶段接受了若干个重要的委托，特别是 1914 年的德意志制造联盟展。柯克西卡在当时也被誉为维也纳先锋派最有前途的艺术家之一。

1909 年，柯克西卡离开了由约瑟夫·霍夫曼创办的相对传统的维也纳工作室，放弃了商业化绘图设计工作。他成为那些反对当时的艺术和社会习俗的人——主要是作家、知识分子、作曲家和其他艺术家的一分子。柯克西卡的好友兼赞助人——建筑师阿道夫·路斯鼓励他成为一名现代表现主义风格的肖像画家，抵制简单肤浅、与世俗共浮沉的态度，倡导穿透力强、能够真实反映人类内心痛苦的艺术创作方式，尽管走这条道路可能面临着大众不买账而赚不到什么钱的风险。

当柯克西卡遇到阿尔玛时，他已经是个在维也纳崭露头角、令人着迷的年轻艺术家。他的光头形象也很吸引眼球。柯克西卡为自己的暴力表现主义风格的戏剧《暗杀者，女人的希望》设计的海报令人心惊肉跳。他在自画像中将自己置身于受苦中的基督的情节之中，场面血腥暴力，令人毛骨悚然。柯克西卡以其落拓不羁、狂野粗犷的风格，获得了"超级狂野者"的称号。20 世纪初，他在维也纳所表现出的反传统观念与后来年轻的英国艺术家达明·赫斯特大同小异。

讽刺作家卡尔·克劳斯、现代派作家兼诗人彼得·爱登伯格及柯克西卡最重要的支持者——阿道夫·路斯都曾让柯克西卡画过自己的肖像。柯克西卡在完成了卡尔·莫尔的肖像画之后，将自己的创作重心转向了曾经希望他为自己作画的阿尔玛。

柯克西卡对阿尔玛的要求感到既开心又不安，他从未画过任何一个让他一见钟情的女人。在接下来他们相知、相爱又相互折磨的三年里，柯克西卡画给阿尔玛的作品不计其数。"柯克西卡一直在画我，我，我，全都是我——他已经不认识别的面孔了。"[59] 阿尔玛写道。柯克西卡还专为她画了一系列装饰扇，柯克西卡把这些装饰扇视为自己献给阿尔玛的情书，用图片语言描绘出他们之间充满激情的点点滴滴。

柯克西卡画给阿尔玛的系列装饰扇中的两把
（1912—1913）

装饰扇共七把，其中的六把保留至今：这些扇面虽然小而私密，却承载了柯克西卡与阿尔玛之间戏剧性感情的细节。

因为马勒已经去世，阿尔玛与柯克西卡的关系可能比她与沃尔特·格罗皮乌斯之间的恋情更自由。她与柯克西卡之间私会不需要偷偷摸摸，也不需要考虑太多。阿尔玛在维也纳北部靠近维也纳森林的自家花园别墅中独自生活，她可以和柯克西卡一起旅行。1912年8月，他们在瑞士伯尔尼高原的米伦度过了美好的假期。柯克西卡在这里作画，其中一幅描绘的是山谷对面三座隐约可见的山峰：艾格峰、明格峰和少女峰。这三座山峰就像他们三人的关系一样，阿尔玛站在格罗皮乌斯和柯克西卡两人之间。柯克西卡开始为她绘制肖像，肖像中的阿尔玛·马勒嘴角带有一抹浅浅的神秘笑容，那幅画面让人不禁联想到蒙娜丽莎。

阿尔玛在瑞士伯尔尼高原的米伦的日子充满危机与不安。阿尔玛怀疑自己怀孕了，柯克西卡听闻，迫切地希望可以与阿尔玛尽快完婚。

柯克西卡去找过她很多次，试图敲定并推进两人的婚礼。但阿尔玛对于结婚的一切都是排斥的，她告诉柯克西卡，她正在高级酒店楼上的房间里等他。此时的阿尔玛表面故作镇定，内心却因担心柯克西卡求婚成功而焦急不安，浑身颤抖。柯克西卡没有说服阿尔玛领证登记，他最终以失败告终。经过这些事情，阿尔玛回到维也纳后仍然惶惶不安，神经高度紧张，最后终于被确诊怀孕。柯克西卡虽极不情愿，但出于无奈只能同意阿尔玛在 10 月中旬堕胎。阿尔玛堕胎之后，柯克西卡来到诊所，将她堕胎时留下的血迹斑斑的棉花团小心翼翼地保存下来带回家。柯克西卡坚持认为这是他现在也是将来唯一的孩子。"后来，"阿尔玛在回忆录中写道，"柯克西卡到哪里都随身携带着那团干枯、破旧的棉花。"[60]

1912 年，柯克西卡开始创作《奥斯卡·柯克西卡与阿尔玛·马勒双人肖像》。肖像画中，两人亲密地站在一起，就像一对刚刚交换定情戒指的情人一样激动地紧握双手。这幅肖像现在十分有名气，其笔法精致，场面庄严。柯克西卡称这张肖像画是自己和阿尔玛的订婚

柯克西卡创作的油画《奥斯卡·柯克西卡与阿尔玛·马勒双人肖像》（1912—1913）。格罗皮乌斯正是在 1913 年柏林分离派展览上看到了这幅画，方才得知这二人之间的恋情

照片，那时他仍将阿尔玛视为自己未来的妻子。当时阿尔玛的继父卡尔·莫尔也早已默认了这桩婚姻，认为两人在一起没什么大问题。阿尔玛本人当时在法国尼斯与她的挚友丽丽·利瑟住在一起。其间，她也给柯克西卡写过信，信中充满积极与鼓励的话语。她告诉柯克西卡当他们在维也纳时，她便会嫁给他。不过阿尔玛不久后就改变了主意。

在这幅双人肖像画中，阿尔玛身穿一件"红色的睡衣"[61]。阿尔玛并不喜欢这件睡衣，因为这件衣服的颜色过于鲜艳刺眼。这件红色的睡衣被柯克西卡保留下来，他习惯性地在工作室中，在自己工作的时候穿上这件睡衣。他身穿艳红睡衣的造型经常使拜访他的客人大跌眼镜，而柯克西卡却十分沉迷于这件睡衣，甚至他站在镜子前面欣赏睡衣的时间比他坐在画架前的时间还要多。

在阿尔玛与柯克西卡于1912年出国旅行的这段时间里，阿尔玛和格罗皮乌斯几乎毫无往来，阿尔玛对于格罗皮乌斯的热情和感情似乎已经枯竭。很明显，格罗皮乌斯也无法得知阿尔玛的生活近况，也不知道阿尔玛与柯克西卡之间的故事。格罗皮乌斯当时只视柯克西卡为一名艺术家，他曾在一所新开业的名叫"暴风"的柏林表现主义画廊中看见过柯克西卡的作品，但当时并没特别留意，也根本不会想到这名艺术家就是自己的情敌。1913年初，格罗皮乌斯在参加第26届柏林分离派展览时亲眼看到了那幅双人肖像画，那时他才清楚地知道了这段时间阿尔玛与柯克西卡之间的恋情。

【注释】

在本章和下一章中比较重要的引用资料是格罗皮乌斯和阿尔玛之间的书信。这些书信现存于柏林包豪斯档案馆，但阿尔玛·马勒信件中的日期或无法确定，或未能注明。为此，我与约尔格·罗斯科曼见了一面。在马勒传记的作者亨利－

路易·德·拉·格兰奇的建议下，约尔格·罗斯科曼对阿尔玛·马勒进行了详细的研究。除了阿尔玛·马勒滔滔不绝、略有失真的回忆录之外，我还借鉴参考了亨利－路易·德·拉·格兰奇的作品，以及奥利弗·西尔麦斯的《恶毒的缪斯：阿尔玛·马勒的生活》（波士顿，2015），《恶毒的缪斯：阿尔玛·马勒的生活》的第一版于2004年以德文出版。阿尔玛与奥斯卡·柯克西卡之间的故事主要来自奥斯卡·柯克西卡的《我的生活》（伦敦，1974）、《奥斯卡·柯克西卡的信件1905—1976》（伦敦，1992），以及来自阿尔弗雷·韦丁格的《柯克西卡与阿尔玛·马勒》（慕尼黑，1996）。《柯克西卡与阿尔玛·马勒》详细记载与分析了柯克西卡与阿尔玛两人在生活和艺术方面的互动。我同时也借鉴了1986年在英国泰特美术馆由理查德·卡沃雷西策划的展览"奥斯卡·柯克西卡1886—1980"的目录。彼得·维尔戈在他的作品《维也纳艺术1898—1918》（伦敦，1975）中对格罗皮乌斯与阿尔玛初次见面的情形进行了详细生动的描绘。在由泰特现代美术馆举办的2001年"百年城市"展览目录中，理查德·卡沃雷西和基思·哈特利在其文章《维也纳1908—1918》中也提及了两人的初识。由利亚纳·勒费夫所著的《反叛现代主义者：自奥托·瓦格纳以来的维也纳建筑》（伦敦，2017）也以独特的视角讲述了两人的故事。

1 马勒，《桥》，第52页。

2 同上。

3 同上，第53页。

4 阿尔玛·马勒·韦尔费尔打字稿，约1914，UPP（宾夕法尼亚费城大学），引用亨利－路易·德·拉·格兰奇，《古斯塔夫·马勒》，第四卷（牛津，2008），第838页。

5 同注释1，第10页。

6 同上，第17页。

7 同上。

8 同上，第 18 页。

9 同上，第 19 页。

10 同上，第 20 页。

11 阿尔玛·马勒对沃尔特·格罗皮乌斯所言，日期不详，可能是 1910 年 8 月末或 9 月初，BHA。

12 同上，第 26 页。

13 同上，第 30 页。

14 同上，第 31 页。

15 同上，第 32 页。

16 埃利亚斯·卡内蒂，《眼睛游戏》（伦敦，1990），第 53 页。

17 古斯塔夫·马勒对安娜·莫尔所言，日期不详，邮戳时间 1910 年，引用亨利－路易·德·拉·格兰奇，《古斯塔夫·马勒》，第四卷，第 838 页。

18 沃尔特·格罗皮乌斯对安娜·莫尔所言，1910 年 7 月 17 日，BHA。

19 同注释 1，第 52 页。

20 同注释 11，日期不详，约 1910 年 7 月下旬，BHA。

21 阿尔玛·马勒，《古斯塔夫·马勒回忆录与信件》（伦敦，1946），第 145 页。

22 同注释 11，日期不详，可能是 1910 年 7 月 31 日，BHA。

23 同上，日期不详，可能是 1910 年 8 月 3 日，BHA。

24 同上，日期不详，可能是 1910 年 8 月 3 日，BHA。

25 沃尔特·格罗皮乌斯对阿尔玛·马勒所言，日期不详，可能是 1910 年 8 月初，BHA。

26 同注释 1，第 52 页。

27 同注释 11，日期不详，可能是 1910 年 8 月 11 日，BHA。

28 同注释 21，第 145 页。

29 马勒，《桥》，第 55 页。

30 古斯塔夫·马勒注释，引用西尔麦斯，第69页。

31 古斯塔夫·马勒对阿尔玛·马勒所言，1910年8月17日，引用西尔麦斯，第70页。

32 同注释11，日期不详，可能是1910年8月23日，BHA。

33 西奥多·赖克，《与西格蒙德·弗洛伊德的30年》（慕尼黑，1976），引用西尔麦斯，第70页。

34 同注释21，第147页。

35 同上，1910年8月27日，BHA。

36 同上，1910年8月27日，BHA。

37 同上，日期不详，可能是1910年9月初，BHA。

38 同注释25，日期不详，约1910年9月，BHA。

39 同上，1910年9月21日，BHA。

40 同注释11，1910年10月12日，BHA。

41 同上，1910年11月8日，BHA。

42 同上，日期不详，BHA。

43 同上，1910年11月8日，BHA。

44 同上，1911年1月23日，BHA。

45 同上，1911年3月25日，BHA。

46 阿尔玛·马勒·韦尔费尔，《日记》，1920年7月27日，UPP，引用西尔麦斯，第69页。

47 同注释25，日期不详，可能是1911年5月末，BHA。

48 同上，1911年11月18日，BHA。

49 同注释11，1911年11月21日，BHA。

50 同注释25，1912年12月3日，BHA。

51 同注释1，第66页。

52 同上，第67页。

53 同上，第 68 页。

54 同上，第 70 页。

55 同上，第 72 页。

56 奥斯卡·柯克西卡对安娜·卡林所言，1921 年 9 月，《奥斯卡·柯克西卡的信件 1905—1976》（伦敦，1992），第 77 页。

57 同注释 1，第 74 页。

58 奥斯卡·柯克西卡对阿尔玛·马勒所言，1913 年 5 月 14 日，《奥斯卡·柯克西卡的信件 1905—1976》（伦敦，1992），第 40 页。

59 同注释 1，第 73 页。

60 阿尔玛·马勒·韦尔费尔，"从我对奥斯卡·柯克西卡的爱情开始"，引用西尔麦斯，第 93 页。

61 阿尔玛·马勒·韦尔费尔，《我的生活》，引用阿尔弗雷·韦丁格，《柯克西卡与阿尔玛·马勒》（慕尼黑，1996），第 28 页。

5 战争中的格罗皮乌斯：1914—1918

　　格罗皮乌斯在 1913 年到 1914 年的冬天都专注在一个重要项目——德意志制造联盟展科隆馆的工厂和办公楼上。德意志制造联盟展科隆馆是大型艺术和工艺品展览以及工业制造产品的核心产物与结晶。格罗皮乌斯设计了展览馆，旨在通过这个结构复杂的建筑物"将现代工业中的建筑元素和尺度淋漓尽致地体现出来"[1]。

　　展览会的甲方通过格罗皮乌斯的忠实支持者卡尔·恩斯特·奥斯陶斯联系到了格罗皮乌斯。

　　展览会的前任建筑设计师汉斯·波比锡于那年夏天辞职，所以展览会举办方匆忙做出决定，由格罗皮乌斯接手这项工程。尽管格罗皮

格罗皮乌斯设计的德意志制造联盟展科隆馆，1914

乌斯抱怨这个项目工作多、责任重，压得他喘不过气来，但他仍坚信自己的科隆工厂将会是一座"极好的工厂"。"届时，我所重视的每个人都会前来向我道贺。"[2] 格罗皮乌斯得到了包括他的前雇主彼得·贝伦斯与亨利·凡·德·威尔德在内的其他德意志制造联盟成员的支持。

格罗皮乌斯必须在原有的建筑基础上设计厂房，原建筑是去年莱比锡建筑贸易展的一大特色。格罗皮乌斯尽管对于不能按照自己的草图连贯地设计出整套建筑而略感失望，但是他还是成功地在原有的厂房基础上做出了一些修改和改进。经格罗皮乌斯改造的厂房由一座新办公楼和庭院组成，令人叹为观止。办公大楼是一座有纪念意义的建筑，正前方的入口处采用的亚述风的台柱凸显了整个建筑古埃及式的建筑结构，同时，玻璃和钢铁结构的运用也彰显了其现代性的一面。格罗皮乌斯的德意志制造联盟展科隆馆建筑一方面旨在提升 20 世纪初的工业产品的品质，一方面代表着德意志民族的希望。建筑内部的雕塑、绘画和石雕都是特别委托当代艺术家格奥尔格·科尔贝、格哈德·马克斯等人制作的。将艺术与设计融合在建筑中自始至终都是格罗皮乌斯思想的核心。德意志制造联盟展科隆馆是格罗皮乌斯继法古斯工厂之后另一奠定其在建筑行业地位的优秀作品。

格罗皮乌斯于 4 月来到展览馆最后阶段的施工现场。德意志制造联盟展科隆馆于 5 月开幕，短短 3 个月便吸引了超过一百万名观展者。展览馆里共有 48 家餐馆、茶馆和小吃摊位供观展者歇脚、用餐，更有乐团、乐队以及木偶戏等现场娱乐表演为观展者解闷。当时的德国正流行木偶戏，一出出新戏在由亨利·凡·德·威尔德专门设计的剧院中不断上演。格罗皮乌斯一直致力于扩大自己的设计内容与范围，在此次展览中，他向世人展现了室内设计、汽车设计和豪华的铁路卧铺车厢设计等。相信这个车厢设计一定会让他回想起与阿尔玛搭乘东方快车一起旅行时的美好时光。

格罗皮乌斯为德意志制造联盟展设计的
车厢内景，1913—1914

　　格罗皮乌斯 31 岁入选德意志制造联盟董事会，是当时最年轻的董事会成员。在德意志制造联盟展期间，他被卷入了现在建筑界公认的传奇争端之中。格罗皮乌斯在回顾这个事件时称，自己就像一个"讨厌的小孩"[3]，夹在建筑界两位备受尊敬的大人物——亨利·凡·德·威尔德与赫尔曼·穆特休斯之间。

　　格罗皮乌斯的介入其实恰恰表明了他不断增强的自信。这场极具代表性的划时代争论围绕着艺术、手工艺和大规模生产之间的关系。这个原本仅存在于德意志制造联盟内部成员间的争论后来愈演愈烈，上升到了公开争论的层面，吸引了数千名艺术家、学者，甚至普通群众的围观与关注。赫尔曼·穆特休斯强调对待建筑和设计要采取严谨的态度和规范的方法，反对艺术家的幻想主义以及过度放纵自我。而威尔德则坚决捍卫艺术家的个人灵感，强调原创以及个性所带来的更大价值。

沃尔特·格罗皮乌斯后来以其干净、简约的线条和抽象、理性的思维而闻名，鉴于这一点，很多人认为他在这场争论中会站在穆特休斯的一边。事实上，格罗皮乌斯支持的却是威尔德。不仅因为他有强烈的精神追求，更是因为他个人对穆特休斯十分厌恶。格罗皮乌斯认为，穆特休斯这位普鲁士政府公务建筑师是"通过狡猾奸诈的手段走到行业前列的。他的思想过于僵硬保守，毫无艺术感可言"[4]。格罗皮乌斯认为在遵循建筑和设计标准的基础上，艺术家创作时自由、缓慢的"内化"过程可以使建筑师和设计师攀上事业的顶峰。

————

在格罗皮乌斯的事业正在蒸蒸日上的时候，无情的战争打乱了一切。1914年6月28日，奥地利大公弗兰茨·斐迪南和妻子在萨拉热窝遭暗杀。第一次世界大战于7月28日打响。作为预备军，格罗皮乌斯立即应召入伍参战，并于8月5日前往旺兹贝克第九轻骑兵军团报道，被任命为军士长，直接前往德法交战的主战场之一——阿尔萨斯的孚日山脉参战。在格罗皮乌斯参战期间，柏林的建筑事务所暂由阿道夫·迈耶经营管理。后来迈耶也不得不应召入伍，事务所只能暂时关门停业了。

格罗皮乌斯从前线寄往家中的信件详细记载了战争中的大事小情。这些信件现在都在柏林包豪斯学校的档案馆中保存。信件字迹匆忙潦草，格罗皮乌斯用大量的笔墨，生动再现了参战期间军团受到的挫折与取得的胜利、进攻和撤退。在他的这些具有特殊意义的个人纪念品中，除了这些信件，还有标有注释的明信片和他的警戒部队与军团队友已模糊泛黄的老照片。

来到孚日山战地，格罗皮乌斯起初被分配到野外进行军事侦察。

格罗皮乌斯的任务是率领六名骑马士兵骑马穿过乡村，准确判定敌军的位置。格罗皮乌斯最初曾负责奥布里山一带，从山上俯瞰可观察到塞诺内斯附近的山谷。在这里，格罗皮乌斯不得不领着士兵翻过一座树木茂密的小山，检查此处是否有敌军出没，以便德军可以安全地将枪支运输至山上。格罗皮乌斯到达山顶之后发现沿路没有任何敌军，于是安置了哨兵，然后爬到附近的一个斜山坡上。

法国默尔特山谷就在山坡的正下方。格罗皮乌斯发现，默尔特山谷中的所有通路上都安置了大量的敌军。就在他想要进一步详细统计敌军数量时，子弹突然从灌木丛中射来，随即两名敌方士兵现身。格罗皮乌斯迅速撤退，同士兵们静等了一个小时之后才再次登上山坡，以确定法军仍在原地没有移动。就在这时，一列手持步枪的敌军士兵从树林中冲出来并开始疯狂射击。格罗皮乌斯和他的士兵迅速骑马撤退。幸运的是，法军的射击偏差十分严重，所以格罗皮乌斯一行人没有任何伤亡。这是生死一线的时刻，所有人回想起这一刻都不禁冷汗涔涔。但格罗皮乌斯因此有机会向德军总部汇报此次重要行动，他在信件中向母亲炫耀道："法军决定了我会有这么一天，也许给我带来的更多。"[5]

从格罗皮乌斯对在孚日山脉这些经常令人绝望的日子的描述中，我们不难看出这些新鲜的经历给他的身心带来了刺激。格罗皮乌斯利用了自己当时手头有的一切资源，包括自己不曾注意到的拥有过的很多事物。

格罗皮乌斯在倾盆大雨中骑行、在泥泞的道路上度过寒冷的夜晚，冻得瑟瑟发抖，经常没有时间睡觉、休息。他在刚入伍不久时对于这些经历充满热情和新鲜感，但随着战争在这个险要地带不断升级，格罗皮乌斯对于因战争而丧命的成百上千的百姓与士兵和自己上级领导的昏庸无能而感到义愤填膺。

1914 年 9 月 21 日的夜晚，睡梦中的格罗皮乌斯被惊醒，接到与其他 15 名士兵从塞诺内斯出发前往塞勒斯进行军事勘察的命令。格罗皮乌斯在信中告诉母亲，早在来到塞勒斯之前，他就听说这里地势险要，环境恶劣，令人望而却步，所以他带着一颗忐忑不安的心来到了塞勒斯地带。法军如同隐了身一般，藏得十分隐蔽。在进行第一轮扫射攻击之后，格罗皮乌斯命令大家将马匹转移到安全地带。随后格罗皮乌斯冲上前阵，带着他的军队沐血奋战。战斗持续一小时之后，与格罗皮乌斯随行的 300 人便损失了 80 人。

格罗皮乌斯与幸存的士兵在森林中一动不动地静卧了一天。直到晚上援兵到来后，格罗皮乌斯所在的部队才发起进攻，成功驱逐了壕沟中的法军。随后格罗皮乌斯又收到了一个"疯狂的、完全不可行的命令"：深入敌后，与位于塞勒斯附近总部的纽伯尔特将军取得联系。接到任务后，格罗皮乌斯与士兵们开始执行，但不到 10 分钟他们在途中就遇到了一大难题——在他们途经的一个堑壕中，大量被伐倒的树木散落一地，阻挡了马匹的去路。格罗皮乌斯请求步兵支援，一名中士闻讯带兵抵达此处并设法将树木移走。尽管收到了明确的继续前进的命令，但这名中士神色仓皇，精神高度紧张，不顾命令拒绝前行。所以格罗皮乌斯——虽然理论上他只是一个地形勘察员，却不得不顶住压力，挑起率领其余步兵前行的重担，成功越过障碍紧随大队伍。

格罗皮乌斯与部队在黑夜中前行了一个小时，直到听见有声音从几米开外传来，才直接奔向法军的放哨部队。法军见状立即向格罗皮乌斯一方发射子弹，致使德方士兵立刻乱作散沙。因为没有负责指挥的中士，格罗皮乌斯只能自己尝试着将散乱的队伍重新整合起来。这一夜，格罗皮乌斯与他的队友都在深夜的倾盆大雨中艰难地防守作战。

第二天早上，格罗皮乌斯与己方士兵会合。一路上，他们经常遭到埋伏在树林和灌木丛中的敌人的袭击。当晚援军抵达，一举歼灭了法军。关于这段经历，格罗皮乌斯在信的最后写道："我们终于可以离开这片可怕的森林了……但在这短短的几天中，无论我方军队还是我，都损失惨重。我在经历了两个可怕的不眠之夜后得以幸存。我跋山涉水，子弹的声音不断在耳边嗖嗖作响，中弹的士兵发出痛苦欲绝的惨叫，叫声不断地萦绕在我耳边。"

在这些战争中所经历的痛苦让格罗皮乌斯永生难忘，并对他的一生都造成了不可磨灭的影响。格罗皮乌斯成功回归军团，上校见他毫发无伤地归来，如释重负，喜出望外。格罗皮乌斯又一次在深夜被上级传唤，在复命的路上，格罗皮乌斯以为又有新任务要布置给他，但令他意想不到的是，他被隆重地授予了铁质十字勋章，以嘉奖他在这次行动中所展现出的过人胆识与勇气，这也是格罗皮乌斯第一次被授予勋章。

1914 年 11 月，格罗皮乌斯晋升为中尉。由于在军团中表现出色，他晋升的速度要比其他德国预备军官快得多。战争紧张缓慢地持续着，进展要比预想的慢了许多。德军向比利时和整个马恩河一带发起进攻的计划暂停搁置。同时，鉴于德军较高的伤亡率，上级也已于 9 月下令全面撤退。格罗皮乌斯对他的新身份很满意，他认为作为军官的生活要"愉快得多"[6]。有消息称格罗皮乌斯可能会被派往比利时，但是他和他的军团却接到命令返回西部前线的壕沟，从法军手中重新夺回邦德萨普山顶阵地。

格罗皮乌斯深知法军在邦德萨普的战壕坚不可摧，所以他绝望地开始了这个"极其棘手的任务"。整个军团也对当时的形势心知肚明，带着沉重的心情上了路。在接下来的四天四夜里，他们没有合眼睡觉，争分夺秒地穿过敌军的炮兵部队所在地。1915 年 1 月 1 日，一枚直径 15 厘米的迫击炮弹从天而降，落在格罗皮乌斯面前后瞬间爆炸，格罗皮乌斯受到爆炸的冲击昏迷了几分钟。就像他后来描述的那样："我起身之后发现自己身上竟奇迹般地只沾上了一些泥土。但这次爆炸真的是太突然、太可怕了。"

第二天，格罗皮乌斯与部队一起向法军发起进攻。他们距法国士兵所挖的战壕仅 7 米之远。格罗皮乌斯把向敌人的战壕发射炮弹比作"地狱般的舞蹈"[7]的开始。格罗皮乌斯这位德国军官选择让最年轻的士兵率先跳入法军的战壕，自己率领并指挥军队的左翼。法军四个炮兵军团从四方不断发射炮弹轰击，机关枪与步枪的子弹也不断擦着格罗皮乌斯的肩膀而过。

心脏中弹的上尉直接倒在格罗皮乌斯的面前。在没有援军的情况下，格罗皮乌斯和他的部队不得不继续前进一天一夜。他们通过吸烟强迫自己保持清醒，他们不得不鞭打士兵，以防他们站着睡着。当格罗皮乌斯和部队最终将他们的上尉埋葬在拉特尔时，饱受凄风苦雨的他们已经精疲力竭，体力不支。"非常荣幸，"格罗皮乌斯写道，"但这种荣耀多么珍贵啊！我们从最初的 250 名兄弟到现在只有 134 名存活下来。"

格罗皮乌斯的神经系统因战争受到了严重压迫而形成创伤。每当到了夜里，他都饱受被他称为"尖叫焦虑症"的疾病的折磨。战地医院的医生将格罗皮乌斯的病情诊断为"由神经紧张引起的失眠"，并认为格罗皮乌斯可以从战争前线退下，好好休息几天便可痊愈。就这样，格罗皮乌斯被转移到一家位于斯特拉斯堡的医院休养。不过事实却与医生的诊断有所出入，格罗皮乌斯在第一次世界大战时患上的"尖叫焦虑症"从未得到根治。他的第二任妻子伊势回忆道，由于在孚日山出战时那颗在格罗皮乌斯身旁爆炸的手榴弹，格罗皮乌斯多年来一直夜不能眠。她尝试过用一些舒缓放松的手法和技巧来帮助他缓解病情，但并未取得良好的效果，"即便已到中年，格罗皮乌斯也终究没能逃出战争所带来的噩梦，失眠的问题也一直伴随着他"[8]。

　　格罗皮乌斯从医院给母亲写信，他在信中告诉她，他有多么想念她。他尤其思念已婚的姐姐——玛农·布尔哈德的孩子们："我在远方想象这些孩子养成了什么样的小个性。"⁹姐姐的孩子让他看到了未来的美好希望。后来，格罗皮乌斯获得批准，于 1915 年 1 月从斯特拉斯堡的医院回到柏林休养。

　　格罗皮乌斯回到柏林的时候正是阿尔玛刚与奥斯卡·柯克西卡结束了他们长达两年的跌宕起伏的爱情之际。在阿尔玛与柯克西卡热恋的这两年中，她与格罗皮乌斯的关系变得支离破碎。

　　不过事实上，阿尔玛至少在 1913 年 7 月给格罗皮乌斯写过一次信，她警告他，自己可能会和柯克西卡结婚，她称柯克西卡是其志同道合的"精神伴侣"，但同时阿尔玛又向格罗皮乌斯保证，她永远都会与他保持联系。"写信给我，告诉我你是否还活着，告诉我此生是否值得继续活下去。"¹⁰她恳求他回信，但据记载，格罗皮乌斯并没有回复。

　　阿尔玛 1914 年 5 月再次尝试与格罗皮乌斯联系。当时格罗皮乌斯在德意志制造联盟展科隆馆的建筑取得巨大成功，得到了各方的广泛宣传，阿尔玛闻讯激动不已。她早年曾参加过由国际记者、艺术赞助人——贝尔塔·祖卡坎德尔举办的晚会，并在那次晚会中结识了贝尔塔·祖卡坎德尔本人和她已过世的丈夫古斯塔夫·马勒。贝尔塔告诉阿尔玛："有一位名叫沃尔特·格罗皮乌斯的年轻建筑师取得了巨大的成功。"¹¹阿尔玛在她刻意含糊不清的回忆录中写道："我与格罗皮乌斯在托比尔巴德短暂却刻骨铭心的爱情关系虽然在时间的迷雾中被冲淡散去，但我对他的才华却深信不疑，事实证明我的猜测是正确的。于是我便坐了下来给他写了一封祝贺信。"阿尔玛在信中提议希望可以在 7 月与格罗皮乌斯见上一面。

　　阿尔玛没有等到格罗皮乌斯的回复，但是她从政府官方信息中了解到，旺兹贝克轻骑兵军团的格罗皮乌斯中尉当时正在一家战地医院养伤。阿尔玛仍然暗暗坚信这位因战争受到惊吓而留下创伤的军官在未来还是注定会与她发生一些故事的。

与此同时，阿尔玛与柯克西卡之间的矛盾也在不断升级发酵。在柯克西卡画的一系列描绘他与阿尔玛的恋爱故事的装饰扇上，我们能够感受到柯克西卡对失去阿尔玛的深深的担忧与恐惧。装饰扇上的内容越往后越激进悲惨。这一系列总长度达 4 米的扇面画悬挂在阿尔玛位于塞默灵布莱滕施泰因的住宅音乐室的墙壁上。画中的阿尔玛沐浴着天使的光环，手指天堂，而柯克西卡却站在她下方的地狱中，被死亡的火焰吞噬。

阿尔玛曾向柯克西卡承诺，只要他能完成一幅巨作，她便会嫁给他。1913 年，柯克西卡完成了《风中的新娘》，又名《暴风雨》。这部作品展现了一对恋人在惊涛骇浪、狂风暴雨中的幸福缠绵，以及男人害怕女人离去的忐忑不安。这幅画被视为柯克西卡最成功的代表作。这幅画最初的标题为《特里斯坦和伊索尔德》，独具瓦格纳作品风格。但是，当这幅画于 1914 年 8 月在慕尼黑展出时，阿尔玛却没有遵守与他结婚的承诺。

柯克西卡的举动让阿尔玛有些害怕。一次，阿尔玛来到柯克西卡的工作室时，发现他将工作室的墙壁全部涂成了黑色，而黑色的墙壁上又布满白色的蜡笔画。阿尔玛以保护自己的名义，与柯克西卡保持距离。然而在 1915 的新年，两人又同在布莱滕施泰因，并显然一起度过了美好的夜晚。但就在同一天晚上，阿尔玛写信给沃尔特·格罗皮乌斯，告诉他应该到布莱滕施泰因来。她在信中回忆，格罗皮乌斯——她为自己新房选择的建筑师，她挚爱的情人，在新房翻修初期曾为她亲自测量地板距离，为她设计客厅中由大块花岗岩构成的长壁炉。阿尔玛在她的信中告诉格罗皮乌斯，她多么渴望他可以从战场安全归来。

只要他能够回来，她便别无他求……

报纸上刊登了格罗皮乌斯在战场上的壮举，有文章报道了他的英雄事迹。阿尔玛写信到斯特拉斯堡战地医院，再一次提出与格罗皮乌斯重聚的要求和愿望。格罗皮乌斯在柏林回复了阿尔玛的信，告诉她他现在在柏林休病假。阿尔玛于1915年2月来到柏林看望格罗皮乌斯。虽然当时格罗皮乌斯身负重伤，但阿尔玛仍然觉得他魅力十足。再次遇到受伤的格罗皮乌斯，她发现他非常有吸引力："格罗皮乌斯虽然三十多岁了，但他仍然是完美的沃尔特·冯·斯托尔丁。他是我认识的最有涵养的人之一，当然也是我认识的最帅的人之一。"[12]

在阿尔玛来到柏林后的前两周，格罗皮乌斯一直在指责阿尔玛与柯克西卡的关系。"格罗皮乌斯白天问我的问题让我伤心欲绝，听了我回答后的格罗皮乌斯在夜晚心碎不已。"不过最后，阿尔玛与格罗皮乌斯来到博尔夏特豪华餐厅，在醇香的葡萄酒的作用下，话题转向战争，格罗皮乌斯开始变得兴奋起来，两人僵持的关系终于有所缓和，大有再次坠入爱河的架势。不幸的是，这对刚和好的情侣所剩的时间不多，按照原计划，格罗皮乌斯要在一个小时后乘火车去看望现居汉诺威的母亲。阿尔玛来到火车站为格罗皮乌斯送行，令她没有想到的是，在火车起动的那一刻，像电影中的浪漫情节那样，格罗皮乌斯一把将火车外的阿尔玛抱了进来。阿尔玛在回忆录中写道，事发突然，她并没有为旅行做任何准备，也没有带睡衣，但那时她完全沉浸在破镜重圆的喜悦之中，丝毫不介意这些琐事。

格罗皮乌斯很快重返前线。这次，他又立下战功，被授予了新的荣誉——巴伐利亚军队四等勋章以及宝剑一把。作为地势勘察员的格罗皮乌斯一路上在敌军的枪林弹雨中艰难前行。一颗子弹打穿了他的皮帽，另一颗子弹穿过他的鞋底，还有好些子弹打到了他外套的两侧。除此之外，格罗皮乌斯还和军团一起参加了德法边境附近摩泽尔河畔的南希－埃皮纳勒之战。参战期间，格罗皮乌斯与阿尔玛依然靠着饱含激情的信件保持联系。他们几乎每天都通信。阿尔玛称格罗皮乌斯为"丈夫"，称自己为"你的妻子"。她在信中重温他们做爱的细节，猜测自己有可能怀了他的孩子。"我们如此疯狂地做爱，狂野如火，我的身体发软，我感受到了天堂般的美好。"[13] 她对格罗皮乌斯说道。

事实上，阿尔玛并没有怀孕。不过她现在开始专注于与格罗皮乌斯结婚的事情上，希望可以在他休假时立即与他结婚。阿尔玛犹如唱着赞美诗一般热情洋溢，不断地重复她的新名字："阿尔玛·格罗皮乌斯！阿尔玛·格罗皮乌斯！看看这个名字是不是很可爱？格罗皮乌斯！请你一定在信中写下这个名字，我想看到由你写出的这个名字！这个名字充满了异域风情，就像在夜晚月光下演奏的可爱的幻想曲。我太兴奋了，根本无法入睡。"[14]

格罗皮乌斯与阿尔玛筹备婚礼前夕仍然面临一系列问题。首先是格罗皮乌斯的母亲玛农对待阿尔玛的看法与态度。玛农一直不太相信阿尔玛，认为她是来自异域的轻浮女子。虽然柏林与维也纳相距不远，但玛农一直视维也纳为遥远而陌生的地方。玛农告诉格罗皮乌斯，她与阿尔玛之间没有任何达成一致的可能。考虑到婚后阿尔玛极有可能搬来柏林，玛农想马上就离开柏林，因为她们之间水火不容，不合与冲突是无法避免的。格罗皮乌斯和阿尔玛也曾专门前来拜访玛农，试图缓解儿媳和未来婆婆之间的紧张关系，但并没有起到什么作用。玛农在给格罗皮乌斯的信中以疲惫的语气写道："与你和 M 女士（Frau M，指阿尔玛）在一起的那几日，我就像身陷战争一般，孤立无援。那些日子就像咆哮的龙卷风，将我的一切席卷一空。我被折磨得体无完肤、筋疲力尽。"[15]

面对母亲的指责，格罗皮乌斯站在阿尔玛一方发出了反击。他告诉自己的母亲，家中单调乏味的生活使他变得迟钝麻木，他的内心也有强烈的渴望与需求。他说："我想尝试'年轻'的生活，想检验如今年轻人的价值观，想摒弃所有的缺陷不足与短浅的目光，想挑战他们的极限。总之，我们想要顺应'新'时代，过我们想过的生活。"[16]他认为与阿尔玛这个"内心世界高度自由的女人"结婚，符合自己身心必要的发展需求。

玛农最终屈服了。格罗皮乌斯恳求母亲放下身段，主动写信给阿尔玛，以缓和两人之间的矛盾。格罗皮乌斯一直偏爱地称阿尔玛为玛利亚，所以他也希望玛农同样可以以玛利亚"这个美丽的名字"[17]称呼阿尔玛。玛农在给阿尔玛的信中写道："沃尔特在给我写信时经常向我讲述许多关于他的亲爱的玛利亚的故事，所以我一直以全名称呼你确实有些见外了。"

格罗皮乌斯婚前所做的一系列努力确实暂时安抚了阿尔玛不安的内心，但她内心深处对于这桩婚姻的未来的疑虑与担忧却难以消除。

阿尔玛真的爱沃尔特·格罗皮乌斯吗？这是阿尔玛从前的追求者——实验生物学家、爬行动物专家保罗·卡梅尔直言不讳地向她提出的问题。卡梅尔给出的答案是，他坚信阿尔玛并没有真正爱上格罗皮乌斯。阿尔玛在她的日记中频繁地提到自己内心深处的疑虑，她开始怀疑"格罗皮乌斯并不是我生命的全部意义"[18]。格罗皮乌斯经常因阿尔玛糟糕的名声、她的旧情人柯克西卡而吃醋捏酸，阿尔玛也因格罗皮乌斯强烈的妒忌心而疲惫不堪。1915年春，阿尔玛似乎更加绝望了，她开始认为自己与格罗皮乌斯的气质和性格不搭，两人的关系似乎已经到了尽头，看不到任何的未来与可能："他只是个不温不火的人，但我却恰恰相反，我们很难相互磨合，很难长久。"[19]如阿尔玛所言，格罗皮乌斯的确唯精唯一、全神贯注，而阿尔玛却反复无常、变化不定。

阿尔玛现在已经从维也纳花园公寓搬到维也纳第一区伊丽莎白大

街 22 号的公寓，这所公寓更加宽敞，共有十个房间，阿尔玛就住在公寓的四楼。

来到这里的阿尔玛经常卧床不起，泪流满面。她的小女儿安娜看到阿尔玛的样子也心烦意乱，困惑不解。阿尔玛的心情阴晴不定，她会歇斯底里、疯狂痴迷地给身在战场的格罗皮乌斯写信，她告诉格罗皮乌斯，她正在亲吻"那挚爱的名字！你是我的主人，是我的上帝"[20]。阿尔玛表现得确实有些疯狂，不过她与格罗皮乌斯的婚礼还是如期秘密地举行了。婚礼办得十分仓促，两人于 1915 年 5 月 18 日到柏林教区路的结婚登记处三号办公室匆忙登记。

格罗皮乌斯和阿尔玛双方的家庭成员无一人到场，为他们见证的只有两人，他们都是阿尔玛与格罗皮乌斯临时在街上找来充数的。其中一位名叫理查德·芒斯克，自称是一名泥瓦匠；另一位名叫埃里希·苏克，是一名年轻的军队先锋官。

格罗皮乌斯的婚假只有两天。婚礼次日，阿尔玛在日记中写道，她下定决心要用心经营这段美好的婚姻："我的愿望很简单，只希望能够让这个才华横溢的男人高兴，别无他求了！"[21] 当时的阿尔玛的确是真心真意地对待格罗皮乌斯与他们的婚姻的。

———

在阿尔玛的鼓励下，柯克西卡主动参加了武装部队，并在阿道夫·路斯的担保下成功加入了精锐部队——第十五皇家禁卫龙骑兵团。正如格罗皮乌斯第一次加入旺兹贝克轻骑兵第十五军团时一样，柯克西卡很快也发现在骑兵团的生活支出庞大，他不得不将《风中的新娘》卖掉，才购买了骑兵团中必备的马和奢侈的制服。柯克西卡头戴金色头盔，身穿量身定做的笔挺军装，那英姿飒爽、意气风发的模样丝毫不输当

加入第十五皇家禁卫龙骑兵团的柯克西卡，1915

年的格罗皮乌斯。

柯克西卡志愿前去东部战场前线，并被派往乌克兰参加了一次重要战争。当阿尔玛与格罗皮乌斯于 1915 年 2 月和好如初并计划结婚的时候，阿尔玛为防患于未然，写信给柯克西卡，要求他把工作室的钥匙寄给自己。显然，阿尔玛十分担心如果柯克西卡战死沙场，一旦她写给柯克西卡的无数情书被人发现，便会危及她格罗皮乌斯夫人的地位。

柯克西卡在夏末身负重伤，先是头部中弹，不久又被刺刀刺穿了肺部。他已经战死的消息逐渐在维也纳传开。阿尔玛听闻，连忙带上柯克西卡寄给她的钥匙来到了他的工作室，找到了她写给柯克西卡的情书。这些曾令柯克西卡望眼欲穿的情书数量巨大，需要"好几个麻袋"[22]才能装完。阿尔玛取回情书的同时，也带走了柯克西卡留下的数百幅草图与画作。

负伤的柯克西卡于 1915 年 10 月中旬被送回维也纳的一家医院接受治疗和休养，直到次年 7 月才痊愈康复，重返战场。这次柯克西卡来到了斯洛文尼亚 - 意大利战区，在伊森佐阵线担任联络员一职，不需要在一线作战。1916 年 8 月下旬，柯克西卡在工作时，一枚手榴弹从天而降，在他身旁爆炸，他也因此患上了炮弹休克症。其间，柯克西卡与阿尔玛完全没有任何联系，他写给阿尔玛的信也从未得到回复。不过柯克西卡听说阿尔玛已经结婚并怀了格罗皮乌斯的孩子。他请阿道夫·路斯帮忙联系阿尔玛，希望阿尔玛能够来医院看看他，但阿尔玛拒绝了柯克西卡的请求。看到阿尔玛拒自己于千里之外，柯克西卡感到万分失落。他在自传中承认："确实，我知道，想要挽回这段感情是不可能的。我所做的一切都徒劳无功。"

为情所伤的柯克西卡陷入了失恋的人常常经历的绝望幻想之中。柯克西卡委托慕尼黑人偶师赫敏·慕斯制作了阿尔玛·马勒真人大小的人偶。柯克西卡告诉慕斯："如果你能够按照我的要求完成这个人偶，用你的魔法实现我的愿望，当我看到、触摸到玩偶就会感受到我日思夜想的女人就在我的前面，那么亲爱的慕斯小姐，我将永生感激你精湛、高超的手艺。"[23] 柯克西卡希望玩偶能够再现他旧情人的实际身材与比例，所以向慕斯小姐提供了精确的真人全身素描像。柯克西卡同时还向慕斯小姐提出对于人偶的真实触感的要求，他"希望能够在

赫敏·慕斯和她制作的阿尔玛人偶，1919

阿尔玛人偶，1919

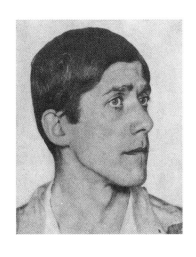

雨果·埃尔福斯 1919 年拍摄的柯克西卡

触摸人偶的'脂肪'和'肌肉纹理'时获得快感"。但即便是赫敏·慕斯这样手艺精湛的人偶师也无法满足柯克西卡苛刻的要求，更无法让阿尔玛的人偶十分逼真。因此在人偶制作完成后，柯克西卡难免大失所望，终于心灰意冷。

柯克西卡在战争期间一直在创作戏剧《俄耳甫斯和欧律狄克》。因战负伤的柯克西卡当时在乌克兰卢茨克西北部的弗拉基米尔－弗林斯基接受治疗。在休养期间，处于精神恍惚状态下的柯克西卡突获创作灵感，并在布伦军区医院开始创作戏剧大纲。柯克西卡因头部中弹而导致视力下降，但对过去经历的回忆却越来越清晰。他绞尽脑汁通过语言，通过俄耳甫斯与欧律狄克的神话故事，尽可能地还原他与阿尔玛·马勒一起度过的痛苦与快乐的时光。如果柯克西卡是神话中的俄耳甫斯，而阿尔玛是欧律狄克，那么从他手中夺走他的情人的格罗皮乌斯就是神话中的冥王哈迪斯。古斯塔夫·马勒在一定程度上也是哈迪斯的化身。马勒即便在死后也仍对阿尔玛产生着一定的影响，柯克西卡对此也一直耿耿于怀。而在维也纳对阿尔玛阿谀奉承的崇拜者就像神话中的被俄耳甫斯琴声感动的复仇女神。

除了《俄耳甫斯和欧律狄克》这部戏以外，柯克西卡还以油画和系列蚀刻版画的形式将他与阿尔玛的故事呈现出来。阿尔玛看到这些作品时立刻意识到，它们与她和柯克西卡之间的感情经历相关。《俄耳甫斯和欧律狄克》于 1921 年在法兰克福首演，由维也纳作曲家恩斯特·克里尼克谱曲。缘分真的是奇妙的事情，《俄耳甫斯和欧律狄克》首演的三年后，克里尼克与阿尔玛和古斯塔夫·马勒的女儿安娜结为夫妻，但他们的婚姻仅持续了数月。

格罗皮乌斯和柯克西卡的关系从未亲密过，但是从此刻开始，两人与维也纳先锋派艺术家的紧密联系，数年后流放他乡的相同经历，还有他们与阿尔玛的复杂情感关系决定了两人的生活在平行与交叉中不断循环。他们的关系剪不断，理还乱。1918 年，身在德累斯顿的柯克西卡还在跟阿道夫·路斯交谈时讽刺阿尔玛与格罗皮乌斯的婚姻："我的爱人，她在这场幸福的资产阶级婚姻中过得怎样？"[24]

三年后，在阿尔玛与柯克西卡当年所谓的订婚照《双人肖像画》即将在德累斯顿展出时，柯克西卡写信给阿尔玛。"阿尔玛，"柯克西卡写道，"我现在就站在这幅油画前，这是我曾为我们画的油画。画中的我们看起来都很疲惫，你把我送给你的戒指还给了我。"[25] 不难想象，格罗皮乌斯 1913 年参战前在柏林分离主义展览上第一次看到这幅描绘阿尔玛与柯克西卡亲密关系的画作时震惊与愤怒的复杂情感。

———

1915 年 8 月 31 日是阿尔玛 36 岁的生日。格罗皮乌斯那时已经回到了军团，不能亲自给阿尔玛庆生的他订购了一条玛瑙项链作为阿尔玛的生日礼物。收到礼物的阿尔玛表示十分喜爱这条"漂亮的项链"[26]，晚上睡觉的时候也戴着它，并向她的新婚丈夫承诺她会一直戴着这条象征着他们爱情的项链。

事情当然不是那么简单。他们的婚姻关系从一开始就很紧张。"我与沃尔特·格罗皮乌斯的婚姻是我能想象到的最奇怪的事情。"[27] 阿尔玛后来写道。格罗皮乌斯一直怀疑柯克西卡与阿尔玛之间的关系，并经常因此与阿尔玛发生争执。一次，格罗皮乌斯的猜疑与嫉妒又一次爆发，他抓过柯克西卡为阿尔玛画的系列装饰扇中的一把扔进了火中。这是七把画扇中的第四把，上面有柯克西卡为阿尔玛所写的一首情诗。

除了格罗皮乌斯对柯克西卡的浓浓的敌意之外，阿尔玛与婆婆之间的问题也比以往任何时候都要严重。在知道儿子与阿尔玛秘密结婚之后，玛农大力反对。格罗皮乌斯再次为阿尔玛辩解，现在阿尔玛再婚的消息让她更加受到大众的关注，像阿尔玛这样敏感的人，因自己的生活与隐私被窥探、公开所带来的压力几乎让她难以承受。玛农虽然未被格罗皮乌斯说服，但也再次尝试与阿尔玛和解，不过被阿尔玛傲慢地拒绝了。"她（玛农）非常贪婪，追名逐利，并且乐此不疲。"阿尔玛告诉格罗皮乌斯，"她这一切并不是因为激情，而是来自愤怒，因为她身上的一切都太渺小了……告诉她，我为马勒敞开的所有心房，关于马勒的整个世界的大门将会关闭，飞向完全未知的格罗皮乌斯。"阿尔玛侮辱起人来直言不讳，即使对方是她新婚的丈夫她也毫不留情："我知道你是谁，你对我来说意味着什么。但对于世界而言，你只不过是沧海一粟，微不足道。她（玛农）有时间应该去听听交响曲，虽然我不相信她的欣赏能力，但她也许能学会感悟更多的事情。玛农·格罗皮乌斯眼中只看到了'世界上只有一个古斯塔夫·马勒，只有一个格罗皮乌斯'。但玛农·格罗皮乌斯是否考虑过阿尔玛在嫁给她儿子时做出了哪些牺牲？"[28]

阿尔玛与格罗皮乌斯之间的关系不断恶化，其中最明显的原因就是两人长期分居两地。格罗皮乌斯不在身边的时候阿尔玛便会焦躁不安，她已经无法体谅身在战争前线的格罗皮乌斯同样承受着与恋人分离的痛苦，还有身在战场的寂寞。"你今天在信中提到12月份才会回来！"阿尔玛在婚后不久就开始抱怨，"所以这意味着距现在还有四个月！"[29] 钟爱维也纳美食的阿尔玛经常抱怨自己无法"只吃面包和汤就能满足了"。有时她又觉得自己似乎对丈夫一无所知，她甚至不记得他脸上的细节。在片刻恍惚之后，阿尔玛便会陷入欲望与癫狂之中：

> 等我们再次见到对方的时候，我会双膝跪在地上，跪在你的面前，恳求你……然后我会用我所学到的所有技巧，从你身上学到的所有细节……然后你会精虫上脑，你会疯狂失控，你会将我紧拥入怀，你会温柔地把我放在和我们身高一样宽的床上。房间里有香气扑鼻的鲜花，有摇曳燃烧的蜡烛，你会将我扑倒在床上，用尽浑身力气折磨我、踩躏我，直到我痛得流眼泪，颤抖地呻吟、呢喃。因为你总是让我等待。[30]

阿尔玛要求格罗皮乌斯也在信中用文字描述、幻想与她做爱的细节。至于当时正在摩泽尔战线上的格罗皮乌斯是否照做了，我们没有找到任何资料与记录，所以无从得知。

在12月，格罗皮乌斯获准在圣诞节假期回到身在维也纳的阿尔玛身边。圣诞假期虽然短暂，但阿尔玛与格罗皮乌斯总算和家人度过了一段温馨美好的时光。

回到家中的格罗皮乌斯受到了热烈的欢迎。阿尔玛与马勒的女儿安娜当时十一岁，就像她曾崇拜自己母亲的情人柯克西卡一样，安娜也特别迷恋自己英俊潇洒的继父。但自从格罗皮乌斯剃掉了他那潇洒的小胡子之后，安娜对格罗皮乌斯就不像原来那样着迷了。在与家人欢聚一堂的时候，格罗皮乌斯再次尝试写信给母亲，希望她可以与阿尔玛冰释前嫌。他在信中仍不由自主地批评玛农，认为玛农所抵制的原创、任性、倔强和悖论，在他看来都是"上帝在有才之人身上留下的标记"[31]。母亲没有意识到他其实也是一个追求标新立异的人，他对此感到很失望。

———

正是在第一次世界大战初期这段时间，格罗皮乌斯参与了创办学校的计划。这所学校就是后来大名鼎鼎的包豪斯学校的前身。应萨克斯－魏玛大公和公爵夫人与当地政府官员之邀，格罗皮乌斯从孚日山前往德国中东部文化绿洲——图林根州的魏玛与这些人会面。接到命令后的他直接从前线动身，身上仍然穿着旺兹贝克轻骑兵军装。到达魏玛后，他在管家的引导下，走进富丽堂皇的宫殿大门，穿过无数走廊与房间，与权贵会面并讨论自己创办一所以生产工作室为基础的学校的初期构想。这次会面堪称世界艺术与工业界最重要的一个转折点。

亨利·凡·德·威尔德被迫辞去魏玛大公国工艺美术学校校长一职，格罗皮乌斯接任威尔德的工作。这所位于魏玛的工艺美术学校于1908年与当地另一所艺术院校——实用美术学校合并，两所机构的建筑毗邻，都是由威尔德提出并设计的。

多年来，随着当地反对比利时建筑师的声音越来越强烈，威尔德的地位难保，事业也是举步维艰。魏玛的反对者和当地官员要求剥夺其职位，威尔德终于在战争爆发一周前被迫离职，开始独自在魏玛挣扎。在德国黑森州柯尼施泰因的一家精神病诊所避了一阵难后，威尔德前往瑞士。在此期间，他的精神一直处于极不稳定的消沉状态。

在离开学校之前，威尔德推荐了三个接班人人选，分别是格罗皮乌斯、雕塑家赫尔曼·欧伯利斯特和建筑师奥古斯特·恩德尔。赫尔曼·欧伯利斯特与奥古斯特·恩德尔是青年风格的杰出代表，而格罗皮乌斯当时相对年轻，鲜为他人所知。威尔德很可能希望看到格罗皮乌斯接任他的位子，因为在去年他与赫尔曼·穆特休斯激烈的德意志制造联盟争辩中，格罗皮乌斯选择了支持自己。

刚刚接到邀请时，格罗皮乌斯十分犹豫，但在经过一番慎重思考之后，他认为政府官职会带给他一定的权力并巩固他的职业生涯。就像威尔德那样，他可利用职位之便拿到魏玛一带的好项目。当阿尔玛听到这个提议的时候，她给出的建议非常现实，也很有建设性，足以看出她的老练与世故。她告诉格罗皮乌斯："这个职位并没有那么大的权力。只有当他们书面承诺你要求的权力后，你才能够接受这份工作。至于薪资和雅利安贵族头衔，这些会对你的将来产生不利影响。"[32] 在格罗皮乌斯做出最终选择之前，阿尔玛一直强调并敦促他与大公的这次面谈。

格罗皮乌斯与大公面谈后立刻从前线给阿尔玛发了一封电报。阿尔玛热情地回复格罗皮乌斯，告诉他，他的电报给她带来了一丝幸福感。"魏玛！我最喜欢那里了！我们在魏玛租一间小房子，在那里开始我们的生活，远离亲戚的干扰。"也许是受到了阿尔玛对于幸福家庭向往的启发，格罗皮乌斯通过他的参谋长弗雷赫尔·冯·弗里奇与大公通信，提出了自己创办一所将艺术、工艺与技术融为一体的理想学校的想法。

格罗皮乌斯的提议受到了强烈赞同，但由于战争爆发而不得不搁置。工艺美术学校于 1915 年 10 月关闭，其间被充当军队医院使用。大公和其在魏玛的工作人员都心事重重。格罗皮乌斯带着他的部队回到了孚日山，一切关于未来包豪斯创办的计划都暂时搁浅。

格罗皮乌斯这时开始着手准备他最具挑战性的建筑项目之一：重新设计位于布莱滕施泰因的马勒别墅。为更好地欣赏不远处施内山的美景，格罗皮乌斯重建了露台，新增了一条门廊。阿尔玛在这个时候怀孕了，这也是她比以往任何时候都更加刻薄、暴躁的原因之一。在 1916 年春天，她在布莱滕施泰因给身在前线的格罗皮乌斯寄出了一封长信，悲叹自己的状况，并回答了格罗皮乌斯对于工作进展的问题。

"门廊是否已扩建到餐厅的窗户？"这是一个建筑师，或者一个以建筑师自称的人，在战争期间写信给他怀孕的妻子，询问关于这座房子的进展。就算在没有战争的和平时期，就算我身体健康，没有怀孕，这样一个钢筋混凝土露台工程对我来说也是耗费精力的巨大工程，因为这里的一切条件都比别的地方艰苦，我需要付出很大努力才能招到工人。在当前这种敏感时期，你轻率的举动让我感觉很奇怪。你的不体谅让我感到心寒！就算是我自己蠢到要做这件事情，你也应该采取一切手段阻止我做下去！现在，我们的家门大敞，房屋里铺满草稿，到处都是泥巴，陌生的男人在这里进进出出。这些都不算什么，最重要的是孕期过度疲劳会带来风险，而你从未意识到这一点。[33]

阿尔玛又讽刺道，格罗皮乌斯的下一个工程应该是改造监狱。

格罗皮乌斯收到信后并没有因为阿尔玛的语气感到恼火，而是不住地安抚她。他在听到阿尔玛怀孕的消息时喜上心头，这样一来他们就可以名正言顺地公布结婚的消息了。当时格罗皮乌斯搭乘的一架军事侦察机不幸坠毁，侦察机驾驶员当即丧命，但幸运的格罗皮乌斯死里逃生。为了不让阿尔玛担心，格罗皮乌斯决定向她隐瞒这起事故。听闻阿尔玛怀孕的消息，格罗皮乌斯的母亲玛农也专程前往布莱滕施泰因探望阿尔玛。玛农打算为与阿尔玛和解做最后的尝试。这时的玛农还乐观地认为："虽然阿尔玛的许多想法、习惯和观点对我来说无比陌生，甚至奇怪，但不可否认的是，她是一个内心丰富、不可多得的奇才。"[34]玛农的拜访一开始进行得十分顺利，但结果却不尽如人意，阿尔玛刻薄地指责婆婆奢侈的购物习惯，死守位于柏林大别墅的俗不可耐的品位。

在她写给身居前线的格罗皮乌斯的信件中，阿尔玛对格罗皮乌斯冷嘲热讽，她告诉格罗皮乌斯，即便现在自己怀孕了，她也仍然深受男人的欢迎，同时她还怀疑格罗皮乌斯对自己不忠。她听说现在患有性病的男性比例非常高。与此同时，阿尔玛十分擅长软硬兼施，在指责、讽刺格罗皮乌斯的同时，也滔滔不绝地向他表达自己的性欲与渴望："我是非常感性的人，我渴望一切新鲜陌生的事物。我想像珊瑚虫一样紧附在你的身上，吮吸你身体的每个部位，品尝你甜蜜的汁液。"[35]

1916年夏天，从在默兹凡尔登一带的战役到现在索姆流域的盟军进攻，战争进入了白热化阶段。8月，身在孚日山军团战地总部的格罗皮乌斯在一篇文章中表达了自己的愤怒："我被怒火冲昏了头脑，被这场疯狂的战争束缚、囚禁，扼杀了生命的所有意义。"[36]格罗皮乌斯已经预见到战争将会在物质和精神层面上压垮德国人民。格罗皮乌斯向母亲倾诉："现在前线的反政府情绪日趋严重，十分危险。上帝呀，希望那些有钱有势的势利小人在我们所有人之前破产。"在收到身在维也纳的阿尔玛发来的长篇感慨后，格罗皮乌斯更加焦虑不安："我不知道该怎么办，我的神经濒临崩溃了，我的思绪模糊不清了。"9月1日，格罗皮乌斯晋升为军团的副官，随着官职的晋升，格罗皮乌斯所承担的军事责任也越来越重了。

因为阿尔玛即将临产，格罗皮乌斯被批准两星期的假期，陪伴自己的妻子，见证孩子的出生。

但是过了预产期，孩子迟迟没有出生。格罗皮乌斯曾在文章中表示，不希望自己的这个孩子出生在现在这个疯狂的世界里。两个星期的假期很快就过去了，在经过 17 天的等待后格罗皮乌斯焦急地回到了战争前线。他们晚产的女儿玛农终于在 1916 年 10 月 5 日出生。格罗皮乌斯通过电报获得了女儿出生的消息，几天后他又收到一封母女平安的信件，不禁喜出望外。尤其在听说阿尔玛激动地告诉他想为他再生一个儿子时，格罗皮乌斯更是高兴到想要"拥抱全世界"[37]。

一得到消息，格罗皮乌斯立刻兴奋地计划为阿尔玛购置一件豪华的礼物庆祝女儿的诞生。他在前线写信给维也纳现代艺术收藏家领袖——卡尔·赖宁豪斯，希望可以从卡尔那里购买他所收藏的爱德华·蒙克的油画作品《海边夏夜》，阿尔玛十分钟情于这幅油画。就在赖宁豪斯收到格罗皮乌斯的请求的当天，赖宁豪斯便派了两名仆人将这幅画送到了阿尔玛的住处。赖宁豪斯还另外附上一封信，以讨喜的语言告诉阿尔玛，实际上这幅画早就属于她了，"只是格罗皮乌斯一直没有找到恰当的时机送给你"[38]。可以说，格罗皮乌斯为了这份礼物着实费尽了心思。

阿尔玛的心情阴晴不定，让人捉摸不透。当格罗皮乌斯经过一天的奔波，从法国前线回到维也纳家中看望女儿时，阿尔玛的举动却出乎他的意料。因为在获得两天的特批假期后，格罗皮乌斯没有洗漱打理，便连夜从车站赶回家中。阿尔玛看到格罗皮乌斯时十分震惊："当我看到他肮脏的样子，乱得像稻草一样的胡子和他那被铁路烟灰熏黑的制服和脸庞时，我感觉自己似乎看到了一个杀人犯。"[39]她挡在婴儿的襁褓前，拒绝格罗皮乌斯靠近他们的孩子。在格罗皮乌斯再三地苦苦哀求后，阿尔玛才允许他从房间对面远远地看着他们的小玛农。二十年后，格罗皮乌斯仍然记得当时的场景。当时的阿尔玛就像一只在敌人面前捍卫自己幼崽的母狮，唯恐孩子被敌人掠夺。阿尔玛后来

爱德华·蒙克的油画《海边夏夜》（1902—1903）。格罗皮乌斯为了庆祝女儿玛农的诞生，将其作为礼物送给阿尔玛

对于此举解释道："我不会与格罗皮乌斯分享孩子，让他占有孩子。我最担心的事情还是发生了，我对他的感情已经淡了。"与格罗皮乌斯异地恋和阿尔玛喜欢与恋人黏在一起的本性背道而驰。阿尔玛与格罗皮乌斯的婚姻几乎刚开始就结束了。

格罗皮乌斯于1916年圣诞节回到维也纳参加女儿的洗礼仪式。他和阿尔玛的紧张关系暂时得到了缓解。阿尔玛最初信仰天主教，后随自己的丈夫皈依新教，并在维也纳的大福音派教会接受洗礼。他们的小女儿现在更名为阿尔玛·玛农·安娜·贾斯丁·卡洛琳·格罗皮乌斯。在家中，大家称她为慕兹（Mutzi），这个名字是从德语"mutzig"

一词中转化而来的爱称，意思是小得像猫一样。虽然格罗皮乌斯的家人并没有参加受洗仪式，但格罗皮乌斯的继女安娜、母亲玛农以及阿尔玛的母亲都是他亲生女儿的教母。受洗仪式现场用大量的白百合点缀，烛光闪耀，还有一棵圣诞树，一身雪白衣裙的阿尔玛参加了仪式。

格罗皮乌斯这次所得到的假期仍然十分短暂，上次见到他的小玛农还是三个月前。格罗皮乌斯高兴地向母亲报告："她躺在我旁边，一直不停地哼着小曲，就像一只叽叽喳喳的小鸟。她是一个快乐的孩子，充满朝气与活力。她看起非常漂亮，非常像我。"[40]格罗皮乌斯对孩子有特别的亲和力，因为战争的关系，他与小玛农饱受分离之苦，所以他对女儿一直怀有特殊的宠爱之情。

作为新上任的军团副官，格罗皮乌斯的任务极其繁重。他先后被调到索姆流域和一些西部战场，如比利时默兹的那慕尔，现在又来到了负责军事通信的指定司令部。在这里，格罗皮乌斯被任命为欧索通信学校的导师，负责培训将军和其他高级军官。他和团队最初住在那慕尔附近废弃的弗莱恩内城堡中。城堡的内部已经被敌军洗劫一空，但外部的花园和露台仍然完好无损。在格罗皮乌斯眼中，这是他见过的最美丽的，也是给他留下深刻印象的建筑。不过，他们的居住环境越来越简陋，到了1917年夏天，已经沦落为当地的一家农舍，他们不得不以"萝卜和下水香肠"[41]维生。战争局势动荡不安，格罗皮乌斯也有些心灰意冷。"当然，"他写道，"今年，这一切应该有个了结了。"[42]

格罗皮乌斯的军事通信工作繁杂，他的主要职责是管理一所军犬训练学校，完善战时使用军犬传书的体制。阿尔玛在听说格罗皮乌斯训练军犬之后，刻薄地告诉他，看到他在做这些下等的工作，她"完全无法"忍受："这无论对你还是对我来说都太讨厌了。"阿尔玛认为狗是不洁的动物，特别是一想到格罗皮乌斯用手指打开狗嘴巴向喉咙里望去的样子，她就不寒而栗。阿尔玛一再提醒格罗皮乌斯，她的丈夫必须是"人上人"。

当然，阿尔玛对于格罗皮乌斯的评价是极其不公允的。除了训练军犬之外，格罗皮乌斯还负责各种形式的军事通信与协调：安置信鸽，发射信号，安装光信号设备，等等。格罗皮乌斯对科学技术的浓厚兴趣和其敏锐、精准的思维决定了他十分适合做这份工作。1917 年 11 月，驻扎在索姆流域的格罗皮乌斯在信中向母亲炫耀："我的学校现在已成为一个非常重要的部分，我们必须能够经得住来自包括西部、南部和东部军队在内的整个军队的批评。"[43]

1917 年，格罗皮乌斯回到维也纳度过圣诞节。他刚在意大利培训奥地利士兵如何使用军犬进行传书，一结束便立刻返回家中。在这次归途中，饱经战争的折磨、精神高度紧张的格罗皮乌斯并没有感到一丝轻松。他仍对柯克西卡心存妒忌，要求阿尔玛舍弃柯克西卡为她所画的带有"蒙娜丽莎"般微笑的肖像和所有素描，以及除了自己丢在火中的第四把画扇之外的剩余的六把画扇。无奈之下，阿尔玛只好将这些肖像和素描放在格罗皮乌斯的赞助人卡尔·恩斯特·奥斯陶斯在哈根创立的博物馆中，但是她对那套心爱的画扇始终难以割舍。最后，阿尔玛还是把柯克西卡为自己所画的那幅带有神秘微笑的肖像画带了回来。

格罗皮乌斯对柯克西卡难以磨灭的怨恨实际上已经并不重要了，因为此时阿尔玛已经有了新欢——奥地利波西米亚诗人、剧作家弗朗兹·韦尔费尔。阿尔玛与韦尔费尔于 1917 年 11 月相遇。实际上，早在这之前，在阿尔玛与格罗皮乌斯婚后的第二天，阿尔玛就已经对韦尔费尔产生了一种奇怪的亲密感，这也暗示了两人未来的亲密关系。那时格罗皮乌斯还没回到前线，阿尔玛陪他前往一家军事装备供应商处。当格罗皮乌斯小心谨慎地挑选新骑马靴时，阿尔玛在一旁不耐烦

埃里希·布特纳绘制的弗朗兹·韦尔费尔漫画形象，1915

地等待着。"俄罗斯皮革散发出的浓烈气味让我感觉浑身发麻。"阿尔玛回忆，"我逃了出来，打算回到等在外面的出租车上。在路上，我碰巧在一个小贩的马车上看到了一本杂志，我立刻买了下来。在翻阅杂志的时候，我在其中的一页上看到了弗朗兹·韦尔费尔所著的《有意识的男人》这首诗歌。"[44] 现在回想起这个小插曲，阿尔玛认为这就是命中注定，韦尔费尔是她的真命天子。通过这些事情我们不难看出，阿尔玛对命运的信仰态度似乎十分随便。

在故弄玄虚的作家兼编辑弗朗兹·布莱的介绍下，阿尔玛与弗朗兹·韦尔费尔在阿尔玛的伊丽莎白大街沙龙初次相见。那时的阿尔玛已经十分熟悉韦尔费尔的诗了，并且还为他的一首名为《故人》的诗配了曲子。初一见面，阿尔玛立刻被韦尔费尔神秘莫测的魅力所吸引。韦尔费尔当时 26 岁，比阿尔玛小 11 岁。韦尔费尔出生在布拉格，当时的布拉格还属于奥匈帝国的一部分。韦尔费尔也曾在军队服过役，曾赴意大利参战，之后又被派往俄罗斯前线。现在，韦尔费尔回到了维也纳，间歇性地为陆军报刊部门工作，但也有自己的时间在咖啡馆里与他那些标新立异、志同道合的朋友碰面喝茶，或者疯狂追求阿尔玛。韦尔费尔十分了解并喜爱马勒的音乐作品。韦尔费尔还在一次朗读阿诺德·勋伯格的《雅各布的梯子》时饱含深情，带有强烈的戏剧效果，给阿尔玛留下了深刻的印象。韦尔费尔告诉阿尔玛："我知道这个男人生活中的所有经历冲突。他是一个犹太人，一个因自己身份而饱受折磨和摧残的犹太人。"[45]

韦尔费尔本人也是犹太人。阿尔玛在日记中将韦尔费尔描述为"有着厚厚的嘴唇、弓形腿，身材胖胖的，双眼肿胀得眯成一条缝的犹太人"[46]。从外貌上来说，韦尔费尔是格罗皮乌斯的对立面。格罗皮乌斯曾是阿尔玛理想中的雅利安人，也是他们的小女儿玛农的父亲。阿尔玛曾经记载过关于她与格罗皮乌斯一切美好的一面，他们所具备的雅利安的极端特征，他们如何走在一起共同孕育了玛农这个神圣的孩子。但毫无疑问的是，阿尔玛是个朝三暮四、反复无常之人。她现在已经不再崇拜雅利安人，取而代之的是对韦尔费尔的狂热迷恋。有一点需要再次说明一下，古斯塔夫·马勒也是一名犹太人，并且相貌平平。

阿尔玛和格罗皮乌斯在整个圣诞节期间都在不安地挣扎着。格罗皮乌斯的存在让她紧张万分。一天夜晚，韦尔费尔、布莱、格罗皮乌斯和阿尔玛四人神奇地聚在一起，并在"工人歌星"和卡彭特的"路易斯"一起唱歌玩耍。韦尔费尔还朗诵了他的诗《敌人》。那天暴风雪突降，韦尔费尔和布莱不得不留宿在阿尔玛与格罗皮乌斯的家中，两人分别睡在两张沙发上，身盖毛毯，已经移情别恋的阿尔玛极力隐藏自己的爱意。当格罗皮乌斯在1917年12月29日需要重返军团时，阿尔玛露出了她最灿烂的微笑。格罗皮乌斯在清晨离开，如释重负的阿尔玛立刻期待着参加当晚马勒的《大地之歌》音乐会。

但出乎阿尔玛意料的是，格罗皮乌斯突然返回，气急败坏地在外面按门铃。原来格罗皮乌斯错过了火车，所以现在不得不在维也纳多停留一天。就在这一刻，阿尔玛在她的日记中承认，她完全意识到她对格罗皮乌斯的爱已经走到了尽头，取而代之的甚至是一种"无聊厌恶"的感觉。当她与安娜坐上马车去参加音乐会时，格罗皮乌斯紧随其后，希望阿尔玛可以带他一起去，阿尔玛却说没有多余的门票，让格罗皮乌斯一个人失望地回到家中。

当格罗皮乌斯次日终于离开维也纳时，他在穿过奥地利来到德国边境时给阿尔玛发了一封电报。电报引用了韦尔费尔的一句诗。"打破你的矜持。"电报上这样写道。

格罗皮乌斯当时在法国中部的苏瓦松和莱姆斯战线之间来回转移。格罗皮乌斯再一次回到了战争的"灰色世界"[47]，他深知自己的"精神世界也会变得越来越消沉"，他为此感到十分沮丧与绝望。他告诉母亲，他的精神状态越来越糟糕。他开始将注意力转向了战时经济中的通货膨胀，特别是对牟取暴利的犹太人进行了强烈的抨击：

> 我们在外奋力拼搏战斗，但国内的弱者和猪会摧毁我们所取得的一切成果。犹太人，这种我越来越讨厌的人种，像毒药一样吞噬着我们……资本主义、牟取暴利，这一切都是他们的杰作。如果我们纵容他们主宰我们的世界，那么我们就是罪人。他们是魔鬼，是一切消极负面的因素。[48]

鉴于格罗皮乌斯后期毫无反犹太人之心，谁也想不到格罗皮乌斯年轻时竟对犹太人如此尖酸刻薄，甚至口出恶言。格罗皮乌斯许多最亲密的朋友和包豪斯的同事实际上都是犹太人。但必须提醒大家的是，这种反犹情绪在格罗皮乌斯所属的柏林上层资产阶级中很常见，而且战争升级的迫切情况下，他们对犹太人的偏见也更加严重。韦尔费尔继承了犹太人的特点与天性，并将这种本能发挥到了极致。格罗皮乌斯是否因此对韦尔费尔的怀疑和怨恨越来越深了呢？

当阿尔玛在 1918 年初告诉他自己又怀孕了时，格罗皮乌斯努力告诉自己平静下来，不要表现出太多的激动情绪。他其实感受不到任何快乐，他告诉自己的母亲，他的另一个孩子要出生在这个令人绝望的战争时期。玛农·格罗皮乌斯写信给阿尔玛，慷慨地邀请她来柏林看望自己。但是，沙龙女主人阿尔玛现在却沉迷在自己的社交生活中，忙得不可开交。

经过春末和初夏，格罗皮乌斯开始对战争的进展感到稍稍乐观了一些。他作为观察官参加了瓦兹战役，然后在返回基地时听到了德国在阿拉斯成功的消息。格罗皮乌斯之前一直认定自己的艺术职业生涯注定失败，他将"彻底被世界所遗忘"[49]。但是现在格罗皮乌斯重拾希望，看到了自己终究有一天会重新成为某所学校的校长，一所"我亲自指明方向"的学校，一所秉承"当代精神"的学校。[50] 虽然战争还在持续，但是未来的包豪斯已经开始生根萌芽了。

1918 年 5 月，格罗皮乌斯对自己在马恩河战役中的经历感到兴奋。"这场战争我从一开始就参与了。我们确实没有料到一切都十分顺利。我曾面对过成千上万的大炮，沐浴过子弹雨，27 日的那个夜晚简直是难以形容的……我很好，虽然我现在再也不像 1914 年那样鲁莽了。睡眠对我们来说十分奢侈，吃饭时间不固定，无论白天还是晚上，什么时候有时间才吃一口。"[51] 格罗皮乌斯在战争中再一次受伤并入院治疗。战斗中受的伤在格罗皮乌斯身上留下的痕迹是最美的勋章。但事实证明，好景不长，格罗皮乌斯乐观的预测就像泡沫一样，短暂地停留在空中便立刻消失不见了。对于所有的武装部队来说，1918 年的夏天才是噩梦的开始。

阿尔玛的肚子越来越大，格罗皮乌斯也终于能够通过维也纳的军队医院探望阿尔玛和他的女儿玛农。在此之前，他们还曾在柏林小聚过一次。

多一个孩子意味着多一份责任和负担，格罗皮乌斯对此也十分担忧，特别是现在维也纳的金融市场都在黑市的控制下，一切都充满不稳定性。在这样的情况下，格罗皮乌斯不得不出租自己在柏林的公寓以获取更多的资金来保证稳定的经济来源，因为他无法忍受自己沦落到需要依靠阿尔玛从古斯塔夫·马勒那里继承下来的遗产去生活，哪怕只有一丝丝这样的可能也不行。

1918 年 6 月，格罗皮乌斯被召回苏瓦松·兰斯前线。重新归队不久之后，格罗皮乌斯就遭遇了可怕的事情。当时他与队友在一个德国据点执行任务，据点突然崩塌，格罗皮乌斯被散落的碎石砸中，险些被活埋，但他最终死里逃生，成为唯一的幸存者。他整整三天都被困在碎石与木材之下，没有水，也没有食物，连呼吸都要靠暖气管带入碎石中的微弱气流。格罗皮乌斯拼了命地大声呼救，希望有人可以听到他的声音前来救援。直到最后，德国军队来到事发现场展开搜救工作，寻找生命迹象的时候，格罗皮乌斯才终于获救。他被立即送往一家战地医院接受治疗。当时阿尔玛已经在布莱滕施泰因的住宅中等待生产，之前经过一系列检查，医生预测阿尔玛此次生产可能会有一定的风险，甚至难产。所以，格罗皮乌斯要求转院到离阿尔玛在布莱滕施泰因住宅不远的一家军区医院中，这样可以离她更近一些。

自格罗皮乌斯圣诞节返回维也纳以来，阿尔玛和韦尔费尔一直保持着地下恋人的关系。阿尔玛与安娜和还是婴儿的玛农一同前往谢莫林的布莱滕施泰因住宅静心休养。1918 年 7 月，韦尔费尔也来到了布莱滕施泰因住宅。韦尔费尔后来在日记中承认，当他与阿尔玛做爱时，他没有能够控制自己："在和阿尔玛做爱时，我的脑子一片空白，忘记了阿尔玛已经怀孕的事实。"[52] 阿尔玛也反复强调："与韦尔费尔在一起，我们像中毒了一样越来越癫狂，很遗憾我们都忽略了我体内还未出生的孩子。我们狂饮醉酒，烂醉如泥，完全没有思考能力。"[53]由于阿尔玛与韦尔费尔双方的疏忽，阿尔玛在 7 月 27 日（或 28 日）的夜晚严重大出血。当时阿尔玛醒来后，打开电灯才发现自己身在大片血泊之中。安娜见状连忙跑到军区医院，找到格罗皮乌斯，告诉他阿尔玛的状态。格罗皮乌斯在维也纳找到一名妇科专家，两人从维也纳出发，搭乘紧急军用列车前往谢莫林。就在格罗皮乌斯抵达车站的同一时间，惊慌失措的韦尔费尔匆忙地离开了车站。

阿尔玛的病情十分严重，医生建议立即将她送往医疗条件更加完备的维也纳进行医治。格罗皮乌斯、助产护士和医生等人小心翼翼地护送着流血不止、命悬一线的阿尔玛。奄奄一息的阿尔玛因病情需要，头部朝下，纹丝不动地躺在马车上。她的样子就像已经死去一样，躺在棺材中，被马车送往坟地。下了马车后，一行人乘火车继续前行。开始，他们乘坐的是普通车厢，但由于阿尔玛需要平躺，她不得不被移至一辆"家畜车"——在战争中用来运送尸体的灵柩车中。最终，他们到达了洛夫疗养院——古斯塔夫·马勒也曾在这家医院进行治疗，最后死于医院之中。经过催产，阿尔玛生下了一个孩子，但是这个孩子从刚出生的一刻起就体弱多病。

格罗皮乌斯坚定地留在阿尔玛身边，但他的陪伴不但没有减缓阿尔玛的疼痛，反而增加了她的内疚。"阿尔玛有一颗伟大高尚的心，"格罗皮乌斯告诉母亲，"人们之所以都爱她，那一定是有原因的，绝非偶然。这是她应得的。"[54]那时的格罗皮乌斯还没有注意到韦尔费尔早已觉察到的事情。直到几天后，当格罗皮乌斯再次去医院探望阿尔玛和孩子时，他才发现，毫无疑问，这男孩不是雅利安人，而是犹太人。

这个婴儿于 1918 年 8 月 2 日出生，而格罗皮乌斯在 8 月 26 日的清晨偶然听到阿尔玛和韦尔费尔在通电话时以名相称，这时的他才恍然大悟，弄清了事情的真相。当格罗皮乌斯走进房间时听到阿尔玛叫对方"弗朗兹"时，他"像被闪电击中一般石化在原地"[55]。虽然格罗皮乌斯已经留意到阿尔玛与韦尔费尔的相互欣赏与爱慕，但他当时显然没有意识到两人之间已经发展成了更深层次的关系。

格罗皮乌斯当天下午就决定去见韦尔费尔。不巧的是，韦尔费尔当时恰好在睡觉，因此并没有听到格罗皮乌斯的敲门声。格罗皮乌斯给他留下了一个非同寻常的信息："我来了，我拼命说服自己要对你有仁爱之心。放过阿尔玛吧！否则最糟糕的事情可能会发生。兴奋，牛奶，我们的孩子也可能会死！"[56]最终韦尔费尔以自己高尚的品行战胜了私欲，用理性战胜了感性。当然，格罗皮乌斯也慷慨地承担了婴儿父亲的角色。不过格罗皮乌斯此举也是挑衅的行为，正如之前他处理与马勒的关系一样，格罗皮乌斯喜欢在情感纠纷中占据上风，操控全局。

10月下旬，阿尔玛和格罗皮乌斯重新开始做爱，不过显然阿尔玛"没有一点感觉"[57]。阿尔玛声称自己是出于同情才把自己交给了格罗皮乌斯，把这当作是一种谢罪方式。1918年11月初，格罗皮乌斯给阿尔玛写了一封信，要求她把女儿玛农的监护权让给他。格罗皮乌斯认为阿尔玛应该和韦尔费尔、安娜以及现在病情严重的婴儿马丁一起生活。格罗皮乌斯的提议让阿尔玛心烦意乱，阿尔玛心里最后的一条底线崩塌了，终日以泪洗面。

格罗皮乌斯与韦尔费尔一起去看望阿尔玛。阿尔玛决定要彻底结束与他们两人的关系，并以单亲妈妈的方式自己带着孩子过完全独立的生活。听到决定后的格罗皮乌斯情绪有些失控，扑通一声跪倒在地，希望阿尔玛可以原谅提出这个尖酸刻薄、不可能实现的要求的自己。与情绪崩溃的格罗皮乌斯相比，韦尔费尔表现得沉着淡定。他说了一些"关切体贴的、简单朴实的话语"[58]才使格罗皮乌斯制造的煽情戏剧情节变得缓和了一些。

与此同时，第一次世界大战即将结束，美军的加入让协约国阵营如虎添翼。11月11日，德国宣布投降，要求停战，第一次世界大战终于告一段落。11月9日，威廉二世退位并仓皇出逃，德国演变为共和国，并由弗里德里希·艾伯特担任临时总理。整个德国像格罗皮乌斯的家庭生活状况一样陷入一片混乱。第一次世界大战会带来什么样的后果呢？

【注释】

1 引用奈丁格，第40页。

2 沃尔特·格罗皮乌斯对玛农·布尔查德·格罗皮乌斯所言，1914年4月，BHA，引用艾萨克斯，第31页。

3 沃尔特·格罗皮乌斯，寄信至《建筑评论》第134期，1963年7月至12月，第6页。

4 同上。

5 同注释2，1914年9月19日，BHA，引用艾萨克斯，第39页。

6 同上，1914年11月11日，BHA，引用艾萨克斯，第41页。

7 同上，1914年1月初，BHA。

8 伊势·格罗皮乌斯，《初见》打字稿，约1970，AAA。

9 同注释5，1915年1月，BHA，引用艾萨克斯，第42页。

10 阿尔玛·马勒对沃尔特·格罗皮乌斯所言，1913年7月26日，BHA。

11 马勒，《桥》，第82页。

12 同上，第83页。

13 阿尔玛·马勒对沃尔特·格罗皮乌斯所言，日期不详，可能是1915年5月，BHA，引用艾萨克斯，第42页。

14 同上，可能是1915年6月，BHA，引用艾萨克斯，第43页。

15 玛农·布尔查德·格罗皮乌斯对沃尔特·格罗皮乌斯所言，1915年6月7日，BHA，引用艾萨克斯，第43页。

16 同注释2，1915年7月3日，BHA，引用艾萨克斯，第43页。

17 同注释15，1915年7月7日，BHA，引用艾萨克斯，第43页。

18 阿尔玛·马勒·韦尔费尔，《日记》，1915年4月8日，UPP，引用西尔麦斯，第106页。

19 同上，1915年6月8日，引用西尔麦斯，第108页。

20 同注释10，日期不详，BHA。

21 同注释18，1915年9月26日，UPP，引用西尔麦斯，第110页。

22 奥斯卡·柯克西卡，《我的生活》（伦敦，1974），第74页。

23 奥斯卡·柯克西卡对赫敏·慕斯所言，1918年8月20日，引用阿尔弗雷·韦丁格，《柯克西卡与阿尔玛·马勒》（慕尼黑，1996），第89页。

24 奥斯卡·柯克西卡对阿道夫·洛斯所言，1918年4月25日，《奥斯卡·柯克西卡的信件1905—1976》（伦敦，1992），第72页。

25 奥斯卡·柯克西卡对阿尔玛·马勒所言，1921年5月27日，《奥斯卡·柯克西卡的信件1905—1976》（伦敦，1992），第77页。

26 同注释10，大约在1915年9月初，BHA，引用艾萨克斯，第44页。

27 同注释11，第86页。

28 同注释10，大约在1915年9月末，BHA，引用艾萨克斯，第48页。

29 同上，日期不详，1915年，BHA。

30 同上，日期不详，1915年，BHA。

31 同注释2，1916年1月3日，BHA，引用艾萨克斯，第48页。

32 同注释10，日期不详，1915年秋末，BHA。

33 同注释10，日期不详，约1916年3月，BHA，引用艾萨克斯，第49页。

34 同注释15，1916年6月2日，BHA。

35 同注释10，日期不详，可能是1916年夏，BHA，引用艾萨克斯，第49页。

36 同注释 2，1916 年 8 月 17 日，BHA，引用艾萨克斯，第 51 页。

37 同上，日期不详，可能是 1916 年 10 月初，BHA。

38 同注释 11，第 87 页。

39 同上，第 89 页。

40 同注释 2，1917 年 3 月 21 日，BHA，引用艾萨克斯，第 53 页。

41 同上，日期不详，可能是 1917 年 8 月 / 9 月，BHA。

42 同注释 10，日期不详，约 1917 年夏，BHA。

43 同注释 5，日期不详，可能是 1917 年 11 月 11 日，BHA，引用艾萨克斯，第 54 页。

44 同注释 11，第 85 页。

45 同上，第 90 页。

46 同注释 18，1917 年 11 月，UPP，引用西尔麦斯，第 120 页。

47 同注释 2，1918 年 1 月或 2 月，BHA，引用艾萨克斯，第 54 页。

48 同上，日期不详，可能是 1917 年 11 月 11 日，BHA，引用艾萨克斯，第 54 页。

49 沃尔特·格罗皮乌斯对卡尔·恩斯特·奥斯陶斯所言，1917 年 12 月 9 日，BHA，引用艾萨克斯，第 54 页。

50 同注释 2，1918 年 4 月 10 日，BHA，引用艾萨克斯，第 55 页。

51 同上，1918 年 5 月，BHA，引用艾萨克斯，第 55 页。

52 "弗朗兹·韦尔费尔日记"，马勒，《桥》，第 101 页。

53 同注释 18，日期不详，UPP，引用西尔麦斯，第 122 页。

54 同注释 2，1918 年 8 月 17 日，BHA，引用艾萨克斯，第 58 页。

55 同注释 11，第 119 页。

56 同注释 52，马勒，《桥》，第 116 页。

57 同注释 18，1918 年 10 月 24 日，UPP，引用西尔麦斯，第 124 页。

58 同注释 11，第 119 页。

6 魏玛包豪斯与莉莉·希尔德布兰特：1919—1920

第一次世界大战结束后的 1918 年至 1919 年冬天，由于战后社会紧张局势加剧，德国众多城市相继爆发革命。柏林发生了大众罢工和革命政变，罢工和政变不幸遭到由政府组建的雇佣军队伍的残酷镇压。起义领袖，斯巴达克团创始人卡尔·李卜克内西和罗莎·卢森堡入狱后惨遭谋杀。

格罗皮乌斯十分清楚暴乱的来龙去脉。11 月 18 日，结束兵役走出军营的他万念俱灰。看到自己的国家如此混乱，又遭受了严重的破坏，格罗皮乌斯悲痛欲绝。不过他并没有一蹶不振，而是化悲痛为力量，积极地采取行动。格罗皮乌斯后来表示自己"灵光一闪"，突然意识到"旧的东西都已经消失了"[1]。从这个层面上来讲，格罗皮乌斯所提倡的包豪斯理念就是从第一次世界大战的废墟中演变而来的。

"我来到这里是为了加入革命当中。"[2]格罗皮乌斯于 12 月 23 日从柏林写信给卡尔·恩斯特·奥斯陶斯时提到。"这里的情绪十分紧张、高涨，艺术家必须趁热打铁。"1918 年，十一月革命之后，格罗皮乌斯参加了带有高度政治色彩的组织——"十一月小组"。这是先锋期刊与暴风画廊的衍生物，它诞生的目的是营造一种新的进步文化氛围。其成员包括艺术家格哈德·马克斯、莱内尔·费宁杰，以及建筑师埃瑞许·孟德尔松、汉斯·波比锡、密斯·凡·德·罗和布鲁诺·陶特。格罗皮乌斯同样在柏林加入了一个相关的组织，即艺术工作委员会。

艺术工作委员会是一个由进步的建筑师、画家和雕塑家组成的激进团体，格罗皮乌斯很快就当选为组织的主席。艺术工作委员会特别强调为普通百姓建造房屋，唯有这样才能够创造新民主社会，为提高人民的生活质量提供可能性。艺术工作委员会成员间感情深厚，互相扶持。格罗皮乌斯在信中告诉母亲："所有人都来参加会议，这画面美丽而生动……这就是我一直想要的生活方式，但唯有战争将一切净化之后才能够看到这样的场景。"[3]

因为加入艺术工作委员会的关系，格罗皮乌斯终于有了将多年以来日思夜想的念头付诸实践的动力。这个念头就是成立一所理想的现代设计的包豪斯学校，一个称得上中世纪石匠协会的现代版本的学校，一个由各界艺术家协作、共创的更美好的新世界学校。

当时格罗皮乌斯的私生活一片混乱，但在艺术工作委员会中，他从同行艺术家那里找到了安慰与希望。从理论上讲，格罗皮乌斯仍与阿尔玛在一起，因为从法律的角度来说，格罗皮乌斯与阿尔玛仍是合法夫妻。格罗皮乌斯已经回到柏林，阿尔玛在回忆录中写道："为我们的新生活打拼。"[4]但身在维也纳的阿尔玛却与韦尔费尔藕断丝连，两人仍然时不时地秘密约会。另一方面，阿尔玛越来越为他们早产的儿子马丁感到苦恼。"这个小男孩个头大、身体壮，但是他的头长得太快了而且智商低下。"[5]阿尔玛在寄给婆婆玛农·格罗皮乌斯的信中这样描述马丁。马丁患有严重的大脑水肿，所以头部肿大得很厉害。玛农认为格罗皮乌斯一直视这个严重畸形的男孩为己出，因此让韦尔费尔的儿子马丁随格罗皮乌斯的姓氏，取名为马丁·约翰·格罗皮乌斯。格罗皮乌斯的亲生女儿小玛农也与阿尔玛一起在维也纳居住，这使格罗皮乌斯饱受与子女相隔千山万水的思念之苦。

为了维持复杂家庭的生计，格罗皮乌斯来到柏林。但在这里他非但没有找到工作，反而感觉自己的建筑事业已经完全陷入停滞。格罗皮乌斯在 1918 年 12 月写信告诉卡尔·恩斯特·奥斯陶斯，自己在过去半个月"穿梭在柏林的大街小巷，在各家公司之间奔波找工作。但都没有成功。我过去踏足过的地方、留下的印记，基本都被抹去了"[6]。格罗皮乌斯通过抨击、谴责自己家族过时的资产阶级价值观来宣泄自己的挫败与愤怒。格罗皮乌斯家族的所有人，甚至包括他宝贵的赞助人埃里希叔叔也未能幸免。

埃里希叔叔死后，格罗皮乌斯到马茨多夫参加他的葬礼，明显感觉到了那些内向的波美拉尼亚亲戚对自己的排斥与疏远："身为地主阶级的他们心中充满仇恨。他们顽固不化、自大，看不到自己的错误。他们目光短浅，只能看到逝去的旧事物，而看不到正在萌芽成长的新事物。"[7]格罗皮乌斯建立包豪斯的初衷就是要对抗资产阶级固有的自满态度和短浅的目光。

1919 年初，格罗皮乌斯重新与魏玛工艺美术学校进行谈判。这是格罗皮乌斯未来工作的学校，在战争期间被迫停办。格罗皮乌斯开始仅仅是魏玛工艺美术学校的校长，并未兼任实用美术学校校长一职。

"但是，"正如格罗皮乌斯后来回忆的那样，"我想同时担任这两所学校的校长，所以向临时政府提出申请，最终如愿以偿。"[8]格罗皮乌斯在战场上的经历和战争带给他的痛苦显然让他更加野心勃勃。

格罗皮乌斯于 1919 年 4 月 1 日起担任学校校长。35 岁的他一直以来都希望在学校中掀起一场伟大的改革。格罗皮乌斯希望自己的艺术学校不要局限于画架艺术或"沙龙艺术"这种资产阶级精英的自我艺术，而是人人可以享有的，建立在建筑和艺术上的真正的民主艺术。包豪斯庄重的宣言和伟大的计划都彰显了格罗皮乌斯坚定的信念和其愿景的强大生命力。

一切创新活动最终要为建筑服务！

美术最高贵的功能一度是为建筑进行装饰，而美术又是雄伟的建筑不可或缺的组成部分。如今，艺术的各个领域自以为是地孤立隔离。只有通过所有各个美术领域的艺术家有意识地团结协作才能将艺术从游离于社会之外的状态中拯救出来。建筑师、画家和雕塑家必须重新分别从整体和部分层面理解建筑合成的特征。只有这样，他们的作品才会充满"沙龙艺术"所缺少的真正的建筑精神。[9]

格罗皮乌斯强调的他对包豪斯的想法实际上就是一个建筑重建的过程。缓慢的工艺制作过程让格罗皮乌斯开始思考和产生对材料在性能和潜能方面的新认识。这算是对战后机械化生产日益广泛的一种补偿和新思考：

建筑师、雕塑家、画家，我们所有人都必须回归到手工艺上！因为艺术不是一种"职业"。艺术家和工匠之间没有本质的区别。艺术家是一位高贵的工匠，在上天的恩赐下，艺术家在灵光乍现的极少瞬间，就不经意地缔造了艺术。但熟练掌握工艺对每位艺术家都至关重要，因为工艺是创造想象的主要源泉。让我们创建一个新的手工艺人协会，在这里，没有等级差异，没有工匠与艺术家之间的那道妄自尊大的障碍！让我们共同期待、构思并创造未来的新建筑。相信有朝一日，在我们数以百计的工人的共同努力下，我们未来的信念会缓缓升入天堂，会像水晶球般透彻地呈现出来。

这份只有四页却激动人心的《包豪斯宣言》扉页上有一张木版画。这幅木版画是格罗皮乌斯新任命的包豪斯教员——莱内尔·费宁杰的

《包豪斯宣言》扉页上使用了莱内尔·费宁杰的
这幅大教堂木版画

作品，画面中高耸入云的大教堂的尖顶象征着格罗皮乌斯对于德国新
政权的期望。

选择莱内尔·费宁杰的这幅描绘大教堂的表现主义作品作为扉页
插画绝非偶然，格罗皮乌斯总是比他表面上看起来更加浪漫。

他与他的乌托邦社会主义艺术工作委员会的成员，特别是布鲁
诺·陶特和安多夫·贝纳都对有着鼓舞人心的力量的抽象玻璃建筑十
分着迷，中世纪哥特式大教堂的塔楼就是这种玻璃建筑的典型代表。
陶特为1914年的德意志制造联盟展览设计了一间奇幻的玻璃房，后来
陶特为了表示对战争的公然反对，设想建造一座能够容纳三百万居民
的大型花园城市，城市的中心有一座标志性的玻璃建筑——水晶般的
"城市之冠"。

这种拥有精神力量的玻璃建筑理念由柏林暴风画廊兼出版社提出
并推广，格罗皮乌斯一直与暴风画廊保持着紧密的联系。暴风画廊于
1914年出版了未来主义小说家保罗·谢尔巴特的作品《玻璃建筑》，

这部作品对格罗皮乌斯及其艺术工作委员会中那些比较激进的同僚产生了深远的影响。保罗·谢尔巴特在书中简明地表述了自己对待玻璃建筑的看法：

> 玻璃带我们走进新时代，
>
> 而砖头文化只会给我们带来伤害。[10]

我们可以从格罗皮乌斯设计的建筑中看出他对《玻璃建筑》的迷恋与喜爱。

格罗皮乌斯曾将浪漫的玻璃塔楼置于德意志制造联盟科隆展览馆模型工厂的入口处，在《芝加哥论坛报》大厦的设计竞赛中，也可以看到他对玻璃元素的运用。正如格罗皮乌斯亲自向魏玛剧院总监恩斯特·哈特所表达的那样，他雄心勃勃的包豪斯计划实则表达了他的建筑壮志与宏图。"我想在魏玛的丽城山地一带打造一个集公共建筑、剧院、音乐厅于一身的广阔建筑群，最终的目标是在那里打造一座宗教建筑。每年夏天，人们都会在此举行盛大的节日庆典。"[11]就在此刻，格罗皮乌斯终于意识到自己可以在战后的德国起到作用，认识到自己正在为这个"人才辈出的德意志共和国"奠定基石。

从许多方面来看，魏玛似乎都是格罗皮乌斯将理想付诸实践的理想之地。这座城市位于柏林西南方 240 千米，历史悠久，从古至今孕育了众多有知识、有文化的人才，有"德国雅典"之名，歌德、席勒和尼采都曾居住于此。尼采那个专横傲慢的妹妹，伊丽莎白·福尔斯特－尼采当时仍生活在魏玛。伊丽莎白傲慢的样子与处事态度就好像她是这座城市的主人一样。她希望可以在自己的哥哥尼采的住宅的一楼设置一间尼采档案室，并委托亨利·凡·德·威尔德为其设计并布置档案馆。

　　当格罗皮乌斯来到魏玛时，魏玛已经有了一个新的身份。1919年1月，在德国宣布成为共和国后，新国民议会选举拉开序幕。从1919年秋天起，魏玛正式成为德国政府和图林根州首府的所在地。"魏玛公立包豪斯学校"，即包豪斯，归图林根教育部管辖。担任校长的格罗皮乌斯享有一万马克的年薪、一间免租金的工作室，以及图林根州内工程委托的机会。格罗皮乌斯在这个早期阶段已经开始规划在魏玛周围一带建立包豪斯的完整宏图，设想建立一种新形式的艺术学校，一个没有旧时学术等级鸿沟的艺术家实验聚集地。格罗皮乌斯以自己的理念为由拒绝了教授的头衔。

　　为了建立包豪斯，格罗皮乌斯可以说完全是从零开始的。包豪斯学校由最初的魏玛工艺美术学院与另一所高等学院合并而成。合并后的学校在第一次世界大战期间仍正常运作，但工艺美术学院大楼却被当成后备军事医院，内部没有任何教学设备，呈现出一片荒凉的状态。这座建筑在战争期间被洗劫一空，就连工作室的工具，甚至是刨台也被抢走了。格罗皮乌斯接纳了这所学院的部分教学人员，但这些艺术家固守学术传统，很不利于格罗皮乌斯推进新设计的理念。

　　格罗皮乌斯现在首要的任务是招募兼具现代艺术鉴赏能力与尊重手工艺态度的教职员工。这些包豪斯教师都被称为"大师"而不是"教授"。为寻找合适的大师人选，格罗皮乌斯首先将目光投向了与自己关系密切的暴风画廊和艺术工作委员会中的柏林表现主义者。格罗皮乌斯任命的第一批大师分别是曾为1914年德意志制造联盟工厂制作陶器的雕刻家格哈德·马克斯，以及雕刻《包豪斯宣言》扉页木版画的水晶大教堂的艺术家里莱内尔·费宁杰。

　　马克斯被任命为陶艺工作室的形式大师，而费宁杰被任命为印刷工作室的形式大师。费宁杰出生于美国纽约，后来为学习艺术而迁居德国。

格哈德·马克斯（1889—1981），约摄于 1924—1925 年

莱内尔·费宁杰（1871—1956），摄于 1928 年

　　格罗皮乌斯于 1919 年 5 月 18 日在柏林招募了费宁杰，两人一起乘坐火车前往魏玛。这一天对费宁杰意义重大，是他艺术生涯"最精彩的冒险的开始"[12]。在接下来的 37 年中，费宁杰每年都会给格罗皮乌斯寄一封信，缅怀"充满奇迹和魅力的那一天"。在来到包豪斯之前，费宁杰的艺术生涯一直平平淡淡，封闭而隔绝，所以格罗皮乌斯的提议成为费宁杰职业生涯的"决定性转折点"："魏玛包豪斯，这多么让人印象深刻呀，简直是不可思议。"格罗皮乌斯有着让他人忠诚、专一地为其效劳的非凡能力与魅力，即使是那些与他的艺术理念截然不同的艺术家也毫不例外。

　　包豪斯的教学组织系统在办校初期一片混乱。由于教师和学生都按照自己的艺术表现形式教书或学习实践，所以学校尚未形成完整的常规教学体系。但在格罗皮乌斯任命约翰·伊顿后，情况开始有了好转。这位知识渊博的人物很快就成为包豪斯大师中最具影响力的代表。伊顿最初被格罗皮乌斯任命为彩色玻璃和橱柜工作室的大师。他主动研发了所有来到包豪斯学校学习的学生的必修课程——预备基础课程。该课程不仅提供了基本手工技能的培训，而且提升了学生对颜色、形状、质地、构成、不同材料的性质等艺术感的整体认识。现在，世界各地的艺术院校几乎都在以不同的方式、相同的目的，为自己学校的学生开设这样的预备基础课程。

伊顿是一个具有神秘主义思想的瑞士抽象画家，之前在小学教书，曾在斯图加特师从阿道夫·霍尔策学习色彩理论，随后又于 1916 年在维也纳开设了自己的私立艺术学校。在维也纳，伊顿还是阿尔玛的拥护者。阿尔玛十分欣赏伊顿"精致的脸庞"[13] 和"能言善辩、具有埃及人特征的嘴巴"，还有他那深奥莫测的强大思维。伊顿十分喜欢参加阿尔玛举办的沙龙，当阿尔玛与韦尔费尔第一次相见时，他也在场。阿尔玛后来称自己和伊顿之间有一种"奇怪的、兄妹般的、丝毫激不起性欲的"微妙关系。阿尔玛向伊顿介绍了格罗皮乌斯，由于伊顿对精神分析的浓厚兴趣，还密切参与了弗朗西斯·西杰克的儿童创造性教育的研究工作的关系，伊顿为包豪斯带来了当时在维也纳盛行的重要核心思想。

包豪斯一年分为两个学期：四月到六月为夏季学期，十月到第二年三月为冬季学期，两学期中间有一个为期三个月的暑假。在第一个夏季学期时，包豪斯仍处于试水阶段，整体上相对混乱。格罗皮乌斯一直为给包豪斯打下殷实可靠的资金基础而不断奔走。1919 年秋天，学校开始步入正轨，共招收男性学徒 119 名，女性学徒 126 名，这个招生人数以后再也未曾达到。

那么包豪斯的生源从何而来呢？根据较早一批来到包豪斯的学生赫尔穆特·冯·埃尔法的说法，在格罗皮乌斯《包豪斯宣言》的号召下，

"来自德国各地，甚至少数国外的各行各业的年轻男女汇集于此"[14]。还有一批学生跟随伊顿从维也纳来到了这里。其余一些是对传统的学术教学方法不满意的艺术生，还有一些则是对德国弗里德里希·福禄贝尔提出的新式教育实验方法非常感兴趣，因此慕名前来。福禄贝尔是现代学前教育的鼻祖，强调游戏的重要教育价值，主张通过游戏与活动培养儿童的想象力。与伊顿关系密切的维也纳教育家西杰克与福禄贝尔的观点不谋而合。还有些刚刚退伍的老兵来到包豪斯，这些老兵身上仍穿着旧制服，发型仍然是标准的军队光头。其余的，正如冯·埃尔法告诉我们的一样："只是些被包豪斯的理想主义，以及从某些层面上来讲被包豪斯超凡脱俗的协力合作的气氛所吸引的梦想家、诗人和神秘主义者。"包豪斯的学生们和教职员工们也欣喜并骄傲地看到包豪斯在快速成长、不断壮大。

此时，德国社会动荡不安，漂鸟运动兴起并蓬勃发展为一场全国性的青年运动。漂鸟运动的支持者走访乡村宣传运动，获得了众多心怀不满的年轻人的支持。运动的其中一位倡导者——路易·豪森，留着胡须，身着黑袍，来到包豪斯，希望可以在学生或教职工中征集到更多的运动响应者。一些学生决定追随路易·豪森，并为此放弃了在包豪斯的学业。格罗皮乌斯在布告栏上发布了警告，任何在学期中途离校者，将从此无缘再走进包豪斯的课堂。

在包豪斯创办初期，格罗皮乌斯凡事亲力亲为，哪里都能看到他忙碌的身影。他亲自面试报名的学生，在每学期开学时都为新生进行入学指导，向学生解释包豪斯办学以来的宗旨和理念，并为学生提出未来的学习和工作计划，让大家充满干劲儿。1922届的学生安妮·艾尔伯斯一生都记得格罗皮乌斯在入学时关于"逐渐凝结"[15]的讲话："我们的期望逐渐凝结，并沉淀为一个焦点、一种意义、一个遥远却又稳定的目标。从那时起，你便有了目标和方向。"

格罗皮乌斯会和学生一起散步，在食堂吃饭也像其他教职员工和学生一样，从不开小炉灶。格罗皮乌斯还曾参加由学生组织的头脑风暴活动晚会。在晚会上，有时雕塑家格哈德·马克斯可能会为学生朗读海因里希·冯·克莱斯特写的故事，而格罗皮乌斯则会带来从卡尔·舍弗勒的作品《屋檐》中摘录的片段，还与学生共同探索建筑艺术的精神意义所在。1919 年的圣诞节是包豪斯建校以来的第一个圣诞节，格罗皮乌斯在为员工和学生举办的盛大宴会中起到了十分重要的作用。他亲自提着食物，为每位客人分发。

当时有一位编织手工艺家——坤塔·斯托尔兹参加了首届包豪斯圣诞节晚会。她觉得格罗皮乌斯忙前忙后、热情好客的样子，就好像《圣经》中耶稣在最后的晚餐中替十二位宗徒洗足一样。

格罗皮乌斯与阿尔玛之前已经达成协议，阿尔玛同意每年带着他们的女儿玛农来看望格罗皮乌斯两次。在多次找借口搪塞后，阿尔玛和玛农在 1919 年 5 月中旬乘火车从维也纳出发，途经新成立的捷克斯洛伐克共和国，经过漫长的旅途后，终于抵达柏林。阿尔玛在柏林听到了一个并不令她感到意外的消息——经过几个月持续治疗的小马丁在维也纳的一家诊所停止了呼吸。小马丁的先天疾病十分严重，没有任何治愈的希望。在格罗皮乌斯告诉阿尔玛马丁的死讯时，阿尔玛似乎没有任何情绪波动。"要是死去的是我就好了。"[16]格罗皮乌斯说道。

马丁的亲生父亲韦尔费尔希望阿尔玛回到维也纳，但现在阿尔玛却同意随格罗皮乌斯一起回到魏玛。这是阿尔玛第一次参观包豪斯，也是第一次听丈夫向自己讲述"艺术教育新形式的宏伟计划"[17]。对于格罗皮乌斯所坚信的技术在未来起到主导作用的观点，阿尔玛嗤之以鼻。但即便是这样，格罗皮乌斯对于包豪斯计划的宏伟规模和他的远大志向阿尔玛也全看在眼里、记在心里。阿尔玛后来承认："当时国外正盛行一种新式艺术潮流，一种澎湃激情的信仰。我甚至在格罗皮乌斯身上看到了这种信仰观念。我突然看不懂格罗皮乌斯的作品了，他在作品中使用的绘图还有计算方式都让我一头雾水。"[18]

包豪斯教职员工对阿尔玛的评价好坏参半。魏玛文化大公，前艺术学院教授——理查德·克莱姆于 5 月下旬举办了一场茶话会，格罗皮乌斯夫妇，还有包括莱内尔·费宁杰在内的包豪斯教师都受邀出席。费宁杰在给他妻子的一封信中写道："在与格罗皮乌斯夫妇接触时，你会感受到他们二人身上散发出的自由、诚实与博学。他们都拒绝束缚，在这个国家拥有这些特点的人寥寥可数。"[19]但除了赞扬夸奖之外，阿尔玛同时也受到了一些批评与抨击。这些批评称她是个娇生惯养、吹毛求疵的女人，与这个茶话会格格不入，脸上写满了无聊。许多包豪斯学生都厌恶格罗皮乌斯女士身上散发出的维也纳人固有的傲慢无礼的气息。

在阿尔玛第一次造访包豪斯期间，她与格罗皮乌斯因当时两岁半的女儿玛农而频繁争吵。阿尔玛表示除了放弃女儿之外，她愿意不惜任何代价与格罗皮乌斯一刀两断。

阿尔玛因常年压抑的心火而患病，在一次与格罗皮乌斯争吵中晕倒在地。格罗皮乌斯终于给韦尔费尔发了一封电报，希望韦尔费尔可以在德累斯顿与阿尔玛会面并带她回维也纳。阿尔玛开始辱骂格罗皮乌斯，并在日记中诋毁他："这位刚刚同我结婚不久的优雅绅士与我展开了唇枪舌战。我怎么可能在乎这样的他？"阿尔玛继续侮辱道："我不叫格罗皮乌斯，而且我也不能称自己为格罗皮乌斯。我的名字永远是马勒。"1919 年 7 月，格罗皮乌斯终于失去了耐心，并写信给阿尔玛，表示他同意离婚。

格罗皮乌斯将需要阿尔玛签署的相关法律文件寄给了她。他将这场婚姻的失败部分归咎于韦尔费尔。他告诉阿尔玛："你灿烂的本性，在犹太人的影响下黯然失色。犹太人的话往往夸大事实，添油加醋。

但当你回到雅利安人的本性时，便会理解我，会在你的记忆中寻找我。"[20]格罗皮乌斯还谴责阿尔玛道："我们的悲剧是你一手造成的，是你给我们带来了莫大的伤害。你总是与旧情人藕断丝连，却一而再，再而三地寻找新欢。"起初，阿尔玛不肯签署离婚协议，并提出了一个荒谬的建议。她表示自己可以与韦尔费尔度过前半年，陪伴格罗皮乌斯度过后半年。但在离婚协议已经生效之后，阿尔玛不得不妥协，放弃了谈判。

阿尔玛对婚姻破裂的根本原因的分析与格罗皮乌斯的分析略有不同。她承认，丈夫格罗皮乌斯资产雄厚，长相英俊，是一位极具天赋的艺术家，与自己同是雅利安人，他们甚至在汉堡有共同的亲戚。所以，阿尔玛在个人日记中问自己，是"因为格罗皮乌斯不懂得疼爱自己"[21]导致他们分手，"还是我对他的使命、对他伟大的建筑与人民理想漠不关心而酿成了这样的结果"？

阿尔玛一开始对格罗皮乌斯的兴趣与才能所表现出的热情随着时间的推移逐渐冷却。阿尔玛的维也纳家庭包括她自己一直秉承着精细工艺艺术和装饰艺术的理念，而格罗皮乌斯原本工作室的经营理念和一直延伸到现在的包豪斯办学理念都让阿尔玛感到十分陌生和不解。她坚持认为，包豪斯在这条"充满激情的现代主义"[22]的道路上走得太远、太过了。在经过新的一轮搪塞推脱之后，阿尔玛于1920年2月下旬至3月中旬第二次来访魏玛。由于这时格罗皮乌斯的公寓仍未竣工，她与玛农先在镇上的大象酒店住了一段时间。阿尔玛这次来访又发生了不愉快的事情。夫妇二人就玛农的监护权一事引发了无休止的争论。同时，格罗皮乌斯与阿尔玛原本紧张的关系又因卡普政变而愈演愈烈。

卡普政变是其领导人沃尔夫冈·卡普和沃尔特·冯·吕特维兹为取代刚建立的魏玛共和国，于3月13日在柏林引发的一场右翼政变。

柏林发起大罢工加以抵制，致使吕特维兹的国民政府完全无法运作。但政变所带来的社会动荡却从柏林逐渐蔓延到其他城市。

　　阿尔玛和玛农从酒店的窗口看到反动势力占据了他们窗下的市场广场。"工人们朝头戴头盔、一动不动的年轻的卡普部队民兵们吐口水，暴徒们嚎叫着。"[23] 阿尔玛对于这场卡普政变的描述表明她明显站在卡普民兵的一边。

　　3月21日，阿尔玛与玛农搬进了位于奥古斯塔皇后街32号的格罗皮乌斯仍在装修的公寓中，他们参加了在卡普战斗中惨遭枪杀的9名当地魏玛工人的葬礼。"无数的游行队伍高举写满文字的横幅，如'铭记卡尔·李卜克内西''永记罗莎·卢森堡'，从门前经过。"许多包豪斯的教职工与学生都参加了此次游行；实际上，游行中所使用的一些横幅都是在包豪斯工作室制作的。格罗皮乌斯后来十分后悔当时听信了阿尔玛的话，没有参加游行。格罗皮乌斯之前常常担心过分积极地参与当地的政治活动会对包豪斯的地位造成影响。但在由魏玛艺术家举办的，为在卡普政变中牺牲的工人设计纪念碑的竞赛中，格罗皮乌斯获得了冠军。这在一定程度上平复了他自责后悔的心情。

　　到了1920年春，阿尔玛和格罗皮乌斯两人之间的不合与分歧已从审美方面上升到了政治层面。但这是导致他们最终分道扬镳的唯一

格罗皮乌斯1921年为在卡普政变中牺牲的工人设计的纪念碑。纪念碑后来被纳粹军队毁掉，二战后被修复，摄于2010年

原因吗？还是另有原因？他们是否性生活不协调？和与奥斯卡·柯克西卡的关系一样，阿尔玛与韦尔费尔的关系是建立在某种性幻想的基础上的。不同的是，这次令她痴迷的韦尔费尔是一个瘸子。阿尔玛在1919 年 9 月的日记中写道：

> 弗朗兹首先向我承认了他的性变态倾向，然后非常巧妙地将这种变态心理解释为恐惧症。我昨夜兴奋得根本无法入睡，我一直在看弗朗兹身上残疾的部分，看得如痴如醉。一个只有一条腿的人躺在那里，我们躺在一起。作为旁观者的我看得心潮澎湃，被激起强烈性欲的我不得不开始自慰。现在的我正在躺下，幻想自己置身于那种情境中。[24]

1920 年 5 月，仍然在等待离婚的阿尔玛回到魏玛去找一直和格罗皮乌斯住在一起的玛农。阿尔玛的出现让格罗皮乌斯十分沮丧，格罗皮乌斯称阿尔玛身上带有的那种"可怕的放荡特质"[25]让他惊慌失措，心如死灰。阿尔玛在日记中表示，看到格罗皮乌斯见到自己如此惊愕时，她开始反思："由于对弗朗兹的爱，我的想象力已经完全被堕落的景象和瘫痪的状态所占据。为了激起弗朗兹的兴奋之感，我接受了越来越多的丑陋想法，那些日子是我最快乐的时光。我爱他，这就是为什么我会引导他改邪归正，努力不让自己被拖下水。谢谢你，沃尔特。谢谢你！"也许阿尔玛向格罗皮乌斯坦白自己参与韦尔费尔"瘫痪成瘾"的行为，是压垮这场婚姻的最后一根稻草。

此刻，两人的离婚协议条款已经敲定。格罗皮乌斯因带妓女去酒店开房而被判为婚姻中的过失方，侦探出席并提供证据，证据确凿。1920 年 10 月 11 日，格罗皮乌斯的婚姻生活即将接近尾声，玛农的监护权最终判给了阿尔玛。尽管放弃女儿使格罗皮乌斯痛苦不堪，但从某种意义上来讲，他也许会因这段感情彻底结束而感到宽慰。他写信给阿尔玛，诚实地说道："我渴望有一个爱我，也爱我的工作的伴侣。"[26]

其实，陷入痛苦婚姻的格罗皮乌斯已经在新的爱情中寻求到了抚慰。1919年秋，他与莉莉·希尔德布兰特相识，两人很快便擦出了爱情的火花，陷入热恋之中。与莉莉的感情无疑是格罗皮乌斯妥协并配合阿尔玛离婚的重要原因之一。莉莉是一个才华横溢的艺术家，比格罗皮乌斯小5岁。照片上的莉莉生动活泼、高贵优雅、热情奔放。她与当时的丈夫——艺术与建筑评论家汉斯·希尔德布兰特住在斯图加特，莉莉与格罗皮乌斯在德意志制造联盟的斯图加特大会上相遇。由于相隔万里，两人只能通过信件、电话和电报频繁联系，以维持他们在短暂的相遇中产生的感情。现在我们可以从包豪斯档案馆中的记载看到，格罗皮乌斯与莉莉之间从1919年到1922年共通信130多封。也正是通过这些信件，我们才得以获得在包豪斯早期形成时期，格罗皮乌斯最清晰的形象。

莉莉是犹太人，原名莉莉·乌尔曼。她曾在柏林的阿道夫·迈耶的私立艺术学校学习绘画，后赴达豪成为伊顿的心灵导师——阿道夫·霍尔策的学生。莉莉与由瓦西里·康定斯基和弗朗兹·马尔克在慕尼黑创立的抽象表现主义"青骑士"画家艺术团体有一定的联系。当莉莉遇到格罗皮乌斯时，她已经开始研究玻璃版画技术了，所谓的玻璃版画就是在玻璃上进行反向绘画。同时，莉莉还为儿童书籍画插画。她与汉斯育有一子，孩子出生于1914年，取名雷纳，但莉莉在婚姻中始终渴望自由。雷纳后来评论自己的母亲时说，他的母亲一生注定没有传统意义上的忠诚信仰。"她不想去天堂，"他说，"这太无聊了。"[27] 她可以在地狱与挚友相依为命。根据雷纳的描述，汉斯也有他自己寻欢作乐的方式："'我不是他唯一的女人，但我永远都是他的合法妻子。'我母亲说道。"格罗皮乌斯被汉斯身上那种资产阶级所缺少的悠然自得所深深吸引，所以他从一开始就下定决心一定要与莉莉的丈夫成为朋友。汉斯·希尔德布兰特也因此在评论格罗皮乌斯的作品时，一直抱着尊敬、友好的态度。

1919 年 10 月 21 日，格罗皮乌斯和莉莉在法兰克福进行了第一次约会。格罗皮乌斯从柏林南行来到法兰克福，他兴奋地写信给莉莉，说他已经预订了法兰克福霍夫酒店的房间。但显然，莉莉比格罗皮乌斯更加了解法兰克福，于是她选择了自己最喜欢的那个酒店。莉莉说在预订酒店的时候应该装扮成格罗皮乌斯的姐姐，格罗皮乌斯听后调侃莉莉说："没有人会相信你那精致的小鼻子与我怪物般丑陋的大鼻子会来自同一个家族。"[28] 格罗皮乌斯告诉莉莉来火车站与他相见，然后他又开始想象他们见面后多么迫不及待地想要"冲进对方的身体里"[29]。"亲爱的，"格罗皮乌斯告诉莉莉，"我会用我所有的温暖爱抚你。我的双手会在你甜美赤裸的肌肤上游走，品尝你那同时也渴望我的年轻肉体……当你在想到我而感到身体发热的时候，在你的双腿之间放一朵花，然后把花随信寄给我。"在经历了与阿尔玛的盆盂相击之后，格罗皮乌斯在与莉莉·希尔德布兰特的新恋情中找到了不用负责的快感。

他喜欢这样自由动荡的感情。"我们在一起，"他告诉莉莉，"重点不是和平与平息，而是运动和碰撞。我们就像两颗流星在宇宙中互相亲吻。"[30] 格罗皮乌斯在他的第一次婚外情中没有向莉莉许下任何承诺，他自己也十分清楚这一点，甚至有些自我感觉良好，将自己比作一颗流浪之星。"我亲爱的，我闪闪发光的宝贝"[31]，他叫莉莉"亲爱的小莉莉"[32]"我的莉莉猫"[33]。在写给莉莉的激情而狂热的信件中，格罗皮乌斯以"你的沃尔特"署名。"今天早上，我非常渴望得到你。我很久没有像现在这样渴望柔软嫩滑的身体了。我期望用我的爱之剑穿入你的身体，我希望被你甜美的身体所覆盖。我们会一直这样下去，长达几个小时，不去想我什么时候会停止，你什么时候达到高潮。"[34]

他热衷于家中的细节交流："你的洗发露还没有到，亲爱的，如果到了我会感谢你的。"[35] 他在写给莉莉的这封信的最后以"亲吻你的圣所"落款结束。

在经历了战争岁月的寂寞和混乱，以及与阿尔玛近十年的爱恨情仇后，莉莉的出现使格罗皮乌斯眼前一亮，让他"神魂颠倒，不能自拔"[36]。每次在看莉莉的时候，格罗皮乌斯总能看到神秘的景象——莉莉那"赤裸甜美"的灵魂仿佛就站在他的面前。格罗皮乌斯告诉莉莉："我眼中的你好像是由玻璃制成的。透过你，我能看到飘浮在你身后如多彩迷雾般的情感。"这是只有艺术家才能看到的景象。格罗皮乌斯将抽象复杂的莉莉用彩色玻璃呈现出来，使其可视、生动、形象。在与阿尔玛离婚后，格罗皮乌斯告诉莉莉，虽然他会非常想念小玛农，但又因为重获自由而充满安慰和喜悦之情。"现在我比之前任何时候都更像是天空中一颗流浪的星星，可以自由自在、无拘无束地欣赏、追求异性。"[37]但敏感的莉莉也觉察到，她的情人格罗皮乌斯现在所歌唱的快乐自由的赞美诗中，也蕴藏了一丝警告与预兆。

———

包豪斯逐渐在 1919—1920 年建立了自己特殊的身份与地位。学校学生和教职工人员很快就被魏玛的魅力所吸引和折服：这里建有歌德纪念碑英式公园、丽城，还有圣骑士庙宇。圣骑士庙宇是为纪念圣殿骑士团而建造的一座古老的小型建筑，伊顿还在里面有一间自己的工作室。在包豪斯附近的树林里悠闲而惬意地漫步，学生与老师可以在镇上的咖啡馆碰面讨论。魏玛的气氛虽轻松但缺乏活力，一位已从包豪斯毕业的学生这样描述包豪斯："包豪斯保留了大量的传统和博物馆，也聘用了众多退休官员。这里就像是埃文河畔斯特拉特福与切尔滕纳姆的结合体。"[38]

包豪斯的学生都怀揣同样的理想并为之奋斗，与他们周围难以理解的世界进行抗争。也正是因为相同的观念与决心，包豪斯的学生走到了一起，形成了一个凝聚力极强的团体。学生们身上经常穿着包豪斯的制服，他们或是因为贫穷，或是将制服作为叛逆的标志。包豪斯早期的女学生无视当时女性所恪守的典范，她们放下盘起的头发，将头发散开，垂落在肩膀。年轻的男孩身穿色彩绚丽的衬衫，这些衬衫都是用俄罗斯战俘在魏玛留下的制服改造而成的。为了使这些衬衫看起来没有那么强的军事色彩，学生们用深红色、蓝色、绿色等颜料将衬衫染得五颜六色。许多男学生在来到包豪斯之前留着一头漂鸟运动的标志性长发，但现在已经将长发或剪短，或完全剃掉。包豪斯的派对传统为学生装饰自己的光头提供了更多想象的空间，比如，可以在光头上画上黑色的方形图案，以这样别致的形象参加派对。

包豪斯举办的派对十分壮观，这些派对也是包豪斯生活中最具有传奇色彩、最引人入胜的一部分。坤塔·斯托尔兹在日记中记录了她在到校第一天的晚上参加的"精彩派对"[39]。斯托尔兹描述道：在派对大厅里，有铺着白色台布的桌子、绿色的墙壁、欢快的音乐、美味的免费晚餐。派对还上演了皮影戏。皮影戏以"精妙绝伦的智慧与想象力"还原了派对餐厅大厅的实际结构。之后还有舞蹈节目，这也是包豪斯派对的传统。"舞蹈并不美丽，更像是在色彩缤纷的草地上狂野地嬉闹。"这是对包豪斯的基本理念之一的早期实践：将工作与娱乐以新颖的方式融合。

从那时起，每个周末举行派对就成了包豪斯的传统。首先，由于预算紧张，这些包豪斯非正式派对在欧博魏玛山上的小村庄旅馆中举行。包豪斯成员，六角手风琴手路德维克·赫希菲尔德－马克、钢琴手安德鲁斯·魏宁格尔，以及小提琴手朱斯特·施密特负责演奏派对的音乐，他们三人也是包豪斯著名乐队的鼻祖。接下来的包豪斯舞蹈环节，每个人都可以参加，一起共舞。舞蹈以男女一组的形式进行，但不是传统的男女抱在一起的跳舞方式，而是彼此面对面进行互动。后来，包豪斯每个月还会举办主题舞会，师生们纷纷为参加舞会而设计精美的服饰。包豪斯还举办了风筝节，节日当天，色彩缤纷、装饰别致的风筝在天空中飘荡，吸引了众多魏玛当地儿童的围观。除此之外，灯笼节也是包豪斯的传统节日。每逢灯笼节都会有成百上千盏灯笼在暮色中微微发光。这些包豪斯的团体活动不仅是抽象设计与戏剧的典范，也是学生消耗过剩的精力、宣泄在学校中不可避免地产生的不满与紧张的手段。

除了这些传统的大型活动之外，包豪斯也有许多内部的私人活动。在一些对个人来说重要而又特别的日子中，几代人欢聚一堂，一起庆祝。勒克斯·费宁杰是莱内尔·费宁杰的儿子，他9岁的时候就随父亲从柏林来到魏玛包豪斯。来到包豪斯的勒克斯"欣喜地发现这里的氛围"[40]与他之前就读的柏林体育学校一盘散沙的校纪截然不同。同时，勒克斯也感受到了包豪斯热情、包容、娱乐的元素，以及为大师庆生的特殊方式。在他父亲的生日那天，包豪斯学生聚集在他们家的窗户下，手持纸灯笼，嘴里哼着小夜曲，为父亲庆生。当时的场景到现在仍然让他印象深刻。

早期的包豪斯时光常常被视为一段充满奇迹的岁月，甚至有人认为那时的包豪斯有种失乐园的韵味。莉迪亚·德里施-福卡尔是一名曾在包豪斯学习陶艺的学生，来自距魏玛30多千米的多恩堡边区村落的她于1920年进入包豪斯陶艺系。关于包豪斯，她最幸福的回忆之一便是可以在周六、周日或结束工坊工作后的温暖的夏夜来到萨勒河畔，沉浸在派对的喜悦之中。萨勒河蜿蜒曲折，其中的一条支流孕育了这片土地。这里的树木高大葱郁，沙子和高草几乎覆盖了土路，校园里的学生和大师也跟着她来到这个隐蔽的地方。"我仿佛置身于天堂之中，"德里施－福卡尔写道，"健康、漂亮的年轻男女在水中嬉戏，沐浴着温暖的阳光，享受着葱郁的绿树。酒神狄俄尼索斯寻欢作乐的场景大概就是这样吧，这些宝贵的经历是我早期人生的重要组成部分。"[41]

正是这种快乐和充满希望的日子留下的美好回忆，才使那些曾经在包豪斯学习或任教的人在几十年后，仍然能紧紧地团结在一起。对立的观点竟然也能成为友谊的催化剂，这听起来十分不可思议。他们或存在政治分歧，或承受着第二次世界大战所带来的压迫和痛苦，许多包豪斯人面临着流亡与放逐，但无论在什么样的状态下，他们之间永远有一种持久的爱存在。"当我们在包豪斯的标志下见面，甚至早在第一次见面时，我们就知道了我们是一体的。我们都同意这样的观点。"[42]曾于1921年在包豪斯任教的舞台设计师洛萨·史莱耶如此写道。包豪斯令人记忆深刻的另一个原因，是格罗皮乌斯在其中起到的中心作用。格罗皮乌斯充满了奉献精神，总是有很多想法，他对自己要求很高，但很少将这些复杂的情绪表现出来。格罗皮乌斯的眼睛就像星星一样——莱内尔·费宁杰曾这样说过。

早在20世纪30年代，德国艺术史学家尼古拉斯·佩夫斯纳就已经有写《现代运动的先驱：从威廉·莫里斯到沃尔特·格罗皮乌斯》这本书的想法。尼古拉斯在拜访格罗皮乌斯时拿出了一张照片，照片是莫里斯那幅非常有名的肖像。肖像中的莫里斯前额饱满宽阔，头发和胡须随风飘扬。这张照片是莫里斯的朋友埃默里·沃克拍摄的。"原来这就是莫里斯，"格罗皮乌斯说道，"我从未见过他的照片，但是我确实欠他许多人情。"[43]

格罗皮乌斯所谓的欠莫里斯的人情是指他基于工厂实践的魏玛包

豪斯学校的办学理念。莫里斯强调工艺在获取真实准确的材料与技术知识中起到的重要作用，认为工艺是所有设计的先决条件，这一点也是格罗皮乌斯所赞同的。格罗皮乌斯也许听说过，也赞同莫里斯的徒弟 W. R. 勒瑟比的观点。勒瑟比是伦敦中央工艺美术学院的创始人，该学校开设的手工艺课程在德意志制造联盟的圈内人士中也产生了一定的影响。格罗皮乌斯发现，莫里斯倡导的艺术来源于人民、服务于人民的观念与自己不谋而合。正如莫里斯在 1896 年的《工艺与美术》中所表达的那样："要想建造一座拥有灵魂的艺术学校，首先必须要使大众对艺术感兴趣，艺术必须成为大众生活的一部分，就像没有水或电灯就没法生活一样。"[44]

虽然格罗皮乌斯与莫里斯在工艺观上有许多重叠、相似的地方，但格罗皮乌斯却是在一个非常不同的时期建立包豪斯的。他饱受了第一次世界大战的摧残。格罗皮乌斯与莫里斯一样，坚信工厂实践、技术的完善、手工艺之美，以及人类对于掌控各种创造技能的满足感。然而，与莫里斯不同的是，格罗皮乌斯坚持融合艺术与技术以改造现代世界的观点决定了他会比莫里斯或其他英国同僚在艺术的这条道路上走得更远。

早期包豪斯开设的课程主要包括六个领域：石雕、木雕、陶瓷和石膏雕塑；金属加工；细木；绘画和装饰；版画制作；编织。每个工作室都有形式大师和工作室大师两类老师。形式大师主要负责艺术指导，而工作室大师一般为男性工匠，只有在极少数情况下才会有一些女性工匠，主要负责传授专业技术知识。1920 年，格罗皮乌斯发布了三项任命。任命来自柏林暴风画廊的画家乔治·莫奇为木雕与编织工作室形式大师；任命奥斯卡·施莱默为壁画工作室的形式大师；任命保罗·克利为书籍装帧工作室的形式大师，与伊顿一起负责基础课程授课的部分工作。其中，奥斯卡·施莱默是一名舞台设计师和画家，

保罗·克利（1879—1940），摄于 1911 年

他与莉莉·希尔德布兰特一样，曾在斯图加特师从阿道夫·霍尔策，后来又将兴趣转向了戏剧工作室。

当时已经 42 岁的保罗·克利，是表现主义艺术团体"青骑士"的活跃成员，也与暴风画廊关系密切。他的公寓位于魏玛公园后方的山上，室内家具的配置协调而舒适。客厅中央摆放着一架三角钢琴，墙上挂着水彩画，沙发上慵懒地躺着的是克利的黑猫。据克利的朋友——瑞士律师、收藏家罗尔夫·布尔吉透露，克利特别喜欢猫，"喜欢猫的冷静，以及它们对主人的家和工作理念的适应力"[45]。克利的妻子莉莉曾经是一个音乐老师。晚饭后，克利常常拿起小提琴，与妻子一起演奏巴赫或他最喜欢的作曲家莫扎特的作品。

保罗·克利在包豪斯一直是个神秘的存在，也是被崇拜的对象。包豪斯学生汉斯·菲施利曾经拜访过保罗·克利的工作室，他穿过公园，沿着蜿蜒的小路终于来到克利歌德式的花园洋房：

  保罗·克利带着我们欣赏养在大鱼缸中的鱼儿。他来来回回地开灯关灯，小心翼翼地把一些鱼攥走，等它们游走之后，我们就可以看到藏在后面的鱼了。他的那些已经完成的和正在画的作品都凌乱地摆放在外面……许多人都觉得保罗·克利是个魔术师，但事实并非如此。他从未表演过任何魔术，他是一个神奇事物的发明家。[46]

在保罗·克利来到包豪斯的第二年，格罗皮乌斯又成功说服瓦西里·康定斯基加入包豪斯任教。由于对自己最初支持的苏维埃革命政权失望至极，此时的康定斯基离开了苏联，回到德国重新开始之前自己在柏林的绘画事业。现在，瓦西里·康定斯基来到包豪斯教授基础课程，并在壁画工作室担任形式大师。虽然康定斯基与克利在对待艺术的态度与实践上存在分歧，但是两人还是成了很好的搭档。

当56岁的康定斯基第一次来到包豪斯的时候，他看起来要比保罗·克利和其他教职员工年长许多。乔治·特切尔，后以乔治·亚当斯这个名字为人们熟知，曾在包豪斯学习过，他说康定斯基的身上有一种"旧社会的彬彬有礼的气质。他总是衣着整洁，传统款式的穿着与学生形成鲜明对比"[47]。他虽然加入了包豪斯，但是给人一种相对

瓦西里·康定斯基（1866—1944），拍摄时间不详

非正式和超然脱俗的感觉。"他偶尔会给学生布置项目，然后点评他们的作业。"他将更多的注意力放在继续绘画上。他的画风从早期的有机抽象阶段，基本转向了几何图形阶段。学生们钦佩他的天赋、奉献精神和逻辑思维能力。保罗·克利和瓦西里·康定斯基都是包豪斯教职工队伍的重要更新与补充。可以说，是格罗皮乌斯的不懈努力成功地吸引并留住了水平如此高超的包豪斯艺术家。

———

这时的格罗皮乌斯开始对自己信心倍增，甚至向莉莉吹嘘自己对女人的吸引力越来越明显。"不，"他向她保证，"我不爱别的女人，即使在前几天的大型派对上，我也没有亲吻任何一个女人。我现在的年龄和心境似乎非常受女性的欢迎，许多女性希望能和我进一步发展。但是，你不需要担心，对我来说，这些都不是问题。"[48]格罗皮乌斯现在不仅仅在这些"饥渴"的女人中备受欢迎，大部分人对他都十分崇拜，其疯狂程度几乎令人尴尬。"是什么魔力让我突然变得如此可爱？"他向莉莉问道。"一切都来得太突然了，我很意外，也毫无头绪。甚至那些过去讨厌我的人也突然喜欢起我来。"毫无疑问，格罗皮乌斯对包豪斯的付出与包豪斯早期获得的巨大成功赋予他一副光环，吸引了人们的注意。而且格罗皮乌斯在第一次世界大战中也有不凡的表现，虽然与阿尔玛的复杂感情关系给他留下了一点儿坏名声，但这些不光彩的事情很快就被时间冲淡，被人遗忘了。

然而仅仅几个月后，格罗皮乌斯便又告诉莉莉，包豪斯处在夹缝中求生存的状态，举步维艰。导致这种局面的部分重要原因是财务问题，图林根州政府为格罗皮乌斯雄心勃勃的包豪斯项目计划提供了大力的资金支持。但由于德国在第一次世界大战中需要支付大笔赔偿，引起恶性通货膨胀，从而进一步导致德国商品价值下降。在这样的背景下，包豪斯的财务状况变得越来越糟糕。格罗皮乌斯写信给莉莉，感叹学生们的糟糕状况，大多数学生都没有经济来源。部分学生住在环境凄凉的普雷勒尔之家。普雷勒尔之家位于包豪斯主教学区后方，在战争中惨遭破坏，至今还未被修复。还有一些学生不得不另寻住所。格罗皮乌斯将难以在包豪斯开展特别建筑培训归咎于资源的匮乏，一些学生也开始抱怨，资源匮乏是这所专注于建筑艺术的学校的致命缺点。

在突如其来的绝望之中，他向莉莉求助："我现在不得不到处奔走，希望可以筹到一些资金，但我似乎没有这方面的天赋。你能帮我找一些赞助人吗？"[49]事实上，干劲十足的莉莉不仅为包豪斯会聚了很多人才，增长了学校的士气，也筹到了资金，同时还帮格罗皮乌斯出售了他家中的古董和资产用以救急。在格罗皮乌斯继承下来的传家宝中，有一件是拿破仑曾经使用过的银桌。这张银桌曾经在战争期间丢失，但是格罗皮乌斯的一个参过军的长辈在贝尔联盟战役中又找回了这张桌子。格罗皮乌斯不顾家人的强烈反对和愤慨之情，变卖了这张银桌，将所得的钱财充当学校公款，在魏玛买了一块地，用来种植学校食堂所需的蔬菜。

如我们前面所说，格罗皮乌斯没有参加因魏玛卡普政变而牺牲的工人的葬礼，也没有参与为受害者打抱不平的游行活动。就像在那次活动中表现的态度一样，格罗皮乌斯一开始就下定决心不让包豪斯卷入政治斗争。他认为，一旦包豪斯沦为政治斗争的工具，学校就会像纸牌屋一样瞬间崩塌。但是，当时无论在德国全国还是图林根州局部的极不稳定的特殊政治局势与背景之下，格罗皮乌斯想要继续保持政治独立只会越来越难。从理论上讲，当时德国新成立的国家议会应该是支持包豪斯的。但在议会内部的右派以及仍然十分保守的魏玛市，也有很多人反对格罗皮乌斯。对包豪斯及其艺术与设计的实验态度的特别批评主要来自前魏玛艺术学院的艺术家及该学校的支持者。一直到包豪斯1921年脱离格罗皮乌斯的领导独立存在之后，这些反对情绪才部分得到平息。

最后一个对格罗皮乌斯不利的因素是亨利·凡·德·威尔德曾经的赞助人与老朋友——弗里德里希·尼采的妹妹，伊丽莎白·福尔斯特·尼采。伊丽莎白表示，格罗皮乌斯在第一次世界大战期间对威尔德的态度十分冷漠，作为补偿，包豪斯应该因此为威尔德提供住房和工作室。格罗皮乌斯并不是尼采哲学的狂热崇拜者，因此一口回绝了这一建议，并解释说自己作为包豪斯校长的地位还没有稳定下来。这一切都让他没有安全感，一直到1920年，格罗皮乌斯受到的谴责越来越多，使他在困境中越陷越深。"我身陷可怕的危险漩涡之中。"[50]格罗皮乌斯2月初写信给他的小莉莉，为推迟前往法兰克福与她见面的计划而道歉。格罗皮乌斯希望莉莉可以到魏玛找他。

面临重重困境的格罗皮乌斯并未退缩，他尝试通过改善包豪斯学校在当地的形象，捍卫自己教学基础的理念。他邀请当地公民团体参观包豪斯学校，并与学生们见面。他还在公开会议上发言，描述了这场在城里爆发的"大型包豪斯战役"[51]，就"魏玛的新艺术"这一话题展开热烈的讨论。许多包豪斯的师生都参加了这次会议。格罗皮乌斯向莉莉描述了当时的情况：

> 我深知这就是我们的使命，要为包豪斯而斗争。事情如我所料一般发生了。城市里那些心胸狭窄、思想浅薄的发言者，陷入了他们自己愚蠢、愤怒、主观的攻击的泥淖之中。包豪斯的大厅里挤满了人，有许多人在看，在听。因此我让那些人先发言，之后我再去做演讲。我尖酸中带着诙谐的语言让那些发言者陷入混

乱，毫无反驳之力。在我结束演讲之后，台下的掌声与欢呼声接连不断。我赢得了大家的支持，事情完美解决。这是对包豪斯最好的宣传。

尽管为了摆脱当地的阻挠势力，格罗皮乌斯做了很多，但在这场战斗中，格罗皮乌斯最终还是失败了。对保守的魏玛公民来说，看到这些身着奇装异服的包豪斯师生在街头游荡时还是十分震惊的。很多老师和学生都不是本地人，甚至不是德国人，大都操着怪异的口音。在当时反犹太主义情绪不断高涨的背景下，很多人怀疑这些师生大部分是犹太人，而实际上，当时包豪斯的犹太人数量是相对较少的。在当时的魏玛，包豪斯师生们古怪的衣着和行为被视为离经叛道、伤风败俗。该市第二行政区署长向魏玛政府投诉格罗皮乌斯，表达了强烈的谴责。谴责的内容主要是包豪斯学校在萨勒河上举行的派对，派对上的男男女女在公共场所"有的甚至不穿泳衣，身体赤裸，暴露在众目睽睽之下。路过的人强烈反对这种行为，也不欢迎这种派对。这是对公民行为准则的侵犯，已经引起了公众的不满情绪，对道德准则构成了严重的威胁，特别是对年轻人造成了不良的影响"[52]。与此同时，格罗皮乌斯与有夫之妇莉莉的婚外情八卦新闻也传播开来。

1920年12月18日，擅长举办盛会的包豪斯再次举行了一场庆祝聚会。聚会地点在柏林达勒姆郊区黎蒙街的索默菲尔德家门外。聚会活动包括篝火晚会、游行，还有受神秘宗教的启发、为庆祝建筑艺术的大合唱。聚会最后的一个环节是六个包豪斯学生打扮成木匠的样子，在房椽上画了一个花环。他们穿的木匠制服是就是由阿道夫·索默菲尔德本人提供的，包括一套棕色的曼彻斯特西装、一件衬衫，还有一条领带。

阿道夫·索默菲尔德是格罗皮乌斯事业早期经济条件不是很稳定

的时候最忠诚的客户之一，他深深地被包豪斯及包豪斯的梦想所打动。索默菲尔德是一个颇具浪漫主义情怀的企业家，父亲是一个铸造师傅，家中有六个兄弟姐妹。在家庭的影响下，索默菲尔德曾接受过木工训练。索默菲尔德像格罗皮乌斯一样，对探索融合结构和技术、构建现代建筑的可能性兴趣浓厚。他后来还成立了大型建筑公司，事业做得蒸蒸日上。现在，索默菲尔德委托格罗皮乌斯为自己设计一个能够呈现出完美艺术的住宅。

格罗皮乌斯这时已经将私人建筑事务所并入了包豪斯。事务所业务众多，员工忙得不可开交。格罗皮乌斯原来在柏林的合作伙伴阿道夫·迈耶也随他一起来到了魏玛。一些包豪斯学生也利用空闲时间来格罗皮乌斯的事务所帮忙，学生的这些实践活动在一定程度上回应了当时公众对包豪斯没有提供正规的建筑培训的指责与批评。索默菲尔德从当时已经派不上用场的德国海军战舰上弄到了一些木材，亲自用锯将这些木材切割成了合适的大小。格罗皮乌斯与迈耶利用这些木材，为索默菲尔德设计并建造了一座房子。这座由柚木搭建的建筑，有着低斜的屋顶和深长的屋檐，还有中央入口突出的门廊，颇有弗兰克·劳埃德·赖特早期设计的草原式住宅的影子。不过，后人经过研究也确实发现，格罗皮乌斯和阿道夫·迈耶在早期理念形成的过程中，曾大量研究、借鉴过赖特设计的作品。

索默菲尔德之家是一件通过真正的集体协作而建成的梦幻之作。"这是第一次有这样的机会，"格罗皮乌斯写道，"在工作室中学习的学生可以动手制作彩色玻璃窗、木雕、金属屏风和照明设备。"[53]可以说，这是包豪斯对总体艺术理念的一种诠释。棱面彩色大玻璃窗是由当时仍是包豪斯学徒的约瑟夫·艾尔伯斯制作的；家具由1920年来到包豪斯的匈牙利学生马塞尔·布鲁尔设计；朱斯特·施密特负责大门与楼梯上的锯齿形柚木雕刻。索默菲尔德要求无论在房子内部表

位于柏林的索默菲尔德之家，1920

面还是外部的表面上都尽可能多地呈现雕刻元素。评论家罗伯特·休斯后来评论索默菲尔德之家时说道："这座建筑的锯齿形的木墙与倾斜的木屋顶使建筑整体充满传说故事中森林的气息，极具日耳曼风格，我想德国元帅在看见它之后，很有可能将这里设为狩猎小屋。"[54]

在后来的几年中，格罗皮乌斯一直试图与索默菲尔德之家这个项目撇清关系。他认为这个作品与他后来强调的建筑的理性不相符。但显然他的做法不太明智，因为索默菲尔德之家所呈现的表现主义的热忱恰好反映了他当时对包豪斯的高度期望。

【注释】

格罗皮乌斯与莉莉·希尔德布兰特之间的故事主要来源于现存放在柏林包豪斯档案馆中的两人的往来信件。他们的通信一直持续到 1969 年格罗皮乌斯去世，两人后期的通信现存于哈佛大学的霍顿图书馆（HLH）。汉斯和莉莉·希尔德布兰特的主要档案都存放在洛杉矶的盖蒂研究所（GRI）。

莉莉·希尔德布兰特的相关艺术资料分别来自两个回顾展的目录：于 1988 年在

格拉芬瑙的施利希滕迈尔美术馆举行的"莉莉·希尔德布兰特1887—1974"，以及于1997年在柏林的隐藏博物馆举办的同名展。

包豪斯雏形期的背景资料收录在汉斯·M.温勒的作品《包豪斯》中。《包豪斯》是一本包豪斯形成初期的完整记录，被当时包豪斯档案馆馆长视为珍宝。《包豪斯》首版以德语出版。1962年，在格罗皮乌斯的支持下，《包豪斯》出版了英文版，并在德语版的基础上进行了修订和扩展（剑桥，马萨诸塞州，1969年起）。由让尼娜·菲德勒和彼得·法伊尔阿本德（波茨坦，2013）所编的《包豪斯》的简明卷中，包含了包豪斯的历史发展、精美的插图和评论文章。由于平装书的普及，引用包豪斯作品的学术分析和展览目录后来已经发展到几乎无法控制的程度。

在写作关于包豪斯雏形期的章节时，我借鉴了弗兰克·惠特福德的《包豪斯》（Bauhau，伦敦，1984）、马塞尔·弗朗西斯科诺的《沃尔特·格罗皮乌斯和魏玛时期包豪斯的建立》（厄巴纳，1971），以及吉莉安·奈勒的《包豪斯的再评估：来源与设计理论》（伦敦，1985）中的内容，特别是关于包豪斯早期冲突的意识形态的信息。贝利·伯格和莉亚·迪克曼对魏玛和德绍包豪斯的发展进行了细致的总结。这篇总结也在展览"包豪斯1919—1933：现代工作室"（纽约现代艺术博物馆，2009）中展出。

有关社会政治的更详细的背景，请参阅约翰·V.马修伊卡的《包豪斯之前的建筑、政治与德国1890—1920》（纽约，2005）、约翰·威利特的《再次冷静：魏玛期间的艺术与政治1917—1933》（伦敦，1978），以及杰里米·艾恩斯利的《设计现代德国》（伦敦，2009）。在《设计现代德国》中，作者通过有趣的方式将包豪斯的开始与第二次世界大战后的德国重建巧妙地联系在一起。

身在包豪斯中到底是什么样的感受？大师和学生的印象和记忆，以及他们对格罗皮乌斯所持的不同态度，全都汇集在两部作品中：埃克哈特·诺伊曼的《包豪斯与包豪斯人》（纽约，1993）以及弗兰克·惠特福德的《包豪斯、大师和学生》（伦敦，1992）。包豪斯大师奥斯卡·施莱默对于包豪斯有着自己独特、敏锐、风趣十足的见解。奥斯卡的妻子图特·施莱默将这些观点进行筛选整理，以《奥斯卡·施莱默的信件和日记》（埃文斯顿，1990）为名出版。在《包豪斯集团，六位现代主义大师》（克诺普夫，2009）中，作者尼古拉斯·福克斯·韦伯对包豪斯的格罗皮乌斯、克利、康定斯基、约瑟夫和安妮·艾尔伯斯以及密斯·凡·德·罗的故事进行了巧妙的叙述与整合，为我在本章节和之后关于包豪斯的章节提供了宝贵的参考资料。

关于格罗皮乌斯的建筑，温菲尔德·奈丁格在"沃尔特·格罗皮乌斯展"的综合目录以及评论，以及 1985—1986 年间的哈佛和柏林的展览都是重要的参考资料。关于格罗皮乌斯从表现主义到现代的风格转变，请参考沃尔夫冈·潘特的文章《浪漫主义者格罗皮乌斯》（发表在 1982 年《艺术公报》第 53 卷），以及发表在《必要的技巧》（伦敦，1982）中的约瑟夫·里克威特的《包豪斯的黑暗面》。罗斯玛丽·哈格·布赖特在学术著作《现代功能建筑：安多夫·贝纳》（圣塔莫尼卡，1996）中关于格罗皮乌斯参与德国激进建筑的部分更是为我们提供了宝贵的背景知识。

1 沃尔特·格罗皮乌斯，引用艾萨克斯，第 61 页。

2 沃尔特·格罗皮乌斯对卡尔·恩斯特·奥斯陶斯所言，1918 年 12 月 23 日，引用惠特福德，第 25 页。

3 伊势·格罗皮乌斯对玛农·布尔查德·格罗皮乌斯所言，1919 年 3 月 31 日，引用艾萨克斯，第 64 页。

4 马勒，《桥》，第 122 页。

5 阿尔玛·马勒对玛农·布尔查德·格罗皮乌斯所言，1918 年 11 月，引用艾萨克斯，第 62 页。

6 同注释 2。

7 沃尔特·格罗皮乌斯对玛农·布尔查德·格罗皮乌斯所言，1919 年 1 月末，BHA，引用艾萨克斯，第 63 页。

8 沃尔特·格罗皮乌斯，寄信至《建筑评论》第 134 期，1963 年 7 月至 12 月，第 6 页。

9 沃尔特·格罗皮乌斯，汉斯·M. 温勒，《包豪斯》（剑桥，1969），第 31 页。

10 保罗·谢尔巴特，引用雷纳·班纳姆，《第一机器时代的理论和设计》（伦敦，1960 年），第 266 页。

11 沃尔特·格罗皮乌斯对恩斯特·哈特所言，1919 年 4 月 14 日，图林根州档案馆，魏玛。

12 莱内尔·费宁杰对沃尔特·格罗皮乌斯所言，引用格罗皮乌斯在费宁杰葬礼上的演讲，1955 年，HLH。

13 同注释 4，第 123 页。

14 赫尔穆特·冯·埃尔法，《包豪斯：第一阶段》，《建筑评论》第 132 期，1957 年 8 月，第 103 页。

15 安妮·艾尔伯斯，展览"一座包豪斯博物馆？"目录，包豪斯档案馆，1979 年，第 33 页。

16 同注释 4，第 126 页。

17 同注释 4，第 127 页。

18 阿尔玛·马勒·韦尔费尔，《日记》，1919 年 7 月 3 日，UPP，引用西尔麦斯，第 128 页。

19 莱内尔·费宁杰对茱莉亚·费宁杰所言，1919 年 5 月 30 日，引用艾萨克斯，第 79 页。

20 沃尔特·格罗皮乌斯对阿尔玛·马勒所言，1919 年 7 月 18 日，BHA，引用艾萨克斯，第 81 页。

21 同注释 4，第 128 页。

22 同注释 4，第 134 页。

23 同注释 4，第 135 页。

24 同注释 18，1919 年 6 月 16 日，UPP，引用西尔麦斯，第 128 页。

25 同注释 18，1920 年 6 月 4 日，引用西尔麦斯，第 131 页。

26 同注释 20，1919 年 7 月 18 日，BHA，引用艾萨克斯，第 82 页。

27 雷纳·希尔德布兰特，"莉莉·希尔德布兰特展"的目录介绍，施利希滕迈尔美术馆，泰勒根城堡，1988 年。

28 沃尔特·格罗皮乌斯对莉莉·希尔德布兰特所言，1919 年 10 月 15 日，BHA，引用艾萨克斯，第 83 页。

29 同上，1919 年 10 月 14 日，BHA。

30 同上，1919 年 10 月 /11 月初，BHA，引用艾萨克斯，第 85 页。

31 同上，1919 年 10 月 15 日，BHA。

32 同上，日期不详，大约在 1920 年，BHA。

33 同上，1920 年，BHA。

34 同上，1919 年 12 月 13 日，BHA。

35 同上，1920 年，BHA。

36 同上，1920 年，BHA。

37 同上，1920 年 10 月末，BHA。

38 乔治·亚当斯，《包豪斯学生的回忆》，《建筑评论》第 144 期，1968 年 9 月，第 192 页。

39 坤塔·斯托尔兹日记，1919 年 10 月 18 日，《坤塔·斯托尔兹：包豪斯大师》，墨尼克·施塔德勒和耶尔·阿罗尼编著（现代艺术博物馆，纽约，2009 年），第 45 页。

40 勒克斯·费宁杰，引用诺伊曼，第 183 页。

41 莉迪亚·德里施－福卡尔，引用惠特福德，第 115 页。

42 洛萨·史莱耶，引用诺伊曼，第 74 页。

43 尼古拉斯·佩夫斯纳，《从威廉·莫里斯到沃尔特·格罗皮乌斯》，《听众》，1949 年 3 月 17 日，第 439 页。

44 威廉·莫里斯，工艺美术通函，朗斯曼，伦敦，1898 年。

45 引用"私下的克利展览"目录，苏格兰国家美术馆，2000 年。

46 汉斯·菲施利，引用惠特福德，第 76 页。

47 亚当斯，《包豪斯学生的回忆》，第 193 页。

48 同注释 28，1919 年 11 月，BHA，引用艾萨克斯，第 85 页。

49 同注释 28，1920 年，BHA。

50 同注释 28，1920 年 2 月 1 日，BHA。

51 同注释 28，1919 年 12 月 13 日，BHA。

52 施达兹拉特·鲁道夫，1920 年 9 月 4 日，引用惠特福德，第 115 页。

53 沃尔特·格罗皮乌斯，寄信至《建筑评论》第 134 期，1963 年 7 月至 12 月，第 6 页。

54 罗伯特·休斯，《新鲜事物的冲击》（伦敦，1980），第 194 页。

7 魏玛包豪斯与玛丽亚·贝内曼：1920—1922

　　1920 年初，包豪斯英俊潇洒、魅力十足的校长又新添了一位情人——诗人玛丽亚·贝内曼。玛丽亚是一名现代舞爱好者，当时她正在魏玛为玛丽·魏格曼的舞蹈演出做宣传。玛丽亚曾就读于玛丽·魏格曼在苏黎世开设的舞蹈学校。而魏格曼曾师从爱米尔－雅克·达尔克罗斯和鲁道夫·冯·拉班，致力于发展表现主义舞蹈的技巧，但当时知道她的艺术作品和理念的德国人寥寥无几。玛丽亚·贝内曼在魏玛当地报纸上发表的一篇文章引起了魏玛剧院导演的兴趣，于是邀请魏格曼为观众带来她的实验舞蹈之夜。

　　现代舞蹈在包豪斯的地位非常重要。年过中旬、一头白发的格特鲁德·格鲁诺是包豪斯中备受尊敬的人物，也是包豪斯为数不多的女性形式大师之一，她与约翰·伊顿一样坚信精神的完整性，她开设的课程源于自己对艺术体操以及身体与心灵的关系的感悟。格鲁诺深受 20 世纪早期生命运动以及自由运动与精神统一之间关系的思想的影响。格鲁诺在包豪斯与洛萨·史莱耶密切合作，两人共同发展舞台工作室。包豪斯对表演的重视反映了格罗皮乌斯对总体戏剧概念所表现出的热忱，总体戏剧即音乐、运动、服饰与风景、对话和诗歌的融合，以及对各种感官的充分、积极的调动。格罗皮乌斯越来越能够看清一个事实：戏剧就是生活的一面镜子。

　　玛丽·魏格曼在魏玛的首演一张票都没有卖出去，玛丽亚·贝内曼找到格罗皮乌斯并向他寻求帮助。玛丽亚希望格罗皮乌斯能够助玛丽·魏格曼一臂之力。

格罗皮乌斯欣然应允，他仔细地听了玛丽亚的请求，然后答应玛丽亚会让整个包豪斯，包括所有的大师携妻子去观看当晚的表演。

表演当天，到了现场的玛丽亚发现剧院已经座无虚席。格罗皮乌斯坐在前排，对她点头微笑。魏格曼的表演跌宕起伏，从缓慢庄严到快速旋转，再回到庄重与寂静。魏格曼身穿宽大的长袍，像极了古时哀悼时的模样。"从经典的角度来看，"玛丽亚评论道，"她的脸和身体都不漂亮，但她极具表现力的动作重新定义了美的标准。"[1]

到了最后，魏格曼再次脱衣跳舞，此时她几乎一丝不挂了。玛丽亚的小女儿英格看得欣喜若狂，她认真地观察魏格曼的一举一动。英格深受魏格曼的影响，长大后也从事了与舞蹈相关的职业。

过于激动的格罗皮乌斯似乎已经忘记了莉莉·希尔德布兰特。在魏格曼表演结束后，格罗皮乌斯在剧院外等候玛丽亚。玛丽亚结结巴巴地向格罗皮乌斯表示感谢。最后众人发现了这场精彩演出最开始无人购票的原因：魏玛当地的芭蕾女教师出于对魏格曼的嫉妒，贿赂售票处，要求停止出售魏格曼演出的票。

格罗皮乌斯与玛丽亚不久又在包豪斯举行的化装舞会上再次相遇。格罗皮乌斯希望通过这场化装舞会筹集一定的资金，于是也邀请了校外群众来参加舞会。玛丽亚与格罗皮乌斯本来分开坐在两张不同的桌子，但坐在玛丽亚旁边的客人——来自维也纳的阿德勒博士的妻子突然跳上桌子并跳起舞来。格罗皮乌斯被行为鲁莽的阿德勒夫人在小圆桌上颤颤巍巍地走来走去的一幕惊呆了。他挪动自己的座位来到玛丽亚旁边，神秘地对她说道："我的夫人也来自维也纳。"此时格罗皮乌斯与阿尔玛的离婚事宜还没有最终敲定。格罗皮乌斯顿了顿又说道："我们就好像两个圆圈一样，永远都无法贴在一起。"[2]

不过幸运的是，玛丽亚与阿尔玛截然不同。玛丽亚性格不那么极端，性欲也不那么强烈。玛丽亚出身书香门第而非音乐世家。玛丽亚比格罗皮乌斯小五岁。她出生于一个富裕的德累斯顿犹太家庭，接受过良好的教育，有着一副标准的瓜子脸、精致的五官和忧郁的神情。她的丈夫是诗人格哈德·贝内曼，夫妻两人除了女儿英格以外，还育有一子，名叫约阿希姆。不幸的是，格哈德与步兵团战友在第一次世界大战刚刚打响几个星期时就壮烈牺牲了。

早在第一次世界大战前，玛丽亚就已经用实力证明了自己是一名有前途的年轻诗人。她曾在由弗朗兹·布莱主编的先锋月刊《白报》上发表过三首诗，并得到了弗朗兹·韦尔费尔的支持与鼓舞。布莱和韦尔费尔建议玛丽亚出版诗集，布莱还亲笔为玛丽亚写了几行极具说服力的巧妙的广告宣传语：“玛丽亚·贝内曼用一颗胆怯和敬畏的心去传递温柔的祈祷。”[3]

玛丽亚的丈夫于1913年秋天将当时最新出版的理查德·德赫梅尔的三卷诗集送给玛丽亚当礼物。格哈德建议玛丽亚将自己的诗寄给德赫梅尔过目，也正是这次自荐使玛丽亚与德赫梅尔很快就发展成了浪漫的爱情关系。玛丽亚后来的回忆录标题也出自德赫梅尔之手。当然，玛丽亚在回忆录中也描述了她与格罗皮乌斯的关系：“格罗皮乌斯就像上天再一次赐予我的一双轻便凉鞋。”轻便的凉鞋代表玛丽亚重新开始作诗的灵感。

玛丽亚1915年起也开始与勒内·玛丽亚·里尔克保持联系。与寄给德赫梅尔的信一样，玛丽亚最早以崇拜者的身份写信给里尔克。两人一拍即合，信中字里行间透露着对彼此的浓浓的爱意。他们也会在信件中交换自己的诗歌的创作进展。一次，里尔克从汉堡写信给玛丽亚，告诉她一小群文学爱好者阅读了她的诗歌后对她赞口不绝：“你的诗歌有一种说不清的魔力，似乎一切都静止了，让我们忘却一切，用心去倾听。"[4]

当德法两国陷入战争的水深火热之时，玛丽亚与其他众多艺术家和知识分子一样流亡他乡，并于1916年搬到了苏黎世，魏格曼正式在苏黎世这座城市开始首次举办个人表演。魏格曼演出时只穿着超短裙和胸罩。玛丽亚看到魏格曼的造型起初感到有些震惊，但后来她开始渐渐理解并欢迎这种摒弃传统的服装和她追求自由的方式。

玛丽亚发现苏黎世是一个充满刺激的城市，这里人来人往，新鲜思想不断涌现。现在玛丽亚算得上是韦尔费尔的秘书。充满好奇和兴致的她注意到韦尔费尔小心谨慎地保存了许多从维也纳寄来的信件。这些信件上都是同一人的笔迹——当然这些都是来自阿尔玛的信。正是通过韦尔费尔，玛丽亚才开始注意到沃尔特·格罗皮乌斯以及他整个复杂的生活困境。

玛利亚与格罗皮乌斯于1920年春天相遇，不过早在此之前，玛丽亚就在魏玛有过一些人脉。她曾与亨利·凡·德·威尔德一起参加了伊丽莎白·福尔斯特－尼采举办的晚会。但是玛丽亚最近带着两个孩子搬到了波恩西南部的布兰肯海姆镇。在格罗皮乌斯与玛丽亚的第一次信件交流中，格罗皮乌斯回复玛丽亚寄给他的那封"宝贝信件"[5]，说他很快就会来布兰肯海姆与她相见。

当格罗皮乌斯1920年4月19日再次提笔给玛丽亚写信时，他与玛丽亚之间的关系发生了巨大变化。"玛丽亚"，格罗皮乌斯像表现主义者一样热情奔放地在玛丽亚名字周围画上了星星加以装饰。在信中，格罗皮乌斯使用最深情的语言来表达他对待这场感情毫无束缚与承诺、自由自在的态度：

> 我是徘徊在宇宙中的一颗星，我的字典里从来没有出现过锚和枷锁这样的字眼。当我感到痛苦的时候，我会藏起来。只有当

我感到满足和愉快，或者当我有一些好的事物可以与人分享的时候，我才会主动去寻找其他人。我不会永居一处，也不会与一人厮守到老。无论我走到哪里，都会留下我的印记，书写我的生命。我是一根刺，这就是我危险而强大的工具！我的爱博而不专。我的爱热烈而永恒。

你想拥有我，我便将自己交给你。这是多么纯洁美丽的故事啊！两颗炙热的星星相互碰撞交会！

但不要有任何威胁！

不要提任何需求！

不要抱任何的幻想！

因为人们赠予对方的所有一切都是礼物。我一无所知，我不会做任何承诺，今天我可能会感激你带给我的温暖，也许某天我会再次挥舞手中的利刃。但现在坠入地狱深渊一样饱受千倍痛苦的我惶惶不安，遍体鳞伤。我需要安静和孤独。爱！写诗！享受你带给我的新乐趣。我会紧紧拥你入怀。你的流星。[6]

格罗皮乌斯与玛丽亚见面并不固定，也不频繁，一方面因为格罗皮乌斯与莉莉·希尔德布兰特仍然纠缠不清，并且那时的他还为了玛农的抚养权与阿尔玛互不相让；另一方面因为格罗皮乌斯经常奔波在外。为吸引更多人对包豪斯的兴趣与支持，格罗皮乌斯经常到德国各地做演讲，去柏林参加艺术工作委员会以及与之相关的其他革命组织的会议与活动。两个星期后，格罗皮乌斯在匆忙之中再次联系了玛丽亚："眨眼间，那颗徘徊的星星马不停蹄地回到了柏林——带着他最诚挚的问候，期待与你再见。"[7]

玛丽亚参加了一两次包豪斯举办的公开晚会，但格罗皮乌斯似乎对玛丽亚的出席表现得十分谨慎。现在，他与莉莉·希尔德布兰特的婚外恋消息已经传得满城皆知，而且他与阿尔玛的离婚也惹来许多人的议论与猜测，格罗皮乌斯十分担心玛丽亚也会听闻这些消息。格罗皮乌斯告诉玛丽亚，如果他在公开场合装作不认识她，希望她不要介意，不要感到沮丧。格罗皮乌斯向玛丽亚解释道：为了包豪斯，他需要保持私人生活低调与神秘。当然，格罗皮乌斯与玛丽亚的通信内容与风格和他与莉莉之间的有所不同。他从不跟玛丽亚谈家事，或是包豪斯内部发生的冲突。他与玛丽亚更多的是谈哲学、聊文学。1920年7月，格罗皮乌斯在一封信中评价了玛丽亚的诗歌：

> 这两首诗让人备感快乐，眼前一亮。首先，这两首诗歌源于真实生活，其次，这两首诗具备女性生活和叙事的核心，也就是说，这两点是女性写诗最重要的前提和部分。诗歌结构尚不成熟，也不够独特……对于这样形松、无韵的结构我没有什么好评价的。诗歌结构必须是一致的！……艺术作品的内容可以相互矛盾，但是结构永远要简明完善，因为艺术结构要顺承人类艺术作品的特征而不是违背这种规律。我之所以对你的诗歌进行了评论与批评，是因为我相信你也期待我负责任地告诉你我的观点与建议。因此我小心、仔细、反复地阅读，并深刻理解了你诗歌中的字字句句。[8]

格罗皮乌斯对玛丽亚的评论是一位艺术家经过深思熟虑对另一位艺术家富有见解性的评论，但格罗皮乌斯的评论中确实带有一丝那个时代的男性固有的优越感与偏见。但是在这封信中，格罗皮乌斯也提到自己发现玛丽亚对自己的感情与依赖越来越明显。格罗皮乌斯抱怨玛丽亚对自己的依赖与期待，表示玛丽亚的态度让格罗皮乌斯"几乎不可能"继续为玛丽亚规划未来的道路："你不应该这样做，玛丽亚！""我不是八面玲珑，处事圆滑的沙龙组织者。"格罗皮乌斯对玛丽亚说："我是一根尖锐棘手的荆棘，我拒绝一切陈腐庸俗和条条框框。"他提醒玛丽亚自己在4月份写给她的第一封信中就已经告诉她："我认为，人类都应该只坚定一个立场：不要提任何需求！不要抱任何的幻想！你只需要付出！你并不理解我，这是我在多年艰辛生活中获得的唯一智慧与真理。这已经成为我的指南针和我的准则，是我不会违背的信念。"我们可以看到，在经过与阿尔玛在托比尔巴德邂逅，陷入天真、热烈的恋情之后，格罗皮乌斯对待感情的态度发生了巨大的变化。多年的痛苦经历与动荡不安彻底改变了格罗皮乌斯。格罗皮乌斯的情感与野心现在已经变得越来越大，现在的他几乎什么都敢去爱，什么都敢去想。他在给玛丽亚的信的末尾写道："我的爱博而不专。也正是因为这种理念，我才会拥你入怀。"

玛丽亚变得越发悲伤与绝望，格罗皮乌斯竭尽全力安慰她：

> 我很抱歉你现在十分痛苦。但是，看在上帝的面子上，让一切都变得简单些吧。在浮夸与崇拜中，你找不到任何幸福感。你应该远离现在的纷纷扰扰，去乡下散散心。只关注手头的事情，并以最简单、最适宜、最明智的方式去处理。这样做后，你会感觉好一些，你会认识到自己的极限。你只有变得越来越沉着坚定，才会变得越来越强大，越来越有价值。[9]

在另一封信中，格罗皮乌斯又一次尝试说服玛丽亚：

> 你不敢将现实的荆棘刺入自己的胸膛，你还是一副玩世不恭的态度，没有完全正视自己，没有勇气走向那把残酷尖锐的现实的利剑。现实会给我们带来痛苦，但是很快你就会体会到痛并快乐着的感觉。只有勇于迈出第一步，你才能够学会走路。[10]

在这封信中，格罗皮乌斯不再是浪漫的情人，而是世俗的现实主义者。"当你读到这篇文章时，你可能会因为我刻薄无情的话语而陷入封闭自守之中，但总有一天你会理解我的话。"格罗皮乌斯在1920年共寄给玛丽亚二十多张卡片和信件，从此以后，两人便相隔在天南海北。玛丽亚选择远离大城市，在一家幼儿园做了一段时间园长之后，又去研究北弗里西亚群岛的中世纪咸水资源。玛丽亚是一位独特、追求创新、难以捉摸的女人。格罗皮乌斯与玛丽亚再次恢复联系是在1967年之前。

不过在与玛丽亚联系的同时，格罗皮乌斯仍与莉莉·希尔德布兰特保持通信。他与莉莉之间，无论各自经过什么样的感情变迁，都可以像之前在法兰克福、慕尼黑一样保持亲密的联系。可能是由于格罗皮乌斯找到新欢玛丽亚的缘故，他与莉莉之间的感情已经失去了最初的激情与魔力。1921年，格罗皮乌斯告诉莉莉，尽管他很希望自己能够找回一年前对她的感觉，但是他实在无能为力："我拼命想要找回我们原来的感情，但是我们无法压抑内心燃烧的热情与激情。"[11] 莉莉的身体状况并不好，1922年，她出现了类似神经衰弱的症状，也正是在这一年，格罗皮乌斯写信给她，表示他们之间应该建立起"超越我们爱情的深厚友谊。这样的友谊将不受激情和情感的约束与困扰，定会永存"[12]。这就是格罗皮乌斯与莉莉之间最后达成的约定。与玛丽亚不同的是，格罗皮乌斯与莉莉·希尔德布兰特终生都在通信交流，两人的联系只在第二次世界大战期间因无法通信而无奈中断了一段时间。

———

在1920年10月格罗皮乌斯写给莉莉的一封信中，他向莉莉感叹包豪斯学校中发生的动乱："包豪斯陷入接二连三的危机。"这些问题让他"喘不过气来"，"约翰·伊顿就处于风口浪尖之上。"[13]

所有包豪斯的学生都需要参与约翰·伊顿开设的基础课程，约翰·伊顿也因此比格罗皮乌斯获得了更多学生的支持。在他的影响下，众多青年艺术家认识到潜在创造力的重要性。伊顿还会将从未有人注意过的事物，甚至是从废料堆中收集的垃圾，以独特的方式，将事物所固有的吸引人的特征呈现出来。伊顿对于玛兹达教越发地沉迷与执着。玛兹达教派是古代波斯琐罗亚斯德教的一个现代分派，在第一次世界大战前后吸引了大量的美国与中欧追随者。

伊顿试图在包豪斯传播玛兹达教。他剃了光头，披上了一件类似修道院的长袍。"他看起来像个神父，"保罗·克利的小儿子菲利克斯写道，"他身披一件红紫色的高襟长袍，剃光了头发，戴着一副镶着金边的眼镜。"[14]伊顿的这个形象令菲利克斯印象深刻。更有狂热的学生纷纷效仿伊顿，也剃光了自己的头发。在包豪斯信仰玛兹达教的教职员工中，与伊顿关系最密切的就是戏剧家乔治·莫奇。包豪斯的学生为伊顿、莫奇和玛兹达教组成了合唱团，以巴伐利亚的一首短歌的曲调哼唱着道："伊顿、莫奇和玛兹达，然后摄政王来了，手里拿着蜡烛。"

玛兹达教的中心思想就是净化自身。伊顿与在包豪斯的玛兹达教门徒，遵循严格的身体训练、呼吸练习，服用效力强劲的泻药以净化其身。在此之后，信奉者会进行一段时间的禁食与思想冥想。玛兹达教对饮食控制严格，只能食素。他们食用的一部分蔬菜产自包豪斯那片由格罗皮乌斯买下的小块土地上。一些学生因严格的饮食控制而营养不良，他们不得不违背教规来到镇上的饭店改善饮食。阿尔玛最初十分欣赏与支持伊顿，却对他所信仰的玛兹达教嗤之以鼻。一次，阿尔玛在百般不情愿下来到包豪斯。在到达包豪斯的当天晚上，阿尔玛正在翻阅一沓小册子，她惊恐地发现玛兹达教所谓的严格的饮食竟然是"捣碎的生大蒜"[15]。她发现伊顿的玛兹达教门徒身上都带着浓浓的大蒜味，味道十分强烈冲鼻，在远处就可以闻到这种味道。当阿尔玛向格罗皮乌斯询问伊顿的电话号码时，格罗皮乌斯告诉她伊顿现在身体不适。"你现在无法见他，"格罗皮乌斯说，"因为他呕吐得厉害，胆汁都被吐出来了。"

　　我第一次见到他时，是在魏玛包豪斯的格罗皮乌斯的办公室中。

　　我来到这里向他介绍我的作品，希望可以成为包豪斯的学生。

　　他的办公室十分宽敞，高高的天花板，桌子上方悬挂着一盏立体吊灯。

　　办公室中还悬挂着一幅中世纪的建筑图纸。

　　格罗皮乌斯穿着一条黑色长裤、一件白衬衫，系着一条黑色细领结。

　　他还穿着一件自然色的短皮夹克，每次格罗皮乌斯做出任何动作的时候，这件皮夹克都会发出吱吱的声音。

　　他留着一缕短髭，身板小而坚挺，动作迅速敏捷。

　　他看上去有一种士兵的风范。

约翰·伊顿（1888—1967），
摄于1921年

（事实上，格罗皮乌斯也确实是一名士兵，直到最近才刚刚退伍。[16]）

上面这段话出自平面造型艺术家，非衬线字体的先驱——赫伯特·拜尔。赫伯特·拜尔于1921年在格罗皮乌斯的校长办公室首次与格罗皮乌斯见面，希望可以成为包豪斯的学生。正如赫伯特描述的那样，那时的格罗皮乌斯仍然身为士兵，穿着正式，生活作风十分严谨，与剃光头、脚穿僧侣凉鞋的伊顿形成了鲜明的对比。格罗皮乌斯与伊顿之间存在的差异并不仅仅体现在外表、衣着上，更体现在思想意识形态上。格罗皮乌斯认为，玛兹达教所提倡的身体训练、净化，与长时间的冥想已经偏离了包豪斯的目标与理念。伊顿对实用手工艺没有兴趣。伊顿以及他的那些被玛兹达教洗脑的学生对于格罗皮乌斯强调的工作室实践理念和工业设计的基本概念十分厌恶。为控制伊顿以及玛兹达教在包豪斯的进一步发展，格罗皮乌斯开始制定相关规定，使伊顿只能参与正式教学计划中的基础课程。包豪斯的大师奥斯卡·施莱默对伊顿与格罗皮乌斯之间的这场斗争颇感兴趣，目光敏锐的他在日记中指出："所以现在伊顿和格罗皮乌斯正在决斗，我们其他人都应该当裁判。"[17]

由于面临越来越大的压力，伊顿步履维艰，最终辞职，并于1923年春离开了魏玛。虽然伊顿强烈的宗教信仰对包豪斯造成了一些负面影响，但作为一名教师，伊顿尽职尽责，同时也为在包豪斯开展基础课程发挥了丰富的想象力，做出了巨大的奉献。这些也是格罗皮乌斯一直尊重和钦佩伊顿的地方。"伊顿有很强的性格特征，"格罗皮乌斯于第二次世界大战后的1946年写下了对伊顿的评语，并解释两人最终分道扬镳的原因，"伊顿将教学与玛兹达教混为一谈。我不想让这种带有宗教色彩的教学方法成为包豪斯教学的一部分，所以我辞退了他。"[18]

———

格罗皮乌斯在坚持自己信念的道路上没有丝毫动摇。除伊顿之外，格罗皮乌斯还面临着来自荷兰建构主义者特奥·凡·杜斯堡所发出的质疑的声音，但格罗皮乌斯也很快做出了反击。特奥·凡·杜斯堡最初于1921年初来到魏玛。如果说伊顿和他的玛兹达教的追随者批评包豪斯过于关注功能性和理性，那么杜斯堡则反对包豪斯过于放纵地关注个人浪漫主义。在来到魏玛后不久，杜斯堡便向一位建构主义同事汇报称："我在魏玛将一切完全颠覆了。包豪斯将会成为拥有最现代教师的最著名的学院！我每天晚上都会与学生们进行交谈，向他们传播、灌输新观念。"[19] 伶牙俐齿、能言善辩的杜斯堡已经开始在包豪斯煽风点火，制造出许多不和谐与争端。

杜斯堡是一位画家，早期十分崇拜皮特·蒙德里安，欣赏蒙德里安所提倡的线条的重要意义以及理论。1917年，杜斯堡与蒙德里安、列克、欧德组成了著名的风格派。风格派作为一个艺术运动派别，广泛涉及绘画、雕塑、设计、建筑等诸多领域，有着全方位的影响，"致力探索一种人类共通的建立在艺术家与社会新关系上的纯精神性表达"[20]。风格派采用大胆的色彩、几何图形，彰显其极简主义与教条主义的风格。

格罗皮乌斯首先在表现主义柏林建筑师布鲁诺·陶特的家中遇到了杜斯堡。陶特邀请了众多来宾，其中还包括格罗皮乌斯的合作伙伴阿道夫·迈耶和其他的几位包豪斯学生，杜斯堡在聚会上展示了风格派成员的大量作品，让宾客大饱眼福。聚会结束后，在1921年1月，格罗皮乌斯邀请杜斯堡参观包豪斯。在这次参观之后，格罗皮乌斯想要邀请杜斯堡来包豪斯的谣言四起。但随后格罗皮乌斯本人强烈否认这一谣言，并在后来评价杜斯堡是"一个傲慢狭隘的人。他在包豪斯造成了巨大的破坏，因此，尽管我和包豪斯中的很多教师、学生十分欣赏他的理念，但是我还是不会让他来包豪斯任教"[21]。杜斯堡在魏玛大肆举办反包豪斯讲座，并通过讲座激起了一些教师、学生对包豪斯的不满情绪。但是，阿道夫·迈耶似乎鼓励杜斯堡留在魏玛。

无论理念还是外表，杜斯堡都与伊顿截然不同。与伊顿的僧侣长袍相反，杜斯堡穿着他那一身标志性的构成主义黑色衬衫、白色领带，戴着单片眼镜。刚来到魏玛时，他的这身装扮让魏玛市民欣喜若狂。照片上的杜斯堡一副表情凝重、若有所思的样子。

杜斯堡在自家举办严肃的知识分子之夜活动，并在活动期间向来宾灌输了建筑中纯粹几何的价值观。赫尔穆特·冯·埃尔法录制了杜斯堡举办的构成主义讲座，"而他的妻子则在一旁播放了风格派的音乐。我记得当时播放的风格派音乐几乎都是八度音阶，不过正方形、矩形几何艺术与这种音乐相得益彰"[22]。杜斯堡以及他的理念确实十分强大，吸引了对包豪斯最不满的学生，其中一些学生甚至还为他工作。他与风格派同事抨击包豪斯的内容多集中在个人艺术作品、图画、图形、雕塑作品上。他们对包豪斯作品的质量持怀疑态度。费宁杰现在尝试的立体主义绘画早就过时了，要是十年前在法国还差不多；保罗·克利只是将他的"病态梦境随意地乱画出来"，"伊顿目的空洞浮夸，没有任何深度"，"施莱默所谓实验性的作品，我们从其他雕塑家的作品中都能发现相似之处"。[23] 即便是格罗皮乌斯的表现主义运动也被抨击为是"廉价文学理念的结果"。杜斯堡对待任何与建筑、机器和大规模生产无关的艺术形式都是刻薄的。正如他认为的"艺术是一个民族和一种风格的集体表达"[24]，杜斯堡的理念完全是集体主义的。

1922年10月，杜斯堡在魏玛组织了一次构成主义大会，这一举动严重挑战了格罗皮乌斯。与会来宾都是构成主义和达达主义的欧洲先锋派代表人物，如利西茨基、汉斯·李希特、汉斯·阿尔普和特里斯唐·查拉。这次构成主义大会旨在宣传赞美艺术的集体之美，抨击艺术中的"主观霸权"。利西茨基在大会上发言称："新的艺术已经形成了，它不是主观的，而是客观的。"这颠覆了传统社会关系。在新文化不断发展的背景下，"艺术家是学者、是工程师，是工人的伙伴"。包豪斯艺术和手工艺培训时代已经结束了。

对于格罗皮乌斯来说，杜斯堡一直留在魏玛不仅造成了许多不安与争端，而且他过于教条主义、循规蹈矩，有很多的局限性。格罗皮乌斯坚信事物的多样性，他认为所有的颜色都是平等的，这点是格罗皮乌斯从小就坚信的。用罗塔·施赖尔的话来说，格罗皮乌斯作为包豪斯校长的强大魅力，是他"特别对年轻一代的关切、同情的态度"[25]，以及对其他观点与声音的真正包容的态度。格罗皮乌斯有意识地保护学生不受外界任何干扰，主张按照自己的想法与内心完成艺术作品，鼓励学生不要在意走了弯路。"包豪斯的理念并不是先入为主。"[26]杜斯堡的突然出现以及他对包豪斯的广泛批评显然对格罗皮乌斯未来的学校规划产生了持久的负面影响。但是令格罗皮乌斯感到欣慰的是，杜斯堡终于在1923年离开了德国，前往巴黎。

———

格罗皮乌斯后期的建筑作品风格与他早期的表现主义建筑风格完全不同：不同于手工制作部件工艺极其复杂、建筑表面装饰丰富的夏日田野之屋；区别于格罗皮乌斯为在三月卡普政变中牺牲的工人而建造的直冲云霄、充满闪电般活力、彰显无产阶级崛起力量的纪念碑。

格罗皮乌斯在重新改造耶拿剧院的项目中首次展现了他的新建筑思想。耶拿剧院外表立体，设计朴素，内部设计充满强烈的理性，甚至是严谨性。门厅是严谨的线性结构，包豪斯工作室还专门设计了带有光滑软垫的几何座椅。格罗皮乌斯与他的助手弗雷德·弗巴特为克洛潘德公司设计的用来存放耕作设备的大型钢筋混凝土仓库也体现了格罗皮乌斯返璞归真的设计风格，这个仓库就位于格罗皮乌斯早期在阿尔费德设计的法古斯大楼附近。

建筑功能主义的新思想在格罗皮乌斯和迈耶的参赛作品《芝加哥论坛报》办公大楼中表现得淋漓尽致。《芝加哥论坛报》大厦的设计是一场国际比赛，大赛在世界范围内进行设计招标，要求新建筑不仅可以美化芝加哥的市容，还应该成为世界上最漂亮的办公楼，配得上《芝加哥论坛报》"世界上流传最广的报纸"的美誉。格罗皮乌斯强调，这样的一栋建筑"绝不适合采用任何古老的历史风格，需要用现代的手段呈现其现代的特点"[27]。格罗皮乌斯最后采用了钢铁、玻璃和铁结构的设计。这座阶梯式建筑高耸如云，最高的部分足有 30 层，阳台对称地分布在建筑的两侧。

这是一座令人向往的建筑，是城市中心标志性的水晶塔，虽然采用了玻璃形式，但展现了最现代的建筑风格。

但《芝加哥论坛报》大厦的比赛赛制极不公平，制定的规则多偏袒美国的参赛设计师。美国设计师交稿的截止日期为 1922 年 11 月 1 日，而外国设计师的截稿时间为 12 月 1 日。大赛评审团早在 11 月 13 日便已举行会议进行商讨，并起草了首轮的获奖名单。外国参赛作品中只有来自芬兰的建筑师伊利尔·沙里宁的设计被列入获奖名单，获得二等奖。最后，纽约建筑家霍伟尔与胡德的共同设计中标获胜。他们的作品是一座哥特式风格的摩天大楼，与伍尔沃斯大厦大相径庭。在参加大赛的 37 位德国设计师中，有几位格罗皮乌斯的现代主义建筑师同僚，如布鲁诺和麦克斯·陶特，以及路德因·西尔贝斯爱蒙，他们都没有获得任何奖项。来自奥地利的阿道夫·路斯所设计的多利安式巨型建筑也落败。

第二次世界大战结束后，格罗皮乌斯来到美国生活和工作。格罗皮乌斯坚持认为，自己曾努力于1922年将现代建筑风格带入美国，但无人理解与欣赏。格罗皮乌斯的言语中也许有些夸张成分，但有一部分确实是事实。

【注释】

本章节的主要引用资源是沃尔特·格罗皮乌斯和玛丽亚·贝内曼之间的21封信和3张明信片。两人于1920年相恋起便开始有这些信件的往来。贝内曼在1980年去世前不久将这些信件交给了柏林包豪斯档案馆。我在书中引用了其中一张明信片。玛丽亚·贝内曼本人以及她和格罗皮乌斯短暂的恋情也在雷金纳德·艾萨克斯1983年德语版的格罗皮乌斯传记中被提及。但在格罗皮乌斯1991年的英文版传记中，也许是因为玛丽亚·贝内曼家庭的反对，玛丽亚·贝内曼在其传记中几乎销声匿迹，只被轻描淡写地称为"一位魅力十足的年轻寡妇"。而本书首次完整引用了他们之间的信函，感谢菲奥纳·艾略特别为本书进行了翻译。

玛丽亚·贝内曼在个人回忆录中记录了她与格罗皮乌斯初见的情景，那时的格罗皮乌斯与阿尔玛·马勒的婚姻关系尚未结束。玛丽亚·贝内曼的个人回忆录于1978年以《再赐予我一双轻便凉鞋》为名秘密出版。就像前文提到过的一样，轻便的凉鞋代表玛丽亚重新开始作诗的灵感。回忆录的前言由玛丽亚的儿子阿希姆·贝内曼撰写。值得一提的是，当我2017年寻找关于玛丽亚·贝内曼的信息的时候，我发现阿希姆·贝内曼的遗孀芭芭拉·贝内曼仍在人世。年已过百的芭芭拉当时正在蒂弗顿的一家养老院安度晚年。芭芭拉向我提供了许多关于玛丽亚和家人的有价值的、十分有趣的故事。

1 玛丽亚·贝内曼，《再赐予我一双轻便凉鞋》，在德国秘密印刷出版，1978 年，第 236 页。

2 同上，1978 年，第 238 页。

3 同上，1978 年，第 263 页。

4 同上，1978 年，第 260 页。

5 沃尔特·格罗皮乌斯对玛丽亚·贝内曼所言，约 1920 年 3 月，BHA。

6 同上，1920 年 4 月 19 日，BHA。

7 同上，1920 年 4 月 30 日，BHA。

8 同上，1920 年 7 月 26 日，BHA。

9 同上，日期不详，1920 年，BHA。

10 同上，日期不详，1920 年，BHA。

11 同上，日期不详，1921 年，BHA，引用艾萨克斯，第 92 页。

12 同上，日期不详，1922 年，BHA。

13 同上，1920 年 10 月末，BHA。

14 菲利克斯·克利，"我对魏玛包豪斯的回忆"，引用诺伊曼，第 40 页。

15 马勒，《桥》，第 134 页。

16 赫伯特·拜耳，为格罗皮乌斯庆典作诗，哥伦比亚大学，1961 年，引用诺伊曼，第 141 页。

17 《奥斯卡·施莱默的信件和日记》，图特·施莱默（埃文斯顿，1990），第 114 页。

18 沃尔特·格罗皮乌斯对杰克·普里查德所言，1946 年 2 月 15 日，UEA（诺里奇东安格利亚大学）。

19 特奥·凡·杜斯堡，引用朱斯特·巴拉朱，《特奥·凡·杜斯堡》（伦敦，1974），第 41 页。

20 《风格派》第一卷。

21 沃尔特·格罗皮乌斯，寄信至《建筑评论》第 134 期，1963 年 7 月至

12 月，第 6 页。

22 赫尔穆特·冯·埃尔法，《包豪斯：第一阶段》《建筑评论》第 132 期，1957 年 8 月，第 105 页。

23 威廉·胡萨尔，"包豪斯"，《风格派》，1922 年 9 月。

24 "风格的意志"，《风格派》，第五卷。

25 罗塔·施赖尔，引用尼古拉斯·佩夫斯纳，"格罗皮乌斯与凡·德·威尔德"，《建筑评论》第 133 期，1963 年 3 月，第 167 页。

26 同注释 21，1963 年 7 月至 12 月，第 6 页。

27 格罗皮乌斯对莫尔顿·弗兰克所言，1958 年 3 月 20 日，HLH。

8 魏玛包豪斯与伊势·格罗皮乌斯：1923—1925

包豪斯周已经开始了！铁路自助餐车上到处可见包豪斯的海报！总统也将亲临开幕式。酒店挤满了外国人，需预留出上千套公寓才能容纳来自世界各地的艺术家。每个广场上都在播放包豪斯的国际歌，空气中到处都弥漫着包豪斯的氛围。毫无疑问，这次包豪斯周将带来巨大的资金和消费。

为什么会出现这样的盛况？博物馆里的几个装满布料和花盆的橱柜就会让整个欧洲都激昂鼎沸。可怜的欧洲！这就是我对1923年包豪斯周真切的看法。[1]

包豪斯周是格罗皮乌斯雄心勃勃地计划开展的包豪斯教师和学生作品大型公开展览，而上文两自然段是格哈德·马克斯对格罗皮乌斯计划的私下讽刺。该展览的宣传口号是"艺术与科技——新统一"，代表了对包豪斯的有意识的重新定位，将强调的重点从最初的手工制作和艺术家"崇高的工匠"地位转向工业生产与设计相结合的新理想理念。早期浪漫阶段已经结束了，开创一个技术新世界的重任落在了包豪斯的肩膀上。

格罗皮乌斯认为，包豪斯尚处发展阶段，举行如此大规模的公共展览为时过早，时机尚未成熟。尽管格罗皮乌斯百般不情愿，但图林根州政府以及魏玛地方当局都急于看到自己斥巨资投资的学校所取得的成果，因此这次展览势在必行。

格罗皮乌斯希望通过这次展览宣传包豪斯制作的作品，并获得更多的委托项目，以此来确保包豪斯的内部收入来源。除此之外，格罗皮乌斯也希望可以通过这场展览宣传包豪斯，提高包豪斯的国际地位。印度诗人、哲学家和文化大使拉宾德拉纳特·泰戈尔曾于1921年到德国参观包豪斯，并对所见所闻留下了深刻的印象。于是，1922年，在戴尔的发起下，加尔各答举办了一场包豪斯展览。

1923年8月15日，格罗皮乌斯在魏玛举办了包豪斯周。在包豪斯周上，格罗皮乌斯还举办了一场主题为"艺术与科技——新统一"的演讲，首次采用幻灯片对包豪斯的新理念进行公开宣传。包豪斯周时逢魏玛德意志制造联盟会议，通过当时拍摄的照片我们可以看到，大批身穿正装的人群聚集在车间门口，恭敬而认真地听着格罗皮乌斯的演讲。包豪斯大师的绘画和雕塑作品在当地的国家博物馆中展出，而学生的绘画和图画作品则在之前的高等学校大楼中展出，这些学生的作品也分布在不同的车间中。包豪斯的新广告标牌大部分是由当时的学生赫伯特·拜耳设计的，重新展现、定义了包豪斯的建筑风格与理念。

奥斯卡·施莱默为包豪斯车间侧厅走廊提供了装饰设计方案，装饰采用了由奥斯卡·施莱默设计的壁画和由朱斯特·施密特与奥斯卡共同设计的浮雕。包豪斯周的装饰在展览结束后一直沿用至1930年。在这之后，包豪斯落入纳粹党手中，大量的作品被销毁。

位于二楼的格罗皮乌斯办公室也特意在包豪斯周之际进行了重新设计，用出自包豪斯各工作室的家具和纺织品进行装饰。校长办公室在展览周对外开放，其中的一位来访者——纯粹主义者密斯·凡·德·罗，在参观了校长办公室之后表达了自己对室内装饰的失望，他对于格罗皮乌斯办公室倒退性地采用维也纳工作室的复古风格感到震惊与诧异。密斯在后来接任了格罗皮乌斯包豪斯校长一职，对于密斯来说，校长办公室一直是他的噩梦。

格罗皮乌斯组织了一场汇集国际建筑师作品的展览，展览展示了当前蓬勃发展的现代风格建筑的图画、照片和模型，格罗皮乌斯亲自设计的建筑与勒·柯布西耶的作品也在其中。在阅读了柯布西耶在自己的期刊《新精神》中发表的文章《走近建筑》之后，格罗皮乌斯对柯布西耶印象深刻，百般钦佩。他曾写信给柯布西耶，希望他可以为包豪斯展览贡献出他的一些作品。这次的合作奠定了这对终身挚友深厚友谊的基础，也正是建立在这样的国际建筑师之间的感情基础上，在五年后的 1928 年，柯布西耶、格罗皮乌斯等人共同发起、成立了国际现代建筑协会（CIAM）。

在包豪斯周，参观者也能看到一些实验性的住宅建筑，如霍恩之屋。这幢位于魏玛霍恩街的小型住宅楼是格罗皮乌斯最初希望可以建造更大规模的包豪斯学校的选地。格罗皮乌斯曾希望包豪斯可以在乌托邦模式下发展，所有包豪斯人齐心努力，共同找回人们丢失已久的工作与生活的统一与平衡。事实上，单单为这一幢实验性住宅建筑拉投资与赞助就已经困难重重了。早在 1923 年，格罗皮乌斯就向亨利·福特、威廉·伦道夫·赫斯特等其他慷慨近人的美国百万富翁发出请求，希望他们可以投资自己的项目。最后，阿道夫·索默菲尔德再次伸出了援助之手。霍恩之屋在 1923 年 4 月至 8 月期间施工建造，小屋里面的家具都由包豪斯的工作室设计与制作。如此一来，霍恩之屋便成为可以进行批量建造的住房原型。

霍恩之屋并不是由格罗皮乌斯亲自设计的。这座建筑的建筑师是由公开竞争确定的，由包豪斯全体成员，包括学生担任评委。最后，画家乔治·莫奇在比赛中脱颖而出。乔治这位年轻人认为格罗皮乌斯的建筑过于传统，这就是过于民主可能出现的问题和产生的危险。格罗皮乌斯弥补性地表示自己将全权负责小屋的总体定位以及现场施工事宜。霍恩之屋因别出心裁的实用性和紧凑性而备受关注，采用若干小房间围绕中央生活区的布局。霍恩之屋的小型极简厨房可以在节约空间、时间和能源的基础上，大大减轻家庭主妇的负担。玛格蕾特·舒特·理荷茨基在 1926 年设计的"法兰克福厨房"就是因为秉承与霍恩之屋的小型极简厨房相似的理念，采用相似的元素而获得了更多的欢迎与关注。艺术评论家保罗·威斯特海伊木，以诙谐幽默的语言评论霍恩小屋道："立体派艺术家所崇尚的立体几何与美极牌浓缩固体汤料，是在霍恩之屋简洁的厨房中所缺少的元素。"[2]

包豪斯还举办了一系列主题广泛丰富的讲座与表演。在奥斯卡·施莱默的带领以及发展下，戏剧现已成为包豪斯课程中越来越重要的组成部分之一。奥斯卡·施莱默采用灯光和移动的构造物打造出令人惊艳的舞台效果，他坚信戏剧表演是总体艺术的一种表现形式，全权负责戏剧舞台工作室的全部工作。奥斯卡·施莱默的全新独创作品《三人芭蕾》为包豪斯周重新编排上演，采用舞蹈、服装和音乐的三位一体模式加以呈现。在其早期的《三人芭蕾》版本中，三位舞者身穿以基本几何形状为灵感设计的彩色三维服装，分别代表一个建筑结构中的三个组成部分。奥斯卡·施莱默表示自己的《三人芭蕾》不仅深受达尔克罗兹、拉班和玛丽·魏格曼的影响，更借鉴了黑人爵士乐、踢踏舞、音乐厅与马戏团的许多元素。

《三人芭蕾》在由格罗皮乌斯亲自改造的位于耶拿的城市大剧院中上演，接下来在第二天晚上表演的节目是由两位才华横溢的学生科特·施密特与乔治·特切尔设计的《机械歌舞表演》。特切尔记录了大家在表演开幕前几周无法自已的澎湃心潮，以及高涨、疯狂的工作态度。特切尔除了负责该歌舞表演的设计，也是此次演出的主要舞蹈演员。"我们身上都贴上了用黑色经编针织制成的抽象形状的道具，

奥斯卡·施莱默（1888—1943），1920

奥斯卡·施莱默的《空间人像：三人芭蕾研究》，1924

背景布也是黑色的，因此当我们在舞台上缓慢或快速地移动时，观众们就会看到一些奇怪的抽象形状。"[3] 表演的伴奏音乐特邀汉斯·海因茨·施图肯什密特进行编曲。《机械歌舞表演》通过传单、海报等形式在全世界范围内进行宣传，"尽可能吸引更多的观众观看演出"。

特切尔同时也意识到，在仅建校四周年的初级阶段，包豪斯举办包豪斯周是"最具野心、最具危险性的举动"，"一切活动必须在困难重重和不尽如人意的条件下展开"，但是我们再一次"被格罗皮乌斯所激发与传递的热情感动"。包豪斯周吸引了众多国外访客，格罗皮乌斯在接二连三的说明会与讨论会中忙得不可开交，首次站在国际舞台上展示宣传包豪斯的理念与追求。他自豪地告诉他的母亲，包豪斯周也吸引了大量的贵宾，包括伊戈尔·斯特拉文斯基。伊戈尔·斯特拉文斯基参加了格罗皮乌斯最新戏剧《士兵的故事》的表演。《士兵的故事》由卡尔·艾伯特朗诵，赫尔曼·谢尔琴指导。意大利作曲家费卢西奥·布索尼也专程来到魏玛，欣赏了由埃贡·佩特里演奏的六首钢琴曲。苏联的官方代表也前来一睹包豪斯这所革命性机构的风采。本次包豪斯展览周共吸引了五万多人参观，包豪斯现在无疑已经在国际舞台上崭露头角，大显身手。

当然，参观者对于包豪斯周的回馈并非都是积极热情的。建筑师安多夫·贝纳对于包豪斯周展览做出了批评。他表示，包豪斯周展览清楚地反映了处于变革时期的包豪斯，在忠于旧手工艺品与拥抱新技术之间徘徊不定，令人无法信服。相对于为数较少的严厉批评者，更多的参观者似乎都对这次参展经历表示满意，并表示此次展览给他们留下了深刻的印象。年轻的建筑评论家西格弗里德·吉迪恩专程乘坐夜车从慕尼黑来到魏玛。他被包豪斯展览中的斯特拉文斯基的音乐表演以及施莱默和康定斯基的抽象芭蕾舞表演等深深震撼，深刻感受到了"一个正在重塑的世界"[4]所带来的全新现代文化。

在包豪斯周结束的周日夜晚，包豪斯举行了一场灯笼游行。游行由包豪斯校园始发，途经美丽浪漫的歌德公园，终达魏玛老城区中心的叙特森街会堂。游行所用的灯笼形状各异，颜色鲜艳，都是由包豪斯学生亲手制成的，以欢迎自然主义诗人约翰内斯·施拉夫。施拉夫本人也亲临魏玛，与游行队伍共同游行。在游行的最后，路德维克·赫希菲尔德－马克为大家带来了彩色屏幕灯光秀，波浪般的灯光与赋格音乐交织融合，带给观众难忘的魏玛之夜。

———

　　格罗皮乌斯越来越强调"艺术与科技"的理念，包豪斯工作室的教师结构也发生了巨大变化。匈牙利裔构成主义者拉兹洛·莫霍利－纳吉于 1923 年春接替了伊顿的工作，在约瑟夫·艾尔伯斯的协助下，担任基础课程主任一职。约瑟夫·艾尔伯斯也是从包豪斯的学生成为包豪斯教师的第一人。

　　伊顿与莫霍利的穿着与长相十分相似，两人都剃光头，习惯穿着一件工厂连衫裤工作服，经常陷入沉默的深思。在艺术和社会的关系上，莫霍利与格罗皮乌斯的观点一致。莫霍利也曾有过痛苦的战争经历，他曾加入奥匈帝国军队并在战争中身受重伤。他形成了自己抽象的几何艺术风格，象征着战后的理性新社会，彻底打破了过去压抑创新、墨守成规的旧思想。莫霍利是《匈牙利活动家杂志》（现刊名为 *MA*）的联合创始人之一，并于 1922 年参加了在魏玛举行的构成主义会议。

　　1923 年，格罗皮乌斯在柏林遇到了莫霍利。工作态度认真、充满活力的莫霍利给格罗皮乌斯留下了深刻的印象，格罗皮乌斯很快就向他提供了在包豪斯任职的机会。作为一名艺术家，莫霍利密切关注空间以及空间内部运动。这不仅仅体现在绘画、雕塑、建筑和工业设计方面，更体现在摄影、电影、广告与排版领域。格罗皮乌斯认为莫霍利就像"伦纳德人"[5]一样多才多艺，具备卓绝之能。格罗皮乌斯与莫霍利之间形成了亲密的合作伙伴关系，建立了深厚的终身友谊。

　　莫霍利的加入给包豪斯带来了全新的氛围。作为一名教师，莫霍利尽职尽责、标新立异。他会在不知不觉中完全沉浸在自己当下的想法之中。格罗皮乌斯认为莫霍利就像"一个没有任何偏见、快乐的孩子在玩耍时的态度"，"他直截了当的做事方式让我们感到十分惊讶"。

拉兹洛·莫霍利－纳吉（1895—1946），摄于 1930 年

拉兹洛·莫霍利－纳吉自画像，1918

莫霍利的妻子露西亚是一名摄影师，随莫霍利一起来到魏玛，与莫霍利在此共同发展摄影技术。露西亚称得上是包豪斯的官方常驻摄影师，她用系列照片记录包豪斯的建筑物、人物与气氛，向人们展示包豪斯。现在的我们也通过这些照片了解了更多包豪斯的历史与故事。

格罗皮乌斯希望可以将包豪斯工作室的重心从手工制作和浪漫主义风格转向机械化生产与干净利落的风格，但想做到这一点并不容易，中间必经重重困难。比如，编织工作室从成立至今便深受民间艺术的强烈影响。木雕工作室，从建筑表面装饰丰富的夏日田野之屋项目起就形成了自己的奇妙表现主义风格。1921 年，当年还是包豪斯学生的现代主义建筑师马塞尔·布鲁尔设计了一把精美绝伦的"非洲椅"，一个为一位神秘部落首领定制的彩绘橡木宝座（其做工之精美让现代人赞口不绝，几乎难以置信）。

使陶瓷工作室适应工业生产似乎是一项极为艰巨的任务。1923年4月，格罗皮乌斯以严厉的口吻写信给陶瓷工作室的大师格哈德·马克斯：

> 我昨天欣赏了你们的众多新作。几乎所有的瓷器都风格独创、构思巧妙。如果你想不到可以让更多的人欣赏与使用这些美好事物的方法，那么你就大错特错了……我们必须找到这样的方法，通过机器复制生产出我们的一些作品。[6]

直到莫霍利－纳吉成为金属加工工作室新的形式大师之后，格罗皮乌斯所提倡的大规模生产才取得较大的进展。莫霍利的两位学生——玛丽安·布兰德与威廉·华根菲尔德设计的手感光滑的、朴素却精致的几何金属制品，后来几乎成为包豪斯设计的象征。

格罗皮乌斯现在所面临的问题不仅仅是艺术方面的。德国通货膨胀不断恶化升级，1923年，图林根州政府要求赫伯特·拜耳为其设计三张面额从一百万马克到五百万马克不等的紧急钞票。格罗皮乌斯深知包豪斯在德国经济萧条的背景下难以获得当地的资助与支持，于是他更加积极地在世界范围内宣传包豪斯，并任命了一位业务经理埃米尔·朗格协助宣传包豪斯。包豪斯的产品于1923年9月在莱比锡博览会上首次展出，这也是包豪斯参加的首个商业展览会。随后，包豪斯又参加了斯图加特德意志制造联盟展览会。

格罗皮乌斯总会在关键时刻挺身而出。面对危机和困难，格罗皮乌斯不但不会退缩逃避，反而越挫越勇。莱内尔·费宁杰描述了自己在8月初偶遇格罗皮乌斯的场景。那天在早上7点半的时候："他向我走来，亲切地挽住我的手臂，告诉我他想跟我说几件事情。于是我随他一起去了包豪斯。他从不抱怨，似乎永远不会疲惫或痛苦。他工作到凌晨 3 点，几乎没有睡觉。"[7]虽然费宁杰对格罗皮乌斯新提出的"艺术与技术"的理念表示怀疑与不确定，但他对"格罗皮"（费宁杰对格罗皮乌斯的昵称）的敬佩与尊重是十分强烈的。"对于那些看到格罗皮乌斯却无法从他身上或多或少获得一些信心与勇气的人，我表示十分遗憾。"

————

我们还记得，之前格罗皮乌斯曾经告诉阿尔玛他渴望得到"爱我，也爱我的工作的伴侣"[8]。格罗皮乌斯在 1923 年初夏之时终于遇见了梦寐以求的她。1923 年 5 月 28 日，格罗皮乌斯应他的朋友与支持者——汉诺威博物馆馆长亚历山大·杜尔纳的邀请，在汉诺威举办了"艺术与科技"讲座。两名二十出头的年轻女性——伊势·弗兰克和她的妹妹赫莎坐在前排，出神地听着格罗皮乌斯的讲座。伊势有一头浅棕色长发，鼻子高挑精致，样子娇小迷人，散发着自信的光辉。她身穿优雅的黑色人造丝斗篷，头戴一顶黑色丝绸帽，举止得体优雅。当观众纷纷入场，坐到座位上时，格罗皮乌斯在后台通过幕帘的缝隙，一眼就看到了伊势。格罗皮乌斯后来告诉伊势，在见到她的一瞬间他便坠入爱河。他告诉自己要想尽一切办法去认识伊势。另一方面，格罗皮乌斯本人与他的讲座也给伊势留下了深刻的印象。"包豪斯的理念深深吸引了我。"[9]伊势写道。她找到亚历山大·杜尔纳，询问自己与妹妹是否能在讲座结束后与他和格罗皮乌斯共进晚餐，但杜尔纳拒绝了，并解释说，由于格罗皮乌斯次日一早就要离开汉诺威返回魏玛，所以格罗皮乌斯没有邀请任何客人。此时，包豪斯周的准备工作已经一切就绪。

伊势与家人住在汉诺威的郊区。然而，在讲座结束的第二天早上，伊势听到家门外有出租车的声音。伊势和妹妹因母亲最近去世而正准备出售这幢房子，因此在听到出租车的声音时，姐妹二人以为是有买家想要买房，而实际上经过的正是格罗皮乌斯。伊势十分好奇格罗皮乌斯为何会来到这里，与谁会面，于是便打电话给她的邻居——画家库尔特·施威特斯。库尔特·施威特斯在自己家中设计、打造他的著名装置艺术代表作《梅尔滋建筑》时，伊势与妹妹就经常去他家中玩耍。伊势本以为格罗皮乌斯是来拜访施威特斯的，但施威特斯却表示自己从讲座之后再也没见过格罗皮乌斯。伊势随后联系了杜尔纳，但杜尔纳却告诉她，格罗皮乌斯一早已经按原计划离开了汉诺威，她不可能见到格罗皮乌斯，一定是她出现了幻觉。

接下来，伊势在来到迪伦堡的几天里一直想着这个事情。迪伦堡是位于黑森州的一座工业城镇，几个世纪以来一直是铁矿开采中心，也是弗兰克家族炼铁厂的所在地。两年前，伊势已与炼铁厂的经理，同时也是她的堂兄——赫尔曼·弗兰克，定下婚约。现在，伊势与赫尔曼大婚之日将至，伊势也正忙于筹办婚礼的事宜。当伊势回到汉诺威时，家中的女仆向她汇报说有一位男人来到家中，向她询问了许多关于弗兰克两姐妹的问题。这名年轻男子和蔼可亲，看上去像是受过良好的教育。她尽可能地回答了这名男子提出的问题。原来，前来的男子便是格罗皮乌斯的侄子阿希姆（约亨）·伯福。格罗皮乌斯特地派他来打听姐妹二人的消息。

与此同时，格罗皮乌斯也直接写信给姐妹俩说道："不幸的是，由于我自己的失误，我未能与你结识。我本希望你可以在讲座结束之后与我们共同度过一个美好的夜晚。我下周会去科隆，届时将途经汉诺威。我可以利用这次机会弥补我上次的过失与遗憾吗？"[10]

姐妹二人从迪伦堡回到汉诺威之后便设宴邀请格罗皮乌斯来家中做客。伊势后来才知道，原来格罗皮乌斯为了等待她们回来，一直在汉诺威酒店待了好几天，并以参观法古斯工厂为由，告诉包豪斯的同事自己的回校行程有所变动。伊势是这样描述当天的情形的："一个非常愉快的夜晚，我越来越被格罗皮乌斯的个性与想法所吸引。"[11] 当格罗皮乌斯离开时，伊势送他到门口，目送格罗皮乌斯走下台阶，穿过花园走上停靠在街上的出租车。在那时的德国，伊势这种行为是"受过良好教育，已经订婚的女孩不会去做的事情"，然而也正是因为伊势公然忽视传统礼仪的举动给了格罗皮乌斯希望与力量。

弗兰克家族共有四个姐妹，而伊势是四姐妹中最年长的一个。这四姐妹都注定要通过某种方式走上反抗自己坚实的资产阶级汉诺威家族传统价值观的道路。四姐妹中最小的艾伦，日后成了一个大名鼎鼎的女演员。在第一次世界大战爆发的前一年被送往位于牛津的一所英国寄宿学校的伊势也在学校中获得了新的视角与价值观。伊势当时是军队医院的一名红十字会护士，负责一个驻地的三十名受伤士兵。伊势公然与德国保守传统背道而驰，在婚前已经与自己的未婚夫生活在一起。伊势凭借自己在新闻采访方面的天赋，曾在慕尼黑的一家报社工作过一段时间。在她最近暂时回到汉诺威的这段时间，伊势在一家先锋派书店找到了一份工作。她的邻居库尔特·施威特斯是这家书店的忠实顾客，而伊势最大的喜好也是文学。

在那次晚饭结束之后的一周左右，格罗皮乌斯写信恳求伊势不要继续筹备婚礼。格罗皮乌斯的直觉告诉他，他与伊势注定会成为对方的另一半。赫尔曼是一个迷失方向的无用之人。伊势认为自己对赫尔曼的感情就像是姐姐对弟弟的爱与责任感，而这种责任感已经让伊势喘不过气来，让她饱受煎熬与折磨。除此之外，格罗皮乌斯的突然出现与自己被格罗皮乌斯与他的想法深深吸引的事实也让伊势陷入无尽的苦恼与挣扎之中。"你就像我童年时代的伙伴一样来到我身边，你也深知只要双方互相信任彼此，那么两人在一起就会变得容易和简单。现在你来了，你告诉我说一切都很好，从此以后，我的世界、我的内心就像一道美丽的彩虹绽放出奇光异彩。"[12]伊势在不知不觉中点亮了格罗皮乌斯年轻时所着迷的那道五光十色的彩虹。

伊势6月份来到魏玛看望格罗皮乌斯。伊势到访的这段时间正逢包豪斯上下都在为包豪斯周做筹备工作。伊势在这两三天的白天都在包豪斯校内参观，晚上则与格罗皮乌斯促膝长谈，分享各自过去的故事，讨论对于未来的计划。伊势突然开始担心自己是否有能力去适应这个全新的环境，担心自己是否能够妥善处理与大师和学生之间的关系。

伊势表示与赫尔曼解除婚约可能造成许多混乱，她担心这一切会让格罗皮乌斯感到失望。但是格罗皮乌斯却没有一丝犹豫或是动摇。"他用美丽而深邃的眼睛看着我说：'我绝对不会感到失望。经过千锤百炼，我早已练出待人接物时不会狭隘地只考虑当前的状况，而要放长眼光看大局的能力。'"[13]伊势深刻地感受到，格罗皮乌斯无论对待她还是对待包豪斯的学生都是抱着这样的态度与观点的。

不久之后，伊势又前往科隆与格罗皮乌斯见面。伊势写道，他们一起住进一家宾馆，"仿佛这一切都发生在另一颗星球上，我们终于合为一体"[14]。尽管如此，伊势仍然不愿意做出任何承诺。对家庭与赫尔曼的爱与义务，惧怕流言蜚语的恐惧心情一直牵绊着伊势。伊势犹豫不定，闪烁其词。同时，她也担心自己可能会怀孕。至于她是在担心怀上赫尔曼的孩子，还是担心怀上格罗皮乌斯的孩子我们无法得知，但是我们知道的是，在伊势确定自己没有怀孕的时候着实松了一口气。

格罗皮乌斯 7 月时写给伊势一封长信，表示自己已经开始失去耐心。

> 我不是一个善于等待的男人！我一生都像风暴一样席卷而过，谁跟不上我的节奏，就会被遗留在路边。我想用我的精神和我的身体去创造一切，是的，我的身体和生命也是短暂的，因此我需要抓紧每分每秒……当我见到你后，回到家时我感到自己像是这辈子从来没有和任何女人相处过一样。我将自己的身体和精神的一切都毫无保留地奉献给你。但这却让你感到困惑，你试图将身体与精神分割开来。但我是通过统一的身体与精神去感知这个世界的，这样的方式已经占据了我的头脑，占据了我的思想。你的愿望是不可能实现的，若将身体和精神分离，一切便都会失去意义。灵魂可以塑造肉体，但肉体却无法创造出灵魂。成为恋人后，生命、生与死都萦绕在我们的心头……我们之间的感情并不是儿戏，我们在安宁的夜晚建立了神圣的纽带关系……但是当我发现自己送给你的那份最神圣的礼物被你鄙弃时，我坐立不安，我的生活充满了不确定性，我的谦卑变成了愤怒。当坚强的人感到紧张与不安时，他们的心并不会痛。他们的心会因为爱而熔化，但很快又可以再次硬如铁石。是你让我柔软的内心变成利剑。但有件事情是不变的——真实的你才是最美的你！你造就了我的心，我怎么会不知道你内心黑暗的一面……你还不清楚伟大的爱情所带来的奇迹与痛苦，但它将会成为你的命运的一部分。当你的悲伤和渴望因某种被人摒弃的价值观而爆发时，伟大的爱情可能就离你不远了。你了解我吗？亲爱的，你懂得我的坚强和不屈吗？我现在站在门槛外，我必须毫无保留、毫无克制地对你说：我的存在就是为了唤醒潜伏在你身体内部的无限力量，让这些力量成为在现实中实现的价值与意义。为了得到你，

　　我愿用我所拥有的一切去交换。但你仍然踌躇不前，迟疑不决，三心二意。所以，我只能克制我自己。现在的你正处于生命的关键转折点，无论你做出什么选择，都要好好把握，好好生活。只有你愿倾尽一切换取的事物才是重要的，其他的一切都十分渺小。好好地开始生活，释放自己……再见……我相信你！[15]

　　现在格罗皮乌斯态度十分坚定，与他在莉莉和玛丽亚之间徘徊不定的状态完全不同。他坚定自己对伊势的爱情，他再也不是那颗流浪徘徊的星星了。

　　但伊势仍然反对与赫尔曼解除婚约。伊势和赫尔曼的婚礼即将在慕尼黑举行，届时双方所有家庭成员都将欢聚一堂。就在两人打算动身前往慕尼黑的两天前，已经看不到任何希望的格罗皮乌斯送给伊势一个告别礼物——一套几乎完整的由杜米埃做插画的 19 世纪的法国杂志《嘈杂声》。伊势告诉我们，当她看到“一个认为自己在战斗中惨败的人”还能保持“慷慨高贵的姿态”时，[16] 她感到十分震撼，最终被格罗皮乌斯的真情所打动。伊势在婚礼前夕将自己悔婚的决定告诉了赫尔曼，赫尔曼早有预感伊势会离他而去。赫尔曼轻声安慰伊势，没有说一句责备的话。伊势向格罗皮乌斯解释了事情的经过。刚刚经历情绪危机的格罗皮乌斯向伊势问道，自己是否应该去找赫尔曼谈一谈，伊势的妹妹赫莎明智地告诉格罗皮乌斯，这样做只会让令人痛苦的局面变得更加糟糕。

　　格罗皮乌斯觉得伊势应该将名字从伊尔丝（Ilse）改为伊势（Ise）。这一举动也意味着伊势彻底否认自己的汉堡上层资产阶级家庭背景。伊势的名字经过删减更改之后更有包豪斯的精简的味道。伊势更名没有走任何正规的法律程序。1923 年 8 月，伊势来到了魏玛。“来到了他的门前，”她回忆道，“手握小手提箱，我消失在旧时老友的世界中，来到了这个尊重、崇尚平等的新世界。我可以在这个框架内，根据我的优势与特点，发展我的个性。"[17]伊势也对包豪斯产生了十分巨大的影响。

当伊势最终搬到魏玛时，包豪斯周的准备工作正在如火如荼地进行当中。起初，伊势为了避免流言蜚语，便以保罗·克利夫妇客人的身份留在了包豪斯。而一直与莉莉·希尔德布兰特藕断丝连的格罗皮乌斯并没有告诉她关于伊势的存在。格罗皮乌斯急于避开莉莉，他告诉莉莉自己现在已经动身前往施工现场，这段时间都不在包豪斯。格罗皮乌斯更是建议莉莉在包豪斯周期间最好不要留在魏玛，去远离魏玛的地方居住。

伊势和格罗皮乌斯双双参加了于8月19日晚上举行的面具化装舞会。这场舞会是包豪斯传奇般的庆祝活动之一，从夜晚一直持续到第二天天亮。伊势和格罗皮乌斯一早便搭乘由耶拿开往维罗纳的特快列车离开魏玛，再由维罗纳前往威尼斯。两人在威尼斯住进了一家可以俯瞰小广场的意大利小酒店。"在酒店，我们没有任何束缚，自由地探索彼此的身体。"[18]伊势回忆道。他们提前度过了蜜月旅行。由于没有及时办理结婚手续，伊势和格罗皮乌斯在旅行前并没有拿到结婚证，所以在旅行时也并非合法的夫妻身份。格罗皮乌斯遗失了离婚证，不得不写信给维也纳相关部门办理补证手续。不过格罗皮乌斯已经告诉他的母亲自己与伊势在一起的事实，并希望母亲可以将他再婚的消息向亲朋好友传达。多年因阿尔玛心烦意乱、饱受其侮辱的玛农·格罗皮乌斯在听说自己的新儿媳出自门当户对的富裕资产阶级背景时，感到欣喜不已。

1923年10月16日是包豪斯学校的校长沃尔特·阿道夫·格奥尔格·格罗皮乌斯与芙烈达·保拉·茱丽·伊势·弗兰克大婚的日子。婚礼在魏玛举行，保罗·克利与瓦西里·康定斯基是这场婚礼的见证人。起初，婚姻登记处以"瓦西里"这个名字不存在为由，拒绝瓦西里·康定斯基成为合法见证人，拒绝他在文件上签字。两人结婚时，格罗皮乌斯 40 岁，而伊势年仅 26 岁。当年古斯塔夫·马勒与阿尔玛结婚时的年龄差与伊势和格罗皮乌斯结婚时的年龄差十分接近。

婚礼结束后，伊势和格罗皮乌斯再次前往巴黎度过他们的第二个蜜月。两人这次旅行的主要目的是拜访柯布西耶，与其就建筑方面的问题进行探讨，还有欣赏柯布的新作。柯布西耶为他的画家朋友阿梅德·奥占芳设计了巴黎工作室（1922 年），为瑞士银行家、现代前卫艺术品收藏家拉乌尔·拉罗什和艾伯特·让纳雷设计了拉罗什 – 让纳雷双人房（1923 年）。柯布西耶与格罗皮乌斯两名建筑师首次在双叟咖啡馆会面。

柯布西耶详细地阐述了他对这座拥有 300 万居民的当代城市的规划与愿景。他们就房屋的标准以及当时最炙手可热的预制房屋等话题展开了热烈的讨论。格罗皮乌斯拿出了一张图表，分析在美国生活成本增加一倍的背景下，大规模生产的福特汽车实际成本减半的原因。格罗皮乌斯与勒·柯布西耶在双叟咖啡馆仔细研究了格罗皮乌斯带来

勒·柯布西耶（1887—1965），摄于 1964 年

的新工业里程碑代表——美国粮食筒仓的系列照片。两人在咖啡馆轻松愉悦的气氛与多年后两人在柯布西耶的巴黎公寓共进晚餐的情形形成了鲜明的对比。勒·柯布西耶的妻子伊冯曾是一名服装模特，行为举止粗鲁，性格坦率，总是直言不讳。伊冯转向格罗皮乌斯并问他是否看过"它"。格罗皮乌斯不得其解，不清楚"它"具体指代什么，便问伊冯究竟是什么意思。正巧柯布在呼唤"冯冯"的同时拍了一下她的屁股。"我的屁股！"[19]伊冯脱口而出。

伊势现在正式搬入位于开森瑞－奥古斯特大街的格罗皮乌斯的公寓中，正式以"包豪斯夫人"的身份开始了新生活。格罗皮乌斯与伊势的这桩婚事从一开始便遭到了伊势老一辈家族成员的反对。

伊势的教父在两人婚后的几天来到魏玛看望伊势，格罗皮乌斯送给了教父一本最新出版的第一本关于包豪斯的书《魏玛国立包豪斯1919—1923》。最终，教父带着迷惑与不解离开了魏玛。格罗皮乌斯对伊势说，她一定是"受到疯狂的启发"[20]才会加入这样的组织，伊势便断绝了与教父的来往。阿尔玛在听到格罗皮乌斯再婚的消息时，显然"对格罗皮乌斯离开自己而感到愤怒和失望"。阿尔玛写信告诉他，她再也不会同意玛农来魏玛看望他。

赫伯特·拜耳与莫霍利－纳吉共同设计的
《魏玛国立包豪斯1919—1923》封面

婚后的格罗皮乌斯面临着旧情人的纠缠与困扰。伊势在她的回忆录中记录了当格罗皮乌斯的旧情人们听到他的婚讯时，其中的三人立刻前往魏玛与格罗皮乌斯对峙。伊势虽然没有对这三个女人指名道姓，但她们大概应该是莉莉·希尔德布兰特、玛丽亚·贝内曼和格罗皮乌斯最新结识的情人——与画家恩斯特·弗里克一起住在阿斯科纳的摄影师玛格丽特·费莱勒。一位令人望而生畏的年事已高的魏玛社会女领导，也来到了开森瑞－奥古斯特大街公寓，指责作为包豪斯校长的格罗皮乌斯迎娶了如此年轻的夫人一事欠缺考虑，是极其愚蠢的行为。因此，陷入感情纠纷困境的格罗皮乌斯，希望伊势可以替他打理这些充满怨言与问题的私人信件。所以从现在开始，伊势掌握了审查格罗皮乌斯与旧情人之间的往来信件的权利。

不过伊势在包豪斯却备受欢迎。格罗皮乌斯带她参观了工作室：木工艺工作室、金属加工工作室、编织工作室等工作室，甚至是位于多恩堡边区村落的陶艺工作室。阿尔玛与伊势是两个不同年代的人，伊势的思维更加开放敏捷，善于接受新鲜事物与观念，她很快就把握了包豪斯目前正在前进的方向。随后，又有不少年轻的教职人员来到包豪斯就任。比如，相对年轻的拉兹洛·莫霍利－纳吉刚来到包豪斯时年仅28岁。这些新鲜血液的注入在很大程度上缓解了包豪斯原本教师老龄化的问题。与伊势年纪相仿的不仅仅是一些年轻的包豪斯大师，还有一些极具才华的包豪斯学生，如1900年出生于奥匈帝国哈格的赫伯特·拜耳、1902年出生于匈牙利佩奇的布鲁尔，以及1904年出生于巴塞尔的亚历山大·桑迪·沙文斯基。这三人与伊势成为终身的好友，这个小团体的成员即便在日后流亡美国的数年间也一直保持着联系。

伊势为包豪斯带来了现代化的气息。她鼓励格罗皮乌斯购置一台唱片留声机，两人经常在开森瑞－奥古斯特大街的爱巢中欣赏音乐，享受"极乐"。保罗·克利喜欢在留声机播放音乐时，演奏小提琴轻轻伴奏附和。伊势在新闻社的工作经历为她从事宣传包豪斯工作奠定了坚实的基础。伊势以其专业的撰稿和打字技能全权负责格罗皮乌斯的陈述、报告和文章等的文字起草与编辑工作。伊势回忆说道："大概是上天赐予了我精湛的打字技术。婚后，我们每次旅行时我都会带着我的小打字机，它已经成为我们旅行的必备伴侣。"[21]

伊势是包豪斯上下几代人之间的协调者，是男女之间的仲裁者。这无疑是伊势在包豪斯学校中发挥的最重要的作用。格罗皮乌斯在婚后不久便写信给伊势，向她表示感谢："我一生都渴望寻找与我志同道合、与我同甘共苦的同志。我终于相信这个愿望是可以实现的，这个愿望因你而实现。"[22] 身为包豪斯校长的格罗皮乌斯与包豪斯学校成为众矢之的。社会上来自个人与政治上的抨击越来越严重与激烈。在这样的背景下，伊势便成为格罗皮乌斯不可或缺的得力助手。

1923 年的包豪斯展览获得了社会上的高度评价，但魏玛当地的工艺技师对格罗皮乌斯的反对声音越来越强烈。格罗皮乌斯提出的工业生产的新理念激怒了工匠工会的成员，他们认为此举严重威胁到了他们的职位与地位。1923 年，德国新政权在柏林上台之际，德国各城市的激进分子示威活动激增。11 月，右派德国国防军被派遣至魏玛镇压政府中的社会主义和共产主义势力。全图林根州都处于军事监管与掌控之下。不仅是包豪斯，就连格罗皮乌斯的私宅都被迫接受搜寻与调查。曾身为旺兹贝克第九轻骑兵团成员的格罗皮乌斯在暴怒之中写信给军事指挥官："昨天上午十点半，一名士兵通知我领导下达搜查令，需要我从包豪斯回到家中配合搜查。一名副官带领六名下属将我家翻了个底朝天……我为我们的祖国感到羞愧。阁下，我也是小有成就之人，在自己的国家也仍无法享受到保护，我因此感到羞耻！"

图林根州大选过后，保守派掌权，亲包豪斯政府下台，这也预示着包豪斯的未来并不乐观。

————

伊势在 1924 年初患上了重病，已怀孕两个月的伊势被送往魏玛医院后，仍然没有保住腹中的孩子。伊势指责医生昏庸无能，丧子之痛让伊势痛不欲生，她立即被送往德累斯顿附近的洛施尼茨的一家专业疗养院——国王公园疗养院。伊势表示她在那里"学到了很多关于营养成分的知识。同时在疗养院享受按摩、晒日光浴，并得到了充分的休息。所以我似乎终于重新振作起来了"[23]。在没有伊势的 6 个星期里，格罗皮乌斯心烦意乱。他不时给伊势送花，前往疗养院看望伊势。格罗皮乌斯在这段时间写给伊势的 45 封信现已纳入包豪斯档案馆中。格罗皮乌斯在信中告诉她："我和你之间的关系如此紧密，没有了你，我整个人生都变得不完整了。"[24]伊势在疗养院期间为格罗皮乌斯翻译勒·柯布西耶的法语期刊《新精神》，并阅读关于亨利·福特的书籍。

与此同时，阿尔玛的问题再次爆发了。格罗皮乌斯曾受邀到维也纳进行演讲，他十分渴望可以借此机会去看望身在维也纳的玛农。伊势十分清楚阿尔玛对自己与自己的婚姻充满敌意，所以她并不愿意让格罗皮乌斯去维也纳。格罗皮乌斯听从了伊势的意见，取消了维也纳的演讲之旅。一次，在格罗皮乌斯前往疗养院看望伊势时，两人就是否可以共同前往维也纳看望玛农一事进行了讨论，结果两人因激烈的争吵不欢而散。

事后，伊势写信向格罗皮乌斯道歉："你知道每当我面对'复杂情况'时，事情就会演变成灾难。我们所面临的'复杂情况'最核心的部分就是阿尔玛……她并不善良，除了那些完全支持、喜爱她的人之外，剩下的任何人都会对她望而却步，都会下意识地拒绝、反抗她。"[25]伊势不愿冒险与阿尔玛见面。她将与阿尔玛见面比作火山，她向格罗皮乌斯解释道："你在远处看到维苏威火山熊熊燃烧的火焰后，还会有信心接近它吗？"

最让伊势关心的问题是，格罗皮乌斯的 25 岁到 35 岁之间的"关键人生时期"[26]都与阿尔玛度过，因此阿尔玛定会对格罗皮乌斯产生深远的影响，格罗皮乌斯整个人都"沉浸在阿尔玛的影响之中"：

> 那是她的资本。只要你爱过她！但她带给你的并不仅仅是一段美好的人生经历。我们每个人的生命都有这样的一刻，我们生命的全部意义都因为另一个人、一本书或一种经历而被激活，这就是我们生命中最重要的一刻。阿尔玛带给你、见证了你这样重要的一刻。只要她活在世上一天，我就会因此嫉妒她。

但是伊势非常精明，在承认他们感情的同时，她认为格罗皮乌斯对阿尔玛的感情是不理性的，就像我们曾执着于我们过去酷爱的任何事物一样。对此，格罗皮乌斯回答说：

> 我很高兴你最后终于愿意谈及这件事情！我们必须坦诚相待，互相交流。我已将我对阿尔玛的看法、我从她那里得到了什么毫无保留地告诉了你……你说得对，这些都是激情。但是身为人类的我们，如果想通过意识或感悟来获得激情有多么困难！激情的力量是强大的，我们很可能瞬间就因激情而失控，不能自已。因此，我希望我们可以变得理智一些，聪明一些，懂得保护我们自己。关于这一点我再清楚不过了。我会不惜任何代价，采取任何手段，确保我

们美满、纯洁、甜蜜、拥有美好未来的婚姻不会因我过去的经历而受到影响。[27]

伊势对她与格罗皮乌斯的性生活也有一些独特、有趣的见解。国王公园疗养院的医生认为伊势"在性生活方面，身体与感官仍像处女一样尚未被激活"[28]。他从她的性格特征中看不到一丝"动物般"的狂野与激情。伊势听后没有做出任何的反应或评论，但之后她对格罗皮乌斯说道："也许某一天，当你见到国王公园疗养院的医生的时候，你可以告诉他，陪在你身边的我并不是一个被动消极、忍气吞声的性伴侣。"但是，医生有一点说的是对的，对于伊势来说，"应该率先解决精神上困扰我的难题，再去克服身体方面一些消极的因素"。最后，伊势与格罗皮乌斯达成了一致，两人同意一起前往维也纳面对阿尔玛。但伊势的医生不同意伊势外出，因此格罗皮乌斯独自踏上了短暂的维也纳之旅，去看望阿尔玛和7岁的玛农。

为参加沃尔特41岁生日的庆生活动，伊势于1924年5月下旬回到魏玛。派对一直持续到次日凌晨4点，众人唱歌跳舞，尽情狂欢。包豪斯大师和学生送给格罗皮乌斯的生日礼物堆成了小山，几乎要将格罗皮乌斯淹没了。伊势在给母亲写信时说道：派对的气氛棒极了，包豪斯乐队一定"心情非常愉悦。伴随着震耳欲聋的欢呼声，格罗皮乌斯被学生抬到空中"[29]。这是包豪斯的生日传统。被举到空中的格罗皮乌斯继续惬意地抽着他的雪茄。当地国务部长弗里德里希·舒尔茨凑巧也来到了派对现场。"看到口碑较差的包豪斯这般情形，德里希·舒尔茨感到十分惊讶和失望。"

生日派对结束后，格罗皮乌斯与伊势离开魏玛，前往度假别墅蒂门多夫与格罗皮乌斯的家人一起度假。但没过多久，格罗皮乌斯就不得不赶回魏玛。包豪斯现在危机重重，危在旦夕。早在三月，图林根州右翼民族党领导，一位格罗皮乌斯口中对文化没有任何兴趣与情怀的人，曾告知格罗皮乌斯政府在未来将不会继续为包豪斯提供任何财政支持。

4月下旬，格罗皮乌斯遭到当时所谓的《黄色宣传册》的恶意诽谤。这本小册子煽风点火，怒斥包豪斯的反德倾向，并称包豪斯举办的活动充斥着布尔什维克主义和斯巴达克主义，外籍的大师和学生享受优待。事实证明，这本充满恶言毁谤的小册子出自三名曾在包豪斯工作的人员之手，三人因私通密谋于1922年被解雇。三人分别是包豪斯前会计师汉斯·拜尔、前橱柜制作工作室大师工匠约瑟夫·扎克曼以及前墙画工作室大师工匠奥斯卡·施莱默的兄弟卡尔·施莱默。

卡尔·施莱默又名卡斯卡。伊势认为卡尔·施莱默"性格很差，但技术纯熟。尤其在搭配奥斯卡·施莱默所设计的衣服方面，他是不可或缺的人才"[30]。莉莉·希尔德布兰特也曾提醒格罗皮乌斯要提防卡斯卡。当《黄色宣传册》在魏玛及其他地方传播时，包豪斯的学生们印制了一些支持格罗皮乌斯的海报，包豪斯的众多大师也纷纷发表公开声明，严厉斥责小册子含有猥亵内容。

1924年7月6日，图林根州德国文化保护协会在当地报纸《魏玛新闻》上发表了反对包豪斯继续办校的声明：

> 在魏玛公立包豪斯学校举办的展览和发行的出版物中所体现的所有机械操作、材料运用安排、色彩效果、白痴一样扭曲的头部和奇形异状的人体，这些精神分裂般的胡乱涂抹与那些实验操作体现的都是颓废的价值观……他们所做的并不是真正的艺术。[31]

这种针对包豪斯风格偏差的行为与后来纳粹党的反对"堕落艺术"的运动如出一辙。

包豪斯的业务经理埃米尔·兰格在那个夏天突然离职，这对格罗皮乌斯来说无疑是雪上加霜。在包豪斯这样一个复杂而又非正统的教育机构中，经济情况很难把控。

包豪斯想要一蹴而就，想要一下子完成太多的事情。格罗皮乌斯不久前才任命威廉·弗雷德里克·内克尔接替兰格的工作。与此同时，政府审计处对公立包豪斯学校进行了评估后，得出包豪斯无法盈利的评估结果。新右翼图林根政府根据报告，于 1924 年 9 月 18 日向包豪斯校长和大师发出"警告"，通知他们会面临 1925 年 3 月 31 日终止合同的可能。在越来越悲观的格罗皮乌斯的眼中，这无疑是"一个黑色的早晨"[32]！

此举在社会各界引起了广泛关注，各界人士认为此举实属欺骗行为，于是转而大力支持格罗皮乌斯与包豪斯。在伊势扩大包豪斯人脉网的积极努力下，包豪斯之友的会员激增。众多德高望重的各界人士构成了包豪斯之友的领导团队，其中包括阿诺德·勋伯格、阿尔伯特·爱因斯坦、马克·夏加尔、建筑师约瑟夫·霍夫曼、彼得·贝伦斯、汉斯·波比锡和伯拉格。令人惊讶的是，阿尔玛过去的与现任恋人奥斯卡·柯克西卡和弗朗兹·韦尔费尔也在其中。同样，格罗皮乌斯虽不情愿，但如今只能承认自己与包豪斯未来在魏玛的一切都越来越充满不确定性。现在到了包豪斯寻找新地的时候了。科隆、法兰克福、埃森、杜塞尔多夫、德绍等城市都被列入迁校的候选地名单之中。

1924 年 9 月，伊势来到科隆做实地考察。在这里，伊势见到了当时的科隆市市长康拉德·阿登纳。伊势与阿登纳的妻子格西是旧识，这次也是通过格西的介绍才能够认识康拉德·阿登纳。听了伊势的一席话，格西面带微笑表示欢迎，但对于包豪斯的理念，她表示无法完全理解。这让伊势灰心丧气。不过格西的丈夫康拉德·阿登纳的态度却是另一码事了。几乎是在伊势刚刚踏进他的办公室时，康拉德·阿登纳就开始向伊势表示自己对于包豪斯和包豪斯目前所遇到的问题十分感兴趣。

伊势与康拉德·阿登纳共交谈了约一个半小时，在此期间，阿登纳阅读了伊势带来的一篇由格罗皮乌斯撰写的关于包豪斯的文章，并仔细翻阅了包豪斯的书。伊势向她的丈夫保证，"在经过精挑细选之后，她才将最合适的材料呈献给阿登纳"[33]。伊势筛选材料的技能越来越纯熟，她"只挑选那些各界人士都能消化和吸收的消息"。阿登纳尤其对包豪斯出品的"柏格乐"茶壶表现出了浓厚兴趣。"柏格乐"茶壶是阐释包豪斯标准化零件与去繁从简的基本理念的代表之作。康拉德·阿登纳表示希望下次格罗皮乌斯来科隆附近做讲座时，可以有机会和格罗皮乌斯当面商谈。伊势从阿登纳的字里行间推断阿登纳应该是左派中央党的支持者。伊势告诉格罗皮乌斯："他和你一样已经厌倦了德国，但同你一样的是，即便是这样他也无法割舍自己的祖国。"这就是1949年成为新成立的德意志联邦共和国第一任总理的康拉德·阿登纳对于德国爱恨交织的复杂情感。

伊势充分利用她在科隆的时间大力宣传包豪斯的产品。前一年2月举办的第二届莱比锡博览会结果不尽如人意，销售额少得可怜，让人十分失望。导致生意不景气的原因有两个方面，一方面是注重精简、提倡功能性的包豪斯理念与当时盛行的资产阶级庸俗、花哨的风格背道而驰；另一方面是成本的问题。由玛丽安·布兰德设计的包豪斯简约落地灯受到了一致好评，但是价格却过于昂贵。由于资源匮乏，包豪斯无法对大规模生产计划进行投资与研究。包豪斯接到的一些少量订单也未能完美地完成，如设计的茶碟被客户抱怨没有配套的茶杯。迄今为止，包豪斯产品的营销模式不尽如人意，让人略感失望。

勇敢的伊势再次出击，她拜访了科隆的一家大型百货商店的老板——阿尔弗雷德·蒂尔茨。伊势希望包豪斯制作的纺织品和地毯能够引起蒂尔茨的兴趣，同时她也邀请蒂尔茨来魏玛参观。在宣传包豪斯产品的同时，伊势也致力于推广格罗皮乌斯的讲座。伊势寄出的信都充满新能量并带有明确的目的。伊势这次出差长达数周，其间她还去了杜塞尔多夫和埃森。伊势并不满足于此，她希望可以有更多的时间继续她的出差之旅。伊势表示，如果格罗皮乌斯同意她出差一年，那么包豪斯的生意应该会变得更好，但格罗皮乌斯却迫不及待地希望伊势早日回到家中。

在 1924 年的秋冬之际，包豪斯与魏玛和图林根政府之间的关系进一步恶化。包豪斯的境况每况愈下，伊势甚至梦见自己离开了沃尔特并嫁给了一位美国百万富翁。她梦见自己身穿白色婚纱等待婚礼的开始，突然她惊讶地发现她的妹妹正忙着给格罗皮乌斯化妆。当伊势问到事情是怎么回事的时候，格罗皮乌斯回答道："好吧，我无法用我这张脸参加你的婚礼。"[34] 包豪斯的状况确实开始变得有些离奇。伊势在她的日记中评论道："我在梦境中梦到的是哪门子的巧妙解决方案？任何有理性思维的人永远不会这样做！"

对于包豪斯来说，政治局势越来越不容乐观。德国纳粹党逐渐掌握了政权。随着来自纳粹党的压力不断增加，格罗皮乌斯不得不主动采取行动。1924 年 12 月 26 日，他与包豪斯大师向图林根政府致函，宣布包豪斯将于 1925 年 4 月 1 日在官方劳动合同到期后解散。

"我们指控图林根州政府面对敌对政党的阴谋无所作为，默认批准了他们摧毁这所在文化上具有重要意义、政治独立的教育机构。"[35] 这封信经过所有大师的一致签署。

1 月 13 日，包豪斯的学生也紧随格罗皮乌斯和大师之后写信给图林根州政府："鉴于图林根州政府的举动，我们通知图林根州政府，我们所有人和魏玛公立包豪斯学校的合作者，将与包豪斯的领导们一起离开包豪斯。"那时正逢包豪斯的冬季学期，共有学生 127 名，其中女学生 45 名，男学生 82 名。所有德国报纸都对包豪斯即将解散的消息进行了报道，政府此举无疑引起了大量群众的不满与愤怒。伊势在她的日记中写道："没有人相信包豪斯真的走到了尽头。"[36]

———

在经历了这些跌宕起伏与压力之后，格罗皮乌斯已经筋疲力尽。1925 年 2 月下旬，他与伊势一起动身前往热那亚。每当看到令人兴奋与震撼的新鲜事物时，格罗皮乌斯总能十分容易地放松下来。一路上，他和伊势走遍了大大小小的地方，他们攀上攀下，时而还会遇到深邃的沟壑。一路上简单的小房子和宏伟的宫殿之间所带来的视觉对比冲击都让两人大饱眼福。两人都还十分钟情于伊势所谓的"意大利珠宝店的独特魅力"[37]。在意大利逗留的 8 周时间里，伊势与格罗皮乌斯在就餐时只选择那些最普通的小饭馆。

伊势从此刻开始写起了她与格罗皮乌斯的旅行日志，在其中记录了他们的行程以及他们对周围人与环境的印象。格罗皮乌斯最难得可贵的特点之一便是，他能够很好地将自己从当下的问题分离出来。无论问题多么复杂，只要身处新环境、新风景之中，格罗皮乌斯就能暂时忘掉一切不快与烦恼。相比于两人 1923 年旅行时间更长的"秘密蜜月之旅"，伊势发现这次在意大利与格罗皮乌斯一起旅行非常轻松，他还在途中向伊势讲述小时候与家人一起来到意大利旅行的趣事。

格罗皮乌斯与伊势乘船从热那亚前往那不勒斯，沿着意大利的西海岸，来到伊势所说的"这个热闹、充满活力、肮脏，但极具吸引力的城市"[38]。那不勒斯的人文情怀给伊势与格罗皮乌斯留下了极其深刻的印象，这是他们从未在其他任何一个城市所体会到的。人们普遍认为格罗皮乌斯是一名严谨的建筑技术专家，不关心也不会受人类需求与感情的影响。但这显然并非事实。那不勒斯的街头到处都可以看到人与人之间相互尊重、关心与爱护的情景，这让他和伊势十分兴奋与激动："每个人将所有的事情和所有的激情淋漓尽致地展现出来。"与意大利的那不勒斯相比较而言，德国人自 1925 年起似乎已经形成了一种卑屈的奴性心理，格罗皮乌斯与伊势对此早已习以为常，但在那不勒斯人身上似乎完全看不到这样的心理。

意大利南部建筑自然的演变方式令格罗皮乌斯印象深刻。两人乘坐火车从普利亚诺来到了维苏威火山的山顶，并在那里俯瞰城市美景。他们看到了城市的新住宅似乎"全都是传统的风格，没有建筑师设计的痕迹"。他们后来才知道，这就是当地久经世故的农村人根深蒂固的"只认可这种传统建筑风格之美"的审美价值观。来到波西塔诺后，格罗皮乌斯惊叹于这个几乎"粘在山上的岩石上的小镇，建筑十分优美与奇特"。

西西里岛的陶尔米纳无疑是两人此次意大利之旅的高潮。陶尔米纳是一座位于山顶制高点的小城镇，远处埃特纳火山庞大、漆黑的轮廓依稀可见。格罗皮乌斯与伊势来到陶尔米纳时正值 2 月下旬，众多紫色的花朵已全部盛开，但阴燃着的火山仍有一半覆盖在白雪之中。当沉浸在建筑与表演的戏剧理论之中的格罗皮乌斯从悬崖边上的陶尔米纳古典希腊剧院欣赏到日出美景时，他立刻就被眼前所见征服了。伊势也记录了当时的景象："可以想象到的最完美、最伟大的戏剧般的画面！"

除了壮观的美景与独特的建筑之外，最大的"惊喜"还在后面。令格罗皮乌斯与伊势万万没有想到的是，他们竟在陶尔米纳偶遇阿尔玛。她一直和弗朗兹·韦尔费尔在埃及和圣地旅行，现在正在返回威尼斯的路上。阿尔玛最近刚在大运河附近的圣托马一带买了一座三层宫殿，就是我们现在所称的马勒之家。与阿尔玛见面一直是多年以来伊势最担心的事情："哦，你不知道，"伊势曾经向格罗皮乌斯坦白自己的心情，"我经常将我自己与阿尔玛比较，但每次都很容易便发现她每张照片中的美貌和每一封信中的甜言蜜语都略胜我一筹。"[39]

阿尔玛与格罗皮乌斯再次为格罗皮乌斯看望玛农一事陷入了痛苦、激烈的争吵之中。阿尔玛坚持认为孩子与格罗皮乌斯不应有太多的联系。除此之外，阿尔玛于 1923 年春天在包豪斯策划的阴谋也让格罗皮乌斯愤怒不已。当时正逢魏玛音乐学院校长职位空缺，瓦西里·康定斯基建议格罗皮乌斯与阿尔玛共同的朋友阿诺德·勋伯格去应聘这个职位。出于对康定斯基的敌对情绪，阿尔玛散播谣言，称康定斯基和格罗皮乌斯为反犹太主义分子。身为犹太人的勋伯格听闻此讯立刻撤回了申请，而康定斯基因此变得郁郁寡欢的同时也感到困惑不解。格罗皮乌斯深知阿尔玛谋划布局的能力，也因此感到十分恐惧与愤怒。这也意味着阿尔玛在西西里岛与格罗皮乌斯夫妇之间的这次偶遇可能也会催生不好的事情。

但这场偶遇的结局出人意料地圆满。格罗皮乌斯与伊势收拾行李，准备离开。他们将旅途中买到的披巾、项链、龟甲和旅行时购买的其他物品小心翼翼地装入行李之中。用伊势的话说："本来忙碌的旅途因这个偶遇变得轻松随意起来，我与格罗皮乌斯长年累月的紧张关系也冰解云散。我们完全被异国风情征服，完全没有任何作斗争的心情与准备。"[40]经过这次偶遇之后，格罗皮乌斯的妻子伊势与他的前妻阿尔玛之间的关系虽不像之前那样敏感，但双方仍对对方有所顾虑。

———

格罗皮乌斯在陶尔米纳旅行期间接到了乔治·莫奇从包豪斯发来的电报。电报称，德绍政府向他们提出接管包豪斯的新建议，建议听起来充满希望与前景。由于格罗皮乌斯身在意大利，乔治·莫奇与莱内尔·费宁杰只能代之负责首轮谈判。莫奇告诉格罗皮乌斯他们十分后悔之前鼓励"格罗皮"（Gropi）去意大利度假散心。接到电报后的格罗皮乌斯和伊势立即赶往魏玛，经过三天漫长的火车之旅终于回到包豪斯。格罗皮乌斯虽然十分疲惫，但还是难以抑制兴奋的情绪。

就在这最后的紧要关头，肮脏的《黄色宣传册》在德绍传播开来，包豪斯全员陷入最后一刻的恐慌。卡尔·施莱默又一次煽风点火，给德绍政府写了一封抵制包豪斯的书信。"恶魔再一次出现了。"[41]伊势写道："如果像卡尔·施莱默、汉斯·拜尔和约瑟夫·扎克曼等这样的人物可以成功瓦解包豪斯，那这就意味着反动势力获取胜利并将决定我们的未来。如果那样，那么我们大可以断了再次发展德国艺术的念头了。"[42]

3月23日，德绍政府就包豪斯是否可以迁校德绍一案做出了决议。格罗皮乌斯在外奔波了一天后，于当晚打电话给伊势，告诉她德绍议会最终以26票比15票通过了包豪斯迁至德绍的议案的好消息。格罗皮乌斯在当地进行的演讲无疑安抚了众人的心。其他众多建筑师如彼得·贝伦斯、布鲁诺·陶特、汉斯·波比锡、埃瑞许·孟德尔松和密斯·凡·德·罗等纷纷发电报表示祝贺，就连安哈尔特－阿里伯特亲王也送上了自己的鼓励与支持。不过最重要的是，容克斯工厂的董事们也纷纷表达了工厂对包豪斯的支持以及未来与包豪斯合作的愿望。伊势写道，在经历了过去几个月的煎熬的日子，"终于如释重负"[43]，可以放松下来了。

自从确定德绍为包豪斯的新校址之后，包豪斯人来人往，所有人都在计划、决策、讨论谁将与格罗皮乌斯一起搬到德绍，谁将会留在魏玛，谁应该另寻工作。格罗皮乌斯和伊势5月底已经腾出了他们的公寓。伊势写道："我们的公寓现在空无一物。当我刚刚来到魏玛第一次看到公寓的门卡的时候，我感到既惊讶又感动。在离开之际，我将门卡落下来了。"[44] 让伊势感到十分讽刺的是，当她与格罗皮乌斯离开这座公寓之后，咄咄逼人的右派德国国防军的陆军上校立刻住进了他们的空房之中。

魏玛包豪斯到处都充斥着离别景象。尽管魏玛包豪斯工作室中的有些物品是由格罗皮乌斯与大师们购买的，但现在学校大部分财产都已充公。3月下旬，在包豪斯最后一个冬季学期结束时，魏玛包豪斯的最后一场告别派对"最后一支舞"在伊尔姆卢兴城堡举行。赫伯特·拜耳的邀请函里还带有一张来自包豪斯在魏玛的朋友与家人的慰问卡。亲朋好友纷纷对包豪斯离开魏玛表示恋恋不舍。包豪斯乐队演奏着离别之歌，在场的所有人的心情都极其复杂，苦乐参半。

除了告别派对"最后一支舞"之外，还有更多的告别仪式和魏玛追忆大会。包豪斯人在易北河畔举行了一场大型沐浴派对，包豪斯的男女老少都参加了这个活动。6月下旬，大师们在魏玛的小酒店举行了"可爱的聚会"[45]，乔治·莫奇、拉兹洛·莫霍利-纳吉、保罗·克利、坤塔·斯托尔兹和奥斯卡·施莱默都参加了这次活动。"克利非常活泼，很难看到这样的他。"伊势写道。大师及家属于7月中旬在魏玛做最后的道别。大师们的妻子之间深情拥吻："费宁杰夫人一点都不介意感冒的妮娜·康定斯基亲吻她。"[46]

从那时起，包豪斯滋生了这种复杂的感情。1924年入学包豪斯的舞台设计师、作家、舞蹈家亚历山大·桑迪·沙文斯基将魏玛早期这种复杂的情感总结得淋漓尽致。在沙文斯基的文章中，我们看到世界上第一所性质特殊的实验型艺术学校——包豪斯，"经历了大风大浪，也有风平浪静""包括包豪斯的思想、发现、辞职、疯狂、理智、怀疑、友谊、奉献、人类价值意识以及快乐与痛苦"。[47]

魏玛时期的格罗皮乌斯在面对包豪斯内部紧张的局势以及当地恶意反对时展现了惊人的韧性以及坚忍不拔和顽强持久的精神。格罗皮乌斯在艰难险阻之下仍然坚定自己的信念，坚持艺术在社会中的核心作用以及共同体的真正意义，这成为格罗皮乌斯未来的生活模式。而在未来，面对更加强有力的政治力量的影响与压迫，格罗皮乌斯能否越挫越勇，还有待进一步考验。

【注释】

我对格罗皮乌斯在魏玛包豪斯期间的叙述主要参考了伊势·格罗皮乌斯1924—1928年的打印稿日记。我们可以通过伊势详细、诙谐、敏锐的日常记录，清楚地了解在魏玛包豪斯中的人物、事件，以及面对各界对包豪斯不断加剧的政治对抗与对立时，格罗皮乌斯的反应和他所采取的措施。日记中还记录了后来被称为"包豪斯夫人"的伊势在包豪斯学校的发展中起到的核心作用。

在格罗皮乌斯夫妇离开德国之后，伊势·格罗皮乌斯的日记随许多其他包豪斯的记录从柏林被运到了美国。当伊势在20世纪60年代早期整理旧文档的时候，她才意外找回了自己的日记，在这本德语版的原始日记打印稿中还带着伊势亲笔修改的痕迹。这本日记现同格罗皮乌斯早期与仍身为伊势·弗兰克的她的往来信件一起存放于柏林包豪斯档案馆。伊势·格罗皮乌斯亲自翻译了自己的日记，同时也增添了一些补充和修正，我引用的内容就是参考了伊势·格罗皮乌斯版本的翻译。伊势·格罗皮乌斯日记的副本现存放在华盛顿史密森尼学会的美国艺术档案中。

更多传记中的重要细节，请参阅伊势·格罗皮乌斯的作品《初见》。在《初见》中，伊势对20世纪70年代格罗皮乌斯戏剧般地对自己展开猛烈的追求以及自己与格罗皮乌斯的早期婚姻生活的故事进行了回忆与总结。在《伊势·格罗皮乌斯》一书中，格罗皮乌斯夫妇的养女阿提·格罗皮乌斯·约翰森以自己的视角，简短地向我们讲述了伊势的生平。《伊势·格罗皮乌斯》一书由历史新英格兰出版社出版。

1 格哈德·马克斯，包豪斯大师委员会备忘录，1922年9月22日，魏玛图林根州档案馆，引用惠特福德，第 141 页。

2 保罗·威斯特海伊木，《艺术叶》中的评论，1923 年，引用惠特福德，第 153 页。

3 乔治·亚当斯，"包豪斯学生的回忆"，《建筑评论》，1968 年 9 月，第 194 页。

4 西格弗里德·吉迪恩，《魏玛包豪斯周刊》，引用诺伊曼，第 84 页。

5 沃尔特·格罗皮乌斯，拉兹洛·莫霍利－纳吉葬礼演讲草稿，1946 年，HLH。

6 沃尔特·格罗皮乌斯对格哈德·马克斯所言，1923 年 4 月 5 日，魏玛图林根州档案馆，引用惠特福德，第 141 页。

7 莱内尔·费宁杰对茉莉亚·费宁杰所言，1923 年 8 月 1 日，引用汉斯·M.温勒，《包豪斯》（马萨诸塞州剑桥市，1969），第 69 页。

8 沃尔特·格罗皮乌斯对阿尔玛·马勒所言，1919 年 7 月 18 日，BHA，引用艾萨克斯，第 82 页。

9 伊势·格罗皮乌斯，《初见》打字稿，约 1970，AAA。

10 沃尔特·格罗皮乌斯对弗兰克姐妹所言，1923 年 5 月 28 日，BHA，引用艾萨克斯，第 104 页。

11 同注释 9，约 1970，AAA。

12 同注释 9，约 1970，AAA。

13 同注释 9，约 1970，AAA。

14 同注释 9，约 1970，AAA。

15 沃尔特·格罗皮乌斯对伊势·格罗皮乌斯所言，1923 年 7 月 10 日，BHA，引用《初见》。

16 同注释 9，约 1970，AAA。

17 同注释 9，约 1970，AAA。

18 同注释 9，约 1970，AAA。

19 伊冯·勒·柯布西耶，引用了尼古拉斯·福克斯·韦伯，《勒·柯布西耶，生活》（纽约，2008），第15页，故事由希格弗莱德·吉迪恩讲述。

20 同注释9，约1970，AAA。

21 同注释9，约1970，AAA。

22 同注释15，1924年3月，BHA，引用艾萨克斯，第110页。

23 同注释9，约1970，AAA。

24 同注释15，1924年3月，BHA。

25 伊势·格罗皮乌斯对沃尔特·格罗皮乌斯所言，1924年4月，BHA。

26 同注释25，1924年4月，BHA。

27 同注释15，1924年4月，引用《初见》。

28 同注释9，约1970，AAA。

29 伊势·格罗皮乌斯对玛农·布尔查德·格罗皮乌斯所言，1924年5月18日，
BHA。

30 同注释9，约1970，AAA。

31 《魏玛报纸》，引用惠特福德，第205页。

32 同注释15，可能是1924年9月，BHA。

33 同注释9，约1970，AAA。

34 同注释9，约1970，AAA。

35 同注释9，约1970，AAA。

36 伊势·格罗皮乌斯日记，1924年12月27日，AAA。

37 同注释36，1924年12月27日，AAA。

38 同注释36，1924年12月27日，BHA。

39 同注释25，1924年10月2日，BHA。

40 同注释9，约1970，AAA。

41 同注释36，1925年3月11日，AAA。

42 同注释36，1925年3月19日，AAA。

43 同注释36，1925年3月23日，AAA。

44 同注释 36，1925 年 5 月 29 日，AAA。

45 同注释 36，1925 年 6 月 22 日，AAA。

46 奥斯卡·施莱默对图特·施莱默所言，《奥斯卡·施莱默的信件和日记》（埃文斯顿，1990），第 172 页。

47 桑迪·沙文斯基，引用"包豪斯变质"，引用诺伊曼，第 156 页。

9 德绍包豪斯：1925—1926

"如果说魏玛包豪斯就像童年一样，那么在经历暴风雨和重重压力的磨炼之后，包豪斯在德绍开始的新生活便会成熟、严肃许多。"[1]

这就是画家和剧院工作室大师奥斯卡·施莱默的妻子图特·施莱默对于德绍包豪斯的看法。对于格罗皮乌斯来说，德绍是他在经历第一次世界大战的恐惧之后，让他感受到了前所未有的希望与光明的地方。

德绍与魏玛截然不同。从城市的面积大小来看，德绍总面积是魏玛的两倍多；从人口上来看，德绍的七万人口是魏玛人口的两倍多；从地理位置上来看，德绍比魏玛更加靠北，距国际现代化大都市柏林仅两小时的车程。德绍以容克工程和飞机公司为主导产业，是一座主要的工业城市。德绍由社会民主党执政管理，并且在自由党派的市长弗里茨·黑塞的支持下，包豪斯得以迁校至德绍。野心勃勃的黑塞市长希望可以复兴一个多世纪前在安哈尔特弗里茨王子统治下取得的灿烂辉煌的文化盛况。

对格罗皮乌斯而言，德绍最吸引他的地方就在于他可以为包豪斯学校重新设计一系列全新的建筑。迁校德绍正值格罗皮乌斯个人建筑事业的瓶颈时期，那时的格罗皮乌斯虽然手头有几项委任工程，但是由于缺乏资金，他不得不暂时停工。除此之外，由于格罗皮乌斯将部分精力用于应对魏玛包豪斯的反对势力上，导致他无法专注于建筑作品设计和工作。所以，当黑塞市长向格罗皮乌斯展示了由德绍政府资助的，为包豪斯量身定制的大型车间和工作室，为校长和大师提供的住宿之地和学生宿舍时，格罗皮乌斯找不到任何拒绝的理由。当格罗皮乌斯与伊势第一次来到德绍时，黑塞市长就亲自带他们参观了位于城市郊区的未来的包豪斯建筑用地。这片土地有一大部分被繁茂的松树林覆盖，对面是一个公园。这让从小就梦想生活在松木林中的格罗皮乌斯惊叹不已。

在全新的环境之中，在崭新的形象之下，格罗皮乌斯已经迫不及待大展身手，重塑包豪斯了。这无疑是格罗皮乌斯一直以来所憧憬与向往的时刻。

德绍包豪斯的教职员工大部分保持原班人马不动。布鲁尔、康定斯基同意与格罗皮乌斯一同来到德绍；保罗·克利在经过深思熟虑后也答应了格罗皮乌斯的邀请；奥斯卡·施莱默一开始犹豫不决，但是最后还是下定了决心，并于 1925 年秋来到了德绍。至于莱内尔·费宁杰，则希望来到包豪斯之后可以不再从事教学工作。格罗皮乌斯曾评价费宁杰："与其他的艺术家相比，他更像是一位生活在象牙塔里的艺术家。"[2] 费宁杰来到德绍包豪斯之后没有签订合同，也没有工资收入，但他仍然是大家公认的、包豪斯的不可或缺的一部分。在所有的魏玛包豪斯大师中，只有陶瓷工作室的大师格哈德·马克斯搬到了其他地方。

迁校至德绍后，包豪斯的教学结构也做出了相应的调整。原来的形式大师与技术大师的二级体系已无法适应格罗皮乌斯现在强调的艺术与技术的理念，所以格罗皮乌斯现将形式大师与技术大师功能合二为一，每个工作室只任命一位总大师。但此举也相应地提高了对大师的要求。这位总大师必须要有远见卓识和丰富的经验，拉兹洛·莫霍利 – 纳吉就是最好的例子。

为了学校未来的发展，之前就读于包豪斯的最有才华的优秀毕业生——约瑟夫·艾尔伯斯、赫伯特·拜耳、马塞尔·布鲁尔、实验配色师欣纳克·谢帕，以及雕塑家兼舞台设计师朱斯特·施密特现已被提拔为初级大师。另一名曾就读于包豪斯的学生——编织手工艺家坤塔·斯托尔兹，很快就会加入他们的行列。（坤塔·斯托尔兹大胆地在自己的身份证件上写上了"大师"的头衔而非"女大师"。）随着时间的推移，包豪斯越来越呈现出宛如神圣王朝的形象与影响力。

德绍包豪斯屋顶的大师们，摄于 1926 年。从左至右分别为约瑟夫·艾尔伯斯、欣纳克·谢帕、乔治·莫奇、拉兹洛·莫霍利－纳吉、赫伯特·拜耳、朱斯特·施密特、沃尔特·格罗皮乌斯、马塞尔·布鲁尔、瓦西里·康定斯基、保罗·克利、莱内尔·费宁杰、坤塔·斯托尔兹、奥斯卡·施莱默，1926

包豪斯夏季学期因紧急迁校而推迟，并最终于 1925 年 5 月 13 日正式开学。但是这次的招生成果并不理想，学生人数减少至 20 名男学生和 42 名女学生。学生上课的教室也多为临时地点——一家已经倒闭的邮购公司的储藏室，或是当地工艺美术学校的某个角落。大师的工作室暂时安排在德绍艺术博物馆中。格罗皮乌斯并不在乎暂时的窘境，他将全部希望与精力集中在设计策划包豪斯新建筑与实现自己的乌托邦计划之上。这些计划是格罗皮乌斯多年以来早已规划好并期盼已久的愿望，但可惜在魏玛包豪斯未能实现。格罗皮乌斯希望可以通过这些计划创造一个思想自由的艺术环境，在这里，艺术再也不是奢侈品或是辅助品，而是生活本身必需的元素。

从格罗皮乌斯对于艺术家生活与工作环境的计划中我们很容易可以看到他的恩师彼得·贝伦斯的影子，以及达姆施塔特艺术新村对他的影响。格罗皮乌斯这个雄心勃勃的计划还可以再往前追溯到英国工艺美术运动中威廉·莫里斯及其支持者的乌托邦理想。格罗皮乌斯希望创造一个以追求美为核心、自给自足的乌托邦理想艺术氛围的思想与莫里斯的未来主义小说《乌有乡消息》描写的景象有颇多的相似之处。除此之外，查尔斯·阿什比的位于科茨沃尔德的奇平卡姆登艺术新村与格罗皮乌斯的理想也有众多重叠之处，它们都包含一系列不同的工作室和雄心勃勃的教学计划。事实上，格罗皮乌斯在之后也曾亲自参观了奇平卡姆登艺术新村。但是与莫里斯和英国工艺美术运动唯心主义者有意识地追溯过去，以浪漫的手法模仿过去古旧的造型与结构不同的是，格罗皮乌斯有意识地向前看，坚持崭新的设计观念，坚持让包豪斯走进思想互联的现代社会，坚持将艺术和科学、技术、心理学甚至是视觉感知等高级研究领域相结合。

包豪斯工作室不仅仅是简单的工作坊，格罗皮乌斯已经开始将这些工作室打造为艺术实验室。包豪斯将在这些艺术实验室中培训出"适应工业化大批生产的合作技工以及兼具技术与设计知识与经验的手工艺者"[3]。

在设计包豪斯新建筑时，格罗皮乌斯受到了两个建筑项目的启发与影响。在其中一个项目中，格罗皮乌斯受弗里德里希·福禄贝尔的委任，在德国图林根州的巴特利本施泰因打造一个集幼儿园、日托中心、工作室与儿童住宅等功能区为一体的综合性建筑。这也是福禄贝尔对孩子进行创造性思维教育具体实践的必要环境。但这个项目最终因资金不足而以失败告终，格罗皮乌斯大失所望。另一个与教育相关的项目是在埃尔兰根－斯潘多夫设计一所国际哲学学院。这个雄心勃勃的项目是由埃尔兰根大学的罗尔夫·霍夫曼教授发展的，并受到了包括伯特兰·罗素在内的众多杰出的哲学家的支持。但是当霍夫曼携项目所筹到的捐款逃匿到美国时，这个计划也就不了了之了。

在为这两个项目进行空间布局设计的时候，格罗皮乌斯希望建筑可以成为两种进步教育思想的象征与代表。格罗皮乌斯在德绍包豪斯时，也沿用了两个项目中的部分设计，旨在通过包豪斯传递全新的思想与理念，使新建筑成为建筑史上的一座里程碑。早在 1925 年 6 月，格罗皮乌斯就向德绍当局提交了新包豪斯的图纸与建筑模型。建筑模型包括教学楼和工作室、剧院、食堂、健身房和 28 间用于学生住宿的单间公寓。在当时，包豪斯成为第一所为学生提供特定房间的学校。最初有人建议当地的工艺美术学校应该并入包豪斯的部分教学楼和工作室当中。不过令格罗皮乌斯欣慰的是，这个计划并没有施行，包豪斯建筑也因此发展成独立的建筑群体。

与格罗皮乌斯长期合作的阿道夫·迈耶决定不去德绍，他选择留在魏玛从事自由职业，后来又前往法兰克福成为市政建设委员会主任。格罗皮乌斯与阿道夫·迈耶两人和平分手，没有产生任何的矛盾与不愉快。迈耶在法兰克福的市政建设委员会主任一职也是在格罗皮乌斯的推荐下获得的。格罗皮乌斯那年轻的首席助理恩斯特·纽菲特现已被提拔到迈耶的职位，负责管理格罗皮乌斯的新办公室。由于新办公室现在承担越来越多的紧急项目，办公室的规模也正不断扩大，总共有 20 名员工。伊势对新任命的纽菲特充满期待。一个周日的下午，伊势带着纽菲特到外面骑自行车，并与纽菲特交流谈心。伊势总结道："他是一个精明能干、和蔼可亲的人……并且可能会有更好的发展。

因为现在迈耶离开了，纽菲特开始以完全不同的节奏独立负责许多事情。"[4]不过，伊势在评论纽菲特那具有日耳曼人典型特点的妻子时说道："我见到了纽菲特女士。她身材高大、金发碧眼、母性十足，与她在一起的时光十分愉快。但是她是不是有点太过于'具备日耳曼特点了'？"[5]

在新包豪斯建筑的设计正式敲定之后，包豪斯从1925年夏天开始进入筹备工作阶段，7月份便开始正式施工。与此同时，在距主楼步行10分钟路程的松木林中，为校长以及大师们设计的住房也在设计与筹备之中。在首席策划人纽菲特的协助下，格罗皮乌斯本人亲自负责包豪斯的建设。据说纽菲特工作非常努力、效率极高，"以闪电般的速度"[6]管理办公室。

伊势在她的日记中描述了大师妻子们之间的趣事。六位大师及其妻子将两两入住三幢并联别墅中，这六对夫妇分别是拉兹洛·莫霍利-纳吉与费宁杰、康定斯基与保罗·克利、乔治·莫奇与施莱默。夫人们都争先恐后地纷纷表达自己的观点，提出自己的意见："平面图！包豪斯所有女性现在都正在忙着玩一款叫作'女性发挥创造力'的新游戏。妮娜夫人（康定斯基的妻子）想要壁炉；克利夫人想要煤炉灶；莫奇夫人希望别墅的一切设备都是通电的；施莱默夫人却不想要任何通电的电器。"[7]面对各位夫人的各种要求，格罗皮乌斯都会连声说是，然后继续设计他早已经决定的事物。在这个阶段，格罗皮乌斯每天晚上都工作到八点半。出于设计新建筑和改造包豪斯教学模式的工作压力，格罗皮乌斯不得不放弃这个夏天每天早上到公园骑马的计划。虽然这一切都让他感到兴奋与激动，但格罗皮乌斯不免也会感到筋疲力尽。

格罗皮乌斯因战争患上的战后失眠症一直是个问题。但格罗皮乌斯咬紧牙关，像孩子一样执着，他会抵制一切让他分心的事物、一切影响他集中精力于目标的事物。

伊势写道：

> 实际上，虽然格罗皮乌斯有着丰富的现实世界经验和知识，但当他想要实施某个计划时，他就像一个不受各种障碍影响的孩子。他只处理"成熟"的事物。为实现他在现实世界中的想法，他已经学会如何戴上资产阶级的虚伪面具。[8]

虽然起初面临诸多坎坷与不定，但到了1925年秋，德绍包豪斯已经越来越稳定了。教学的组织结构也越来越合理：取消彩色玻璃与陶器工作室，合并橱柜制作和金属加工工作室。印刷工作室的重点将放在布局、排版与广告上。不久就会开设新的摄影工作室。次年，包豪斯重新恢复了设计高等学院，体现了格罗皮乌斯希望将设计与工业更加紧密地联系在一起的愿望与目标。大师们现在正式被尊称为教授，不过包豪斯内部仍有人继续使用"大师"的称号。包豪斯有限公司于10月在德绍注册成立，主要负责销售、宣传包豪斯生产的产品。包豪斯同时还出版了《样品目录》，里面包括包豪斯产品原型的设计细节等内容。伊势在她的日记中表示，格罗皮乌斯已经收到来自英国的希望复刻包豪斯设计的合作意向。

"包豪斯艺术"系列书籍的前八卷终于在1925年10月问世。这是格罗皮乌斯心头日思夜想的大事，推行期间却因各种原因和动荡起伏而被耽误。这套"包豪斯艺术"系列书籍由格罗皮乌斯和莫霍利策划、伊势主编。伊势在10月10日记录道："第一套包豪斯系列书籍可爱而轻盈，令人愉快。我们坚信这套书籍将会取得巨大的成功。"[9]编辑在该系列丛书的内容说明中写道，这些书籍主要用于宣传包豪斯的教学，例如，第二卷主打保罗·克利的教学。这一系列书籍同时也反映了格罗皮乌斯对于世界现代主义涉猎之广泛。第一卷《世界建筑》

中囊括了勒·柯布西耶的作品。第五卷是关于蒙德里安与新造型主义的新艺术运动的内容。

"包豪斯艺术"系列共 14 本，无论在艺术研究还是在艺术科学发现方面都展现出了卓越的专业性。围绕新构成主义原则定义而展开的第六卷《新创意艺术的基本概念》出自特奥·凡·杜斯堡之手。格罗皮乌斯虽然很讨厌他，但仍然通过了第六卷的内容。这套系列丛书的封面由几位艺术家共同设计。例如，施莱默为《包豪斯剧院》专题一书设计了封面，并在书中详细阐释了《三人芭蕾》中一位人物。该系列丛书虽然专题内容不同，但经过莫霍利的内容排版与布局实现了视觉统一的效果。事实证明，包豪斯的这套艺术系列书籍不仅仅是"可爱"与"令人愉悦"的，这套书富有创意的平面设计令人叹为观止，书中所体现的对于多样性的包容与统一也是对包豪斯最好的诠释。

赫伯特·拜尔所设计的"通用"字体也是使包豪斯知名度提高的重要原因之一。曾就读于包豪斯的赫伯特·拜尔现在已成为初级大师。在格罗皮乌斯的鼓励下，赫伯特·拜尔将之前的印刷工作室发展为一个较为成熟的设计工作室，为包豪斯和外部客户制作广告材料、展览海报、目录和信笺。拜尔设计的"通用"字体完全取消了大写字母，他认为，人们说话的时候并不区分大小写：出于理性，为提高现代社会的效率，我们应该取消大写字母。拜尔说道，生活需要速度，"为了节省时间，我们写字时会写得很小"，这是他在德绍为格罗皮乌斯设计信笺时，在抬头上方留下的一句话，这句话后来成了包豪斯的规则。伊势在她的日记中写道："包豪斯现已决定，出于对印刷排字和省时省地的考虑，包豪斯从现在开始仅会采用小写字母。"[10] 面对如此公然的现代性声明，德绍的众多公民对包豪斯如此推崇追求现代化感到无比震惊。

赫伯特·拜尔成为包豪斯中最受瞩目的人物之一，他和伊势·格罗皮乌斯的关系似乎特别亲密。伊势还记得最初来到德绍时，与拜尔一起来到镇上为从魏玛来到德绍的教职员工和学生解决住宿问题。"我们就像徘徊的旅行者一样，走进了很多扇门，按响了无数门铃，只为给学生寻找宿舍。"[11]

马塞尔·布鲁尔也在 23 岁时通过自己的才华与努力证明自己也是一股不可忽视与小觑的力量。布鲁尔虽性格好斗、时而情绪喜乐无常，但他是最足智多谋、才华横溢的年轻大师，这一点是毋庸置疑的。伊势写道："他努力维持他内心的柔软与敏感。"[12] 在匈牙利出生的布鲁尔虽然已与他之前的学生玛莎·埃尔普斯结为夫妻，但婚后仍是一位不折不扣的花花公子。在勾引邻居妻子遭到投诉之后，布鲁尔不得不暂时离开德绍避风头。

伊势与沃尔特·格罗皮乌斯委托才华横溢但脾气阴晴不定的马塞尔·布鲁尔为自己的新房设计家具。尽管面临重重压力，但对于所有人来说，现在仍然是积极乐观、令人兴奋的时期。包豪斯的一系列建筑正在建设中，也很有可能通过包豪斯与外界建立起重要的新联系与纽带。"我们现在在向各个方向前进，"伊势写道，"我想我们可能会度过人生中最美好的时光。"[13]

夏日之际，伊势因为背部的剧痛而再一次病倒。伊势回到了德累斯顿附近的国王公园疗养院，并在此一直休养到 8 月。经检查，伊势因早期流产而导致了细胞黏附。经过数周的治疗病情依然没有好转，这让伊势决定进行手术检查。这次手术还有一个意外的新发现，伊势的阑尾和她的卵巢与一条输卵管形成了茧状物。"所有溃烂的部分都被取出来了，"伊势写道，"我的手术时间要比预期长得多，所以我的丈夫在手术室外备受煎熬。"[14]

当时，伊势的医生在她身体状况如此不佳的情况下，仍坚持认为伊势还有怀孕的可能性，因为伊势的左侧生殖器完好无损，没有受到影响。但是，十年后在进行另一次手术检查之后，伊势的左侧生殖区域也因粘连而受损。伊势和格罗皮乌斯也不得不接受她此生无法再生育的沉重现实。

当伊势在疗养院和医院时，独自一人留在德绍的格罗皮乌斯宛如失去亲人一般孤独。当时正逢工地工人罢工，包豪斯建筑的施工工作被迫暂停，这对格罗皮乌斯来说，无疑是雪上加霜。格罗皮乌斯给伊势写了一封长信——伊势一生中所收到的最长的一封信。两人在分离期间的来往信件十分感人，他们也会在信件中分享他们对文学的极具深度的见解和涉猎广泛的喜好。

伊势刚刚接触到德国浪漫主义诗人弗里德里希·荷尔德林的诗歌就已经深深陷入其中不能自拔。格罗皮乌斯回答说："我最亲爱的宝贝，你刚才的甜蜜信让我感受到了来自你灵魂深处的深刻见解，这是我十分喜爱的。你有如此美好与丰富的内心生活。我对你所写的内容深有感触。是的，荷尔德林一定对你产生了深刻的影响。你与他的灵魂本质如此相似。"15 格罗皮乌斯告诉伊势，他有一本荷尔德林的作品《抽象诗歌》的副本。这个版本是布鲁诺·埃德尔的特别印刷版，十分珍贵。格罗皮乌斯还在信中补充说，他觉得好像和伊势已经分开了一年的漫长时间："当你回来的时候，我再也不会让你离开了。"

格罗皮乌斯能够在伊势的妹妹赫莎的困难时刻伸出援助之手，这也是格罗皮乌斯与伊势之间感情越来越深厚的重要原因之一。1925年4月，赫莎告诉伊势自己怀孕了。孩子的父亲福尔德斯是一名年轻的实习医生。在伊势眼里，福尔德斯是"一个长相出众、能力非凡的人"16。福尔德斯当时的事业蒸蒸日上，美好的理想职业前景近在咫尺。但赫莎未婚先孕定会使福尔德斯的名誉受到一定的影响，于是他坚决反对赫莎的结婚请求。福尔德斯那疼爱子女、专横跋扈的母亲原本有两个儿子，但她的另一个儿子在第一次世界大战中惨遭杀害，这让她对现在仅有的儿子福尔德斯百般依顺，也无条件支持儿子做出的决定。赫莎做出要保住腹中胎儿的大胆决定。伊势表示，"孩子的非法身份"在当时的社会必会遭到巨大的谴责，这是赫莎所必须面对的困境。赫莎来到德绍与格罗皮乌斯讨论事情的情况，但鉴于格罗皮乌斯传统的家庭背景以及包豪斯校长的公开身份，赫莎本以为格罗皮乌斯会反对自己独立的态度。但出乎意料的是，格罗皮乌斯安慰赫莎说，这个孩子是赫莎真爱的结晶，而不是一时作乐的产物。格罗皮乌斯表示自己支持赫莎做一名单身母亲的计划，并向她保证他不会认为这孩子是他"名誉的污点"。

格罗皮乌斯对此事的态度始终是积极而有助益的，甚至为解决赫莎的事情多次前往汉诺威。格罗皮乌斯还试图说服福尔德斯的父母同意他们的儿子与赫莎结婚，哪怕让两人先举办婚礼，然后迅速离婚也是一个解决问题的方法。伊势看到自己的家务事无形中给本来已经事务繁多的格罗皮乌斯增加了额外的负担，感到十分内疚与自责。但是格罗皮乌斯对于赫莎负责的态度无疑增加了两人之间长久的信任与感情。这件事情不但对伊势的家庭有重大的影响，就连格罗皮乌斯家族也因此受到了牵连。

————

1925 年的圣诞节看起来似乎并不平淡。赫莎即将临产。以往过惯安逸舒适生活的格罗皮乌斯的母亲担心现在自己的钱已经所剩无几了。阿尔玛对伊势充满敌意的丑闻现在已在戏剧界传遍："他们试图离间我与阿尔玛，希望说服阿尔玛与我反目成仇，我不得不阻止这种荒谬不实的八卦新闻继续传播。"[17] 伊势抱怨道。

在重重压力下的格罗皮乌斯突患流感，相继错过了舒伯特"未完成"的交响乐表演与马勒的《大地之歌》。伊势和马塞尔·布鲁尔坐在一起，惊讶地发现他们现在与马勒有多么不相关。对于伊势来说，马勒的《大地之歌》冗长费解，她宁愿中途离场回家也不愿继续留在那里。"我们不会再对这种主观中心的悲剧做出任何回应，"伊势略带偏见地说道，"我们尊重这种伟大的精神，但对我们而言，这是没有任何意义与效果的，于是我们转身离开了。"[18] 对于熟悉斯特拉文斯基的人来说，马勒的曲风可能会给人陌生感与疏远感。这种异样的感觉就好像与我们几天前看到经典芭蕾舞演员卡萨维娜表演时的感觉一样。

12 月中旬，格罗皮乌斯和伊势为放松心情回到意大利。他们决定在拉帕洛度过圣诞节。拉帕洛度下了整整三天三夜的大雨，在这里，他们收到了赫莎的女儿平安出生的消息。孩子名叫比艾塔·埃维莉娜，是"一个非常健康漂亮的小宝宝"[19]。但是孩子的父亲福尔德斯对此仍然无动于衷。

格罗皮乌斯与伊势在住在拉帕洛的布里斯托尔酒店期间结识了几位富有的英国人。令伊势感到惊讶与意外的是，这些英国人对德国人非常友好，他们邀请格罗皮乌斯夫妇打桥牌，还邀请他们参加舞会。这些英国人中包括外交大臣约瑟夫·张伯伦及其家人。张伯伦在参加洛迦诺国际会议之前，特地来到拉帕洛与当时的意大利法西斯总理贝尼托·墨索里尼会面。

格罗皮乌斯夫妇对墨索里尼这位充满争议的意大利领导人出现在拉帕洛饶有兴趣。伊势评论墨索里尼道："意大利似乎想让世界认为墨索里尼的影响力已经远不如从前了。但似乎并不是这样的，墨索里尼的影响力似乎并没有消退。但他确实看起来十分悲惨，他的健康状况也许能够说明他采取频繁而又轻率的行动的原因。墨索里尼希望能够在有限的时间内完成一项艰巨的任务。"[20] 仅仅几个月后，1926 年 4 月，就发生了多起暗杀墨索里尼的事件。

包豪斯建筑施工进展一切顺利。格罗皮乌斯夫妇从意大利回来后不久，包豪斯上下都在为包豪斯落成典礼做准备，这也标志着包豪斯第一期建筑告一段落。在竣工仪式之前是包豪斯经典庆典派对之一——白色庆典。这次所有参加派对的嘉宾都被通知需要穿白色的礼服赴宴。编织工作室的女学生们几天前就早早地聚集在格罗皮乌斯的公寓中，开始为派对准备大餐。与客人礼服的颜色一样，所有的食物也都是白色的。在晚上大家一致表示，这个派对已经达到了早期魏玛包豪斯漂亮精彩的派对的标准。学生们亲手制作了令人陶醉的装饰与服装，三分之二到场嘉宾的礼服为全白色，其余的礼服以白色为主，上面带有棋格、波尔卡圆点或条纹图案。与此同时，学生还在画廊中放置了一些带有超现实主义风格的祭坛和蜡像。按照以往的经验，剧院工作室并不会带来出彩的节目或演出，但当晚，剧院工作室的学生打破以往的低调与内敛，在派对上演出了由奥斯卡·施莱默与朱斯特·施密特出品的精彩剧目。

白色庆典的第二天便是落成典礼。伊势认为仪式上建筑工程领导和格罗皮乌斯发表的演讲十分精彩。所有的建筑工人都被邀请参加庆祝晚宴，重现了前一天晚上的白色庆典上的热闹场景。工人们都融入了这种愉悦的气氛，试图随着包豪斯乐队的音乐跳起舞来。

唯一让格罗皮乌斯感到愤怒的是，这场庆祝活动遭到了格罗皮乌斯的私人建筑设计办公室（包豪斯内部的一个分离派）的联合抵制。现在的局势十分紧张。最近新任命的办公室经理恩斯特·纽菲特，一开始给人留下了很好的印象，在接到了魏玛建筑学院发出的负责管理日常学校运作的职位邀请后，纽菲特毅然决定离开。这所建筑学院正是包豪斯离开魏玛后，接替包豪斯的教育机构。纽菲特的离职给格罗皮乌斯带来了极大的困扰。纽菲特除了拥有多年的办公室工作的宝贵经验外，还会为学生们提供实用的建筑培训。格罗皮乌斯长期以来一直所计划的实验性标准住房开发项目也一直依赖纽菲特的支持与帮助。

纽菲特的叛变所带来的后果比所有人想象的都要严重。在高效的纽菲特在办公室任职期间，格罗皮乌斯早期项目的记录、所有的草图、提案以及建筑竣工后的图纸都被清空，甚至可能已被销毁。事情发生时，格罗皮乌斯和伊势正在意大利度假。纽菲特后来拒绝承担任何责任，他一口咬定整理好的图纸就放在了原处，一定是往来的客人擅自拿走了这些图纸。

包豪斯建筑施工工作一直持续到 1926 年。伊势 10 月份表示现在所有的工作都处于白热化阶段。11 月初，包豪斯上下都在为 12 月 4 日的开幕式"忙前忙后"[21]，每天都会为典礼一事举行会议。黑塞市长也积极参加准备活动，并表示包豪斯开幕就"好像是自己的一件大事"[22] 一样。到了 11 月中旬，包豪斯预测需要为本次典礼做好迎接至少 1000 名参观者的准备。

媒体对此也给予了越来越多的关注，各大媒体纷纷向包豪斯索要新建筑的照片，包豪斯御用摄影师露西娅·莫霍利需马不停蹄地工作才能满足多方的需要。包豪斯还在内部亲朋好友之间举行了一场社交晚会，晚会还包括一场音乐会盛宴，保罗·克利与他的妻子分别用小提琴与钢琴伴奏，卢·谢帕献唱。

就职典礼的前一日，1926 年 12 月 3 日是记者采访日。60 名记者出席并对活动进行了报道。黑塞市长为款待来宾举行了一场盛大的晚宴，阿尔班·贝尔格、勋伯格与穆索尔斯基为大家献上了听觉盛宴。所有的来宾都沉浸在欢庆的气氛当中。更有众多感兴趣的外国来宾专程来到德绍，其中令格罗皮乌斯印象深刻的有来自巴黎的安德烈·鲁尔萨和两位俄罗斯建筑师，以及来自荷兰的建筑师马特·斯坦姆。

12 月 4 日就职日的来宾比预想中的 1000 名多出许多。至少有1500 人蜂拥进新建筑当中。似乎被赋予了超人的能量一般，黑塞市长在活动之中事必躬亲，马不停蹄地组织到访的人群，并让参观者熟悉当天的流程安排与节目。"这和几年前在魏玛的场景简直是天壤之别！"[23] 伊势写道。格罗皮乌斯发表了欢迎致辞，对到场来宾表示感谢。格罗皮乌斯被包豪斯门庭若市的场景震撼到了，包豪斯这次成为各方的焦点，这让他兴奋得说不出话来。

他带领人群参观了这座建筑，然后利用中间短暂的间歇时间回到家中吃了口午饭，此时的格罗皮乌斯已经精疲力竭。饭后，格罗皮乌斯再次回到包豪斯向参观者展示他在附近的特尔滕村开发的新型实验住房的早期发展历程。德绍委员会与格罗皮乌斯签订了在此设计 60套标准化建筑单元房的合同。签订合同后，格罗皮乌斯相当焦虑，不过好在有两套单元房已在规定时间内按时完工。

关于包豪斯的新闻在 1 月份犹如雨后春笋般涌现。"包豪斯受到的广泛关注让我们感到惊讶，"伊势评论道，"格罗皮乌斯也对包豪斯突如其来的成功感到有些不知所措。"[24] 到底是什么让人们对包豪斯建筑留下如此深刻的印象？首先，包豪斯建筑整体雄伟壮观。包豪

德绍包豪斯大楼，摄于 2018 年

斯大楼的三个侧翼建筑由桥梁连接起来：外立面镶有大块玻璃的工厂工作室与教学区被桥所连接，而桥内部的区域是行政办公区域。二层楼高的桥梁的二楼是格罗皮乌斯的私人建筑设计办公室。

工作室侧翼的中央区域设有舞台和礼堂，后面是学生和教授的公共食堂。现在，包豪斯终于可以制作自己的戏剧作品，并从其他地方邀请最具先锋性的演员进行演出。在德绍包豪斯早期，库尔特·施威特斯曾在这里表演过他著名的风格古怪的诗朗诵；玛丽·魏格曼的学生——舞蹈家格莱特·帕鲁卡也曾在包豪斯的舞台上表演；贝拉·巴托克也曾在这个舞台上留下足迹："贝拉·巴托克和蔼可亲、魅力十足，一上台就赢得了台下所有观众的喜爱。"[25] 除此之外，这个空间还可以用于节日演出和派对。包豪斯建筑的概念创造性实验提供了各种可能性，这是在其他艺术院校中前所未有的。

六层高的住宅建筑取名为普雷勒尔之家，沿用了魏玛包豪斯简陋的教职工宿舍的名字。普雷勒尔之家里有 28 间卧室，地下室设有淋浴室、浴室和健身房。入住普雷勒尔之家的基本为初级教学人员与学生。健身房里有一张柔软的大地毯，可供那些来到德绍却没有能力支付住宿费的穷学生留宿过夜。在普雷勒尔之家，一切行为都不受约束。

贝拉·巴托克参观德绍包豪斯，身边分别是格罗皮乌斯（左）和保罗·克利（右），1927

曾住在普雷勒尔之家的玛丽安·布兰德表示，学生们经常在平屋顶上走独木桥，"锻炼平衡能力"，也经常翻工作室外墙，"练得飞贼般的翻墙功夫"。[26]格罗皮乌斯对此表示十分震惊。玛丽安·布兰德表示自己在这里已经养成了坐在阳台栏杆上休息的习惯，不过坐在上面有时会感到头晕目眩。布兰德解释说，普雷勒尔之家创造了一种邻里之间实实在在的温馨氛围："我们在工作室大楼中的生活十分美好，从一个阳台到另一个阳台穿梭交流，其乐融融！"[27]

包豪斯建筑的整体室内设计与装饰皆由墙画工作室全权负责；照明灯具由金属加工工作室提供；而现代设计理念的代表——管状钢制家具则出自布鲁尔之手。布鲁尔之所以会产生设计管状钢制家具的灵感，主要是受到自行车的启发。在魏玛包豪斯时，牛奶工每天早上都骑着自行车送牛奶，牛奶工自行车上形状优雅的镀铬管状钢把手引起了布鲁尔的注意。布鲁尔将自行车车把与理想功能相结合，形成了这把管状钢椅。从某种意义上来说，整个包豪斯建筑是学生与大师们亲手制作的。学生与大师们共同努力在这个世界中创造属于他们自己的世界——这也是沃尔特·格罗皮乌斯一直坚持的、富有远见的理念的一部分。

布鲁尔设计的 13-3 俱乐部椅

新学生第一次看到包豪斯建筑无一例外都会被眼前的建筑所震撼。包豪斯的第一位来自英国的学生威尔弗雷德·弗兰克斯描绘了第一次来学校报到时的情景："那时天色已晚，透过这座美丽建筑外面的玻璃，我看到里面灯火通明、人来人往的辉煌景象。你可以想象，灯光透过这个 15 米高的玻璃建筑，垂直的玻璃立面所展现的创意和技术上的优雅通透。这是仅凭想象根本无法获得的体验。"弗兰克斯后来成为一名演员兼舞蹈家，是作曲家迈克尔·蒂珀特亲密的合作伙伴。来自奥格斯堡的一位激动不安、叛逆不满的年轻犹太男孩沃纳·大卫·费斯特第一次与他的父母来到包豪斯时，他的小情绪立刻被惊讶与希望所代替。凝视着格罗皮乌斯设计的建筑，费斯特回忆道：

> 惊艳、愉悦与不安，看到建筑之后的我百感交集。包豪斯建筑在广阔的空间之中以绿树成荫的大道为界，建筑的衔接天衣无缝、过渡方式呈现几何式的清晰透彻，我与我的父母从未见过这样别出心裁的设计。这是第一次亲眼从建筑中感受到全新的设计精神，我希望我也可以成为这里的一部分。[28]

费斯特之后曾先后在伦敦和加拿大成为著名的平面设计师和艺术总监。

包豪斯建筑成为当时艺术院校的领军学校。学生人数也开始有所增加，从 1926 年的 21 名男学生与 60 名女学生，增长至一年后的 43 名男学生与 110 名女学生。费斯特表示，包豪斯就像一个学生与大师们相处和睦的大家庭，大多数学生与教师都彼此有所了解。学生国籍多样：他们多来自德国，但也有来自瑞士、波兰的学生，还有一些来自意大利、匈牙利、捷克与奥地利的学生，甚至还有由包豪斯赞助的来自日本的学生。与魏玛包豪斯学生的社会背景情况相比，德绍包豪斯学生的背景更加丰富多样。

学校中还有几名家境优越的女孩，如长着一头姜黄色头发的聪明女孩利斯（伊丽莎白）·亨内贝格尔与她的朋友，还有脸上带有小雀斑的洛（洛特）·罗斯柴尔德。费斯特并不看好这些学生，认为她们都是"泛泛之辈"。同样出身富贵的还有格利特·卡林，约瑟夫·艾尔伯斯对这位有魅力的成熟女性颇有好感。还有"两名即将步入更年期的瑞士女士"，费斯特猜测这两名女士可能"在一些阿尔卑斯山水疗中心经营艺术品店"。[29] 学生生活变得越来越多样化、轻松安逸，他们可以任意打闹、调情。包豪斯已经逐渐成为充满时尚与魅力的地方。

德绍包豪斯建筑标志着格罗皮乌斯的建筑设计生涯抵达了又一巅峰。但德绍包豪斯建筑并不是绝对意义上的完美：建筑的平屋顶开始漏水；预制混凝土墙壁开始出现裂缝；工作室翼楼外部壮观的玻璃面意味着里面的人将面临着夏天热到窒息、冬天冷到发抖的可能。但是德绍包豪斯建筑的成功之处就在于它打造出的邻里间的温馨氛围、壮丽的外表、流线型设计以及展现艺术新形式的方法。

这座建筑不仅有力地传递了包豪斯的理念，更承载着格罗皮乌斯对现代主义力量的坚定信仰。包豪斯以自身为例，为国际建筑风格的发展做出了突出的贡献。20 世纪中叶的评论家雷纳·班纳姆认为，无论从三维立体设计还是从贯通办公室与行政区廊桥设计方面来讲，包豪斯建筑无疑都是走在前端的原创性构思建筑。班纳姆坚持认为，包豪斯建筑的这个中央桥梁部分"从各个角度彰显了格罗皮乌斯的风格，一改格罗皮乌斯在大众眼中是一名缺乏想象力和浪漫色彩的建筑师的印象"[30]。现在我们再看德绍包豪斯，很难想象这样一座设计独具匠心的建筑在近一个世纪以前就已经存在于这个世上了。

【注释】

伊势·格罗皮乌斯的包豪斯日记以及她后来在《初见》中对包豪斯的描述为本章节提供了宝贵的资料。1929 年，格罗皮乌斯决定离开包豪斯，伊势在一封于 1970 年写给雷纳·班纳姆的信件中，以风趣的语言对格罗皮乌斯的离去做出了总结。这封信现在收录在哈佛大学霍顿图书馆格罗皮乌斯文件的部分中。

我们可以通过詹姆斯·赖德尔于 2010 年 3 月发表在《建筑历史学家学会杂志》第 69 期上的《沃尔特·格罗皮乌斯：给天使的信 1927—1935》一文，以及现保存在维也纳奥地利国家图书馆的艾达·格鲍尔的文件中、格罗皮乌斯写给玛农的信件上的草图，了解更多关于沃尔特·格罗皮乌斯和阿尔玛·马勒的女儿玛农（慕兹）的故事。詹姆斯·赖德尔是玛农的保姆，他几乎一生都忠实地陪伴在阿尔玛左右。詹姆斯·赖德尔慷慨地允许我使用由他翻译的格罗皮乌斯写给他女儿的信件。

沃纳·大卫·费斯特以学生的视角，描述了自己在德绍包豪斯学习、生活的故事，并于 2012 年以《我在包豪斯的时光》为名在柏林包豪斯档案馆出版。由菲利普·奥斯沃尔特所编的《包豪斯冲突：争议与对手 1919—2009》（奥斯菲尔敦，2009）一书介绍了一些关于格罗皮乌斯和包豪斯的回顾性文章。马格达莱纳·德罗斯特对格罗皮乌斯及其继任者汉内斯·迈耶之间的矛盾进行了充分的评估与总结，为我接下来的两章的创作提供了宝贵的参考材料。另外，吉莉安·内勒的作品《包豪斯重新评估：来源与设计理论》（伦敦，1985）也发挥了十分重要的作用。

1 图特·施莱默，1962 年出版的讲座，引用诺伊曼，第 169 页。

2 沃尔特·格罗皮乌斯，寄信至《建筑评论》第 134 期，1963 年 7 月至 12 月，第 6 页。

3 沃尔特·格罗皮乌斯，《德绍包豪斯的包豪斯生产原则》，包豪斯出版，1926 年 3 月。

4 伊势·格罗皮乌斯日记，1925 年 6 月 27 日。

5 同注释 4，1925 年 9 月 29 日。

6 同注释 4，1925 年 10 月 17 日。

7 同注释 4，1925 年 4 月 22 日。

8 同注释 4，1925 年 5 月 20 日。

9 同注释 4，1925 年 10 月 10 日。

10 同注释 4，1925 年 9 月 18 日。

11 伊势·格罗皮乌斯，《初见》打字稿，约 1970，AAA。

12 同注释 4，1925 年 5 月 21 日。

13 同注释 4，1925 年 9 月 22 日。

14 伊势·格罗皮乌斯对沃尔特·格罗皮乌斯所言，1925 年 8 月 10 日，引用《初见》。

15 沃尔特·格罗皮乌斯对伊势·格罗皮乌斯所言，1925 年 9 月，引用《初见》。

16 同注释 11，约 1970，AAA。

17 同注释 4，1925 年 11 月 6 日。

18 同注释 4，1925 年 12 月 10 日。

19 同注释 4，1925 年 12 月 18 日。

20 同注释 4，1925 年 12 月 18 日。

21 同注释 4，1925 年 11 月 2 日。

22 同注释 4，1925 年 11 月 3 日。

23 同注释 4，1925 年 12 月 4 日。

24 同注释 4，1925 年 12 月 6 日。

25 同注释 4，1925 年 10 月 12 日。

26 玛丽安·布兰德，1966 年 5 月 13 日的一封信，引用诺伊曼，第 107 页。

27 威尔弗雷德·弗兰克斯，11 月 6 日在利物浦发表的演讲，1999 年，

WorldSocialist 网站。

28 沃纳·大卫·费斯特，《我在包豪斯的时光》（柏林，2012），第 22 页。

29 同注释 28，第 44 页。

30 雷纳·班纳姆，《第一机器时代的理论和设计》（伦敦，1960），第 288 页。

10 德绍包豪斯：1927—1928

　　波兰诗人塔德乌什·佩佩尔1927年参观了包豪斯，在来到早期就开始在包豪斯工作的几位大师的宿舍区"大师房"时，佩佩尔很是欣喜：

> 　　坐落于一条僻静大道上的"大师房"，与学校教学楼之间相隔一大片郊区。室内大面积纯白的墙壁，室外被草坪和树木清新的绿色所环绕。窗户像草木一样尽可能地收集一切阳光，向窗里窗外投射出倒影。站在露台上可以呼吸到新鲜的空气，感受到温暖的阳光。我第一次看到了包豪斯新的建筑，欣赏到了整套振奋人心、切切实实的实景建筑，而不是画册上的图片。[1]

　　与包豪斯建筑一样，三组大师之家与面积更大的校长独栋别墅展现了一种崭新的、更加简单的、更具创意的生活方式。这些住宅运用众多工业化元素，是格罗皮乌斯所期望的未来住宅的原型。平屋顶、立体建筑元素组合、内部空间的漂浮感，都将住宅的创意与自信展现得淋漓尽致。这些住宅与略早的奥尔巴赫之家有很多相似之处。奥尔巴赫之家是格罗皮乌斯1924年设计的作品，那时的格罗皮乌斯还与阿道夫·迈耶是合作关系。但德绍包豪斯的大师之家无论在概念表现度上还是在内部组织的严谨度上都比奥尔巴赫之家更进一步。

德绍包豪斯的大师之家，
建在一片树林之中，2014

　　格罗皮乌斯坚信生活需"省去不必要的负担"[2]，只有这样人们才能"更自由、更自然地展开生活"。秉持着这样的信念，格罗皮乌斯设计出了分散、幽静、有秩序的住宅。

　　家中配件与家具均出自包豪斯工作室：步入式衣柜、通风亚麻壁橱、可从两侧打开的巧妙旋转橱柜。与格罗皮乌斯当时在特尔滕村开发的房屋相比，这些住宅设计高度复杂，也是格罗皮乌斯在私人住宅设计方面取得的最高成就。

　　大师之家于 1925 年动工，而大师们于 1926 年夏天，在包豪斯新校舍开放的几个月前就已入住。拉兹洛·莫霍利 – 纳吉和他的妻子露西亚，与莱内尔·费宁杰一家一起住在第一组大师之家中。奥斯卡和图特·施莱默搬进了第二栋半独立式住宅，他们的邻居一开始是乔治·莫奇和他的妻子。当乔治·莫奇 1927 年因遭到编织工作室学生的排挤和驱逐而离开包豪斯时，欣纳克与卢·谢帕夫妇搬进了大师之家。第三栋半独立式住宅住着瓦西里·康定斯基和保罗·克利。康定斯基与克利虽是朋友，但两人对室内色彩的喜好与观点截然不同：康定斯基的室内配色冷酷纯粹，而克利的室内配色却更加朴实，是偏大地色系的色调。格罗皮乌斯所设计的大师之家极具包容性和多样性，这也是住宅本身的特色以及强大的力量。

大师之家不仅仅是大师们的生活空间，也是他们的工作地点。这几位大师的住宅里都包含自己的工作室，也是多产大师杰作的诞生之地。菲利克斯·克利回忆道，他父亲的那近乎方形的工作室中，有一面墙是黑色的，他在那里画了很多巨作。

"这间工作室的大小可能间接导致了克利在这个时期采取新的艺术方针。"[3] 大多数大师的妻子也很有创意。茱莉亚·费宁杰是一名画家；卢·谢帕是插画家和色彩专家。露西娅·莫霍利不仅是一名摄影师，还是她丈夫亲密的工作伙伴，"不用照相机"，而是用双眼去捕捉美好事物。包豪斯的孩子们通过他们的家人和家人的同事或多或少地参与了当下正在进行的项目。这些孩子在这样一个团结紧密的环境中长大，艺术已经成为他们日常生活的一部分。

"我现在正坐在我们的露台上，这就是一种简单的幸福感觉。"[4] 莱内尔·费宁杰在搬进大师之家后立即写信给他的妻子茱莉亚：

> 我们在看住宅设计图的时候对其中的一处突出的部分和矮矮的南墙十分不满，但正是因为这些障碍物，室内的光线才会恰到好处。如果没有这些突出的部分遮光，那么房屋内的一切都将暴露在火辣的阳光与晌午的炎热之中。每个房间的每个设计都是有原因的。这座住宅比我们在看设计图时想象的样子更加适合居住，更加宽敞明亮。住宅里目前并没有家具。这里确实有实实在在的空间，人虽在室内却有一种身置户外的感觉。我们本来还因没有阳台而耿耿于怀，但现在这一切都轻松弥补了没有阳台的遗憾，这让我也难以相信。——这里不但与我们想象的截然相反，还比想象中美上千倍。

相较于其他大师而言，格罗皮乌斯的房子是一栋面积较大的独立别墅。伊势将这座房子描述为"心向往之、梦寐以求的景象"[5]。伊势与格罗皮乌斯可以在这里过上比在魏玛更加安定、舒适的婚姻生活。伊势向婆婆玛农倾诉道："我们当然对新房有很多幻想。"[6]她还提到在画设计平面图时，格罗皮乌斯打消了自己提出的一些不切实际的设计或想象。与其他大师的半独立式住宅相比，格罗皮乌斯更将自己的房子视为向外宣传、展示的平台，视其为理性、欢乐、阳光、健康，专注于自由轻松的生活方式与艺术的生活态度的完美典范。

为宣传大师以及校长的住宅，他们邀请了柏林洪堡电影公司进行拍摄。伊势请来了她的女演员妹妹艾伦与艾伦活泼美丽的俄罗斯朋友希夫娜·奥夫瑟杰娃展示家具和灯具，以及其他包豪斯家用产品的使用效果。伊势是一位才华横溢的公关人员。教育家康拉德·温彻评论伊势时钦佩地说道："当格罗皮乌斯女士坐在大师之家起居室中的双人沙发上摆造型，或者站在写字台前为包豪斯书中的德绍建筑板块拍摄照片时，你完全会被她的姿态所吸引与征服，她就是那些充满美感与实际意义的住宅的最好诠释。"[7]伊势早期曾在德国接受科学培训，这无疑使她在今后展示由格罗皮乌斯设计的省事、省力的厨房时，可以利用科学的原理与观点进行有说服力的宣传。

所有的努力都得到了可观的回报，登门参观的人不计其数——莉莉与汉斯·希尔德布兰特、法国人、荷兰人，"人来人往，络绎不绝"，伊势这样总结道。伊势与格罗皮乌斯亲自带领媒体和一些早期来访的客人在学校参观。格罗皮乌斯的校长之家和德绍大师之家为如今蓬勃发展的包豪斯做出了不可磨灭的贡献。

对于包豪斯，向来有人支持，有人反对。包豪斯的本质特征决定了包豪斯注定是充满争议的存在。一些传统保守的德绍居民对包豪斯建筑持反对与敌对的态度。伊势无意中听到"一些居民就在教职工住宅的门口愤愤不平，大发感慨"[8]。还有一些初级大师——马塞尔·布鲁尔和约瑟夫·艾尔伯斯，他们是反对的人中声音最响亮的。他们对老员工可以享受到这种优惠待遇而表示强烈不满。除此之外，学生们对住宅持批评态度，他们认为这些建筑物根本不是能够用于解决国家住房紧张问题的方案。对于这些观点，伊势冷漠地评论道："他们可能只想着所有人都可以搬进住房区，从不会考虑随之而来可能会产生的近亲结合的问题。"[9]

就连住在大师之家的大师们也表示不满与抱怨。莱内尔·费宁杰每当看到大批的游客目不转睛地看着大师之家，甚至踏过草坪闯入院内时就会感到十分尴尬。施莱默苦涩地指责格罗皮乌斯的家装修与装饰过于豪华，地下室还设有专供看门人、客人以及女佣使用的房间。施莱默向他的妻子抱怨："当我看到格罗皮乌斯的房子时，我很震惊！我希望有一天，没有公寓的人可以站在这里，而艺术家可以在他们房子的屋顶上晒日光浴。"[10]当格罗皮乌斯夫妇从波罗的海沿岸度完假回到住处时，他们发现新房子的许多扇窗户的玻璃都被人砸碎，那一刻他们真正感受到了当地居民对他们的敌意有多强烈。

———

自从上次在西西里岛的陶尔米纳偶遇之后，格罗皮乌斯与阿尔玛一家的关系变得越来越融洽。格罗皮乌斯希望阿尔玛可以安排他的女儿玛农独自来到德绍。他心爱的慕兹现在差不多已经11岁了。除了格罗皮乌斯几次前往维也纳看望玛农的短暂时光，以及和母亲于1920年2月卡普政变期间在魏玛短暂而又紧张的停留之外，玛农几乎再也没有见过她的父亲。已经牢牢掌握着格罗皮乌斯的私人信件的伊势现在代替丈夫与阿尔玛进行谈判。阿尔玛对她漂亮的女儿十分痴迷，还有拍摄孩子裸照的癖好。阿尔玛不愿意让玛农离开她那令人窒息的严格控制，更不愿意将玛农送往德绍包豪斯的"陌生环境"[11]之中。

在伊势的一再催促下，阿尔玛终于同意在 1927 年 11 月初，在她和弗朗兹·韦尔费尔享受两人世界时，让玛农回到她父亲的身边停留四周的时间。格罗皮乌斯来到柏林去接阿尔玛与玛农母女两人，之后三人一起来到魏玛。阿尔玛在校长之家度过了一晚之后，次日便前往汉堡与韦尔费尔会合。伊势表示，"阿尔玛非常努力地表示友好的态度"，玛农热情地与格罗皮乌斯打招呼，"似乎父女两人从未分开过一样"。[12]

德绍包豪斯对于玛农来说确实是一个陌生的环境。玛农的成长经历像戏剧一样复杂，她的童年部分在维也纳，部分在威尼斯的马勒宫中度过。玛农长着苍白的脸蛋，梳着一头乌黑的长发，长着一双和她父亲颜色相同的眼睛，拥有超凡脱俗的美貌与气质。阿尔玛曾在威尼斯寄给格罗皮乌斯一张玛农身穿厚锦缎西班牙公主服的照片，经过精心打扮，玛农与委拉斯开兹在艺术史博物馆中的肖像画颇有几分相似。这个女孩非常害羞内向。在她来德绍之前的那个秋天，玛农已经被日内瓦的一所寄宿学校录取。格罗皮乌斯原计划在玛农抵达学校的第二天去日内瓦见她，可等到了日内瓦之后格罗皮乌斯却发现玛农已经与阿尔玛离开日内瓦返回威尼斯了。原来是因为玛农认为寄宿环境过于陌生，于是请求阿尔玛带她一起回家。

在这里，玛农发现自己很难与包豪斯的其他孩子交朋友。对于玛农来说，与其他孩子交朋友一直是个难题。在 1920 年玛农来到魏玛看望她的父亲时，玛丽亚·贝内曼的女儿英格也被家中送到包豪斯陪伴玛农。包豪斯的孩子们绝对不是无关紧要的角色，他们是德绍生活中不可或缺的一部分。包豪斯的艺术在一定程度上是以儿童为中心的，我们从卢·谢帕所编著的带有奇幻插图的儿童书籍以及保罗·克利的木偶中，都可以看出包豪斯对于创造性娱乐形式的强调。在许多包豪斯的照片中都可以看到孩子们的身影，他们成群结队地沿着大师之家的阳台边玩耍。这些孩子虽然听从长辈的安排陪伴玛农，但是他们并不习惯与陌生人打交道，所以要好的孩子经常以小分队的形式活动玩耍。已经习惯与阿尔玛·弗朗兹·韦尔费尔等成年朋友打交道的玛农，发现自己在包豪斯与老师更加容易建立联系。她尤其喜爱任性的戏剧设计师和表演家亚历山大·桑迪·沙文斯基。在韦尔费尔和阿尔玛的剧院朋友的鼓励下，年仅十一岁的玛农已经展现出女演员的潜质与天资。

"我们与慕兹相处得非常愉快，"伊势在与这个女孩相处一周之后，在 11 月 15 日的日记中写道，"她的外表和性格都像极了她的父亲。她和她的父亲一样带有与生俱来的矛盾，性情总是在最感性的温柔与倔强、任性、放纵之间捉摸不定……和我们在一起时，她表现得很安静、很值得信任，也非常老练机智。"[13] 让伊势尤其感到印象深刻的是玛农的创造天赋：她几乎刚到这里就设计出了一把可调节的椅子和一张桌子。"她完全以貌取人，十分厌恶长相丑陋的人。"

格罗皮乌斯购置了一辆他引以为豪的阿德勒汽车。（阿德勒公司的老板埃尔温·克莱耶刚刚成为包豪斯的新客户。）格罗皮乌斯经常带着女儿出去游玩。一天，格罗皮乌斯与伊势冒着狂风暴雨带着玛农来汉诺威拜见她的祖母和阿姨。伊势表示："沃尔特现在疯狂地迷恋着他的女儿——他想的没错，玛农人见人爱，任何见了她的人都会喜欢这个长相精致、充满爱心、温柔安静的孩子。"伊势与玛农的关系也越来越亲近了，玛农开始称她为"小伊势"。格罗皮乌斯的爱犬努斯基也成了她的朋友。

格罗皮乌斯与伊势于 12 月 1 日恋恋不舍地将玛农送到柏林阿尔玛与韦尔费尔的身边。他们随后来到人民剧院观看拉斯普京。格罗皮乌斯最近结识了具有鲜明政治立场的人民剧院院长埃尔文·皮斯卡托，并应皮斯卡托的委托与要求，为他设计一个可以反映他的总体剧场概念的全新建筑。皮斯卡托希望可以通过这个灵活的空间消除传统舞台上演员与观众之间的障碍与隔阂。

自从玛农离开后，格罗皮乌斯接下来好几个月都痛苦地思念着他的小慕兹。不过玛农来访的短暂时光总体来说还是很快乐的，大大增进了父女之间的感情。格罗皮乌斯具有很强的韧性与自愈能力。在创办包豪斯时，格罗皮乌斯以难以想象的坚定与毅力克服了第一次世界大战所带来的恐惧和灾难。现在，格罗皮乌斯与他女儿建立起的这种亲密的关系纽带，与格罗皮乌斯过去所经历的波动的复杂情感十分相似。

在包豪斯宣言中，建筑艺术无疑占据绝对的中心地位："一切创新活动最终要为建筑服务！"这是格罗皮乌斯一开始就坚持的原则。当包豪斯迁校至德绍时，格罗皮乌斯原本用学生作为临时工打理的工作室急需一个健全的建筑系来替代。伊势在1926年4月说道："我们的当务之急是在包豪斯开设一个不依赖于格罗皮乌斯私人建筑事务所、可以独立承接项目委托的建筑系。这是十分必要的。"[14]建筑系最终于1927年春正式成立，成为固定开设的专业之一。

格罗皮乌斯首先邀请荷兰建筑师马特·斯坦姆担任新建筑系的院长，斯坦姆却婉拒了格罗皮乌斯的邀请。格罗皮乌斯随后又邀请了瑞士建筑师汉内斯·迈耶。格罗皮乌斯非常欣赏迈耶和他的搭档汉斯·维特威尔为日内瓦国际联盟宫所设计的建筑。迈耶和斯坦姆一样，在访问德绍包豪斯时，对包豪斯建筑就职典礼留下了深刻印象。1927年1月黑塞市长与包豪斯诸位大师在会议上就拟任迈耶为包豪斯建筑系院长一事进行了讨论。除了康定斯基之外，到场的所有人都同意了拟案。康定斯基对迈耶的实践能力表示怀疑，他认为迈耶更像是一位理论家。根据伊势的描述，康定斯基同时也指出了"迈耶的言语之中存在明显的共产主义倾向。但格罗皮乌斯认为这些并不具有任何政治色

汉内斯·迈耶（1889—1954），摄于 1928 年

彩"[15]。不过这次对于汉内斯·迈耶这位教条主义者，格罗皮乌斯的想法过于单纯。

当时住在瑞士曼通的迈耶于 2 月份来到德绍讨论自己在包豪斯任职的事宜。伊势认为"他虽然像瑞士人一样，非常好，但有点呆板。他的思维非常清晰、开放、明确，他的性格特征中绝没有任何明显的冲突与矛盾。"[16]但事实证明，伊势对于狡猾阴险的汉内斯·迈耶的判断大错特错。

汉内斯·迈耶于 1927 年 4 月接受了任命。一开始，所有人都非常开心。"汉内斯·迈耶和他的一家人都来了。他们一家人都朝气蓬勃、和蔼善良，孩子们也讨人喜爱。我们在今后的日子里将会相处得十分愉快，学生们也对迈耶寄予厚望。"[17]但是到了 6 月，问题逐渐显现出来。

伊势从卢·谢帕那里听说汉内斯·迈耶与他的妻子之间产生了隔阂与问题。"迈耶似乎过于教条与理论主义，他强迫他的妻子严格遵守他的生活方式。迈耶坚决不同意雇用女佣，繁重的家务落在妻子一人身上。"现代意识极强的伊势·格罗皮乌斯指出，在美国，雇用女佣可以大大减轻家庭主妇的负担。"除此之外，"伊势继续说道，"迈耶似乎与其他女人有染，他对此表现得十分不自然，一点也不圆滑、老练。"[18]汉内斯·迈耶的事情很快就在包豪斯内部传开了。

不善于为人处世、带有挑衅对抗情绪的迈耶与包豪斯其他大师的关系陷入了僵局。甚至一开始热烈欢迎迈耶的奥斯卡·施莱默也称迈耶是一朵插在格罗皮乌斯外套上的鲜花，强烈抗议迈耶控制他人的嘴脸。更糟糕的是，迈耶很快就发现自己与包豪斯学校整体的精神理念格格不入。迈耶回忆过去时表示，自己因德绍当时的局势而忐忑不安。

> 在接受任命之后我发现了什么？包豪斯的声望名不副实，远远超出它真正取得的成就，所有人都夸张地自抬身价。在这个教育机制千疮百孔的"设计学院"中，人们经常悠闲地喝茶赏景。在左派年轻人的庇护与帮助下，那些第二次世界大战前的艺术革命者在这座"大教堂"中，大肆信奉中世纪的邪教……所有人都住在摆满花里胡哨的雕像的房子中。他们与年轻女性的复杂情感洒满一地。在这里，生活完全被艺术扼杀得一干二净。[19]

格罗皮乌斯也对聘用迈耶表示十分后悔，后悔自己当时没有认清迈耶的丑恶嘴脸，没有识破迈耶的真面目。"我坚信，"格罗皮乌斯后来写道，"汉内斯·迈耶最后的垮台本质上是因为他否认艺术的态度。"[20]格罗皮乌斯最初邀请迈耶来到德绍是包豪斯终结的开始。

但是在迈耶来到德绍之前，包豪斯已经是危机重重了。在包豪斯建筑对外开放仅几周之后，众人才意识到建筑预算已超过100000马克的事实。如此严重的预算错误是由现已离开包豪斯的恩斯特·纽菲特忘记将价值35000马克的砖头价格计入预算之中所致。格罗皮乌斯"对此非常不满，因为他知道这将意味着黑塞市长需耗费大笔钱财弥补这个预算漏洞，并且这将大大削弱市长对自己的信任"[21]。他因自己的疏忽而深深自责，伊势表示格罗皮乌斯工作量庞大，出现失误在所难免。

就在包豪斯陷入工业合同纠纷与延迟，以及建筑总成本超出预算的紧要危急关头，教职员工也发出强烈的不满与抗议。现已身陷资金短缺之中的德绍市自身难保，更不要说救济包豪斯了。当格罗皮乌斯提议全职教师减薪10%时，康定斯基和克利愤怒抗议。格罗皮乌斯以自怜的口吻写信给康定斯基："我现在所需承受的负担是常人所无法想象的……我现在比任何时候都需要各位大师的支持，只要有你们的支持，我便可以继续工作下去。否则，我只能退出，因为我自己一人累死累活也无济于事。"[22]大师们最后同意薪资临时削减5%。

康定斯基与克利同时也对伊势从柏林请来一名舞蹈老师深表不满。这名老师所开设的查尔斯顿舞和其他现代舞蹈课程受到一些不稳重的年轻教职员工的追捧。这些舞蹈课程都是在校长家中开课，甚至是用伊势的留声机来播放背景音乐的。

格罗皮乌斯最初的热情支持者——黑塞市长，发现自己越来越难在政府的责备声中庇护包豪斯了。1926年6月，伊势描述黑塞市长"看上去十分疲惫。包豪斯的事情耗费了他大量的精力，使他疲惫不堪"[23]。黑塞市长和格罗皮乌斯的关系在短短几个月中就严重恶化，黑塞抱怨格罗皮乌斯只是利用包豪斯来拓展自己的事业，批评格罗皮乌斯花巨资购置一辆阿德勒汽车、用公款到处出游旅行。格罗皮乌斯则指责黑塞根本不了解、不体恤、不尊重"艺术家"[24]，黑塞只是将自己视为一名市政府的员工罢了。黑塞市长一气之下，采取强硬的经济手段关闭了包豪斯食堂，格罗皮乌斯当即撤销了黑塞的决定。

黑塞市长与格罗皮乌斯之间的分歧在1927年11月26日进一步升级，市长所属的社会民主党在德绍议会中失去了一半的席位。黑塞市长与格罗皮乌斯会面时，气氛十分紧张，两人互相充满敌意。伊势在仔细观察之后表示："黑塞现在对待 G（格罗皮乌斯）的态度让人忍无可忍，将社会民主党选举失利的原因全都归结在包豪斯的身上。"[25] 在这个时候，格罗皮乌斯已经隐约感觉到黑塞市长急于与自己撇清关系，更感觉到黑塞企图让他的新盟友——汉内斯·迈耶取代自己，成为包豪斯的校长。

我们应该从整个德国更大的背景下来看待黑塞对于包豪斯态度的大转变。那时的德国政治局势动荡不安。格罗皮乌斯和伊势早在 1925 年的冬天从意大利回到德国时，就已经意识到德国严峻冷酷的态势："我们越接近德国就越能感受到寒冷的天气、冷酷的人民……我们从最具人文色彩的宁静之地回到了毫无人性的灰色地带。"[26] 包豪斯在魏玛时期就曾遭受强烈的敌意，现在包豪斯在德绍的发展趋势也与在魏玛如出一辙。包豪斯又一次被视为是犹太人与俄国布尔什维克主义的聚集地，艺术风格疯狂、鱼龙混杂、种族不纯。

1928 年 1 月，当地一家报纸上发表了一篇带有政治色彩的文章，文章质疑格罗皮乌斯在修建私人办公室时挪用特尔滕村项目的公款。这篇报道无疑将原本处于紧张局势之中的格罗皮乌斯推上了风口浪尖。面对虚假报道，格罗皮乌斯表示如果不撤销这些虚假恶意指控，他就会辞职。在没有获得道歉的情况下，格罗皮乌斯首先要求市议会终止与自己签订的包豪斯校长合同，然后在 1928 年 2 月初，格罗皮乌斯向黑塞市长写了一封正式辞职信，并发表公开声明表示汉内斯·迈耶应该接替该职位。伊势表示，黑塞在收到格罗皮乌斯的通知时"欣喜若狂"，开始迅速"表现出友好的态度以弥补这几个月的疏忽"。[27]

格罗皮乌斯将要离开的消息是在包豪斯食堂举行的舞会上正式通知学生的。学生们闻讯后非常震惊，乐队听到消息之后也停止了演奏，在格罗皮乌斯表达希望舞会可以继续进行下去的愿望之后，舞会的气氛才逐渐回温。包豪斯的学生弗里茨·库尔发表了一段煽情的讲话，他告诉格罗皮乌斯，尽管学生们并不一直同意他的观点，但他是防止包豪斯发展为一个片面的、刻板教条的学校的最好保证："我们为了坚守包豪斯的理念而在包豪斯饿着肚子。你现在不能离开，如果你离开了，反动派势力将趁虚而入……若汉内斯·迈耶成为校长，那么包豪斯就会大难临头。"[28]晚会结束时，情绪近乎歇斯底里的包豪斯学生们肩上扛着格罗皮乌斯围着咖啡馆走来走去。还有些年长的学生甚至用"你"而非"您"称呼格罗皮乌斯。

为什么格罗皮乌斯不顾大师和学生的反对，仍坚持让迈耶接替自己成为包豪斯的校长？剧院工作室的朱斯特·施密特在听到这个消息时哭了几个小时。"朱斯特·施密特听到G（格罗皮乌斯）要离开的时候比我还伤心。"伊势写道，"对于包豪斯和G的热爱是朱斯特·施密特工作的主要动力，而且施密特也不赞同汉内斯·迈耶的观点。"[29]

编织工作室的学生在包豪斯楼梯上，奥斯卡·施莱默摄于1927年

但似乎格罗皮乌斯在一开始任命迈耶为建筑系院长时就有意让迈耶今后接手包豪斯。包豪斯疑人不用、用人不疑，无论在任何尴尬的情况下，他始终对自己招募到的包豪斯的员工们充满信心。包容差异与突破常规的异议向来是包豪斯整体精神的一部分。格罗皮乌斯在追忆往事时写道："除了拉兹洛·莫霍利－纳吉之外，包豪斯的每个人都在这样或那样的情况下、在这段或那段时期反对我，但他们仍坚持留下来，坚持与包豪斯一起走下去。"[30]

除此之外，迈耶成为校长本身也是合情合理的。对于新任命的校长，大家普遍存在怀疑，格罗皮乌斯也说服自己要相信迈耶是这个工作的最佳人选。但几年之后，格罗皮乌斯在评论迈耶时表示："我之前有眼无珠，没能及时发现他是一个奸诈的角色。"[31]

格罗皮乌斯决定在这个节骨眼离开包豪斯的原因到底是什么？在过去的9年里，格罗皮乌斯一直是包豪斯的创始人、校长、首席发言人。在许多人的眼里，格罗皮乌斯就是包豪斯的化身。在包豪斯身受政治排挤的时候，格罗皮乌斯认为自己是导致包豪斯陷入这种状况的原因。他意识到现在是他必须离开包豪斯、将包豪斯与自己分割开来的时候了。经历了一段瓶颈期之后，格罗皮乌斯个人的建筑作品逐步增多，评论家对于格罗皮乌斯的评价也越来越高，马克价值上升也让格罗皮乌斯收获了越来越多的建筑设计委任项目。密斯·凡·德·罗在斯图加特附近的白色之家实验住宅项目共邀请了15位欧洲顶级前卫建筑师，包豪斯占有一席，负责设计其中的两所房屋。现在极度希望与格罗皮乌斯和解的黑塞市长表态，格罗皮乌斯将继续参与特尔滕村住宅项目，并将负责德绍职业介绍所新办公室建筑的设计。伊势表示："从事了多年行政工作的我，看到格罗皮乌斯渴望解决问题的愿望能够实现，能够再次体会到这种感觉相当不错。"[32]

格罗皮乌斯也有自己更长远的考虑与更广阔的视野。自第一次世界大战以来，格罗皮乌斯一直怀揣着重振、复兴德国社会的雄心壮志，表达了自己让各阶层人民享有更好的生活条件的希望与愿景。当时其他德国城市，特别是法兰克福，已在现代住房方面取得了重要的新发展，而将大量的时间与精力放在包豪斯的运作并在抵抗德绍反对势力的格罗皮乌斯却无法就此提出一个更大型、更全面的计划。自1924年德国国际救援计划——道威斯计划实施以来，外国投资大大推动了德国的经济发展，引发了德国诸多城市的建筑热潮，催生了大量现代风格的新建筑。格罗皮乌斯正在与他热情的赞助人阿道夫·索默菲尔德协商洽谈，希望可以与索默菲尔德签订合同，在柏林开发一个可容纳2.5万人、拥有学校和5000个民用房屋单元的大型住宅项目。

不管怎样，此刻的格罗皮乌斯已经筋疲力尽了。作家格雷特·戴克塞尔在报纸上发表的文章《为什么格罗皮乌斯会离去？》中总结道："大型艺术院校包豪斯的领导人格罗皮乌斯已经厌倦于此了。格罗皮乌斯更希望全身心投入自己的工作，而不是在与敌对势力无休止的战斗中以及在使包豪斯站稳脚跟的徒劳无用的努力、挣扎中耗尽自己的一切。这就是他离去的原因。"[33]

1928年3月1日是伊势的生日。格罗皮乌斯将一系列最美丽的包豪斯产品作为礼物送给伊势。即将离开包豪斯的格罗皮乌斯与伊势想要尽可能地保留更多的包豪斯作品作为纪念。

三个星期后，3月25日，包豪斯为纪念已担任9年包豪斯校长的格罗皮乌斯举行了一场告别派对。派对结束之后，学生与教职员工跳着舞，口中发出狂野的叫喊声，格罗皮乌斯在一片欢呼声中被学生扛起，高高举到空中，绕着屋子一圈一圈地走。学生和教职员工为格罗皮乌斯准备了一份特殊的礼物——一套名为《9年包豪斯：包豪斯编年史》的作品集。这套幽默怀旧的图画集、照片和拼贴画作品集记录了他们自格罗皮乌斯建校以来对包豪斯的印象与感情。最令格罗皮乌斯印象深刻、甚为感动的作品是埃德蒙·科林的普雷勒尔之家摄影拼贴画。照片中普雷勒尔之家的住户纷纷跑出住宅，挤在角落里，待在屋顶上。格罗皮乌斯的最后一个庆祝派对代表着一个特殊时代和一个特殊人群的终结。马塞尔·布鲁尔、拉兹洛·莫霍利－纳吉与拜尔现在也将随格罗皮乌斯而去。

大放奇光异彩的包豪斯世界即将褪色，正如卢·谢帕回忆道："鲜明的亮色与暗色调、纯白色与纯黑色，以及各种不同明暗程度的纯净的灰色——原本这样干净、清晰的世界即将被以邪恶的棕色和枯萎的红色为代表的第三世界所侵蚀、污染。"[34]

埃德蒙·科林制作的普雷勒尔之家摄影拼贴画（局部）

【注释】

1 塔德乌什·佩佩尔，"在包豪斯"，1927年，引用沃尔夫冈·索恩，《德绍大师之家的生活和工作》（德绍，2003），第4页。

2 沃尔特·格罗皮乌斯，引用奈丁格，第76页。

3 菲力克斯·克利，引用惠特福德，第211页。

4 莱内尔·费宁杰对茉莉亚·费宁杰所言，1926年8月2日，引用惠特福德，第209页。

5 伊势·格罗皮乌斯，《初见》打字稿，约1970，AAA。

6 伊势·格罗皮乌斯对玛农·布尔查德·格罗皮乌斯所言，日期不详，1925年，BHA。

7 康拉德·温彻，引用沃尔夫冈·索恩，《德绍大师之家的生活和工作》（德绍，2003），第26页。

8 伊势·格罗皮乌斯日记，1925年10月11日。

9 同上，1925年10月11日。

10 奥斯卡·施莱默，引用奈丁格，第76页。

11 阿尔玛·马勒，引用艾萨克斯，第136页。

12 同注释8，1927年11月8日。

13 同注释8，1927年11月15日。

14 同注释8，1926年4月26日。

15 同注释8，1927年2月14日。

16 同注释8，1927年2月1日。

17 同注释8，1927年4月1日。

18 同注释8，1927年6月23日。

19 汉内斯·迈耶，引用E. A. 希曼，《包豪斯大师》（莱比锡，2016），第35页。

20 沃尔特·格罗皮乌斯，寄信至《建筑评论》第134期，1963年7月至12月，第6页。

21 同注释 8，1927 年 1 月 7 日。

22 沃尔特·格罗皮乌斯对瓦西里·康定斯基所言，1927 年 2 月 7 日，引用惠特福德，第 254 页。

23 同注释 8，1926 年 6 月 20 日。

24 同注释 8，1927 年 2 月 19 日。

25 同注释 8，1927 年 12 月 5 日。

26 同注释 8，1925 年 2 月 20 日。

27 同注释 8，1928 年 1 月 13 日。

28 弗里茨·库尔，1924 年 2 月，引用汉斯·温勒，《包豪斯》（马萨诸塞州剑桥市，1969），第 136 页。

29 同注释 8，1928 年 2 月 21 日。

30 同注释 20，1963 年 7 月至 12 月，第 6 页。

31 同注释 20，1963 年 7 月至 12 月，第 6 页。

32 同注释 8，1928 年 1 月 21 日。

33 雷特·戴克塞尔，《法兰克福报》，1928 年 3 月 17 日，引用惠特福德，第 257 页。

34 卢·谢帕，1964 年，引用诺伊曼，第 125 页。

11 美国：1928

为了减轻离开包豪斯的痛苦，伊势和格罗皮乌斯决定前往美国散心。这次旅行对格罗皮乌斯来说是一次认真的学习之旅。在格罗皮乌斯感兴趣的许多建筑理念方面，美国都取得了相当大的进展，遥遥领先于世界平均水平。特别是美国对工程结构和批量生产部件方面的研究，满足了以多种不同方式快速组装住房的需求。格罗皮乌斯也曾在他的"8天速成房屋"的预制房屋主题演讲中引用了最新的美国案例。这次美国之旅不仅给格罗皮乌斯带来了许多建筑设计的启发与灵感，同时对格罗皮乌斯的人生来说也是十分重要的，是连接格罗皮乌斯旧世界与新世界之间的桥梁。

他们的旅行费用部分由阿道夫·索默菲尔德赞助。阿道夫·索默菲尔德对格罗皮乌斯的新发现总是十分感兴趣，也坚信他的发现可以给自己带来利益。索默菲尔德与格罗皮乌斯怀揣着远大的梦想与计划：建造一个巨型工厂，采用美国大规模生产建筑构件的高效方式，以亨利·福特为灵感，改造整个建筑业。索默菲尔德的妻子勒内的兄弟目前居住在美国，这次他也与格罗皮乌斯和伊势同行，不过索默菲尔德由于行程太满无法赴美。格罗皮乌斯与伊势的这次旅行同时也获得了德国住房建设研究所的官方支持。

伊势告诉我们："索默菲尔德大张旗鼓地安排了 G（指格罗皮乌斯）、我与索默菲尔德女士的此次美国之旅。这是宣传他们计划的大好时机。"他会邀请一些重要的德国政客、银行家以及一些美国记者到他的家里。"[1]柏林州政府总理奥托·布劳恩与柏林首席规划师马丁·瓦格纳都受邀参加了茶话会。格罗皮乌斯在贪婪急切的索默菲尔德的指示下发表了告别演讲。

1928 年 3 月 28 日，他们乘坐德国新航线 SS 哥伦布号从不来梅起航。航行共 11 天，格罗皮乌斯夫妇一路上拍摄了数百张照片，记录了这次为期 11 天的航行的点点滴滴。这是个摄影越来越大众化的时代，也出现了越来越多专门拍摄的正式严肃的建筑照片。

加入这次旅行的格罗皮乌斯等人也照了许多非正式的快照。我们可以在照片中看到伊势与勒内两位夫人头戴钟形帽，蜷伏在薄毯下，在甲板上的沙发床上伸展放松。沃尔特头戴宽松的平顶帽，身穿粗花呢夹克与带有钻石图案的 V 领套头衫，以无边无际的大海为背景在船舶上摆姿势拍照。

1928 年 4 月 7 日，沃尔特·格罗皮乌斯教授及其夫人的名字出现在《纽约时报》的海外著名人士来美的名单中。他们接下来的 3 个星期都住在纽约第五大道的广场酒店。（在 20 世纪 30 年代早期，艺术赞助人所罗门·古根海姆在广场酒店预订的私人套房中向公众开放展示了他的现代收藏品，其中古根海姆在参观包豪斯时获得的保罗·克利与瓦西里·康定斯基的作品也一并在展览中展出。）

格罗皮乌斯在首次纽约之旅中一直忙于向美国建筑师、工程师、承包商和政府规划部门写介绍信。格罗皮乌斯孜孜不倦地对纽约高层建筑及其施工方法进行了仔细的研究。伊势在 20 世纪 70 年代接受采访时表示："我想我在那之前看过的那时所有的摩天大楼在我来到纽约之前早已完工了。走进建筑物外面的这些可怕的电梯真的非常危险，但我的丈夫必须亲自搭乘每一部电梯，而我又是唯一一个能讲英语的人，所以虽然害怕，我也必须陪同我的丈夫搭乘每一部电梯。"[2]

格罗皮乌斯当时关注的重点是钢架结构，他在白色之家实验住宅中所采用的就是这种结构。我们可以从他们此次旅程中所拍摄的一张布鲁克林大桥的照片中看出格罗皮乌斯对过去这座伟大的纽约建筑的敬畏，对这座由巨大的砂岩与花岗岩挂架支撑的钢索结构建筑的迷恋。

格罗皮乌斯在纽约拍摄的照片极具超现实主义的品质，给人巧妙的幻想之感。在从一个垂直夸张的角度拍摄的熨斗大厦照片中，熨斗大厦似乎已经倒塌，压住了下方的人群。第五大道上的大部分法国建筑都散发出一种不祥的气息。现如今，从纽约中央火车站大桥俯瞰，便可以看到由格罗皮乌斯设计的一栋最具争议的建筑——1958年的纽约泛美摩天大楼。

格罗皮乌斯与伊势同时也被繁忙、复杂的纽约交通所震撼。纽约比柏林更疯狂，但形成了自己的特色。格罗皮乌斯与伊势也体验了当地的娱乐活动：巴纳姆的马戏团、罗克西剧院和齐格菲歌舞团，他们发现"与德国舞台相比，齐格菲歌舞团女孩穿着非常保守，一点也不暴露"[3]。在柏林，舞团演员们穿着暴露几乎已经成为常态。

4月29日，格罗皮乌斯等人乘火车前往华盛顿。他们的时间并不充足，只能走马观花地游览这座城市。格罗皮乌斯在这里与建筑材料和建筑法规的联邦委员会成员见面，拜访了德国大使，并参观了林肯纪念堂。华盛顿并没有给格罗皮乌斯留下深刻的印象。格罗皮乌斯认为华盛顿空有"有计划建设的城市"的美誉，严肃地批评了华盛顿规划内部本质的不一致性。华盛顿为成为首都与联邦特区在各方面做出了最大的努力，但对于"政治和社会精英、政府工作人员、中产阶级以及黑人标准不一"[4]。美国人对黑人的态度使格罗皮乌斯感到震惊与不解。

两天后，格罗皮乌斯等三位旅客乘坐火车前往芝加哥，芝加哥让他们激动不已。1871年这座城市曾因大火几乎化为废墟，但这场灾难在一定程度上是一件好的事情。灾后的芝加哥经过重建，形成了现在规划严谨、凝聚力极强的城市。格罗皮乌斯十分欣赏其布局有序的郊区，同时也对集中供热厂与发电厂、芝加哥城市隧道、地下物流运输系统，以及为了排尽密歇根湖的污染物而改变河流流向的方式等一系列城市高效的基础设施及运作方法留下了深刻的印象。

格罗皮乌斯在亲眼看到芝加哥简约的工业结构、西尔斯罗巴克公司的混凝土建筑，以及自己从建筑职业生涯开始时就推崇的大型筒仓和谷物升降机之后非常兴奋。他将弗兰克·劳埃德·赖特在芝加哥的建筑作品全都参观了一遍。格罗皮乌斯之前看到书中的图片时就很喜欢赖特的设计，如今终于如愿以偿亲眼看到了实物。他和伊势参观了赖特1908年至1910年设计的华丽精致的罗比之家与伊利诺伊州橡树园的唯一神派小教堂，并留下了大量的照片。格罗皮乌斯一直认为赖特无论在单个建筑的细节方面，还是在建筑整体概念方面，都以他耀眼、丰富的想象力给予他诸多的灵感。

在格罗皮乌斯夫妇的相册中，除了赖特建筑的照片之外，最让他们怀念的非格罗皮乌斯最近设计的《芝加哥论坛报》大厦莫属了。格罗皮乌斯参加1922年芝加哥设计竞赛时便选择了这座新哥特式的城堡摩天大楼进行参赛。

根据之前的经验，我们不难看出，每当来到新地点、看到新景观，格罗皮乌斯都会欣喜若狂。新墨西哥州和亚利桑那州比格罗皮乌斯去过的任何地方都让他感到兴奋。三人5月初乘坐圣非号火车穿过新墨西哥州到亚利桑那州边境。在1934年写的一篇文章中，伊势生动地描述了他们一路向西的旅途：

> 越接近亚利桑那州的边境，景观就会越来越陌生、奇特。我们每天早上起床都会被窗外不断变化的异国景象所惊艳。大草原在我们面

前像绿地毯一样向远方铺开延伸，一眼望不到尽头。一股奇怪的味道透过车厢密封窗户的缝隙飘进来，但并不影响车厢内弥漫的我们自带的城市气息，座椅在微风的吹拂下镀上了一层窗外的细沙。我们宽敞的头等卧铺就在窗户旁边，躺在这里，我们小时候希望自己只须静静地躺在那里，不用费一丝力气就可以将一切奇光异景尽收眼底的奇梦与愿望，今天终于可以实现了。皮肤黝黑的墨西哥人在车站直勾勾地盯着我和我的同伴们。最后一辆马车离开之后，这里变得更加闷热，沙尘天气也更加强烈。新墨西哥州土地贫瘠、寸草难生、植被稀疏。憔悴的马匹在沙丘之间寻找食物，不时抬头看着我们。周围遍布的动物尸体让我们对这片无情的贫瘠之地百感交集。[5]

三人一路欣赏着尤巴城、格兰德河和彩绘沙漠等壮丽景色。格罗皮乌斯表示，这条路线给他们留下了"从未有过的最震撼的印象"[6]。三人也参观了"桌状高地"大峡谷的奇特景观，格罗皮乌斯将其称为"负面之山"。在大峡谷拍摄的照片中，格罗皮乌斯像边疆居民一样身穿工装裤，头戴斯泰森毡帽；而伊势则优雅地坐在瀑布旁边的巨石上。三人在埃尔托瓦尔酒店雇用了一名导游。导游名叫杰克，是一名年轻的美国人，长相英俊帅气。看到他，伊势终于明白美国富有的年轻女性愿意与亚利桑那州贫穷牛仔结婚的原因了。

在这条满是奇特景观的路线上，一路遍布仙人掌。格罗皮乌斯十分痴迷于仙人掌，因此这正合格罗皮乌斯之意。在德绍包豪斯期间，格罗皮乌斯收集了大量的仙人掌。格罗皮乌斯的喜好是众所周知的，他的朋友也帮他寻找更多的仙人掌。一次，在格罗皮乌斯的生日派对上，教职员工与学生们送给他一套由他们亲手设计并制作的人造仙人掌：以黄瓜为仙人掌，以精雕的萝卜为仙人掌上的花朵。这无疑是格罗皮乌斯仙人掌收藏品中最美丽、让人印象最深刻的一件珍品。格罗皮乌斯所热爱的这种带有掌片、长满针状小刺的仙人掌植物具有超现实主义所追求的元素与思想，这与格罗皮乌斯所坚信的规范与流畅的理念有所出入。但这恰恰是能够佐证格罗皮乌斯自相矛盾的性格特征的又一实例。

在杰克的带领下，三人参观了霍皮、纳瓦霍和哈瓦苏派保留地，这也标志着他们的亚利桑那州之旅达到高潮。他们一开始开着一辆帕卡德汽车，后来骑着印度小马继续下面的旅程，在炎热的夏天，艰难地在山地骑行了 8 个小时。他们刚到达哈瓦苏派保留地，那里便下起了倾盆大雨。之前饱受旱灾之苦的哈瓦苏派印第安人对他们这几位外国白人表示感谢，他们坚信是他们三个的到来为当地带来了这场突如其来的大雨。村民们迅速为他们三人组织了一场比赛，展示了套马和驯马的技巧，并跳起了欢快的传统舞蹈。之后，杰克与三人继续前行来到了瀑布。在其中一张照片中，我们可以看到格罗皮乌斯渺小的身躯浸泡在巨大的水池之中。

格罗皮乌斯写信给自己的女儿玛农，向她讲述他访问亚利桑那州印第安人的故事。玛农自幼就对美洲原住居民十分感兴趣。她几乎将卡尔·梅所著的讲述阿帕奇酋长历险记故事的著名三部曲中的第一部——《最终定论》中出现的每句话都烂熟于心。"我亲爱的慕兹，"格罗皮乌斯回到埃尔托瓦尔酒店后写道，"我已经与印第安人在一起度过了 10 天！我们骑着马、乘着马车穿过这个胜地，并膜拜、歌颂了维尼托的后代。"格罗皮乌斯告诉玛农："他们现在可以与白人和平相处，但他们在很大程度上仍保留了自己的传统衣物、住所和旧习俗！"[7]格罗皮乌斯与玛农一样，自幼喜欢卡尔·梅的作品，他曾送给玛农一套豪华版的《维尼托全集》三部曲。格罗皮乌斯表示，梳着两条长辫子的玛农看起来竟与印第安人阿帕奇酋长有些相似。对于格罗皮乌斯来说，亚利桑那州永远是奇异特殊的地方，是他放松心情、缓解压力的最佳去处。格罗皮乌斯后来也经常去亚利桑那州。

三人从亚利桑那州西行前往加利福尼亚州。洛杉矶的景色与人文和美国其他地方大不一样。20世纪20年代中期，一些高度个性化的建筑师，如弗兰克·劳埃德·赖特、鲁道夫·辛德勒，特别是理查德·诺伊特拉，都为南加州带来了新的建筑形式。5月14日抵达洛杉矶的格罗皮乌斯立即联系了诺伊特拉。诺伊特拉在他的回忆录《生活与形状》中表示自己完全没料到格罗皮乌斯会给自己打电话："我是格罗皮乌斯。我不确定你是否还记得我的名字。"[8]

诺伊特拉确实记得很清楚。他出身于一个富裕的匈牙利犹太家庭，身为典型欧洲人的他因建筑事业而移民到了美国。诺伊特拉于1923年赴美，并曾短期在弗兰克·劳埃德·赖特的手下工作，随后他来到了南加州与鲁道夫·辛德勒共事，最后又在洛杉矶发展自己的建筑事业。最近刚访问了德绍包豪斯的诺伊特拉接到电话后立即回答格罗皮乌斯："我的天啊！你居然还问我是否还记得你！你在哪儿？我立刻过来接你。"这通电话标志着格罗皮乌斯与诺伊特拉之间长久友谊的开始。

在第一次访问洛杉矶时，格罗皮乌斯就从加利福尼亚州的生活方式中感受到了在国际上与当地盛行的现代建筑运动气息。诺伊特拉向格罗皮乌斯展示了他自己最近完工的位于好莱坞的小花园公寓，两人还一同欣赏了赖特的建筑设计。我们没有找到关于他们行踪的任何记录，两人也许参观了赖特的带有玛雅与阿兹特克时期住房特点的洛杉矶混凝土结构构架小屋。他们也许欣赏了辛德勒20世纪20年代中期为健康医师菲利普·洛弗尔设计的著名的洛弗尔海滨别墅。洛杉矶混凝土结构构架小屋与洛弗尔海滨别墅都是加利福尼亚州当地的代表性建筑，强调了最优、健康和均衡的生活方式。除此之外，诺伊特拉还带领格罗皮乌斯与伊势来到好莱坞电影制片厂。南加州无疑是继亚利桑那州之后，他们的美国之旅的又一高潮。三人都对加州随处可见的活力、乐观、魅力、现代的信仰赞不绝口，对在长滩港捕捉到的高耸如云的夸张的石油钻井平台钢结构印象深刻。

离开洛杉矶，三人又来到了景观截然不同的底特律。工程师兼建筑师阿尔伯特·卡恩热烈欢迎格罗皮乌斯的到来，并以格罗皮乌斯的名义安排了一场正式晚宴，还带格罗皮乌斯参观了自己在迪尔伯恩设计的福特工厂。格罗皮乌斯经常引用亨利·福特的案例，宣传、呼吁德国应该借鉴其大规模的生产方式。当格罗皮乌斯看到福特迪尔伯恩胭脂河工厂与著名的福特工厂一样高效多产时，不禁发出了惊叹。但与此同时，格罗皮乌斯也对机械取代人工生产提出了疑虑。对于格罗皮乌斯来说，人为因素至关重要。事实证明，不止格罗皮乌斯一人发现了机械化进程中存在的潜在威胁与弊端。弗里茨·朗也在这个时期制作了反乌托邦电影《大都会》。

距离返德还有 3 天时，格罗皮乌斯、伊势和勒内回到了纽约。在短短的 3 天里，他们行程满满地安排了各类社交活动，时间十分紧张：参加豪华奢侈的阿斯特酒店的老板专为他们举办的晚宴，与评论家刘易斯·芒福德共进午餐，与银行家费利克斯·沃伯格共进晚餐，与作家亨利·路易斯·门肯进行难忘的会面，还与年轻、博学的艺术史学家兼中国瓷器收藏家阿尔弗雷德·巴尔相识。此次与阿尔弗雷德·巴尔的相识对格罗皮乌斯来说具有深远的意义，因为阿尔弗雷德·巴尔在格罗皮乌斯 10 年后重返美国时在美国宣传包豪斯中起到了重要的作用。巴尔曾于 1927 年访问过包豪斯，但显然格罗皮乌斯当时不在包豪斯，两人擦肩而过。这次两人在纽约见面并建立了深厚的友谊，格罗皮乌斯也对巴尔的陶瓷收藏品表示高度赞赏。

格罗皮乌斯和伊势在美国逗留的最后几天中，仍然满怀好奇心地探索纽约的新事物、新地点，获得新体验。他们参观了唐人街、意大利区，还有犹太人下东贫民区。其中犹太人下东贫民区环境恶劣肮脏，与位于市中心宽敞、健康的纽约德国人聚集地约克维尔形成了鲜明对比。黑人文艺是格罗皮乌斯的挚爱，而棉花俱乐部是他最喜欢的娱乐场所。棉花俱乐部只接待白人顾客，却捧红了最优秀的黑人艺人。格罗皮乌斯对艾灵顿公爵的乐队以及夜总会的歌舞表演也赞不绝口。格罗皮乌斯与伊势一直坚信："一切原创和艺术都来自黑人。"[9]

这次的美国之旅是格罗皮乌斯人生的一大转折点。从格罗皮乌斯于美国拍摄的照片中我们不难看出，美国新奇的事物、辉煌的景象和建筑业的悠久传统与新鲜血液，都令格罗皮乌斯热血沸腾，唤醒了格罗皮乌斯内心的雄心与抱负。5月26日星期日，格罗皮乌斯、伊势和勒内再次启航，返回柏林，开启了人生的新篇章。

【注释】

在德语版的格罗皮乌斯传记中，作者雷金纳德·艾萨克斯对格罗皮乌斯夫妇的美国之旅进行了详细的描写。除此之外，于2008年在柏林包豪斯档案馆举行的"沃尔特·格罗皮乌斯：1928年美国之旅"展的目录也为我们提供了许多有价值的信息。格罗皮乌斯夫妇在美国拍摄的400多张照片全都收录在其中，该目录的前言由安玛丽·杰西与耶尔达·布鲁尔两人撰写。

1 伊势·格罗皮乌斯日记，1928年3月2日，AAA。

2 伊势·格罗皮乌斯，"微小却完美的事物"，采访记录，约1980，1984年转录，BHA。

3 沃尔特·格罗皮乌斯，引用艾萨克斯，第145页。

4 同上，第148页。

5 伊势·格罗皮乌斯，"沉浸在歌唱的青蛙和天蓝色的瀑布中"，打字稿文章，1934年，BHA。

6 同注释3，第148页。

7 沃尔特·格罗皮乌斯对玛农·格罗皮乌斯所言，1928年5月10日，引用赖德尔，第93页。

8 《生活与形状》，理查德·诺伊特拉（洛杉矶，2009），第264页。

9 同注释3，第149页。

12 柏林：1928—1932

作为德国经济复苏与工业扩张的中心，柏林稳步发展。德国的实际收入、生产以及出口量至 1926 年已经恢复到了第一次世界大战前的水平。可观的前景让各界人士信心大增，建筑业也逐渐复兴，这一切都使格罗皮乌斯下定决心从德绍回到他的故乡。

"建造顺应时代的新建筑已经成为各行各业的一大关注点。"[1]评论家麦克斯·奥斯本 1929 年评论道：

> 如今，为适应生产对功能性、空间感的要求，大量的工业建筑如雨后春笋般出现在城市周围。在如今的技术时代，工业生产中所必不可少的厂房、生产间、仓库与工作室却一成不变，丝毫没有美感。这些工业生产建筑中的行政大楼、内部流通体系、梦幻般的钢结构、烟囱、移动式起重机、高耸入云的地标塔打破了勃兰登堡地区原本朴实宁静的生活。

格罗皮乌斯所倡导的艺术与科技融合的时代似乎指日可待了。

与此同时，柏林在 20 世纪 20 年代后期正值"文化黄金时代"，吸引了众多激进、创新的实验型人才。建筑师与艺术家；小说家、诗人和文学记者；作曲家和音乐家；演员和戏剧制作人导演——德国柏林因这些艺术家从事的工作和举办的社交活动而充满了生机。包括哈利·凯斯勒伯爵在内的一些久经世故的欧洲人也表示："巴黎现在已经索然无味了，柏林才是真正的娱乐中心。"[2]

1928 年是自第一次世界大战动荡以来，格罗皮乌斯首次较长时间稳定居住在柏林的时期。格罗皮乌斯和伊势在一套宽敞的十二室公寓的三楼安居下来，这套公寓位于波茨坦广场附近的一条无车辆通行、较为隐蔽的街道上。此地曾是植物园，前方花园里仍然保留着之前植物园种植的稀有树木与灌木。伊势十分喜欢以及引以为傲的两棵高大的黎巴嫩雪松分别位于公寓入口的两侧。一扇大门将两人住宅所在的街道与附近喧闹、繁忙的波茨坦大街隔离开来，让格罗皮乌斯夫妇当时可以在 "柏林这座动荡的大城市中过上僻静安逸的生活"[3]。

30 年前，由柏林克莱默、沃尔芬斯坦两位建筑师设计的这座极具新哥特式华丽风格的建筑与格罗皮乌斯自己所秉持的建筑风格形成了鲜明对比。这个宽敞的公寓可以轻松容纳格罗皮乌斯的建筑设计事务所，即使在事务所职员人数高达 20 人时也绰绰有余。格罗皮乌斯的柏林事务所中雇用了一位名叫希尔德·哈特克的女建筑师，这在当时是十分不同寻常的。事务所里有两个女佣、一个厨师、一个秘书、一个女档案保管员以及一个住宅办公室男前台。这个阶段的格罗皮乌斯生活在宽敞的住宅中，自己的事务所也有一定的规模，日子总体来说比较乐观。格罗皮乌斯公寓的内部装潢非常现代化，内置包豪斯家具和夫妻两人从德绍带回的物品。他们从德绍带回的留声机也放置在家中，不过现在格罗皮乌斯收藏的唱片一方面数量不断增加，另一方面所涉猎的艺术家的范围也越来越广。除了他们之前经常听的斯特拉文斯基、克申内克与贝拉·巴托克的歌曲之外，现在他们还涉猎了路易斯·阿姆斯特朗的爵士乐、西班牙吉他音乐以及当时在欧洲鲜为人知的来自亚洲的小众音乐。

格罗皮乌斯的公寓成为众多来自不同领域的朋友的聚集地。来自

雨果·埃尔福斯 1928 年为格罗皮乌斯拍摄的照片

不同国家的人，操着各种各样的外国腔调与口音交流畅谈，而格罗皮乌斯，这位仪态端庄、温文尔雅、独具魅力的男人永远是这里的中心。现在的格罗皮乌斯留起了一层厚厚的刘海儿，尼古拉斯·佩夫斯纳在柏林与格罗皮乌斯见面时，对格罗皮乌斯的形象略表惊讶："自律和正直，"佩夫斯纳后来回忆道："我一生中从未遇到过可以像沃尔特·格罗皮乌斯一样能够完美地兼具这两种品质的人。"[4]

格罗皮乌斯与伊势在柏林一直与从德绍包豪斯离开的大师赫伯特·拜耳和拉兹洛·莫霍利－纳吉保持着密切的联系。格罗皮乌斯经常在他的公寓举办聚会，也显示出夫妇两人广泛的交友圈。

经常来参加聚会的有雕塑家瑙姆·加博、剧作家和小说家霍瓦特、作曲家库尔特·威尔等。格罗皮乌斯和伊势还曾观看过布雷希特与威尔早期在三便士歌剧院中的演出。三便士歌剧院于 1928 年在柏林营业，伊势在多年后仍然记得布雷希特"孤单一人坐在观众席前排观看表演。他身穿的衣服从远处看就像一件黑色工装衬衫，也没有系领带。但近距离仔细观察，他的衣服却是华贵的黑色丝绸质地。仅从衣着这一点布雷希特就让人难以捉摸，更不要说他在生命的每时每刻都让人们感到困惑与混乱了"[5]。

格罗皮乌斯夫妇仍将与同时代的其他进步柏林建筑师的友谊视为他们生活的核心。此时，柏林的独特之处就在于孕育了一批具有远见卓识的建筑师，除了格罗皮乌斯之外，还有布鲁诺·陶特、设计环球影厅的埃瑞许·孟德尔松以及密斯·凡·德·罗。虽然这四位大师的设计风格截然不同，但他们合起来的力量足以掀起一场设计风格的革命浪潮。1929 年的柏林见证了迈向现代主义的激动与喜悦。

格罗皮乌斯不相信有天才的存在，也就是我们现在所谓的"明星建筑师"的存在。在这一点上，格罗皮乌斯与弗兰克·劳埃德·赖特恰恰相反。弗兰克·劳埃德·赖特正是因为这一点奠定了自己在美国建筑界的重要地位。"G 总是质疑自己的才能，"伊势写道，"他坚信上天赐予他最大的天赋仅仅是一个在大背景下进行设想与展望的能力。"[6]他认为，创造性群体一定可以通过某些方式带来广泛的社会变革。面对第一次世界大战所带来的破坏与灾难，格罗皮乌斯一直密切关注并积极建立起一个由进步的建筑师和艺术家组成的协会——柏林工作委员会。格罗皮乌斯在包豪斯时期仍与组织成员保持紧密的联系。

从 1925 年起，格罗皮乌斯又与一批激进建筑师共同创办了新组织——十环社。十环社成员包括布鲁诺·陶特、埃瑞许·孟德尔松和密斯·凡·德·罗，以及年轻的建筑师汉斯·夏隆和雨果·黑灵。适应新时代、构建新建筑文化是这个组织成员所坚信的理念，这个建筑理念不仅适用于个别建筑的设计，更适用于整座城市的经济规划。20 世纪中期的建筑师要考虑诸多方面的因素，其设计要关注并能够解决社会中存在的问题——健康和幸福、工作和休闲等，为引导大众过上平衡、良好的生活而创造最优的条件。十环社希望通过自己举办的多场涉猎广泛的展览，以及发表的多篇有争议的文章去改变大众对建筑的思考以及审美方式。对于格罗皮乌斯来说，这些建筑组织与协会并不仅仅是扩大事业和人脉的渠道，更是自己与志同道合的朋友建立深厚友谊的重要基础。即使格罗皮乌斯与这些组织的成员不能做到像在包豪斯那样每天进行交流，这些组织也仍然是他感情上必不可少的一部分。

格罗皮乌斯属于慢热型的人。伊势在日记中写道："格罗皮乌斯并不擅长与人交际对话。在与新结识的朋友交往时，格罗皮乌斯会更多地去聆听对方，在适应一段时间之后，他才会渐渐释放自我。"[7]一旦他向对方敞开自己的心扉，那么他们建立起来的感情一定是深刻、持久的。格罗皮乌斯的交际圈从1928年国际现代建筑协会建立开始迅速扩大。通过国际现代建筑协会，格罗皮乌斯结识了众多来自欧洲各国杰出的现代建筑师，他开始与组织成员共同宣传、建立现代主义建筑的思潮和流派。

国际现代建筑协会于1928年6月在瑞士洛桑附近的萨拉兹城堡举行了为期3天的会议。萨拉兹城堡的主人，海林·德·曼德罗特是一名艺术收藏家和室内设计师，她同时也热衷于赞助与投资现代建筑与设计事业。在格罗皮乌斯的朋友和热情的支持者——希格弗莱德·吉迪恩的推动下，国际现代建筑协会正式组建与成立。希格弗莱德·吉迪恩是一名瑞士艺术历史学家，他学识渊博、行为古怪。"希格弗莱德·吉迪恩能言善道，无人能及。他闭上眼睛就能出口成章，就好像沉浸在自己的演讲世界中，出神入化，让听众能够安静地沉浸其中。"[8]希格弗莱德·吉迪恩被任命为国际现代建筑协会的秘书长，组织成立的相关文件由勒·柯布西耶、德国城市规划师恩斯特·梅、法国现代主义建筑师安德烈·鲁尔萨和荷兰建筑师伯拉格敲定签署。由于刚从美国访问回国，格罗皮乌斯未能出席国际现代建筑协会的首次会议，但他就极简住宅与高层建筑发表的具有争议性的观点成为之后的1929年法兰克福和1930年布鲁塞尔国际现代建筑大会讨论的主题与重点。

国际现代建筑大会的气氛严肃激烈，各大国际著名建筑师需积极动用想象力才能应对当时所面临的社会和政治压力，不过大会也充满了欢乐轻松的气氛。格罗皮乌斯与来自芬兰的北欧设计之父——阿尔瓦·阿尔托、来自瑞典的斯文·马克利乌斯、来自巴塞罗那的何塞普·布兰科·塞尔特、来自匈牙利的法卡斯·莫尔那以及其他有影响力的人物建立起了感情，这对格罗皮乌斯在国际舞台占据主导地位起到了重要作用，格罗皮乌斯与勒·柯布西耶现已成为国际现代建筑协会公认的领袖人物。英国建筑评论家理查兹在国际现代建筑大会上见到格罗皮乌斯与柯布西耶后，将柯布比作是格罗皮乌斯"这匹顽强的马"身旁的"一只自由的鸟"[9]——柯布西耶更加自由，而格罗皮乌斯更加稳健、勤劳。

很多人曾指责格罗皮乌斯墨守成规、奉行教条主义、极度缺乏灵活性，是使 20 世纪的住房毫无灵魂与人性的罪魁祸首。事实上，格罗皮乌斯一直奉行人道主义，这样的指控对格罗皮乌斯来说未免太不公平。格罗皮乌斯这个阶段的住宅理念定会让那些曾经诋毁他的人大跌眼镜，他表示："大型住宅开发总体设计的基本要求，是拥有新鲜空气、阳光、宁静、一定的人口密度，交通便利，设计合理，住宅内部便捷，整体氛围宜人。"[10]

减少对现有的林地的破坏，尽量保持其完整性。"融入地区自然因素的设计、街道间产生的距离与形成的空间、树木和其他植被散布在建筑物间用以开阔或遮蔽视野，所有这一切都会带来适宜的反差与轻松的氛围，使单调的设计图纸充满生机与活力，更紧密地将建筑物与人类融合，创造较大的空间。"格罗皮乌斯坚持认为："建筑的价值不局限于其功能价值，不局限于实现其目的，它更能够满足我们对和谐生活环境的心理需求。"说这番话的格罗皮乌斯似乎已经预见到了未来盛行的绿色环保理念。

对于格罗皮乌斯这一时期的演讲与作品，还有另一种不公正的声音。格罗皮乌斯被部分人认为是反女权主义者。格罗皮乌斯于1929年在"极简住宅社会基金会"上提出了建立"一个可以减轻女性部分家务负担的集中掌握处理家务事方法"[11]的想法。格罗皮乌斯表示在那样的现代建筑世界中，将会设有公共设施、儿童日常护理设施、自助餐厅和屋顶花园，这也是勒·柯布西耶所致力于探索的想法。格罗皮乌斯同情现代女性的需求，"她们希望在获得更多的自由时间、获得与孩子们在一起的时间的同时，可以家庭事业两不误，减少自己对男人的依赖"。也许是伊势的妹妹赫莎的经历影响了格罗皮乌斯，他清楚地意识到建筑师在"女性的思想与经济解放，获取与男性平等的权利中"可能起到重要的作用。格罗皮乌斯还坚持认为，每个成年人都需要拥有属于自己的空间，"无论这个空间有多小"。

格罗皮乌斯位于波茨坦大街的公寓的12间房中，有8间被用作建筑设计事务所的办公室。奥托·迈耶－奥滕是办公室经理，卡尔·菲格尔与弗朗茨·莫勒是主要负责人。我们没有找到描述办公室实际细节的任何资料，但在作家弗朗茨·黑塞尔于1929年发表的《漫游在柏林的人》中，我们推测其中的一个自然段很可能就是描写格罗皮乌斯的建筑设计事务所：

> 这位建筑师带我进入他宽敞明亮的工作室。他带我从一张桌子走向另一张桌子，向我展示上面陈列着的用于景观美化的平面图与三维模型、工作坊和办公大楼以及蓄电池工厂的实验室。他向我展示了他的飞机展览棚设计，以及一个全新的便捷、通风良好的住房项目图纸。这些项目将为千万户家庭住房紧缺以及居住环境差的问题提供良好的解决方案。他继续告诉我柏林建筑师现在正在进行规划，部分计划即将实施。[12]

黑塞尔口中忙碌的建筑师很可能就是格罗皮乌斯。在格罗皮乌斯回到柏林后接下来的几年中，他的办公室的工作重心一直放在了大规模的住房项目上，也一直致力于特尔滕村低成本住房开发项目。格罗皮乌斯还与雄心勃勃的阿道夫·索默菲尔德密切合作，打造"格罗菲尔斯"这个富有远见的合作项目，旨在于柏林郊区的波茨坦铁路沿线一带，以极其低廉的租金，为 5000 户家庭提供安身之地。

格罗皮乌斯与阿道夫·索默菲尔德合作的另一个项目是位于巴特迪伦贝格的千套公寓。1928 年，格罗皮乌斯再次与阿道夫·索默菲尔德合作，参与了仍饱受战争蹂躏的巴黎的灾后重建大型项目。格罗皮乌斯在此项目中发展了预制房屋以及预制公寓楼设计，并积极投入对巴黎大面积重新规划的任务中。1929 年初，格罗皮乌斯在斯潘道大型住房开发项目的建筑工程招标的 300 个投标者中一举夺冠。但让人感到惋惜的是，这些设计最终并没有得以落实。格罗皮乌斯回到柏林后，经过等待和努力最终得以实现的项目是位于城市西侧的西门子城的公寓楼。这是一个专为中等收入家庭设计的简单清爽的住宅。但令格罗皮乌斯感到讽刺的是，这座美丽而高雅的住宅仅 4 层高，并非高层建筑，更不用说解决当时格罗皮乌斯所关注的柏林工作人群住房困难的问题了。

所有这些美好的计划和项目都因 1929 年底爆发的全球经济崩溃而化作泡沫。格罗皮乌斯富有远见的进步观点成为法兰克福第二届国际现代建筑大会的焦点，但机不逢时，纽约股票指数直线下跌，10 月 24 日，纽约股市彻底崩盘。"黑色星期四"的影响席卷全球，柏林也深受其害：失业率上升，薪资待遇急剧下滑，德国知名公司倒闭，市政项目大面积取消。随着柏林国家政党之间的斗争不断升级，政治变得更加两极分化，充满血腥与暴力行为。在格罗皮乌斯周围，波茨坦广场已经沦为纳粹党常去的示威之地，纳粹分子齐聚在此，口中高喊"德国觉醒！""犹大去死""向希特勒致敬"。这一切预示着一个极端主义的政权即将到来。

1930年，设计事务所开始着手格罗皮乌斯的一座最令人印象深刻、最具说服力的高层建筑项目——位于柏林万湖湖岸悬崖边的两座11层高的公寓楼。两座公寓中间由一个一层高的圆形连廊连接，公寓俯瞰林德威尔德岛。但不幸的是，该项目由于资金不足也被中途取消。对于格罗皮乌斯来说，这无疑是一个充满失望彷徨、迷失方向的时期。

1930年春，德国外交部为参加即将在巴黎举办的法国艺术家协会展览会，委托德意志制造联盟打造一座德国展览馆，格罗皮乌斯终于有了大展身手的机会。同时，德国之前未能受邀参加1925年的巴黎艺术装饰展，所以这次展览会对德国来说也是一个重要的契机。德意志制造联盟任命格罗皮乌斯为艺术总监，全权负责巴黎大皇宫举办的法国艺术家协会展览会中的德国分展。格罗皮乌斯欣然接受，正如他在设计目录中所解释的一样，这座德国分展会"将见证德国当代与现代的创作精神，将展现当今社会与技术有机结合的方法与结晶"[13]。

为了向世人展现德国现代、简约和崭新的一面，格罗皮乌斯召集了他旧日的包豪斯合作团队——马塞尔·布鲁尔、拉兹洛·莫霍利-纳吉和赫伯特·拜耳，三人分别负责分展中的一部分。莫霍利负责照明设备、重新设计了邮局，还分享了一些关于德国的私房照。布鲁尔为新酒店进行室内设计。拜耳负责"德国标准商品"、由包豪斯设计或经包豪斯认可的现代家具和纺织品、家用电器、舞台设计和建筑项目等系列展示。这次法国艺术家协会展览会在某种程度上可以看作是日后1938年在纽约现代艺术博物馆举办的包豪斯传奇展览的早期演练。

格罗皮乌斯在巴黎展览中采用了他当前最喜欢的多用途公共空间的建筑概念，这样的居民公共聚会活动空间在格罗皮乌斯的一个高层住宅项目中也有体现。格罗皮乌斯在评论这样的公共区域时说道："人们可以毫无顾忌、自由地出入公共空间。"[14] 这是一种在不经意间，以非正式的方式"接近他人"的渠道，使邻里之间的交往更加轻松、自然。

格罗皮乌斯同样也为 1930 年德意志制造联盟展览设计了一座带有公共区域的住宅。住宅公共区域以酒吧和舞池的形式呈现，客人可以在其中较为隐蔽的小型休息室里收听广播、播放唱片、阅读书籍、娱乐玩耍。公共区域的楼上设有图书馆和用来发布社区公告与消息的布告栏。此外，住宅还设有游泳池和健身房，可供居民运动健身。屋内陈设的线条感突出的钢架家具是由马塞尔·布鲁尔设计的，体现了浓浓的现代感。

住宅的整体魅力以及精致复杂的设计令观光者赞不绝口。《辩论报》的评论家称格罗皮乌斯的系列公共区域是经过理性设计的"空间和光线"[15]，同时也展现出"毫无偏差的精确魔力"以及"恰到好处的神秘美"。广闻博识的鉴赏家哈里·凯斯勒在他的日记中写道："下午，我参观了法国艺术家协会展览会中由格罗皮乌斯设计的分展。德国展区引起了相当大的轰动，而且毫无疑问的是，德国展馆要比法国艺术和手工艺展览有趣得多。"[16]

———

此时的包豪斯内部依旧危机重重。自格罗皮乌斯 1928 年离开德绍以来，他一直注意与包豪斯保持距离。但关于包豪斯的消息还是时不时传入格罗皮乌斯的耳中，迈耶自上任成为包豪斯校长之后，立刻改变了自己的政策。"当我意识到时已经太迟了，"格罗皮乌斯在给美国同事的一封信中这样写道，"他在掌权之前一直隐藏自己的真正意图。他因一己私利而失掉了应有的正直与诚信。不光是我自己，包豪斯的其他人都因晋升为校长后明目张胆地表现自己政治立场的迈耶而大跌眼镜。"[17]

需要注意的是，这些话是格罗皮乌斯在 1963 年写下的，当时格罗皮乌斯身在美国。当时正值冷战最紧张的阶段，格罗皮乌斯一直担心与政治党派有联系会对包豪斯产生影响。显然，大多数人都会认为"与伟大的前任校长相比，接班的迈耶微不足道"[18]。迈耶大改包豪斯课程，在强调突出集体主义理论和科学工作方法的同时，大大削弱了课程有关艺术、抽象和个人主义的内容。格罗皮乌斯在任时，他一直在努力保持艺术与技术之间的平衡。现在到了迈耶的时代，技术远远凌驾于艺术之上。

汉内斯·迈耶强调设计与社会的密切关系，反对抽象艺术，这与教职工中以瓦西里·康定斯基和约瑟夫·艾尔伯斯为代表的崇尚纯艺术的大师的理念背道而驰，奥斯卡·施莱默的戏剧作品被迈耶和一群追随他的学生贬低为"毫不相干、形式主义、过于个性化"的作品，施莱默也因此表示十分不满与恼怒。奥斯卡·施莱默对迈耶的厌恶与日俱增，再也无法承受的他于 1929 年 10 月离开包豪斯。"格罗皮乌斯，"施莱默表示，"是能做出一番事业、在有价值的关键时刻敢于冒险的男人；而他的接班人是一个心胸狭隘的粗鲁之人。最致命的是，他根本无法胜任这份工作。"[19]

但迈耶所做的一切并不都是负面的。从积极的方面来说，迈耶在很大程度上巩固了包豪斯的建筑教学，并招募了马特·斯坦以及柏林激进的理论家——路德因·西尔贝斯爱蒙。路德因·西尔贝斯爱蒙也首次为包豪斯学生开设了城市规划的课程。迈耶与他的建筑合作人汉斯·维特威尔在由德国工会联合会举办的为贝尔瑙的一所学校设计教学楼的比赛中，带领包豪斯学生进行了真正的建筑实践，并赢得了比赛。在迈耶的领导下，包豪斯产品在销售方面比格罗皮乌斯时代更加成功。自迈耶任校长两年以来，包豪斯产品的年销售总额几乎翻了一番。迈耶更在 1929 年与生产商埃米尔·拉希签订了著名的包豪斯壁纸合同。

然而，这时迈耶在包豪斯的日子似乎已经接近尾声。作为包豪斯的校长，格罗皮乌斯对待政治小心谨慎，但正如我们所看到的，迈耶并不如此。马克思主义和列宁主义、科学研究、哲学、心理学和性教育的讲座都成了包豪斯正式的学科与内容，极其重视政治的迈耶积极鼓励政治活动与讨论。"我还记得之前有三个学生走到我面前，给我一份《共产党宣言》，"来自英国的学生威尔弗雷德·弗兰克仍清楚地记得，"他们把《共产党宣言》放在了我工作时使用的长凳上，然后说：'读完这个宣言，你就会知道关于我们的一切。'"[20] 当时的包豪斯，校内有迈耶的政治鼓励，校外有已在德绍逐渐蔓延的纳粹主义，所以当时在包豪斯读书的学生在这样的环境下很难不被政治洗脑、不受政治的影响，也很难获得自己政治自由的权利。

1930 年夏，因迈耶而陷入极度恐慌的黑塞市长打电话给身在柏林的格罗皮乌斯并说道，他担心迈耶的办学方针已对包豪斯构成了严重的威胁，格罗皮乌斯鼓励黑塞市长解雇他。7 月 29 日，黑塞市长谴责迈耶鼓励在校内开展政治活动、大肆宣传"马克思主义教学方法、削弱了土木工程学的传统观念"[21]，责令迈耶辞职。迈耶也不甘示弱，通过一封长信公开对黑塞市长的言论做出反击，并在各大报刊中刊登、宣传了这封信件。与此同时，迈耶还通过法律渠道控告德绍当局。通过多方协商与努力，黑塞市长与迈耶终于达成一致意见。1930 年，迈耶带着 6 名包豪斯学生离开德国定居苏联。

黑塞市长恳求格罗皮乌斯重返包豪斯。面对黑塞市长的邀请，格罗皮乌斯婉言拒绝并推荐他早期的同事，同时在某种程度上也是他现在在柏林的竞争对手——密斯·凡·德·罗担任包豪斯的新校长。事

密斯·凡·德·罗（1886—1969），摄于 1934 年

实上，在迈耶收到任命邀请之前，密斯早在 1928 年就已经获得了包豪斯校长一职的职位邀请，但密斯并没同意。现在密斯接受了校长一职，包豪斯的氛围与前景有了一线生机。

专制而严肃的密斯在 1930 年秋季接任包豪斯校长一职后，下定决心要重新整顿学校的秩序和纪律：对学生在校内开展的激进活动进行打压，对迈耶所器重的机械化和标准化观点进行削弱，同时引入自己的建筑、规划和室内设计概念。但当地纳粹政治对包豪斯的反对之声已经越来越大了。

威尔弗雷德·弗兰克斯一生都无法忘却当年纳粹党在德绍大广场示威游行时出现的场景：警察骑马赶来，粗鲁无礼地将聚集在广场中的包豪斯学生赶到了路边。"然后我们听到了远处铜管乐队演奏的声音，声音离我们越来越接近。之前许多学生与民众聚集在德绍大广场，在被警察驱散之后，广场很快就被一群穿着棕色衬衫的纳粹分子和警察所占据。这是我第一次见到纳粹分子。"[22] 纳粹党在德绍逐渐得势，在密斯领导下的包豪斯前景不容乐观。

———

　　格罗皮乌斯希望自己搬回柏林后能够有更多机会看到女儿。上次玛农来到德绍看望格罗皮乌斯时，格罗皮乌斯曾驾驶阿德勒汽车带玛农出去游玩，两人度过了美好的时光，格罗皮乌斯也希望女儿可以铭记这段快乐的日子。但情况变得不一样了，玛农现在在阿尔玛曾经就读的寄宿学校——维也纳哈努塞克学院就读。阿尔玛现已 50 岁，身体状况不佳。她终于认命并同意嫁给弗朗兹·韦尔费尔。弗朗兹·韦尔费尔与阿尔玛的结婚典礼于 1929 年 7 月 6 日在维也纳市政厅举行。弗朗兹·韦尔费尔现在不再是玛农的"韦尔费尔叔叔"了，他现在是法律承认的玛农的继父，是其生父格罗皮乌斯的对手。

　　格罗皮乌斯痛苦地意识到自己和玛农之间又产生了新的隔阂和更远的距离。1930 年 2 月 26 日，格罗皮乌斯写信向玛农抱怨道：

　　　　我最亲爱的慕兹，你知道你上次写信给我已经是 6 个月之前的事情了吗？我原本十分讨厌写信，是你，让我克服了一切。现在我必须再次提笔给你写信，向你表达我对你的爱与关心：你近来如何，你有什么计划，你在与什么样的人交往。关于你的一切我都十分感兴趣。但我只能通过别人的信息，从远处关注你。如果你再不用你那可爱的小手写封信给我，我就彻底感受不到做父亲的快乐了。[23]

　　阿尔玛与弗朗兹·韦尔费尔婚后搬进了在维也纳的一所新房子。这座令人过目难忘、气派、漂亮的新房子名为阿斯特别墅，是约瑟夫·霍夫曼于 1911 年邀请腰缠万贯的建筑工程师埃德瓦德·阿斯特设计的。这座豪宅位于霍赫沃特附近，距阿尔玛仍与卡尔·莫尔生活在一起的母亲的家并不远。格罗皮乌斯希望玛农可以将这座"富丽堂皇的城堡"[24]中她的卧室的精准平面图寄给自己，这样他就可以给自己的女儿设计一套包括床与梳妆台在内的完整的卧室家具。格罗皮乌斯最近为柏林的菲德尔百货商店设计的一系列组合式家具，为战后流行的"平装家具"设计奠定了基础。

格罗皮乌斯 1931 年又写给玛农一封温情的长信，他在信中告诉玛农：自己成功地为法兰克福阿德勒工厂设计了一款新敞篷跑车。这是埃尔温·克莱耶委托格罗皮乌斯设计的系列汽车车身之一。他向玛农炫耀道，由他设计的前排座椅可折叠、可转换成床的敞篷越野车，"多次在各大型汽车鉴赏比赛中获得最高奖项：在威斯巴登摘得金奖，在柏林荣获最美丽的德国汽车奖"[25]。格罗皮乌斯于 1931 年 2 月在国际车展上荣获最美丽的德国汽车奖，再次证明了格罗皮乌斯在自己的建筑事务所濒临倒闭的情况下，仍能不屈不挠、保持乐观与激情，不拘泥于建筑领域的优秀品质。

现在德国的政治局势越来越动荡不安。拉兹洛·莫霍利-纳吉的第二任妻子、柏林电影编剧西比尔·皮兹史表示："希特勒政权原来只是一个地方性的不足挂齿的小团体，却在 1931 年意外得势。"[26]接下来的两年，数百万名失业的年轻男子纷纷加入希特勒的暴风突击队。西比尔继续评论道："报纸和广播评论家对当今社会的新世界观感慨不已、连连叹息。各大行业掀起了重整改良武装军备的风潮。如今，柏林的生活中充斥着怯懦与背叛。"

无论作为建筑师，还是作为设计事务所的一把手，格罗皮乌斯都清楚并痛苦地看到现在事态的发展。他向 14 岁的女儿倾诉了自己隐隐感觉到的对未来的恐惧：

> ……你很难想象在过去几个月里，在这个千疮百孔、贫困潦倒的德国，我所遭遇的苦难与挫折。多年来，我一直坚守自己的信念，

为了看似对我来说很重要、值得我努力付出的事物而生活和工作，为了我们都希望拥有的那种"体面"的生活而竭尽全力、努力拼搏。但我可以告诉你，到头来，一个能按照自己的想法去生活、敢于开拓创新的人要比只考虑如何赚钱的人活得更加精彩。我在信中与你分享的都是成年人之间可怕的事情，但我知道你很聪明，我觉得我和你之间不像父女，更像是朋友，我坚信你一定会理解我。[27]

格罗皮乌斯一直对自己心爱的慕兹抱有很强的信心。即便是在得知玛农身体健康状况不稳定，甚至患有背部疾病时，格罗皮乌斯对女儿的信心也从未有过丝毫动摇。阿尔玛寄给格罗皮乌斯一张玛农脆弱到极点的脊柱X光片，格罗皮乌斯与阿尔玛现在已经很少联系对方了。当格罗皮乌斯听说女儿突然离校、开始学习外语翻译课程时，表示非常惊讶。现在的玛农已经精通了意大利语和法语。1931年11月，玛农与她的父亲在柏林短暂相聚。而另一方面，阿尔玛与古斯塔夫·马勒的女儿安娜，现与弗朗兹·韦尔费尔的出版商保罗·索尔斯奈走入人生中的第三段婚姻。但不幸的是，这段婚姻也并不顺利，不堪感情折磨的安娜企图自杀。为了防止安娜再次生起轻生的念头，阿尔玛迫切需要玛农回到家中。

———

20世纪30年代早期，格罗皮乌斯再次宣传起自己为解决大城市社会问题而提出的高层住房解决方案。自格罗皮乌斯上次踏上美国之旅以来，他一直坚信高层住宅是解决住房问题的最恰当的途径。格罗皮乌斯在系列讲座、广播和文章中都高度赞扬了多层公寓楼的优点。多层公寓楼可以为城市居民提供便利、健康、绿色的生活环境，完善的交通系统也可以轻松地将生活在乡村的人带到城市中，让更多的人享受这样优质的生活。格罗皮乌斯将自己对未来理想社会的构想于1931年德国建筑博览会上，以图片的方式呈现出来。格罗皮乌斯与包豪斯前同事亚历山大·桑迪·沙文斯基共同合作，设计了一系列高层住宅图文说明宣传板，在大会期间展出宣传。亚历山大·桑迪·沙文斯基在离开包豪斯之后，曾在马格德堡市政府平面艺术工作室担任总监。但后来，身为犹太人的沙文斯基在当地种族歧视的迫害下，不得不辞职离开。现在，沙文斯基在柏林从事自由职业。

格罗皮乌斯除了致力于开发高层住宅之外，还十分热衷于可快速装配的预制房屋。格罗皮乌斯为勃兰登堡菲诺赫希铜与黄铜工厂设计了一幢精致巧妙的预制铜房。在建造了40栋实验性预制房屋后，纳粹党得势执政。最初由犹太人所有的黄铜工厂被强行替换新领导，一切后续施工也无法继续开展。

格罗皮乌斯的设计事务所也仍尝试不同的新产品设计。伊势的家族企业——位于迪伦堡的弗兰克炼铁厂，希望自己的产品可以更具现代时尚气息，于是便委托格罗皮乌斯重新设计铸铁和燃木炉灶系列产品。由格罗皮乌斯设计的"奥兰尼尔"产品受到顾客的青睐与一致好评，成为弗兰克炼铁厂的畅销产品。但从某种意义上来说，设计这些对于像格罗皮乌斯这样怀有雄心壮志的建筑师来说未免大材小用，这令他痛苦绝望。由于德国经济衰退、市场不景气，格罗皮乌斯只能更多地依赖海外市场以及委托工程。格罗皮乌斯与前事务所员工、后移居到阿根廷的弗朗茨·莫勒再次合作，于布宜诺斯艾利斯开设了一间设计办公室。在两人合作的项目中，其中有一间可轻松扩大或变小的小屋。这个项目被称为"格罗皮乌斯标准之家"。

此时的格罗皮乌斯正忙于设计苏联的两个大规模项目：1930年哈尔科夫乌克兰国家剧院的国际比赛项目以及1931年规模更大的、

更具代表意义的莫斯科苏维埃宫殿设计。在这两大苏联项目之前，格罗皮乌斯早已与苏联结下了不解之缘。1926 年，苏联作家伊利亚·埃伦堡出席了德绍包豪斯的开幕典礼，并在此行了解了特尔滕村开发的新型实验住房的早期发展历程。埃伦堡回国之后发表文章记录自己此次的包豪斯之行，使越来越多的苏联人认识并熟悉格罗皮乌斯在包豪斯所取得的成就。伊利亚·埃伦堡深受苏联的各大建筑师、工程师和政府官员的关注与支持，当时的苏联在某种程度上仍崇尚现代主义。

由格罗皮乌斯设计的可容纳 4000 人、"用于举办大规模音乐演出"的哈尔科夫剧院是格罗皮乌斯基于自己早期的皮斯卡托总体剧场概念的再加工设计。剧院内部设计可增加观众的参与感，各类灯光效果或电影播放可通过投影仪投射到礼堂的舞台、天花板以及剧院的侧壁上。剧院的机械舞台设计与"工业生产厂和调车场一样，可向各个方向移动"。由格罗皮乌斯设计的全新剧院被世人称作是镀上一层玻璃的"源源不竭的大型太空机"。不过这座极具未来主义色彩的剧院并没有受到大赛评审的青睐。评审认为，剧场同时也应具备举办体育赛事、马戏表演和政治示威等活动的功能，所以格罗皮乌斯的设计并不是大赛理想的"大众活动剧场"[28]。格罗皮乌斯似乎对自己在此次比赛中仅取得第八名没有表现出过多的不安与失意。参加主要大型国际比赛是（现在仍然是）各大建筑师所公认的生活工作的重要组成部分。

格罗皮乌斯所参加的另一苏联大型建筑项目设计比赛是苏维埃宫殿设计比赛。莫斯科克里姆林宫附近的基督救世主大教堂近期刚被拆毁，急需一座可用于举行大型典礼的宫殿。世界各大著名建筑师，包括勒·柯布西耶、汉斯·波比锡、埃瑞许·孟德尔松以及格罗皮乌斯都受邀参加了苏维埃宫殿国际公开赛。格罗皮乌斯激动、热情地表达了自己最初的设计理念："苏联宫殿是新起点的标志，是见证苏联共产主义的重要里程碑。因此苏联宫殿应该是一座一目了然、气势磅礴、宏伟壮观的建筑丰碑，以庆祝共产党的崛起，象征着人民群众与政权之间的紧密联系。"[29]

格罗皮乌斯为苏维埃宫殿设计了两个位置相对的圆形礼堂。其中大礼堂可容纳 15000 人，而对面礼堂是可容纳 6000 人的小型礼堂。而在两个礼堂之间的开放空间，可进行大规模游行与示威活动。参加公共活动的群众多思想激进、目标统一，格罗皮乌斯这样的设计方便成千上万人同时轻松进出。与哈尔科夫的剧院一样，格罗皮乌斯在苏联宫殿设计中融入了屏幕与可移动的舞台设备等科技元素。但不幸的是，格罗皮乌斯的设计同样也无缘赢得这次比赛。

此时的苏联使现代主义建筑师格罗皮乌斯陷入绝望的困境。此时的苏联今非昔比，革命后崇尚自由表达、先锋派艺术得以蓬勃发展的景象已经不复存在，大众的艺术观念已经发生了翻天覆地的变化。苏维埃政权自 20 世纪 20 年代起已经逐渐远离原本激进的路线。在政府中央委员会于 1932 年正式宣布苏联艺术家联盟成立之后，苏联艺术家联盟表态社会主义现实主义是唯一可接受的艺术风格。

苏联宫殿竞赛的最终定夺权掌握在"评委会中最受关注的裁判——斯大林"的手中，这是《时代》杂志对此次大赛讽刺性的评论。进入决赛的三位选手全部是新古典主义风格的反动派建筑师。1933 年 5 月，大赛宣布苏联建筑师鲍里斯·约樊获胜。约樊的设计方案是一座呈婚礼蛋糕形状、高 415 米、顶部有一座 70 米高的列宁雕像的建筑。与格罗皮乌斯早期参与的《芝加哥论坛报》大厦设计比赛相似，本次竞赛暗箱操控、早有内幕。但是受到第二次世界大战的影响，苏维埃宫最终并未建成。1958 年，尼基塔·赫鲁晓夫下令在大教堂遗址上建造大型公共露天游泳池。

———

柏林恶劣的政治环境更坚定了格罗皮乌斯与伊势移居别处的决心。1930 年春末，他们在瑞士提契诺州的马焦雷湖岸发现了充满神秘乐趣的阿斯科纳镇。自 20 世纪初德国生命运动与漂鸟运动以来，阿斯科纳一直是致力于探索更好的生活方式的理想主义者所向往的圣地，最初的社会主义小团体在一座名为"真理山"的山中隐居。这里的居民拒绝传统的社会价值观，他们支持素食主义与裸体主义，有自己对于道德的独到的见解与看法，经常针对某一思索性的问题进行激烈的辩论。这个小团体以其自由的氛围吸引了来自不同领域的学者和访客：赫尔曼·黑塞、卡尔·荣格、埃里希·玛丽亚·雷马克、鲁道夫·施泰纳和亨利·凡·德·威尔德等。鲁道夫·拉班于 1913 年在阿斯科纳创立了一所表演艺术学校，伊莎多拉·邓肯与玛丽·魏格曼也在那里发展了他们的舞蹈理论、运动以及仪规。

众多包豪斯人也知道阿斯科纳镇的存在。保罗·克利是这里的疯狂爱好者。1927 年，奥斯卡·施莱默在阿斯科纳逗留期间写信给朋友表示，来到这里的人形形色色、络绎不绝，如布鲁尔夫妇和莫霍利–纳吉夫妇。

　　《狂风》的诗人、众多歌唱家、男爵、舞者、女伯爵、男画家、女画家、阿斯科纳土著居民、提契诺人、渔民和船员以及司机（你能想象到这热闹的画面吗？）。阿斯科纳的居民崇尚自由与流动，这是他们独特的魅力所在。他们具有较强的适应性与包容性，能够较快地适应并接纳一切外来新鲜事物。就连怪人、圣徒、自然崇拜者还有画家来到阿斯科纳也受到了当地居民的热烈欢迎，因此没有什么会引起他们的诧异与反感。[30]

收藏家冯·德尔·海德男爵当时还聘请现代主义建筑师埃米尔·法亨坎普在"真理山"上打造了一家酒店。

1930 年，格罗皮乌斯和伊势离开海德男爵新建的现代酒店，转而选择居住在更便宜、更有家的感觉的豪瑟之家中，这无疑表明了格罗皮乌斯的经济收入状况越来越不乐观。夏末，格罗皮乌斯夫妇与马塞尔·布鲁尔、拉兹洛·莫霍利－纳吉、赫伯特·拜耳及其妻子艾琳齐聚豪瑟之家，举办了欢乐、亲密的包豪斯家庭聚会。桑迪·沙文斯基将自己在阿斯科纳的日子描述为"眉飞色舞、仿佛乘坐三等舱的旅行"[31]。人们可以在这里的海滩上嬉戏玩耍，也可以打地掷球（bocce，一种类似保龄球的意大利式球戏）消遣娱乐。格罗皮乌斯也在打地掷球时证明了自己专业的实力与不凡的身手。包豪斯朋友们从"真理山"一路来到阿斯科纳上方的博斯科村，俯视马焦雷湖的美景。但是脚踝带伤的格罗皮乌斯并不擅长长途跋涉与攀爬，经常落在队伍的后面。

在阿斯科纳的日子无忧无虑、充满浪漫气息。我们从那个夏天在阿斯科纳拍摄的照片中能够感受到浓浓的肉欲与暧昧。席芙拉是一位迷人的女演员，曾参与德绍包豪斯中格罗皮乌斯之家的宣传拍摄。她嫁给了音乐家布鲁诺·加纳维斯，但这并没有对她的行事风格造成丝毫影响。在约瑟夫·艾尔伯斯拍摄的一系列照片中，格罗皮乌斯与席芙拉做出了一连串暧昧挑逗的动作，两人紧密地交缠在一起。照片中的格罗皮乌斯看起来很享受、很开心。在阿斯科纳短暂快乐的时光以及全新的环境中，众人没有任何负担与责任感，忘却了柏林的忧虑与烦恼。这个夏天同时也是伊势和赫伯特·拜耳坠入爱河的季节。

伊势·格罗皮乌斯和赫伯特·拜耳之间的恋情不是"真理山"上的挑逗调情，也不是一时的激情与放纵。伊势的养女阿提后来表示："伊势对赫伯特·拜耳的这种迷恋意义重大，这深深影响了伊势和她未来多年的婚姻生活。"[32] 当时伊势 35 岁，比赫伯特·拜耳大 3 岁。赫伯特·拜耳的妻子是摄影师兼平面设计师艾琳·赫克特，艾琳·赫克特在 1923 年参观魏玛包豪斯展览时与赫伯特·拜耳初见，后来成为包豪斯的学生，两年后与赫伯特·拜耳结婚。拜耳夫妇育有一女，名叫朱莉娅。在阿斯科纳的那年夏天，朱莉娅年仅 3 岁。但两人的婚姻状况并不美好，两人甚至还曾收到了法院对他们做出的离婚判决。

拜耳是一位出色的实验性平面设计师，也享有包豪斯花花公子的称号。"哦，赫伯特！"[33] 安妮·艾尔伯斯只要一想到赫伯特·拜耳就会发出感叹。德绍包豪斯的学生沃纳·大卫·费斯特是这样描述赫伯特·拜耳的："拜耳衣冠楚楚、风度翩翩，留着小胡子，在我看来他的装扮有些虚荣浮夸。他经常用深邃的大眼睛静静地观察周围的一切。"[34] 但赫伯特·拜耳微妙、复杂的面容背后还带有一种超脱与冷漠。"拜耳冷酷、僵硬的笑容让我感到不舒服。"沃纳·大卫·费斯特告诉我们。也许正是拜耳肤浅浮夸、放荡不羁的虚荣和充满魅力的外表下却有着严肃的内心的个性特征让伊势欲罢不能。

拜耳从德绍搬到柏林后成立了自己的办公室，成为一名成功的平面和展览设计师。除此之外，拜耳还是多兰广告公司柏林分公司的艺术总监，参与《时尚》杂志巴黎版的设计与编辑，并与格罗皮乌斯合作进行展览设计。拜耳在为具有新时尚审美的客户进行设计时，多采用众多复杂元素，这也越来越成为拜耳标志性的特点。这个时期拜耳所设计的、通常包含摄影照片的广告和海报，极具超现实主义色彩，涉及越来越多的色情内容，迎合了国际大众深藏于内心的复杂的欲望和感情。对于伊势来说，与拜耳的婚外情让她体会到了释放的快感，打开了伊势的新视野。她作为艰辛努力、尽职尽责的"包豪斯夫人"的日子已经画上了句号。现在住在柏林的伊势感到自己急需一种新快感和一个新身份。

格罗皮乌斯一直到1930年短暂的冬季度假也没发现自己的妻子与拜耳之间的异样。格罗皮乌斯上次去西班牙时还是1907年与赫尔穆特·格里斯巴赫同行。他向玛农表示，这次与伊势一起回到西班牙的日子"短暂却愉快"[35]：比斯开湾暴风雨后升起的美丽的太阳；"粗犷并极具男子气概"、直截了当、真诚坦率、"没有一句空话"的西班牙语；"奇异而又美丽的"西班牙音乐，其中"深唱法"（一种弗拉明戈唱法），格罗皮乌斯告诉玛农，"居然夹杂着犹太人赞美诗的声音从犹太教堂传出来"。格罗皮乌斯与伊势乘坐"欧洲最美丽的火车"，从马德里出发，又乘坐奢华、舒适的四轮马车一路途经里维埃拉和银色海岸。

1931年复活节期间，赫伯特·拜耳及其妻子一起前往捷克马肯多夫度假胜地与沃尔特和伊势度假。伊势小时候的家离巴伐利亚阿尔卑斯山很近，因此伊势从小就擅长滑雪，拥有精湛的滑雪技术。而从未有过任何滑雪经验、已45岁的格罗皮乌斯学习滑雪非常困难。于是在1931年，伊势开始独自一人度假，与拜耳一起滑雪，留下格罗皮乌斯一人在柏林工作。格罗皮乌斯开始抱怨没有收到伊势的来信："难以置信！今晚没有收到你的来信。我都已经记不清上次收到你的信是什么时候了。"[36]

格罗皮乌斯悲惨地抱怨道，在他"最需要温暖与温柔"的时候，伊势却没有真正关心他。为了使伊势感到妒忌和危机，格罗皮乌斯告诉伊势有一位年仅23岁的刚离婚的年轻、美丽的女子对他表示好感。"当她离开的时候，我开车送她回去。可惜我时间太紧，没有时间和她继续交流；不过当看到女人，尤其是年轻、美丽的女人仍然对我十分热情时，我还是感到十分开心。"我们可以从下面的这段文字中感受到格罗皮乌斯恳求伊势尊重他们的婚姻：

"不要让任何事物影响我们的婚姻。到目前为止，我们彼此之间还是紧密的关系，我们的婚姻十分安全。我对你的感情就像初见你的那天一样深。这些话情真意切，绝对不只是说说而已……我们一起生活得很幸福，我非常想念你。"格罗皮乌斯没有任何证明伊势不忠的证据，但他确实隐隐约约有一种危机感。这与格罗皮乌斯和阿尔玛在托比尔巴德疗养院初识初恋时，古斯塔夫·马勒仍被蒙在鼓里坚持给阿尔玛写信如出一辙。历史总是惊人地相似。

1932 年，赫伯特·拜耳一直都在给伊势写信。信中饱含自己对伊势的爱意和自己所承受的痛苦，伊势在收到这些信件后也小心翼翼地将它们保存下来。赫伯特·拜耳在 1 月初时写信给伊势说道："我知道给你写信也许是不对的，但我实在无法再克制自己的感情了。"[37]艾琳在孩子的支撑下，尽最大努力使家人度过了一个还算愉快的圣诞节。与格罗皮乌斯一样，拜耳也称他的女儿为"慕兹"。拜耳承认，自己对伊势早就心生爱慕之情，他不知道自己能够隐藏自己的心意多久。

拜耳在对伊势肉体的渴望、对伊势能协助自己发展事业的期望与对格罗皮乌斯的钦佩和忠诚之间痛苦挣扎，迟迟无法选择。这几位包豪斯的朋友私下称伊势为"皮亚"（Pia），称格罗皮乌斯为"皮乌斯"（Pius）。拜耳十分尊重"皮亚"与"皮乌斯"之间亲密的感情以及婚姻。"你知道，我最不想做的事情就是破坏你们的婚姻，"拜耳告诉伊势，"但是我的内心备受煎熬与挣扎，我亲爱的'皮亚'，"拜耳痛苦地写道，"我试图让我自己保持清醒，但我根本无法控制我自己。"[38]拜耳随后陷入与伊势在一起的点点滴滴的回忆：

> 我现在的生活如梦一般，最美丽与最悲伤的事物交织在一起。无论看到任何事物，我都会将它们和你关联在一起；无论身在何处，我都只能看到你。没有任何的防备，我在魏玛与你初见。昨晚，当

我站在食堂的门口时，与你初见时的场景清晰地浮现在我的脑海之中。我现在清楚地意识到自己无法停止对你的想念，我对你的爱将成为我生命的一个重要部分。

格罗皮乌斯于 1932 年 3 月前往巴塞罗那参加国际现代建筑大会。这次旅程费用较高，因此伊势没有与格罗皮乌斯同行，而是与赫伯特·拜耳一起去滑雪。在格罗皮乌斯参会回来后的几个星期，伊势与赫伯特·拜耳终于下定决心要告诉格罗皮乌斯真相。

当伊势告诉他真相时，格罗皮乌斯感到十分意外。他一直在想，如果伊势真的背叛了自己，那么伊势出轨的对象应该更有可能是性格外向的亚历山大·桑迪·沙文斯基。格罗皮乌斯听后告诉自己不要带有色眼镜去衡量两人，控制自己情绪的同时也安抚伊势说道，自己之前也与有夫之妇阿尔玛和莉莉发生过婚外情。他告诉伊势："我知道你的感受……我也做过同样的事情。"[39]

然后格罗皮乌斯按照自己以往解决问题的套路，联系赫伯特·拜耳与他在柏林见面。两人来到了格罗皮乌斯位于波茨坦大街的住所。"我让拜耳先解释一切，"格罗皮乌斯告诉伊势，"庆幸的是气氛没有太糟糕，我们的谈话还算愉快。我们之间的谈话直到凌晨 5 点 30 分才结束。你虽然不在场，但你一直是我们谈话的中心，你一直浮现在我们的脑海里。"[40]

拜耳对于这次谈话的描述带有更加丰富的情感，拜耳显然已经有所动摇："皮乌斯拥有关怀、慷慨、高尚等一切人类的高尚品质，他为我可以在他面前保留尊严而做出了最大的努力。对他做出这样残忍的事情让我比对任何人做出同样的事情都感到痛苦。"[41]拜耳同时也幻想他和伊势可以另寻办法解决当前的问题："我一直有一个荒谬的想法，我们可以顺从我们的心意在一起一段时间，之后你可以再回到皮乌斯的身边。但我们的一生实在太短暂了。"

此时的格罗皮乌斯还没有完全放手。一直对此事耿耿于怀的格罗皮乌斯几天后又去见了拜耳。"我和拜耳昨天就像参加了一场真正的单身派对，"格罗皮乌斯告诉伊势，"我们来到了费希附近的小湖边，在雨中游泳，采摘睡莲，沉浸在语言的世界中……我们赤裸着身体一起去野餐，然后去费希喝了杯咖啡。亲爱的，你的灵魂与我们同在。"[42]我们可以在此刻感到格罗皮乌斯的痛苦和绝望，但他并没有因此责备或疏远拜耳。格罗皮乌斯对于包豪斯人的情感依然如此强烈。在这段故事中，我们能感受到隐藏在内心的情欲、对兄弟情谊的崇敬，以及对于所崇敬之人的质疑与指控。与此同时，格罗皮乌斯也渴望他与伊势的婚姻可以继续维持下去，他向伊势恳求道："我知道我们在彼此生命中的任务与使命还没有完全完成。"

格罗皮乌斯和拜耳也一直保持见面。7月的一天早上，身在法兰克福的格罗皮乌斯意外地接到了拜耳打给他的电话。在电话中，拜耳对自己没有在几个月前与伊势刚开始在一起时就将真相告诉格罗皮乌斯而感到后悔与懊恼。"拜耳因内疚而不敢及时告诉我真相，"格罗皮乌斯仍然是那样善解人意、宽宏大量，"我试图让拜耳摆脱这样的想法，因为这种内疚心理会成为我们之间互相理解的隔阂与阻碍。"[43]两人开车到莱茵河上一家迷人的小旅馆，一路气氛十分和谐友善。"这才是我们之间应有的气氛。"两人在那里一起给伊势寄明信片。"亲爱的，"格罗皮乌斯写道，"你仍是我的方程式中的未知数，我对你的内心世界所知甚少。我们已经分开了4个星期，我的境况与内心不是用一封信三言两语就能表达的。但我仍对我们的关系与未来保持乐观的态度。"此时的伊势正与她的妹妹赫莎一起在慕尼黑南部阿尔卑斯山边的穆尔瑙度假。

格罗皮乌斯仍不断尝试提高自己的生活和经济水平。阿德勒现在是他仅有的为数不多的客户之一。阿德勒公司的老板埃尔温·克莱耶坚信德国的经济萧条只是暂时的。与此同时，埃尔温·克莱耶也在扩大自己产品的销售范围，增加销售种类，并委托格罗皮乌斯设计更便宜的汽车、卡车和其他交通工具。整个阿德勒工厂在一年后将集中在第三帝国的汽车生产上。格罗皮乌斯在担任阿德勒的首席设计师期间，在威斯巴登租了一套公寓，方便在法兰克福阿德勒工厂上班。格罗皮乌斯坚持伊势与他一起搬到新公寓。格罗皮乌斯开着自己的那辆阿德勒敞篷越野车在威斯巴登与法兰克福之间通勤，并经申请可随身携带一把小口径手枪以备不时之需。与此同时，纳粹党在德国的势力影响越来越大，这对格罗皮乌斯来说也是愈加艰难的时刻。

1932 年圣诞节前夕，格罗皮乌斯与伊势受瑞士朋友西格弗里德与卡罗拉·吉迪恩的邀请，前往阿罗萨山区滑雪。格罗皮乌斯与伊势非常喜欢这里。不过现在，伊势更多的是希望自己前往阿罗莎或与拜耳同行。伊势恳求格罗皮乌斯："我能与拜耳相爱吗？"[44] 格罗皮乌斯百般不情愿，但仍允许他们在滑雪场恋爱。起初，伊势要求格罗皮乌斯同意她与拜耳独处一个月，但格罗皮乌斯只允许两个星期的时间，这也是拜耳与伊势光明正大在一起度过的第一个假期。几十年后，伊势在与格罗皮乌斯的传记作家雷金纳德·艾萨克斯谈话时回忆道："她热爱阿罗萨的山脉、空气与滑雪，并在那里与一名充满魅力与激情的年轻人陷入了浪漫的爱情。"在两周结束时，拜耳离开了阿罗萨。格罗皮乌斯立即赶来接伊势。忍痛割爱虽然十分痛苦，但格罗皮乌斯仍能很好地控制自己的情绪。

———

1932 年，格罗皮乌斯受到的打击接连不断。在圣诞节那天，格罗皮乌斯深表遗憾地写信给他身在柏林的母亲，并为自己无法在佳节之际回到家中而感到遗憾。"但现在情况非常紧张。"格罗皮乌斯说。他已觉察到自己不再年轻："有时候我很生自己的气，我即将步入不惑之年，但我还没有足够的资产让自己过上舒适的生活，让你能够更久地陪伴在我的身边。"[45] 他的女儿玛农·格罗皮乌斯的状况堪忧。玛农身患支气管炎，她的经济状况也不容乐观。格罗皮乌斯试图安慰玛农，他告诉玛农，其他人的情况更加糟糕："现在，当人们来到这座城市去探望自己的亲戚，或与身在苏联的朋友联系时，就会发现其他人的生活是多么无助与悲惨。我们虽无法改变现状，但我们绝不能多愁善感、怨天尤人，我们仍要保持乐观的态度，因为我们目前的生活还是很不错的。"

从格罗皮乌斯安慰玛农的话语中我们可以看出，格罗皮乌斯对苏联的前景并不抱有乐观的态度。所以当格罗皮乌斯在 1933 年的第二个星期前往苏联时，相信很多人都会感到意外。仅仅在几周之前，格罗皮乌斯早在德意志制造联盟时期就结识的同事——德国表现主义建筑师汉斯·波比锡，因接受主要负责苏维埃宫殿的建设项目的苏维埃政府顾问一职，遭到了国家主义者的抨击与谩骂。更具讽刺性的是，当初格罗皮乌斯和汉斯·波比锡都没有赢得这场苏维埃宫殿设计大赛。

但当格罗皮乌斯受邀前往列宁格勒，做关于"城市规划中的高、中、低建筑"的演讲时，格罗皮乌斯仍然表现出自己一贯的自信。格罗皮乌斯是一名忠诚的德国人，他曾在第一次世界大战中立下了汗马功劳。后来有人问格罗皮乌斯是否在德国生意不景气的这段时间考虑过移民东迁，格罗皮乌斯极力否认。格罗皮乌斯对待苏联的看法越来越严肃，他乘坐火车从列宁格勒出发周游苏联的乡村，在苏联停留的时间越长，格罗皮乌斯就越来越能够感受到苏联建筑项目背后的不信任和政治欺骗与诡计。格罗皮乌斯非常欣赏苏联现代主义建筑师金兹伯格所设计的公共公寓楼，但现在金兹伯格的设计由于斯大林主义宣扬历史主义建筑而成为明日黄花。

在格罗皮乌斯访问苏联的这段时间，一位见到他的建筑师表示，格罗皮乌斯看起来"面色蜡黄、压抑沮丧"[46]。格罗皮乌斯回国不久后与埃瑞许·孟德尔松见面。埃瑞许·孟德尔松表示，格罗皮乌斯"为自己亲眼所见、亲身体验的事物感到恐惧和震撼。伟大的想法已经被民主所摧毁，一股强劲的潮流与力量误入歧途，踏上了一条错误的道路"[47]。伊势最初计划和他一起前去苏联，两人已经办理并获得了签证。但由于资金不足，格罗皮乌斯的演讲费也十分微薄，所以最后只有格罗皮乌斯一人独身前往苏联。

1933年从一开始就不顺利。就在格罗皮乌斯动身前往列宁格勒之后不久，格罗皮乌斯接到了他的母亲——他永远坚定的支持者，突然离世的噩耗。格罗皮乌斯本计划在新年期间回去探望自己的母亲。"我对她的死而感到悲痛欲绝。"格罗皮乌斯告诉和他母亲名字一样的小玛农。玛农·格罗皮乌斯已经78岁了，"她的年岁确实已接近生命的尽头，人终究会老去，这个道理我们都懂，但是这并没让我感到释怀。她是一位内心世界丰富、亲切善良、充满爱心的人……她是这世上不可多得的好人"[48]。

2月4日，格罗皮乌斯重返柏林。

【注释】

接下来的章节将介绍格罗皮乌斯从德绍回到越来越不欢迎他的柏林阶段的故事。我们可以从格罗皮乌斯写给女儿玛农的信中清楚地感受到格罗皮乌斯在这段时间的焦虑。在此，我再次感谢詹姆斯·赖德尔允许我使用由他亲笔翻译的这封信的稿件。这些信件的原稿现存放在维也纳奥地利国家图书馆。

除此之外，我还参考了赫伯特·拜耳写给伊势·格罗皮乌斯的信件，这些信件对格罗皮乌斯的婚姻造成了严重破坏和影响。这些信件尚未出版公开，信件副本由伊势本人亲笔翻译，现存放在华盛顿史密森尼学会的美国艺术档案馆中。

关于 20 世纪 20 年代和 30 年代初的柏林市的历史背景，我参考了约翰·威利特的《再次冷静：魏玛期间的艺术与政治 1917—1933》（伦敦，1978）、雷纳·梅茨格尔的文化调查——《20 年代的柏林》（伦敦，2007）以及由伊恩·博伊德怀特和大卫·弗里斯比所编著的城市视觉的当代文本集——《柏林大都会 1880—1940》（伯克利，2012）。

1 麦克斯·奥斯本，《柏林崛起成为国际大都会》（柏林，1929），引用《柏林大都会 1880—1940》，伊恩·博伊德怀特和大卫·弗里斯比编著（伯克利，2012），第 412 页。

2 哈利·凯斯勒伯爵，1930 年 5 月 19 日，《国际大都会日记，1918—1937》（伦敦，1971），第 388 页。

3 伊势·格罗皮乌斯，《初见》打字稿，约 1970，AAA。

4 尼古拉斯·佩夫斯纳，"沃尔特·格罗皮乌斯的作品，1956 年皇家金牌得主"，《英国皇家建筑师学会期刊》，1956 年 4 月。

5 伊势·格罗皮乌斯对汉娜·阿伦特所言，1967 年 2 月，HLH。

6 伊势·格罗皮乌斯日记，1926 年 4 月 11 日。

7 同上，1925 年 7 月 27 日。

8 J.M.理查德，《一个不公正的家伙回忆录》（伦敦，1980），第 202 页。

9 同上，第 197 页。

10 沃尔特·格罗皮乌斯，"大型住宅小区"，《建筑管理中心报刊》（1930）中的文章，引用伊恩·博伊德怀特和大卫·弗里斯比（主编），《柏林大都会 1880—1940》，第 484 页。

11 "最小住宅的社会学基础"，引用埃里克·芒福德，《国际现代建筑协会话语城市主义，1928—1960》（马萨诸塞州剑桥，2002），第 37 页。

12 "我学习"，《身在柏林的漫游者》中的论文，1929 年，引用伊恩·博伊德怀特和大卫·弗里斯比（主编），《柏林大都会 1880—1940》，第 386 页。

13 沃尔特·格罗皮乌斯，1930 年目录引言，引用奈丁格，第 142 页。

14 同上。

15 《辩论报》，引用奈丁格，第 142 页。

16 同注释 2，第 389 页。

17 沃尔特·格罗皮乌斯对罗杰·D. 舍伍德所言，1963 年 8 月 9 日，HLH，引用艾萨克斯，第 165 页。

18 汉内斯·迈耶，"惨遭包豪斯驱逐的我"，1930 年致黑塞市长的一封公开信，引用惠特福德，第 283 页。

19 奥斯卡·施莱默对威利·包美斯特所言，1929 年 4 月 8 日，《奥斯卡·施莱默的信件和日记》（埃文斯顿，1990），第 241 页。

20 威尔弗雷德·弗兰克斯，利物浦演讲，1999 年 11 月 6 日，WorldSocialist 网站。

21 L. 巴兹特诺夫，《包豪斯的创意遗产 1919—1933》（东柏林，应用艺术研究所，1963），引用艾萨克斯，第 165 页。

22 威尔弗雷德·弗兰克斯，利物浦演讲，1999 年 11 月 6 日。

23 沃尔特·格罗皮乌斯对玛农·格罗皮乌斯所言，1930 年 2 月 26 日，引用赖德尔，第 94 页。

24 同上，1931 年 3 月 5 日，引用赖德尔，第 94 页。

25 同上，1931 年 7 月 5 日，引用赖德尔，第 96 页。

26 西比尔·莫霍利－纳吉，《莫霍利－纳吉，总体性实验》（纽约，1950），第 57 页。

27 同注释 23，1931 年 7 月 5 日，引用赖德尔，第 96 页。

28 沃尔特·格罗皮乌斯，引用奈丁格，第 154 页。

29 同上，第 160 页。

30 奥斯卡·施莱默，《奥斯卡·施莱默的信件和日记》，第 208 页。

31 桑迪·沙文斯基，引用艾萨克斯，第 167 页。

32 阿提·格罗皮乌斯·约翰森，《伊势·格罗皮乌斯》（历史新英格兰，2013），第 8 页。

33 安妮·艾尔伯斯，引用尼古拉斯·福克斯·韦伯，《包豪斯集团，六位现代主义大师》（纽约，2009），第 77 页。

34 沃纳·大卫·费斯特，《我在包豪斯的时光》（柏林，2012），第 60 页。

35 同注释 23，1930 年 12 月 23 日，引用赖德尔，第 94 页。

36 沃尔特·格罗皮乌斯对伊势·格罗皮乌斯所言，1931 年夏末，BHA，引用艾萨克斯，第 167 页。

37 赫伯特·拜耳对伊势·格罗皮乌斯所言，1932 年 1 月，AAA。

38 同上，1932 年 6 月，AAA。

39 沃尔特·格罗皮乌斯对伊势·格罗皮乌斯所言，BHA，引用艾萨克斯，第 169 页。

40 同上，1932 年 7 月，BHA，引用艾萨克斯，第 170 页。

41 同注释 37，1932 年 6 月 2 日，AAA。

42 同注释 39，1932 年 7 月 5 日，BHA，引用艾萨克斯，第 170 页。

43 同注释 39，1932 年 7 月 23 日，BHA。

44 伊势·格罗皮乌斯对沃尔特·格罗皮乌斯所言，引用艾萨克斯，第 173 页。

45 沃尔特·格罗皮乌斯对玛农·布尔查德·格罗皮乌斯所言，1932 年 12 月 25 日，HLH。

46 某位建筑师，引用艾萨克斯，第 176 页。

47 奥斯卡·拜尔（编），《埃瑞许·孟德尔松：建筑师的信件》（伦敦，1967），第 126 页。

48 同注释 23，1933 年 1 月 1 日，引用赖德尔，第 98 页。

13 柏林：1933—1934

"德国现在的状况让我饱受痛苦与折磨，我为这里发生的一切事情感到耻辱，我的个人事业现在也走向了穷途末路，毫无生机。"[1]格罗皮乌斯在 1933 年 5 月 17 日写给女儿玛农的信中抒发了自己浓浓的忧虑与哀愁之情。这一天正是格罗皮乌斯 50 岁生日的前一天。

到底是什么样的新局势让格罗皮乌斯如此警觉、绝望？德国总统冯·兴登堡 1933 年犯下了重大的错误——正式任命希特勒为总理，此举无疑出乎众人意料，弄得人心惶惶。在 1933 年 1 月 30 日，希特勒当上总理的那天，作家克劳斯·曼在日记中写道："希特勒成为德意志帝国的总理。从来没有想过会迎来这样的一天。"[2]希特勒在接下来的几个月中实行"一体化"政策，从而达到德国个人和集体的社会与纳粹政治思想一体化，来巩固自己的政权与地位。1933 年 2 月 27 日，德国国会大厦失火，部分建筑受到损害，失火缘由尚不明确。希特勒借机巩固政权，以国会纵火案为借口，颁布紧急法令，导致众多公民丧失自由，许多政界反对派人士遭到大规模逮捕，柏林街头的暴力事件不断升级，即便是身居隐蔽、幽静的波茨坦大街住宅的格罗皮乌斯和伊势，也无法置身事外。

1933 年春，纳粹政权高度发展。3 月 23 日，德国国会通过了德国 1933 年《授权法》。《授权法》规定：法律由政府制定，只要不影响国会和参议院的地位，可以与宪法相违背。这一方案颠覆了德国宪法、推翻了议会民主。政府部门中的所有犹太人和反纳粹分子都被革职清除，工会与工人组织被强行解散。纳粹政权不断扩散到各大地方区域，严重削弱了地方政府政权。1933 年 5 月，纳粹党又在德国许多城市焚烧禁书。这次焚书在希特勒的宣传部长约瑟夫·戈培尔的背后支持下，由一群纳粹学生起头，在柏林爆发，众多德国思想家的书籍被付之一炬。被焚烧的书籍都是一些包括西格蒙德·弗洛伊德的作品在内的"非德国"作品。格罗皮乌斯已经痛苦地意识到，在未来，政治、文学、艺术等任何形式的言论都将举步维艰。

纳粹采取手段与政策革除了犹太人和政治反对派人士的职位，建筑师除非正式签署服从命令的协议，否则将无法继续进行实践。早在希特勒上台之前，纳粹党下属的德国文化战斗联盟就公然在风格流派与人类种族两方面，对德国现代建筑和艺术进行攻击与诋毁，称现代主义艺术家与共产主义和犹太人一样是颓废、落后的。

纳粹又将魔爪伸向了建筑界，伸向了那些设计"非德国"作品的建筑师。纳粹对艺术品进行劫掠与清除，要求艺术完全符合他们的要求与秩序，净化并粉碎"堕落的艺术文化"，剥离"文化"的纯粹主义和功能性，以种族、民粹取而代之。格罗皮乌斯并不是犹太人，但他的建筑观点与理念越来越不能为纳粹党所接受。右翼批评家鲁道夫·保尔森于 1932 年 3 月在纳粹党的报纸上，在一篇标题为《布尔什维克文化攻击》的文章中对格罗皮乌斯的建筑进行了恶意抨击："无论格罗皮乌斯是不是犹太人都不重要。"文章写道："格罗皮乌斯的新风格建筑异域感十足，竟有人认为是巴勒斯坦风格。但这样的猜测情有可原。他设计的平淡无味的车库住宅、那些由长凳组装而成的住宅就建立在我们美丽的德国领土之上，这是对我们祖国这片领土上一切事物的嘲讽与玷污。"[3]鲁道夫·保尔森在文中所嘲讽的"巴勒斯坦风格"是指移民到巴勒斯坦的德国犹太人——特拉维夫的风格。巴勒斯坦现在已经逐渐转变成海边的现代化花园城市，建有包豪斯所提倡的白色立方体结构建筑。

作为包豪斯的创建者和保护者，格罗皮乌斯自然与包豪斯有着深厚的联系与情谊，这更让他成为众矢之的。格罗皮乌斯是纳粹党所诋毁、排斥的最具现代主义风格的代表。

希特勒成为总理后，德国现代主义建筑师前景黯淡、前途渺茫。犹太人埃瑞许·孟德尔松当即离开德国前往英国："我在1933年3月，希特勒掌权的那天便逃离了德国，那年我45岁。通往欧洲的大门不会再为我敞开了。"[4]埃瑞许·孟德尔松彻底离开了希特勒的德意志帝国的掌控。情况对格罗皮乌斯来说更加复杂。格罗皮乌斯仍坚持认为自己是一名爱国人士。格罗皮乌斯作为一名建筑师需要维持自己的业务，需要一定的客源与委托项目。重现卡尔·弗里德里希·申克尔时期宏伟与壮丽的柏林是格罗皮乌斯长期以来的愿望。

纳粹党对于美的定义含糊不清、拐弯抹角，但并不完全排斥现代主义。希特勒的宣传部长约瑟夫·戈培尔的品位复杂难懂，他对外声称自己支持可以反映现代化新德国的建筑和艺术。约瑟夫·戈培尔的态度让许多思想前卫、进步的建筑师深感欣慰、备受鼓舞，而意大利墨索里尼法西斯政权下的艺术前景也看似先锋进步。格罗皮乌斯一直抱有可以说服纳粹政权转变思想的幻想，但事实证明，他的想法过于天真。

格罗皮乌斯在纳粹分子的眼中是一名极具政治争议的人物。当格罗皮乌斯接到一个重要的商业展览的委托，为其进行部分设计时，纳粹分子对格罗皮乌斯百般阻挠。下面是格罗皮乌斯对自己此次遭遇的描述：

当时我在"德国人，德国作品"大型展览中，为一家非铁金属公司设计一间大规模的展厅。一天，一个穿制服的纳粹巡逻士兵来到我家告诉我，如果我继续参加这次展览，一定会感到后悔。我听后非常愤怒，立即去了约瑟夫·戈培尔的办公室找到了他。我拍桌质疑纳粹巡逻士兵无礼的态度。约瑟夫·戈培尔承诺会保我周全，但事情不但没有任何好转，反而变得更加糟糕，特别是媒体对我本人和包豪斯进行了恶意的攻击。我在这场独自反抗的战争中注定输得一败涂地。[5]

在格罗皮乌斯爆发后，反对的呼声逐渐减弱。格罗皮乌斯与同样受到委托的密斯·凡·德·罗继续进行大型展览的设计。

但格罗皮乌斯被迫进一步表示抗议。德国文化战斗联盟的领导人阿尔弗雷德·罗森堡是一名极为激进的反现代派分子。阿尔弗雷德·罗森堡称，任何希望得到纳粹党批准的组织都要先驱逐、清除内部的犹太人成员。德意志制造联盟中也有犹太人成员，组织于1933年初就对该问题进行了严肃的讨论与争辩。面对德国文化战斗联盟的要求，德意志制造联盟30位成员中有27位始终保持沉默，只有格罗皮乌斯以及他的朋友——柏林首席规划师马丁·瓦格纳以及包豪斯校友威廉·华根菲尔德表示反对。3月，格罗皮乌斯与瓦格纳一同辞去了德意志制造联盟董事会的职务，瓦格纳的柏林首席规划师一职也随即被免。所有在德国执业的建筑师都必须获得德国文化战斗联盟的批准。

与在包豪斯一样，格罗皮乌斯一直与政治保持着距离。他的建筑设计事务所雇用了一个新的办公室经理汉斯·杜斯曼（上一任办公室经理是奥托·迈耶·奥滕）。一天，汉斯·杜斯曼身穿纳粹制服来到办公室，这无疑公开表露了他自己的政治立场，格罗皮乌斯立即解雇了他。事情很快就传到了纳粹党的耳朵里，这无疑加剧了格罗皮乌斯与希特勒新政权之间的矛盾。

格罗皮乌斯自己的故事与包豪斯的经历总有许多难以解释的相似

与巧合之处。继魏玛、德绍之后，包豪斯学校最终还是追随着格罗皮乌斯来到了柏林。正如我们所见，在密斯领导下的德绍包豪斯以实训为主，颁布了一套新纪律与校规，全面清除迈耶时期的共产主义痕迹。然而，密斯也未能逃脱来自当地萨克森－安哈尔特议会的纳粹分子的持续攻击。1932 年，纳粹党掌权后做出控制、打击包豪斯犹太文化的决定，包豪斯也因此遭到纳粹分子的洗劫。纳粹官员对包豪斯进行了全面审查之后，称包豪斯的作品都是"非德国"作品。德绍包豪斯被迫停办，学校教学人员于 1932 年 10 月 1 日被全部辞退。冲锋队冲进包豪斯楼内将窗户砸得粉碎，并将学校设备扔到外面的街上。不久之后，由格罗皮乌斯一手建立的包豪斯就沦为了纳粹官兵的培训基地。

密斯做出了将包豪斯搬至柏林的重大决定。包豪斯于两周后在柏林西南部宁静的施特格利茨郊区中的一家已经废弃的大型电话厂成立了一所私立学校。格罗皮乌斯的老同事、包豪斯的三朝元老瓦西里·康定斯基与约瑟夫·艾尔伯斯于新校舍任教。身为室内设计师兼家具设计师，同时也是密斯的合伙人兼情人的莉莉·里奇也成为教职员工的一员。1933 年 2 月 18 日，学校举办了抽奖筹款活动，延续了魏玛和德绍时期包豪斯最引以为豪的派对风格。其中一名参加晚会的新生认为这次嘉年华活动"华丽壮观、十分成功，即使在柏林也是一派别开生面的景象……地下室房间中的装修与装饰让人仿佛置身于隆重的大型社交场合之中，让人印象深刻，没有丝毫普通地下室阴冷、潮湿的样子。这是从柏林其他派对中无法体会到的感觉与氛围"[6]。

包豪斯仍然坚持自己的理论与主张。但是在 4 月 11 日包豪斯夏季学期刚开始不久时，柏林警察与持步枪的冲锋队进入了包豪斯并封锁大楼。警察与冲锋队称包豪斯因涉嫌内部宣传共产主义，需进行全面搜查。这次行动实质上是为打击格罗皮乌斯曾经的密友——德绍市市长弗里茨·黑塞而展开的，黑塞市长现在同样惨遭纳粹政府的反对与打击。大厅中挤满了包豪斯的学生，一位目击者称："密斯也站在他办公室的门口。这个身材魁梧高大的男人几乎占满了整个门框。他就这样站着，丝毫没有想动的意思。离密斯不远的地方站着一名盖世太保警察（国家秘密警察）。这名警察手拿一把卡宾枪，手指搭在扳机上。"[7]任何无法出示身份证件的学生都遭到逮捕并被送往警察局总部。报纸上的照片显示，这些学生被驱赶到一辆卡车上后又被强行带走。报纸称，密斯逃到了巴黎，而包豪斯的前任校长格罗皮乌斯则逃至苏联。事实上，密斯与格罗皮乌斯两人都还在柏林。

对于包豪斯不断升级的矛盾与困境，格罗皮乌斯自然是一清二楚的，但他对此似乎表现出了一副沉默与冷漠的态度。他行事低调，就好像自己从未参加筹款活动，也从未为抽奖活动捐款一样。不只格罗皮乌斯，包豪斯其他的旧同事也是如此。格罗皮乌斯与密斯之间没有任何互相联系的痕迹。格罗皮乌斯之所以这样做，是对从彼得·贝伦斯建筑设计工作室起就形成竞争对手关系的密斯耿耿于怀吗？是他巧妙地表示对包豪斯现任校长密斯的尊重与相信，而自己则可以放下心来不再插手包豪斯的事务？是在当时动荡不定的政治局势下，身为一名柏林现代主义建筑师的格罗皮乌斯谨言慎行？或者，更有可能的，是由他一手建立的包豪斯逐渐衰落的事实太残酷、太痛心，格罗皮乌斯不敢想象，也不敢去正面面对？

希特勒成为总理之后不久便展开了大规模的建筑设计。此举在一定程度上减缓了大萧条在德国造成的影响，改善了德国 600 万至 700 万名失业者的就业前景。希特勒认识到建筑业是改善国家经济的关键。他于 1938 年夏解释这一政策时表示，规划新建筑工程要遵循两个方向：一方面要建造房屋、道路、水道等实用型建筑，另一方面要建造具有纪念性意义、高贵华丽的建筑项目。"其他国家领导人的总统府，"希特勒说道，"都位于华丽的宫殿之中：莫斯科的克里姆林宫、华沙的丽城、布达佩斯的皇宫，还有布拉格的城堡。我现在有志建立一座可与其他总统府相媲美、与那些皇家宫殿相比毫不逊色的德意志帝国地标性建筑。"[8]

年轻时就立志成为一名建筑师的希特勒于1933年为建设奢华的柏林建筑而举办了一系列建筑设计大赛。格罗皮乌斯虽成功地避开了冲锋队高等培训学校设计大赛，却没能躲过这一劫：格罗皮乌斯成为受邀为德国国家银行设计巨型新建筑的30位德国建筑师之一。德国国家银行因支持、拥护纳粹党而得到快速的发展，密斯也是受邀的建筑师之一。大赛结果于5月公布，密斯是6位获奖建筑师之一，他的设计获得了最高荣誉。然而希特勒亲自介入这次比赛之中，并宣布将工程交给了德国国家银行建筑部的部长、设计能力并不突出的海因里希·沃尔夫。

格罗皮乌斯的设计是一座高贵、庄严的钢框架大型建筑：4幢9层高的建筑内部环绕一幢5层高的环形建筑，外立面是奶油色的釉面瓷砖。由于事务所非常空闲，格罗皮乌斯远远超出大赛的要求，提交了细节图、立面图和渲染图。从格罗皮乌斯为德国国家银行的设计中，我们能看到从未在格罗皮乌斯早期作品中出现过的形式庄严，几乎是浮夸的风格。但建筑显然并不是纳粹党所期盼的灿烂夺目、鸿图华构、奢华宫殿式建筑群。大赛评审认为格罗皮乌斯的设计"有一种大工厂的既视感"，拒绝接受他提交的设计稿。格罗皮乌斯无论如何都没有一丝取胜的机会。因抗议清除犹太成员而从德意志制造联盟董事会辞职的格罗皮乌斯，早已成为纳粹分子的眼中钉。

格罗皮乌斯于1933年6月中旬在信中沮丧地向玛农抱怨道："这里的前景黯淡，任何地方都没有工作。几个月来，我总是花大把时间去外面散步闲逛，我一生中从来没有像现在这样有这么多空闲的时间。"[9]在这期间，格罗皮乌斯只接到了两项委托：为实业家约翰内斯·班纳在克林麦克诺设计住宅和为奥托·海因里希·毛雷尔律师在大莱设计房子。这两个设计都是中规中矩的带有外悬门廊的立体建筑。毛雷尔房屋的屋顶原本是扁平的，通过设计与改造后，更加符合纳粹党新规划政策中所标榜的传统老式屋顶样式。面对各种限制与德国缺少工作机会的现状，格罗皮乌斯积极在海外寻求更多机会。"周二或周三的时候，"他告诉玛农，"我会和伊势前往英国德文郡托特尼斯的达汀顿庄园。那里的一位富有的英国人想要建造自己的地产。他向我寻求建议，并邀请我和伊势访问英国三周。"

———

这位富有的英国人就是伦纳德·埃尔姆斯特。他是约克郡的牧师和地主之子。伦纳德现已40岁出头，是个不折不扣的理想主义者。伦纳德年轻时曾在印度与诗人、哲学家和文化大使拉宾德拉纳特·泰戈尔一起在西孟加拉邦建立农村重建研究所。因为泰戈尔曾于1922年赞助过包豪斯在加尔各答的展览，所以伦纳德·埃尔姆斯特极有可能通过泰戈尔了解到包豪斯。伦纳德·埃尔姆斯特于1925年与多萝西·斯特拉特结婚。多萝西·斯特拉特比伦纳德年长5岁，美国人，是一名寡妇。斯特拉特是集律师、政治家和成功的企业家于一身的威廉·柯林斯·惠特尼的女儿，自幼受到良好教育，家境也十分优越。他们结婚时，埃尔姆斯特在德文郡买下了达汀顿庄园。这片荒无人烟的庄园土地面积近400公顷，带有一幢荒废凄凉的中世纪庄园住宅。

伦纳德·埃尔姆斯特与多萝西·斯特拉特两人就在这里开始了他们农村重建的事业。与那个时期英国乡村地主不同的是，埃尔姆斯特夫妇，特别是多萝西，十分追捧现代主义，达汀顿庄园也因此成为先锋艺术的代名词。

伦纳德·埃尔姆斯特通过多萝西·斯特拉特的一位美国朋友——南希·威尔逊·罗斯知道德绍包豪斯被强行停办的事情。南希的儿子查尔斯曾是包豪斯的学生，南希写信给埃尔姆斯特，恳求埃尔姆斯特可以给予现在在柏林以私立学校身份办校的包豪斯财政支持。密斯已经将自己的资金全部投入包豪斯，以维持其正常运作，"但很明显这是他仅凭一己之力无法负担得起的重任。我不想让你看到包豪斯毁灭的悲剧，但如果你在德国逗留一段时间，你就会意识到，德国人在战后所形成的一切令人钦佩、美好的精神现都已葬送在这个超级民族主义政权之下了"[10]。南希·威尔逊·罗斯伶牙俐齿、妙语连珠，相信任何听到这番话的人都不会不为其所动，对其置之不理。伦纳德回复道他们无法提供太多的支持，但他和多萝西·斯特拉特为表示对包豪斯的同情，以私人的名义，亲自通过查尔斯·罗斯为密斯·凡·德·罗送上一份价值 500 美元的匿名礼物。

几个月后，埃尔姆斯夫妇就邀请格罗皮乌斯来达汀顿做客。在此之前，埃尔姆斯夫妇已前往柏林拜访了南希·威尔逊·罗斯，并对建筑界的状况做了一定的了解与调查。他们迫切地希望邀请世界上最棒的现代主义建筑师为他们的达汀顿庄园设计新建筑。1933 年 5 月，格罗皮乌斯受邀来到达汀顿庄园亲自调查现场。格罗皮乌斯这次受邀来到达汀顿庄园有可能是受到了当时正负责达汀顿庄园项目的美国建筑师亨利·怀特的推荐。亨利·怀特曾在柏林与格罗皮乌斯有过短暂的会面。格罗皮乌斯曾对亨利·怀特表示，自己想在英国度假，"并在英国的某个地方进行自己实验性的新探索"[11]。

正式邀请格罗皮乌斯的是达汀顿庄园的常务董事威廉·斯莱特。威廉·斯莱特在寄给格罗皮乌斯的信封上写着"格罗皮乌斯博士教授"的字样，他在信中提议格罗皮乌斯可以在英国停留三周至一个月。

威廉·斯莱特的口吻十分热情，并承诺为格罗皮乌斯报销旅行的费用。斯莱特告诉格罗皮乌斯，"我们准备在达汀顿庄园建造许多建筑，现在主要集中在开发土地与建设房屋之上"[12]。格罗皮乌斯对威廉·斯莱特的邀请十分感兴趣，也很心动，但是对于格罗皮乌斯来说最大的障碍是语言沟通。"我的英语水平不是很好，"格罗皮乌斯告诉斯莱特，"我可以听懂别人讲英语，但我的英语口语水平很糟糕。所以我想请问，我是否可以和我的妻子同行？我的妻子能够说一口流利的英语，同时她对我的工作和我的想法也十分熟悉。更重要的是，我并不想在假期与她分离两地。"[13] 马塞尔·布鲁尔此时甚至都没有尝试用英语与外界进行交流，也一同被邀请到了达汀顿庄园。

他们乘船于 1933 年 6 月 26 日抵达哈里奇，之后又乘火车向西南方向来到了德文郡。这是格罗皮乌斯自 1908 年拜访他在肯特郡奇斯尔赫斯特的威利叔叔以来，第一次来到英国。格罗皮乌斯在达汀顿庄园看到了一番从未见过的奇景：

> 这座古老的哥特式宫殿建于 14 世纪，由英国国王的私生兄弟建造。这是一座巨型的公园，里面有许多我从未见过的不知名的树木。这片土地的主人腰缠万贯，共有 60 辆汽车，虽数量庞大，但车的外形平平。这里除了管家之外，没有任何仆人。主人在用餐时也不需要人服务，自己可以处理一切。主人的妻子是一位家境显赫的美国人。夫妇两人决定每年斥资 60 万英镑，主要投入教育事业。夫妇两人拥有两个研究所、一个舞蹈学校、模范农场、锯木厂、洗衣店、织布厂等，并计划通过它们解决现代生产问题。主人还购置了一大片海岸，计划打造一个海滨度假胜地。[14]

这便是格罗皮乌斯向玛农描述的达汀顿庄园。格罗皮乌斯显然因眼前的景象感到兴奋与意外，但庄园中也有其他事情让格罗皮乌斯困惑不解。

格罗皮乌斯本希望埃尔姆斯夫妇可以将计划在彻斯顿费勒斯德文郡海岸沿线展开的大型新住宅开发项目留给自己。格罗皮乌斯在发现这个项目已经交给了美国建筑师威廉·利斯卡泽后大失所望。埃尔姆斯夫妇这样的做法十分不寻常，他们为了达汀顿庄园兴师动众，邀请了众多有名的建筑师，却没有各尽其用。格罗皮乌斯此行除了向埃尔姆斯夫妇表达了自己对现代建筑的看法和与伊势沐浴着阳光躺在沙滩上之外，几乎没有什么可做的事情，也没发挥什么作用。

在失望的同时，达汀顿庄园也有许多让格罗皮乌斯欣喜、振奋的地方。这里让格罗皮乌斯看到了进步与发展：工艺与畜牧业理想结合、坚定创造力的核心地位与重要性、教育与艺术之间的联系。埃尔姆斯夫妇在德文郡兴办了一所注重儿童自由表达的进步学校。这一切场景让格罗皮乌斯感到特别亲切，他用不熟练的英语给埃尔姆斯夫妇写了一封感谢信，信中说："达汀顿庄园的许多细节还有员工之间的关系让我回想起魏玛包豪斯刚建立不久的日子与场景。同样，将所有部分与细节融合变成我们生活密不可分的一部分，这也是我一生所奋斗的目标。"[15]

格罗皮乌斯回德之后寄给伦纳德一篇由拉兹洛·莫霍利-纳吉所著，名为《新视野》的包豪斯论文，并高度评价这是对"现代艺术中新空间想象的精神源泉"[16]最经典的诠释。

格罗皮乌斯于1933年7月下旬回到柏林，此时的包豪斯岌岌可危。学生被捕后，学校停办三个月，密斯不得不与当局官员进行协商谈判，并亲自向德国文化战斗联盟的领导人阿尔弗雷德·罗森堡求情。7月21日，盖世太保表示，包豪斯可以重新办校，但是必须要满足相应的前提条件。盖世太保提出的其中一个条件就是解雇他们无法接受的先锋派艺术家康定斯基。但现在纳粹党的决定已经无法对包豪斯造成伤害了，早在两天前，包豪斯学校就已投票决定解散学校。包豪斯在被迫关闭的三个月期间，没有任何经济收入，无法继续盈利。密斯表示，如果包豪斯具备重新开办的能力，他宁愿接受纳粹分子苛刻的条件，但包豪斯确实已经身无分文了。

伊势与赫伯特·拜耳一直在瑞士的山村中欢度两人激情、甜蜜的小假期。拜耳年初时在阿罗萨附近的达沃斯滑雪村给"皮乌斯"写了一封信。当拜耳谈到"我和'皮亚'在一起的残酷现实"[17]时，他的语气充满了抱歉与遗憾。很显然，拜耳仍然渴望维持与格罗皮乌斯之间的友谊：

> 我非常希望你也在这里，我可以毫不夸张地说，我很想念你。命运充满了巧合，我和你一样也患上了腿疾。如果你来到这里，我们可以相互扶持、相互依靠、互相陪伴、一起散步。我希望你在这里，不仅仅是因为你、我和'皮亚'需要时不时小聚一下，更是因为我想和你在一起……我所造成的痛苦、从你身边夺走的幸福，让我备受煎熬。

尽管如此，拜耳还是忍不住补充说道："与'皮亚'在一起的这几天所感受到的幸福与快乐，让我忘却了一切烦恼与痛苦。"拜耳还不通世故地在信中附上了一张画有滑雪道纵横交错的滑雪山与滑雪者在雪山斜坡上俯冲的明信片。

造成如今的局面，是不是因为伊势的冷酷无情？但当伊势初来包豪斯时，格罗皮乌斯同样残忍地抛弃了玛丽亚·贝内曼，疏远了莉莉·希尔德布兰特。饱受失去爱人痛苦的格罗皮乌斯，毫无心情参加他期待已久的、将于8月份举行的国际现代建筑大会。格罗皮乌斯告诉玛农，作为国际现代建筑协会的副主席，他必须参加这次大会。

第四届国际现代建筑大会——"功能城市"大会在帕特里斯号游轮上举办。游轮沿着马赛—雅典的路线航行。百名代表、嘉宾及其配偶参加了大会，并就建设全球现代化城市的相关问题展开了热烈的讨论。拉兹洛·莫霍利－纳吉拍摄了这次大会的画面：航行在广阔无际大海中的游轮上充满了"争论与欢笑"。格罗皮乌斯曾经也有过这样的日子，但美好的时光已经一去不复返了。

与此同时，格罗皮乌斯的经济状况每况愈下。9月中旬，由于长期未接到项目委托，手头拮据的格罗皮乌斯考虑出售他的那辆阿德勒敞篷越野车。格罗皮乌斯甚至能够感觉得到，不久之后，他将不得不裁员、关闭自己的设计事务所，搬到一套更小的公寓中居住。在这种沮丧的情绪下，格罗皮乌斯写信给他的新支持者——德文郡达汀顿庄园的常务董事威廉·斯莱特。格罗皮乌斯向威廉·斯莱特描述了希特勒当选总理近9个月后的德国现状："不幸的是，现代建筑事业现在没有丝毫进展。我们需要很长时间才能消除纳粹党的偏见，为全局发展找到一个更加适合、客观的解决方案，这并不是一蹴而就的易事，需要长时间的努力和探索。"[18]那年夏天还发生了一个让格罗皮乌斯痛苦、心碎的小插曲：纳粹分子称格罗皮乌斯当时最优秀的一幢建筑——德绍就业办公室的圆形建筑带有一种浓厚的"布尔什维克风格，活像一座马戏团"[19]，并威胁格罗皮乌斯要拆除他的作品。

在当前的局面下，格罗皮乌斯寸步难行而又无能为力。格罗皮乌斯本可效仿纳粹建筑师阿尔贝特·施佩尔获得高职，过上舒适的生活。阿尔贝特·施佩尔是一个新一代的年轻建筑师，在1931年加入纳粹党后，他的职业生涯风生水起：经人引荐后的阿尔贝特·施佩尔受到宣传部长约瑟夫·戈培尔的赏识，得到了协助翻修纳粹柏林总部的工作。阿尔贝特·施佩尔凭借1933年纽伦堡集会的装修设计为自己赢得了政党集会与游行艺术与技术委员会的理事委员的职位。阿尔贝特·施佩尔的设计很快便引起了希特勒的注意，1933 年底，希特勒任命他负责德意志帝国总理府的重建工作。阿尔贝特·施佩尔善于迎合希特勒的喜好，很快便成了希特勒的首席建筑师。希特勒甚至将恢复德国人的自豪感、体现纳粹党时代精神的重建新德国的计划交给了阿尔贝特·施佩尔。阿尔贝特·施佩尔无疑是身处纳粹政权中心的建筑师。

当然，对于这个用视觉表达来定性的政权来说，建筑师有很多机会表示忠心或表示自己敌对的态度。之前曾在格罗皮乌斯设计办公室工作过的一些员工背信弃义，投靠了纳粹。已背叛过格罗皮乌斯一次的恩斯特·纽菲特现已成为阿尔贝特·施佩尔手下的标准化问题专员。曾担任柏林设计事务所经理的奥托·迈耶·奥滕，后被任命为兰佩尔工厂重要项目的首席工程主管，又被指定为赫尔曼·戈林国家工厂项目的负责人；因身穿纳粹制服来到办公室而被格罗皮乌斯解聘的汉斯·杜斯曼成为希特勒青年团的正式建筑师。但格罗皮乌斯永远不会成为一名纳粹分子。希特勒很快便与油嘴滑舌、阿谀奉承的阿尔贝特·施佩尔成为手足兄弟，而已经习惯了站在指挥位置上的格罗皮乌斯无法做到卑躬屈膝、趋炎附势。

同样让格罗皮乌斯触目惊心的是纳粹党的种族主义意识形态。住在柏林市中心的格罗皮乌斯深知，也亲眼目睹了纳粹分子对犹太人的迫害。1933 年 9 月，格罗皮乌斯在写给玛农的信中表示，他希望玛农可以向弗朗兹·韦尔费尔转达犹太人目前所处的紧张局势。身为犹太人的弗朗兹·韦尔费尔所表现出的亲犹太人的意识早已引起了纳粹分子的不满与愤怒：弗朗兹·韦尔费尔的作品在纳粹分子的焚书事件中全部被毁掉，他本人也于 1933 年被迫离开普鲁士艺术学院。格罗皮乌斯在信中表示："我现在感觉自己与弗朗兹·韦尔费尔有着一种微妙、特殊的联系，甚至对他有一种同情的感觉。"[20]

纳粹分子的残忍与冷酷让格罗皮乌斯感到恐惧，但即便如此，格罗皮乌斯也仍然不愿意离开他热爱的国家。此时格罗皮乌斯开始尝试配合纳粹政权的一些工作，并与其展开一定的合作，但在与纳粹分子接触期间力求保持自身出淤泥而不染。1933 年 12 月 12 日，格罗皮乌斯申请并获得了德国国家文化协会（RKK）视觉艺术部的会员资格。国家文化协会是由宣传部长约瑟夫·戈培尔于 1933 年秋季成立的全面控制德国文化活动的组织。德国建筑行业专业组织——德国建筑师联合会（BDA）的全体成员，包括格罗皮乌斯在内，都被强行要求加入国家文化协会。没有国家文化协会的会员资格，建筑师将无法继续执业。格罗皮乌斯于 1933 年 12 月 12 日签约入会，成为该组织第 706 号建筑师工程师成员。在申请入会的同时，格罗皮乌斯按照规定提交了雅利安人证明以及家谱等资料。会员卡照片上的格罗皮乌斯看起来十分苍老、郁郁寡欢。

———

到了 1933 年 12 月时，格罗皮乌斯的财务已经严重亏空。格罗皮乌斯与伊势不得不将公寓大部分的房间对外出租，自己搬进留下的两个房间。为了整理心情、重新振作起来，格罗皮乌斯与伊势在圣诞节期间度过了两个短暂的假期。他们首先与弗里德·吉迪恩和卡罗拉·吉迪来到了阿罗萨，然后格罗皮乌斯最后一次开着他的那辆阿德勒敞篷越野车来到利森山区进行最后一次探险。格罗皮乌斯在利森山区租了一间滑雪小屋，并在这里举办了一场包豪斯老友聚会。一切仿佛回到了众人之前在阿斯科纳度过的那个无忧无虑的奇幻的夏天。马塞尔·布鲁尔与亚历山大·桑迪·沙文斯基纷纷现身。拜耳也同样受邀，很显然，格罗皮乌斯在试图控制伊势的同时想要继续维持他与拜耳之间的兄弟情谊。这次，拜耳没有与他的夫人艾琳一同参加此次活动。夫妇两人若即若离，形同分居，最终于 1945 年离婚。

纳粹政权不但令众人人心惶惶，还带来多重政治焦虑与压迫。出生在匈牙利的马塞尔·布鲁尔的父母都是犹太人。布鲁尔在 1926 年早已放弃了所有的宗教信仰，并于当时向德绍省级犹太法学机构提交了表明自己放弃犹太人身份的文件与说明。虽然布鲁尔已经明确表态，但变得越来越专制、教条的纳粹政权仍视其为政治立场不明确。在瑞士出生并拥有瑞士护照的亚历山大·桑迪·沙文斯基是一名波兰犹太人，他希望自己能够免受纳粹政权的压迫。沙文斯基在 1932 年被剥夺马格德堡的教师身份后，在柏林担任平面设计师，时而与拜耳所在的多兰广告公司柏林分公司进行合作。但在 1933 年初被"盖世太保"逮捕并严刑审问之后，沙文斯基不得不逃离德国，到意大利避难。

目前正在柏林为一家国际广告公司工作的赫伯特·拜耳是非犹太奥地利人。相对于其他包豪斯同事来说，赫伯特·拜耳的身份看似比较安全。但由于纳粹党向奥地利第一共和国总理恩格尔伯特·陶尔斐斯的法西斯政府发出了挑战，纳粹分子的魔掌又伸向了奥地利，对奥地利发动了侵略。拜耳也承担一些其他工作：为一个纳粹客户排版，并为柏林的官方宣传展览会进行设计。拜耳参加的宣传展览会包括"德国人，德国作品"展览会以及 1933 年在芝加哥举办的主题为"一个世纪的进步"的世博会。在那个不安的圣诞节假期里，拜耳与格罗皮乌斯一样进退两难、矛盾不已。

自希特勒成为总理以来，不仅师生已所剩无几的柏林包豪斯即将倒闭，许多前包豪斯大师也面临着被革职或驱逐出境的命运。瓦西里·康定斯基已离开德国移居法国。保罗·克利于 1931 年离开德绍后，在杜塞尔多夫艺术学院任职。但他一直留在德绍大师之家中，每天从那里通勤到杜塞尔多夫。1933 年，纳粹分子因怀疑克利违反了外汇管理条例，在克利不在家时闯进了克利的家中，对克利的房间进行了搜查，并没收了克利三大篮子的文件与资料。那一年 4 月，克利因受到"是一名加利西亚犹太人"的莫须有指控与谣言而遭到解雇。克利在离开德国后回到了家乡瑞士。

除了沃尔特·格罗皮乌斯、亚历山大·桑迪·沙文斯基、赫伯特·拜耳、瓦西里·康定斯基和保罗·克利之外，其他包豪斯人也遭到纳粹党的迫害。约翰·伊顿的前盟友、魏玛霍恩之屋与德绍的一幢实验性钢结构住宅的设计师——画家乔治·莫奇也是受害者之一。乔治·莫奇在布雷斯劳（现波兰弗罗茨瓦夫）学院的教授一职被免除。除此之外，格罗皮乌斯 1919 年第一批任命的包豪斯大师之一、雕塑家格哈德·马克斯曾在哈雷附近的一所艺术与设计学院担任院长，后因抗议解雇其犹太同事而被免除校长的职位。格哈德·马克斯 1933 年也加入了他所谓的"内部移民"的热潮中。

1929 年，当汉内斯·迈耶和追随迈耶的一些学生要求包豪斯戏剧工作室应为政治服务后，具有试验精神、一意孤行的奥斯卡·施莱默愤然离开德绍包豪斯，来到了布雷斯劳。施莱默本在布雷斯劳的一所学院中谋到了教授的职位，但这个学院却因资金匮乏而倒闭。失去布雷斯劳教学岗位的施莱默又在柏林找到了同样的职位。1933 年春天时，施莱默与国家统一美术与实用艺术学院的其他教职员工受到指控与攻击，被纳粹分子称作是"犹太破坏分子"[21]。施莱默向坤塔·斯托尔兹抱怨道，他的身份以及与所有组织之间的关系都经过纳粹严格审查——"祖先、政治党派、犹太人、包豪斯"[22]。

施莱默遭受打击之时正逢纳粹党出台新政策。新政策表示：必须对公共收藏品中"非德国的"、非纯正的德意志古典艺术的艺术品进行清洗。也正是这一政策为 1937 年臭名昭著、具有公开处刑意味的"堕落艺术展"做了铺垫。施莱默给宣传部长约瑟夫·戈培尔写了一封抗议信，信中措辞强硬，并严厉批评道：

近日，德绍、曼海姆和德累斯顿等众多城市的博物馆中现代艺术收藏品被放置在"恐怖艺术会所"。听到这样的消息我十分震惊。每个作品都被明码标价，暴露在众人的嘲弄与愤慨之中，被公开判决，罪以当诛。我冒昧地请您立刻停止这些行为。[23]

1933 年 8 月，施莱默在柏林的教学岗位也被罢免。但在经过一系列的思想斗争与挣扎之后，施莱默成功地说服自己，并找到了一种与纳粹党一致的意识形态。在接下来的几个月内，施莱默参加了慕尼黑德意志博物馆国会大厅的壁画比赛。壁画中一排又一排整齐抽象的军队似乎在向纳粹致敬。在这个时期，无论对于犹太人还是非犹太人的艺术家与设计师来说，都是越来越绝望的时代。施莱默只是德国这个时期表现出道德混乱的众多艺术家之一。

格罗皮乌斯是怎样看待这一问题的呢？身为德国建筑师联合会第 706 号建筑师工程师成员、现代主义坚定不移的倡导者，格罗皮乌斯尽最大努力强调新理想建筑与城镇规划的重要性。对格罗皮乌斯来说，作为可以反映进步的新德国的媒介，新建筑可以实现现代主义与民族主义共存。格罗皮乌斯的这一观点与德国建筑师联合会视觉艺术部的部长欧根·胡宁达成了一致。欧根·胡宁是慕尼黑艺术学院的建筑师和建筑史教授。格罗皮乌斯在 1934 年 3 月听完欧根·胡宁的讲座后写信给胡宁，表示自己对他所提出的历史连续性观点十分感兴趣：

这个始于德国的强大新建筑运动是否会在德国终结？当全世界已经开始逐渐接受我们的倡议并进一步发展我们的灵感时，我们是否要不得不终止这一切？……新建筑为创意发展创造了条件与机遇。但最重要的是，我认为新建筑源自两个伟大精神遗产的结合——古典主义和哥特传统，这也意味着我们国家能够实现这两种精神的有机统一。虽然申克尔的尝试失败了，但德国真的要放弃这次机会吗？[24]

格罗皮乌斯在这封信的结尾没有采用纳粹礼所规定的标准落款——"德式问候"，而是以"向你表示诚挚的问候，你的……"的形式结束了这封信。格罗皮乌斯在试图恢复、扩大自己建筑事业的同时，也尽可能地洁身自好。

在1934年初的几个月里，格罗皮乌斯与柏林首席规划师马丁·瓦格纳参与了抗议东普鲁士的计划提案的活动。他们反对沿运输路线发展零散工业的计划，相反，他们提出了一个完整的德国未来城市发展的蓝图——围绕城镇进行工业扩张的计划。他们通过宣传部中的汉斯·韦德曼向东普鲁士省总统发出了抗议声明。"这个蓝图将会让其他国家所有的规划相形见绌……成功巧妙地以德国高产的机器运作取代日本的劳动苦力辛勤劳作；以德国工程师精准高效的技术取代无情的剥削；以德国人为'共同利益'而努力取代美国为一己私利而工作的态度。"[25]格罗皮乌斯这次甚至还在信末采用了纳粹风格的"德式问候"，可见他和瓦格纳迫切希望获得这个项目的委托，但他们的愿望并没有实现。

在德国国家银行设计比赛中失利之后，格罗皮乌斯开始为另一场比赛——德国劳工之家原型设计比赛进行筹划与准备。德国劳工之家计划由德国劳工阵线发起，旨在建立德国首个集体育俱乐部、文化中心与社区活动空间等功能于一身的社区系列建筑，以纪念表彰德国工人的崇高职业道德精神。这个计划受到法西斯意大利工人娱乐组织多博拉沃罗发起过的类似计划的启发，是德国劳工阵线提出的"娱乐带来力量"民族主义政策的一个重要组成部分。

格罗皮乌斯是参加此次比赛的692名建筑师之一。在这次比赛中，格罗皮乌斯与自己之前的学生、现在是一名绘图员的鲁道夫·希勒布莱希特进行了合作。格罗皮乌斯在写给宣传部的盟友汉斯·韦德曼的信中概述了他的观点："德国劳工之家应该是彰显德国工作精神的殿堂，是对没有阶级差别的新型社区概念的永久与深刻的体现。"[26]格罗皮乌斯设计了一个位于柏林蒂尔加藤、包括一座剧院和一个大型官方游行场地的大型体育场馆。在鲁道夫·希勒布莱希特绘制的建筑图纸上，我们可以看到带有纳粹十字记号图案的旗帜在巨型运动场四角飘扬。在此期间，带有十字记号的纳粹旗帜是德国公共建筑的统一标志。同样值得注意的是，在密斯1935年布鲁塞尔世界博览会德国馆的设计中，入口处飞舞的纳粹十字记号旗帜更加惹人注目。

格罗皮乌斯在纳粹党中的口碑与声誉注定他与这次德国劳工之家设计比赛无缘。不过大赛最终在希特勒的一声喝令下不了了之了。格罗皮乌斯于1934年4月在柏林"德国人，德国作品"展览上为非铁金属公司设计的大型展厅是他在第二次世界大战前在德国完成的最后一个作品。

"德国人，德国作品"是歌颂德国劳动人民职业道德精神以及赞美强大、纯粹的德国种族的大型公共宣传展览会。展览会的荣誉厅共有6个展览馆，其中一个宣传有色金属工业的展馆由格罗皮乌斯负责，另外一个由密斯负责。格罗皮乌斯在包豪斯期间的追随者——朱斯特·施密特现在是一名年轻的设计师。朱斯特·施密特在格罗皮乌斯离开包豪斯的时候几乎伤心欲绝。在展览设计期间，朱斯特·施密特一直协助格罗皮乌斯并为展板添加注释。其中的一块展板展示了体格强健的工人将熔融金属浇注到大容器中的画面。赫伯特·拜耳为展览目录设计了封面，封面带有胜利者月桂花环的图案。

在照片和等距绘图中，我们可以看到，格罗皮乌斯对德国的镁、镍、铝、铜、锡、铅、锌和塑料行业的优点进行了详细、全面的宣传，展现了德国非铁金属工业不凡的潜力以及光明的未来。格罗皮乌斯的这个成功之作缓慢旋转、呈楼梯金属塔形状，象征着德国金属加工业的实力，但格罗皮乌斯的名字在宣传展览中从未被提及。格罗皮乌斯——曾轰动一时的法古斯工厂、1914年德意志制造联盟展览大楼、德绍包豪斯建筑的建筑师，如今却沦为纳粹德国中不受欢迎与待见的人物。

"德国人，德国作品"展览已达到格罗皮乌斯所能承受的极限。伊势十分害怕格罗皮乌斯可能会情绪失控、爆发情绪，再次挑战、反抗宣传部长约瑟夫·戈培尔。这是格罗皮乌斯能够做出的最大的妥协与让步。伊势坚持表示他们急需离开德国："我很清楚格罗皮乌斯不会屈服，继续待在德国无疑是厝火积薪。"[27]伊势清楚地意识到，如果格罗皮乌斯留在纳粹德国，很有可能沦落到被送入集中营的下场。

【注释】

关于政治年代的故事，除了参考经格罗皮乌斯授权的、由雷金纳德·艾萨克斯所撰写的格罗皮乌斯传记之外，我还参考了乔纳森·彼得罗普洛斯的作品《希特勒政权下的艺术家：纳粹德国的合作与生存》（纽黑文，2014）。乔纳森在此书中对格罗皮乌斯进行了重要的评估。

关于格罗皮乌斯与纳粹政权关系的相关资料，我主要参考了温菲尔德·奈丁格的《第三帝国的包豪斯建筑》。该书最初于1993年以德语出版，经翻译后被收录在由凯瑟琳·詹姆斯－查克拉博蒂编著的《包豪斯文化：从魏玛到"冷战"》（明尼阿波利斯，2006）一书中。

自芭芭拉·米勒·拉内的作品《德国的建筑与政治1918—1945》（哈佛，1968）出版50年以来，人们对包豪斯、包豪斯人和纳粹重新进行了大量的考据。其中，由彼得·哈恩撰写的文章《包豪斯和流亡者：介于旧世界和新世界之间的包豪斯建筑师与设计师》以及由保罗·贝茨撰写的文章《包豪斯与纳粹主义：现代主义的黑暗篇章》将重点放在了格罗皮乌斯的身上。这两篇文章分别收录在"流亡者与移民者：逃离希特勒政权的欧洲艺术家"（洛杉矶艺术博物馆，1997）展的目录中和由让尼娜·菲德勒、彼得·法伊尔阿本德所编著的《包豪斯》（波茨坦，2013）中。

迈克尔·提姆基卫的《纳粹展览设计与现代主义》（明尼苏达大学出版社，2018）对格罗皮乌斯和朱斯特·施密特在1934年的"德国人，德国作品"展览设计提出了有趣的见解。格罗皮乌斯在写给女儿玛农的信中对自己在纳粹时期德国的生活进行了详细的描述，他们之间的通信对我而言是十分宝贵的参考资料。

父女二人的信件现存放在维也纳奥地利国家图书馆中。詹姆斯·赖德尔在2010年3月《建筑史学家联合会杂志》第69期中翻译的《沃尔特·格罗皮乌斯：写给天使的信 1927—1935》一文也参考了格罗皮乌斯与玛农之间的信件。

1 沃尔特·格罗皮乌斯对玛农·格罗皮乌斯所言，1933年5月17日，引用赖德尔，第98页。

2 克劳斯·曼，1933年1月30日的日记，引用雷纳·梅茨格尔，20世纪20年代的柏林（伦敦，2007），第365页。

3 鲁道夫·保尔森，《布尔什维克文化攻击》《纳粹报》，1932年3月30日。

4 奥斯卡·拜尔编，《埃瑞许·孟德尔松：建筑师的信件》（伦敦，1967），第125页。

5 沃尔特·格罗皮乌斯，讨论笔记，马萨诸塞州剑桥市，1968年9月，引用艾萨克斯，第175页。

6 安娜丽·维尔克对茱莉亚·费宁杰所言，1933年2月21日，引用惠特福德，第300页。

7 弗兰克·特鲁德尔，"包豪斯的终结"，1980年，引用惠特福德，第302页。

8 阿道夫·希特勒在新总统府落成典礼仪式上致辞，1938年8月2日，引用伊恩·博伊德怀特和大卫·弗里斯比（主编），《柏林大都会1880—1940》（伯克利，2012），第603页。

9 同注释1，1933年6月17日，引用赖德尔，第99页。

10 1932年12月30日，南希·威尔逊·罗斯对伦纳德·埃尔姆斯特所言，达汀顿文件，德文郡档案馆。

11 格罗皮乌斯引用格罗皮乌斯写给威廉·斯莱特的信，1933年5月3日，达汀顿文件，德文郡档案馆。

12 同上。

13 格罗皮乌斯对威廉·斯莱特所言，1933年5月17日，达汀顿文件，德文郡档案馆。

14 同注释1，1933年9月11日，引用赖德尔，第99页。

15 沃尔特·格罗皮乌斯对伦纳德·埃尔姆斯所言，1933年7月21日，达汀顿文件，德文郡档案馆。

16 同上。

17 赫伯特·拜耳对沃尔特·格罗皮乌斯所言，1933年3月9日，AAA。

18 同注释13。

19 引用奈丁格，第100页。

20 同注释1，1933年9月11日，引用赖德尔，第99页。

21 奥斯卡·施莱默对威利·包美斯特所言，1933年4月2日，《奥斯卡·施莱默的信件和日记》，图特·施莱默（编）（埃文斯顿，1990），第309页。

22 奥斯卡·施莱默对坤塔·斯托尔兹所言，1933年6月16日，《奥斯卡·施莱默的信件和日记》，图特·施莱默（编）（埃文斯顿，1990），第311页。

23 奥斯卡·施莱默对宣传部长约瑟夫·戈培尔所言，1933年4月25日，《奥斯卡·施莱默的信件和日记》，图特·施莱默（编）（埃文斯顿，1990），第310页。

24 沃尔特·格罗皮乌斯对欧根·胡宁所言，1934年3月27日，BHA，引用艾萨克斯，第 180 页。

25 沃尔特·格罗皮乌斯与马丁·瓦格纳对东普鲁士总统所言，1934 年 2 月 1 日，BHA，引用艾萨克斯，第 179 页。

26 沃尔特·格罗皮乌斯对汉斯·韦德曼所言，乔纳森·彼得罗普洛斯《希特勒政权下的艺术家：纳粹德国的合作与生存》（纽黑文，2014），第 79 页。

27 伊势·格罗皮乌斯对杰克与莫莉·普里查德所言，1973 年 10 月 15 日，UEA。

▸ 第二人生：英国

14 伦敦、柏林、罗马：1934

　　1934 年 4 月，脊髓灰质炎瘟疫在威尼斯蔓延，尽管地方当局采取了一定的防范措施，但疫情依然十分严重。当时正逢玛农、阿尔玛和弗朗兹·韦尔费尔在意大利的马勒之家共度复活节。就在阿尔玛和韦尔费尔回到维也纳参加马勒《大地之歌》的庆祝表演时，玛农感到身体严重不适。阿尔玛和弗朗兹·韦尔费尔刚到维也纳的第二天晚上便接到玛农病重的消息。闻讯后惊慌失措的阿尔玛连忙回到威尼斯，而此时玛农已被确诊患上小儿麻痹症。玛农的腿部最先开始瘫痪，很快便蔓延到颈部之下，并伴随着呼吸困难的症状。玛农的病情稳定下来后，阿尔玛决定将玛农送到维也纳的专科医院接受治疗。阿尔玛在新法西斯奥地利政府中有一位十分要好的朋友，在阿尔玛的一再要求下，政府向玛农提供了先皇弗朗茨·约瑟夫的救护车。玛农就像是一位身患残疾的公主，乘坐"御用"救护车回到了家中。

格罗皮乌斯一向很少得到玛农的消息，有时即使得到也已经很晚了。格罗皮乌斯直到 5 月 6 日才听说女儿身患重疾的噩耗。格罗皮乌斯立即写信给身在维也纳霍赫沃特别墅的玛农：

> 亲爱的小慕兹，终于你离我越来越近了，我终于可以打电话了解你的详细情况并听说你勇敢地战胜病魔的精彩故事……至于你所遭受的一切，我的宝贝慕兹，我们人类，特别是年轻人的适应能力十分强大，强大到你无法想象。经历了这场可怕的疾病，你便像一只涅槃重生的凤凰，将获得崭新的生命。我努力为你寻找你想要的希特勒系列，但不幸未能找到。所以我只能寄给你瓦格纳系列。[1]

格罗皮乌斯这里所说的系列可能指的是一系列收藏品、邮票，甚至可能是香烟卡。虽然他瘫痪的女儿现已是 17 岁的大姑娘了，但玛农在一些方面仍表现出了孩子的特点和心理。

格罗皮乌斯虽十分担心女儿的病情，却还是静下心来，专心致志为赴英参加由英国皇家建筑师学会举办的格罗皮乌斯作品展进行准备。格罗皮乌斯 4 天后踏上了访英的旅途。由于格罗皮乌斯行程繁忙，接下来便由伊势写信向玛农解释，格罗皮乌斯以"沉重的心情接受了来自英国的邀请。他现在不得不依靠国外的工作机会，因此他无法拒绝这一邀请。我们在德国的每一条道路都被封锁了，只能无能为力地站在一片废墟前"[2]。从这封信中，我们可以看到格罗皮乌斯的艰难境况与德国风雨飘摇的局势。

———

由于格罗皮乌斯夫妇无法承担高额的旅途费用，所以只有格罗皮乌斯独身前往英国，伊势留在德国。格罗皮乌斯的建筑作品展将在位于干杜特街道的英国皇家建筑师学会的大楼中举行。格罗皮乌斯的名字在那个时期的英国鲜为人知，但一些小众鉴赏家却对格罗皮乌斯欣赏有加，对包豪斯的事迹也有所耳闻，有些人甚至不远万里来到德绍参观。英国皇家建筑师学会展览由当时英国少有的德国功能建筑和设计爱好者——建筑评论家莫尔顿·尚德进行推广。

莫尔顿·尚德性格古怪，身材高大，头顶微秃。"毕业于伊顿公学，有一些额外的私人收入，受过良好教育，傲慢自大、难以相处，但对现代建筑有很高的热忱。"[3]莫尔顿·尚德身兼多职，除了作为建筑评论家为《建筑评论》撰稿之外，他还是葡萄酒专家、美食作家和臭名昭著的"女性鉴赏家"。当格罗皮乌斯来到伦敦时，莫尔顿·尚德已经历了四段婚姻。尚德同时也是反犹太主义者，经常像不明事理的未成年人一样拿犹太人开玩笑，让建筑行业的同事十分反感。但莫尔顿·尚德对格罗皮乌斯作品所表现出的热忱恰恰反映了他令人厌恶的外表下矛盾、对立的一面。莫尔顿·尚德是1934年将格罗皮乌斯带到英国的关键性人物。

在莫尔顿·尚德的游说下，英国皇家建筑师学会的秘书伊恩·麦卡利斯协助组织了这次展览。此次展览由英国皇家建筑师学会的会长雷蒙德·安温先生于1934年5月15日揭幕。当时已经年迈的雷蒙德·安温年轻时曾是威廉·莫里斯的追随者，也是英国花园城市运动的领军人物。雷蒙德·安温虽不是格罗皮乌斯预制建筑和公共公寓住宅的热情支持者，但作为一个慷慨大方的人，他对于此次展览也算尽心尽力。

雷蒙德·安温将在伦敦皇家学院中可以看到的更加"私人和情绪化"的作品与在英国皇家建筑师学会展览会所展出的逻辑更加严谨的作品之间做了"有趣的对比"，并热情地解释："之所以产生这样的差距可能是由于英国建筑师对菲利普·韦伯和莱瑟比的理论都比较陌生。他们的理论与格罗皮乌斯教授的理论非常相似，所以在英国能够真正理解现代运动的有识之士寥寥无几。"[4]雷蒙德·安温在这里提到的威廉·莫里斯的学生莱瑟比是1894年伦敦中央工艺与工艺学校的创办者和首任校长，他建立了艺术和设计相结合的教育体系。在教育思想方面，莱瑟比确实可以称得上是格罗皮乌斯的前辈。

在展览开幕的前一天晚上，格罗皮乌斯应邀到设计与工业协会进行演讲。格罗皮乌斯的演讲地点在伦敦的一间地下室，但这并没有妨碍观众的热情。众所周知，设计与工业协会由一群意识到英国设计标准有待提高的、具有前瞻性的设计师、制造商、教育家和建筑师于1915年创立。设计与工业协会本是模仿第一次世界大战前德意志制造联盟并与其对立的组织，但现在具有讽刺意味的是，英国设计与工业协会成了格罗皮乌斯最忠实的支持者。"在20世纪20年代末期和30年代初期，德绍包豪斯与沃尔特·格罗皮乌斯一直是我们创作灵感的源泉。"设计与工业协会伯明翰分部的负责人贝斯特回忆道："我们对格罗皮乌斯的热情接近痴狂的程度，我们甚至还将格罗皮乌斯的名字加到打哑谜猜字的游戏之中。"[5]就这样，格罗皮乌斯在设计与工业协会中变成了人气高涨的"皮乌斯"。

格罗皮乌斯对自己即将在伦敦用英语演讲感到非常焦虑。伊势表示，格罗皮乌斯主要通过对着自己大声朗读埃德加·华莱士的怪诞小说的方式来提高英语水平。莫尔顿·尚德将格罗皮乌斯的发言稿翻译成英文并寄给身在柏林的格罗皮乌斯。在出发前的几个星期里，格罗皮乌斯与伊势一遍又一遍地朗读、练习英文演讲稿。这场演讲吸引了很多观众。年轻的建筑师麦克斯韦·福莱一生都对这次演讲记忆犹新："会场每个角落都挤满了听众。台上这个略显紧张、腔调像勇猛的狮子一样的男人大声朗读着莫尔顿·尚德为他翻译的密密麻麻的演讲稿。台下的听众因他慷慨激昂的演讲变得情绪高涨、热血沸腾。格罗皮乌斯显然几乎无法理解他正在朗读的内容，但他仍保持着铿锵的语调和自信的态度继续做着演讲。"[6]

格罗皮乌斯演讲的主题是《现代建筑与规划的形式和技术问题》。格罗皮乌斯在演讲中谈及了他最喜欢的主题——可以包容各类建筑的广阔建筑视角的重要性。格罗皮乌斯认为艺术和设计并不是可有可无、深奥莫测的附属品，而是每个人生活的必要部分。格罗皮乌斯反对为了艺术而创造艺术的观点，同样也抵制以商业盈利作为最终目的的危险艺术理念。20世纪中叶的今天，人类不得不顺应发展迅猛的工业化潮流。但机器操控必须始终建立在人类的理解与谨慎的道德判断的基础之上。机器不能取代人类，机器不能失控，变得疯狂。

格罗皮乌斯的这种视角广阔、慷慨激昂的建筑观点在1934年的伦敦相当新颖。麦克斯韦·福莱表示，格罗皮乌斯"无论从道德还是从审美，都让我感到兴奋与激动。当格罗皮乌斯演讲结束，掌声与欢呼声逐渐平息时，演讲会场的气氛已经十分高涨。格罗皮乌斯也十分激动，转过身来向我表示感谢"[7]。

在观众中还有另一位深受震撼的听众——年轻的艺术史学家尼古拉斯·佩夫斯纳。尼古拉斯·佩夫斯纳曾在德国与格罗皮乌斯相识，并对格罗皮乌斯如英雄般崇拜。在纳粹党清除犹太学者的时期，佩夫斯纳也深受迫害，他在哥廷根大学的职位也被立即免除。尼古拉斯·佩夫斯纳刚刚来到英国，开始从事英国工业设计调查方面的研究。佩夫斯纳的研究成果后来在《英国的工业艺术调查》一书中发表。佩夫斯纳在这个时期，无论在个人成长，还是职业发展方面都非常迷惘，很不稳定。当晚，在尤思顿车站等待开往伯明翰的火车的佩夫斯纳写信给他的妻子罗拉，他在信中告诉妻子自己对格罗皮乌斯的印象："我对这个男人崇拜得五体投地——他把控自己的方式、他所取得的成就以及他的说话方式……他和你一样是真正的德国人。我现在心潮澎湃、头晕目眩。我周围的一切似乎都变得十分渺小：忧虑、前景，一切的一切。"[8]

在格罗皮乌斯访问英国的短暂日子里，伊势有些着急，但又满怀欣喜地给格罗皮乌斯写信。她在信中表示，希望这次演讲的效果比预想的更加完美。"我可以想象你一定累坏了，"伊势在信中说道，"你还记得我们在纽约说英语说得精疲力竭的日子吗？"[9]

伊势也在信中附上了自己的近况：为杂志撰写文章、开始阅读弗朗兹·韦尔费尔的小说《穆萨达的四十天》。伊势发现弗朗兹·韦尔费尔在书中对于奥斯曼帝国对美国种族大屠杀的极端描写与德国柏林现在的状况十分相似。伊势还与她的朋友——设计师艾琳·冯·戴比史兹相约一起吃午餐，与她的妹妹艾伦一起去剧院观看演出，与她另一个妹妹赫莎和她现已满学龄的侄女阿提度过了一个美好的夜晚。

伊势还在信中煽情地向格罗皮乌斯描述了阿提在母亲节为赫莎画的画。画中，一个坐在美丽的小花园中的孩子向母亲伸出了小手。现在仍没有孩子的伊势痛苦地说，她一生从未体验过"母亲与孩子之间微妙的感情"。

从伊势寄给身在伦敦的格罗皮乌斯的信件中，我们可以清楚地感受到伊势与赫伯特·拜耳的恋情就算没有彻底结束，也已经大不如前了。伊势告诉格罗皮乌斯，赫伯特打电话给她表示他正在为客户贝特霍尔德公司设计台历，并询问伊势是否有意愿为台历搭配一些文字说明。虽然客户支付酬金使用的是极具讽刺意义的"帝国马克"（希特勒上台后，德国的货币马克变更为帝国马克），但200帝国马克的确是个不小的数目，伊势非常心动，难以抗拒。伊势认为，现在他们的经济条件并不宽裕，也许她应该抓住这个机会，以后继续以撰稿人的身份谋生。

伊势和拜耳在共进午餐之际讨论了这份差事的利弊。拜耳心情愉快，对自己即将与马塞尔·布鲁尔一起踏上从多瑙河到匈牙利的探险之旅感到兴奋。他邀请伊势加入他们的队伍，伊势深知这是拜耳的新一轮露骨的调情，便婉言谢绝了拜耳的好意。伊势告诉格罗皮乌斯，赫伯特已经决定"永远不再发展新的人际关系"[10]。对此，伊势相当刻薄地评论："他可能忘记了所有的发展都有停止的可能。拜耳与布鲁尔就这个问题提出了许多理念，我觉得这些都十分枯燥无味，但也可以理解，毕竟人各有志。"

她与拜耳之前曾有过的激情似乎已经平淡下来，现在他们之间更像是一种亲密的朋友关系。当格罗皮乌斯在伦敦时，伊势要求格罗皮乌斯为拜耳购买一双凉鞋，甚至还画了一张简图，标注拜耳脚长30.5厘米。至于格罗皮乌斯有没有为拜耳买这双鞋，我们也无从得知。

5月18日，格罗皮乌斯51岁生日的那一天，他仍在回家的途中。伊势也表示，这是他们认识以来，两人第一次也是唯一一次在格罗皮乌斯生日的日子分离两地。格罗皮乌斯在英国的最后一站是利物浦大学建筑学院。利物浦大学建筑学院中的一名教授，查尔斯·赖利，同时也是斯隆广场的彼得·琼斯百货公司的联合设计师与建筑师，还在当时反进步的英国建造了另一座小型现代建筑。赖利虽然刚刚离任，但他在利物浦的影响力仍然不小。英国皇家建筑师学会为格罗皮乌斯举办的作品展也计划在利物浦、利兹、伯明翰和曼彻斯特等城市进行巡展。

伊势在格罗皮乌斯生日那天向身在利物浦的他发了封电报。伊势显然十分想念格罗皮乌斯。"每天早上阿里（格罗皮乌斯的狗）会跳到我们的床上嗅来嗅去，没有闻到你的味道，阿里显然十分沮丧。没有你在我身边，我也是同样的心情！"伊势迫切地想知道格罗皮乌斯对英国的印象。"我想知道身在英国是怎样的快乐，"伊势表示，"这种快乐在德国是体会不到的。"[11]

格罗皮乌斯1934年5月短暂的伦敦之旅对他今后迁居英国起到了决定性的作用。格罗皮乌斯同时也收到了美国的邀请：《建筑实录》的编辑劳伦斯·柯赫尔鼓励格罗皮乌斯在美国成立新的建筑事务所；格罗皮乌斯甚至还得到了在哥伦比亚大学任教的机会。但事实上，格罗皮乌斯选择英国最大的原因是他在英国皇家建筑师学会所受到的热烈欢迎。英国皇家建筑师学会甚至还将格罗皮乌斯列入英国皇家建筑师学会金牌获得者名单之中。不过让格罗皮乌斯下定决心的最重要的原因还是他在英国结识的新朋友以及看到新委托项目的希望。除此之外，玛农也是一个很大的问题。格罗皮乌斯本来就很少有机会看到玛农，她的病情让格罗皮乌斯也万分痛苦和担心。如果迁居美国的话，他与女儿的距离就会越来越远。

前来听格罗皮乌斯演讲的观众之中还有一位年轻的企业家——杰克·普里查德。"家具行业中有名的玩世不恭分子，"麦克斯韦·福莱描述杰克·普里查德时说道，"但他的身体中流淌着真正的企业家、赞助家的血脉。"[12]像埃尔姆斯特夫妇一样，杰克·普里查德虽然资源不多，却是一个热情、忠诚的现代主义者。杰克·普里查德曾在剑桥学习工程和经济学。早在他还没听说过格罗皮乌斯的时候，杰克·普里查德便本能地隐约感觉到技术与艺术融合的趋势。杰克·普里查德1925年在一家名叫维纳斯塔的胶合板公司找到了一份工作，从此便致力于探索材质轻盈、强度较高、可塑造成曲线造型的胶合板的新用途。因杰克·普里查德为推广胶合板在现代生产中的应用所做出的不懈努力，人们亲切地称他为"胶合板·普里查德"。

在巴黎维纳斯塔胶合板公司工作期间，杰克·普里查德参观了勒·柯布西耶的建筑。1930年，他又和建筑师威尔斯·科茨前往斯图加特参观了如今现代主义的朝圣之地——实验住宅项目：白色之

家。杰克·普里查德于同年委托勒·柯布西耶、皮埃尔·让纳雷和
夏洛特·佩瑞安设计奥林匹亚的建筑行业展览中的维纳斯塔展台。
杰克·普里查德这一大胆的举动在当时的英国引起了不小的轰动。
1931 年，杰克·普里查德又踏上了包豪斯的探索之旅。杰克·普里
查德与威尔斯·科茨以及目前在伦敦任职的俄裔建筑师——塞吉·希
玛耶夫一同来到德绍。

杰克·普里查德了解到包豪斯也致力于在现有材料的基础上发动
新思维与探索，这与自己的理念不谋而合。但令他感到失望的是，在
格罗皮乌斯辞职三年后，包豪斯这座建筑和这里的一切或多或少已逐
渐被人遗忘了。"不过，"普里查德后来表示，"杂草横生的包豪斯
看起来也别有一番风味，至少我们还可以在包豪斯建筑里四处转转。
包豪斯建筑令我印象深刻，对我产生了巨大的影响。"[13] 自普里查德
在英国皇家建筑师学会展览开幕式与格罗皮乌斯萍水相逢的那一刻开
始，两人的生活、工作与家庭都将注定交织在一起。

格罗皮乌斯于 1934 年 6 月 7 日回到柏林时写了封信给莫尔顿·尚
德，他在信中深情感慨：

> 我很高兴这次英国之旅硕果累累。虽然语言方面有些障碍，但
> 这并不影响我们达成一定的共识。很多人也告诉我，我会取得成功。
> 与此同时，我一直在认真考虑去英国工作的事情。让我陷入矛盾的
> 主要原因还是物质方面的问题。在英国工作，即使其他所有的问题
> 都可以解决，我也还是必须至少忍受半年到一年没有收入的生活。
> 我们都无法快速适应全新的工作和生活。没有明确的前途和未来，
> 我现在无法做出任何决定。但另一方面，在柏林我看不到任何的前
> 途，因此我必须有所行动。[14]

对于格罗皮乌斯的顾虑，莫尔顿·尚德早就有所考虑和准备。莫尔顿·尚德在收到信的前一天晚上便与麦克斯韦·福莱就格罗皮乌斯是否可与福莱成为搭档进行合作的事宜进行了讨论。全球建筑行业的萧条，建筑师整体就业前景越来越不乐观，于是，各国对外来建筑师来本国执业的反对也越来越强烈。因此，若想让格罗皮乌斯迁居英国，英方必须事先安排格罗皮乌斯与其他英国建筑师形成伙伴关系。

英国皇家建筑师学会感受到了外籍建筑师的不公平竞争所带来的威胁。1933 年，英国皇家建筑师学会委员会致函劳工部长，要求劳工部制定更严格的入境规定，并建议只有"具备特殊资格、能够独立实践"并具有"专业的技术能力和文化水平"的外籍建筑师才可以迁居英国。[15]入境最终的审批权掌握在英国内政部的手中。埃瑞许·孟德尔松（后来更名为艾瑞克·孟德尔松）此时来到了伦敦并听了格罗皮乌斯的演讲。埃瑞许·孟德尔松已经满足了上述条件，正与塞吉·希玛耶夫合作。

格罗皮乌斯回德后不久，麦克斯韦·福莱便亲自联系格罗皮乌斯说道："能够和你一起工作，我感到非常荣幸和高兴。"麦克斯韦·福莱不仅主持了格罗皮乌斯的演讲，还和家人一起招待了格罗皮乌斯。福莱的房子位于泰晤士河畔奇西克的罗威·莫尔。弗莱在信中告诉格罗皮乌斯，6 月的天气太热了，他和他的家人都穿着很少的衣服躺在地上乘凉。外面的河水水位很低，河水看起来滚烫。划船的人一个个都光着上身，同时还要辛苦地留意成群结队在岸边和桥上玩水的男孩。"他的小女儿安"在房子里、在花园中高兴地玩耍。她头戴帽子、脚穿红鞋，其余什么都没穿"。从字里行间我们能够清楚地感受到，此时的格罗皮乌斯与麦克斯韦·福莱两人已经形成了较为亲密的关系了。福莱热情奔放地写道："我从未奢望过与你合作。"[16]

积极活跃的莫尔顿·尚德已经为格罗皮乌斯找好了一个建筑项目，格罗皮乌斯一旦到达便可直接接手。伊索肯家具公司计划在曼彻斯特迪兹伯里郊区山坡的一片土地上建一幢公寓楼。这片土地的主人是杰克·普里查德的朋友、设计与工业协会坚定的支持者——西蒙。伊索肯公司由杰克·普里查德、他的妻子莫莉、建筑师威尔斯·科茨等人于 1931 年共同组建，致力于打造人类理想住宅和"现代人住宅"。伊索肯的英文名"Isokon"表示"等距单位建设"，本身就极具进步意义。1933 年，伊索肯在白赛姿公园劳恩街所开发的公寓项目成为当时伦敦罕见的现代化公寓，这个项目就是我们现在所熟知的伊索肯大楼。在格罗皮乌斯来到伦敦之际，劳恩街公寓即将完工。按照格罗皮乌斯的部分要求，杰克·普里查德慷慨地邀请格罗皮乌斯住进崭新的劳恩街公寓，同时为格罗皮乌斯提供包括饮食在内的各种服务。而格罗皮乌斯在任职期间在这里居住了 6 个月，"甚至更久"[17]。

对于这个邀请，格罗皮乌斯欣然接受，但在细节方面仍有些疑虑。"我可以向你们借一些家具吗？女佣的平均工资是多少？"[18]格罗皮乌斯打算将他在柏林的公寓连同里面的家具一起对外出租，给德国当局制造一种他还会回来的假象。杰克·普里查德表示会借给格罗皮乌斯一些家具，而福莱则向格罗皮乌斯保证，劳恩街住宅本身就是提供勤杂服务的公寓房间，因此格罗皮乌斯根本不需要女佣。

————

格罗皮乌斯身在伦敦的这些日子，伊势一直在认真地为格罗皮乌斯安排他回德后前往维也纳看望玛农的事宜。自 1934 年 2 月纳粹党针对奥地利第一共和国总理恩格尔伯特·陶尔斐斯的极保守政府发动暴力袭击以来，维也纳祸乱不断。由于紧张的政治局势，德国与奥地利两地之间的边境出入遭到了更加严格的限制。柏林旅行通行证的费用为 1000 帝国马克，这对于手头拮据的格罗皮乌斯夫妇来说无疑是一个不小的数目。伊势首先来到警察局询问相关的规定。警察局的人告诉伊势，她需要向内政部提交玛农病情严重的证明信之后再进行相关申请。伊势让格罗皮乌斯从伦敦打电话给阿尔玛，希望阿尔玛可以配合他们提供相关文件。玛农仍然没有好转的迹象。格罗皮乌斯在筹到了1000帝国马克的柏林旅行通行证费用之后，于1934年6月8日在维也纳的布里斯托尔酒店预订了房间。格罗皮乌斯告诉慕兹，他一抵达维也纳就会给她打电话，他迫不及待地想要与她见面。格罗皮乌斯和玛农自1931年12月玛农短暂的柏林之行以后再也没有见过面。

玛农的一些成长经历是格罗皮乌斯未能亲眼见证的，例如，玛农在著名导演马克斯·林哈得及其家人的鼓励下，曾立志成为一名女演员。马克斯·林哈得实际上在他与胡戈·冯·霍夫曼斯塔尔根据佩德罗·卡尔德隆·德·拉·巴尔卡的作品《世界大剧院》为1934年萨尔茨堡音乐节所改编的音乐剧中，曾邀请玛农饰演"一号天使"一角。但这一角色邀请被占有欲和保护欲极强的阿尔玛以及弗朗兹·韦尔费尔直接拒绝。

格罗皮乌斯同样也完全没有想到，他的玛农现在已经皈依罗马天主教。阿尔玛又有了新的婚外情，她这次出轨的对象是奥地利罗马天主教与法西斯政界的后起之秀——约翰内斯·霍伦施泰纳。玛农皈依罗马天主教无疑与这位阴险、邪恶的牧师有关。现在已经50多岁的阿尔玛疯狂地爱上了37岁的约翰内斯·霍伦施泰纳。约翰内斯·霍伦施泰纳身材矮小，秃顶，戴着眼镜，但阿尔玛却觉得漫长的冬夜只要有霍伦施泰纳的陪伴便是温暖的春天。霍伦施泰纳更是为自己破坏他人婚姻找了一个随便的借口：牧师只有身穿衣服的时候才会讲贞操，他的这一套理论自然适用于他和阿尔玛在霍赫沃特别墅过夜的情况。

在听说玛农改变信仰的消息后，格罗皮乌斯回应道："听说你成为一名天主教徒，这让我感到惊讶。我自己虽然不信仰任何宗教，但我相信一般视觉和感官敏锐的有才之人，通常本能地都会更加喜欢排场盛大、充满仪式感的天主教会而不是强调禁欲苦行的新教。"[19]格罗皮乌斯尽力去理解、尊重玛农的一切，但阿尔玛仍然不愿让格罗皮乌斯与他的女儿相见。这让格罗皮乌斯不难想起玛农刚出生不久后，他从前线归来看望女儿时，阿尔玛就像一只护着自己幼崽的母狮一样护在玛农的前面，不让他看望的场面。阿尔玛已经失去了一个女儿——小普吉，这也许可以解释为什么阿尔玛对自己的第三个孩子如此迷恋、如此充满占有欲。即便在1933年格罗皮乌斯50岁生日时，阿尔玛也不允许玛农在家里打电话给父亲送上祝福。被逼无奈的玛农只能试图通过当地邮局的电话亭与格罗皮乌斯取得联系，但不幸的是，电话并没有接通，这让玛农感到十分沮丧。玛农甚至怀疑她的母亲阿尔玛拦截并毁掉了父亲寄给她的信件。走投无路的格罗皮乌斯有一段时间只能通过在杂志中偷偷夹上自己的信息的方式与玛农取得联系，他知道阿尔玛从来不会看这些杂志。

现在，格罗皮乌斯费尽周折终于来到了维也纳，阿尔玛只能极不情愿地让格罗皮乌斯看望玛农。格罗皮乌斯在霍赫沃特别墅用餐之后，阿尔玛带他探望躺在病房中的玛农。玛农的病房在二楼，这里曾经是弗朗兹·韦尔费尔的书房。玛农的陪护护士艾达·格鲍尔表示，看到玛农的样子，格罗皮乌斯陷入了沉默，眼前的场景显然让他难以接受。

玛农的病房装饰得像神社一样，阿尔玛的父亲埃米尔·雅克布·辛德勒的画作还有一些装饰花朵高高地挂在墙上。玛农坐在一张大翼状靠背椅上，这张椅子据说是法国政治家、外交家塔列朗在1814年维也纳会议中使用的椅子。华丽的东方毛毯盖在了玛农身体腰部以下残疾的部分——玛农腰部以下基本无法移动。身患残疾的玛农身上戴满了阿尔玛的首饰，阿尔玛依旧紧握玛农的手，坐在女儿旁边。

格罗皮乌斯只在玛农的病房逗留了不长时间，阿尔玛就开始打发格罗皮乌斯回酒店。在接下来的一个星期里，格罗皮乌斯每天可以探望玛农的时间只有半天。格罗皮乌斯坚持与玛农的医生见了面，医生告诉格罗皮乌斯玛农的状况有所好转，还有恢复行走能力的可能性。格罗皮乌斯似乎相信了医生乐观的态度。格罗皮乌斯是真的相信，还是只是抱有一丝幻想安慰自己？阿尔玛的母亲安娜·莫尔在格罗皮乌斯走后表示，玛农已经是没有任何治愈可能的残疾人，这是个不争的事实，格罗皮乌斯只是在自欺欺人。卡尔·莫尔也表示阿尔玛将局面控制得非常好。

格罗皮乌斯 6 月中旬回到柏林后便开始写信给阿尔玛。信中格罗皮乌斯感谢阿尔玛对玛农无微不至的照顾，玛农才能恢复到现在这个程度。格罗皮乌斯十分谨慎地试图缓和之前与阿尔玛紧张的关系，这与他坚定、果断、专业的一贯作风形成了鲜明的对比。格罗皮乌斯温顺的态度也足以表明他十分担心阿尔玛会阻止他与玛农再次见面。玛农在格罗皮乌斯离开后也变得焦躁不安。玛农偶尔也向格罗皮乌斯发送一些自己身体有好转迹象的令人欣慰的好消息。但玛农却有一种再也见不到自己父亲的预感。

————

格罗皮乌斯再次回到了兵戈扰攘的柏林。1934 年 6 月 30 日至 7 月 1 日，暴风突击队首领恩斯特·罗姆、库尔特·冯·施莱歇尔将军以及纳粹党和军队中的其他高官因涉嫌密谋反对希特勒而遭到处决。格罗皮乌斯的柏林设计事务所的工作少得可怜，工作人员也只剩下了一个制图员和一个秘书。格罗皮乌斯夫妇离德来英已势在必行，各方都在为格罗皮乌斯夫妇迁居英国做着准备。计划是这样安排的：格罗皮乌斯首先作为德国官方代表参加在罗马举行的国际戏剧大会，然后再从意大利前往伦敦。与此同时，莫尔顿·尚德也在为迎接格罗皮乌斯的到来而忙得不可开交。莫尔顿·尚德为了让更多人了解格罗皮乌斯，写了一篇关于格罗皮乌斯作品的文章。欧洲现代主义、包豪斯的崇拜者——赫伯特·瑞德也乐观地预测格罗皮乌斯会在6个月之内来英定居。

格罗皮乌斯受罗马亚历山德罗·沃尔塔基金会的邀请参加了国际戏剧大会。这次邀请是基金会在意大利文化部长迪诺·阿尔菲里的示意下向格罗皮乌斯发出的。迪诺·阿尔菲里的职位与德国宣传部长约瑟夫·戈培尔的职位相当，迪诺·阿尔菲里一直致力于在墨索里尼意大利和希特勒德国之间建立更紧密的联系。但与约瑟夫·戈培尔不同的是，迪诺·阿尔菲里非常欣赏、崇拜格罗皮乌斯。格罗皮乌斯应邀发表了题为《剧院建设》的演讲，总结了他对未来现代剧院建筑的颇有远见的看法。格罗皮乌斯在这个节骨眼上接受这次演讲邀请的主要原因是他和伊势本次旅行的所有费用都会由大会承担。

格罗皮乌斯需要获得官方通行许可才能到德国境外出行。1933年9月19日，格罗皮乌斯写信给他的支持者——德国建筑师联合会视觉艺术部的部长欧根·胡宁教授，希望胡宁可以同意他参加这次戏剧大会。与此同时，格罗皮乌斯还以在英国承接了一个规模不大的住宅设计项目为由而申请在英国短期停留。格罗皮乌斯一再强调，自己仍会继续在柏林执业，自己的设计事务所暂时由包豪斯之前的学生威尔斯·艾伯特接管，自己在柏林的公寓也会保留下来。格罗皮乌斯终于获批参加会议。1933年10月4日，欧根·胡宁批准格罗皮乌斯在1935年4月30日前可留在英国。欧根·胡宁对诚实、守信的格罗皮乌斯非常信任："我认为你是一个有感情、直率、可靠的德国人，没有任何人可以质疑你对待艺术和目标的严肃态度。"[20]

胡宁不是纳粹党徒，但作为德国建筑师联合会视觉艺术部的部长，他仍是一个拥有一定话语权的政府官员。造成格罗皮乌斯忧心如焚，却小心翼翼想要离开德国的矛盾心理的有多种原因：对职业发展的考虑、对德国永远的忠诚，以及对家庭和伊势的责任等。格罗皮乌斯想避人耳目悄悄离开这个国家。带着"事假"通行许可证离开的格罗皮乌斯是否能够重返德国，让人们陷入无限的思考与遐想。

此外，格罗皮乌斯和伊势与那个时期的其他德国知识分子一样，并不相信希特勒的政权会持久长存。"这种猜测与预料很难解释，"伊势后来写道，"当时我们的想法就是，我们坚信希特勒的那套骗人的把戏（据我们所知，当时大多数人都以此指代希特勒政权）只不过是昙花一现，不出数月定会崩塌。"[21]

10 月 1 日，就在格罗皮乌斯动身前往罗马的前一天，他又一次提笔写信给玛农，告诉她"我们正瘫坐在一片凌乱之中收拾行李"[22]。格罗皮乌斯的波茨坦公寓已经准备好迎接新住户——画家马克斯·利伯曼的女儿凯特·雷瑟勒。如果格罗皮乌斯夫妇表现出任何永久离开德国的迹象，他们的公寓将会立即充公，所以他们只能暂时将公寓对外出租。在前往罗马的路途中，虽然格罗皮乌斯和伊势已经迫不及待地希望踏上意大利的土地，开启新的人生旅程，但他们还是决定绕远路先前往阿西西，去一睹乔托壁画的风采。抵达罗马后，格罗皮乌斯与伊势将在位于维多利亚威尼托路的宫殿与大使馆酒店享受奢华、舒适的住宿与服务。在他们到达的第一天，伊势就在酒店入口的旋转门处与西班牙国王撞了个满怀。

1934 年沃尔塔国际戏剧大会是第二次世界大战爆发前众多欧洲文艺巨匠的最后一场盛大聚会。受邀的不仅仅是建筑师和舞台设计师，还有作家、评论家和作曲家：莫里斯·梅特林克、安德烈·莫洛亚、威廉·巴特勒·叶芝、荷兰建筑师维德维尔德、英国舞台设计师和理论家爱德华·戈登·克雷格、伦敦水星剧院创始人阿什利公爵，以及未来主义者代表菲利波·托马索·马里内蒂与路易吉·皮兰德娄都参加了大会。其中，路易吉·皮兰德娄"因果敢而灵巧地复兴了戏剧艺术和舞台艺术"而荣获了 1934 年诺贝尔文学奖。弗朗兹·韦尔费尔也收到了会议的邀请，但由于玛农的病情和其他原因，韦尔费尔拒绝了主办方。

德国明星兼制片人古斯塔夫·格伦德根斯也收到了邀请。但不久后，格伦德根斯便因与纳粹政权同流合污的丑恶嘴脸而身败名裂。希特勒让格伦德根斯拒绝邀请，伊势后来分析道，希特勒已经为格伦德根斯在德国制订了一系列计划，不想让他过多地暴露在大众面前，并且希特勒本人目前并不心甘情愿地认同墨索里尼政权。"但对希特勒来说，沃尔特是可以随时舍弃的牺牲品。"[23] 所以格罗皮乌斯夫妇如期参加了大会，虽然满怀希望，但他们仍然不确定从罗马前往英国的安排是否能按照计划顺利进行。

作为大会中仅有的德国人，格罗皮乌斯与伊势得到了优越的待遇。伊势在不经意间向意大利文化部长迪诺·阿尔菲里透露她与格罗皮乌斯不支持希特勒的政权，因此并不打算重返德国的计划。阿尔菲里听后不动声色，安排他们去参观展示意大利最现代的设的法西斯革命展馆："阿尔菲里身穿黑色法西斯制服，手握武器的军队护卫站在入口的两侧，我们被安排到了一个最尴尬的位置，这一切都让我们感到十分惊恐。"在国会大厦的官方会议招待会上，伊势及一行客人在法西斯党的秘书阿喀琉斯·斯塔拉切的指引下入席就座。随后到场来宾一起观看了弗朗切蒂歌剧《伊奥里奥的女儿》。格罗皮乌斯和伊势两人与意大利高官并排坐在歌剧院的一间包厢中，而其余的来宾都在下面的观众席就座。在觥筹交错的派对结束之后，阿尔菲里表示可以向伊势介绍墨索里尼的女婿、外交部长齐亚诺伯爵。第二天，在格罗皮乌斯出席大会的分会议时，阿尔菲里带着伊势到罗马到处游玩，想方设法地吸引伊势的注意。面对阿尔菲里赤裸裸的挑逗与勾引，伊势表示她心有所属。

1934 年 10 月 9 日，戏剧大会上演了戏剧性的一幕。南斯拉夫国王亚历山大和法国大使在马赛被谋杀的消息打断了大会的正常进程。这件事情所带来的政治影响是极其复杂的。"每个人都必须迅速思考如何回应这件事。法国的反应最糟糕。"伊势表示。另一方面，阿尔菲里在处理这个消息的时候十分娴熟敏捷，到场嘉宾都各持己见。未来主义者代表菲利波·托马索·马里内蒂在其中一次会议中发表了其著名的演讲《战争的政治》。马里内蒂的演讲通过极端和生动的表达方式站在一个法西斯分子角度描述了其对于在战争中光荣牺牲的看法，该演讲引来了法国来宾的强烈愤慨以及同样身为法国人的安德烈·莫洛亚的激烈反击。在此之前，菲利波·托马索·马里内蒂因在 1909 年 2 月 20 日发表的未来主义宣言早已在各界引起了轩然大波。马里内蒂鼓励观众参与、夸大暴力与情色主题的戏剧理念无疑更是火上浇油。

沃尔塔戏剧大会共邀请了三位主要发言人，格罗皮乌斯是其中之一，是最后一位发言的嘉宾。格罗皮乌斯题为《剧院建设》的演讲中含括了他在包豪斯剧院的个人经历、改造耶拿剧院和克拉科夫剧院的工作经历，以及自己对苏维埃宫殿和近期德国劳工之家项目的设计提案。莫斯科苏维埃宫殿和德国劳工之家都是政府项目，具有较强的政治性，需要能够容纳大量的观众。格罗皮乌斯在演讲中主要强调的核心内容是自己与极具政治色彩的柏林导演埃尔温·皮斯卡托联合提出的"总体剧场"[24]的概念。"未来的戏剧必须成为群众的精神中心，"格罗皮乌斯解释说，"未来的戏剧需履行其在社会中和戏剧中的职责。"在电影事业蓬勃发展的压力下，现场戏剧需用实际行动来证明自己无法撼动、不可取代的地位。

格罗皮乌斯的总体剧场理念具有连贯性和包容性，鼓励最大限度的观众参与。格罗皮乌斯同时也提出了"建筑总体的理论……公众必须秉持着知识分子的冷漠，在攻击之下、在压迫之下参与戏剧。"建筑本身将成为表演的一部分。格罗皮乌斯认为总体剧场"是我们这个时代，用新技术与新材料所创造出的一切产物的大型展览。我们将玻璃、混凝土、钢铁等金属，遵循比例、节奏、颜色和材料结构等规律进行组织与协调"。但不幸的是，台下不少观众对格罗皮乌斯所描绘的振奋人心的未来剧院置若罔闻。除此之外，观众中很少有人能听得懂德语。不仅观众席中的文学巨匠们认为格罗皮乌斯所谈及的关于剧院结构的话题索然无味，甚至连一些设计师也对此持怀疑的态度。格罗皮乌斯话音刚落，爱德华·戈登·克雷格便立刻站了起来。克雷格当时已经60多岁，是英国戏剧界一位举足轻重的人物。克雷格是埃伦·特里和建筑师爱德华·高德文的私生子，也是艾莎道拉·邓肯的旧情人。身为导演兼设计师的戈登·克雷格现在仍以其于1911年改编的戏剧《哈姆雷特》而闻名。克雷格版的《哈姆雷特》由斯坦尼斯拉夫斯基亲自指定，当时在莫斯科艺术剧院上演。克雷格是个独裁的保守主义者，他对格罗皮乌斯的演讲丝毫不感兴趣，并称格罗皮乌斯的戏剧民主观使戏剧丢掉了灵魂，认为由钢铁、玻璃和混凝土搭建的新剧院没有任何的前途与未来。

格罗皮乌斯第二天早上便向那些反对他观点的观众进行了反驳："为什么你们会对机关布景产生如此歇斯底里般的恐惧？这根本不是问题的重点。机关布景本身无法建造新剧院，它只能够为主题提供新的表达方式而已。"[25]后来经上层批准，格罗皮乌斯又在对外公开的会议报告中以书面的形式更加详细地阐明了自己的观点，为自己进行辩护：

我相信我可以轻而易举地消除爱德华·高德文先生所表达的忧虑。这个剧院设计的目的是增强对不同舞台背景的适应性。它与目前剧院中所使用的死板的固定空间正好相反，可以满足不同戏剧导演对空间的不同需求……这与爱德华·高德文先生所担心的完全相反。[26]

即便是在事业生活陷入危机的时刻，格罗皮乌斯也仍旧一腔热血地坚持自己的艺术原则。

格罗皮乌斯和伊势目前只有从罗马返回柏林的通行令，并没有前往伦敦的通行令，所以他们不得不通过沃尔塔大会办公室办理接下来前往英国所需的手续。伊势表示："对我们来说最重要的时刻终于要到来了，成败就在此一举。我们装作若无其事的样子，咨询大会的秘书是否可以为我们订一张前往伦敦而不是返回柏林的机票。不知情的秘书立刻回答道：'当然可以，为什么不能呢？'我们内心一直在猜想和担心这个问题的答案。"[27]格罗皮乌斯和伊势这次赶上了好时机，因为两个月之后，意大利和德国之间的关系变得更加紧张，他们那时若想前往伦敦必须要获得正式的通行许可令。

格罗皮乌斯和伊势两人离开德国时只被允许携带 20 帝国马克（合不到 100 英镑）的现金。他们不得不给荷兰的朋友——鹿特丹范·内尔工厂的老板冯·德里乌发了封电报，请求他帮忙转移这次旅途所需的资金。格罗皮乌斯受邀在苏黎世进行演讲，因此格罗皮乌斯和伊势首先从罗马前往苏黎世。在前往苏黎世的途中，他们经停米兰，与在米兰的亚历山大·桑迪·沙文斯基短暂相聚。格罗皮乌斯非常后悔自己在匆忙离开柏林之际错过了玛农 18 岁的生日。他给玛农买了一个古董翡翠吊坠，并坚信这个吊坠可以为玛农带来健康，玛农也可以像这个吊坠一样散发出健康的光彩，但事实证明这只是格罗皮乌斯一个美好的愿望罢了。对于许多被迫背井离乡的德国朋友，格罗皮乌斯和伊势感同身受，为他们感到伤心难过。此时，纳粹党已经开始"敲响瑞士的大门"，格罗皮乌斯和伊势对于瑞士政治未来的发展趋势也感到十分焦急而不安。

格罗皮乌斯对于未来的道路有一丝犹豫与恐惧。在另一个国家开始全新的职业生涯对他而言并非易事，这也是格罗皮乌斯一直担心的问题。格罗皮乌斯向玛农解释了自己的疑虑："除了过分依赖德国之外，我就像是一棵根部深扎在德国土壤中的大树，移民意味着将我从滋养我的土地中连根拔起移植到他处。但是树木只有在还是幼苗的时候才能在移植中幸存下来。"[28]格罗皮乌斯显然害怕他的创造力可能会受到这个陌生国家的不利影响。

除此之外，格罗皮乌斯还有其他的烦恼与忧虑。格罗皮乌斯又向玛农吐露自己的心声，并将麦克斯韦·福莱办公室的地址作为自己在威斯敏斯特的临时通信地址告诉了玛农。"在这个充满无盐蔬菜、骨瘦如柴的女人，寒气逼人，没有任何氛围的国家，我该如何生存下去，这仍然是个未知数。"[29]

【注释】

接下来的几个章节主要讲述的是格罗皮乌斯在英国居住的三年，这一部分主要的参考资料是现存放在东英吉利大学的普里查德文件。除了格罗皮乌斯夫妇与普里查德夫妇之间的通信之外，这个档案还包括格罗皮乌斯夫妇与麦克斯韦·福莱、莫尔顿·尚德之间的交流文件，以及关于伊索肯的背景材料。

我所参考的相关回忆录有：杰克·普里查德的《长椅视角，杰克·普里查德的回忆录》（伦敦，1984）和麦克斯韦·福莱的《自传剪影》（伦敦，1975），1974年由伦敦建筑中心信托公司出版、由大卫·艾略特撰写的《身在英国的格罗皮乌斯，文献记录1974—1937》以及阿拉斯泰尔·格里夫的《伊索肯》（伦敦，2004）。值得一提的是，阿拉斯泰尔·格里夫曾为"30年代的汉普斯特德：承诺的十年时间"展（卡姆登艺术中心，伦敦，1974）撰写过一篇文章，后来格里夫又在这篇文章的基础上加以修订和扩展，便有了现在这篇《伊索肯》。除此之外，我也参考了艾伦·鲍尔斯于2006年5月1日发表在《阿波罗》上的文章《英国和包豪斯》。

迈克尔·杨的《身在达汀顿的埃尔姆斯特夫妇：乌托邦社会的创立》（伦敦，1982）为我们带来了许多关于达汀顿的背景材料。由山姆·斯迈尔斯所编著的德文郡当地建筑论文集《走向现代，成为英国人》（埃克塞特，1998）语言风趣、信息全面。有关格罗皮乌斯与达汀顿之间的信息资料主要来源于位于埃克塞特德文郡记录办公室的达汀顿档案馆。

关于格罗皮乌斯与玛农的通信，我再次参考了詹姆斯·赖德尔刊登在《建筑史学家协会杂志》第69期(加州大学出版社,2010年3月)上的作品《沃尔特·格罗皮乌斯：写给天使的信1927—1935》。

我也借鉴了埃里希·里滕奥尔的回忆录《阿尔玛，我的亲爱的》（维也纳，2008）。里滕奥尔是玛农·格罗皮乌斯以及玛农的贴身护士艾达·格鲍尔的年轻的家族朋友和挚友，他在自己的回忆录中记载了玛农患病的最后痛苦时刻。

1 沃尔特·格罗皮乌斯对玛农·格罗皮乌斯所言，1934年5月6日，引用赖德尔，第100页。

2 同上，1934年5月，引用赖德尔，第101页。

3 麦克斯韦·福莱，《建筑》，1975年10月31日，第53页。

4《英国皇家建筑师学会期刊》，1934年5月19日，第667、668页。

5 R.D.贝斯特，"佩夫斯纳的后记"，《设计和工业年鉴1965—1966》，第96页。

6 麦克斯韦·福莱，《自传剪影》（伦敦，1975），第146页。

7 同上，第147页。

8 尼古拉斯·佩夫斯纳对罗拉·佩夫斯纳所言，1934年5月16日，引用苏西·哈里斯，《尼古拉斯·佩夫斯纳：生活》（伦敦，2011），第162页。

9 伊势·格罗皮乌斯对沃尔特·格罗皮乌斯所言，1934年5月，BHA。

10 同上，1934年5月，BHA。

11 同上，1934 年 5 月，BHA。

12 同注释 6，第 138 页。

13 杰克·普里查德的《长椅视角，杰克·普里查德的回忆录》（伦敦，1984），第 57 页。

14 沃尔特·格罗皮乌斯对莫尔顿·尚德所言，1934 年 6 月 7 日，UEA。

15 英国皇家建筑师学会理事会致劳工部，1933 年 12 月，引用安东尼·杰克逊，《建筑政治：英国现代建筑史》（伦敦，1970），第 42 页。

16 麦克斯韦·福莱对沃尔特·格罗皮乌斯所言，1934 年 6 月 15 日，UEA。

17 同上，1934 年 6 月 15 日，UEA。

18 沃尔特·格罗皮乌斯对麦克斯韦·福莱所言，1934 年 6 月 23 日，UEA。

19 同注释 1，1933 年 5 月 17 日，引用赖德尔，第 98 页。

20 欧根·胡宁对沃尔特·格罗皮乌斯所言，1934 年 10 月 4 日，BHA，引用艾萨克斯，第 183 页。

21 伊势·格罗皮乌斯对杰克·普里查德所言，1973 年 11 月 26 日，UEA。

22 同注释 1，1933 年 10 月 1 日，引用赖德尔，第 102 页。

23 伊势·格罗皮乌斯对杰克·普里查德所言，1973 年 11 月 26 日，UEA。

24 关于格罗皮乌斯罗马演讲的全文，请参阅《民主下的阿波罗》（纽约，1968），第 153～163 页。

25 沃尔特·格罗皮乌斯引用《信件会议，主题：总体剧场》（罗马，1935），第 176 页。

26 同上，插页第 174 页。

27 同注释 23，1973 年 11 月 26 日，UEA。

28 同注释 1，1933 年 9 月 11 日，引用赖德尔，第 99 页。

29 同注释 1，1934 年 10 月 1 日，引用赖德尔，第 102 页。

15 伦敦：1934

伊势后来写道："我们来自一个每一寸土地都在颤抖的国家，在那里，每一个民众的情绪都是高昂的。来到这里之后，突然之间，我们感到周围的整个世界似乎静止不动了。这里对外面世界发生的事情漠不关心。英国轻松愉快地告诉来到英国的外国人，无论发生什么事情，英国人都可以敷衍了事。"[1]

在希特勒 1933 年 1 月上台后的第一年，便有约两千名的难民逃至英国，其中大部分是犹太人。格罗皮乌斯从严格意义上来说并不是真正的流亡者：没有人强迫他离开德国；格罗皮乌斯也不确定自己是否会留在英国。正如我们所看到的一样，格罗皮乌斯一直保持开放的选择性，他虽名正言顺地来到了英国，但他的内心仍希望希特勒政权能够早日瓦解，自己可以早日重返柏林。但此刻的格罗皮乌斯很显然是一名流离失所、彷徨失意的异乡人。他在德国辛苦建立的一切、日后回到德国工作的希望、他的根、他的文化、他庞大的关系网、他所熟悉的事物、他一贯的生活方式，这一切都化为虚有。格罗皮乌斯对伦敦所知甚少，仍说着一口结结巴巴、令人尴尬的英语，想要尽快融入英国对他来说绝非易事。英国的重量和长度单位与欧洲大部分国家都不一样。伊势表示："我们对困难已经习以为常了，这种感觉就像是在家中和一个外星人住在一起的感觉。"[2]

格罗皮乌斯与伊势于 1934 年 10 月 18 日下午 3 点 20 分抵达维

多利亚火车站，莫尔顿·尚德和几名随行人员在火车站恭迎格罗皮乌斯夫妇的到来。格罗皮乌斯未来的建筑合作伙伴麦克斯韦·福莱和年轻的杰克·普里查德也在其中。杰克·普里查德对迎接像格罗皮乌斯这样举世闻名的大建筑师略感紧张，对于让格罗皮乌斯入住自己刚刚竣工的劳恩街公寓有些不安。普里查德甚至不知道格罗皮乌斯已经娶妻生子，更不用说格罗皮乌斯本次携妻子伊势共同迁居英国的事实了，所以普里查德只在公寓中给格罗皮乌斯安排了一个单人间。当看到从火车上下来的是格罗皮乌斯和伊势两人后，普里查德惊慌失措地给他的妻子莫莉打了一通电话，让她立即将格罗皮乌斯的住宅从单人间更换为双人间。

为争取更多换房时间，普里查德在前往公寓的路上将车开得极其缓慢。劳恩街公寓位于汉普斯特德白赛姿公园劳恩街。普里查德将车停在一幢当时在伦敦为数不多的现代主义建筑前，建筑的颜色是亮眼的白色，呈整体式钢筋混凝土结构。劳恩街公寓似乎是英国国内第一个使用钢筋混凝土的住宅建筑，它的雕塑结构为整个建筑添加了一丝20世纪30年代的现代气息，劳恩街公寓之后的住户阿加莎·克里斯蒂将这座建筑比作是停靠在街旁的巨型豪华远洋客轮。评论家理查德表示，劳恩街公寓的设计师威尔斯·科茨在追随、模仿勒·柯布西耶

劳恩街公寓（伊索肯大楼），2014

的现代建筑实践的同时做了些改进，甚至超越了柯布西耶，找到了更加贴近现代住宅的方式。

对于 10 月刚抵伦敦、对周围环境十分陌生的格罗皮乌斯来说，劳恩街公寓必定会让他找到一丝慰藉与熟悉之感。劳恩街公寓与格罗皮乌斯为德国劳工之家设计的提案大相径庭，只不过这栋公共服务公寓的住户不是工人，而是伦敦左翼知识分子。伊势回顾初到劳恩街公寓的印象时表示，在英国伦敦再也找不到其他的像劳恩街公寓一样能给他们带来如此欢乐感受的避风港了。"我们含辛茹苦地在德国打拼的现代建筑事业，刚有一点起色就被纳粹主义破坏分子扼杀在摇篮之中。在这个痛苦失意的时刻，能够立即踏上下一段大胆的建筑发展之旅对我们来说具有宝贵的价值与意义。"[3]格罗皮乌斯夫妇非常喜欢劳恩街公寓，并称之为"无论在社会上，还是在技术上都堪称振奋人心的实验住房"。

3 个月前，劳恩街公寓在当地保守党议员塞尔玛·扎莱特的支持下于 1934 年 7 月正式开放。格罗皮乌斯夫妇入住劳恩街公寓便意味着他们已经置身于以莫尔顿·尚德和杰克·普里查德为首的进步的英国生活环境之中。住在劳恩街公寓的进步分子大多是冷漠的专业人士的子女，在他们的成长过程中，父母坚决抑制孩子成长中的期待与愿望，不但从政治和文化方面，还从艺术方面对他们严加管束，就连在生活方式的细节、在国内进行具有挑战性的行为与举动、性行为和对子女的培养方面也不例外。可以说，劳恩街公寓本身就是 20 世纪中期英国进步思潮的表现。

从这个层面来讲，莫尔顿·尚德和杰克·普里查德都是名副其实的剑桥人。普里查德曾在彭布罗克学院攻读工程学硕士学位，后转专业学习经济学。除了在维纳斯塔胶合板公司工作，以及对于现代建筑持有极高的热忱之外，普里查德还一直怀揣着建立一个全新、高效、社会平等的英国的梦想。对于系统而长远的国家规划的迫切需要也是当时左翼思想的一个重要组成部分。普里查德是政治和经济计划组织的创始成员之一，也是政治和经济计划组织旗下分支机构——技术计划小组的主席。政治和经济计划组织类似于现在的智囊团，而技术计划小组旨在通过现代技术探索改变社会的方式。由此可见，杰克·普里查德与沃尔特·格罗皮乌斯的愿景在很多方面都有相似之处。

杰克·普里查德的妻子莫莉曾在当时格顿的一所女子大学学习科学。最开始是一名生物化学家的莫莉后来又对心理学产生了浓厚的兴趣，开始接受心理治疗师的培训。莫莉·普里查德对人类行为和情绪反应模式兴趣浓厚，是一位能言善辩的进步女性，也正是莫莉·普里查德起草了最初的劳恩街公寓简介。劳恩街公寓旨在为年收入约为500英镑（合现在33000英镑）的低收入职业人群提供住宿，住户只须配置少数设施便可轻松入住公寓。住户的基本生活如睡觉、烹饪、就餐以及存放衣物等都可得到保障。劳恩街公寓是一幢服务型公寓，为住户提供各种清洁服务，甚至是鞋子抛光服务。除此之外，住宅管家还会根据住户的要求供应一些简单的饭菜。

杰克·普里查德当时共有两个年幼的孩子：8岁的乔纳森和6岁的杰里米。作为进步教育的信徒，杰克和莫莉·普里查德将两个孩子送往了当时一所著名的实验学校——毕架山小学。毕架山小学由多拉·罗素和她的哲学家丈夫伯特兰·罗素于苏塞克斯建立。罗素夫妇两人的婚姻破裂后，毕架山小学现在由多拉独自负责。多拉·罗素和杰克·普里查德共享的众多创意教育的理念都是建立在弗里德里希·福禄贝尔和弗朗西斯·西杰克教育思想的基础上的，相信格罗皮乌斯对此也不会感到陌生。两人也因相似的教育理念一拍即合，成为关系亲密的好友。

罗素夫妇一直所倡导的非占有的理想性关系现在在劳恩街公寓逐

渐流行开来，同样秉持着这个原则的普里查德夫妇的婚姻极为混乱。杰克曾与托儿所老师贝娅特丽克斯·都铎－哈特有一段恋情，并育有一女，他在描述贝娅特丽克斯时表示，她是一个"个子高挑、漂亮聪明的女孩"[4]。

贝娅特丽克斯又是伊迪丝·都铎－哈特（原名为苏哲斯基）的嫂子。伊迪丝·都铎－哈特曾在包豪斯学习，是一个奥地利犹太人，以其反映英国社会剥削的系列照片而成名。杰克与贝娅特丽克斯的女儿珍妮弗于1929年出生，那一年劳恩街公寓仍在建造之中，莫莉·普里查德与威尔斯·科茨也发展为恋人的关系。

在来到伦敦之前，格罗皮乌斯对威尔斯·科茨早有耳闻。威尔斯·科茨与格罗皮乌斯一样，是著名的国际建筑师，是忠实可靠、善于社交的国际现代建筑协会成员，同时也是国际现代建筑协会英国分会"马尔斯"（MARS）的创始成员之一。格罗皮乌斯实际上一直很担心自己入住劳恩街公寓会让科茨有种自己的领地被侵犯的感觉，但事实证明格罗皮乌斯多虑了。正如格罗皮乌斯的朋友与支持者——英国建筑评论家理查兹说的那样，格罗皮乌斯的到来"必定会唤起威尔斯对国际化的渴望"[5]。

威尔斯·科茨本人无论从出身还是从职业生涯上看都是一名不折不扣的国际主义者。父母都是加拿大人的科茨出生于东京，他曾在加拿大学习工程学，也曾在第一次世界大战期间在法国和比利时的前线参战。在来伦敦之前，科茨还曾在巴黎的《每日快报》做过一段时间的记者。之后科茨便来到伦敦，成为一名建筑师，开始了自己的建筑实践。科茨的生活方式一直是随心所欲、自由自在的。英国建筑评论家理查兹是这样评价威尔斯·科茨的：

　　他是一个壮实的男人，留着罗纳德·科尔曼式的小胡子，梳着一头根根分明的波浪卷发。无论在什么场合下，他都打扮得十分得体。在各种社交场合中，他都能切换自如，谈笑风生。他就像是黑暗中手电筒发出的亮光，散发着自信的社交魅力。他也同样能说会道，总是侃侃而谈，他所说的每一句话都离不开前卫的术语。他凭借自己独特的魅力赢得了众多女性的关注与喜爱，他也能跟女性滔滔不绝地谈起自己去过的地方。

但除此之外，所有认识威尔斯·科茨的人都认为他是"一个非常严肃的人，对于他认为重要的事物（尤其是建筑）他都会坚定不移地为其努力奋斗"。劳恩街公寓是威尔斯·科茨理念的体现与杰克·普里查德想法的表达，科茨一直相信他与杰克·普里查德之间存在一种默契。他拒绝平平淡淡的生活方式，认为生活本该是跌宕起伏、轰轰烈烈的，这也是他会与莫莉·普里查德坠入爱河的原因。科茨后来在一封信中向杰克·普里查德表达了自己对待劳恩街公寓的看法。他认为，建筑应表达他们共同的自由理想，应摆脱复杂的义务与资产的束缚：

> ……我曾经有这样一个想法，打造一个属于我们两个的小天地，这里大部分是属于你的，只有小小的一部分是属于我的。但是现在这个想法行不通，行不通，行不通了。我设计的小天地就像是一出戏剧，每个演员都可以在这部戏剧中找到适合自己的角色与位置，剧情甚至可能会比我所编排的发展得更好。这是我睡觉的房间，这是我工作的地方，这是我吃饭的地方。每个人都可以在屋顶的花园沐浴、享受着阳光……这里就像是一个公园，是每个人都去的花园。这是我们的小游乐场，但这里并不是对外界紧闭大门的私人场所，并不是只属于我们两个人的合法财产。[6]

愉快、健康的社区活动也是格罗皮乌斯建筑所强调的重要部分，所以相信格罗皮乌斯对威尔斯·科茨的理念也不会感到陌生。

共五层楼的劳恩街公寓共由 22 间"极小住宅"组成，每个"极小住宅"都由一个主卧室和一个与浴室、小厨房相连的更衣室构成。除此之外，劳恩街公寓有四个朝南的两室公寓，中间由滑动隔断分隔，还有三个带有朝北大窗户的工作室公寓。五楼的大型顶层公寓是普里查德夫妇的专属公寓。劳恩街公寓刚竣工不久，还是相当新的住宅建筑，里面的住户也只有几个。普里查德在火车站吩咐人为格罗皮乌斯夫妇更换房间，现在他们住在三楼稍大的 15 号房间中。

格罗皮乌斯这次在伦敦写给玛农的信中附上了一张他们住宅的小草图。这套房子带有一间小厨房和浴室，一张在极小的空间中显得十分突出的小型双人床、一个沙发、一把扶手椅和一张小餐桌。无论与他们之前的波茨坦公寓还是与德绍豪华宽敞的校长之家相比，寒酸、狭窄的劳恩街公寓的房间都相形见绌。这个阶段的格罗皮乌斯对乔纳森·斯威夫特以及他的著作《格列佛游记》产生了浓厚的兴趣。《格列佛游记》讲述了主人公漂流到一个小人国的冒险故事，小人国里面的人物无疑是对传统人类身高比例的颠覆。刚刚从豪华住宅搬到极小住宅的格罗皮乌斯夫妇无疑会有种来到小人国的错觉，所以格罗皮乌斯对这样的题材感兴趣也绝非偶然。格罗皮乌斯夫妇在白赛姿公园劳恩街公寓有一部电话，电话号码是 PRImrose0226。格罗皮乌斯显然十分想念玛农，他在信中告诉玛农，现在刚刚推出了世界上第一部公共可视电话，相信他们很快就可以通过可视电话面对面交谈。

在格罗皮乌斯来到英国的第一个周末，普里查德夫妇提议开车到英国四处转转。格罗皮乌斯夫妇表示对史前时代的巨石阵十分感兴趣。两对夫妇从伦敦一路向西驶向威尔特郡。路上他们经过了一个大型广告牌，上面写道："你现在正在驶入一个强大的国家。"[7]此时，杰克注意到伊势神情紧张地对沃尔特窃窃私语。车辆向前行驶不远之后，路边又出现了一个上面带有"拿出勇气"字样的广告牌，这又是一个带有警告语气的广告牌。"为什么英国会使用这样的宣传语？"格罗皮乌斯问道。普里查德夫妇安慰他们充满疑惑的外国来宾，表示这些只是"勇气牌"啤酒的广告而已。这个小插曲无疑表明了刚刚来英的格罗皮乌斯与伊势对英国的一切仍感到紧张与困惑。不过与20世纪30年代其他来自欧洲的流亡者的经历相比，住在劳恩街公寓的格罗皮乌斯夫妇的日子已经相对安逸、舒适多了。

普里查德夫妇的个性、爱好与热情的态度，再加上他们广泛的交友在一定程度上营造了劳恩街公寓相对轻松、愉悦的氛围。劳恩街公寓在后来的宣传册中列举了曾经住在这里的住户，他们来自各行各业：艺术家、作家、士兵、经济学家，甚至是考古学家和埃及古物学家。1934年的冬天，劳恩街公寓吸引了美国经济学家菲利普·萨金特·佛罗伦萨、画家和评论家阿德里安·斯托克斯、后来因其关于第二次世界大战的畅销书籍《残酷的海洋》而闻名的作家尼古拉斯·蒙萨拉特、柏林建筑师兼规划师犹太人亚瑟·科恩等各界知名人士。亚瑟·科恩曾是德国建筑行业专业组织——德国建筑师联合会的成员，后因纳粹国家文化协会的介入与接管，身为犹太人的亚瑟·科恩被开除会员资格，其在德国的建筑执业资格也被一并剥夺。格罗皮乌斯当然在之前就已经十分了解亚瑟·科恩了。劳恩街公寓也为旧时的老友带来了重逢的契机。

杰克·普里查德的慷慨、大度，以及极强的社交能力获得了大家一致的好评与称赞。与杰克·普里查德一样在海格特附近长大、同是中产阶级的约翰·贝杰曼为普里查德和劳恩街公寓写了一首赞美诗：

我们在这里举办一个小型派对——

这个派对既不肤浅低俗，也不附庸风雅，

因为我们喜欢民间朴实、低调的美，

这种美在白赛姿公园劳恩街公寓随处可见；

克雷文·普里查德总能够带来劲爆的独家新闻：

他是我们 20 世纪团体中的活宝。[8]

赞美诗中提到的 20 世纪团体的前身便是国际现代建筑协会英国分会"马尔斯"。杰克·普里查德除了与 20 世纪团体中的现代主义建筑师关系密切之外，还结识了众多其他领域的知名人士。格罗皮乌斯同样在劳恩街公寓结识了生物学家朱利安·赫胥黎以及终身忠诚的共产主义者——X 射线衍射的晶体学先驱伯纳尔。曾是生物化学家的莫莉·普里查德也自然认识一些医学和精神分析领域的专家。

格罗皮乌斯在这个时期与评论家赫伯特·雷德、画家兼雕塑家本·尼科尔森、芭芭拉·赫普沃思和亨利·摩尔建立了深厚的友谊。赫伯特·雷德等人各自居住在离劳恩街公寓不远的迈尔工作室和帕克希尔路的公寓。赫伯特·雷德觉得这里是"高贵艺术家的'避风港'"[9]就像屠格涅夫在《贵族之家》中所描述的"贵族之家"一样。这些艺术家都是另一个进步组织"统一战线"的成员。统一战线于 1933 年由同样居住在汉普斯特德的保罗纳什创立，旨在消除艺术家和建筑师之间的误解与分歧，他们认为绘画、雕刻和建筑之间存在着共同的联系，每一种艺术形式"都能够反映真正的当代精神"。这当然也是沃尔特·格罗皮乌斯所赞同的观点。

在这些住在劳恩街公寓附近的现代主义、抽象主义艺术家中，亨利·摩尔给格罗皮乌斯留下了最为深刻的印象。格罗皮乌斯认为摩尔是"在世的最杰出的英国艺术家"[10]。亨利·摩尔与格罗皮乌斯关系比较要好，即便是格罗皮乌斯后来定居美国，两人之间也仍保持着联系。不过格罗皮乌斯与赫伯特·雷德的关系更加密切，两人都坚信"艺术是人类生活中重要的主导因素"。亨利·摩尔的著作《教育通过艺术》给格罗皮乌斯留下了深刻的印象。这本书在格罗皮乌斯刚来到劳恩街公寓那年，由费伯出版社出版。格罗皮乌斯后来写道："当我在1934年离开希特勒所掌权的德国，来到伦敦定居开始新生活时，我在这里遇到了志同道合之人——赫伯特·雷德。雷德与我一样，一生都在思考与探寻艺术与建筑问题的答案。"[11] 雷德与格罗皮乌斯都认为"实现艺术整体性的关键，使艺术成为人类最重要的体验的最根本的途径，是对孩子进行创造性教育"。

作为一座拥有丰富文化交流历史的城市，汉普斯特德是欧洲移民的首选之地。汉普斯特德原本只是伦敦北部边缘一个丘陵起伏的村庄，但自18世纪以来，汉普斯特德已逐渐演变为知识分子、作家和艺术家的聚集地。迪福表示汉普斯特德与天堂非常接近。这是一个与霍加斯和康斯特布尔，盖恩斯伯勒、柯勒律治和济慈，威尔基·柯林斯和查尔斯·狄更斯息息相关的城市。汉普斯特德在20世纪中叶是另类思维和左翼意识形态的中心。汉普斯特德的另一大特色是成立于1931年的左翼读书俱乐部，俱乐部下也有很多小分支。济慈·格罗夫经常在家中举办活动，每次活动都非常热闹，到场会员唇枪舌剑、互不相让，上演了一场场精彩与激烈的辩论。汉普斯特德原本的普尔曼剧院于1933年的节礼日重新开放，再次开放的剧院从原本的剧院变更为一座电影院，预示着国际新片为了进军市场而将做出一系列大动作。汉普斯特德对于知识分子来说是天堂般的存在，除了格罗皮乌斯夫妇以外，汉普斯特德在20世纪30年代吸引了数千名德国逃难者。

过多的欧洲逃难者来到英国也可视为一种文化入侵。评论家理查德表示："许多欧洲国家的政治流亡者来到了伦敦。在人声鼎沸的白赛姿公园地铁站电梯中，我们可以听到他们的声音；原来只闻其名不见其人、只在艺术宣传册和书籍中见到的人物，现在成了我们在汉普斯特德的邻居。"[12] 理查德认为，大量欧洲大陆人口拥入英国似乎并不是绝对积极的事情，这同时也在向我们发出警告："政治权力可以带来文化压迫，我们英国人不一定能够全身而退。"

20 世纪 30 年代来，受纳粹党迫害来到汉普斯特德的逃难者数量激增，这在某种程度上是受到了同样移民他国的德国人弗雷德·乌尔曼和他的英国妻子戴安娜的影响与鼓励。夫妇两人共同创立了自由德意志文化联盟以及艺术家难民委员会。西格蒙德·弗洛伊德于 1938 年从维也纳来到瑞士的马勒斯菲尔德花园，1938 年正是纳粹德国入侵奥地利，或更确切地说是吞并奥地利的一年。很长一段时间，曾是格罗皮乌斯情敌的奥斯卡·柯克西卡也被纳粹分子贴上了堕落艺术家代表的标签。奥斯卡·柯克西卡也于 1938 年离开布拉格，住在金·亨利路白赛姿公园 2A 的一幢十分拥挤的住宅里。对纳粹主义公开进行批评的表现主义剧作家恩斯特·托勒也来到了汉普斯特德。1938 年，阿尔玛和她与古斯塔夫·马勒的女儿——雕塑家安娜·马勒，也逃离维也纳，居住在汉普斯特德。

对格罗皮乌斯夫妇而言，离开德国绝对是场痛苦的经历，但后来回想起来，伊势表示这次经历让他们看到了人性的更多面，对人性有了更多的思考，重燃了他们对外国旅行的兴趣与激情，这些都是非常重要的。"能够亲眼目睹并来自不同国家、不同种族出身的人构成新的文化，这对我们来说意义重大……劳恩街公寓是我们向外迈出的第一步，是我们难以忘怀的经历。"[13] 我们可以看出，伊势对于迁居英国的态度十分积极。对于 20 世纪 30 年代来到汉普斯特德，格罗皮乌斯百感交集，既有对过去的缅怀，又有对未来的向往。

———

　　格罗皮乌斯现在开始与麦克斯韦·福莱合作。未经磨合的两人，伙伴关系也相对而言比较疏远。福莱曾接受过新古典主义建筑的训练，但如今，在国际现代建筑协会、国际现代建筑协会英国分会"马尔斯"以及密友威尔斯·科茨的影响下，福莱又受到了现代建筑的洗礼，彻底从新古典主义者转为现代主义者。福莱于1930年加入两位专业城市规划师——亚当斯和汤普森的团队，但后来福莱发现自己与其他两人的理念格格不入，便选择离开，搬入位于维多利亚街尽头的一间小型独立办公室之中。他的办公室规模不大，只雇用了一个职员，承接一幢公寓楼以及几个私人住宅的工作。目前，福莱在伦敦最著名的建筑是于1935年至1936年建造的位于汉普斯特德霍格劳巷的阳光之屋。福莱在此期间一直与其他现代主义建筑师保持联系。

　　比起福莱在维多利亚的办公室，格罗皮乌斯位于波茨坦街的设计事务所在全盛时期甚至还设有建筑绘图员和随行人员及助手，两人的建筑事务所规模有着天壤之别。福莱在谈到自己略显微不足道的成就时表示，他与格罗皮乌斯在年龄与身高方面的差异并不重要。"格罗皮乌斯虽然非常稳重、朝思夕计，但对年轻热血、动作迅速的福莱来说还是会感到有些不适应"[14]，但他仍对福莱有较高的评价。福莱与格罗皮乌斯两人相互夸赞对方建筑事业取得的成就，福莱表示他们当时的样子就像是莎士比亚作品《暴风雨》中普洛斯彼罗的精灵阿丽尔与旧米兰公爵普洛斯彼罗互相调侃一般。福莱很快就对格罗皮乌斯产生了同情之心，表示格罗皮乌斯这样"一个伟人被自己土生土长、忠诚热爱的国家所驱逐。我也深爱我的祖国，这种心情我可以理解"。福莱还生动地描述了刚抵达伦敦后不久的格罗皮乌斯的样子："他的脸上写满了离开祖国的痛苦与烦躁。他的表情十分凝重严肃，与平易

萨尔巴吉特·巴格绘制的麦克斯韦·福莱铅笔肖像画

近人、面带笑容的柯布西耶截然相反。柯布西耶在笑时，那双深邃尖锐、炯炯有神的眼睛会变得异常柔和与亲切，让人深刻感受到他是没有一丝阴谋诡计的单纯善良之人。

英国的建筑与欧洲的建筑当然也大相径庭。曾周游世界的鉴赏家哈里·凯斯勒 1930 年参观伦敦近期重建的萨沃伊剧院后用讽刺的口吻评论道，伦敦与巴黎的剧院建筑至少比柏林、汉堡、法兰克福和斯图加特的剧院落后大半辈子。其他类型的建筑也是如此。"我们不了解也不喜欢现代运动"[15]，一位参观完莱比锡博览会的英国记者表示。1934 年，除了劳恩街公寓之外，伦敦只有很少的现代主义建筑。这些建筑几乎都是由国外移民的建筑师所设计的。例如，俄国的贝特洛·莱伯金的早期作品：伦敦动物园中未来主义风格的大猩猩之家与企鹅池，以及 1934 年位于海格特的海波因特。埃瑞许·孟德尔松和塞吉·希玛耶夫凭借其位于苏塞克斯海岸的美丽独特的半透明德拉沃尔展馆获得了大奖。但就总体而言，英国人的品位仍比较保守与传统。杰克·普里查德挖苦道，英国政府 1930 年在布宜诺斯艾利斯展览中展出的竟然仍是一座带有都铎谷仓的诺曼式城堡。联盟城堡线的新远洋班轮的大厅——温彻斯特城堡也极具浓厚的佛兰德文艺复兴风格。

　　当格罗皮乌斯加入福莱的工作室时，普里查德的建筑开发公司已经开始为伊索肯家具公司的项目进行筹备了。除了在西蒙在曼彻斯特所拥有的土地上建造新公寓楼之外，建筑开发公司不久后还会在伯明翰开发新项目。这个伯明翰项目的委托人是美国经济学家菲利普·萨金特·佛罗伦萨教授。在普里查德读大学期间，萨金特曾到剑桥大学做过一次演讲，对普里查德产生了深远的影响。萨金特是一位设计爱好者，他是宣传并支持尼古拉斯·佩夫斯纳的《在英国的工业艺术调查》的第一人。佩夫斯纳表示与德国相比，英国在建筑领域所取得的成就微不足道，并坚持道："当我说90％的英国工业艺术没有任何美学价值时，我没有丝毫夸张。"[16] 伯明翰大学商业系教授——萨金特·佛罗伦萨拥有一所大房子。房子占地面积大，甚至还带有一个湖泊。开发公司建议萨金特可以在这里建造一幢带有24间公寓的公寓楼。这两个伊索肯项目的草图都是由格罗皮乌斯亲自设计并绘制的。

　　格罗皮乌斯来到英国后下定决心要放下，或暂时放下他对低成本工人住房的热情与执念。现在，他需要将全部精力放在那些看起来更加可行的事物与项目上——为那些富有和傲慢的客户设计住宅。格罗皮乌斯所负责的其中一个项目便是位于温莎附近圣伦纳德山上的有69间住宅的大型奢华项目，他从1934年秋便开始为这个项目进行研究与设计。这个占地13公顷的项目十分壮观，从这里可俯瞰温莎大公园，远眺温莎城堡。这个奢华的项目距皇家胜地很近，费尽周折与口舌得到了国王乔治五世的批准，项目才能够得以真正实施。据估计，此项目的总成本约为225000英镑（约合现在的1700万英镑）。

　　虽然这些为权贵设计的公寓在某些方面与格罗皮乌斯的柏林大规模住房计划及愿望背道而驰，但它们仍然体现了格罗皮乌斯众多颇有远见的建筑理想：它仍是一种社区生活方式的表达，带有一家公共餐厅、住户休息室和舞厅、一家电影院和一个带有土耳其浴缸的游泳池。除此之外，与劳恩街公寓一样，这些家庭服务费用包含在房屋的租金中。还有一个专门为儿童提供娱乐的空间，空间内设专人监督，家长无须陪伴或担心。温莎项目的设计体现了格罗皮乌斯一直所坚持的原则：带有便民设施的住宅应该尽量向垂直方向而不是水平方向建设。这种住宅建筑与郊外的那些占地面积广、向四周蔓延的建筑恰恰相反。在《建筑评论》中的一篇题为《严禁破坏：发展保护》的文章中，作者对格罗皮乌斯的观点也表示高度赞同。采用一个大型的整体结构，而不是分割开来的小型住宅群，这就避免了不必要的树木砍伐和对现有花园与草坪的破坏。格罗皮乌斯的温莎的计划是令人印象深刻的巨型公园豪宅，堪称现代版本的英国古典乡间别墅。

杰克·普里查德最初对格罗皮乌斯的出现感到十分紧张，不过很快便与格罗皮乌斯熟悉起来，并成为他最忠诚的朋友和盟友。除了伊索肯建筑设计之外，普里查德还努力帮助格罗皮乌斯寻找私人客户。在普里查德介绍给格罗皮乌斯的客户中有一位重要人物——剑桥郡教育委员会的秘书亨利·莫里斯。莫里斯一直致力于教育和艺术，是一位坚定的创新者。早在1924年，亨利·莫里斯就已向郡议会提交了一份题为《乡村学院》的备忘录。亨利·莫里斯在《乡村学院》中强烈建议剑桥郡的每个村庄都应该有一幢社区中心建筑。村民可以在社区中心中举办、参加活动，享受服务，接受教育。"这样一来就不存在毕业离校的事情了"[17]，莫里斯写到。乡村学院甚至还提供产前教育课程，孩子出生之后"3岁时便可入学，然后只有达到一定年龄之后才会离开乡村学院"。莫里斯的这份报告于1925年获得了一致同意与接受。

莫里斯在《乡村学院》的附文中表示，乡村学院的建筑应该采用新颖的现代建筑，这也同样反映了莫里斯希望可以提高乡村当地村民的审美标准的愿望。但当剑桥郡的第一所学院索斯顿学院于1930年在威尔士亲王的主持下对外开放时，那些美好的愿望与计划被新乔治亚的现实打败而未得到实现。而此时另外三所乡村学院正在紧张的筹备当中，杰克·普里查德也试图扭转第一所乡村学院的局面。普里查德像崇拜英雄一般崇拜亨利·莫里斯，现在他对格罗皮乌斯也持同样的感情。普里查德认为应该安排他的两位英雄相见。

　　亨利·莫里斯与格罗皮乌斯首次见面的地点是劳恩街公寓。普里查德在描述此次会面时表示，这次会面简直达到了"高潮"[18]，对教育拥有同样热情的莫里斯的教育理念与格罗皮乌斯的如出一辙，两人一拍即合。普里查德后来又邀请格罗皮乌斯、伊势和莫里斯一起来到自己位于崔尼蒂街的家中做客。这次会面也十分成功。格罗皮乌斯在会面后发给了莫里斯一份由包豪斯出版的《世界建筑》的复印件。在普里查德的引荐下，格罗皮乌斯获得了因平顿乡村学院项目的委托，该项目后来也成为格罗皮乌斯的英国建筑作品中最重要也是令人印象最深刻的作品。在刚到伦敦的几个月，格罗皮乌斯还与伦纳德·埃尔姆斯特和多萝西·埃尔姆斯特重新签订了合同。埃尔姆斯特夫妇显然对格罗皮乌斯现居英国的情况表示十分满意，他们现在十分渴望可以和格罗皮乌斯合作。事情起初看起来十分乐观，格罗皮乌斯也对此寄予厚望。格罗皮乌斯非常自豪地写信给柏林首席规划师马丁·瓦格纳，"埃尔姆斯特夫妇让我承担一个十分重要的角色，他们像所有英国人一样，十分尊重他人之前所取得的成就"[19]。但埃尔姆斯特夫妇在很久以前已与美国建筑师威廉·利斯卡泽签订了合同，合同现在还剩下两年的时间，所以埃尔姆斯特夫妇目前能做的便是就达汀顿庄园的两个农场小屋事宜向格罗皮乌斯咨询一些意见。格罗皮乌斯应邀在1934年11月为埃尔姆斯特夫妇制定了"新耶尔兰德新皮杰瑞经理人住宅和农场小屋规划方案中所需工作和材料的简要规范"。对于格罗皮乌斯这位举世闻名的欧洲建筑大师而言，这样的工作似乎有些低级了。

　　12 月 14 日，格罗皮乌斯和伊势应埃尔姆斯特夫妇之邀乘坐火车前往佩恩顿，就达汀顿庄园进行进一步的讨论。因看好达汀顿庄园致力于艺术的决心，以及秉持着建立一个艺术、工艺、设计、音乐和戏剧蓬勃发展的社区的信念，格罗皮乌斯一直视达汀顿庄园为"英国的包豪斯"[20]。事实上，自早年来自德国埃森的前卫编舞家兼舞蹈家库尔特·乔斯的到来以及达汀顿的尤斯·雷德尔舞蹈学校的建立以来，达汀顿庄园就已经宛如第二个包豪斯。尤斯是拉班传统中的自由表现舞蹈大师，库尔特·乔斯曾与他一起接受过训练。尤斯因 1930 年制作了反纳粹主义的讽刺性芭蕾舞作品《绿桌子》而受到纳粹党的大力打压，并因此身败名裂。慷慨大方、富有同情心的埃尔姆斯特夫妇为尤斯和他的剧团提供了住所。他们同样还为杰出的设计师海恩·海克罗斯安排了住宿。尤斯的舞蹈和戏剧表演方法抽象、视觉效果震撼、心理感应强烈，这与包豪斯的戏剧特点有许多相似之处。如此多的相似之处定会勾起格罗皮乌斯浓浓的思乡与怀旧之情。

　　格罗皮乌斯在达汀顿庄园期间也与埃尔姆斯特夫妇就未来的规划进行了讨论，埃尔姆斯特夫妇希望格罗皮乌斯可以考虑将谷仓和铁匠铺改造成一个小剧院。格罗皮乌斯之后向埃尔姆斯特夫妇发送了一份他的总体剧场论文。虽然论文中的剧院是自制剧院，但仍有许多可借鉴之处。还有人表示格罗皮乌斯可能会被聘为达汀顿庄园的设计顾问，为达汀顿庄园的家具设计提供建议。这些家具将一并在位于芒特街的达汀顿庄园伦敦商店进行出售。但总体来说，格罗皮乌斯对此行期待过高，没有接到任何大型建筑的设计委托，不免大失所望。

　　在格罗皮乌斯夫妇回到伦敦之后，埃尔姆斯特夫妇将一张支票作为圣诞礼物寄给了他们。埃尔姆斯特夫妇表示这张支票是他们欢迎格罗皮乌斯夫妇迁居伦敦的庆祝礼物。但这张支票美其名曰为迁居礼物，实则是埃尔姆斯特夫妇深表内疚的一种道歉形式。

———

格罗皮乌斯在1934年临近圣诞节的那几日越发感到沮丧。圣诞节一直是一个十分敏感与情绪化的节日。格罗皮乌斯在节礼日那天写信给马丁·瓦格纳感叹道"英国就连工厂里的磨粉机工作起来也异常缓慢"[21]。讲究高效的格罗皮乌斯若想适应新环境需要付出极大的耐心与努力。"英国所拥有的财富、用钱财去打理敏感事务的作风，以及毫无思绪、缺乏艺术能力的现状，我们德国人一点都不了解。英国是一个非文化的国家。"格罗皮乌斯在1934年初时访问了英国的一座古老大学城——剑桥。此行让格罗皮乌斯更加坚信英国人绝对的保守态度决定了他们根本不会具备任何欣赏新鲜事物的能力。

语言沟通障碍加剧了格罗皮乌斯的挫败感。虽然格罗皮乌斯正跟着一名英德学院的私人家教学习英语，并参加了一门专为德国学生开设的英语课程，但他的英语水平进步仍然相当缓慢。像这样学习英语将近一年之后，格罗皮乌斯在一次正式的伦敦晚宴上恰好坐在赫伯特·乔治·威尔斯旁边，他深知自己的英语水平无法与威尔斯进行深度交谈，只能尴尬地坐在那里，不敢作声："凭借我三脚猫的英语，我根本不敢与这些苛刻、挑剔的人物进行有趣的对话。"[22]同时格罗皮乌斯也因资金紧张而陷入十分尴尬的状态。格罗皮乌斯从德国来到意大利罗马时，几乎没能够带走任何现金和财产，他的荷兰朋友兼支持者冯·德里乌在他在罗马时向他提供的旅行津贴也很快耗尽。杰克·普里查德也表示伊索肯项目仍在策划阶段，除了最基本的费用以外，无法向格罗皮乌斯预支过多的薪水。伊势后来向普里查德表示，有时他们对这里的生活感到十分绝望：

> 每当我们参加完奢华的晚宴之后，人们都会礼貌地问我们的车

停在哪里。我们都会说我们想呼吸着新鲜空气漫步回家，实际上我们只是偷偷地去搭地铁……收到各种邀请的我们在英国乡间别墅之间穿梭，管家毫不留情地将我们所有的闲钱都收入囊中。哦，天哪！[23]

想要现实与理想的社会地位从表面上看起来保持一致，格罗皮乌斯和伊势面临着巨大的压力。

格罗皮乌斯和伊势在最初来到英国的几个月里曾经历了严重的地域错位感，格罗皮乌斯从未忘记伦敦周日伸手不见五指的大雾天气。格罗皮乌斯的困境与弗雷德·乌尔曼的经历十分相似。当弗雷德·乌尔曼1936年首次来到汉普斯特德时，英国对于他来说就像中国一样遥远，令人费解。

与他们截然不同的是作家斯特凡·茨威格。斯特凡·茨威格于1934年2月离开维也纳，比格罗皮乌斯早几个月到达英国维多利亚火车站。从某种程度上来说，茨威格对于来到英国感到欣慰，十分开心自己能够成为"这个岛屿的客人"[24]。但与许多其他欧洲流亡者一样，斯特凡·茨威格从未完全融入英国社会。茨威格在1934年到1940年之间一直生活在英国，他表示，这段日子就像生活在真空中，"只有人在，心却不在，无时无刻不在担心留在欧洲大陆的亲朋好友，害怕他们遭到绑架、羞辱或是遇到更加糟糕的事情"[25]。在格罗皮乌斯的欧洲先锋派交际圈中，有许多内心不够强大的同事也被相同的焦虑困扰着。

【注释】

关于格罗皮乌斯在伦敦期间的故事，我主要借鉴了以下几本有关英国移民研究的相关书籍：丹尼尔·斯诺曼的《希特勒政权下的移民者：逃离纳粹主义的难民对英国文化所产生的影响》（伦敦，2002）、收录在由格哈德·希施费尔德所编著的《英国流亡者：希特勒政权下的德国难民》（莱明顿矿泉城，1984）中的一篇有趣文章——约翰·威利特的《英国流亡者，移民与艺术》，以及1995年在伦敦举办的英国皇家建筑师学会亨氏画廊展览目录——由夏洛特·本顿所编著的《不同的世界：移居英国的外籍建筑师1928—1958》。对我而言更有参考价值的是《流亡者与移民者：逃离希特勒政权的欧洲艺术家》，以及收录在1997年洛杉矶郡艺术博物馆的展览目录中的由彼得·哈恩撰写的文章《包豪斯和流亡者：介于旧世界和新世界之间的包豪斯建筑师与设计师》。关于汉普斯特德，特别是20世纪30年代的汉普斯特德的资料，我参考了《20世纪30年代的汉普斯特德：承诺的十年时间》，这是1974年在伦敦卡姆登艺术中心举办的展览的目录，很多生活在20世纪30年代的汉普斯特德居民在1974年展览期间仍健在。

关于劳恩街公寓与威尔斯·科茨的信息，我参考了什本·卡塔古兹诺的《威尔斯·科茨，专题论文》（伦敦，1978），以及威尔斯·科茨的女儿劳拉·科恩的回忆录《通往秘密房间的大门：威尔斯·科茨的肖像》（奥尔德肖特，1999）。在大卫·伯克的《劳恩街公寓：间谍、作家和艺术家》（伍德布里奇，2014）中，作者生动地讲述了生活在劳恩街公寓的苏联特工的故事，故事情节跌宕起伏，扣人心弦。

关于这一时期英国建筑的背景，请参阅安东尼·杰克逊的《建筑政治：英国现代建筑史》（伦敦，1970），以及艾伦·鲍尔斯的两篇调查《英国》（伦敦，2007）和《现代：英国现代运动》（伦敦，2005）。

1 伊势·格罗皮乌斯对杰克·普里查德所言，1970年4月29日，UEA。

2 同上，1970年4月29日，UEA。

3 伊势·格罗皮乌斯对杰克·普里查德所言，1955年2月28日，庆祝劳恩街公寓21周年演讲草稿，HLH。

352

4 杰克·普里查德，《长椅视角，杰克·普里查德的回忆录》（伦敦，1984），第 71 页。

5 J. M. 理查德，"威尔斯·科茨 1893—1958"，《理性主义者，现代运动中的理论与设计》，丹尼斯·夏普（编）（伦敦，1978），第 93 页。

6 威尔斯·科茨对杰克·普里查德所言，1930 年 7 月 13 日，UEA。

7 同注释 4，第 102 页。

8 约翰·贝杰曼，致约翰·格洛格的诗歌片段，引用贝维斯·希利尔，《年轻的贝杰曼》（伦敦，1988），第 260 页。

9 赫伯特·雷德，《阿波罗》，1962 年 9 月，引用"英国艺术，1930—1940"，马尔堡艺术目录（伦敦，1965），第 8 页。

10 沃尔特·格罗皮乌斯对杰克·普里查德所言，1942 年 1 月 24 日，UEA。

11 沃尔特·格罗皮乌斯，"论赫伯特·雷德"，《赫伯特·雷德，纪念研讨会》（伦敦，1970），第 27 页。

12 J.M. 理查德，《一个不公正的家伙回忆录》（伦敦，1980），第 121 页。

13 伊势·格罗皮乌斯对杰克·普里查德所言，1955 年 2 月 28 日，HLH。

14 麦克斯韦·福莱，《自传剪影》（伦敦，1975），第 148 页。

15 引用杰克·普里查德，"格罗皮乌斯，包豪斯和未来"，伦敦皇家艺术学会致辞，1968 年 11 月 13 日。

16 尼古拉斯·佩夫斯纳，《在英国的工业艺术调查》（伦敦，1937），致谢页。

17 亨利·莫里斯备忘录，"乡村学院"引用大卫·鲁尼，《亨利·莫里斯，剑桥郡乡村学院》（剑桥索斯顿，2013），第 18 页。

18 杰克·普里查德与作者谈话，约 1980。

19 沃尔特·格罗皮乌斯对马丁·瓦格纳所言，1934 年 12 月 26 日，BHA。

20 同上。

21 同上，1934 年 12 月 26 日，BHA。

22 沃尔特·格罗皮乌斯对 C. H. 冯·德里乌所言，1935 年 9 月 19 日，BHA，引用艾萨克斯，第 200 页。

23 同注释 1，1948 年 12 月 16 日，UEA。

24 斯特凡·茨威格，《昨日世界》（伦敦，1943），第 295 页。

25 同上。

16 伦敦：1935

格罗皮乌斯在 1935 年 2 月初给玛农写了一封信。信中的语调十分坚定乐观，他表示自己刚刚参加了英国皇家建筑师学会新总部的开幕式。位于波特兰广场 66 号的学会新总部大楼由格瑞·沃纳姆设计，但建筑低调内敛的新瑞典派风格却遭到了协会"马尔斯"分会的鄙夷与不屑。但出乎人们意料的是，格罗皮乌斯却对这座建筑赞赏有加，称其为"一座宏伟的建筑"[1]。格罗皮乌斯在开幕式上的座位被安排在了乔治五世的旁边，这让他欣喜若狂、激动不已。乔治五世国王在玛丽女王的陪同下主持了这次开幕典礼："他（乔治五世国王）有点驼背，看上去病恹恹、萎靡不振；她（玛丽女王）衣着华丽、高贵典雅。"格罗皮乌斯将他最大的热情留给了未来的爱德华八世——威尔士亲王。格罗皮乌斯发现威尔士亲王对建筑有丰富的知识和深刻的见解，在听了威尔士亲王在英国皇家建筑师学会晚宴上的发言后，格罗皮乌斯评论道："王子是英国建筑界真正的革命家，他说的每一个字我都十分赞同。王子表示可以通过建设带有绿色开放空间的高层住宅来解决伦敦贫民窟的问题，并通过工业大规模生产的方式来实现这个平民窟问题的解决方案。这正是我近年来研究、提倡的计划。"

这是格罗皮乌斯给玛农的最后一封信。就在 4 月 22 日星期一，格罗皮乌斯收到一封内容为玛农病情恶化、病危将死的电报。

自从上次格罗皮乌斯在维也纳见到玛农已有一年的时间了，现在他对她的日常生活几乎一无所知。据过去一年经常去霍赫沃特别墅做客的作家埃利亚斯·卡内蒂表示，玛农"坐在轮椅上，衣着华丽、妆容精致，膝盖上盖着一条昂贵的毛毯，脸庞苍白如蜡。她抱着一丝仍有生机的错觉与幻想，但实际上已经病入膏肓，没有恢复的可能了"[2]。虽然玛农的生命之火已经逐渐熄灭，但她对戏剧的热情并没有褪去。在阿尔玛的鼓励下，玛农开始在家中进行一些个人表演。弗朗兹·韦尔费尔甚至从百忙的工作之中抽出时间亲自指导玛农在他的新作——德语版《命运之力》中所承担的领衔角色。阿尔玛在描述玛农表演时表示，玛农"身穿黑色紧身裤、紧身上衣和长筒袜，看起来非常高贵冷酷。身穿一袭黑衣的玛农坐在轮椅上说话的样子将女演员的架势与气场表现得淋漓尽致"[3]。

玛农的母亲阿尔玛同意并鼓励玛农的拜访者、仰慕者和追求者来到玛农的病房探望她。但最让人难以置信的是，在阿尔玛的默许与安排下，玛农竟与一位年轻的奥地利法西斯分子埃里克·希赫拉定下了婚约。埃里克·希赫拉是"爱国阵线"办公室的官员，同时也是阿尔玛的牧师恋人约翰内斯·霍伦施泰纳的追随者。似乎意识到女儿即将走到生命的尽头，阿尔玛急于满足女儿的各种希望和愿望。而显然她并没有将这一切通知格罗皮乌斯。在1935年4月，复活节前一周，玛农病情恶化，出现呼吸困难、头痛呕吐等症状。为了治疗瘫痪，玛农接受了强X射线治疗法，而上述症状很有可能是治疗所带来的副作用。在星期六复活节当天，玛农的病情在早上似乎得到了控制与好转，但在夜晚她的病情又开始反复发作。到了星期天的复活节早上，隐约感到自己命不久矣的玛农希望可以见到牧师。阿尔玛连忙将远在奥地利的约翰内斯·霍伦施泰纳召唤过来。霍伦施泰纳乘坐一辆快车，以惊人的速度穿越了整个国家，赶到玛农的身边，此时至少共有5名医生围在她的身边监护她的病情。晚上10点，玛农的生命体征总体稳定，大多数医生都已离去，只有一名医生、两名护士和阿尔玛留在了玛农的床边。次日清晨，玛农彻底无药可救。在玛农的弥留之际，玛农的父亲——格罗皮乌斯才被告知玛农的状况。

阿尔玛发送至劳恩街公寓的电报并没有对玛农恶化的病情做任何细节性的描述，只是让格罗皮乌斯必须搭乘最早的航班来到维也纳。惊慌失措的格罗皮乌斯不顾一切地开始与杰克·普里查德安排行程、整理官方文件以及申请签证。由于事发时是复活节的下午，想要办理这些手续绝非易事。费尽千辛万苦，格罗皮乌斯与杰克·普里查德终于在傍晚将一切打理好，而这时他们却接到了来自维也纳的第二封电报：玛农于下午 3 点 40 分去世，经鉴定死因是急性胃肠道麻痹。

即便玛农现在已经不在人世，格罗皮乌斯仍被拒于千里之外。阿尔玛在第二封电报中告诉格罗皮乌斯，按照传统的规定，他们将立即为玛农举办葬礼。格罗皮乌斯收到电报后连忙回复，恳求阿尔玛推迟葬礼，好让自己可以见到玛农最后一面。对于格罗皮乌斯的要求，阿尔玛并没有给予任何回复，她后来解释称自己当时状态不佳，没有心情回复。约翰内斯·霍伦施泰纳向格罗皮乌斯发送了玛农生前最后几天的详细报告，并告诉他各大报纸已经刊登了玛农的死讯，所以他们无法推迟葬礼。霍伦施泰纳同时也指责格罗皮乌斯之前没有看望过他的女儿，现在就算来到葬礼也毫无意义了，他所做的一切都太迟了。

4 月 23 日星期二，玛农去世后的第二天，格罗皮乌斯与伊势飞往柏林。接下来的两天，他们来到汉诺威，并拜访了格罗皮乌斯的妹妹。随后他们又在柏林逗留了一个星期，将一直寄放在波茨坦公寓中的物品，以及格罗皮乌斯设计事务所的相关用品一并整理打包。在未来的方向更加明确之前，他们会一直将这些物品存放在位于克劳塞维茨街的一幢小公寓中。此刻，格罗皮乌斯仍然抱有回到德国的想法。他出售了包括他的母亲在墅蒂门多夫的别墅在内的部分家产，攒够资金，蓄势待发。格罗皮乌斯原本计划从柏林前往维也纳给自己的女儿扫墓，但由于德国和奥地利之间的边境访问受限，格罗皮乌斯的申请也未得到批准。

没能及时赶到玛农葬礼的格罗皮乌斯自然也未能参加葬礼后随即举行的成圣仪式。玛农这位超凡脱俗的女孩香消玉殒的消息，不仅在阿尔玛的社交圈内部引起了巨大的轰动，在整个维也纳，甚至其他国家似乎都造成了一定影响。作家埃利亚斯·卡内蒂在描述教堂的场面时表示："全维也纳的人都来了，至少每个受到霍赫沃特邀请的人都来了。"[4] 前来教堂对玛农进行悼念的还包括维也纳的政界人士：奥地利第一共和国的总理库尔特·冯·许士尼格的随行人员也参加了玛农的葬礼。阿尔玛的情人霍伦施泰纳是冯·许士尼格的牧师。最可怜的是玛农的未婚夫埃里克·希赫拉，"身穿精致晚礼服的希赫拉全程参加了这次葬礼，他默默地靠着霍赫沃特教堂的柱子。他与玛农·格罗皮乌斯的婚约已经终止了。玛农的死没有任何意外，他等到的不是与玛农步入婚姻的殿堂，而是亲手送玛农最后一程"。

卡内蒂还对阿尔玛进行了细致的描写。阿尔玛像是一座雕塑一般毫无生气地站在墓地边：

"她的样子像极了一位妖娆丰满但红颜老去的忏悔者。但她并没有在忏悔，她哭得发肿的眼睛写满了悲伤，世界上没有任何一位雕塑家能够将这样的雕塑作品创作出来。"即便是她所崇拜的霍赫沃特正在进行演讲，阿尔玛也仍然无法抑制自己的泪水。"最后，她的眼泪像一串串葡萄挂满了她那肉嘟嘟的脸庞。"卡内蒂的叙述如此生动逼真，让人不禁信以为真。但事实上阿尔玛从未走出父亲葬礼的阴影，所以这次玛农的葬礼她根本没有参加。这些叙述是卡内蒂的臆想，还是阿尔玛的记忆出现了偏差？

在格林津墓地举行的葬礼上，霍赫沃特饱含深情地对玛农进行悼念，缅怀玛农天真和优雅的优秀品质："玛农就像美丽的花朵一般绽放。她宛如纯洁的天使一般来到我们的世界。她给众人带来了喜悦，也深受许多人的喜爱。"几日后，身为音乐家同时也是阿尔玛崇拜者的路德维希·卡帕斯在维也纳报纸上发表了自己对玛农的缅怀："奇妙、纯洁、高尚的玛农就像天使一样来到我们的身边。她深受亲朋好友的喜爱，像一个温顺的幼崽一般在他们的呵护与庇护下免受风吹雨打。"[5] 但玛农这个女孩并不是十全十美的。她同母异父的妹妹安娜的前夫——维也纳作曲家克申内克表示，玛农虚伪狡诈、不值得信任。玛农的钢琴老师称她为被宠坏的臭丫头。但无论如何，玛农神圣的形象已经被人们牢牢地记在心中。逝去后的玛农的传奇已经拉开了序幕。

在缅怀玛农的系列纪念活动中，最著名、最深情的活动非阿尔班·贝尔格专为玛农创作的小提琴协奏曲《为纪念一位天使》莫属了。协奏曲共包含两个乐章，饱含了贝尔格对早逝的玛农的深情与缅怀。但不幸的是，就在玛农去世后的几个月，贝尔格本人因被蜜蜂所蜇，背部出现大片疖子感染而身亡。贝尔格与阿尔玛的友谊可追溯到几十年前。他们在马勒去世不久后相遇，而贝尔格的妻子海伦后来成为阿尔玛最亲密的姐妹之一。当阿尔玛在医院生弗朗兹·韦尔费尔的儿子马丁时，她便将小玛农寄放到海伦与贝尔格的家中。根据阿尔玛的回忆，贝尔格当时正在为戏剧《露露》作曲，但他决定暂时放下手头的工作，专心为玛农创作一首协奏曲。与此同时，贝尔格在此之前也接受了来自美国小提琴家路易斯·克拉斯纳的委托，为其创作一首小提琴协奏曲，但在这部作品的作曲过程中，他遇到了瓶颈，所以这个时间创作一首新的协奏曲对贝尔格来说十分方便。

一切与阿尔玛有关的事情最后都会逐渐演变为混乱、复杂的情况。在过去的 10 年里，贝尔格一直与弗朗兹·韦尔费尔已婚的妹妹——

汉娜福克斯－罗贝廷有染。阿尔玛也知晓此事，但她不仅没有将此事告知她的好姐妹海伦，甚至还纵容贝尔格一犯再犯。现在贝尔格不得不结束他的婚外情。我们可以从协奏曲的谱子中看到这段婚外情的痕迹：贝尔格在给协奏曲编号时重复使用第 23 号（表示自己）以及 10 号（表示汉娜）。可以肯定的是，玛农并不是贝尔格协奏曲唯一致意的女性天使，另一位天使——贝尔格之前的情人汉娜也频繁出现在贝尔格的作品之中。贝尔格、海伦以及汉娜的复杂关系堪比阿·施尼茨勒的戏剧作品《轮舞》中五男五女的混乱关系。

格罗皮乌斯欣然接受了贝尔格写给玛农的小提琴协奏曲。在哈佛大学的家庭通信档案中，我们找到了格罗皮乌斯保留下来的 1936 年 5 月 1 日于伦敦 BBC 音乐厅举行的第一次英国演出的节目单，但是我们并没有找到格罗皮乌斯观看这次演出的任何证据。但一年后，波士顿交响乐团在一场音乐会上演奏了贝尔格的小提琴协奏曲《为纪念一位天使》，我们可以确信，当时已在美国生活的格罗皮乌斯和伊势一定去观看了那次演出。

哈佛档案馆中还有一些关于玛农的资料：格罗皮乌斯为玛农献上的迟来的礼物——格林津墓地慕兹纪念碑。阿尔玛并不想为女儿定制任何实质性的墓碑，作为一名神智学者，阿尔玛坚信玛农的灵魂仍与她同在。立碑的事情全权交给玛农的陪护护士艾达·格鲍尔负责，她只定制购买了一个简单的十字架，于 1942 年立在玛农的坟墓上。但当第二次世界大战结束时，原来的十字架已不见踪影。直到 1955 年，格罗皮乌斯才从阿尔玛的侄子，同时也是一名建筑师的威廉·莱格勒那里听到了关于玛农坟墓凄凉的情况。格罗皮乌斯设计的墓碑采用浅灰色花岗岩，呈三角形，厚 10 厘米，长 144 厘米，横放在长方形的草地上。玛农的坟墓就像古埃及的墓室一样简约。阿尔玛死后也埋葬在这里。

"对我丈夫来说，失去唯一的孩子无疑是沉重的打击。"[6]伊势这样告诉我们。格罗皮乌斯从来未从失去玛农的阴影中走出来。格罗皮乌斯早期的传记作家雷金纳德·艾萨克斯与晚年的格罗皮乌斯进行了多次谈话，即便玛农已经离世30年，格罗皮乌斯每次提到她时也还会心痛不已。

格罗皮乌斯从始至终就从未得到过这个孩子。玛农成为他与阿尔玛相爱相杀的复杂感情中的牺牲品。不过在玛农去世后不久，阿尔玛对待格罗皮乌斯的态度似乎缓和了许多。她说："尽管玛农这一生十分短暂，还是十分感谢格罗皮乌斯能够将玛农带到这个世界上。玛农在她生命的最后6个月中内心成长了许多。"[7]但是，阿尔玛在她的个人日记中特别写道，沃尔特·格罗皮乌斯，"这个天使般的孩子的父亲，这位杰出的建筑师"，却让"他的孩子以泪洗面"。[8]真的是这样吗？我们几乎可以肯定这并不是事实。格罗皮乌斯在给女儿的信中描述了他的旅行和他的工作，里面充满了父爱和有趣的细节。我们完全能够看出父女两人的关系十分亲密。

———

格罗皮乌斯在1935年初的前几个月整日心忧如焚。伊索肯家具公司原本计划在曼彻斯特迪兹伯里建设的新公寓楼项目已经毫无希望。伊索肯建筑项目是吸引格罗皮乌斯来到英国的重要原因之一，现在这个项目却因经济原因而无法实现。格罗皮乌斯在4月写了封信给杰克·普里查德，抱歉地表示自己最初提出的6个月免费食宿现在已经到期了："我感到十分惭愧的是，工作了6个月我仍然无法自食其力。现在曼彻斯特项目取消了，我的预算入不敷出，我需要重新寻找工作。不过两三个星期后，从5月1日开始，我应该至少能够支付伙食费用了。"[9]格罗皮乌斯本来想要询问普里查德他的租金是否可以推迟到伊索肯的主要建筑项目——温莎豪华住宅落实之后再补齐，但不幸的是，温莎项目计划也在不久之后出现了资金紧张的问题。由于需要大规模的投资，格罗皮乌斯等人需要从金融市场上筹集更多资金。为了吸引更多的投资者，格罗皮乌斯和福莱在一次伦敦的会议上向到场的来宾讲解它们的建筑设计模型。就在一切看上去又有了希望，进展也开始变得顺利的时候，普里查德却在筹款活动的关键时期身患重病，项目瞬间失去了主心骨，也因此未能筹到足够的资金，最终未能实现。普里查德悲伤地写信给格罗皮乌斯："你或许觉得我是个不可靠的人。你也可能会觉得是我们将你骗到了英国。"[10]伊索肯曼彻斯特现代公寓的计划最终在当地居民的强烈反对之下彻底落空。

另一方面，格罗皮乌斯在达汀顿庄园的工作进展得比较顺利。在得知格罗皮乌斯的到来之后，已与埃尔姆斯特夫妇签约的美国建筑师威廉·利斯卡泽忐忑不安地从纽约写信给他的盟友——达特林顿学校的校长卡里："毫无疑问，你一定知道格罗皮乌斯来到了达汀顿庄园。我深知格罗皮乌斯拥有他的个人魅力、他的包豪斯名誉以及他与库尔特·乔斯之间的友谊。与他相比我毫无胜算，现在情况对我来说十分不利。"[11]威廉·利斯卡泽同时还给伦纳德·埃尔姆斯特写了一封煽情的信，提醒伦纳德和多萝西自己的工作量，同时也表明自己愿为建设达汀顿庄园尽一己之力的决心。埃尔姆斯特夫妇也确实履行了他们的承诺。

格罗皮乌斯在1935年的夏天一直忙于重建谷仓剧院的工作。项目规模很小，格罗皮乌斯在剧院中添加了新的座位，一个管弦乐队用的演奏台和一个由灰泥圆顶支撑的旋转舞台，上方形成了一个环形天幕。这个结构与布局定是受到了19世纪早期西洋景的影响与启发。

但仅仅一个小规模的谷仓剧院远不能满足格罗皮乌斯计划在英国

开展的建筑工作的野心。除此之外，格罗皮乌斯成为达汀顿庄园总设计顾问的可能性也几乎为零，这让他更加失望。基于包豪斯产品的经验，格罗皮乌斯提出了在他指导下，带领一批年轻建筑师逐步开发与建立一系列特点统一的达汀顿庄园家具设计标准的建议。他们所设计的系列产品甚至可涉及灯具、金属门家具、纺织品等。这些新产品届时将以每位设计师的名义在伦敦展出。格罗皮乌斯的这个大胆提议可以说极具想象力和潜力。

当达汀顿庄园的常务董事威廉·斯莱特提出每年支付给格罗皮乌斯的薪酬仅为 100 基尼（英国旧时金币名）时，格罗皮乌斯表示，他的计划"无论从规模还是时间上来说"，都要比斯莱特所想的"更加耗时耗力"。[12] 虽然最后格罗皮乌斯委曲求全接受了设计顾问的任命，但是他的宏伟计划却从未被真正实行过。

从职业的角度来看，为什么格罗皮乌斯在来到英国之后屡屡受挫，计划屡屡落空？为什么格罗皮乌斯没有受到更加热情的欢迎？导致格罗皮乌斯这种现状有许多明显的原因，其中一个就是英国艺术界标榜法式审美标准。这种审美观点最早由罗杰·福莱和布鲁姆斯伯里·格鲁普宣传推动。马奇·迦兰多在她 20 世纪 30 年代的品位调查文章《犹豫不决的十年》中表示："由沃尔特·格罗皮乌斯和密斯·凡·德·罗在德绍包豪斯所倡导的，并由勒·柯布西耶在巴黎进行宣讲的包豪斯理念并未受到英国人的普遍欢迎，只得到了少数知识分子的赏识：温德姆·刘易斯将这些现代主义作品比作'让习惯甜腻的盎格鲁－撒克逊人食用止痛剂或鳕鱼肝油'。"[13] 安东尼·布朗特在《旁观者》一文中表示："英国人一般不喜欢勒·柯布西耶、沃尔特·格罗皮乌斯、埃瑞许·孟德尔松等人设计的功能性建筑，那些建筑没有家的感觉。"[14] 20 世纪 30 年代中期的英国普遍认为包豪斯风格不着边际，没有任何前途。

奥斯伯特·兰开斯特将包豪斯理念称为"包豪斯的一派胡言"。[15]
受英国浓厚、狂妄的文学氛围影响，英国人普遍认为欧洲大陆的建筑
师就像是喜剧角色一般的存在。这种看法在伊夫林·沃的小说《衰落
与瓦解》中的人物——严肃朴实、教条主义的奥托·弗里德里希·西
勒诺斯教授身上体现得淋漓尽致。时髦的马格特·比斯特切温德女士
聘请西勒诺斯拆除她那一幢名为"国王的周四"的历史悠久的乡间别
墅，将其大改重建成现代主义风格的建筑。

奥托·弗里德里希·西勒诺斯教授实际上就是格罗皮乌斯和拉兹
洛·莫霍利－纳吉的结合体。"他为一家口香糖工厂设计的建筑遭到
否认之后，却被刊登在了一份匈牙利季刊上。"[16]这让他的新客户马
格特·比斯特切温德女士对他产生了浓厚的兴趣。

除了重改"国王的周四"项目和为一部时间极长、故事情节复
杂的电影设计布景之外，西勒诺斯教授没有任何作品……他开始尝
试使用钢筋混凝土和铝进行创造性的建筑设计。当一名记者前来对
他的最新进展进行采访时，他告诉记者："依我所见，建筑存在的
问题就是所有艺术存在的问题，现在的艺术形式并没有从人类的角
度出发。所以目前世界上唯一完美的建筑物就是工厂，因为工厂里
面容纳的都是机器而不是人。"

来自英国上层社会的讥讽与嘲笑足以证明格罗皮乌斯的理念与这
个国家是多么格格不入。

除此之外，格罗皮乌斯还要克服更严重的偏见。第一次世界大战
给德国社会经济带来的灾难性的打击仍未消散。身为一名德国人的格
罗皮乌斯来到了英国，来到了这个当地本土建筑师工作已经十分惨淡
的国家。《建筑师》期刊重新刊登了《法西斯周刊》上的一篇文章，

文章中的语言尖酸刻薄：

> 在我国这么多年轻和重要的建筑师处于绝望的边缘时，英国皇家建筑师学会却选择展开双臂欢迎外国建筑师，鼓励他们来到我们国家进行专业实践……我们为那些吹捧外国建筑师的行为感到耻辱，他们将大型建筑项目留给外邦人，却从未将一分一毫的资源留给自己国家的年轻一代。[17]

格罗皮乌斯于1934年参加了英国皇家建筑师学会展览与招待会，很显然，他就是这篇尖酸刻薄的长篇大论的抨击对象之一。

英语口语的缺陷仍是格罗皮乌斯事业路上的一块绊脚石。1935年年初，格罗皮乌斯应邀参加皇家艺术学院任职的讨论会议。皇家艺术学院原兼职校长兼艺术家威廉·罗森斯坦辞职，教育委员会急于想要重建英国"国立学院"的艺术和设计培训体系。自1932年高雷尔委员会报告以来，英国政府已经充分认识到了设计在贸易中起到的重要作用，所以他们希望现在以培养适应未来英国工业需要的设计师为目的，重建皇家艺术学院。

首先推荐格罗皮乌斯担任皇家艺术学院顾问的是弗兰克·毕克。弗兰克·毕克坚信赫赫有名的沃尔特·格罗皮乌斯博士可以在英国设计教育改革中发挥重要的作用。学习法律出身的弗兰克·毕克曾经接受过相关的律师培训，他信息灵通、心思细腻、胸怀广志，比当时大多数和蔼可亲、松散悠闲的英国设计爱好者更加专注。弗兰克·毕克是当时新成立的伦敦客运委员会的运营总监。为实现伦敦地铁的现代化，弗兰克·毕克组织了当时最著名的艺术家、设计家展开了伦敦地铁的建筑、雕塑、海报、地图等一系列大规模的设计活动。同时他还任命擅长字体设计的英国平面设计家爱德华·琼斯顿设计了无装饰线体"铁路体"。弗兰克·毕克坚信设计都应该服务于公众。

身兼数职的弗兰克·毕克同时也是英国美术与工业委员会的主席。英国美术与工业委员会是由英国贸易部刚设立不久的机构，旨在提升和改善伦敦的设计标准。弗兰克·毕克以英国美术与工业委员会主席的身份联系了皇家艺术学院的人事委员会，向他们列举了格罗皮乌斯所取得的荣誉：

> 格罗皮乌斯是德国改革运动的领袖之一，他在德绍开办的包豪斯学校是世界上第一所完全为发展设计教育而建立的学院，堪称德国艺术学校组织的典范。格罗皮乌斯目前已从德国迁居英国，我认为我们可以借助他的力量来解决皇家艺术学院存在的问题。[18]

格罗皮乌斯和弗兰克·毕克于 1935 年 1 月正式见面，伊势也随行承担翻译工作。弗兰克·毕克的提议并没有任何进展，无论是皇家艺术学院未来的校长，还是走包豪斯路线的设计培训部的总监，格罗皮乌斯从未被相关部门当作人选认真考虑过。反对格罗皮乌斯的理由不仅仅是他在沟通方面存在障碍，还有他的年龄问题，那时的格罗皮乌斯已经五十出头。除此之外，财政部也极有可能不愿资助外籍专家。会议就为格罗皮乌斯另谋职位进行了讨论，任命格罗皮乌斯为皇家艺术学院职责尚不明确的所谓的总顾问。如果这个办法也行不通的话，可以安排格罗皮乌斯上示范课。如果不行，还有最后一个办法，英国美术与工业委员会计划成立两所英国贸易艺术学校——曼彻斯特纺织学校与特伦特河畔斯托克的陶艺学校，届时可以安排格罗皮乌斯担任外勤检查员的职位。

最终，英国印象派画家珀西·乔维特被任命为皇家艺术学院的校长。珀西·乔维特对于工业设计改革毫无头绪，在他人的推荐与建议下，乔维特安排了一次会议与格罗皮乌斯见面。格罗皮乌斯在会上希望乔维特可以谈谈他对学院未来的计划和抱负，"当然，这些我无法告知，"[19]珀西·乔维特表示。从此之后，格罗皮乌斯再也没有收到任何关于皇家艺术学院的消息。格罗皮乌斯在欧洲大陆积攒的丰富经验和知识在英国并没有施展的空间，唯一施展过的一次是为汉布尔登委员会提出一些建议。由政府任命的汉布尔登委员会的主要工作就是为艺术和技术教育提出新的指导方针。这些事情都足以证明格罗皮乌斯在20世纪30年代的英国设计圈处于进退两难的处境。少数进步开明人士，尤其是弗兰克·毕克慧眼识珠，懂得欣赏格罗皮乌斯的价值，但在英国保守的传统背景下，他们无可奈何，只能让格罗皮乌斯沦落到英雄无用武之地的窘境。

另一方面，格罗皮乌斯本人没有明确自己久居英国的立场与态度，这也在一定程度上影响了他在英国的发展。这也是教育委员会反对让格罗皮乌斯主持皇家艺术学院的改革的一个重要原因，他们担心格罗皮乌斯不会长时间留在英国。事实上，格罗皮乌斯在来到英国的第一年仍然保持着谨慎的态度，他仍按照惯例向德国财政办公室发送自己的年度报告，与德国政府保持联系，在新闻采访中也明确表示自己仍然是一名德国公民。他小心规避政治评论，甚至对纳粹党诋毁现代艺术的行为也未表现过任何态度。他坚持在采访中保持中立的态度，并告诉正在研究欧洲建筑师的美国评论家乔治·尼尔森：

> 正如我在伦敦与你见面时向你解释的那样，我要极力确保自己的一言一行没有任何的政治暗示，确保自己在德国群众面前发表的声明、就我所推崇的艺术所发表的言论没有任何色彩。现在在德国，所有与文化相关的事物都悬而未决，因此我在国外发表的任何不成熟、不恰的言辞都会对我的个人以及个人立场产生影响。[20]

格罗皮乌斯发表的声明当然也可能危及包括许多包豪斯人在内的艺术同僚。但是，与自己过去坚定不移地支持的艺术保持距离，对于格罗皮乌斯来说就如同出卖自己的灵魂一样。

格罗皮乌斯如此谨慎小心自有他的原因。格罗皮乌斯在 1934 年12 月写信给柏林首席规划师马丁·瓦格纳时表示："自从福特旺勒事件之后，我深深体会到了有苦说不出的感觉。我们的成员都格外引人瞩目。我们是众矢之的，有任何风吹草动都会引来反对与攻击，这样我们便会惨遭制裁与雪藏。"[21] 格罗皮乌斯所说的福特旺勒事件是指有关威廉·福特旺勒的事件。福特旺勒胆大心雄，直言不讳地对希特勒和纳粹党的种族及艺术政策进行了严厉的批评与指责，为被纳粹贴上堕落艺术家标签的作曲家保罗·欣德米斯伸张正义，甚至在他指导的柏林爱乐乐团节目中上演了一部被纳粹党禁止的作品。纳粹随后对福特旺勒进行疯狂的封杀，宣传部长约瑟夫·戈培尔也免去了福特旺勒的相关职位。格罗皮乌斯非常清楚，在政治面前自己仍是弱势群体。

格罗皮乌斯一直小心翼翼地与德国建筑师联合会视觉艺术部的部长欧根·胡宁保持联系。欧根·胡宁在一次访问伦敦时，在他的同事兼纳粹冲锋队队员卡尔·克里斯托弗·罗切尔的陪同下，来到劳恩街公寓与格罗皮乌斯共进晚餐，他们的晚餐很有可能是从劳恩街公寓公共厨房预订的食物。据伊势回忆，晚餐进行得很顺利，三人也都十分和谐友善。

从各方面来看，格罗皮乌斯无论在德国还是在英国都忧心忡忡、惴惴不安。现在的格罗皮乌斯仍在探寻、调节进入两个截然不同、格格不入的世界的方法与道路。

【注释】

关于玛农·格罗皮乌斯的葬礼，我参考了埃利亚斯·卡内蒂的《眼睛游戏》（伦敦，1990）。此文语言风趣十足，但内容的准确性有待进一步探究。在《谎言与主显节》（罗契斯特，2014）中，作者克里斯·沃尔向我们提供了更多关于阿尔班·贝尔格的小提琴协奏曲《为纪念一位天使》的背景信息。更多有关格罗皮乌斯与皇家艺术学院之间未能成功建立合作关系的故事，请参阅克里斯托弗·弗莱林的《皇家艺术学院：150 年的艺术与设计》（伦敦，1987）。

1 沃尔特·格罗皮乌斯对玛农·格罗皮乌斯所言，1935 年 2 月 3 日，引用赖德尔，第 104 页。

2 埃利亚斯·卡内蒂，《眼睛游戏》（伦敦，1990），第 200 页。

3 马勒，《桥》，第 207 页。

4 约翰内斯·霍伦施泰纳，葬礼演说，1935 年 4 月，引用克里斯·沃尔顿，《谎言与主显节》（罗契斯特，2014），第 65 页。

5 路德维希·卡帕斯，"玛农·格罗皮乌斯"，《维也纳周日－周一报》，1935 年 4 月 29 日。

6 伊势·格罗皮乌斯，《初见》打字稿，约 1970，AAA。

7 阿尔玛·马勒对沃尔特·格罗皮乌斯所言，1935 年 6 月 19 日，BHA，引用艾萨克斯，第 196 页。

8 阿尔玛·马勒·韦尔费尔，《日记》，1920 年 7 月 27 日，UPP，引用赖德尔，第 105 页。

9 沃尔特·格罗皮乌斯对杰克·普里查德所言，1935 年 4 月 7 日，BHA，引用艾萨克斯，第 195 页。

10 杰克·普里查德对沃尔特·格罗皮乌斯所言，1935 年 7 月 31 日，BHA，引用艾萨克斯，第 199 页。

11 威廉·利斯卡泽对 W.B.卡里所言，1935 年 1 月 19 日，引用大卫·耶利米，"达汀顿——现代冒险旅行"，收录在《走向现代，成为英式》中，山姆·斯迈尔斯（主编）（埃克塞特，1998），第62页。

12 沃尔特·格罗皮乌斯对威廉·斯莱特所言，1935年1月6日，达汀顿档案馆，埃克塞特。

13 马奇·迦兰多，《犹豫不决的十年》（伦敦，1968），第11页。

14 安东尼·布朗特，"艺术：英国之家"，《旁观者》第158期，1937年1月15日，第84页。

15 贝维斯·希利尔，《年轻的贝杰曼》（伦敦，1988），第261页。

16 伊夫林·沃，《衰落与瓦解》（伦敦，2001），第110页。

17 《建筑师杂志》，1934，第244页。

18 弗兰克·毕克对教育委员会所言，1934年12月10日。

19 珀西·乔维特对教育委员会所言，1935年3月29日。

20 沃尔特·格罗皮乌斯对乔治·尼尔森所言，1935年9月14日，BHA，引用艾萨克斯，第231页。

21 沃尔特·格罗皮乌斯对马丁·瓦格纳所言，1934年12月26日，BHA。

17 伦敦：1935—1936

尽管格罗皮乌斯来到伦敦的第一年颇为不顺，他深感失望，但随着观念的转变，人们对包豪斯的理念、重要性以及格罗皮乌斯所取得的成就有了新的认识与见解。赫伯特·瑞德的开创之作《艺术与工业：工业设计原理》由费伯出版社于 1934 年出版，封面由赫伯特·拜耳设计。这本书在接下来的两年出现了多个版本。在这本书中，赫伯特·瑞德详细记录了格罗皮乌斯于 1934 年 5 月来伦敦参加设计与工业协会时所写的演讲稿。瑞德总结道：

> 我写这本书的目的是单纯地对格罗皮乌斯博士的理念表示支持与宣传，并无他求。格罗皮乌斯的理念并不是空荡荡的文字，而是早已付诸实践的真理……艺术家在每次实践时都必须赋予材料某种形式。艺术家必须对地区内的城市分布、城市内建筑的分布、房屋、会堂和工厂等构成城市的一切建筑物进行规划。除此之外，艺术家还必须设计这些建筑物的房间形状、采光和颜色等内部细节；艺术家同时也必须规划房间中的家具，甚至是刀叉、杯子、碟子以及门把手等更小的细节。[1]

赫伯特·瑞德将沃尔特·格罗皮乌斯模糊不清的只言片语串联为清晰严谨的叙述表达。

在 1934 年到 1935 年期间，格罗皮乌斯的狂热支持者莫尔顿·尚德在《建筑评论》上发表的宣传现代主义的系列文章让更多人认识并了解了格罗皮乌斯以及他的思想。在这篇标题为《人类戏剧场景》的系列文章中，莫尔顿·尚德表示，格罗皮乌斯在现代建筑界的地位与18 世纪英国新古典主义建筑师约翰·索恩爵士的地位相当，是一位"伟大的人、伟大的先驱、伟大的老师"[2]。20 世纪的建筑改革需要格罗皮乌斯的鼎力相助。文章还展示了格罗皮乌斯所设计的法古斯工厂以及德绍包豪斯校长之家的照片，追溯并强调了格罗皮乌斯与约翰·索恩相当的地位和师从彼得·贝伦斯的经历，标榜了格罗皮乌斯在现代建筑界中举足轻重的地位和影响。

于1936年出版，由德国艺术史学家尼古拉斯·佩夫斯纳所著的《现代运动的先驱：从威廉·莫里斯到沃尔特·格罗皮乌斯》一书的问世，标志着格罗皮乌斯在建筑界的地位又创新高，成为建筑界受人瞩目与爱戴的新星。之前，英国人将格罗皮乌斯看作是伊夫林·沃笔下滑稽好笑的欧洲实用主义建筑师奥托·弗里德里希·西勒诺斯教授，现在这种偏见开始逐渐消失。

格罗皮乌斯的著作《新建筑与包豪斯》于 1935 年 7 月由费伯出版社在伦敦出版。身为费伯出版社的作家，赫伯特·瑞德提出了格罗皮乌斯的这个选题。莫尔顿·尚德将格罗皮乌斯的德语版稿件翻译成了英语。此书在从已经建成的法古斯工厂到 1931 年被取消了的柏林万湖的两座 11 层高的公寓楼的德国作品实例的基础上对格罗皮乌斯的建筑理念展开了详细的阐述。格罗皮乌斯也在书中讲述了包括自己入伍从军、借鉴黑森大公达姆施塔特艺术新村的经验、创办包豪斯的一系列自身与包豪斯的成长故事。此书还包括"包豪斯经典产品的图片。德国制造商将这些产品作为大规模生产的模型，国外的设计师也从这些产品中获得了许多灵感"[3]：球形玻璃和金属灯具、由奥托·林

拉兹洛·莫霍利 – 纳吉为《新建筑与包豪斯》设计的封面，
费伯出版社出版

迪希设计的瓷器餐具、最早在霍恩之屋采用的最小厨房、奥蒂·伯杰的纺织品、马塞尔·布鲁尔的管状钢椅。格罗皮乌斯的一个永恒不变的主题便是探寻新材料与新技术结合的方式，并将其运用到人们的生活之中。玻璃、钢和混凝土的结构自由灵活，让人着迷陶醉。格罗皮乌斯深情地描述自己对玻璃的喜爱："闪闪发光、梦幻透明，它就像飘浮在空中连接墙与墙之间的桥梁。"[4]格罗皮乌斯对玻璃的描写不禁让读者联想到他年轻时参加玻璃运动的往事。即使现在身处异乡，格罗皮乌斯也仍对浮动世界的神秘建筑物情有独钟。

格罗皮乌斯理念的深度与复杂性不时让费伯出版社的工作人员感到费解难懂。诗人沃尔特·德·拉·梅尔的儿子理查德·德·拉·梅尔担任此书的编辑工作，弗兰克·毕克为此书撰写了一篇单调、乏味的引言。这本书的封皮原计划由格罗皮乌斯亲自设计，但由于玛农的离世，格罗皮乌斯无暇，也无心继续工作，于是封皮的设计由当时仍住在柏林的拉兹洛·莫霍利 – 纳吉接手。

莫尔顿·尚德在承接了翻译格罗皮乌斯文稿的工作后发现，自己所付出的精力远远超出了自己索要的翻译报酬的价值。《新建筑与包豪斯》这本书不但篇幅冗长，而且格罗皮乌斯在书中思维的跳转令人费解难懂，莫尔顿·尚德在翻译的过程中感到越来越吃力。费伯出版社的档案中收录了若干封来自莫尔顿·尚德的妻子——西比尔的尖锐、刻薄的信件。西比尔在信中表示，她的丈夫终究没有顶住破解格罗皮乌斯最糟糕的"形而上学的咒语"[5]所带来的压力，而身心俱疲、积劳成疾。莫尔顿·尚德自己也感叹道："这些话我只在我们之间说，我认为我们可能会遇到一些麻烦。书稿作者突然插入一段完全无法理解的内容。这段文字让我百思不得其解，让我一直以来为保持书内容统一所做出的努力付诸东流。"[6] 1934 年 12 月，莫尔顿·尚德因患支气管炎卧病在床，1935 年 3 月他又一次病倒在床，他为自己延迟交稿的行为向费伯出版社的相关人员道歉："我想说，我这一生从未做过比这更艰难的工作。这本书带给我的压力让我这段时间一直神经衰弱，濒临崩溃。"莫尔顿·尚德最初的翻译费是每 5 句话 15 基尼，但他后来却收到了每 14 句话 6 基尼的校对费用账单。莫尔顿·尚德并没有同意支付这笔校对费，这也是情有可原的。

《新建筑与包豪斯》最终于 1935 年 7 月 19 日出版，共发行 2000 册。这本书的问世毫无疑问提升了格罗皮乌斯的公众形象，在普及和加深英国人对包豪斯以及格罗皮乌斯所取得的成就的认识上起到了重要作用。希望能够最大限度增加曝光率的格罗皮乌斯一直期待《泰晤士报》能对他的新作进行点评和推荐，但不幸的是，格罗皮乌斯一直未能等到这篇评论，这让格罗皮乌斯焦躁不已。格罗皮乌斯同时也抱怨《泰晤士报文学副刊》与《听众》对他的作品只字未提。"我想知道为什么到目前为止他们没有采取任何行动。"[7]但总的来说，这本书还是受到了好评。莫尔顿·尚德面对格罗皮乌斯的不满表示会对此负责，"只有最棒的人才会有机会第一个来评阅你的作品"[8]。莫尔顿·尚德召集了格罗皮乌斯的知名支持者和崇拜者，同时建议费伯出版社应该向冰岛、爱沙尼亚和立陶宛等偏远地区的图书馆寄送样书。他认为随着曝光率的增加，这本书也很有可能大卖。这个想法显然有些不切实际。

永远可靠的杰克·普里查德为格罗皮乌斯争取到了两大刊物的评论。普里查德在《建筑评论》和《伯灵顿杂志》上都发表了评论："格罗皮乌斯教授无疑具备伟人所共有的谦虚品质。他为这本书、为欧洲建筑复兴年复一年做出的个人努力与贡献，我们都看在眼里，记在心中。但他却谦虚地表示自己在其中并没有发挥太多的作用。"[9]

格罗皮乌斯朝思暮想，终于等到了《听众》的评论。在评论中，建筑师雷蒙德·麦格拉思对格罗皮乌斯在书中提到的"新空间视角"[10]概念给予了高度的称赞与评价，并将严谨而不失灵活的德绍包豪斯建筑与于1931年完工的伦敦守旧、沉重的谢尔-麦克斯之家进行了比较。

在《周日快报》上，约翰·贝杰曼热情洋溢地介绍了包豪斯的"日常用品，如灯具、茶杯、布料以及椅子"[11]的标准化设计，赞叹格罗皮乌斯在包豪斯取得的成就：

> 包豪斯所生产的这些日常用品都适用于大规模生产。由于德国制造商采纳了包豪斯的设计，所以德国大多数现代公寓和房屋并不像英国多数装饰过于浮夸、毫无情调、完全商业化的建筑。如果格罗皮乌斯教授可以在英国重建包豪斯该有多好！

但是，约翰·贝杰曼是一名记者，他的审美正从维多利亚古典风格转向现代风格，他对于格罗皮乌斯所提倡的预制房屋与10层或11层办公室和公寓楼的称赞听上去心口不一、毫无说服力。

在各期刊杂志中，最具说服力的非安东尼·布朗特在《旁观者》中的评论莫属了。安东尼在评论中首先指出了格罗皮乌斯在英国所面临的问题。英国的审美仍受法国的影响，对德国的关注过少，所以英国人对于格罗皮乌斯艺术的接受力普遍较低。英国人一提到现代主义绘画只会想到毕加索和马蒂斯；一提及现代主义建筑只会想到柯布西耶，这些根深蒂固的观念对格罗皮乌斯十分不利。在布朗特看来，"格罗皮乌斯取得的成就比其他任何一位在世的建筑师都重要。其他建筑师只是建造了美好的建筑物或写了本关于建筑的好书，但格罗皮乌斯教授是唯一一位实际探索与解决新艺术与工业关系所带来的基本问题的建筑师"[12]。创办包豪斯的确是格罗皮乌斯至关重要的成就。

安东尼·布朗特的评论深刻、论证充分、充满热情。他对书中收录众多格罗皮乌斯建筑作品的插图表示高度评价，称"这些照片可以让一些英国读者清楚地看到，格罗皮乌斯教授从1911年至今已在现代建筑这条大路上走了很远的路程。那时的他已经创造出的建筑对于现在的英国来说仍然难以被接受与欣赏。值得补充的是，这本书制作精良，精美的蒙太奇封皮出自拉兹洛·莫霍利-纳吉教授之手"。安东尼·布朗特是唯一一个在评论中提及莫霍利-纳吉的评论家。

《新建筑与包豪斯》一书不仅仅在伦敦，同时在国际上备受关注，得到了大量的阅读评论。《格拉斯哥晚报》的一篇题为《何不建设绿色屋顶？》[13]的文章，建议将格罗皮乌斯明亮、通风、宽阔的城市建筑理念应用到格拉斯哥幽闭的"石漠"住宅之中。利物浦建筑学教授查尔斯·赖利也在《兰开夏卫报》中积极热情地为这本书撰写了评论。

《新建筑与包豪斯》一书虽算不上巨作，但这本书远比费伯出版社甚至是格罗皮乌斯本人想象的流传得更广。虽然《新英格兰周刊》称格罗皮乌斯是"最杰出的天才"[14]，但这显然不是大多数英国人所能接受的事实。

———

　　格罗皮乌斯一直对包豪斯和包豪斯人万般怀念，相信格罗皮乌斯在撰写这本书时提及包豪斯的旧时光定会百感交集、感今怀昔。包豪斯平衡交织的实验精神、艺术美与日常生活理念也会让包豪斯学生终生难忘。

　　当格罗皮乌斯初到伦敦时，他随身携带了按照字母顺序整齐地从阿德勒到瓦格纳排列的德国各方联系人的地址簿。这本充满回忆的小册子一直放在他的文件中。地址簿里多为格罗皮乌斯之前在包豪斯时的联系人和同事，每看到地址簿时他都会想起往事。这里面不少联系人都是格罗皮乌斯熟知的犹太人，他们大多数都遭到了威胁或者是解雇。

　　在格罗皮乌斯离开包豪斯后，与巴勒斯坦犹太建筑师阿里耶·莎伦结婚的编织手工艺家坤塔·斯托尔兹受到来自校内的迫害。这些迫害者是包豪斯内部的反犹太学生，他们对斯托尔兹进行了强烈的反对与排挤，甚至还在她的门上贴上了纳粹的标志。斯托尔兹于1931年辞职离开德绍，移居瑞士。

　　陶瓷艺术家玛格丽特·弗里德兰德一直为德意志帝国瓷器制造商设计可大规模生产的系列标准化餐具。帝国瓷器制造商在纳粹分子上台后更名易主成为国家瓷器制造商。

　　惨遭解聘的弗里德兰德首先逃到了瑞士，后来又去了荷兰，她所设计的瓷器继续由国家瓷器制造商制作生产，但她的名字已经被偷梁换柱为他人之名。

　　玛格丽特·海曼（后以"格蕾特·马克斯"闻名）与丈夫一起建立了一家工厂——海尔艺术与陶瓷工作坊。他们位于马维茨的工厂在最繁忙、最鼎盛的时期共有120名员工。但犹太企业在希特勒上台之后的命运普遍不是被接管就是被打压，海尔艺术与陶瓷工作坊也未能幸免。1933 年 7 月 1 日，玛格丽特·海曼决定关闭工作室，十个月后，玛格丽特·海曼被迫以 45000 帝国马克的旷世低价将工作室出售。在"盖世太保"要将其监禁的威胁下，玛格丽特·海曼于 1936 年逃往博恩霍尔姆，最后来到了伦敦。

在包豪斯的女学生中，金属工作室的设计明星——玛丽安·布兰德与格罗皮乌斯的关系与联系比较亲密。在格罗皮乌斯离开包豪斯之后，布兰德也随之一起来到柏林，在格罗皮乌斯的建筑办公室工作。在回忆这段与格罗皮乌斯一起工作的日子时，布兰德表示那是一段"快乐却短暂的时光"[15]。当格罗皮乌斯位于波茨坦的工作室停业关闭时，格罗皮乌斯帮助布兰德在拉朋尔的哥达金属制品工厂找到一份新的工作。但布兰德这份工作也未能做多久，性情忧郁、敏感的布兰德于 1932 年回到了位于开姆尼茨的父母家中。除了布兰德高度偏离传统的设计风格之外，她与包豪斯众人皆知的密切关系以及与一位挪威人结为夫妇的事实，使她成为纳粹分子的眼中钉。拉兹洛·莫霍利-纳吉表示他在 20 世纪 30 年代的大部分时间和之后的日子，再也没有听到布兰德——他最优秀、最有天赋的女学生的任何音讯。

对于格罗皮乌斯来说，这些都是他精心栽培的学生。从某种意义上说，他仍认为这些学生都与自己怀揣同样的艺术理想与抱负，仍视他们为未来的接班人。但包豪斯人的悲惨故事并没有结束，这个事实也令格罗皮乌斯痛苦不已。

———

与格罗皮乌斯关系最密切的两位包豪斯朋友和同事于 1935 年来到伦敦与他会合。他们分别是 5 月份到来的拉兹洛·莫霍利-纳吉以及 10 月份到来的马塞尔·布鲁尔。两人都在普里查德的那幢充满欢乐与热情的劳恩街公寓开始了他们在英国的生活。莫霍利一开始在纳粹分子的压迫下离开柏林去了荷兰，并作为一名商业艺术家在英国短暂地居住过一段时间。1934 年 10 月，莫霍利收到了一封来自约瑟夫·戈培尔部门的通知。通知中表示，国家文化协会的评审团将会对莫霍利进行评估，要求他上交三幅抽象画。收到通知的莫霍利即刻逃离荷兰，后来到了伦敦。在刚搬进劳恩街公寓之后，莫霍利就收到了费伯出版社送来的一张面值 5 基尼的钞票，这是他为格罗皮乌斯《新建筑与包豪斯》一书设计的蒙太奇封皮的酬金。莫霍利与他的摄影师妻子露西亚的婚姻破裂，离婚后的露西亚早莫霍利一步搬到了伦敦。早在 1935 年 1 月，莫霍利曾短暂地来到伦敦，与他的第二任妻子西比尔·皮兹史在伦敦结婚。西比尔·皮兹史曾经是一名女演员，当时又成了一名作家。在西比尔·皮兹史的鼓励下，莫霍利才最终来到了伦敦。

莫霍利认为英国是一个包容性极强、低调谦虚的国度。最重要的是，英国对待一切事物的态度不会过于苛刻或专业，这是可以脱离"精益求精、追求专业与完美的德国"[16] 的最佳避风塘。莫霍利认为德国所采取的危险的政治方向是导致德国因循守旧、过分追求高度专业化的重要原因。莫霍利越来越感觉"英国是个不专业的国家，是适合他的国家"。

莫霍利和西比尔·皮兹史及他们 18 个月大的女儿哈图拉在搬入劳恩街公寓后被分到了格罗皮乌斯夫妇旁边的第 16 号公寓。他们在那里住了大约 3 个月后又搬到了戈尔德斯格林公寓。虽然没有在劳恩街公寓住多久，但他们仍对在那里居住的日子留下了极其深刻的印象。西比尔·皮兹史后来在回忆第一次来到劳恩街公寓的情景时表示，"那里没有单元的大门，都是一扇扇一模一样的带有门牌号的公寓小门"[17]，这完全出乎他们的意料。她还对在劳恩街公寓举办的美食家俱乐部晚餐记忆犹新，钟爱美食的俱乐部成员后来甚至还制作了一本名叫《美食指南》的食谱集。食谱集里有一道叫作"普克勒"的冰激凌甜点，这道甜点巧妙地融合了羊乳干酪，口感浓香绵软。劳恩街公寓甚至还播放过普里查德与他的孩子们和亨利·莫里斯"全身赤裸，在英国的山丘和山谷上嬉戏玩耍"的微电影。"我们有些震惊，当时是 1935 年而不是 1969 年。"

就在普里查德播放赤裸嬉戏电影的当天晚上，莫霍利在劳恩街公寓展示了他与朱利安·赫胥黎合作出品的《伦敦动物园》的开头部分。在英国居住期间，莫霍利大部分的工作都是通过汉普斯特的关系所获得的。莫霍利还曾与纪录片导演约翰·马蒂亚斯合作，拍摄了一部关于龙虾性生活的电影。平面设计家兼艺术总监阿什利·哈文登邀请莫霍利为英国传统精品男装辛普森进行店铺室内和橱窗设计。莫霍利独具匠心的设计让这家英国绅士裁缝店焕然一新。

约翰·贝杰曼向莫霍利介绍了企鹅出版社的出版商哈里·帕罗伊西森。哈里·帕罗伊西森委托莫霍利为三本关于传统英国生活的图书《伦敦街头市场》《伊顿画像》和《牛津大学金库》拍摄照片。杰克·普里查德表示，约翰·贝杰曼曾带莫霍利参加过一次派对。莫霍利在派对结束后，操着一种奇怪的英语口音对女主人说："谢谢你对我的敌意。"[18] 女主人听后非常惊讶。贝杰曼在听完莫霍利描述派对上发生的事情后，对莫霍利说："哦，别担心。她对每个人都充满敌意。"（英文中的"好客"为"hospitality"，与"敌意"一词"hostility"有些相似，莫霍利在这里应该是将两个单词弄混了。——译者注）

莫霍利在伦敦期间一直希望可以在英国获得更多的支持以建立一所英国包豪斯。莫霍利并不是第一个产生这样的想法的人。早在 1931 年，当时的爱丁堡美术教授赫伯特·瑞德曾试图引起人们的关注和兴趣，筹资在爱丁堡建设一个以包豪斯为蓝图的现代艺术中心。瑞德希望可以通过这个项目重振伦敦，重现晚期乔治王时代鼎盛繁华的景象。但赫伯特·瑞德的计划并没有成功。现在，包豪斯的创始人——格罗皮乌斯本人移居汉普斯特德，让一部分积极分子看到了希望，重燃建立英国包豪斯的念头。莫霍利、普里查德、理查德·卡琳、超现实主义画家彼得·道森、亨利·摩尔、罗兰德·彭罗斯、佩吉·古根海姆等人就此事多次开会商讨。家住唐谢尔山上的理查德·卡琳是一名画家，也是20世纪30年代汉普斯特德的中心人物。卡琳后来感叹道："唉，建立英国包豪斯从开始就没有太多的希望。"[19]一方面是因为缺乏资金，但另一方面更重要的是缺乏当时伦敦艺术界的支持。

格罗皮乌斯虽然参加了几次会议，但最终也彻底抛弃了建立英国包豪斯的想法。或许是之前皇家艺术学院的经历给格罗皮乌斯敲响了警钟。难道在经历了风风雨雨、动荡不安之后，一直保持乐观态度的工作狂格罗皮乌斯现在已经耗尽了耐心与精力？平面设计师兼艺术总监阿什利·哈文登曾对格罗皮乌斯说道："沃尔特，你能够来到英国真的是太棒了。有了你，在这个国家建立包豪斯的愿望终于可以实现了。"[20]格罗皮乌斯听后回答道："阿什利，我无法再建立一个包豪斯了。"

马塞尔·布鲁尔在整个20世纪30年代初都郁郁寡欢地在欧洲各国和摩洛哥之间漂泊不定。布鲁尔经常写信给伊势："我亲爱的皮亚，皮亚，皮亚。"[21]他在信中亲切地称呼伊势道。1934年5月，布鲁尔在苏黎世写信给伊势，感叹当今的政治局势："所有事情都被笼罩在迷雾之中。"[22]布鲁尔甚至还在信中称总有一天下一次欧洲大战会爆发。在收到格罗皮乌斯夫妇从英国寄来的信件之后，布鲁尔于圣诞节那天在布达佩斯回复道："你们的来信听起来就像童话一般美好。"[23]布鲁尔下定决心加入格罗皮乌斯夫妇后来到伦敦，他与英国现代主义建筑师约客取得了联系，希望可以与约客形成合作伙伴的关系。与英国建筑师形成伙伴关系也许是格罗皮乌斯结合自身经验给布鲁尔提出的建议。当然另一方面，布鲁尔也不可能在没有任何工作希望与保障的情况下只身来到伦敦。

在 1935 年劳恩街公寓的居民列表中，我们可以看到"布鲁尔先生"居住在第 16 号公寓。这间公寓就在格罗皮乌斯夫妇公寓的旁边，而这间公寓的上一个住户——莫霍利、西比尔·皮兹史与他们的孩子刚刚才从这里搬出去。布鲁尔来到伦敦的过程就像是一场荒谬的戏剧。由于德国限制出境携带现金的金额，布鲁尔为了走私钱财，偷偷地将钞票夹在一本平装版的希特勒的自传《我的奋斗》之中，并将这本书寄给了卡罗拉·吉迪恩。卡罗拉·吉迪恩和她的丈夫西格弗里德当时也居住在普里查德的劳恩街公寓中，当吉迪恩看到包裹里面是希特勒的那本"充满谩骂与抨击的长篇著作"[24] 时，脸色大变，立刻将这本书扔到了公共垃圾箱中。布鲁尔来到劳恩街公寓后绝望地发现他的钱不见了。在听说事情的来龙去脉之后，布鲁尔立刻来到公共垃圾箱前，绝望地在腐臭的垃圾堆里拼命搜寻，终于找到了夹在书中的钞票。

布鲁尔就像格罗皮乌斯夫妇一样，十分享受劳恩街公寓的生活：参加普里查德夫妇举办的庆祝活动和派对，在各大场合散发着他那匈牙利的异域风情与魅力。后来，布鲁尔在回顾居住在劳恩街公寓的日子时深情地表示，这幢公寓就像是一个来自美国的女孩："我一直很喜欢那个女孩……她是一个慷慨大方的乡下姑娘，善良友好、热情好客，丝毫不吝啬与他人分享自己所拥有的一切。我希望所有漂亮的女孩都和她一样。"[25]

除了拉兹洛·莫霍利 - 纳吉和马塞尔·布鲁尔之外，另外一位来到劳恩街公寓的包豪斯旧友和同事是赫伯特·拜耳。也许格罗皮乌斯并不欢迎拜耳的到来。格罗皮乌斯夫妇的养女阿提表示，格罗皮乌斯迁居英国的原因之一就是要彻底将拜耳与伊势两人分开。深受拜耳作品影响的阿什利·哈文登仍然记得在劳恩街公寓举行的派对上见到拜耳的场景。拜耳似乎只在伦敦待了几个星期，之后便又回到柏林继续工作。拜耳对德国政权一直忧虑不已，他在 1935 年 11 月写给伊势的信中表示，魔鬼仍然在德国"逍遥法外、肆无忌惮"[26]。在这样的局面下，拜耳采取的政策是与纳粹分子保持谨慎的联系。此刻，他正在为臭名昭著的 1936 年柏林奥运会设计招股说明书。

格罗皮乌斯在 1935 年底又一次陷入了经济危机之中。他悲伤地写信给他的房东，将自己的窘状部分归咎于近期未能落实完成普里查德的伊索肯建筑项目之上："对于伊索肯来说，格罗皮乌斯的工作做得确实很糟糕……你和我都在冒险。我多希望能像你一样正确对待失败，在失败之后能够忘掉过去重新开始。"[27] 走投无路的格罗皮乌斯只能向荷兰朋友——鹿特丹范·内尔工厂的老板冯·德里乌借钱。普里查德也非常慷慨，他告诉格罗皮乌斯："你万万不必担心我所冒的险、我所损失的一切。我所承担的风险与损失只不过是商业经营中的常态，而你所要承担的风险远远比我所承担的风险要更多、更大。"[28] 他坚持要求格罗皮乌斯继续留在劳恩街公寓并提出免除他的房租。普里查德现在正在计划建立一家新公司——伦敦铝业有限公司，普里查德甚至还为格罗皮乌斯量身定制了一个新的岗位，任命格罗皮乌斯为设计顾问。作为设计顾问，格罗皮乌斯的主要职责是进行家具设计，同时帮助普里查德挑选一名资深设计师。格罗皮乌斯这份工作所获得的"咨询费"正好可以用来抵劳恩街公寓 15 号房间的租金。普里查德的慷慨相助让格罗皮乌斯感动不已，他决定为普里查德重新装修劳恩街住宅，设计采用了米色和白色的新配色。

格罗皮乌斯开始为伦敦铝业公司设计系列产品，包括折叠椅和桌子、茶壶和咖啡壶，托盘和废纸篓，但最终似乎只有阳极氧化铝制废纸篓的设计被真正采纳并投入生产。普里查德随后又成立了一家子公司——伊索肯家具公司，并于 1936 年 1 月任命格罗皮乌斯为设计总监。格罗皮乌斯建议普里查德任命马塞尔·布鲁尔为伊索肯设计师，并表示公司应该将胶合板躺椅作为公司首个推出的产品。杰克·普里查德和莫莉·普里查德早在苏黎世旅行时就已经看到并十分欣赏马塞尔·布鲁尔早期所设计的轻质铝材长椅，他们甚至还订购了一把放在了自己劳恩街公寓的顶层公寓中。所以对于格罗皮乌斯的提议，他们欣然同意。马塞尔·布鲁尔的伊索肯层压胶合板长椅是 20 世纪 30 年代英国罕见的现代主义代表作品之一。

布鲁尔所设计的家具从包豪斯时代开始便具备特殊的灵活性和自由性的特征。布鲁尔提出了家具需要"空间自由"的理论："恰当的设计或具有功能性的设计应该像人或花朵等有生命的生物一样能够与任何房间'融为一体'。"[29] 建筑师克莱夫·恩特维斯托表示拥有优美流畅的线条的伊索肯长椅比兰花或豹子等其他植株或宠物性价比更高。在由莫霍利-纳吉制作的宣传材料中，伊索肯家具公司主打这把超现实主义品质的椅子。宣传照片上的一对夫妇面对面坐在长椅上，

布鲁尔设计的伊索肯长椅

两人中间隔着一盏现代灯具和一张桌子。这张宣传照片就是在普里查德夫妇的顶层公寓取景拍摄的。宣传册上还有一张莫霍利的手绘插图，插图上的模特躺在浴缸中放松漂浮，暗示躺在这张伊索肯长椅上也能获得同样的置身云端的感官体验。

伊索肯长椅在英国社会小部分的群体中获得了一致的好评和热烈的追捧。威斯敏斯特海豚广场的新豪华公寓预订了10把伊索肯长椅，将它们放置在豪华公寓的游泳池休息区域。除了伊索肯长椅之外，布鲁尔还设计了伊索肯胶合板餐椅和桌子。伊索肯家具在希尔氏、罗姆利之邓恩和约翰·刘易斯家具店出售。同时，国际现代建筑协会英国分会"马尔斯"也在新伯灵顿画廊中展示了伊索肯家具。毫无疑问，莫莉·普里查德在上哈利街的专业咨询室里摆放的家具也是自家产品。

———

1936年1月，劳恩街公寓又迎来了一位新住户——伊势的妹妹赫莎的女儿——伊势的侄女阿提。患有癫痫症的赫莎身体一直非常虚弱，随着病情的恶化，最终在1936年的元旦当天去世。

伊势从柏林将当时年仅10岁的阿提接到了英国。失去至亲的痛苦对于一个年纪尚幼的孩子来说是难以承受的。阿提在乘船从德国来到英国时重度晕船，在乘坐火车前往伦敦的途中又一次病倒。为了让阿提舒服一些，伊势为阿提准备了一碗粥。但是喝了粥的阿提非但没有好转，状态反而更加糟糕。格罗皮乌斯和普里查德驾车带着阿提穿过整个伦敦，最后来到了劳恩街公寓。阿提回忆道："天空灰蒙蒙的，即使进到这幢白色公寓的室内，里面的空气也仍是寒冷潮湿的。我被安排到了一个房间。"[30]阿提所住的房间面积不大，"这间小卧室的墙是白色的，地板的颜色也很低调。"这间小屋是普里查德夫妇的顶层公寓的一部分，位于格罗皮乌斯夫妇公寓的上方。阿提的小屋原来是普里查德的孩子——乔纳森和杰里米的房间。两个孩子当时就读于多拉·罗素的毕架山寄宿小学，所以普里查德将这个房间中的玩具收拾干净之后，安排阿提住了进来。

伊势从 1935 年秋天开始一直身体抱恙，最后应伦纳德·埃尔姆斯特的邀请来到达汀顿庄园休养。伊势在新婚不久就被确诊患有严重的妇科疾病，之后身体状态一直不佳，这次的异常也是由妇科疾病复发所致。但这次在英国就医的伊势却被医生告知她这一辈子再也无法生育，这与她之前在德国仍有一线希望的乐观诊断截然相反。经过探查手术发现，伊势的整个生殖器官"都粘连阻塞，没有任何医治的希望"[31]。对伊势来说，她的侄女阿提的到来无疑是一种对她无法做母亲的补偿。对于仍身陷丧女之痛的格罗皮乌斯来说，阿提就像是他的第二个女儿一样。格罗皮乌斯与伊势计划正式领养阿提。

为了让阿提早日适应新环境，伊势为阿提安排了语言课和游泳课，并和阿提一起阅读英语书籍。除此之外，阿提还参加了艺术课程。阿提后来推测，当时应该是在普里查德慷慨的资助下，她才能有机会上这门昂贵的艺术课程。虽然课程内容丰富，但阿提还是十分孤独迷惘，经常一个人呆呆地望着玻璃窗外出神，用渴望的眼神望着漫步在公寓后院绿色植被中的流浪猫。虽然劳恩街公寓明文规定禁止养宠物，但是伊势还是设法悄悄地为阿提带来了一只小睡鼠。小睡鼠从玻璃杯里啜饮雪利酒的可爱模样逗得阿提开怀大笑，但后来小睡鼠却悄悄逃到了阳台，被一只猫头鹰叼走了。

杰克·普里查德永远都是那么友善。在他的孩子从寄宿学校回到家中之后，普里查德便劝说阿提和他们一起去汉普斯特德池塘游泳。

"杰克和男孩们脱掉了衣服，露出他们白皙的皮肤，一头扎进了池塘中。我目瞪口呆地看着他们跳进池塘。但这只是我英式教育的开始。"[32] 他们身背帆布背包，漫步在英国乡间。另一方面，普里查德认为阿提也应该去多拉·罗素的毕架山寄宿小学读书。

普里查德为了让阿提去毕架山小学，先是"狡猾"地带她参观了几所传统的英国寄宿学校。阿提表示，这些学校和她在柏林的纳粹学校一样陌生、阴暗。有了这样的对比，在到达毕架山小学之后，阿提立刻兴奋起来：

> 半裸的孩子在草坪上尖叫、傻笑、随意地跑，丝毫没有注意到我们或是任何成年人的存在。开满鲜花的玫瑰树篱后面有一个游泳池，空气中回荡着水花四溅的声音和孩子们兴奋的尖叫声。这里似乎没有任何严格的纪律或秩序。我立刻就知道自己喜欢这个地方。

毕架山小学是 20 世纪 30 年代英国小众的先锋寄宿学校之一，其他类似的学校还有尼尔的夏末希尔学校和卡里的达汀顿庄园学校。这些学校的教学理念都与传统的教育机构背道而驰。"我坚信，"特兰·罗素写道，"若想开展有意义的教育，必须颠覆传统。"[33]

毕架山小学的课程完全尊重学生的兴趣与意愿。学校设有一个犯错委员会，孩子们可以在此随意犯错误，不会受到任何的批评与责罚。阿提认为毕架山小学就像"属于孩子的一座无忧无虑、幸福、简单的后花园"[34]。毕架山小学注重开发和鼓励儿童在戏剧、艺术和手工艺方面的创造力。对于阿提来说，艺术室是她活动的中心。毕架山小学侧重儿童的自我发现能力，强调儿童无论做艺术家也好还是当设计师也罢，都应该自由地寻找属于自己的方向。这一理念与格罗皮乌斯的教育观不谋而合。

———

　　格罗皮乌斯的建筑事业在接下来的两年似乎也并不顺利。当他和福莱接到为剑桥基督学院设计新建筑的委托时，格罗皮乌斯兴奋不已。他希望自己可以通过这个位于历史悠久的大学城的项目有机会接触到知识分子与各界精英，从而提高自己的知名度和在建筑界的地位，一举成为英国举足轻重的建筑师。剑桥基督学院要求格罗皮乌斯设计一幢连带教职员工住宿的学生宿舍楼。格罗皮乌斯和福莱设计的建筑兼具现代与传统的双重特点。建筑内围与校园内部其他建筑呈现出剑桥大学四合院的传统景象与氛围；外围与剑桥镇的霍布森街相连，甚至还设有 10 家商业店铺。建筑物立面采用钢结构和天然石材，完美地将学校悠久的历史背景与现代韵味融合。为了说服剑桥那些墨守成规、思想保守的大师，格罗皮乌斯显然尽力遵守、贴近大师们所制定的建筑规则。

　　剑桥基督学院内部有一部分教职员工十分支持并欣赏格罗皮乌斯。他们分别是生物学家沃丁顿、物理学家伯纳尔和科学家兼作家斯诺。格罗皮乌斯曾于 1937 年 3 月 2 日在剑桥基督学院做过一次演讲，相信这一幕一定被斯诺写进了他的大学生活小说中。但任命沃尔特·格罗皮乌斯为新建筑项目建筑师的议案却以 13 票比 8 票被否决告终。剑桥基督学院最终采纳了传统主义建筑师阿尔伯特·理查森爵士的新格鲁吉亚设计方案。与此同时，福莱为牛津万灵学院设计的新建筑也惨遭否决。格罗皮乌斯与福莱这对合作伙伴同命相怜、患难与共。

　　格罗皮乌斯和福莱于 1936 年开始着手为德纳姆电影加工研究室进行建筑设计。这个项目一开始看起来充满希望，但结果却不尽如人意。德纳姆电影加工研究室由亚历山大·科达创立。亚历山大·科达原名桑多·拉兹洛·克尔纳，他十分抵触与排斥和他一样出身的异国移民，因此他十分不看好格罗皮乌斯以及他的匈牙利同事拉兹洛·莫霍利－纳吉，对他们为根据赫伯特·乔治·威尔斯的作品《未来的形状》改编的电影所打造的奇幻特效也十分不满意。

从理论上来讲，德纳姆电影加工研究室项目应该是为格罗皮乌斯量身打造的。格罗皮乌斯在工业建筑方面丰富的专业知识与实际经验背景是其他英国建筑师所欠缺的。但实际上，德纳姆电影加工研究室几乎没给格罗皮乌斯多少可以施展的空间：建筑物的钢架结构已经搭建完毕；研究室需要完全空调通风，需要严格遵守消防和安全法规，这些都影响了格罗皮乌斯技术的发挥与使用。格罗皮乌斯失望地发现，德纳姆电影加工研究室项目负责人在没有与建筑师做任何沟通的情况下就直接匆忙下令让建筑工人开工。格罗皮乌斯对这个项目自然是不满意的，他拒绝将这个项目公开纳为自己的作品，也再不会接受德纳姆电影加工研究室的任何委托。但这个项目至少还是为格罗皮乌斯赚得了 750 英镑的酬金，以解他的燃眉之急。

格罗皮乌斯最华丽的，并在一定程度上具有最少英国特色的建筑是位于切尔西老教堂街的一座房子。该项目于 1936 年完工，委托者是一对著名的演艺界夫妇：电影剧作家兼编剧本·利维和他的演员妻子康斯坦斯·卡明斯。卡明斯在回忆起格罗皮乌斯时表示，他是"一个充满魅力的男人"[35]。

这块土地是利维和他的密友，出版商丹尼斯·科恩及其妻子共同所有的。科恩夫妇的房子是委托埃瑞许·孟德尔松和塞吉·希玛耶夫设计建造的，这两对朋友计划在他们的现代豪宅之间打造一座共享大花园。

如果是为自己设计住宅，那么格罗皮乌斯很有可能会采用自然砖。但格罗皮乌斯十分擅长随机应变：在柏林，格罗皮乌斯认为自己是申克尔的接班人，现在来到伦敦，他又成为约翰·索恩爵士的追随者。格罗皮乌斯已经完全了解并适应了伦敦 18 世纪和 19 世纪早期砖砌房屋盛行的事实，也注意到利维之家所在的切尔西老教堂街的大部分住宅都是砖瓦面房屋。但地主卡多根庄园的主人坚持认为利维夫妇的房子也应该和附近的两栋房屋保持一致，采用由时尚建筑师奥利弗·希尔设计的闪亮的白色饰面。

格罗皮乌斯聘请了另一位近期移居英国的德国逃难者——阿尔布雷希特·普罗斯考尔（后以奥布里·爱德华·普劳厄这个名字闻名）为利维之家绘制设计图。利维之家是一个大规模住宅项目，里面甚至还设有管家和 3 名女佣的宿舍。利维之家中有一些独具匠心的设计：用于享受音乐晚会的独特弧形靠窗椅，还有连接室内与露台的可滑动大玻璃窗。这些小细节让这座房子充满了好莱坞的味道与气氛。格罗皮乌斯一开始甚至亲自为利维之家设计了整套配套家具，但是利维夫妇坚持要使用自己的古董家具。格罗皮乌斯巧妙地设计了一个造型优美的中央楼梯，还为住宅中的异国植物和仙人掌设计了特殊的支架。利维显然和格罗皮乌斯一样十分钟爱仙人掌。

格罗皮乌斯所设计的线条优美的利维之家在当时获得了少数英国现代主义者的赏识。马塞尔·布鲁尔当时的合伙人，英国现代主义建筑师约客甚至还在他的《英国现代建筑》一书中提及了格罗皮乌斯所

格罗皮乌斯设计的利维之家

设计的利维之家。但是到了 1969 年，后现代主义崛起，设计师和大众的审美水平发生了一定的变化。后现代主义建筑师西奥·克罗斯比称利维之家为"30 年代早期最典型的失败作品"[36]。现在，利维之家外立面已经出现严重的磨损痕迹，克罗斯比更是讽刺地建议采用黑色板岩和粗铸灰泥填补这些痕迹。克罗斯比尖酸刻薄的评论也许是发自内心，也许只是出于后现代主义者的报复心态。

除了利维之家之外，沃尔特·格罗皮乌斯在英国所设计的另外一幢私人住宅便是位于肯特郡西普伯恩的伍德小屋。伍德小屋的委托人唐纳森夫妇身份比较特殊，年轻的左翼党人杰克·唐纳森是詹姆斯·卡拉汉工党政府的主要政治人物。杰克·唐纳森的妻子弗朗西斯是一名作家，以爱德华八世的传记闻名。弗朗西斯·唐纳森的父亲弗雷迪兰斯代尔是一名流行喜剧作家，所以弗朗西斯和利维夫妇一样，对戏剧略知一二。这对新婚不久的左翼党派夫妇待人接物非常认真，且关心社会问题。他们并不欣赏宏伟、奢华的豪宅，而是希望格罗皮乌斯可以为他们打造一幢既实用又赏心悦目的住宅。

杰克·唐纳森在委托格罗皮乌斯之前早已参与了一些现代建筑和社会实验活动。20 世纪 20 年代，杰克·唐纳森支持并倡导在伦敦佩克汉姆贫民地区成立先锋健康中心，用来研究当地疾病形成的社会原因，并为当地人民提供新的治疗方案。唐纳森本来已经开始考虑聘用欧文·威廉姆斯设计佩克汉姆健康中心的建筑楼，但后来唐纳森从自己的一些移民伦敦的知识分子朋友口中得知格罗皮乌斯非常需要工作，于是便提前向他支付了 400 英镑的部分项目委托金。尽管伍德小屋对外宣传的设计师是格罗皮乌斯和福莱，但工作实际上全由格罗皮乌斯一人完成。阿尔布雷希特·普罗斯考尔也加入了队伍之中，我们在许多蓝纸上都可以看到他的名字的首字母 AP 的字样。

伍德小屋占地 1.2 公顷，地势略微倾斜，从这里可以眺望远处的田野和树林的景色。唐纳森夫妇从原土地主人彼得·卡索列那里购买了这片土地。伍德小屋与格罗皮乌斯往日的设计风格截然不同，特别是与他1921年的表现主义作品索默菲尔德之家相比，更是风格迥异。伍德小屋是一幢安静、简单的木屋。格罗皮乌斯曾作为嘉宾出席了由木材开发协会举办的"全木房屋竞赛"的颁奖午宴活动，这也是格罗皮乌斯突然找回了自己对木材的热爱的重要原因。格罗皮乌斯在演讲中表示："现代建筑只会在一定情况下依赖新建筑材料……真正有创意的建筑师并不会局限于某种特殊的材料。"[37] 伍德小屋外覆上了一层未经加工的加拿大雪松，这种材料可随着季节的变化而变换颜色。小屋同时也采用了特别从南斯拉夫进口的一种不易燃的芦苇进行装饰。

但格罗皮乌斯的设计未能通过当地议会的批准。当地议会给出的理由是，按照格罗皮乌斯的设计风格，这个房子将"有悖于该地区的整体发展方向，对该地区的整体风貌和市容造成不良影响"[38]。无奈之下，唐纳森只能向当时拥有最终话语权的卫生部上诉。在卫生部的批准下，伍德小屋的施工工作终于得以顺利进行。我们还可以从伍德小屋中看到一些别具匠心的20世纪30年代现代主义元素，比如，倾斜陡峭的带顶棚的建筑入口，以及通过外部楼梯可直达的露台。威廉·莫里斯所追求建筑物的永恒感，或多或少能够从格罗皮乌斯的伍德小屋上体现出来。

福莱详细地描述了与沃尔特·格罗皮乌斯合作的感受："他低调谦虚，但神态却'如狮子般威武'[39]。在设计时，我动的是手，他动的却是脑。"福莱认为，他与格罗皮乌斯是很好的搭档，两人在因平顿乡村学院的项目就是个很好的例子。福莱同时也认为因平顿乡村学院项目的委托人、剑桥郡教育委员会的秘书亨利·莫里斯不仅是个天才，而且是他遇到过的"最可爱，也是最古怪的英国人"。亨利·莫里斯博学多才、富有诗意、热爱建筑、钟爱牛津和剑桥的历史，同时自己也出身于这两所名校。亨利·莫里斯也是一位反传统的积极分子，他蔑视一些英国政治党派人士的空谈无补以及"资本主义家的丑恶嘴脸"[40]和自满情绪。他热衷于家庭生活以及教育事业。福莱表示，与莫里斯的合作对格罗皮乌斯来说是十分宝贵的经验，格罗皮乌斯"透过亨利·莫里斯能够更好地了解整个英国"。

永远充满激情与活力的杰克·普里查德表示他会竭尽全力帮助格罗皮乌斯筹集因平顿乡村学院项目约 1200 英镑的保证金。另一方面，亨利·莫里斯则悲观地表示，他很难说服他在剑桥郡教育委员会的同事雇用一名不知名的德国建筑师。普里查德召集了康斯特布尔、剑桥美术教授斯莱德、英国皇家建筑师学会副主席查尔斯·霍尔登、剑桥经济学家约翰·梅纳德·凯恩斯等知名人士，呼吁他们联合写公函致亨利·莫里斯，表明他们支持格罗皮乌斯与福莱的"强强组合"[41]设计剑桥郡乡村学院："具有丰富建筑实践经验的福莱先生发扬了英国传统的合作精神，拥有我们这个时代最具创意的建筑思想的格罗皮乌斯教授致力于通过建筑探索解决社会问题的方法，在现代主义的实际运用方面做出了杰出的贡献。"

无论各方如何宣传、赞美格罗皮乌斯与福莱组合，项目都未能筹到所需的资金总额。更糟糕的是，格罗皮乌斯预订了昂贵的非英国生产的标准化部件，这让项目原本资金短缺的局势变得更加严峻。项目目前获得 20000 英镑的拨款，但这个数字显然远远没有达到格罗皮乌斯的预算。于是格罗皮乌斯写信给剑桥经济学家约翰·梅纳德·凯恩斯，希望凯恩斯能够至少再资助 15000 英镑。凯恩斯显然百般不愿，他在国王学院回信给格罗皮乌斯：

> 我恐怕无法为你提供任何有用的建议。你的来信只告诉我你和其他建筑师别无两样。也就是说，你无法在限定的资金下完成工作。

> 但幸运的是，你至少会事先通知你的客户，比那些项目结束之后让客户身负巨债、无力偿还的建筑师要好很多。[42]

尽管格罗皮乌斯与福莱的设计被修改多次，与最初的设计有一定的差异，但因平顿乡村学院仍然顺利建成了。当亨利·莫里斯看到修改过的设计后，他写信给朋友感叹道："格罗皮乌斯的设计非常棒，散发着真真切切的建筑魅力。"[43]因平顿乡村学院是剑桥郡乡村系列学院计划的第4所学校，也是将莫里斯的教育理念与精神体现得最淋漓尽致的建筑物：宽阔的走廊为学生会面交流提供了充足的空间；教室、艺术和工艺室、演讲室和图书馆、娱乐区、礼堂等学校内部的各个教室与房间一应俱全，给人带来浓浓的家庭温馨感。因平顿乡村学院原计划委托亨利·摩尔打造一尊名为"家族"的雕塑。但让莫里斯感到失望的是，由于资金不足，这尊雕像最终未能问世。摩尔对此也深表遗憾，他表示因平顿乡村学院的教育理念给他带来了很多灵感。摩尔后来说："从接触因平顿乡村学院项目开始，我就萌生了创造以家为主题的雕塑的念头与灵感。"[44]二战后，斯蒂夫尼奇的巴克莱学校立了一尊青铜家族雕像。

由格罗皮乌斯和福莱共同设计的因平顿乡村学院，摄于2006年

格罗皮乌斯在因平顿乡村学院施工建设开始之前便已经离开英国。杰克·豪代替格罗皮乌斯担任现场建筑师，负责监督现场施工。因平顿乡村学院直到 1939 年才最终完工并正式投入使用，这无疑是格罗皮乌斯英国建筑作品中令人印象最深刻、最有意义的代表作品。格罗皮乌斯坚定不移的崇拜者——德国艺术史学家尼古拉斯·佩夫斯纳后来表示，因平顿乡村学院就算不是英国最优秀的建筑，至少也称得上其中之一。因平顿乡村学院为其后 20 世纪 50 年代进步式学校建筑的特色设计提供了重要的参考，同时也为重振乡村生活提供了原型。这与斯科特·立波德在战争时期设想并提出的农村土地利用有几分相似之处。因平顿乡村学院设计简约低调、优美大方、清晰连贯，所采用的朴素的砖块与乡村环境十分和谐。格罗皮乌斯通过平顿乡村学院项目强有力地证明了自己一贯强调的理念：每个人在各个人生阶段都应该重视艺术。

【注释】

1936 年，阿提·格罗皮乌斯·约翰森的母亲离世，无依无靠的阿提随格罗皮乌斯夫妇来到了伦敦。阿提在回忆录打印稿里描述了自己与格罗皮乌斯夫妇在伦敦生活的故事。除了阿提珍贵的回忆录打印稿之外，阿提在多拉·罗素的毕架山小学的同学乔纳森·普里查德的回忆录也为我们提供了许多有用的信息。

关于《新建筑与包豪斯》的信函与评论现保存在费伯档案馆。

有关在纳粹政权下的前包豪斯教职工与学生的故事，可参考乌尔里克·穆勒的《包豪斯女性》（巴黎，2009）。

关于马塞尔·布鲁尔的信息，请参阅阿拉斯泰尔·格里夫的《伊索肯》（伦敦，2004）以及杰克·普里查德的《长椅视角，杰克·普里查德的回忆录》（伦敦，1984）。除此之外，还可以参考克里斯托弗·威尔克的《马塞尔·布鲁尔，家具和室内设计》（现代艺术博物馆，纽约，1981）、罗伯特·麦卡特的《布鲁尔》（伦敦，2016）。布鲁尔与伊势·格罗皮乌斯之间几乎终身都保持着通信联络，两人之间的信函以及对两人关系的有趣分析和解读的相关文件现存放在华盛顿史密森尼学会的美国艺术档案馆中。

对于莫霍利－纳吉身在英国时的故事，请参见西比尔·莫霍利－纳吉，《莫霍利－纳吉：总体艺术实验》（纽约，1950），以及收录在《艾尔伯斯与莫霍利－纳吉展览：从包豪斯到新世界》（伦敦泰特美术馆，2006）的目录中的一篇由特伦斯·森特所撰写的极有参考价值的文章《莫霍利－纳吉：过渡时期》。

关于这一时期格罗皮乌斯的建筑，除了大卫·艾略特的《格罗皮乌斯在英国》（伦敦，1974）之外，我还要感谢路易斯·坎贝尔对位于伦敦的利维之家的深入研究。关于路易斯·坎贝尔对利维之家的研究成果，请参见《第二届国际现代建筑文献组织会议进程》（德绍，1992）中收录的论文《格罗皮乌斯在英国：现代主义与传统》。

关于伍德小屋的背景信息，我十分感谢格罗皮乌斯的客户杰克·唐纳森和弗朗西斯·唐纳森夫妇的女儿罗斯·迪肯以及伍德小屋的现任主人理查德和简·埃弗雷特。关于因平顿乡村学院的信息，我参考了哈里瑞的《非凡教育家：亨利·莫里斯的生活和成就 1889—1961》（伦敦，1973），以及我与杰克·普里查德进行的对话。关于格罗皮乌斯被剑桥基督学院拒绝的完整记录，请参考收录在《牛津与剑桥20世纪建筑系列11》（20世纪社会，伦敦，2013）中的由艾伦·鲍尔斯所撰写的文章。

1 赫伯特·瑞德，《艺术与工业：工业设计原理》（伦敦，1934），第63页。
2 莫尔顿·尚德，"人类戏剧场景"，《建筑评论》，1934年8月。
3 沃尔特·格罗皮乌斯，《新建筑与包豪斯》（伦敦，1935），第26页。
4 同上，第23页。
5 西比尔·莫顿·尚德对摩尔利所言，1935年4月3日，费伯文档馆。

6 同上，1935 年 3 月 15 日，费伯文档馆。

7 沃尔特·格罗皮乌斯对理查德·德·拉·梅尔所言，1935 年 10 月 23 日，费伯文档馆。

8 同注释 5，1935 年 5 月 1 日，费伯文档馆。

9 杰克·普里查德，《伯灵顿杂志》，1935 年 11 月。

10 雷蒙德·麦格拉思，《听众》，1935 年 3 月 30 日。

11 约翰·贝杰曼，"十层楼的小镇"《周日快报》，1935 年 8 月 24 日。

12 安东尼·布朗特，《旁观者》1935 年 8 月 2 日。

13 罗宾斯·米勒，《格拉斯哥晚报》，1935 年 7 月 12 日。

14 《新英格兰周刊》中的评论，1935 年 7 月 25 日。

15 玛丽安·布兰德，"至今年一代的一封信"，1966 年 5 月 13 日，引用诺伊曼，第 105 页。

16 西比尔·莫霍利－纳吉，《莫霍利－纳吉：总体艺术实验》（纽约，1950），第 117 页。

17 西比尔·莫霍利－纳吉对杰克·普里查德所言，1970 年 12 月 11 日，UEA。

18 杰克·普里查德，《长椅视角，杰克·普里查德的回忆录》（伦敦，1984），第 124 页。

19 理查德·卡琳，《他们必须作画》（伦敦，1968），第 268 页。

20 阿什利·哈文登，传记打印稿，哈文登档案馆，苏格兰国家现代艺术画廊，苏格兰国家画廊。

21 赫伯特·拜耳对伊势·格罗皮乌斯所言，1933 年 12 月 28 日，AAA。

22 同上，1934 年 5 月 11 日。

23 同上，1934 年 12 月 25 日。

24 同注释 17，1970 年 12 月 11 日，UEA。

25 马塞尔·布鲁尔对杰克和莫莉·普里查德所言，1955 年夏，引用杰克·普里查德，《长椅视角，杰克·普里查德的回忆录》（伦敦，1984）。

26 赫伯特·拜耳对伊势·格罗皮乌斯所言，1935 年 11 月 3 日，AAA。

27 沃尔特·格罗皮乌斯对杰克·普里查德所言，1935 年 10 月 17 日，BHA，引用艾萨克斯，第 200 页。

28 杰克·普里查德对沃尔特·格罗皮乌斯所言，1935 年 10 月 22 日，BHA，引用艾萨克斯，第 200 页。

29 马塞尔·布鲁尔，《新法兰克福杂志》中的文章，1927 年。

30 阿提·格罗皮乌斯·约翰森，"英式教育"，回忆录打印稿。

31 伊势·格罗皮乌斯，《初见》，打字稿，约 1970，AAA。

32 同注释 30。

33 伯特兰·特兰罗素，引用"英式教育"，回忆录打印稿。

34 引用"英式教育"，回忆录打印稿。

35 康斯坦斯·卡明斯对路易斯·坎贝尔所言，1991 年 9 月 9 日，私人信函。

36 西奥·克罗斯比，引用"再次告别格罗皮乌斯——或如何变为粗铸灰泥"，《建筑设计》，1973 年 7 月 27 日，第 13 页。

37 引用《木材和胶合板》，"全木房屋竞赛"中的报告，1936 年 1 月 11 日，BHA。

38 引用道尔顿·克利福德，"格罗皮乌斯的肯特之家"，《乡村生活》，1958 年 7 月 17 日，第 132 页。

39 麦克斯韦·福莱，《建筑》中的采访，1975 年 10 月 31 日，第 54 页。

40 亨利·莫里斯，引用杰克·普里查德，《长椅视角，杰克·普里查德的回忆录》（伦敦，1984），第 48 页。

41 约翰·梅纳德·凯恩斯及他人对亨利·莫里斯所言，1936 年 4 月 4 日，后在《新政治家》中发表。

42 约翰·梅纳德·凯恩斯对沃尔特·格罗皮乌斯所言，1937 年 2 月 11 日，HLH。

43 亨利·莫里斯对查尔斯·芬恩所言，引用杰克·普里查德，《长椅视角，杰克·普里查德的回忆录》（伦敦，1984），第 47 页。

44 亨利·摩尔，"再见黑夜，你好白天"，BBC 广播，1963 年 1 月 4 日。

18 伦敦：1936—1937

在来到英国的第二年，格罗皮乌斯的生活、工作等各个方面都已相对稳定。1936 年 6 月 19 日，在英国皇家建筑师学会的秘书伊恩·麦卡利斯的支持下，格罗皮乌斯正式向外籍人士登记处的副国务卿提交了英国永久居住权的申请。8 月，格罗皮乌斯和伊势的申请得到了批准，与此同时，格罗皮乌斯与福莱之间的合作关系也越来越成熟、越来越亲密。

就在格罗皮乌斯获得英国永久居住权的那一年的 11 月，格罗皮乌斯在德国当局的要求下十分不情愿地回到了德国图林根州的爱尔福特。格罗皮乌斯此次回国的遭遇让他丢尽颜面，同时也让他更加坚信迁居英国是明智之举。格罗皮乌斯按照要求回到了图林根州，为他的朋友威廉·古斯克做证。古斯克是梅尔塞贝格地区的一名法官，被人控告行贿受贿。古斯克最后被无罪释放，但前来做证的格罗皮乌斯刚走进法院大楼就被"盖世太保"逮捕并送至总部。格罗皮乌斯在总部遭到了严格的盘问与搜查。格罗皮乌斯出示了国家文化协会开具的官方信件，表明自己具备在英国开展建筑工作的权利与资格后才被释放。但第二天早上，在返回伦敦的途中，格罗皮乌斯在荷兰边境被叫下了火车，又一次遭到审讯与盘查。由于审讯时间较长，格罗皮乌斯无法继续搭乘火车。审讯人员仔细盘查了格罗皮乌斯随身携带的联系人地址簿，并在格罗皮乌斯的联系人中发现了利翁·福伊希特万格的名字。在其代表作《犹太人苏斯》一书中，利翁·福伊希特万格对纳粹分子进行了严厉的批判。在纳粹的压迫下，利翁·福伊希特万格于3年前逃往法国。但幸运的是，在格罗皮乌斯的名册中，还有格罗皮乌斯夫妇在罗马遇到的墨西哥文化大臣、法西斯主义分子迪诺·阿尔菲里的名字。这才解除了格罗皮乌斯的危机。

格罗皮乌斯在被放行之后，乘夜船返回伦敦。格罗皮乌斯同时又向他的荷兰朋友冯·德里乌求助，获得了更多的资金。在经历了这般羞辱之后，格罗皮乌斯回到劳恩街公寓就立即写信向德国法院当局强烈投诉："你们必须知道这样侮辱的待遇会给我带来怎样的影响。只有罪人或政治嫌疑犯才会遭受此般待遇。我是一名忠诚的德国公民，这种未经证实、无根无据的冒犯已经严重影响了我的声誉。"[1]法院之后随意敷衍回复道，此事与自己管辖区域的警察无关，一定是其他区域的警察所采取的行动。

拉兹洛·莫霍利－纳吉也在德国遭遇了不愉快的经历。受英国图片社的委托，莫霍利－纳吉负责设计1936年奥运会的宣传封面。莫霍利起初欣喜若狂，并认真做了许多功课：阅读了捕捉观众心理、国际观众和狂热的德国纳粹主义者之间的外貌对比等相关材料。莫霍利于7月抵达柏林，但发生的一连串事情很快让他失望不已。第一件事情是他与曾经是一个医生的朋友见面，却不料这位朋友现在在一所由纳粹控制的大学任教。其次，莫霍利－纳吉在奥运会的第一天来到奥运会会场时，一名身穿纳粹制服的军官热情地迎接了他。这名军官曾是一名包豪斯学生，现在是一名政治委员。最后，莫霍利去探望他之前的女房东，并打算取回他一年前遗留在老房东家中的30幅画作和一些金属构件。这些作品都是莫霍利早期从具象派过渡到抽象派的代表作品，但曾经支持、疼爱他的老房东太太却告诉他，她已经将这些作品当柴火烧了。当莫霍利－纳吉向女房东抗议她没有权利销毁他的财物时，女房东的丈夫威胁莫霍利－纳吉要以他"创作布尔什维克主义文化"作品为由打电话报警。回到德国的这两天让莫霍利－纳吉心绪不宁、大失所望，于是他在第三天早上打电话给图片社，告诉图片社自己无法继续拍摄奥运会的照片。从这之后，他和妻子西比尔也很少再谈论关于德国的事情。

总体来说，受迁居英国的艺术家、建筑师、设计师、艺术史学家和出版商的影响，20世纪30年代的伦敦艺术界已经逐渐向现代艺术敞开大门。格罗皮乌斯也开始在一系列新的进步艺术活动中找到了一席之地。在此期间，格罗皮乌斯结识了一位贵人——彼得·诺顿。彼得·诺顿是格罗皮乌斯的朋友，也是他的崇拜者，是一个非同凡响的女人。1936年10月，她与其他合伙人在科克街共同创办了伦敦画廊。彼得·诺顿是外交官克利福德·诺顿的妻子，她的真名是诺埃尔，但因为她长相酷似彼得·潘，所以大家亲切地称她为彼得。彼得·诺顿一直保持着一种永远年轻的乐观精神。

位于梅费尔的科克街是当代艺术，特别是欧洲艺术的中心。伦敦画廊原为市长画廊，画廊经翻修后，于1933年重新开放。伦敦画廊室内现代感十足，由布莱恩·欧·罗克设计。伦敦画廊致力于德国艺术，偏好抽象构成主义作品。在画廊开幕式上，保罗·克利的作品首次在伦敦展出。彼得·诺顿曾在伦敦的一家前端广告公司——克劳福德氏工作，担任广告文字撰稿人一职。通过克劳福德氏的艺术总监阿什利·哈文登，彼得·诺顿结识了马塞尔·布鲁尔和赫伯特·拜耳。诺顿后来表示，正是在马塞尔·布鲁尔和赫伯特·拜耳的鼓励下，她才会开办伦敦画廊。诺顿也是莫霍利－纳吉的密友。格罗皮乌斯后来成为诺顿咨询委员会的成员，相信他能在当时伦敦的工作中找到德国包豪斯旧时光的影子。伦敦画廊的室内设计由布鲁尔和拜耳负责，画廊的平面标识由哈文登负责。

格罗皮乌斯在伦敦画廊展览活动设计中发挥了重要的作用。伦敦画展首先展出了当时在英国鲜为人知的小众艺术家爱德华·蒙克的作品，随后又展出了莫霍利的作品，并邀请建筑评论家西格弗里德·吉迪恩为画展撰写作品评论。格罗皮乌斯积极参与了拜耳作品展的策划，并邀请汉诺威博物馆馆长亚历山大·杜尔纳为画展撰写作品评论。格罗皮乌斯一直十分感激亚历山大·杜尔纳，正是在杜尔纳的邀请下，他才能够在汉诺威与伊势相遇。就在格罗皮乌斯收到赫伯特·拜尔从柏林寄往伦敦的自己的系列作品之后，彼得·诺顿突然感到十分不安。她担心画廊领导阶层中的一些自由党人士可能会对展示一位仍在与纳粹分子合作的设计师的作品表示抗议。"彼得·诺顿因为画廊的'左派'势力有点紧张，"格罗皮乌斯告诉拜耳，"我们必须尽一切努力保证他们的安全，不让他们受到任何牵连。"[2] 格罗皮乌斯表示，拜耳从未过多地考虑处理不好艺术与政治之间的关系可能会带来的麻烦与后果，因为对于他自己来说这已经是老生常谈了。

通过彼得·诺顿，格罗皮乌斯甚至还为他的旧情人莉莉·希尔德布兰特举办了一场画展。

由于莉莉的艺术建筑评论家丈夫——汉斯·希尔德布兰特是犹太人，所以莉莉在找工作时屡屡碰壁，无法保障经济来源。这次在科克街伦敦画廊举办的莉莉·希尔德布兰特抽象玻璃版画展似乎并不成功。画展结束后，莉莉写信给格罗皮乌斯，希望格罗皮乌斯能够将她的画作放在瓦楞纸盒中，并将它们寄回斯图加特。莉莉补充说道："我同时也与诺顿太太取得了联系，她将在画展中卖画所得的一小部分利润的支票寄给了我。这对我来说犹如雪中送炭。"[3]

充满活力与激情的彼得·诺顿想要在伦敦举办一场大型的现代德国艺术展，这个愿望最终在1938年的新伯灵顿画廊得以实现。这场画展无疑是对1937年慕尼黑堕落艺术展最有力的反击。

与格罗皮乌斯关系密切的伦敦画廊最后的结局十分悲惨。1938年，彼得·诺顿的外交官丈夫克利福德·诺顿因工作调动去了英国驻华沙大使馆。诺顿夫妇对波兰当地居民深表同情，而他们的伦敦画廊则被超现实主义画家、艺术家罗兰·彭罗斯收购。当波兰于1939年9月被纳粹党占据而沦陷时，诺顿夫妇和大使馆其他工作人员匆忙经由罗马尼亚逃离波兰。从收到通知到正式撤离只有短短两个小时的时间，彼得在慌乱与惊恐之中未能来得及将她所有的绘画、石版画和毛毯等收藏品一并打包带走，这让彼得终身遗憾。让彼得最心痛的是，被遗留在波兰的收藏品中还有格罗皮乌斯在伦敦画廊开幕时送给她的从1926年以来的一整套法国艺术和文学期刊《艺术手记》。彼得后来感叹道，要想将这些珍宝简单收拾打包放入车中其实十分容易，但在人命关天的危急时刻，她首先考虑的并不是这些收藏品。她认为人命要比这些毛毯、格罗皮乌斯送给她的手记等身外之物更加宝贵。最终，彼得开车将大使馆的几名波兰员工护送到了安全的地方。

这时的伦敦艺术界，虽然人数不多，但越来越多的人开始意识到艺术在生活中起到的重要作用。彼得·诺顿建立伦敦画廊的目的之一就是让更多的英国大众认识到视觉艺术的绝对必要性。在伦敦画廊开幕式的开场致辞上有这样一句话："现在许多房间的装修风格十分现代，但里面却连一张画作都没有，或者更糟糕的是，就算有画作，这些画作与房间或居住在房间内的主人的风格并不匹配。"⁴ 1936年，格罗皮乌斯在伦敦新结识的朋友、伍德小屋室内设计师约翰·邓肯·米勒，举办了一场名为"现代房间的现代画作"的展览。除了亨利·摩尔、本·尼科尔森和芭芭拉·赫普沃思的作品之外，展览还展出了拉兹洛·莫霍利-纳吉、贾科梅蒂、布朗·库西、皮特·蒙德里安和刚来到伦敦不久的苏联构成主义艺术家瑙姆·加博的作品，明确阐述了抽象艺术、现代建筑和室内设计之间密切的关系。这个观点与包豪斯总体艺术理念有异曲同工之处。

这个时期还兴起了许多自发性的组织。这些组织规模不大，主张艺术与社会的改革，成员内部之间经常就某一话题展开唇枪舌战。其中一些组织也引起了格罗皮乌斯的注意与兴趣。住在白赛姿公园劳恩街的格罗皮乌斯，离赫伯特·瑞德、本·尼科尔森和芭芭拉·赫普沃思的住所不远。除统一战线的成员之外，格罗皮乌斯还与传播鉴赏抽象艺术的季刊《轴心》的几位常驻作家保持一定的联系。格罗皮乌斯于1936年参与了颇具分量的书籍《艺术圈：国际构成主义艺术概论》一书的编辑工作。这本书的编辑团队由建筑师莱斯利·马丁、本·尼科尔森和瑙姆·加博组成，他们邀请各界的艺术家、建筑师、作家、科学家撰文。当然，投稿的多数是从德国迁居汉普斯特的各界精英，但许多国际学者也纷纷来稿，所以这本书可以说是汇聚了世界各领域人才智慧结晶的经典之作。这本图文并茂的巨作由格罗皮乌斯的出版商费伯出版社于1937年出版。费伯出版社可以说是当时最支持英国先锋派艺术的出版商。

《艺术圈：国际构成主义艺术概论》一书收录了许多不同学科与领域的文章，从里昂狄特·玛赛尼的《舞蹈艺术》到X射线衍射的晶体学先驱伯纳尔的《艺术与科学家》；从马塞尔·布鲁尔的《建筑与材料》到让·奇措德的《新字体》。这本书是现代主义、情感与智慧、科学和艺术的统一宣言。格罗皮乌斯在《艺术圈》中重新发表了自己于1936年为《教育年鉴》所著的《艺术教育与国家》一文。格罗皮乌斯在文中基于福禄贝尔和蒙台梭利的理念，强烈呼吁所有学校都应该开设必修的艺术培训课。格罗皮乌斯为《艺术圈》提供了一张自己与福莱的帕普沃斯学校项目的设计图。与因平顿乡村学院一样，格罗皮乌斯和福莱在为帕普沃斯学校这个专为结核病儿童开设的特殊专业教育中心进行设计时尤其考虑了建筑光线和通风的因素。但帕普沃斯学校项目难逃格罗皮乌斯众多其他英国建筑项目的厄运，其原始设计还是经过了修改与调整。

随着时间的推移，若格罗皮乌斯继续留在英国，他的状况会有所改善吗？答案是肯定的。我们能看到，英国人在 1936 年开始逐渐接纳欧洲大陆实验性的艺术理念。这年夏天，罗纳德·彭罗斯和他的合伙人亨利·摩尔、保罗·纳什、赫伯特·瑞德在新伯灵顿画廊举办了一场国际超现实主义展览。在众多艺术家的作品中，具有非凡才能和想象力的艺术家萨尔瓦多·达利的超现实主义作品成为本次画展的主角。萨尔瓦多·达利以卓越的技术和技巧，创作出了如怪异梦境般的画作。虽然没有任何证据显示格罗皮乌斯也参观了这个画展，但他怎会错过伦敦艺术界迈向进步与开放的重要时刻？当然，除了超现实主义特征之外，伦敦当时也呈现出了早期尚不成熟的达达主义、构成主义和包豪斯的特征。

保罗·阿巴特和马乔里·阿巴特于 1936 年在温坡街开了一家现代玩具店。这家玩具店由两年前来到伦敦的匈牙利移民建筑师艾尔诺·戈尔登芬格设计。阿巴特夫妇是进步的教育思想家，他们坚信儿童教育应该坚持"从玩耍中学习"的原则，并专注于各类现代玩具和儿童家具的设计、制造和零售。阿巴特夫妇的产品与包豪斯所生产的玩具如出一辙，颜色多为三原色，形状多为基础的简单形状，有利于开发儿童的创造力。

在英国这个仍然钦佩、喜爱莫里斯的国家中，德国艺术史学家尼古拉斯·佩夫斯纳《现代运动的先驱：从威廉·莫里斯到沃尔特·格罗皮乌斯》一书的出版无疑进一步巩固了格罗皮乌斯的公众形象。费伯出版社在精装版《现代运动的先驱》一书的扉页中，精心设计了格罗皮乌斯与莫里斯两人的肖像：莫里斯直率豪爽，留有胡须；格罗皮乌斯脸庞消瘦，表情严肃。扉页中两人的肖像并列放置，仿佛两人地位相当。在一篇充满争议的论文中，佩夫斯纳回顾了英国的艺术创新历史：从 19 世纪工程师特尔福德和布鲁内尔到莫里斯、沃伊齐和麦金托什等英国工艺美术运动大师。佩夫斯纳表示，这些英国艺术和手工艺大师对德国的贝伦斯和格罗皮乌斯产生了深远的影响，进一步强调了威廉·莫里斯是欧洲现代主义之父的地位。

尼古拉斯·佩夫斯纳在论文的最后赞美了格罗皮乌斯与其 1914 年设计的德意志制造联盟展览模范工厂：

> 格罗皮乌斯驾驭材料和重量的能力相当高超。在圣礼拜堂和法国博韦主教堂之后，人类很少在建筑艺术史上取得突出进步。这世间的创造力是我们生活和工作的源泉，是我们想要熟悉和掌握的秘密。这样的世界是科学的世界，是技术的世界；是充满速度的世界，是充满危险的世界；是充满艰苦奋斗、充满突破与未知的世界。有了格罗皮乌斯的建筑，这个世界变得更加美好。[5]

后来有很多评论家表示，佩夫斯纳对于格罗皮乌斯的赞美言过其实、接近荒谬。

在撰写《现代运动的先驱：从威廉·莫里斯到沃尔特·格罗皮乌斯》一书时，尼古拉斯·佩夫斯纳有自己的想法和打算。佩夫斯纳和格罗皮乌斯一样也是德国逃难者，他仍然对在柏林遇见年轻时的沃尔特·格罗皮乌斯的场面记忆犹新，格罗皮乌斯就是他过去的一部分。佩夫斯纳在书中抒发了自己对英国乡村的热爱之情，针对设计的美感与流畅性发表了自己独特而犀利的观点，并将威廉·莫里斯与沃尔特·格罗皮乌斯联系在一起。佩夫斯纳在这本书中明确表示了对德国纳粹政权的强烈厌恶之情。这个政权让他失去工作，使他背井离乡；这个政权否认了格罗皮乌斯及其现代主义美学理念。与此同时，佩夫斯纳也希望自己能在英国扮演新的角色、确立自己新的地位。他的这一愿望最终得以实现。佩夫斯纳长达 46 卷的《英国建筑》的出版取得了令人瞩目的成就，成为英国建筑史上的一件稀世瑰宝。佩夫斯纳凭借此书于 1969 年被封为爵士。

———

1936 年 11 月 28 日，格罗皮乌斯在与杰克·普里查德共进午餐时，向普里查德正式宣布自己要离开英国、接受哈佛大学的邀请赴美担任设计研究生院建筑系主任的决定。普里查德似乎已经预料到这一天的到来，他后来表示自己十分理解，所以在听说这个消息之后他"并没有感到意外。我甚至还将美国的发展前景与英国的发展前景做了对比，做了笔记，想和你分享我的想法"⁶。但普里查德仍然生气地表示，英国对于现代主义根深蒂固的抵触与排斥阻止了格罗皮乌斯在英国的发展。格罗皮乌斯与伊势的离去对杰克·普里查德和莫莉·普里查德来说是一种耻辱，也是一件悲伤的事情。

沃尔特·格罗皮乌斯虽身在英国，但他在美国艺术界的名声却越来越高。格罗皮乌斯认为自己之所以能够在美国获得一定的知名度是因为美国艺术界仔细研读了他的《新建筑与包豪斯》一书。格罗皮乌斯也因此承认了建筑评论家莫尔顿·尚德在其中发挥的重要作用："在莫尔顿的帮助下，更多的英国人认识了我、了解了我，但他同时也在无意中在国际上打响了我的名号，让我有离开英国的机会……莫尔顿·尚德将我这本关于现代建筑的小书翻译得十分精彩，也正是因为这本书，我才有获得哈佛大学邀请的机会。"⁷

新任哈佛大学设计研究生院院长约瑟夫·赫德纳特曾在鹿特丹见过格罗皮乌斯、欧德和密斯·凡·德·罗。欧德对这个职位并不感兴趣。约瑟夫·赫德纳特凭预感认为与格罗皮乌斯相比，密斯会是一名更加优秀、更有启发性的老师，同时他还认为密斯在美国建造的建筑质量也会比格罗皮乌斯的质量更好。但密斯与纳粹分子之间的联系、与不隶属任何党派的莉莉·里奇之间不正常的关系，让他觉得密斯在德国的状况并不稳定。更重要的是，约瑟夫·赫德纳特还认为密斯自负、顽固，不会对自己唯马首是瞻。相比较而言，格罗皮乌斯以自己亲切和蔼的态度、展现出的极大热情，以及其更广泛、更稳定、更具政治家风格的影响力略胜一筹。哈佛大学于 11 月 13 日正式任命格罗皮乌斯为设计研究生院建筑系主任。

对于格罗皮乌斯来说，下定决心来到美国哈佛并非易事。格罗皮乌斯与伊势不知道未来会发生什么，这是他们生活中的又一次重大转变。他的包豪斯同事约瑟夫·艾尔伯斯迁美后生活十分美好，这无疑让格罗皮乌斯十分心动。约瑟夫·艾尔伯斯于 1933 年与妻子安妮一起移居美国，他现在是北卡罗来纳州的一所实验艺术院校——黑山学院的艺术教授。马塞尔·布鲁尔也表示："约瑟夫·艾尔伯斯似乎（在黑山学院）过得不错，他曾写道对这里十分满意，感觉好像回到了在包豪斯的旧时光……年轻，新鲜，有趣。"[8] 格罗皮乌斯或是出于私人关系，或是出于约瑟夫·艾尔伯斯的专业成就的关系，向约瑟夫·赫德纳特提出了邀请约瑟夫·艾尔伯斯来到哈佛大学的建议。"有了约瑟夫·艾尔伯斯，我在哈佛大学的工作会更加有保障。"[9] 格罗皮乌斯一直渴望熟悉他的人、欣赏他的人留在他的身边。对于这个建议，约瑟夫·赫德纳特一直闪烁其词，称等格罗皮乌斯来到美国之后再进行商议。

格罗皮乌斯现在面临一个棘手的问题：他需要更改离开德国时的批准条款。格罗皮乌斯首先向曾经在德意志制造联盟结识的、当时在伦敦纽约联邦研究所工作的恩斯特·杰克申请。格罗皮乌斯解释道，恩斯特·杰克应该代表自己与德国当局进行调解。他表示能够收到哈佛大学的邀请、成为原设计研究生院建筑系主任、学院派法籍艺术家——哈夫纳的接班人，无论对他自己还是对德国都是一件十分光荣的事情。

在格罗皮乌斯可靠的支持者——德国建筑师联合会视觉艺术部的部长欧根·胡宁的支持下，恩斯特·杰克向约瑟夫·戈培尔所在的德国宣传部就格罗皮乌斯一事进行了申请与协商。事情取得了进展，约瑟夫·戈培尔的宣传部虽深知格罗皮乌斯本人对纳粹政权的抵制态度，但他们仍认为格罗皮乌斯到哈佛大学任教有利于德国文化的扩张。格罗皮乌斯十分清楚自己已被纳粹分子列入"布尔什维克主义文化者黑名单"[10]，为了防备万一、保全自己，格罗皮乌斯提前写信给欧根·胡宁，向胡宁表明自己忠于国家的决心，表示自己此次哈佛之行别无二心，只为传播德国文化。

格罗皮乌斯的任命于 1937 年 1 月正式公布。消息发布之后，贺信纷至沓来。赫伯特·拜耳也为格罗皮乌斯送上了自己的祝福，但信中的语气却苦乐参半。赫伯特·拜耳表示自己在与奥地利的家人团聚共度圣诞时，"经常会"[11]想到格罗皮乌斯和伊势。他来到了一家饭店，偶然听到其他客人哼唱"伊顿、莫奇和玛兹，然后摄政王来了，手里拿着蜡烛"的包豪斯专属歌曲，熟悉的旋律让赫伯特·拜耳不禁潸然泪下。他告诉格罗皮乌斯，"在听说你离开这个被恶魔吞噬的大陆的消息后，我悲痛不已……那种你和伊势永远在我身边的感觉只不过是一种错觉和假象罢了"。拜耳还补充说道，格罗皮乌斯为自己准备策划的伦敦画廊作品展开幕时，格罗皮乌斯已经离开英国前往美国。格罗皮乌斯不能亲自出席的事实让他感到非常遗憾与难过。

格罗皮乌斯和伊势在英国度过的最后一个周末是 3 月 6 日星期六和 3 月 7 日星期日。两人利用这两天的时间与亲朋好友告辞道别。

他们需要和他们的养女阿提道别。阿提目前仍在英国的毕架山小学就读，同时也在等待柏林的正式收养文件的到来。她将在年底赴美与格罗皮乌斯夫妇会合。格罗皮乌斯夫妇周末还参观了一幢巨型乡间别墅——诺尔庄园。位于肯特郡塞文欧克斯的诺尔庄园的主人是萨克维尔－韦斯特。诺尔庄园的数百间房间、楼梯和塔楼、大门和相互衔接的复杂庭院将伊丽莎白和斯图尔特晚期的时代风格特色体现得淋漓尽致。

格罗皮乌斯夫妇也许是在现代主义者爱德华·萨克维尔－韦斯特的推荐下来参观诺尔庄园这个奇妙浪漫的英式别墅的。身为小说家和音乐评论家的爱德华早期曾是本杰明·布里顿的支持者，同时也是魏玛包豪斯的忠实粉丝。爱德华 1927 年在德累斯顿生活过一段时间，并在柏林度过了一个疯狂的圣诞节。在一封写给他的伙伴福斯特的信中，爱德华描述道："明目张胆、无比丑陋——丑陋得让人放下一切负担、自由追求自己的幻想，不必拘束于美丽建筑的拘束与限制。"[12]格罗皮乌斯也可能是通过唐纳森夫妇的推荐来到诺尔庄园的，唐纳森夫妇的住宅距格罗皮乌斯所设计的西普伯恩伍德小屋的距离不到 50公里。格罗皮乌斯在英国的最后一个周末参观了英国最宏伟、最神奇的建筑之一，对此他表示非常欣慰与感动。

格罗皮乌斯的告别晚宴于 3 月 9 日星期二在英国伦敦沙夫茨伯里大街附近的特罗卡迪罗餐厅举行，这是一场格罗皮乌斯旧识与新交的见面会。会场由拉兹洛·莫霍利－纳吉设计，座位图呈马蹄形状，每一张椅子后面都带有一个号码，从 1 号伊势·格罗皮乌斯到 135 号沃尔特·格罗皮乌斯博士。出席欢送会的有普里查德夫妇、威尔斯·科茨、莫尔顿·尚德、阿什利公爵和阿什利·哈文登、约翰·邓肯·米勒、彼得·诺顿和她的丈夫查尔斯·赖利，以及他们的小儿子保罗。尼古拉斯·佩夫斯纳自然也参加了欢送会。其他出席的嘉宾还包括 1933

年从柏林来到伦敦的，西格蒙德·弗洛伊德的儿子埃尔姆斯特·弗洛伊德。

　　这是一场典型的英式欢送会，乌龟汤搭配干酪酥条、水煮苏格兰鲑鱼、艾尔斯伯里小鸭搭配苹果酱、冰镇油桃梅尔巴搭配小蛋糕。朱利安·赫胥黎饭后主持了一场会谈，与 7 位嘉宾进行谈话，这 7 人中自然包括福莱、亨利·莫里斯和赫伯特·瑞德。格罗皮乌斯的演讲是众人最期待的环节。格罗皮乌斯对在英国曾帮助、鼓励他的朋友表示了感激之情。但与此同时，格罗皮乌斯仍情不自禁地就英国人过度传统保守的思想发出了警告。"这个特征，"格罗皮乌斯解释道，"在英国比在其他国家表现得更加明显。英国几个世纪以来发展进程相对稳定，保留了大部分的传统审美观。这也警告我们，文明的进步并不代表文化的进步。"[13]对于格罗皮乌斯来说，这个欢送会是个多愁善感的场合。多年后他仍然记得当时五味杂陈的心情：离开英国的悲伤、对德国的担忧，以及对美国新职位的忧虑。

　　格罗皮乌斯收到了一封来自柏林首席规划师马丁·瓦格纳的信件。不知道收到老友来信的格罗皮乌斯心情如何，是备感欣慰还是更加焦虑不安？为坚守自己的建筑理想，马丁·瓦格纳在绝望之中离开柏林，来到了伊斯坦布尔。但他在伊斯坦布尔的工作仍不顺心。瓦格纳听到格罗皮乌斯举办告别晚宴的消息后表示，他想象自己坐在欢送会的会场中，"一杯酒不足以表达我的感情，我将用一整瓶的好酒向那些不向权贵低头的英雄致敬"[14]。

　　现在是格罗皮乌斯和伊势离开的时候了。夫妇两人最终于 3 月 12 日离开英国。

　　格罗皮乌斯回顾他在伦敦的岁月时喜忧参半。格罗皮乌斯在这里受到了热情慷慨的欢迎，并结识了许多有趣的朋友。伊势表示，在伦敦的日子对他们两人来说都是宝贵的经历。

但总体来说，格罗皮乌斯这几年里在英国的影响力微乎其微。英国在第二次世界大战结束后才开始正式"走向现代"，工业设计委员会和1951年英国艺术节制作和展出的作品才开始体现现代的因素。格罗皮乌斯的艺术教育思想直到20世纪50年代才开始占据主导地位。包豪斯的理念为英国基础课程的发展、释放学生的创造力和想象力奠定了重要的基础。这些因素从此成为英国艺术教育的重要组成部分。

在英国期间，让格罗皮乌斯最失望的是所承接的建筑项目寥寥无几。福莱认为，格罗皮乌斯精心为剑桥基督学院设计新建筑却遭到否定一事是让格罗皮乌斯心灰意冷，下决心离开英国的直接导火索。

【注释】

关于格罗皮乌斯、彼得·诺顿和伦敦画廊之间有趣的背景介绍，请参考伦敦泰特档案馆资料。关于阿什利·哈文登的故事，请参考苏格兰国家画廊苏格兰国家现代艺术画廊的哈文登档案馆资料。关于尼古拉斯·佩夫斯纳与格罗皮乌斯的背景材料，请参考苏西·哈里斯的《尼古拉斯·佩夫斯纳：生活》（伦敦，2011）。

1 沃尔特·格罗皮乌斯对爱尔福特·考特所言，1936年11月30日，BHA，引用艾萨克斯，第215页。

2 沃尔特·格罗皮乌斯对赫伯特·拜耳所言，1937年2月20日，HLH。

3 莉莉·希尔德布兰特对沃尔特·格罗皮乌斯所言，1937年1月20日，HLH。

4 伦敦画廊简章，1936年，泰特美术馆档案馆。

5 尼古拉斯·佩夫斯纳，《现代运动的先驱：从威廉·莫里斯到沃尔特·格罗皮乌斯》（伦敦，1936），第206页。

6 杰克·普里查德对沃尔特·格罗皮乌斯所言，1936 年 12 月 1 日，引用艾萨克斯，第 217 页。

7 沃尔特·格罗皮乌斯，告别晚宴演讲，特罗卡迪罗，伦敦，1937 年 3 月 9 日，UEA。

8 马塞尔·布鲁尔对伊势·格罗皮乌斯所言，1934 年 12 月 25 日，AAA。

9 沃尔特·格罗皮乌斯对约瑟夫·赫德纳特所言，1936 年 12 月 9 日，引用艾萨克斯，第 218 页。

10 沃尔特·格罗皮乌斯对恩斯特·杰克所言，1937 年 2 月 4 日，HLH。

11 赫伯特·拜耳对沃尔特·格罗皮乌斯所言，1937 年 1 月 25 日，AAA。

12 萨克维尔－韦斯特对 E. M.福斯特多所言，1928 年 1 月 7 日，引用迈克尔·德－拉－诺伊，《埃迪：爱德华·萨克维尔－韦斯特的生活》（伦敦，1988），第 124 页。

13 同注释 7。

14 马丁·瓦格纳对沃尔特·格罗皮乌斯所言，1937 年 2 月 27 日，HLH。

▸ 第三人生：美国

19 哈佛大学：1937—1939

格罗皮乌斯对自己的人生有了新的看法，他将他的人生分为三个阶段：在德国近半个世纪的成长时间、在英国短暂的实验性生活，以及即将在美国开始的新生活。他若有所思地写信给从德国逃往巴勒斯坦的阿道夫·索默菲尔德，回顾了自己的过去：

> 在经历了人生的不同时期后，这也许将会是我生命中的最后一个阶段。我在英国的生活已经画上了一个句号，我将做好充分的准备，蓄势待发，迎接新生活。我虽然四处漂泊，但仍心系德国和已经各奔东西的朋友们。[1]

格罗皮乌斯现已 54 岁，他和伊势于 1937 年 3 月 17 日乘坐 "欧罗巴号"轮船抵达纽约港。约瑟夫·艾尔伯斯和安妮·艾尔伯斯，以及现在居住在美国的亚历山大·桑迪·沙文斯基和他的妻子艾琳早已在港口等候迎接格罗皮乌斯夫妇二人。在格罗皮乌斯夫妇到达的第一个晚上，沙文斯基为欢迎他们的到来带他们去了棉花俱乐部，这里曾是格罗皮乌斯夫妇1928年纽约之行时最喜欢的娱乐场所。俱乐部的演出嘉宾依然是艾灵顿公爵，格罗皮乌斯也仍对"华丽摇滚"[2]赞不绝口。纽约近些年的变化如此之大，让格罗皮乌斯与伊势已经找不到这个城市任何熟悉的痕迹："现在四处都是高楼大厦，一眼望去，所有的事物都比之前更大、更高、更宽。"[3]与伦敦相比，纽约的变化似乎更加明显。这种新环境让格罗皮乌斯既充满了乐观与期待，又有几分不安与不确定。包容性极强的美国比英国更早也更热情地接受移民的到来。格罗皮乌斯夫妇在到达纽约数周之后，收到并阅读了关于"五月花号"的书籍。英国清教徒当时为逃避政府的打压，乘坐"五月花号"逃亡到北美。在20世纪中叶，美国当地企业精神和开放精神得到了更多先锋派艺术家的青睐和认同。在音乐、流行戏剧、抽象批判艺术、社会批判艺术、现代主义建筑和设计等领域的欧洲先锋进步艺术家纷纷选择美国而不是英国定居落户。美国为广大艺术家提供了更广阔的就业机会与空间，大批才华横溢的欧洲移民艺术家在此建立了全球影视中心——好莱坞，也构成了纽约这座国际化的城市。另外一名来自柏林的移民，抒情诗人和戏剧家贝托尔特·布莱希特感叹美国吸收欧洲人才的惊人能力：

人们称纽约为人才济济、各种文化齐聚一堂的大熔炉，

它吸收、注入、转化所有的一切，

不出两周就会产生新鲜事物。[4]

纽约大学美术学院的创始人沃尔特·库克用更加直白的语言表达了自己的看法："希特勒是我最好的朋友，他摇树，我收果。"[5] 20世纪30年代，流入美国的欧洲移民极大地丰富了美国文化。在格罗皮乌斯迁美后，马勒·古斯塔夫的狂热崇拜者——奥托·克伦佩勒也于1933年离开德国，来到美国，成为洛杉矶爱乐乐团的音乐总监。曾是阿尔玛女婿的作曲家恩斯特·克里尼克于1938年在美国定居。纽约尤其欢迎先锋派和抽象派艺术家。1935年在纽约现代艺术博物馆举办的法国画家和雕塑家费尔南德·莱热的作品展览将莱热带到纽约，并让莱热下定决心定居于此。莱热到了1938年已经完全融入美国的艺术圈，甚至开始为纳尔逊·洛克菲勒的公寓进行装饰设计。纽约现代艺术博物馆于1929年正式开放。其首任馆长——艺术史学家兼中国瓷器收藏家阿尔弗雷德·巴尔热爱并支持欧洲现代建筑运动，对包豪斯更是有特殊的感情。纽约现代艺术博物馆与费伯出版社共同出版了格罗皮乌斯的作品《新建筑与包豪斯》。菲利普·约翰逊于1930年秋加入纽约现代艺术博物馆，与巴尔共同承担首任馆长的职位与职责。两人紧密合作，共同推动现代化进程，举办了一系列专注于国际现代建筑和新兴工业的设计展览，赢得了业界以及参观者的一致好评和喜爱。格罗皮乌斯来到美国后不久，纽约现代艺术博物馆已经开始商讨筹备包豪斯展览的内容与细节。

除了伦敦，芝加哥是另一座理解并接受现代潮流的美国城市。与格罗皮乌斯建筑职业生涯相似的密斯·凡·德·罗也随格罗皮乌斯来到了美国。密斯于1938年成为当时新成立的阿穆赫技术学院，即现在的伊利诺伊理工大学的建筑学院院长。

约瑟夫·赫德纳特在格罗皮乌斯夫妇乘"欧罗巴号"抵达纽约时向他们发送了一封电报表示欢迎："欢迎来到美国，幸福和成功一直在这里等待你们的到来。"[6]约瑟夫·赫德纳特为欢迎格罗皮乌斯的到来组织了一系列午宴和晚宴，为他安排了紧凑、繁忙的行程，例如，在无线电城音乐厅的顶层举办午宴，在瑞吉酒店举办晚宴。阿尔弗雷德·巴尔也出席了这场晚宴。格罗皮乌斯在达汀顿庄园项目中的竞争对手——威廉·利斯卡泽也邀请他们品尝鸡尾酒。首屈一指的工业设计师亨利·德雷弗斯邀请格罗皮乌斯在他位于麦迪逊大街的办公室共进午餐。格罗皮乌斯夫妇在访问波士顿时也受到了热情的欢迎和款待，受邀参加各大高级别社交活动。约瑟夫·赫德纳特为推广格罗皮乌斯投入了大笔资金，暗下决心为自己的新工作打下良好的基础。

约瑟夫·赫德纳特通过哈佛大学校长詹姆斯·科南特的引荐来到哈佛大学，同样新官上任不久的科南特一直立志将哈佛大学打造为一所更加现代化的大学。此前一直负责纽约哥伦比亚大学建筑改革项目的赫德纳特接受科南特的委托，决心重建哈佛大学的建筑教学体系，将之前单一地注重古典美术的课程体系转向融入工程学、经济学、社会规划等与现代生活联系更加紧密的、更广泛的课程体系。格罗皮乌斯所负责的建筑研究生院刚成立不久，该院的学生多为专业技能较为成熟的硕士生。格罗皮乌斯本希望可以开设一门课程，类似于包豪斯的基础设计课程。但事实上，这个愿望并没有实现。

从哈佛开始的一切都十分顺利。格罗皮乌斯和伊势在找到更适合的住宅之前一直居住在美国马萨诸塞州剑桥市哈佛大学附近的大陆酒店之中。格罗皮乌斯心怀感激之情写信给约瑟夫·赫德纳特，并使用了赫德纳特其他朋友称呼赫德纳特的昵称："亲爱的 Vi，我知道若想克服心灵和大脑的愚蠢和懒惰、改变平凡之路，需要多大的勇气。因此，我为自己能够在美国的这场建筑改革中与你共同奋战而感到骄傲和自豪。"[7]伊势在写给普里查德夫妇的信中也高度评价了约瑟夫·赫德纳特。伊势在信中表示：赫德纳特和他的妻子在这条改革的道路上正努力克服所有障碍与难关，"赫德纳特夫妇对格罗皮乌斯和我的关心与照顾无微不至，他们简直就像杰克和莫莉一样"[8]。

一个约瑟夫·赫德纳特曾经的同事后来评价他称，赫德纳特是"你能想象到的最不现代的人"[9]。他很矮、很胖，戴着一副眼镜，拖着脚走路，经常穿着不合身的斜纹软呢套装。他聪明绝顶，雄心勃勃，但他绝不是一个彻头彻尾的现代主义者。他是一名训练有素的建筑师，他希望可以通过建筑实现殖民复兴，他同时对历史也有浓厚的学术兴趣。他的妻子克莱尔是一个古怪的人，甚至可以说有点疯狂。这位同事在描述克莱尔时表示："她分分秒秒都会爱上他人。她作曲、染发。她爱上了交响乐队中的低音提琴手。但无论如何，赫德纳特还是爱着她。"[10]他放纵克莱尔浪漫的本性。格罗皮乌斯夫妇很快就发现，与普里查德夫妇相比，赫德纳特夫妇是截然不同的另一种人。

在刚来到哈佛大学的几周，格罗皮乌斯经常邀请他所有的学生到他暂时居住的大陆酒店参加包豪斯风格的啤酒之夜。格罗皮乌斯成功地在新世界中找回了旧世界的感觉与惯例，这种似曾相识的感觉让他感到欣慰。

约瑟夫·赫德纳特十分擅长宣传、打造这位他花重金邀请过来的、身份尊贵的新任教师。他亲自撰写了格罗皮乌斯的著作《新建筑与包豪斯》的美国版介绍。当约瑟夫·赫德纳特看到哈佛大学校报《哈佛深红色》引用了格罗皮乌斯对哈佛大学音乐厅建筑的热情评论——哈佛大学建筑的"特有的传统美国风格"[11]时，他感到无比欣慰和激动。哈佛大学或多或少让格罗皮乌斯联想到了关于带有四合院的剑桥基督学院的苦涩回忆。

格罗皮乌斯在很早之前就开始为1937年3月30日在波士顿哈佛俱乐部举行的哈佛访问委员会的晚宴致辞做准备。格罗皮乌斯在演讲时应付自如、游刃有余，与他三年前在英国皇家建筑师学会发表演讲时痛苦、犹豫的样子判若两人。他在演讲中强调，应鼓励年轻建筑师找到自己前进的方向，让他们从自己周围的特殊环境中"创造出独立、真实的艺术形式"[12]。"我不想照本宣科，我真正想教给他们的是面临问题时保持公正、原创和灵活的态度。如果我的到来会为哈佛大学带来'格罗皮乌斯建筑'的定式思维，那这是一件十分恐怖的事情。"格罗皮乌斯坚持表示他最不想要在这里看到"老生常谈的欧洲'现代风格'"。

总而言之，对于格罗皮乌斯来说，这是一个充满希望的新开始。格罗皮乌斯认为，这个国家，"具有原始、天真的品质"[13]，和经常让人失望、气馁的英国形成鲜明对比。美国剑桥新英格兰区的"未受破坏、未被影响的"传统美国殖民风格的优雅白色木屋等景观让格罗皮乌斯十分欣喜。格罗皮乌斯认为新英格兰的最大特点是浪漫，其次是热情好客，欢迎并包容外国人。在这里他很快就可以和他人打成一片，可以结识新的伙伴。他也受到了原住民热烈的欢迎和接待，这些是美国原住民与生俱来的优秀品质。眼前的景色让格罗皮乌斯不禁回想起童年时读过的美国原住民的故事。在来到美国不久之后，格罗皮乌斯写信给马塞尔·布鲁尔。他在信中表示，经常会有一群女孩聚集在他的身边。与英国的女孩不同，美国的女孩会自由、大胆地注视着你的眼睛。格罗皮乌斯鼓励马塞尔·布鲁尔来美国，自己也在代表布鲁尔同哈佛大学的约瑟夫·赫德纳特商议。

在他们来到纽约不久后拍摄的照片中，伊势身穿黑色礼服、佩戴一顶黑帽和一条包豪斯现代风格的项链；英俊的沃尔特身姿挺拔，穿着正式西装，搭配西服马甲和他标志性的领结。格罗皮乌斯夫妇在来到剑桥和波士顿之后的一段日子中一直马不停蹄地参加各种正式欢迎晚宴和招待会。伊势回忆道，通过英国的人脉，他们很快就跻身波士顿社会身份尊贵、顶尖高层次知识分子的圈子。伊势表示，那时他们的社交生活丰富多彩、忙碌不堪。

> 哦，我的上帝。我们被每天参加的各种活动压得喘不过气来。人们通过电报邀请我们去北岸做客，甚至邀请我们去我们从未听说过的地方。大家之所以对我们如此热情，是因为著名的教授、哈佛大学的新人——格罗皮乌斯。波士顿社会想尽一切方式取悦格罗皮乌斯。我们几乎每天都外出参加活动，之后我们还要在家回请这些邀请派对的组织者。[14]

在参加了 63 个派对后，格罗皮乌斯夫妇决定暂时休息一下，他们来到马萨诸塞州马里恩的科德角附近的种植岛度过暑假。

对格罗皮乌斯夫妇来说，这个假期就像是他们之前在阿斯科纳度假、在阿尔卑斯山滑雪时一样欢乐，是和各奔东西的老友们重聚的重要时刻。携妻来到种植岛的汉诺威博物馆馆长亚历山大·杜尔纳称这里为"夏季包豪斯"。首先抵达种植岛的两位老友分别是马塞尔·布鲁尔和赫伯特·拜耳，两人分别从伦敦和故土德国出发来到种植岛。随后到来的是亚历山大·桑迪·沙文斯基和拉兹洛·莫霍利-纳吉。就像他们一贯的假期风格和流程一样，几人全身赤裸地在美国马萨诸塞州东南部大西洋的小海湾——巴泽兹湾游泳，在沿岸附近聊天叙旧、欣赏夜晚的星空。无论对聚会的组织者——格罗皮乌斯夫妇，还是对各位参加聚会的来宾来说，这次度假让他们暂时忘却了职业和政治上的焦虑与失意。

布鲁尔首次横跨大西洋的美国之旅让他惊喜万分。布鲁尔在这里看到了未来的无限可能与潜力。拜耳也决定在美国工作，很快便投入了现代艺术博物馆包豪斯展览的主持与设计工作。在格罗皮乌斯的推荐下，莫霍利-纳吉被任命为芝加哥新包豪斯的首任校长，并于同年秋天正式上岗。格罗皮乌斯同时也协助亚历山大·多纳成为普罗维登斯的罗得岛设计学院院长。格罗皮乌斯尽可能地将那些他了解的、见证了他一路历程的包豪斯人留在身边，这对他来说是十分重要的。

来到种植岛的还有另外一位重要人物——格罗皮乌斯的养女阿提。阿提的正式领养文件已经通过审批，现在她正式成为格罗皮乌斯夫妇的养女。虽然阿提在离开多拉·罗素的毕架山小学时恋恋不舍、泪流满面，但这种不舍与遗憾在她来到科德角的夏季小屋之后立刻得到了安慰和补偿。在这里，阿提可以和她的新父母——格罗皮乌斯和"伊思（Isi）"一起生活。阿提亲切地称伊势为"伊思"，格罗皮乌斯的包豪斯旧友也经常这样称呼伊势。阿提最喜欢沙文斯基和布鲁尔，因为他们愿意和年仅 11 岁的她一起玩耍。"饭菜很可口，伊思很漂亮，每个人的情绪都很高涨。"[15] 阿提显然已经被这里快乐的气氛所感染，这也预示着她即将在这里开启美好的新生活。

格罗皮乌斯在度过暑假之后于秋天回到哈佛，他们全家搬进了新租的房子。这是一幢位于林肯乡村的桑迪庞德路的老式殖民风格建筑，从这里可以欣赏到森林和田野的美丽景色。一直希望维持格罗皮乌斯社会地位与名誉的雄心勃勃的约瑟夫·赫德纳特曾计划安排格罗皮乌斯住在波士顿或至少住在剑桥相对比较繁华、时尚的布拉托街，但格罗皮乌斯却更喜欢偏远宁静的乡村。格罗皮乌斯几乎奇迹般地很快在附近找到了一片适合的土地。这片土地的主人是崇尚利他主义、阔气富有的波士顿寡妇——詹姆斯·斯托乐夫人。詹姆斯·斯托乐夫人老骥伏枥，志在千里，她创立了美国女童子军，支持成立美国移民社会服务所。她虽对现代建筑知之甚少，但她对这一概念充满好奇、抱有希望。亨利·莎普雷是波士顿当地的建筑师，也是格罗皮乌斯的支持者，他和约瑟夫·赫德纳特一起在格罗皮乌斯申请美国绿卡的过程中起到了重要的作用。莎普雷建议斯托乐拿出她占地庞大的新英格兰地产的一部分，委托格罗皮乌斯在那里建造新建筑。斯托乐接受了莎普雷的建议。

伊势几乎不敢相信他们会如此幸运，她在 11 月写给杰克和莫莉·普里查德的信中表示：

> 我们遇到了一位慷慨的老妇人，她愿意为我们提供一块景色美丽的建筑基地。从这里放眼望去几乎看不到其他建筑。沃尔特打算先为她设计住宅，然后再从她那里将这幢住宅租下来。这一切就像童话故事一样，那么不真实。直到沃尔特开始讨论盥洗室的位置时，我才开始相信这一切都是事实。[16]

这片占地 2 公顷的土地位于平缓山坡上的一座苹果园中。这片土地一部分空旷寂静，一部分树木繁茂，保留了乡村本身的景色，也带有人类生活改造的痕迹。人们可以从这里欣赏到伍斯特山的美丽景色。格罗皮乌斯最喜欢这里靠近瓦尔登湖的地理位置和新英格兰超验主义的氛围。从这里出发，只需几分钟的路程就可以来到作家亨利·梭罗的水边木屋。这幢小木屋是没有建筑师痕迹的建筑的典型代表。格罗皮乌斯从 1937 年秋天开始正式投身于项目的设计规划之中。阿提记得全家在那段日子里，周末的大部分时间都会去现场勘查，将他们精心挑选的花草树木移植到基地上，他们无时无刻不在讨论房间的设计与安排。刚来到美国不久的布鲁尔已成为哈佛大学的助理教授，并与格罗皮乌斯形成了合作伙伴关系。布鲁尔也参与了该项目的早期规划，这个项目后来被称作格罗皮乌斯之家。

这座房子于 1938 年夏天建成，格罗皮乌斯夫妇于同年秋天搬进新房入住。阿提从没有想过住宅可以以这样的形式呈现，她只隐约记得小时候在柏林看到过类似风格的建筑。阿提意识到在自己今后的生活中，视觉美将是一个重要的基础组成部分，她的生活将会充满"道德意义"[17]……这就意味着不能仅根据外表对事物进行评价，而是要在任何环境中都能够敏锐地对无论人造事物，还是自然事物进行客观观察和评价。事物的形式并不重要，重要的是它们所传达的信息和内容。

位于贝克桥路 68 号的格罗皮乌斯之家外表看似没有任何出彩之处，但住宅的每一个细节都经过仔细的打磨与考虑。从住宅材料的选择和简单的呈现形式上讲，格罗皮乌斯之家具有浓厚的新英格兰建筑特色：白漆木框架结构、砖砌烟囱、纱窗阳台和石砌挡土墙。与西普伯恩的伍德小屋一样，格罗皮乌斯在格罗皮乌斯之家内部采用了挡雨板。带有简单平屋顶的格罗皮乌斯之家毫无悬念地成为当地部分反对势力的抵触和抨击的对象。林肯的格罗皮乌斯之家中厚玻璃板和功能性工业材料的使用以及其布局的流畅性，让人不禁联想到德绍包豪斯大师之家。美国建筑理论家、评论家刘易斯·芒福德在"来客登记簿"中表示："向新英格兰最具创新、最新颖的住宅典范致敬！是它开辟了新英格兰的新世界。"[18]

房间内部几乎所有的家具都来自包豪斯工作室。在与德国宣传部长约瑟夫·戈培尔进行谈判后，格罗皮乌斯夫妇终于可以将除金钱以外的其他财产带到德国境外。除了包豪斯的所有记录、文章、评论和相关信件之外，格罗皮乌斯夫妇还将原来的家具运到了美国。其中一件家具是由格罗皮乌斯设计、曾放置在魏玛包豪斯校长办公室的办公桌。格罗皮乌斯在德绍期间也曾使用过这张桌子，1928 年之后，他又将桌子带回柏林。这张桌子现在放在美国林肯州格罗皮乌斯之家的阿提的卧室中。格罗皮乌斯夫妇书房中的大型双人办公桌是马塞尔·布鲁尔 1925 年在金属工作室手工设计制作的作品，格罗皮乌斯与布鲁尔共用这张双人办公桌，两人肩并肩共同工作，十分符合他们密不可分的工作伙伴关系。

除了包豪斯家具外，格罗皮乌斯还从伦敦带来了两把伊索肯长椅。伊势特别喜欢在紧张、辛苦的一天结束后斜躺在伊索肯长椅上休息放

格罗皮乌斯之家，2005

格罗皮乌斯之家客厅

二楼化妆室和卧室

格罗皮乌斯之家室内旋转楼梯

松。"家里所有人大部分时间都躺在这张椅子上"[19]，伊势告诉杰克和莫莉·普里查德：伊索肯长椅是房子的中心。伊势十分好奇，普通的英国人是否"愿意以这样舒适的方式放松自己，或者更确切地说，以这样放纵的方式放松自己"？经过漫漫的长途运输，所有的家具都遭到了不同程度的损坏。伊势不得不在波士顿的五金店寻找合适的钉子和螺丝，努力将家具复原。格罗皮乌斯格外珍惜这些家具。阿尔玛过去剥夺了他太多的东西，比如，他深爱的女儿慕兹。家具是格罗皮乌斯过去的生活所遗留下来为数不多的宝物。从某种程度上讲，新房子是为阿提量身设计的。格罗皮乌斯为了取悦阿提，甚至调整了窗台的高度。考虑到不久之后阿提即将步入青春期，格罗皮乌斯将阿提的卧室安排在一楼。阿提的卧室有独立的外部露天平台，还有一架可以通往花园的螺旋楼梯。阿提现在就读于康科德的一所当地学校。与多拉·罗素的毕架山小学相比，这所学校更加传统。阿提在这所学校受到了热烈的欢迎，并因其绘画能力和刚刚练成的正宗英式口音而收获了宠爱和钦佩。阿提的新父母告诫阿提不要提及德国的往事，阿提也再没讨论过她的生母——赫莎的事情。

格罗皮乌斯全身心地投入父亲的新角色。在阿提每天早上上学前，他都会努力回忆年轻时在军队中讲过、听过的小笑话，讲给阿提听；在阿提每天晚上放学后，他也会欣赏、点评阿提在学校完成的作品，逗得阿提哈哈大笑。"我的父亲不是不苟言笑的人，"阿提回忆，"他是一个温柔、迷人的男人。我从来没有因为失败而受到指责和批评，也从来没有被迫参加学校的任何表演。相反，无论事情多琐碎、多微不足道，他都会给我足够的热情、关注与支持。"[20]

格罗皮乌斯经常在晚上为阿提和伊势朗读一些翻译成德语的经典著作的节选：陀思妥耶夫斯基的《白痴》和《卡拉马佐夫兄弟》、席勒的戏剧，以及被誉为德国莎士比亚的伟大诗人——克莱斯特的作品。格罗皮乌斯在朗读时，声音时而铿锵有力，时而低沉忧郁，时而平缓，时而起伏，十分生动。除此之外，格罗皮乌斯还带阿提去滑冰，同时也将自己年轻时在旺兹贝克第九轻骑兵军团习得的专业骑马技术传授给阿提。

但无论格罗皮乌斯多么努力地想要对孩子付出全部的爱，与孩子在一起时不去考虑纷纷扰扰的杂事，这也终究是难以实现的愿望。阿提能够清楚地感受到格罗皮乌斯脱离常人、脱离凡俗的独特气质。"他的神情与普通人不一样。他的眼神更加深邃，总是流露出若有所思的神情。"[21] 阿提表示自己后来才开始明白格罗皮乌斯行为举止之中饱含的智慧与悲伤。阿提从未感受到自己真正成了格罗皮乌斯的女儿，也从未感受到自己是格罗皮乌斯正式合法的女儿。

————

布鲁尔于 1937 年冬回到伦敦。布鲁尔在汉普斯特德的最后一天正逢圣诞节，大家在这一天为他举办了一场欢送晚宴。欢送告别晚宴在劳恩街公寓新建的伊索肯酒吧举行。"伊索肯酒吧？"伊势好奇地跟杰克和莫莉·普里查德说道，"以前从未听你们提起过这个地方。我猜想伊索肯酒吧应该是某种食物。"[22] 伊索肯酒吧实际上是由布鲁尔设计的俱乐部餐厅。酒吧位于劳恩街公寓的一楼，面向劳恩街公寓全体居民开放。莫莉·普里查德十分喜欢研究天气，布鲁尔便在俱乐部房间一端尽头的玻璃后设计、安装了一个气压计。伊索肯酒吧也因此得名。俱乐部酒吧中使用的家具毫无意外地全部出自伊索肯家具公司。多年来，劳恩街伊索肯酒吧除了是记录格罗皮乌斯和布鲁尔曾生活在伦敦的最直接、最深刻的场所，同时也是见证着多年以来分隔两地的朋友再次团聚的感人一幕的地方：自从在苏联离别后，金匠瑙姆·加博和曾就读于包豪斯的瑙姆·斯拉茨基正是在伊肯索酒吧再一次相聚。加博和斯拉茨基两人的个头都不高，两人彼此见到后惊喜万分，以百米冲刺的速度奔向对方，在汉普斯特德这个全新的现代城市紧紧拥抱在一起。

当布鲁尔下定决心在美国永久定居时，他很快便与格罗皮乌斯形成了搭档合作关系。胆识过人、进取心十足的詹姆斯·斯托乐看到成型后的格罗皮乌斯之家非常满意，她决定在附近再建造三幢与格罗皮乌斯之家风格相似的现代住宅。她同时还决定在三所住宅附近建造一幢较为传统的殖民时代风格的住宅。这样，两种风格的建筑会形成鲜明对比，差异一目了然。詹姆斯·斯托乐将三幢现代住宅的其中之一交给了布鲁尔，并表示布鲁尔可以在设计建造这幢住宅后住进来，她将全额为布鲁尔报销所需的一切资金。布鲁尔写道："现在最让我兴奋的是我可以自己建造一幢房屋，完全根据我自己的喜好，而且不用花一分钱。"[23] 布鲁尔的住宅比格罗皮乌斯夫妇之家略矮一些。两人的房屋毗邻，仅隔着一片郁郁葱葱的草地，几乎可以看到另一座房子的内部。就这样，格罗皮乌斯与布鲁尔宛如再次回到了德绍包豪斯大师之家的时光，近如邻里，好似一家人。

在来到美国的前几年中，格罗皮乌斯与布鲁尔两人形成了一种密切的专业搭档关系：他们在哈佛大学一起教书，为新建筑项目齐心协力、努力合作。格罗皮乌斯和身为副教授的布鲁尔共同在哈佛大学教授硕士课程，他们上课的频率大概为每周两到三天。两人轮流查看学生的草图、检查学生的设计进展，并对其展开讨论。格罗皮乌斯和布鲁尔的教学方法大相径庭，格罗皮乌斯更安静、更专注。一个学生回忆道："格罗皮乌斯不知疲倦、不厌其烦地在制图室一一指点在场的所有学生，认真解决每一个问题，仔细思考每一个提议。这种感觉就好像全世界都在参与我们的讨论和决定。"[24] 他偶尔会从马甲背心的口袋中掏出一根又粗又短的铅笔，用铅笔在学生的画作之上勾勾点点，有时也会向学生提出一些深刻、尖锐的问题。总而言之，格罗皮乌斯的教学方法能够有效地带动学生思考、带给学生创作灵感，使学生从中获取一些哲理。"我喜欢人体，我喜欢乳房，我喜欢臀部，"格罗皮乌斯会在上导入课时坦率地告诉参加课程的学生，边说嘴里还边抽着一根雪茄，"而且我追求表达自由。"[25] 格罗皮乌斯的教学宗旨是为了个人智力发展，以及思想和情感上的建设和延伸。格罗皮乌斯坚持认为，他在哈佛最不想做，也最不想看到的事情就是学生盲目效仿自己的风格。

与格罗皮乌斯的教学方式相比，布鲁尔的教学方式更加反复无常、充满激情。布鲁尔经常在学生的课桌之间穿梭，轻松地向学生传达自己较为主观的建筑思想。但布鲁尔的英语口语水平相较于格罗皮乌斯而言仍需进一步提高。一些学生表示，与格罗皮乌斯相比，他们对布鲁尔更容易产生回应和互动。学生们一致同意，是"洛伊科"教给他们如何设计建筑物，而格罗皮乌斯则更多地向他们提供了理论和哲学基础。格罗皮乌斯与布鲁尔早期教过的学生包括保罗·鲁道夫、贝聿铭以及工业设计师艾略特·诺伊斯。在这些年轻的学生眼中，格罗皮乌斯已经是一位年长的老人了。菲利普·约翰逊在 34 岁时进入哈佛，与他硕士班其他同班同学相比，他是较为成熟的学生。菲利普·约翰逊表示，布鲁尔是真正有影响力的老师。他从布鲁尔身上学到的东西要比从格罗皮乌斯那里学到的更多。

格罗皮乌斯之前一直犹豫是否接受哈佛大学邀请的主要原因之一是：他担心在哈佛任教会对他为之奋斗的建筑事业产生影响。比起教书育人，他更想要建造建筑。约瑟夫·赫德纳特对此表示赞同，他认为德高望重的格罗皮乌斯若在美国进行建筑实践，将为哈佛大学研究生院带来一定的荣誉。于是赫德纳特一直乐于帮助格罗皮乌斯进行专业申请注册，协助格罗皮乌斯获得在美执业资格。起初，格罗皮乌斯与布鲁尔像在包豪斯一样在哈佛大学校园里进行建筑实践，但在一名学生投诉两人这样的做法违反规定后，他和布鲁尔将他们的办公室搬到了剑桥。他们租赁的办公室曾经是一家电影院。

那个年代的美国仍处于大萧条时期。格罗皮乌斯与布鲁尔的建筑事业在美国进展十分缓慢。起初，两人只获得了两栋私人住宅项目的委托：林肯的福特之家与哈格蒂之家。福特之家是詹姆斯·斯托乐夫人委托给两人的另外一个项目，离格罗皮乌斯之家与布鲁尔之家不远。哈格蒂之家是为约翰·哈格蒂和约翰的母亲约瑟芬设计的一幢海滨住宅。约翰·哈格蒂曾听过格罗皮乌斯的演讲并深受启发，因此，他特邀格罗皮乌斯为其在大西洋沿岸波士顿南部的一片土地上设计自家住宅。哈格蒂之家将细致的规划与大自然的粗野完美地融合，内部庭院四周被高高的天然石墙包围，我们可以从位于海岸边的哈格蒂之家感受到大自然的气息。哈格蒂之家无疑是一个展示格罗皮乌斯从欧洲现代风格转向美国本土风格的代表作品。

格罗皮乌斯在这个时期更具代表性的作品是位于宾夕法尼亚州匹兹堡的弗兰克之屋。弗兰克之屋项目的委托人是与匹兹堡首屈一指的大型百货商店的所有人考夫曼家族有一定关系的弗兰克一家。考夫曼一家曾委托弗兰克·劳埃德·赖特打造流水别墅，所以弗兰克一家也极有可能是在考夫曼一家人的推荐下选择了格罗皮乌斯。塞西莉亚·弗兰克和她的丈夫只是简短地告诉格罗皮乌斯和布鲁尔，他们想要一所高大华丽、奢侈豪华的住宅，住宅内部需设置一个室内游泳池、一个屋顶舞池、八间浴室和多间服务室。同时，弗兰克夫妇还要求住宅的每个房间都需要安装空调，就个别房间指定了极其稀有、珍贵的材料。

弗兰克之屋外立面

弗兰克之屋的室内楼梯

　　当然，弗兰克之屋因极度奢侈的个人主义风格而遭到了广泛的批评与唾弃，这和格罗皮乌斯之前简单朴素的风格截然相反。哈佛中个别激进的学生痛斥格罗皮乌斯的这种在顷刻之间丧失良心的耳目昭彰、令人唾弃的行为。建筑评论家西格弗里德·吉迪恩也在《空间、时间和建筑》中责备格罗皮乌斯没管好自己的客户。但到了 1941 年，弗兰克之屋在《建筑论坛》上得到正名。文章称赞格罗皮乌斯巧妙地采用，并有机地融合了石材和木材等天然材料，这标志着"当代建筑正迈入更加丰富、更有把握、更人性化的新阶段。这是振奋人心、令人印象深刻的作品"[26]。布鲁尔也亲自出面就弗兰克之屋的曲线、角度以及材料的多样性进行了解释。事实上，布鲁尔通过弗兰克之屋向我们展示了他的建筑风格是在不断发展的。他始终认为，住宅不是某种理性的竞赛，而是一幢不断发展的、灵活的建筑，"是容纳人类与自然事物的避风港，是展现千姿百态、丰富多彩的日常生活的舞台"[27]。

弗兰克之屋现由弗兰克夫妇的儿子继承。弗兰克夫妇的儿子为人低调，隐居桃源。他拒绝任何人参观他的住宅，因此弗兰克之屋仍然保持着神秘的色彩，引起了各界对弗兰克之屋的广泛关注和好奇。2015 年，当我想要参观这所房子时，也被拒之门外。我的导游——匹兹堡历史与地标基金会的建筑总监，在过去的 14 年里一直在恳求弗兰克夫妇的儿子允许他进屋参观。

然而，弗兰克之屋确实为格罗皮乌斯带来了更多的委托项目，为纪念民主力量崛起而建的宾夕法尼亚馆项目在其中起到了关键作用。1939 年，纽约世界博览会决定安排展出一间宾夕法尼亚馆。格罗皮乌斯和布鲁尔负责建筑的结构，亚历山大·桑迪·沙文斯基负责内部装潢。宾夕法尼亚馆是除了位于美国费城的独立宣言签字处——独立大厅之外，又一象征并见证民主的雄伟建筑。

———

经过反复商讨和多次推迟，"包豪斯 1919—1928"展终于在 1938 年 12 月 6 日于纽约开幕。由于现代艺术博物馆位于西 53 街的新大楼正在修建，所以"包豪斯 1919—1928"展只能在现代艺术博物馆的位于洛克菲勒中心一栋大楼低层的临时建筑中举行。展览的幕后导演和主要推广者阿尔弗雷德·巴尔表示，这次展览唤起了他第一次访问德绍包豪斯时的回忆。当时的阿尔弗雷德·巴尔不过 25 岁出头，是一个年轻的现代主义爱好者，那次包豪斯之旅对他来说受益匪浅。从某种意义上来说，这次展览便是巴尔在向格罗皮乌斯表达自己的回报与感激之情，是巴尔对包豪斯在纳粹政权下倒闭、众多包豪斯人遭到迫害等一系列磨难的同情。于 1938 年举办的现代艺术博物馆包豪斯展紧随 1937 年在慕尼黑开幕的纳粹堕落艺术展之后，这绝对不是巧合。巴尔在现代艺术博物馆包豪斯展目录的介绍中明确表示，这次纽约展是对包豪斯的凝聚与支持之举，他将会继续举办系列活动支持包豪斯。1938 年的这本书与这场展览是否只是"放置在包豪斯墓碑上的迟来的花环"[28]？巴尔设问回答道："答案绝对是否定的！包豪斯从未死去。包豪斯通过其创办人、教师和学生，通过他们的设计、出版物、方法、原则以及艺术和教育理念，不断茁壮成长、发扬光大。"包豪斯跨过洲际界线，让世界上更多的人有机会认识它、了解它，这本身就是一种成长与延续。

现代艺术博物馆展览不是在美国举办的包豪斯首展。早在 1930 年，哈佛当代艺术协会就已在剑桥举办了一场名为"包豪斯、魏玛、德绍"的展览。展览由现在已经成为美国文化大师、充满活力的林肯·基尔斯坦亲手策划。基尔斯坦的哈佛大学学生菲利普·约翰逊堪称包豪斯的研究专家、百事通。约翰逊也参与了这场展览的筹款活动，并向活动提供了一笔数目不小的资金。当约翰逊成为现代艺术博物馆首任建筑项目展览策划人后，他将目光主要集中在了欧洲现代建筑上，并对工业设计产生了越来越浓厚的兴趣。在由约翰逊策划的"现代建筑：1932 年的国际展览"中，展出了格罗皮乌斯的德绍建筑模型和其他建筑项目的照片。两年后举办的"机器艺术展"展示了布鲁尔在包豪斯设计的管状钢制家具。现代艺术博物馆后续又展开了一系列名为"实用物品"的展览，向美国传达了经过大规模生产的产品也可以兼具美观的品质，这样的艺术才是真正的民主艺术的理念。

在 1938 年现代艺术博物馆展览举办之前，包豪斯在美国虽有一定的知名度，但大部分美国人对包豪斯的确切目标、氛围、细节等只有模糊的概念。所以，这次现代艺术博物馆展览旨在向美国群众传达更多关于包豪斯的信息——包豪斯的历史和理论、创始人、开设课程、目标和愿景，向美国人展现包豪斯最真实的一面。

在当时混乱的政治背景下，组织举办这场现代艺术博物馆展览极其复杂。格罗皮乌斯在布鲁尔的协助下亲自负责展览的总体概念与方向。伊势参与了由赫伯特·拜耳设计的"包豪斯1919—1928"展览宣传目录的内容编辑。除了设计展览宣传目录之外，拜耳也在与现代艺术博物馆新任建筑项目策划人——约翰·麦克安德鲁的合作下，负责把控展览内部设施的挑选与安装。约翰·麦克安德鲁同时也向包豪斯人发送了无数封信件，希望包豪斯人可以为这次展览提供他们的作品或资金。但这是一个很大的问题，因为包豪斯人早已各奔东西、四分五裂，能收集到的出自包豪斯人之手的作品更是少之又少。"拜耳得到了在现代艺术博物馆举办首届包豪斯展览的机会，但巧妇难为无米之炊，我们能够找到的展品只有我们行李箱里的物品。"[29] 伊势遗憾地解释道。

当奥斯卡·施莱默于1937年10月在位于巴登韦勒附近的施林根的工作室接到关于现代艺术博物馆展览的消息时，他十分激动。一想到自己的作品《三人芭蕾》可以登上纽约现代艺术博物馆展览开幕式，奥斯卡·施莱默就兴奋不已。"我会抓住在纽约展览的机会。感谢格罗皮乌斯和莫霍利 – 纳吉，包豪斯迎来了新的时代与机遇。包豪斯终于能够走进美国，发展前景看上去也很好。"[30] 但当拜耳开始确认展览的细节时，情况突变，糟糕到极点。施莱默的作品被列入堕落艺术展览之中，他的作品现已被全面禁展。他的纽约梦破灭了。虽然施莱默的作品最终在现代艺术博物馆展览中展出，但他在美国并没有获得光明的职业前景，最终沦落到斯图加特的一家油漆工厂工作，从事普通的商业装饰工作。

1938年，拜耳经过长途跋涉来到德国。他试图找寻包豪斯人的下落，希望可以得到他们的资助。拜耳成功说服了部分包豪斯人，隐退后住在开姆尼茨的玛丽安·布兰德同意借出她的作品。她的作品在展览后部分成功出售，部分退还回来。但也有一些拜耳未能打动的包豪斯人。约瑟夫·艾尔伯斯曾警告过拜耳，包豪斯人中可能会有不少人对参加这次现代艺术博物馆展览保持警惕，小心翼翼。当时居住在汉堡阿尔托那的建筑师弗里茨·施莱弗表示，他是当地的一所美术学校——民族艺术学校的教师，他的作品即将出版，因此出于政治原因，他爱莫能助，不能冒险参加这次展览。

威廉·华根菲尔德表示，他担心他的作品会被复制，因此不希望在美国展出自己的作品。华根菲尔德从 1934 年起就是联合卢萨蒂亚玻璃工厂的负责人。同时，他还是阿拉赫瓷器厂的设计师。阿拉赫瓷器厂由纳粹政府支持，是纳粹最喜爱的礼品生产商，并于 1940 年开始在纳粹达豪集中营内运营。大家应该还记得，威廉·华根菲尔德曾经是德意志制造联盟的成员，后因抗议纳粹驱逐其犹太成员而于 1933 年与格罗皮乌斯和瓦格纳一起辞职。现在看来，华根菲尔德似乎已经改变了自己的政治立场。

从欧洲获得资金的道路行不通，这就意味着这次展览的大部分资金只能依靠目前身在美国的包豪斯成员和包豪斯的各路支持者。布鲁尔、安妮·艾尔伯斯、约瑟夫·艾尔伯斯、亚历山大·桑迪·沙文斯基、亚历山大·杜尔纳和格罗皮乌斯夫妇为了展览几乎倾尽家产，贡献出了家中一切值钱的物品。约瑟夫·艾尔伯斯与他在黑山学院的学生，以及身在芝加哥新包豪斯的莫霍利－纳吉正为讲授包豪斯初级课程而做相关的准备工作。展览的准备工作在开幕前的最后几个月进入疯狂的冲刺阶段，拜耳于 1939 年 8 月 22 日刚结束了他的欧洲筹资之旅。格罗皮乌斯十分清楚，现在在洛克菲勒中心的包豪斯展览只不过是一场昙花一现的活动，所以他一心一意想要创造出能够留存更久的事物。格罗皮乌斯为展览目录中的简介撰写了《包豪斯的理论与组织》一文。此文阐明了展览的背景，从追溯约翰·罗斯金与威廉·莫里斯到最后回归自身，格罗皮乌斯用最通俗易懂的言语表达了自己"一切艺术为了人民"的信念。

费迪南德·克莱默是 1919 年魏玛包豪斯学校的第一批学生之一，年事已高的他也响应号召出席了包豪斯展览开幕式。被列为堕落建筑师的费迪南德·克莱默与格罗皮乌斯一样离开德国，移民美国。克莱默描述了开幕式的场景，语气略带疑惑：

> 1938 年，于纽约第五大道举办的现代艺术博物馆展览陈列出许多熟悉的包豪斯手工制品。[31] 这些作品都有不同程度的磨损与岁月的痕迹……弗兰克·劳埃德·赖特戴着他那顶大阔边帽，在衣服上的纽扣眼中别了一枝白色康乃馨，手挽一个非常漂亮的女孩大张旗鼓地亮相开幕式。格罗皮乌斯发表了演讲——这个演讲我在德国已经听到好几次了。
>
> 博物馆的对面是艺术家萨尔瓦多·达利应纽约商人布维特·泰勒之邀，为其设计的时尚百货商店橱窗：橱窗中的模特是身穿透明睡衣的黑色羽翼天使。但因不满橱窗的陈列，达利打碎了商店的橱窗并造成了一场不小的混乱，警车和消防车闻讯迅速赶到。这个小插曲拉开了美国包豪斯首展的帷幕。我自己都不知道自己是清醒的还是在做梦。

当观展的来宾远离纽约狂野的纷纷扰扰，静下心来到展馆的内部时，他们会看到怎样的景象呢？包豪斯展共分为六个主要部分："初级课程""工作室""排版""建筑""绘画""受包豪斯影响的学校作品"。展馆将照片、文档和物品与拜耳的超现实主义风格和风趣的导视标识完美融合。展馆内部颜色以灰白色、黑色和灰色为主，以零星的猩红色和深蓝色加以点缀。展览有意地只呈现了学校的部分历史。格罗皮乌斯认为展览应取名为"包豪斯九年1919—1928"。对于格罗皮乌斯的意见，阿尔弗雷德·巴尔表示赞同，但前提是展览必须坚持以格罗皮乌斯领导下的包豪斯前五年的基本原则与理念为中心。格罗皮乌斯的继任者汉内斯·迈耶在遭苏联驱逐之后，现居住在日内瓦。他与包豪斯的故事在现代艺术博物馆包豪斯展中被完全省略，只字未提。在格罗皮乌斯的鼓励下于1927年来到包豪斯的迈耶，似乎在包豪斯展的准备期间根本没有接到过任何联系与邀请。

格罗皮乌斯在包豪斯展筹备工作的初期阶段就联系了包豪斯的最后一任校长密斯·凡·德·罗。当时仍在德国执业的密斯最初表示考虑参加这次展览，但后来密斯似乎十分在意与担心参展可能造成的后果和影响，便拒绝了格罗皮乌斯的邀请。密斯在1938年12月展览开幕时接受了芝加哥新包豪斯的任职邀请，但此时格罗皮乌斯和现代艺术博物馆的员工似乎早已放弃了说服他参展的想法。展览目录中简要地提及了密斯来美一事，但密斯显然不是这场包豪斯展的重点，只有沃尔特·格罗皮乌斯的作品才是这场展览的焦点。

"包豪斯1919—1928"展纽约站十分短暂，展览于1939年1月30日结束。观展人数十分可观，但观展者的反应却好坏参半：有以刘易斯·芒福德为首的热情洋溢的现代派支持者；有迷惘困惑之人；也有充满敌意之人。由于这次展览涉及各界、各党派的既得利益，格罗皮乌斯和现代艺术博物馆对展览产生的两级分化的评价并没有感到意外。阿尔弗雷德·巴尔将充满敌意的评论与批评分为四大类：亲纳粹与反现代派；亲法与反德派；持有美国对外籍人士的普遍抵制情绪的人士；那些认为早已成为历史的包豪斯与现在的美国毫无关联的人。

除此之外，令人遗憾的是，更多持有固执偏见的人士认为这个展览是犹太人专展。"许多美国人对欧洲人的名字一无所知。仅因为纳粹政府一直反对包豪斯，他们就得出了格罗皮乌斯、拜耳、莫霍利-

纳吉等人都是犹太人的结论。"³² 阿尔弗雷德·巴尔提议应该大张旗鼓地发表一份驳斥这些错误指控的公开声明。而在德国就谨言慎行的格罗皮乌斯则表示应该将声明的语气加以调整：

> 在纳粹当局下，我们确实应该发表声明。但我们应该尽量减少声明中针对纳粹的激烈言辞，这样我们的声明就会看上去是一个普通的客观陈述。我认为在任何情况下都不应该就犹太人的问题为我们自己辩解……这些年来，在我们包豪斯的 17 位艺术家中只有一位犹太人，我们 12 名技术人员中没有一位犹太人……我认为我们没有必要为自己辩护……没有必要反对希特勒这种愚蠢的观点。³³

在格罗皮乌斯保守、安全的意见下，阿尔弗雷德·巴尔放弃了发表声明的想法。

包豪斯展在 1939 年到 1940 年初这段时间分别来到了斯普林菲尔德、密尔沃基、克利夫兰和辛辛那提。包豪斯展取得了巨大的成功，格罗皮乌斯在美国的名气与声誉也随之大增。走出欧洲，登上国际舞台一展风采的格罗皮乌斯现在作为一名建筑师和教育家被越来越多的人所知晓。但对巴尔来说，这一系列展览却令他焦虑担忧。当格罗皮乌斯试图为拜耳目录的设计工作向巴尔索要额外的薪酬时，巴尔回答道，"这本目录和这次展览开支十分庞大"³⁴，他无法，也不会再支付任何一分钱。目录和展览早已超出他的预算范围："拜耳在筹备目录时为我们制造了很多麻烦与混乱，无尽地延迟交稿的时间，导致我们出版部的负责人几乎神经崩溃。一想到这里，我必须告诉你，就算博物馆确实拖欠拜耳先生的薪酬，但在我们眼里，他为我们造成的困扰早已抵消了我们所亏欠他的一切。"

巴尔接着又情不自禁地对格罗皮乌斯进行了谴责：

趁现在我们打开天窗说亮话，我想向你保证，虽然这次包豪斯展是我们有史以来举办的斥资最大、难度系数最高、最令人生气，甚至在一定程度上最无利可图的一次展览，但我们并没有感到后悔。同时，我认为我们应该充分吸取这次展览的教训。你有我们的剪报，建议你花一些时间仔细阅读这些剪报。之前在与你通信和交谈时，我能够感受到你就像 15 年前在德国一样对别人的批评置若罔闻、无动于衷。坦率地说，我认为这是不明智的态度与举动。

巴尔一面向格罗皮乌斯倾诉自己对包豪斯的热爱与钦佩之深，一面也提醒格罗皮乌斯不要低估美国的文化。毕竟，格罗皮乌斯所谓自己原创的"进步教育"，所强调的发展学生创造本能，坚持乐中学的重要性等概念，早在 25 年前就已经在美国存在了。

1957 年，格罗皮乌斯写信给菲利普·约翰逊，希望约翰逊可以策划另一场包豪斯展。接到格罗皮乌斯来信的约翰逊并没有感到意外。约翰逊最终拒绝了格罗皮乌斯，他告诉格罗皮乌斯，他已经与巴尔和现代艺术博物馆董事成员勒内·德·哈农考特商讨过此事。"我们都觉得博物馆为了 1938 年的那场大型展览和那本目录书籍投入了巨资，你也投入了相当大的努力。我们承认 1938 年的包豪斯展是一场有价值的重要展览，但要在现在这个节骨眼上延续包豪斯的故事、举办第二届包豪斯展，并不会博得众人的兴趣，也并不是现在的当务之急。"[35]

现代艺术博物馆曾与包豪斯保持着紧密的联系。1933 年，当时身在斯图加特的菲利普·约翰逊在阿尔弗雷德·巴尔的鼓励下，从巴尔的展览中购买了一幅奥斯卡·施莱默的油画作品。这幅在纳粹一声令下不幸遭到禁展的作品是奥斯卡·施莱默最重要，同时也是最令人感动的包豪斯作品。在这幅名为《包豪斯楼梯》的画中，几名梳着短发的包豪斯女学生分散在楼梯上，并呈芭蕾舞队形依次排开。约翰逊

奥斯卡·施莱默的油画《包豪斯楼梯》，1932

后来将这幅画带到了美国。我在一张 1934 年的老照片中看到这幅画被挂在了约翰逊纽约公寓的墙上。后来应该是约翰逊将这幅画捐赠给了现代艺术博物馆，所以施莱默的这幅承载着格罗皮乌斯德绍包豪斯回忆的画作最终安静地挂在了纽约现代艺术博物馆的楼梯上。

起初，在艺术与工业协会的赞助下，莫霍利不断发展、建立包豪斯学校的培养计划：从注重材料分析的包豪斯初级课程逐渐发展为将重心放在科学方法论、电影和摄影、展示和宣传等新方向上。这是包豪斯思想为适应美国这个崇尚唯物主义、设计意识极强、心思精明的国家而形成的延伸产物。当现代艺术博物馆展览开幕时，新包豪斯已经资金耗尽，难以继续经营下去。但在莫霍利自己额外商业收入的补贴和芝加哥当地支持者的支持下，新包豪斯浴火重生，更名为设计学院，于 1939 年 2 月在芝加哥重新办校。

　　北卡罗来纳州南部的黑山学院和新包豪斯的状况大相径庭。黑山学院在格罗皮乌斯来到哈佛之前就已成立，而且黑山学院在初期也没有采用包豪斯的培训课程体系。黑山学院著名的实验艺术学院由想象力丰富的古典艺术教授——约翰·安德鲁·赖斯于 1933 年一手创办。约翰·安德鲁·赖斯深受美国教育家约翰·杜威的影响，认同在课程的设计与教材的选择上必须充分考虑学生的个人经验以及发现。教育不仅是智力训练，还必须充分调动学生的眼睛、耳朵、双手、身体运动以及全身反应等，激发学生更广泛的思维和创造力。在 1956 年关闭之前，黑山学院的师资力量十分雄厚，其中包括约翰·凯奇、摩斯·肯宁汉、威廉·德·库宁、巴克明斯特·富勒以及罗伯特·劳森伯格。在 20 世纪中期的美国，没有任何一寸土地能够像黑山学院一样能够将美国本土进步主义和欧洲现代主义完美融合。当安妮·艾尔伯斯与约瑟夫·艾尔伯斯于 1933 年 11 月来到黑山后，黑山学院与包豪斯的联系日益明显与紧密。

　　刚来到美国的约瑟夫·艾尔伯斯一开始像格罗皮乌斯刚到伦敦时一样，因为自己蹩脚的英语而急得像热锅上的蚂蚁。但当一名学生向约瑟夫询问他来到黑山学院的目的时，约瑟夫·艾尔伯斯却能够自信地回答："开拓眼界。"[36] 多学科的方法，以及汇集许多不同专业领域的教师专家是黑山学院最吸引约瑟夫的地方，这两个特点也是约瑟夫在包豪斯中习以为常的学习和教学特点。约瑟夫·艾尔伯斯的课程建立在包豪斯初级课程上，然后循序渐进，逐渐将课程向材料和视觉感知研究等高级领域加以延伸和拓展。

　　安妮·艾尔伯斯对黑山学院的贡献不亚于她的丈夫约瑟夫·艾尔伯斯。安妮在黑山学院成立了编织工作室，使编织成为一门主要的艺术专业。同时，身为艺术家的安妮也开启了自己的独立职业生涯。安妮无疑借鉴、复制了前包豪斯的模式。她一直中肯地强调工艺的重要性和材料的精神意义。她与约瑟夫饱经政治不确定性所带来的灾难，只有在工艺艺术这座坚固的堡垒的庇护下，他们才能挺过这一切。

亚历山大·桑迪·沙文斯基在约瑟夫·艾尔伯斯的推荐与鼓励下于1936年加入黑山学院的教职员工团队，沙文斯基的加入更加壮大了前包豪斯的教学团队。沙文斯基在黑山学院教授插画和色彩理论课程，他同时也开设了一门舞台研究课程。沙文斯基在他与奥斯卡·施莱默经验的基础上，融合空间、动作、光线、声音和色彩等多种元素，制作了多个多媒体作品。沙文斯基的到来无疑为北卡罗来纳州增添了一份包豪斯变幻莫测、令人兴奋的生活气息。格罗皮乌斯也成为黑山学院的荣誉访问学者和讲师，他和伊势与黑山教职员工欢聚一堂、把酒言欢。黑山学院同时也效仿包豪斯邀请业界杰出的先锋派执业艺术家做研讨会和讲座，举办自发性的社会活动等。黑山学院偏远的地理位置以及追求乡村自给自足的理想为黑山学院进行彻底实验提供了一定的条件和氛围。黑山学院像包豪斯一样是世界中的世界。后来黑山学院决定搬离原租用场地，计划在附近的伊甸湖边重新打造一个校园。而设计新校园的工作自然落在了格罗皮乌斯和布鲁尔的手中。

在格罗皮乌斯和布鲁尔合作的那段日子中，我们很难将二人的作品区分开来。就黑山项目来说，布鲁尔很可能是两人之中更侧重细节的一方，而格罗皮乌斯当然是主要负责这个美丽宏伟项目的总体画面与蓝图。在这片沿湖矗立的校园建筑群远处，北卡罗来纳州的山脉隐约可见。格罗皮乌斯和布鲁尔原计划将校园打造成包括宿舍、自助餐厅、学生休闲娱乐场所以及音乐、戏剧、艺术和工艺礼堂与工作室，可以完全自给自足的系列建筑。然而，黑山学院三番五次地陷入财务危机，设计也要随之进行改动与调整。黑山学院最终不得不放弃格罗皮乌斯和布鲁尔的设计，以规模更小、样式更简单的建筑取而代之。新校区的部分工程由学院的教职员工和学生参与和承担。这是这个时期格罗皮乌斯的又一大遗憾。但多年以来，格罗皮乌斯仍与黑山学院保持着紧密的联系。

———

尽管格罗皮乌斯获得的建筑委托数量少得可怜，但他在哈佛大学的高薪职位以及逐渐在新英格兰展开的越来越自由、富足的家庭生活让格罗皮乌斯深感欣慰，仿佛找到了自己的归属之地。与那些留在欧洲的旧识、老友相比，格罗皮乌斯越发觉得自己得到了幸运女神的眷顾。他在 1937 年写信给柏林建筑师兼规划师亚瑟·科恩时表示："在背井离乡的人中，我是幸运的。"[37] 感到幸运、知足的格罗皮乌斯越来越关注与同情需要他帮助的人。我们都知道，格罗皮乌斯曾帮助布鲁尔、拜耳和莫霍利在美国谋职，也对在土耳其担任城市规划师的道路上遭遇坎坷与曲折的马丁·瓦格纳深表同情，甚至亲自代表瓦格纳出面与约瑟夫·赫德纳特协商。瓦格纳于 1938 年被任命为城市规划教师，在哈佛大学设计研究生院与格罗皮乌斯一起工作。

但格罗皮乌斯并没有满足奥蒂·伯杰的需求。奥蒂·伯杰是包豪斯最有才华的织布工之一。1936 年，奥蒂·伯杰申请加入德国国家文化协会，但由于其犹太人的身份而被拒之门外。没有德国国家文化协会的会员资格就意味着奥蒂·伯杰无法继续在德国执业。1937 年，在格罗皮乌斯的建议下，奥蒂·伯杰抱着一线希望去往英国寻找纺织方面的工作，但令她失望的是，她获得的唯一工作机会是在一家名为赫利俄斯当代纺织公司的地方工作了五周。奥蒂·伯杰耳聋，虽让人同情，但对她的事业没有任何帮助。1937 年秋，已搬至南斯拉夫的奥蒂·伯杰再次写信给格罗皮乌斯，恳求格罗皮乌斯帮助她移民美国。奥蒂·伯杰的情人——建筑师路德因·西尔贝斯爱蒙不久之后将会加入密斯在美国芝加哥的事务所，所以她希望也可以与情人随行。格罗皮乌斯未能成功帮助奥蒂·伯杰拿到通行许可证。1944年，奥蒂·伯杰在奥斯维辛集中营被谋杀身亡。

格罗皮乌斯也没有成功帮助到他的旧情人莉莉·希尔德布兰特。在格罗皮乌斯来到哈佛大学不久之后，莉莉·希尔德布兰特就写信给格罗皮乌斯，希望他能够帮助她和她的丈夫。接到请求后的格罗皮乌斯开始怀疑自己是否能够成功说服支持者帮助希尔德布兰特夫妇移民美国。格罗皮乌斯并没有抱太大的希望，同时他也提醒莉莉不要期待过高："你们的要求过于突然，美国人对于德国的兴趣已经逐渐消退，因此我们必须谨慎行事。"[38]格罗皮乌斯对莉莉的要求亲力亲为，毕竟莉莉是他人生中一个意义重大、不可磨灭的组成部分，而莉莉的丈夫汉斯又是他最忠诚的支持者。格罗皮乌斯本来为希尔德布兰特夫妇争取到了一次在美国进行演讲的机会，但不幸的是，这个计划最终未能实现。1939年，汉斯仍继续骚扰格罗皮乌斯，忍无可忍的格罗皮乌斯用略带愠怒的语气给汉斯回信写道："我知道自己需要做的事情，我会尽我所能。去年的一切都比现在更容易操作。"[39]未能如愿的希尔德布兰特夫妇只能继续留在斯图加特。这件事情之后，希尔德布兰特夫妇与格罗皮乌斯之间的联系突然中断，直到第二次世界大战之后双方才恢复正常联系。

1939年9月3日，英国和法国向德国宣战。格罗皮乌斯的心情一定十分复杂：一方面因突如其来的战事而感到意外与惊愕，另一方面也因自己和伊势早已离开英国而感到庆幸和欣慰。他们两人是德国公民，现在在英国人的眼中他们仍是格格不入的异乡人。如果他们当时没有离开英国，那么最后很可能会落得和1940年遭到拘禁的尼古拉斯·佩夫斯纳同一个下场。从挪威来到爱丁堡的库尔特·施威特斯也在辗转于各个营地之后，最后被囚禁在马恩岛。

在 1939 年圣诞节前写给杰克·普里查德的信中，格罗皮乌斯饱含深情与酸楚地表达了自己对被灾难所吞噬的欧洲大陆的看法："我认为民主最终将取得胜利，但为实现这一目标需要做出的牺牲是不可想象的……我只知道我可怜的祖国将付出惨痛的代价。"[40]

【注释】

本章和接下来的几章是格罗皮乌斯夫妇在美国的故事。我们可以从收录在东英吉利大学普里查德档案馆中的格罗皮乌斯夫妇与杰克和莫莉·普里查德夫妇之间的通信获得关于两人这段时期生活与工作的大量宝贵信息。在阿提·格罗皮乌斯·约翰森记录自己在新英格兰成长经历的回忆录中，她也提及了许多关于格罗皮乌斯夫妇家庭生活的细节。伊势·格罗皮乌斯晚年后做过两次录音采访，一次是在 1977 年，另一次大约在 1980 年，两次采访合称为"微小却完美的事物"。"微小却完美的事物"目前被收录在包豪斯档案馆，为我们提供了许多关于格罗皮乌斯在哈佛时代早期的更多细节。

关于格罗皮乌斯在美国设计的建筑，我再次参考了温菲尔德·奈丁格的《建筑师沃尔特·格罗皮乌斯》（布什雷辛格博物馆，哈佛与包豪斯档案馆，柏林，1985）。关于格罗皮乌斯之家，我参考了伊势·格罗皮乌斯的《马萨诸塞州林肯格罗皮乌斯之家之史》一文。《马萨诸塞州林肯格罗皮乌斯之家之史》是格罗皮乌斯于 1977 年为新英格兰文物保护协会特别撰写的文章。我后来曾先后两次拜访格罗皮乌斯之家，第一次是在 1979 年，由伊势·格罗皮乌斯接待，第二次于 2016 年由格罗皮乌斯的孙女艾丽卡·普法马特接待。

雷珍纳·比特纳的作品《流亡的桌子：穿越不同现代的包豪斯物品》（包豪斯袖珍本 No.20，德绍包豪斯基金会出版，2017），以新颖的题材，讲述了格罗皮乌斯专用的办公桌辗转于世界各大洲的旅行经历。

作为现代主义的风向标，科德角地区发挥着越来越重要的作用和影响。关于格罗皮乌斯与他的朋友和他的追随者在科德角地区的故事，请参见彼得·麦克马洪和克里斯汀·西普里亚尼的作品《科德角现代：外部海角的中世纪建筑和社区》（纽约，2014）。

关于马塞尔·布鲁尔，请参见克里斯托弗·威尔克的《马塞尔·布鲁尔，家具和室内设计》（现代艺术博物馆，纽约，1981）、约阿希姆·德里尔的《布鲁尔之家》（伦敦，2000），以及罗伯特·麦卡特的《布鲁尔》（伦敦，2016）。

关于格罗皮乌斯与约瑟夫·赫德纳特在哈佛大学的紧张、严肃的关系，我参考了吉尔·珀尔曼的《创造美国现代主义：约瑟夫·哈德纳特，沃尔特·格罗皮乌斯和哈佛大学的包豪斯遗产》（弗吉尼亚州，2007），以及吉尔·珀尔曼对曾在哈佛大学上过格罗皮乌斯课程的学生的采访记录。吉尔·珀尔曼十分慷慨地与我分享了这些宝贵的记录。

关于格罗皮乌斯与现代艺术博物馆和1938年包豪斯展览的信息，请参阅大卫·汉克斯的《包豪斯：现代主义圣地》一文，以及收录在由大卫·汉克斯所编著的《小阿尔弗雷德·巴尔与菲利普·约翰逊的合作伙伴关系》（纽约，2015）中，由贝利·伯格所撰写的《现代建筑：国际展览》一文。

由玛格丽特·肯特杰斯－克雷格所撰写的《包豪斯与美国，首次碰撞1919—1936》（马萨诸塞州剑桥市，1999）以及由斯蒂芬妮·巴伦所编著的《放逐者和移民者：希特勒政权下欧洲艺术家的逃亡之旅》（洛杉矶郡艺术博物馆，1997）的目录，都为我们提供了大量的背景信息。

收录在由让尼娜·菲德勒和彼得·法伊尔阿本德所编著的《包豪斯》（柏林，2013）中，由保罗·贝茨撰写的文章《黑山学院，北卡罗来纳州》将重点放在了包豪斯与黑山学院之间的关系上。关于黑山学院的信息，我参照了由文森特·卡茨所编著的黑山学院展览"黑山学院：艺术实验"（马萨诸塞州剑桥市，2013）的目录，以及由海伦·莫尔斯沃思详细阐述的调查《三思而后行，黑山学院1933—1957》（耶鲁和波士顿，2015）。

1 沃尔特·格罗皮乌斯对阿道夫·索默菲尔德所言，1936年11月15日，BHA，引用艾萨克斯，第216页。

2 沃尔特·格罗皮乌斯对马塞尔·布鲁尔所言，1937年4月17日，HLH。

3 伊势·格罗皮乌斯对杰克和莫莉·普里查德所言，1937年4月19日，UEA。

4 《托尔特·布莱希特：诗歌1913—1956》，约翰·威利特与拉尔夫·曼海姆（编）（伦敦，1976），第167页。

5 沃尔特·库克，引用西比尔·莫霍利-纳吉，"希特勒的报复"，《美国艺术》，1968年。

6 约瑟夫·赫德纳特对格罗皮乌斯先生及女士所言，无线电报，1937年3月18日，HLH。

7 沃尔特·格罗皮乌斯对约瑟夫·赫德纳特所言，1937年6月9日，HLH。

8 伊势·格罗皮乌斯对杰克和莫莉·普里查德所言，1937年4月19日，HLH。

9 利奥波德·阿瑙德对詹姆斯·斯图尔特·波尔谢克所言，1980年6月8日，引用吉尔·珀尔曼，《创造美国现代主义》（弗吉尼亚州，2007），第1页。

10 让·保罗·卡利昂，吉尔·珀尔曼采访，1988年5月12日。

11 沃尔特·格罗皮乌斯，《哈佛深红色》，1937年4月11日。

12 沃尔特·格罗皮乌斯，哈佛访问委员会晚宴致辞，哈佛俱乐部，波士顿，1937年3月30日。

13 同注释2，1937年4月17日，HLH。

14 伊势·格罗皮乌斯，"微小却完美的事物"，采访记录，约1980，1984年转录，BHA。

15 阿提·格罗皮乌斯·约翰森，"青少年时期"，打字稿回忆录。

16 同注释 3，1973 年 11 月 29 日，UEA。

17 阿提·格罗皮乌斯·约翰森，"68 贝克桥路"，《波士顿建筑》，"美国人格罗皮乌斯"期，2013 年夏，第 64 页。

18 刘易斯·芒福德，"格罗皮乌斯之家来客登记簿"，1939 年 11 月 18 日。

19 同注释 3，1938 年 2 月 27 日，UEA。

20 阿提·格罗皮乌斯·约翰森，"68 贝克桥路"。

21 同注释 15。

22 同注释 3，1937 年 11 月 29 日，UEA。

23 马塞尔·布鲁尔对多萝西娅·文特里斯所言，1938 年 11 月 16 日，《布鲁尔之家》（伦敦，2000），第 125 页。

24 哈佛大学校友，引用雷金纳德·艾萨克斯，"格罗皮乌斯在哈佛大学"，1983 年，BHA。

25 沃尔特·格罗皮乌斯，引用让·保罗·卡利昂，让·保罗·卡利昂采访，1988 年 5 月 12 日。

26 "宾夕法尼亚州匹兹堡之家"，《建筑论坛》，1941 年 3 月。

27 马塞尔·布鲁尔，引用约阿希姆·德里尔，《布鲁尔之家》（伦敦，2000），第 137 页。

28 阿尔弗雷德·巴尔，《包豪斯 1919—1928》的序言，纽约现代艺术博物馆，1938 年。

29 同注释 14。

30 奥斯卡·施莱默对艾达·比纳特所言，1937 年 10 月 25 日，《奥斯卡·施莱默的信件和日记》，图特·施莱默编（埃文斯顿，1990），第 365 页。

31 费迪南德·克莱默，引用诺伊曼，第 83 页。

32 阿尔弗雷德·巴尔对沃尔特·格罗皮乌斯所言，1938 年 12 月 10 日，HLH。

33 沃尔特·格罗皮乌斯对阿尔弗雷德·巴尔所言，1938 年 12 月 15 日，

HLH。

34 阿尔弗雷德·巴尔对沃尔特·格罗皮乌斯所言，1939 年 3 月 3 日，HLH。

35 菲利普·约翰逊对沃尔特·格罗皮乌斯所言，1951 年 4 月 30 日，HLH。

36 约瑟夫·艾尔伯斯，引用《黑山学院：艺术实验》，文森特·卡茨（编著）（马萨诸塞州剑桥市，2013），第 32 页。

37 沃尔特·格罗皮乌斯对亚瑟·科恩所言，1937 年 12 月 9 日，HLH。

38 沃尔特·格罗皮乌斯对莉莉·希尔德布兰特所言，1937 年 11 月 14 日，HLH。

39 同上，1939 年 1 月 19 日，HLH。

40 沃尔特·格罗皮乌斯对杰克·普里查德所言，1939 年 12 月 3 日，UEA。

20 哈佛大学与第二次世界大战：1940—1944

　　1938 年 3 月，希特勒政府实行德奥合并政策（德国吞并奥地利），之后的几年阿尔玛过得并不太平，几乎一直在四处奔波。在我们看来，阿尔玛可能非常反感闪米特人。她也没有强烈反对希特勒政权，有时候还对希特勒称赞有加，认为他是名副其实的日耳曼民族的崇拜者。她的女儿甚至说，阿尔玛会戴上纳粹党的党徽，将其藏在领子里。阿尔玛的继父卡尔·莫尔、女儿玛利亚，以及玛利亚的丈夫理查德·艾伯斯铎乐都曾公开表示支持纳粹分子。她所迷恋的神父情人约翰内斯·霍利斯泰勒不久就被"盖世太保"逮捕并被遣送到达豪集中营。她的丈夫弗朗兹·韦尔费尔不仅是犹太人，还公开反对希特勒政权。阿尔玛处境堪忧，也为此身心俱疲。

　　这些复杂的政治立场问题给她与弗朗兹·韦尔费尔的婚姻带来了巨大的压力。阿尔玛与韦尔费尔长期两地分居，孤单寂寞的阿尔玛甚至开始与奥斯卡·柯克西卡恢复了联系。在与柯克西卡的来往信件中，阿尔玛写道：在她的情人当中，尤属奥斯卡·柯克西卡的风格最迥异，长相最为英俊迷人。她难以理解自己为何离他而去，她想破脑袋也找不到问题的答案。如今，留在维也纳已不是上上之策。阿尔玛对外出租了华丽的霍赫沃特别墅。自玛农离世以后，阿尔玛一直感觉自己漂泊无依，再也无法忍受继续住在霍赫沃特别墅的痛苦。阿尔玛将银行里所有的资产都兑换成了百元先令，然后和她一直信赖的、忠诚的艾达·格鲍尔花了一天的时间将现金缝进艾达修女的内衣里，这样就可以从苏黎世将钱偷运出去。1938 年 3 月 12 日，也就是德军进驻奥地利的第二天，阿尔玛与母亲告别。那一刻，阿尔玛感觉自己和母亲今后可能再也没有机会相见了。阿尔玛随即和女儿安娜离开，安娜虽百般不愿，但也不得不顺从。母女两人计划去意大利和韦尔费尔会合。

阿尔玛和安娜坐火车从维也纳前往布拉格，母女两人一路上都战战兢兢。当到达边境时，火车被拦了下来。所有乘客都需要出示身份证明，凡是犹太人就会立刻被迫终止旅行，原路遣返。剩下的人则会一一被带到一间用窗帘遮挡的隔间中，脱衣接受检查。在经过几个小时的安检之后，火车再次出发。历经千辛万苦，阿尔玛和安娜终于在米兰和韦尔费尔会合，三人于 5 月来到伦敦。到达伦敦的韦尔费尔兴奋不已，他十分想在伦敦安定下来。但阿尔玛觉得这个城市冰冷无情，待在这里就像是被困住了一般，让她喘不过气：伦敦没有德语书籍、没有钢琴，更糟糕的是，没有会说德语的同胞。英国人个个扬扬自得，过着舒适安逸的生活。他们似乎根本不清楚，也不理解外面的世界到底发生了什么事情。为此，阿尔玛一直抱怨伦敦的环境不尽如人意，精神日渐萎靡。就在格罗皮乌斯离开伦敦前往美国的后一年，阿尔玛与韦尔费尔又动身前往巴黎。

之后的两年，他们一直在漂泊。刚开始，阿尔玛和韦尔费尔在瓦尔省的蔚蓝海岸租到了一座旧式的撒拉森塔房。在 1940 年 5 月德军占领法国后，德国移民便引起了法国当政者的怀疑。当韦尔费尔受到当地警方的检查之后，韦尔费尔与阿尔玛顿时觉得法国危机四伏，于是想尽快离开法国前往美国。1940 年 6 月，韦尔费尔与阿尔玛离开瓦尔省，在马赛停留了两周。他们想在这里弄两张去美国的签证，结果以失败告终。在经过多次的碰壁与奔波后，阿尔玛弄丢了自己的部分行李。丢失的行李箱里除了装有她前夫古斯塔夫·马勒的乐谱之外，还有由古斯塔夫·马勒改编的布鲁克纳《第三交响曲》的珍贵手稿。他们最终到了一个名叫卢尔德的朝圣村，在这里遇到了一个磨坊主的女儿——伯纳黛特。伯纳黛特据说曾接受过玛丽修女的洗礼，韦尔费尔在知道此事之后，激动万分，他表示如果他们能够顺利前往美国，他一定会亲笔写下关于伯纳黛特的故事。

韦尔费尔与阿尔玛历经千辛万苦最终又来到马赛，并得到了一位名叫瓦里安·弗赖的美国记者的帮助。瓦里安·弗赖是一名教友派信徒，年纪轻轻且干劲十足。弗赖同时也是急救委员会的骨干成员。急救委员会成立于纽约，旨在帮助身在法国的难民逃离法国。营救行动通常在秘密中进行。任务中的弗赖聪明果敢，毫无畏惧之心，甚至有时还会趁火打劫。弗赖也因此成为第二次世界大战中在大洲之间穿梭的知识分子与艺术家眼中的传奇人物。在听说韦尔费尔和阿尔玛的窘境后，弗赖认为他们也一定需要他的帮助，于是便来到了他们的酒店。阿尔玛在看到亲自登门的救星后喜出望外，为了表达感谢，还送给他一瓶她随身带着的本尼迪克丁甜酒。

弗赖为韦尔费尔和阿尔玛安排了行程，将一切打点妥当。与韦尔费尔和阿尔玛同行的还有作家海因里希·曼恩（海因里希·曼恩是托马斯的哥哥）与妻子奈莉以及侄子葛洛。弗赖表示大家要从比利牛斯山徒步前行到西班牙，这样才能躲开法国维希政府的边境管制。这段旅途势必艰难万分：海因里希和奈莉年老体弱，韦尔费尔和阿尔玛看起来也不高兴。他们的身材都比较肥胖，所以这样的长途跋涉对他们来说会有些吃力。尽管如此，一行人最终还是到达了巴塞罗那。其间，阿尔玛奇迹般地找回了之前丢失的行李箱。阿尔玛将马勒和布鲁克纳的乐谱装到自己的背包里，带着它们翻山越岭。她计划就靠着这些珍贵的手稿在美国开始新的生活。

韦尔费尔和阿尔玛从巴塞罗那乘火车到马德里，又坐飞机到里斯本。最后，在 1938 年 10 月 13 日，两人乘船抵达纽约。12 月份他们又搬到洛杉矶，并在好莱坞买下了一栋房子。好莱坞当时已是欧洲移民的主要居住地。我们可以追随克里斯朵夫·汉普顿 20 世纪 80 年代的戏剧作品《好莱坞传奇》来感受这个全新的世界。

阿尔玛和韦尔费尔在美国开始了新生活后，他们同时还在美国与维也纳和柏林的故友重聚：除了海因里希和托马斯·曼恩、贝托尔特·布莱希特外，还有马克斯·林哈得以及马勒的忠实追随者和拥护者——指挥家布鲁诺·沃尔特。如果说伦敦让阿尔玛感觉自己是一个无足轻重的庸人，那么好莱坞则让阿尔玛仿若置身于天堂——好莱坞艺术界对于大名鼎鼎的古斯塔夫如雷贯耳，也真真切切地明白阿尔玛·马勒这个名字的分量。韦尔费尔也履行了自己当初在卢尔德许下的誓言——以自己的方式写下了伯纳黛特的故事。由韦尔费尔执笔的小说《伯纳黛特之歌》一举成名，轰动一时，并于 1943 年被改编为同名电影。知晓玛农·格罗皮乌斯的病情和早逝消息的人显然都可以在伯纳黛特圣洁的形象中看出玛农的影子。

1942 年秋，阿尔玛和韦尔费尔搬到了条件更好的比弗利山庄。阿尔玛称这里的生活圈为精英圈。居住在比弗利山庄的有阿诺德·勋伯格和妻子格特鲁德、曾在德国轻歌剧界数一数二的人物弗里茨·玛萨索特、文学大亨海因里希和托马斯·曼恩兄弟、里昂和玛尔塔·孚希特万格、作家阿尔弗·诺伊曼，以及曾经和阿尔玛一样是策林姆斯基的获奖学生的，奥地利作曲家埃里希·康果尔德。在这个年迈、成熟的欧洲移民精英圈中，阿尔玛既受人尊敬，又遭人怀疑。因小说《西线无战事》而闻名的德国新晋作家埃里希·玛利亚·雷马克是阿尔玛的新朋友，他们的关系还不错。第一次与阿尔玛见面，雷马克认为她是"一个野性十足的金发女郎，嗜酒如命又充满激情。她心里早已放下马勒了，她曾与格罗皮乌斯、柯克西卡有过一段情史，但最后他们似乎都摆脱了她的魔爪。不过韦尔费尔依然心甘情愿与阿尔玛相随"[1]。实际上，在美国生活的几十年里，阿尔玛和格罗皮乌斯一直断断续续地保持着联系。

———

20 世纪 40 年代早期，身在新英格兰的格罗皮乌斯依然持续关注着欧洲战事的进程，心中焦虑万分。伊势表示格罗皮乌斯现在越来越关注收音机中的每日新闻。在听说德国对伦敦进行了第一轮轰炸的消息之后，格罗皮乌斯立即写信给麦斯威尔·弗莱，希望弗莱的妻子和女儿身处安全之地，"没有受到德军从天而降的'礼物'的影响"[2]。德军已经成功进驻许多城市，赫伯特·拜耳与格罗皮乌斯夫妇同样很担心这场战事会不断升级。拜耳写道："现在希腊的天堂之岛也避免不了灾祸。若想阻止这场惨无人道的杀戮，机会渺茫。"[3]美国仍然保持中立不作为的态度，但是美国开始认为也许自己无所作为的态度不会持续太久了。

身在洛杉矶的阿尔玛身边围绕着背井离乡的欧洲同胞，她与他们分享回忆的点点滴滴、旧人往事，以此互相慰藉。格罗皮乌斯在新英格兰创建了一个包豪斯核心圈，这里有他熟悉且志同道合的人，在他国异乡仍然能看见老友，大家有说有笑，把酒言欢。旧识好友一直是为格罗皮乌斯带来欢乐，找回自信的不竭源泉。阿提回忆道，在那战乱不断的年代，他们家就成了包豪斯学派的联络点。"这个核心圈里有艺术家赫伯特·拜耳、约瑟夫·艾尔伯斯、莱内尔·费宁杰、亚历山大·桑迪·沙文斯基以及他们的邻居马塞尔·布鲁尔。他们像在包豪斯一样称我父亲为'皮乌斯'，称我母亲为'皮亚'。"[4]亚历山大·杜尔纳和希格弗莱德·吉迪恩也是圈内人物，如今两人和他们的妻子都在美国工作。阿提写道："对我而言，他们亲如家人，因为只要他们在场，我的父母就非常轻松自在，几个人一起谈天说地，欢乐不断。"[5]

阿提尤其喜欢父亲醉醺醺的样子。这样的格罗皮乌斯变得像沙文斯基一样放荡不羁、风趣十足，这让阿提想起了儿时在柏林看到的"讨人喜欢的小丑"。

"在一个风雨交加的夜晚，父亲手里拿着酒杯跑到花园中。伊势见乌云密布，大雨将至，便向格罗皮乌斯发出警告，大喊道：'哗啦哗啦，下雨啦，赶紧进屋！'话音刚落，父亲脱口回答：'没关系，我马上把天上的水龙头关掉。'"

在 1940 年新年伊始之际，格罗皮乌斯的各界好友都出席了马塞尔·布鲁尔和他新婚妻子康斯坦丝·克罗克·雷顿的新婚庆祝派对。雷顿曾是格罗皮乌斯和布鲁尔办公室的秘书。出席派对的有亚历山大·桑迪·沙文斯基、赫伯特·拜耳，以及格罗皮乌斯在国际现代建筑协会的朋友——西班牙建筑师何塞普·布兰科·塞尔特。伊势给身在伦敦的杰克·普里查德写信，感叹这些亲近的朋友还能一起互相扶持简直就是奇迹。她还说他们都非常喜欢洛伊科的新任妻子康妮。

从 1940 年夏天起，格罗皮乌斯的住宅又增添了三位常客。德军对英国的突袭让伦敦市民备感恐慌，上千名伦敦儿童被送往相对安全的乡下，有些则被送到了更加遥远的美国和加拿大。

1940 年，普里查德在劳恩街公寓写信给格罗皮乌斯，希望他能够帮助自己将两个儿子——15 岁的大儿子乔纳森和年仅 13 岁的小儿子杰里米接到美国。普里查德需要格罗皮乌斯为其开具一份让两个孩子在美国留学一年的官方声明文件。普里查德同时表示，在战争结束之前，孩子们的任何开销与费用都不成问题。普里查德在信中说道："我深知你自己已麻烦缠身，现在我又要拜托你，真的是万分抱歉。但除了你以外，我不相信任何人。你是我唯一能够信任的人了。我们明白自己的要求有些过分。"⁶实际上，格罗皮乌斯认为，普里查德的这个不情之请正是自己回报普里查德的好时机。因为之前沃尔特和伊势逃难到伦敦时，杰克和他的妻子莫莉给了他们很多帮助。所以格罗皮乌斯也毫不犹豫地把杰克的两个孩子留在了美国。

身在伦敦的普理查德因为战事忙得不可开交。他是一名统计员，目前被政府分配至供给部工作。按计划，莫莉应将孩子们安全护送到美国后就立即返回伦敦，但她却意外地在哈弗德找了一份短工，并顺势留在了格罗皮乌斯家中。对于莫莉的到来，伊势很开心。在与莫莉相处几个月之后，伊势写信给杰克说："莫莉与我们以及邻居布鲁尔相处得十分融洽。我们每周六、周日都会有许多有趣的安排，就算只打打乒乓球我们也非常高兴。"⁷除此之外，莫莉还辅导阿提写家庭作业，并积极参加晚上的家庭读书会。伊势认为莫莉在来到这里不久之后德语水平大增，她只是还不敢说而已。

阿提和普里查德的两个儿子之间的相处让人头疼。阿提一点儿也不待见乔纳森，她对其他男性也是敬而远之、小心翼翼。格罗皮乌斯觉得这都是由于赫莎单独养育阿提的缘故，阿提的家庭背景也让她一直怨恨她的亲生父亲。阿提从少女时期到成年阶段都对异性持着怀疑的态度。

1942 年 8 月，莫莉离开林肯市，格罗皮乌斯非常舍不得她，因为在他看来，莫莉已经成为他们家的一分子。他告诉杰克说："莫莉胆识过人、刚毅坚忍，我们非常喜欢她。"⁸格罗皮乌斯继续收留、照顾留在美国的乔纳森和杰里米，这就算是在偿还之前欠普理查德夫妇的人情。

自1940年起，格罗皮乌斯别墅的来访者络绎不绝。不过幸运的是，房子在设计之初便为来宾预留了足够的客房。穿过门口玄关，每个房间都对着门厅，这样可以方便客人走到客厅和餐厅，而客厅和餐厅之间仅用一张简单的窗帘隔开。客厅的开放式壁炉让人们在新英格兰地区寒冷刺骨的冬季感受到温暖与安逸。通往阳台的屏风走廊可以让人们在夏天的室内充分享受阳光。

来客登记簿依旧在格罗皮乌斯的别墅进行展示。来客登记簿中满是签名、照片、热情十足的时评以及诙谐的小插画，更有着欧美艺术家和建筑名师的大名。比如，米罗的水彩签名"致格罗皮乌斯夫妇"[9]，汉斯·阿尔普第一次到新英格兰的照片，威尔斯·科茨晦涩难懂的铭文，勒·柯布西耶写给他的好友格罗皮乌斯的深情隽语"以我最真诚的情谊向我亲爱的朋友致敬"[10]，还有与格罗皮乌斯同是欧洲移民者的吉尔吉·柯普斯（现自称乔治）所画的一只蜷缩的狐狸的草图。这本见证"历久醇厚的友谊"[11]的来客登记簿珍贵无比，里面的内容更像是一本拼贴画作品。

1940年1月24日，格罗皮乌斯别墅竣工后不久，弗兰克·劳埃德·赖特就亲自登门拜访。照片中的弗兰克·劳埃德·赖特身穿华丽高贵的大衣，帽子严严实实地遮住他的波浪银发。如果你在照片中的赖特身上捕捉到一丝挑衅宣战的神情，这是意料之中的事情，因为这位美国建筑圈里德高望重的人物曾经千方百计地阻止格罗皮乌斯来到美国。

格罗皮乌斯多年以来一直仰慕赖特的建筑风格。1938年，当时还在进行匹兹堡弗兰克之屋项目的格罗皮乌斯参观了赖特的流水别墅。参观完毕后，格罗皮乌斯立刻向赖特写信表示祝贺。不久之后，赖特就来到林肯格罗皮乌斯的家中进行回访。格罗皮乌斯这样描述他与赖特的这次见面：

> 1940年1月，赖特在我家与我共进晚餐，之后我们促膝长谈许久。他觉得自己在自己的国家受到了不公平的待遇。他尤其对我轻

而易举地成为哈佛建筑学院的院长，而他年轻的时候却从来没有获得任何高职和殊荣一事耿耿于怀。[12]

那时的赖特特别不待见美国新生代的建筑师，因为这些美国新生代建筑师认为赖特风格早已过时，性格也骄傲固执。赖特也一直对在美国受到热烈欢迎的格罗皮乌斯和其他包豪斯成员满怀不满与怨恨。为极力证明与突显自己，赖特在纽约现代艺术博物馆的包豪斯展览会上手牵一位魅力四射的年轻女郎踏进会场大门，此举成功博取了在场众人的眼球。

赖特和格罗皮乌斯的关系还不错。他们志趣相投：都注重教育、社区生活方式、公共场所的美化，还有对理想城市的设计和考量。多年之后，赖特提出了进行一项具有建设性的非政治社会调查的申请，格罗皮乌斯在请愿书上签字，公开支持赖特的方案。也正是基于赖特的调查，格罗皮乌斯后来提出了自己的类似广亩城市的构想。

弗兰克·劳埃德·赖特（1867—1959），摄于 1954 年

格罗皮乌斯对赖特浪漫与冲击感并存的建筑风格的热爱从未削减，这种风格直接体现在赖特的建筑作品中。格罗皮乌斯说："这种华丽的表现力虽然可能会引起几分不适，但是这种绝妙的技巧可以让公众了解建筑作品中的动机与缘由。"[13] 赖特的作品，如位于芝加哥的罗宾别墅和之后建造的位于布法罗的拉金大厦，都是现代建筑史的里程碑。虽然赖特与格罗皮乌斯关系密切，但他们也经常会发生争执。

西比尔·莫霍利-纳吉曾于 1948 年到赖特的塔里辛住宅拜访赖特，他们无意中谈起了格罗皮乌斯。赖特感叹道："格罗皮乌斯和大多数德国人一样是一个好人（我们从西比尔口中得知赖特是亲德派）。但可惜他根本称不上是一名建筑师，只是一名工程师而已。"[14]

在格罗皮乌斯别墅中陈列的来客登记簿中，最让人动容的是 1940 年 5 月 2 日伊戈尔·斯特拉文斯基和维拉·斯特拉文斯基的留言。斯特拉文斯基和维拉两人 3 月份在曼彻斯特的贝德福德结为连理。维拉一直在斯特拉文斯基的身边陪伴他 20 余年，是斯特拉文斯基的深爱之人。1939 年，斯特拉文斯基的第一任妻子因肺结核去世后，没有任何顾忌的两人终于举办了婚礼。在格罗皮乌斯的举荐下，斯特拉文斯基从巴黎搬到美国接任查理斯·艾略特·诺顿的职位，在哈佛大学担任讲师，维拉随后也到美国跟斯特拉文斯基会合。我们可以从格罗皮乌斯的来客登记簿中的斯特拉文斯基夫妇的照片中看出，两人仍处于新婚的愉悦与激动中。斯特拉文斯基光着头，戴着圆框眼镜，表情有些严肃；维拉戴着一顶漂亮的哥萨克式黑帽，佩戴的丝巾随风飘扬，身穿丝制的条纹衫，颔首微笑。斯特拉文斯基在哈佛任教期间，格罗皮乌斯与他又重续当初在包豪斯结下的友谊。如今，共同的理想进一步拉近了他们之间的距离，两人都希望在美国有一番作为。正如格罗皮乌斯所说："当初欧洲命运惨淡，文化精神更是在夹缝中生存，是美国接纳并给予我们一个新的开始，我们欠美国一个人情。"

伊势享受这种宾客络绎不绝的感觉，她似乎重新找回了她从前在德绍包豪斯校长之家中组织门庭若市的场面的感觉。伊势总是会整理好发型，化着精致的妆容，搭配优雅的服装。她觉得花时间化妆是值得的。格罗皮乌斯也经常鼓励她化妆，他十分赞同女人的妆容本身也是一门艺术的说法。但格罗皮乌斯并不像伊势那样善于社交，当他不想在来来往往的宾客之间周旋时，便会回到自己的房间另寻清净之地。阿提也经常和她的父亲一样逃离这样热闹的局面。

那个时候他们都比较节俭，阿提写道："在那动乱不安的年代，节俭是必不可少的。如果没有特殊需要，格罗皮乌斯别墅的灯一定是关着的，我们很少用热水，要不要供热或者是否烧油，都需思量再三。"[15] 他们辞退了年轻的黑人厨师杰迪，改由伊势亲自下厨。那时的一位麻省理工学院的访问教授学者——阿尔瓦·阿尔托曾登门拜访过格罗皮乌斯。当阿尔瓦·阿尔托看到格罗皮乌斯亲手洗衣服时，惊讶不已，感到难以置信。伊势还会缝补沃尔特的每一双袜子，不会轻易丢弃任何一只。床单和枕套破了，他们也会缝补，缝好之后接着用。伊势十分擅长根据最新的潮流改造衣服。阿提表示，在格罗皮乌斯家中，能省就省是除了追求视觉完美之外最盛行的规章制度了。

这种节俭之风在一定程度上反映了美国大萧条之后的状况。这是一个千变万化的时代，大家都更加注意经济安全，也必须节俭。但格罗皮乌斯一家担心的远远不止这些。美国人天真地以为战争很快就会结束，而美国仍然可以置身事外。伊势觉得美国人这样的态度就是在自欺欺人，只有她和格罗皮乌斯才知道统治阶级的野心不会就此罢休，这场恶战也不会轻易结束。

———

　　格罗皮乌斯和布鲁尔现在在哈佛广场共租了一间办公室。1941年年初，两人接到了为佛罗里达州基韦斯特设计旅客观光中心的委托。根据需求，格罗皮乌斯与布鲁尔需要为观光中心打造游泳池、图书馆以及若干个俱乐部活动中心。这个沿湖的开发项目让格罗皮乌斯兴奋不已，因为他一直盼望可以在万湖海岸打造一系列高层公寓楼房。格罗皮乌斯和布鲁尔分道扬镳之后，基韦斯特的建筑设计就由格罗皮乌斯一人负责。他与布鲁尔突如其来的隔阂令格罗皮乌斯心痛不已，而导致两人不和的原因仅仅是一些鸡毛蒜皮的事。1941年5月23日，布鲁尔谴责格罗皮乌斯身为评判哈佛学生作品的评判委员会的主席滥用权力，导致本应该在4点开始进行的会议延迟了15分钟，于4点15分才正式开始。布鲁尔首先公然在全体评判委员会成员面前对格罗皮乌斯进行了批评，然后又给格罗皮乌斯写了两封言辞激烈的信。布鲁尔将第一封信同时抄送给了哈佛大学设计研究生院院长约瑟夫·赫德纳特，他在信中强烈谴责格罗皮乌斯："在今天的评判委员会会议上，你处理事情的方式与这个学校的水准格格不入，我个人是无法接受的。我认为你在滥用职权，本人强烈抗议你的做法。"[16]

　　布鲁尔的第二封信寄到了格罗皮乌斯的家中，也正是这封信结束了他们多年亲密的合作关系。布鲁尔在这封信中写道："亲爱的皮乌斯，我认为，现在我们之间的合作无论从客观上来讲，还是出于个人的顾虑，都没有继续的可能了。导致我们分道扬镳的原因是我们各自不同的、无法调和的想法与意见。"[17]布鲁尔建议他与格罗皮乌斯应于8月1日关闭两人共租的办公室，之前接受的委托项目应该也各自单独完成。"这实际上意味着我们的合作关系到此结束。"

　　两天后，格罗皮乌斯回信给布鲁尔时说道："亲爱的洛伊科，我欣然接受你所提出的终止我们合作关系的建议。在看了你于5月23日写给我的那两封信后，我无话可说。"[18]格罗皮乌斯还在信中附上了另一张纸，开头写道："5 月 23 日周五下午 4 点 15 分，格罗皮乌斯与布鲁尔的关系在罗宾逊大厅终结。"格罗皮乌斯在描述这件事情时，愤愤不平地对布鲁尔的谴责进行反驳。格罗皮乌斯表示："唯一不符合哈佛大学水准的就是布鲁尔当着全体评判委员会成员的面强烈指责我的行为。我绝不允许任何人用他那种态度跟我说话。"格罗皮乌斯表示布鲁尔的反应让他十分意外和不解："我认为事情本身根本不值得一提，布鲁尔的过激行为简直不可理喻。"

虽然格罗皮乌斯在信中表达了自己的惊讶与感伤，但实际上他似乎预料到他与布鲁尔之间早晚会发生冲突，他告诉赫伯特·拜耳自己曾经担心的事情果然还是发生了。格罗皮乌斯说："洛伊科和我之间的关系因为一件微不足道的事情而破裂了。我突然间才意识到和自己站在统一战线的不是朋友，而是敌人。布鲁尔的自恋情结以及他对包豪斯校长的'小大师情结'导致他做出了背叛我的行为。"[19]

纵观包豪斯的发展史我们可以发现，随着时间的推移，布鲁尔对自己近十几年来一直身处次要辅助地位的不满不断发酵。早在 1924 年 12 月，布鲁尔和约瑟夫·艾尔伯斯就曾威胁格罗皮乌斯要离开魏玛包豪斯，在柏林建立自己的学校。两年后，布鲁尔又欲辞去德绍包豪斯木工大师一职，想全心专注在自己的建筑事业上。伊势在日记中写道："布鲁尔觉得自己的个人发展处处受限，他想去更广阔的世界发展。"[20]1927 年，布鲁尔又要求掌管建筑系。伊势表示："布鲁尔的野心膨胀得太快。"[21]而格罗皮乌斯考虑到布鲁尔年少气盛、缺乏经验，并没有答应他的请求。

如今，不惑之年的马塞尔·布鲁尔事业有成，自信满满，他也越来越无法满足于成为大师身边的二把手、红花旁边的绿叶了。马塞尔·布鲁尔为伊索肯设计的家具深受伦敦行家们的好评，他的建筑风格也逐渐成为风向标。布鲁尔曾为布里斯托尔家具制造商和经销商克罗夫顿·甘恩设计了一座短期展览馆——"1936甘恩展览馆"。这座展览馆在当地的皇家农业展览首次亮相后立刻赢得了建筑界的广泛关注。1936甘恩展览馆以科茨沃尔德石板为墙壁,镶嵌巨大的玻璃窗,带有轻质木板的屋顶。这是一座与格罗皮乌斯的风格完全不同的现代建筑,布鲁尔也凭借这座展览馆在建筑圈声名鹊起。

布鲁尔如今在由自己独立设计的、位于美国林肯市的别墅中工作。这栋别墅位于韦兰的萨德伯里河畔,具有强烈的张伯伦别墅风格。这座几乎是悬在空中的别墅是布鲁尔设计的第一座木质结构的建筑,也是表示自己已经完全与格罗皮乌斯脱离关系的宣言。布鲁尔为自己开辟了一条个性鲜明的道路。格罗皮乌斯将一切都清楚地看在眼里,他说道:"如今他已功成名就,再也不需要我了。"[22]

包豪斯人也许在他们生命中的某个阶段需要摆脱格罗皮乌斯强烈的个性,需要更多独立自主的空间。这不仅仅适用于布鲁尔,沙文斯基也同样感受到了压迫感,产生了想要冲破束缚的欲望。1943年,沙文斯基制作了一幅格罗皮乌斯的拼贴画,名叫《面部主题与变化》,画中的格罗皮乌斯有时亲切和蔼,有时也俨如一个独裁者,让人捉摸不透他真正的性格。这在某种程度上也表明,格罗皮乌斯仍然恪守包豪斯的旧式领导风范的特点。

除了布鲁尔想要冲破格罗皮乌斯的束缚之外,布鲁尔与格罗皮乌斯断绝合作关系之举也许另有其他因素的影响。我们不能忽略布鲁尔再婚的事实。他的妻子康妮曾经在格罗皮乌斯和布鲁尔的联合办公室工作,自然也很了解伊势。布鲁尔与伊势有多年的交情,他们之间既能称兄道弟,也可能有说不清的暧昧关系。康妮不得不对伊势有所提防。

布鲁尔粗鲁的背叛让格罗皮乌斯震怒不已,但他仍然要尽全力留住包豪斯成员。布鲁尔的背叛就像当初赫伯特·拜耳和伊势向他坦白他们之间的情愫一样,对此,格罗皮乌斯选择忍耐与自我调节。虽然格罗皮乌斯和布鲁尔分道扬镳，也不在一起工作，但是他们合开的哈佛广场工作室仍在继续营业。他们依然在哈佛大学研究生的设计部门教授课程，以后的几年里，他们也仍然居住在林肯市，彼此是邻居。直到布鲁尔搬去剑桥，两人一直保持这样的生活。随后，布鲁尔又于1946年定居纽约。布鲁尔和格罗皮乌斯之间仍保持着和睦的通信关系，两人也会互相看望对方。格罗皮乌斯同布鲁尔共事二十多年，他绝不会轻易地放弃这段珍贵的友谊。

在格罗皮乌斯收到的众多欧洲移民的求援信中，有一封出自艾伯特·爱因斯坦。格罗皮乌斯和爱因斯坦早在20世纪20年代就已相识，当时爱因斯坦也是包豪斯的支持者，是格罗皮乌斯的圈内好友。现住在美国的爱因斯坦从普林斯顿大学写信给格罗皮乌斯，告诉他德国建筑大师康拉德·瓦克斯曼身陷困境。瓦克斯曼是爱因斯坦的支持者，曾经为爱因斯坦在波茨坦的卡普特设计了一栋夏日别墅。

瓦克斯曼是一位现代主义建筑师，曾与汉斯·波比锡一起学习。1938年，他离开柏林前往巴黎。瓦克斯曼虽然曾经与法军一起对抗德军，但因其犹太人的身份，瓦克斯曼最终还是未能免遭牢狱之灾，被逮捕送入法国俘虏收容所。德军从陆路逼近维基，瓦克斯曼身处险境，爱因斯坦请求格罗皮乌斯把瓦克斯曼送到美国。格罗皮乌斯写信给他父母的老朋友——前法国驻德国大使，希望大使能够安排放行瓦克斯曼。之后在大使的帮助下，瓦克斯曼又顺利地拿到了美国签证。1941年9月，瓦克斯曼终于到达格罗皮乌斯的别墅。在历经了艰辛的长途跋涉之后，无所依靠的瓦克斯曼整个人面容枯槁、身形消瘦。他在格罗皮乌斯的别墅里找到了一间可以安顿的房间，之后的三年便一直借住在那里。

但如果称在这个节骨眼上出现的瓦克斯曼是布鲁尔的替代品，显然失之偏颇。瓦克斯曼和布鲁尔性格截然不同。布鲁尔诙谐幽默，做

由沃尔特·格罗皮乌斯和康拉德·瓦克斯曼于 1942 年共同绘制的整体建筑的画稿

事胸有成竹，而瓦克斯曼比较严肃孤傲，身形矮小，具有德国人的典型特点，瓦克斯曼说话时带有浓重的口音，他与生俱来的浓重的鼻音让从他口中说出来的每一句话都模糊不清。评论家皮特·布莱克表示，瓦克斯曼是"一名内向的技术家，也是个闷葫芦，只管一心一意地追求自己狭隘而又严谨的目标"[23]。

但现阶段，正是工艺出众、有远见卓识的瓦克斯曼的出现让格罗皮乌斯重获干劲与自信。瓦克斯曼的状态逐渐有所好转，他开始与格罗皮乌斯密切合作，共同研究整体建筑系统。两人多年来都对这方面颇感兴趣。这种木质的预制装配式结构可以快速地实现组装与拆解，内部的标准化构件也可以根据居住环境的变化而改变。只需短短的 9 个小时，整个结构便可组装搭建完毕。这个项目不但促成了格罗皮乌斯和瓦克斯曼亲密的合作伙伴关系，更是在目前战争白热化阶段，引起了军方极大的兴趣。

———

日本于 1941 年 12 月轰炸珍珠港，被激怒的美国公开向日本宣战，接着又向德国和意大利下了战书。美国介入第二次世界大战可能是极好的事情，同时也可能是极其糟糕的事情。格罗皮乌斯之后向杰克·普里查德形容复杂的形势时说道："珍珠港事件加速了国内外形势的变化。"[24]

新的难题也摆在了格罗皮乌斯面前。他仍然是德国人，与别人格格不入，离开英国正是为了逃避这样的命运。格罗皮乌斯在美国的登记号码是 1885751，身份证标记为 2356。他必须定期向管理局汇报个人情况，要想去波士顿还得到相关单位申请批准。格罗皮乌斯的生活方式没有太大的改变，但还是有一些让人怒不可遏的小事情使他心烦意乱，比如，当地的孩子向他的别墅扔西红柿。除此之外，周围谣言四起，说格罗皮乌斯早上骑马穿过科尔文森林另有目的，也有人说他通过收音机转换器向敌人传送情报。除此之外，格罗皮乌斯的生活与往常没什么不同。新英格兰地区的居民并没有受到战火的侵扰，只是有时政府会对肉类实行定量配给，或者出现肉类紧缺的状况。格罗皮乌斯承受的更多的是心理上的痛苦。他和伊势很早之前就已经开始申请美国公民的资格，但如今美国正式否决了他们的请求。在短短十年内，美国已经是格罗皮乌斯旅居的第三个国家了，他不知道自己究竟身属何处。

工作机会的稀缺更是雪上加霜。在战争年代，外国人很难找到工作，即使是像格罗皮乌斯这样的著名建筑师也不例外。格罗皮乌斯曾经想参与纽约现代美术馆新大楼的设计修建，结果却遭到当时赫赫有名的博物馆大股东艾比·奥德里奇·洛克菲勒的拒绝。洛克菲勒表示这项伟大的工程必须要由美国建筑师负责。因为申请绿卡被拒，现在的格罗皮乌斯仍是德国人的身份，外界对他的误解不减反增。他在哈佛大学的职位可以保留，但一向对政治十分谨慎的哈佛大学设计研究生院院长约瑟夫·赫德纳特告诫他寻找委托的时候最好隐蔽一些。为此格罗皮乌斯抱怨道："赫德纳特想让我变成隐形人！"[25]

因为战争，哈佛大学的建筑系也有了实质性的发展。格罗皮乌斯非常高兴，因为他早就希望哈佛建筑系可以招收女学员，他强调了包豪斯女成员的成就。男学员应征入伍，而男学员参与战事就意味着研究生设计学院需要招收女学员。大部分的女学员都来自剑桥史密斯大学的建筑系。格罗皮乌斯写信给拉兹洛·莫霍利 - 纳吉时说道："目前的变化巨大。男生退学去参加陆军和海军。只要我们开始招收女学员，那建筑系还能撑过夏季。这样下去我们还可以在建筑系进行合作办学。"[26]

美国参与第二次世界大战后，研究生设计学院在许多方面都有所发展。虽然目前大部分的建筑工程进度停滞不前，但这种状况只是暂时的。一旦和平时期到来，大家就有机会创造更好的条件。曾经梦想规划美好柏林蓝图的格罗皮乌斯和马丁·瓦格纳现在开始在美国继续追逐他们的梦想，致力于这项工程。

瓦格纳在格罗皮乌斯的鼓励下也加入了哈佛的教师队伍中，但是瓦格纳和格罗皮乌斯之间也有些隔阂。可能是瓦格纳埋怨自己还需要依靠格罗皮乌斯的帮助，像瓦格纳这样不愿妥协的人十分担心自己在美国的前途。不管怎样，瓦格纳还是直接向格罗皮乌斯表示，自从离开德国后，格罗皮乌斯的重心就发生了偏移。他认为格罗皮乌斯抛弃了民主现代化主义最本质的风格，将自己的灵魂出卖给了美国资本主义。他抱怨格罗皮乌斯立场不坚定，直白地说道："我的朋友在 41 岁时和在 57 岁时有巨大的差异。"[27] 他认为格罗皮乌斯对世界上最重要的社会、经济和艺术问题避而不见。博物馆、舞阁、乡绅农场等建筑都是十分关键的建筑，但如今，这样的项目已经寥寥无几，很少获得现代人们的关注，宛如埋没在钢筋混凝土城市森林中所剩无几的小树。

面对如此亲近的朋友和同事的强烈攻击，格罗皮乌斯深受打击。但除了共同担心遗留在德国的朋友的安危和命运之外，第二次世界大战后的需求也让格罗皮乌斯与瓦格纳重新团结起来。目前瓦格纳负责哈佛的地区计划研究，战后的几年里，他和格罗皮乌斯一起负责研究美国城市发展的大师计划。

保罗·鲁道夫和贝聿铭是格罗皮乌斯最得意的学生，两人都有不可限量的前途和未来。鲁道夫生于肯塔基州，他的父亲是卫理公会的传教士。鲁道夫于1941年秋进入研究生设计学院，三年后又在海军服役。鲁道夫是一位非常惹人喜爱的学生，格罗皮乌斯有时会亲自去工作室对学生进行指导，并特意给鲁道夫安排在工作室中的最佳位置。鲁道夫之后表示，是格罗皮乌斯为自己的建筑事业指明了一条道路。鲁道夫说道："我觉得任何人都可以在他的教学方法中找到一个基点，格罗皮乌斯并不像大多数的老师一样只是列出一堆公式……他的强项就是能够精确分析目前宽泛的问题。"[28]鲁道夫视格罗皮乌斯为一个伟大的教师、一个方法论家、一个企业家，能言善辩、和蔼可亲，又能够专心致志。在鲁道夫的眼里，格罗皮乌斯算不上优秀的建筑师，却是一位无人能及的教育家。

贝聿铭曾从1942年12月起短暂地师从格罗皮乌斯。贝聿铭出身于银行世家，1935年离开上海前往美国宾夕法尼亚大学求学。他的女友艾琳洛在哈佛大学学习园艺设计，当时艾琳洛建议贝聿铭报名研究生设计学院。

为致力于美国在第二次世界大战中武器技术的研究，贝聿铭加入了全国自卫研究委员会，不得不中断了自己在哈佛的学业。然而，贝聿铭对格罗皮乌斯的教学方法印象深刻，于是1945年他又回到哈佛大学。贝聿铭回忆道："我第一次来哈佛的时候，格罗皮乌斯听不懂中文。格罗皮乌斯对美国建筑的贡献就是我们从他那里学到了一种共通的建筑语言。"[29]这也再一次证明格罗皮乌斯眼界开阔、影响深远。

保罗·鲁道夫和贝聿铭的建筑风格完全不同。鲁道夫极力倡导新野兽派的混凝土结构，他的得意之作就是纽黑文耶鲁艺术馆和建筑大厦。而贝聿铭与保罗·鲁道夫的风格差异巨大，他崇尚建筑的棱角感、透明感和神秘度。这种风格体现在他的作品中，比如，卢浮宫门前的金字塔、香港的中国银行摩天大楼、柏林的德国历史博物馆、日本精致如诗画般的米霍博物馆。两位出自同一师门，风格却截然不同的建筑大师再次证明了格罗皮乌斯的教学方法强调个性发展而不是独裁式的灌输。自从格罗皮乌斯加入后，哈佛的建筑教学方法从历史主义发展到现代主义，在漫长的进化史中，格罗皮乌斯的深刻见解为哈佛大学带来了翻天覆地的变化。

———

美国加入第二次世界大战，这也为格罗皮乌斯的家庭增添了一丝紧张与沉默。阿提在 16 岁时已经离开别墅，在校寄住。阿提当时在黑山学院学习，由约瑟夫·艾尔伯斯照顾。沃尔特和伊势不得不时刻关注战事，尤其在同盟国进军欧洲之后，格罗皮乌斯就更不愿放过任何一条新闻快报。他们两个人与欧洲大陆的亲朋好友完全失联，也因此异常焦急，十分担心亲人朋友的安危。格罗皮乌斯的姐姐玛农还留在柏林，还有留在汉诺威市布尔哈德的亲人。德国的日常生活充满了不确定性，让人难以承受。

1944 年 6 月 12 日，格罗皮乌斯终于成为美国公民。这让他松了一口气，因为这样一来他就有更多的时间进行各种建筑实践，他不再是一个无家可归的人。但德国人的身份已深深烙印在格罗皮乌斯的心中，所以现在的问题是，格罗皮乌斯是否认同自己是一个美国人。

年末，第二次世界大战即将结束。他写信给在伦敦的马克斯威尔·弗莱，信中写道：

> 幸好，等这封信到你这里的时候，光明越发地接近了。欧洲的最后一战即将到来，不过这场战事对双方来说可能是血腥而残酷的。一想到战后的欧洲就不禁让人遗憾、伤感。这不仅是真实可见的毁灭，更是对人心的摧残。[30]

格罗皮乌斯的这封信充满了矛盾。他不敢去想象这个被他珍视为"家园"的国家的下场。最终，德国于1945年5月初向同盟国递交降书。

【注释】

在阿尔玛的自传和《桥即是爱》（伦敦，1959）一书中，阿尔玛详细地描述了她与弗朗兹·韦尔费尔从法国来到美国的旅程以及后来两人在洛杉矶生活的故事。那时的洛杉矶堪称是欧洲高端知识分子难民的聚集地。如需更加客观、可靠的信息，请参考爱尔哈德·巴尔的作品《太平洋上的魏玛：洛杉矶的德国流亡文化和现代主义危机》（伯克利，2007）。

林肯格罗皮乌斯之家是欧洲移民的另一大避风港。通过现在仍存放在原处的格罗皮乌斯之家来客登记簿我们可以知道，格罗皮乌斯在包豪斯的旧识更是格罗皮乌斯之家的常客。

从格罗皮乌斯夫妇与杰克和莫莉·普里查德之间的持续通信，我们可以看到面对战争不断升级，四人的焦虑与不安。当时杰克和莫莉·普里查德的儿子在父母的安排下离开英国，前往美国与格罗皮乌斯夫妇一起生活。

关于格罗皮乌斯和布鲁尔之间的冲突导致两人的合作关系破裂的故事，我们可从收录在哈佛大学霍顿图书馆格罗皮乌斯文件中的格罗皮乌斯与布鲁尔的往来信函中获取。

1 埃里希·玛利亚·雷马克，日记，1942 年 8 月 13 日，引用西尔麦斯，第 226 页。

2 沃尔特·格罗皮乌斯对麦克斯韦·福莱所言，1940 年 3 月 19 日，HLH。

3 赫伯特·拜耳对伊势和沃尔特·格罗皮乌斯所言，1940 年 5 月 2 日，HLH。

4 阿提·格罗皮乌斯·约翰森，"68 贝克桥路"，《波士顿建筑》，"美国人格罗皮乌斯"期，2013 年夏，第 64 页。

5 阿提·格罗皮乌斯·约翰森，"青少年时期"，回忆录打字稿。

6 杰克·普里查德对沃尔特·格罗皮乌斯所言，1940 年 5 月 28 日，HLH。

7 伊势·格罗皮乌斯对杰克·普里查德所言，1941 年 1 月 7 日，HLH。

8 沃尔特·格罗皮乌斯对杰克·普里查德所言，1942 年 8 月 8 日，HLH。

9 琼·米罗，格罗皮乌斯之家来客登记簿，1959 年 5 月 24 日。

10 勒·柯布西耶，格罗皮乌斯之家来客登记簿，1959 年 11 月 15 日。

11 吉尔吉·柯普斯，格罗皮乌斯之家来客登记簿，1968 年 1 月 21 日。

12 沃尔特·格罗皮乌斯对文森特·史卡利所言，1962 年 1 月 31 日，HLH。

13 沃尔特·格罗皮乌斯，弗兰克·劳埃德·赖特葬礼演讲，《建筑论坛》，1959 年 4 月 12 日。

14 西比尔·莫霍利－纳吉对伊势·格罗皮乌斯所言，《民主下的阿波罗》（纽约，1968），第 173 页。

15 阿提·格罗皮乌斯·约翰森，"68 贝克桥路""美国人格罗皮乌斯"，《波士顿建筑》，2013 年夏，第 64 页。

16 马塞尔·布鲁尔对沃尔特·格罗皮乌斯所言，1941 年 5 月 23 日，HLH。

17 同上。

18 沃尔特·格罗皮乌斯对马塞尔·布鲁尔所言，1941 年 5 月 25 日，HLH。

19 沃尔特·格罗皮乌斯对赫伯特·拜耳所言，1941 年 7 月，HLH。

20 伊势·格罗皮乌斯日记，1926 年 11 月 27 日，AAA。

21 同上。

22 同注释 18，1941 年 7 月，HLH。

23 皮特·布莱克，《没有像乌托邦一样的地方》（纽约，1993），第 95 页。

24 沃尔特·格罗皮乌斯对杰克·普里查德所言，1942 年 1 月 24 日，UEA。

25 沃尔特·格罗皮乌斯，引用艾萨克斯，第 251 页。

26 沃尔特·格罗皮乌斯对拉兹洛·莫霍利－纳吉所言，1942 年 6 月 15 日，HLH。

27 马丁·瓦格纳对沃尔特·格罗皮乌斯所言，1940 年 11 月 8 日，HLH。

28 保罗·鲁道夫，《鉴定 3》（耶鲁大学，1952）。

29 贝聿铭，沃尔特·格罗皮乌斯八十岁大寿生日庆祝演讲，1963 年 5 月 18 日，引用艾萨克斯，第 299 页。

30 沃尔特·格罗皮乌斯对麦克斯韦·福莱所言，1944 年 9 月 22 日，HLH。

21 重返柏林：1945—1947

欧洲战火肆虐，格罗皮乌斯在新英格兰过着与世隔绝的生活。乡村的静谧、自然的韵律和鸟语花香抚慰着夫妻二人的灵魂。那时的格罗皮乌斯有一种与世界另一端彻底隔离的感觉。战争结束之后又是另一番景象。欧洲传来消息，取代战火和硝烟的是对各派人士的搜捕和报复。格罗皮乌斯写道："我在意大利、法国、波兰的旧友不是受到处刑就是失踪，还有一些朋友的生活惨不忍睹。我很担心明年还会听到更多老友旧识的悲惨消息。"[1]

格罗皮乌斯还在焦急地等待家人的消息，尤其担心与自己关系最亲密的姐姐——玛农·布尔查德。格罗皮乌斯到处打探玛农的消息，他找过红十字会、美国特殊战事部、美国天主教堂的友人服务委员会。最后他打听到玛农在柏林居住的地址是夏洛滕堡，这个区域当时已经由苏联控制。

最终，在格罗皮乌斯不懈的坚持和努力下，美国驻柏林的武装司令部部长得到了消息。他们在柏林找到了玛农和她的女儿埃维莉娜（又称伊内）。母女两人住在离自己老房子不远的地方，身体异常虚弱，健康状况堪忧。格罗皮乌斯曾于 1945 年秋冬给玛农写过两次信，但很久都没有收到回信。1946 年 1 月 18 日，玛农才回信给弟弟，信中详细叙述了自己在战争中的遭遇。

1944 年，玛农的丈夫马克斯死于中风。玛农本来下定决心回到汉诺威市，但没有马克斯陪伴的玛农无法忍受这份孤独，只好在 11 月初回柏林寻找伊内（埃维莉娜）。本来无事的柏林在 1944 年遭到了大规模的空袭，几乎一天会有三次空袭警报。1945 年 4 月 20 日，轰炸结束，苏联军队进驻柏林，大批士兵闯进玛农和女儿藏身的地下室，送给她们香烟和巧克力。玛农说很多邻居深信天堂即将降临人间，然而万万没想到的是，接下来等待她们的却是烧杀抢夺，奸淫掳掠。玛农和埃维莉娜最终从楼上逃脱。那栋房子从此大门紧闭。

1945 年，玛农的生活异常艰辛。柏林的生活环境急转直下：停水、停电、停气，连做饭的厨具都没有。玛农和女儿只好与在一楼工作的鞋匠商量，让她们可以在烤盘上面架一个小罐，烧煤做东西吃。渐渐地，情况开始有所好转，从 7 月 13 日起，她们甚至还可以使用间断供应的电气。物资紧缺已是习以为常，她真的无法想象自己就这么艰难地活下来了。对于突然收到自己的弟弟和伊势的消息，并且得知他们在另一个国家获得安全保障、生活富足，玛农感到莫大的安慰。

格罗皮乌斯开始通过在美国的欧洲公司定期给玛农寄食物包裹。第一个包裹里装有培根、奶酪、萨拉米香肠、黄油、牛奶和鹅肝酱。玛农还寄来了必需品清单，上面列出了她和埃维莉娜最需要的东西：雨衣、睡衣、羊毛衫、棉纱和尼龙长袜。但格罗皮乌斯无法满足她们的全部需求，比如，他没办法给她寄去长靴，因为美国正值夏季，没有人卖靴子。他和伊势也没有找到玛农想要的德国主妇们的必需品——带纽扣式布套的亚麻布枕头。伊势给玛农写信说道："美国人不用亚麻绳，所以我们没有找到。他们习惯直接将方巾盖在枕头上，不用纽扣，这样既简约又美观。"[2] 格罗皮乌斯希望玛农能到美国和他们一起住，但考虑到时局依然动荡不安，玛农拒绝了他的邀请。

恍然之间，格罗皮乌斯才意识到自己的家族原来有那么多人。玛农的儿子乔治·阿希姆，也称约亨，曾经做过一段时间的英国战俘，被释放之后开始与格罗皮乌斯通信联系。格罗皮乌斯与他的侄子约亨有太多关于过去的回忆。约亨的父亲马克斯是格罗皮乌斯的姐夫，曾是普鲁士区的区域行政官，他曾帮助格罗皮乌斯协调争取法古斯工厂的设计项目。约亨和他的姐姐们都十分喜欢与支持包豪斯及其办学理念，约亨曾多次出席在魏玛包豪斯和德绍包豪斯举办的派对。最关键的是，当年格罗皮乌斯追求年轻貌美的伊势时，格罗皮乌斯更是派了约亨去汉诺威市找伊势。约亨 1928 年专攻法律的时候，还借住在格罗皮乌斯柏林的家中。当格罗皮乌斯夫妇决定离开德国时，是约亨和他的妻子替他们凑钱偿还了欠下的运费税。战争期间，约亨低调行事，和格罗皮乌斯从此就断了联系。战争结束后，格罗皮乌斯立刻给侄子约亨写了一封长长的密信，告诉了约亨很多事情和信息。从某种程度上来讲，约亨就是格罗皮乌斯的儿子。看得出来，格罗皮乌斯的这场寻子之旅从未间断。

约亨的孩子们给格罗皮乌斯写了回信，这让格罗皮乌斯欢喜不已。约亨的五个孩子分别是阿尔穆特、马克斯、安娜·玛农、阿力克和小西比尔。他们一家人挤在汉诺威市的两居室里。五个孩子极具音乐天赋，并时常练习四重奏保持乐感。写给沃尔特的信面都是稚气未脱的字迹，旁边还用五彩斑斓的小仙女和花朵加以点缀。这些信都收藏在哈佛大学的格罗皮乌斯档案馆里。这些美好的信件令人动容，我们也可以看出格罗皮乌斯对家人的怀念之情。战后的格罗皮乌斯重新找到了身在汉诺威市的约亨一家，他们的活泼和深情让他想起了自己的过去。

然而，来自德国的报道又让格罗皮乌斯绷紧了神经。让他冥思苦想的是，在希特勒政权下，德国的命运，以及这个国家如今该何去何从。德国如何渡过这个难关？1946 年 10 月他写信给自己的姐姐玛农，并表达了自己的担忧。

每次当我收到身陷集中营或盖世太保手中的故友和包豪斯成员的来信时，我都会感慨万千，都会庆幸我的家人幸免于难。但请放心，我从来没有忽略或小看你们所承受的痛苦和压力。只有时间才能逐渐抚平我们对纳粹分子的愤恨。目前德国纳粹已无实权，我坚信只要德国整肃纳粹运动开展到一定程度，德国终有一天会从万丈深渊中复苏。[3]

就如格罗皮乌斯所言，他们花了好几年的时间四处寻找朋友们的下落。他们最先找到了波兰建筑师希蒙·萨库丝和海伦娜·萨库丝。他们是格罗皮乌斯的挚友，也是第二次世界大战前国际现代建筑协会的成员。1945 年 10 月，伊势在给杰克和莫莉写信时激动地表示，萨库丝和希蒙要来拜访她与格罗皮乌斯。萨库丝和希蒙"历经千辛万苦、饱受饥饿，最终奇迹般地逃出集中营。我们从来没想过还可以和他们再见"[4]。

格罗皮乌斯战前曾想帮萨库丝在哈佛大学谋职，但并没有找到适合萨库丝的职位。1942 年，格罗皮乌斯收到萨库丝被捕后被送入奥斯维辛集中营的恐怖消息。格罗皮乌斯闻讯立即给罗马教皇皮乌斯五世发送急电，希望教皇可以介入此事，释放希蒙，但教皇却迟迟没有采取行动。在之后的很长一段时间里，格罗皮乌斯再也没有收到任何关于希蒙的消息。1945 年 6 月，身在华沙的海伦娜给格罗皮乌斯发送了一封电报，电报中写道："自从 1942 年萨库丝被捕进入集中营后，我就开始了漫无边际的等待。"[5]她收到的最后一个关于萨库丝的消息是在 1944 年 12 月。海伦娜告诉了格罗皮乌斯希蒙的编号——77165，并央求格罗皮乌斯一定帮忙找到希蒙。收到信后的格罗皮乌斯立即寄信给战后专门搜寻失踪人口的组织。

1945 年 10 月初，格罗皮乌斯收到了一封陌生人的信件。这封信来自一个名叫西·亚·马修森的人。他最近才从德国回来，现居住在宾夕法尼亚州布鲁克莱恩的美国酒店。马修森和希蒙·萨库丝有一面之缘，希蒙想通过他告诉格罗皮乌斯自己还活着并且很安全。马修森还补充道，让萨库丝在奥斯维辛幸存的秘密武器就是萨库丝建筑工程师的身份。"纳粹分子要他为秘密情报处设计房屋和花园。"[6] 除此之外，希蒙在登记簿上的身份是波兰人而不是犹太人也让他免于一死。就在格罗皮乌斯收到马修森信件的同时，海伦娜那边也传来了关于希蒙的消息。海伦娜说希蒙已经回到华沙，他们两人希望能够到美国住几个月。格罗皮乌斯很赞同他们的计划，并邀请萨库丝夫妇以现代建筑的国际会议参会者的身份访美。与希蒙和海伦娜的战后重逢对格罗皮乌斯来说简直就是一个奇迹。

1946 年，在第二次世界大战期间与格罗皮乌斯失联的莉莉·希尔德布兰特于斯图加特给格罗皮乌斯写了一封信，并通过美国建筑师戈登·查德威克将信带给格罗皮乌斯。戈登曾在战后驻扎在德国的美军服役，负责视察德国文件和艺术作品，现在已返回美国。就这样，莉莉重新与格罗皮乌斯恢复了联系。莉莉的信写于 1 月 30 日，而格罗皮乌斯到 6 月份才收到这封信。

莉莉告诉格罗皮乌斯，她和汉斯在战争的这几年里"经历了万般险阻，洞悉了人性的一切"。"汉斯被迫退出艺术史学界，被技术大学停职，不得出版任何书籍。纳粹党因汉斯的艺术理念，将他的作品列为'堕落艺术'的行列，但汉斯现在仍对自己的信念坚守不渝。"莉莉在斯图加特生活低调，尽力隐藏自己犹太人的身份，不然她就会像其他自己熟知的犹太人一样受到迫害。战时贫困交加，再加上自己身体虚弱，莉莉根本没办法继续工作。莉莉在信的脚注中潦草地写道，由于长时间居住在没有供暖的阴冷潮湿的房间中，她患上了关节障碍症。

莉莉在信中写道："幸好，我们逃过了希特勒政权的魔爪，在战争中幸免于难。你无法想象我们那时的恐惧。在保住自己性命的同时，我们还保住了房子，虽然它已破败不堪、千疮百孔。"[7]莉莉与汉斯家中无数的珍贵艺术作品被盗，战前大部分好友也弃他们而去。我们从这封信中除了看到绝望的莉莉之外，还依稀能够看见格罗皮乌斯当年的"莉莉猫"，那个从年轻时就开始不懈追求自己现代艺术事业的可爱的莉莉。

在战后写给格罗皮乌斯的第一封信中，莉莉就请求他可以给她邮寄一些"精神食粮——你和圈内朋友的建筑照片以及出版的书籍，还有关于现代画家、艺术展的信息等。我对超现实主义颇感兴趣"。格罗皮乌斯无疑被莉莉的来信和她的热情深深触动，他在回信中说道："你的信就如同来自另一个世界。"[8]

———

虽然格罗皮乌斯早已不在包豪斯，但他仍认为自己是包豪斯的主宰者。在格罗皮乌斯赴美随身带着的地址簿中，包豪斯成员的信息与自己的家人、普通朋友和泛泛之交的信息是分开的。每当听说战后包豪斯成员和学生贫困潦倒、痛苦挣扎的消息时，格罗皮乌斯和伊势都会焦急万分，想尽快能帮助他们。

比如，1946年10月玛格丽特·莱森内给格罗皮乌斯写了一封信。玛格丽特曾是包豪斯纺织工作室的学生，后转入染色工作室，成为染色工作室的首席染色工和坤塔·斯托尔兹的得力助手。1938年，玛格丽特移民英国。让玛格丽特下定决心移民的不是为自己犹太人的身份而感到担忧，而是她再也无法忍受残暴的希特勒政权。那时，她在伦敦建立了自己的纺织工坊，成了一名织物设计师兼老师。后来在工业设计协会的要求下，她又回到德国视察战后制造业商品的设计前景。玛格丽特成功地联系到了乔治·莫奇和朱斯特·施密特，其中在克雷菲尔德纺织学院任职的莫奇的事业与生活相对更好。"莫奇在这里虽饱受艰难困苦"，但他仍保持着极大的热情，"开创了属于自己的一番天地"。然而，"施密特却年迈苍老，他看起来是那样疲惫、伤心与无助。相信现在所有人都十分好奇柏林到底是什么样子，我再也无法想象出一个比柏林更加令人绝望的地方了"。[9] 玛格丽特在信中还附上了一封来自到现在仍然十分崇拜格罗皮乌斯的小施密特的信。

莱内尔·费宁杰现在和他的妻子朱莉安在纽约生活。在得知包豪斯的旧友们在战时的遭遇时，费宁杰悲痛万分。费宁杰表示："我们经常从国外的来信中得知他们悲惨的现状和他们所经历的无法用语言形容的磨难。"[10] 这些信件带给他们噩梦一般的恐惧心理，费宁杰表示："我们害怕收到新邮件，根本无法用言语表达我们的悲痛。"包豪斯无论从格罗皮乌斯的构想还是从现实的实践来说，都是一个乐观向上、精神活跃、充满民主和建筑美的新世界，所以这与最近的灾难所形成的反差让每一个包豪斯人都难以承受。

包豪斯成员中，最凄惨的是弗里德里勒，也叫弗瑞德。弗瑞德在维也纳师从约翰·伊顿，后又随约翰·伊顿去了魏玛包豪斯。弗瑞德在包豪斯显示出了她在纺织技术、装订术和打印技术上高于常人的天赋。她同时也深受保罗·克利艺术风格的影响。1936 年，弗瑞德嫁给了自己的表兄帕威尔·布兰代斯。1942 年，她和丈夫双双被遣送到波西米亚的特莱西恩施塔特。特莱西恩施塔特是纳粹党建造的模范营，被纳粹党美其名曰"犹太人的理想城市"。在公众眼里，特莱西恩施塔特是自由文化之都，但实际上这里就是一个集中营。弗瑞德在这里教授孩子们艺术和设计，传播伊顿富有灵感的教义。她尤其关注那些受过创伤，被战争折磨得遍体鳞伤、丧失生存意志的孩子。当纳粹分子要强制撤离整个特莱西恩施塔特集中营时，弗瑞德刚开始是严词拒绝的，誓死也不愿离开她的学生。1944 年 9 月，她的丈夫帕威尔被调到奥斯维辛集中营，她才请愿随帕威尔一起离开。

在离开集中营之前，弗瑞德将两个行李箱悄悄地托付给了集中营里的"女孩之家 410"。箱子中存放着集中营中孩子们创作的图画、拼贴画以及雕塑作品，共计 4500 份，这两个箱子直到战争结束后才重新出现在公众的视野中。1944 年 10 月，弗瑞德在波兰奥斯维辛集中营受到处决，而她的丈夫帕威尔逃过一劫，苟延残喘。在格罗皮乌斯的印象中，弗瑞德·布兰代斯一直是一个全面发展、多才多艺的学生。她拥有罕见的天赋、非凡的热情与勤奋。崇尚集体艺术创作与坚持儿童天生的创造力一直是包豪斯的基本原则与理念。在世界上最恐怖的地方——特莱西恩施塔特，弗瑞德和孩子们一起呕心沥血创作的成果体现了包豪斯的理念和原则。如今，这些重见天日的画稿被保存在布拉格的犹太博物馆中。

战事结束后的头几年，往事总萦绕在格罗皮乌斯心头。他哀悼逝去的亡魂，也为那些远在德国受到迫害的朋友感到焦虑和担心。伊势对麦克斯韦·福莱说道："我们的桌上堆满了来自德国友人的信件，他们依然遭遇着不幸。除了身体和心理上的安慰之外，他们也绝望地向我打听一些消息。我们周末的大部分时间都会用来阅读、处理这些信件。"[11] 伊势在给唐纳森的信中还提到："自希特勒掌权之后，故友们就完全与世隔绝。我们觉得应该尽最大努力回复这些信件。"[12]

格罗皮乌斯在位于马萨诸塞州林肯市的自家别墅中开始了自己的救援行动。他建立了一个援救在美国的前包豪斯成员的基金会，并和伊势定期向目前身在德国和奥地利的包豪斯成员寄包裹。他们也会给自己的家人们寄去食物和衣物。这项任务困难而艰巨，战后各个方面都不方便，包裹经常会遭到延期处理，还有各种管制。他们的朋友经常收不到寄去的包裹，所以他们只能再次邮寄。

包豪斯基金会的资金与资源逐渐耗尽，伊势必须亲自出面动员各方力量。伊势于 1947 年 9 月 8 日写信给菲利普·约翰逊。她在信中说道："这个国家可能还有一部分因为包豪斯的成就而愿意伸出援手的人，你觉得呢？"[13] 几十年来，菲利普·约翰逊一直是包豪斯的疯狂支持者，所以约翰逊在回信给伊势时，随信附上了一张 100 美金的支票以表自己的心意和对包豪斯基金会的支持。可是到了 20 世纪 30 年代，约翰逊就已经倒戈转而支持纳粹，只是没有公开表示而已，伊势难道不知道这些吗？并不是只有欧洲才开展整肃纳粹的运动，那时的美国也同样经历了一段反思、回顾历史的复杂历程。

包豪斯人在战后先后东山再起。格罗皮乌斯在德绍最为人称赞与认同的德绍包豪斯建筑现在怎么样了呢？1946 年，格罗皮乌斯给侄子约亨写了一封信，他在信中谈到，同盟国认为包豪斯建筑价值显著，所以并没有对其进行轰炸，所以这些建筑也暂时幸运地保留了下来。但这不过是格罗皮乌斯一厢情愿的猜测而已，战时普鲁士贵族们建造的学校都在 1945 年 3 月的那场空袭中被夷为平地，包豪斯附近的校长之家和大师之家也在劫难逃。格罗皮乌斯别墅全被炸毁，只有车库和地下室还相对完整。莫霍利-纳吉和艾尔伯斯先后住过的那幢拼连住宅也在同盟国的空袭中毁于一旦。

1947 年，建筑大师玛格蕾特·舒特·理荷茨基乘坐长途汽车去参加战后纳粹俘虏和受害者大会。大巴途经德绍，并在曾经辉煌灿烂的包豪斯建筑前短暂地停靠了一段时间。理荷茨基看到眼前令人心酸的景象时写道："我下了车，在废墟面前驻足观望。"[14] 格罗皮乌斯恐怕做梦也想不到包豪斯建筑的损坏程度如此严重。

1945 年 7 月 3 日，英国、美国和苏联这三股势力雄踞柏林。"冷战"期间，包豪斯逐渐失去了原来的辉煌。德国军事指挥员卢修斯·克莱将军于 1946 年年初找到格罗皮乌斯，希望他能担任重建美国在德的军控地带的建筑设计工作，格罗皮乌斯没有表态。后来他又婉言拒绝了重建苏联在德的军控地带的建筑设计工作。

一开始格罗皮乌斯并不愿意接受美国的委任。在写给侄子约亨的信中他写道："我在哈佛大学终身任职（但事实证明，格罗皮乌斯想错了）。哈佛享誉全国，我们可以一直留在哈佛任教。我的个人建筑事业也蒸蒸日上，这番事业是我来到美国之后白手起家，辛辛苦苦打拼出来的。"[15]格罗皮乌斯和7名年轻的同伴在剑桥组建了协和建筑师事务所，简称TAC。"我没有理由将我在这里取得的一切成就和地位一并抛弃，离开美国之后一切归零重新开始。我想若真的这样做，所需要的勇气要比身心所承担的疲劳与压力更大。"格罗皮乌斯有所迟疑的另一个原因是害怕自己以美国公民的身份回到德国"家园"时，内心会感到不安与自责。

格罗皮乌斯最后还是妥协了。他接受了委任，以项目设计顾问的身份乘坐军事货运飞机DC4回到那个自1935年之后再没见过的国家，格罗皮乌斯在途中一直心神不宁。

格罗皮乌斯的飞行旅途也是困难重重。在飞机起飞15分钟之后，其中一个发动机损坏，飞机只能原路返回机场。飞机在纽芬兰机场经停片刻后再次起飞。格罗皮乌斯在半夜惊醒，却意外地发现飞机着火。他向伊势描述这惊魂一夜时说道："我赶忙通知了机组人员！"[16]机组人员听闻就像触电一般惊慌失措。所有人立刻佩戴上安全带和降落伞包，最后冒烟的飞机不得不重新回到纽芬兰机场。格罗皮乌斯说："机组成员惊慌失措，而我却异常镇定与放松，我自己也没有想到我会这样处变不惊。工作人员成功地控制住了火势，最终安全着陆。"下午他们继续赶路。"穿过美丽、柔软的云层，经过十个小时的飞行，飞机到达了亚速尔群岛。岛上的雾很大，飞机用了一个小时才着陆。我们在倾盆暴雨中解决了晚饭，凌晨四点才抵达欧洲大陆。又经过十个小时的艰难飞行，我们一路颠簸途经法国，最后来到了德国法兰克福。"格罗皮乌斯在藤泊尔霍夫机场换乘大巴，终于看到了战后满目疮痍的柏林。

据估计，在1943—1945年，同盟国炸毁了柏林近三分之一的建筑，将近150万栋，并在柏林中心方圆26平方公里的土地上留下了战后残骸与废墟。1945年，苏联军队进入柏林，将枪口对准了剩下的建筑。菩提树下大街沦为废墟，施塔茨大街、皇宫、阿德隆酒店、罗曼咖啡馆也遭到了不同程度的损坏。这些地标性建筑都是格罗皮乌斯青少年时的回忆。

对格罗皮乌斯而言，这是一场痛苦、难忘的回归。他说："柏林已经消失了！它就像一个四分五裂的尸体，简直无法形容这种情况。柏林城的人民弯腰鞠躬，悼念这座城市，每个人都充满着绝望与心酸。晚上我见到了汉斯·夏隆、麦克斯·陶特、雷德斯洛布、莉莉·里奇。他们的脸上布满了岁月的痕迹，我几乎都认不出他们了。只有夏隆还有一腔热血，明天我应该去看看他。"汉斯·夏隆和格罗皮乌斯一样也是"十人小组"的元老。战争期间，他一直都留在德国，处处小心才熬过这几年。

格罗皮乌斯公事繁忙，他要和军政府长官一起参加情况介绍会、讨论会和位置视察活动。卢修斯·克莱将军毫无耐心，要求格罗皮乌斯立即拿出解决方案。但格罗皮乌斯认为重建柏林和柏林周围的中部地区是极其艰难、复杂的，所以在进行重建工作之前一定要进行若干年的调查研究。在接受视察德国其他城市的任务后，格罗皮乌斯先后前往法兰克福、不来梅港、汉诺威、斯图加特、威斯巴登以及慕尼黑。每到一个城市，看到眼前遍地废墟，人心堕落，格罗皮乌斯都感到毛骨悚然、绝望透顶。刚从美国归来的格罗皮乌斯十分关注马歇尔计划。马歇尔计划是乔治·马歇尔将军在几个月前提出的欧洲复兴计划。按照计划，美国将为欧洲各国提供食物、医用品、工厂机器和原材料。格罗皮乌斯现在明白了美国这次救援简直就是雪中送炭。

格罗皮乌斯给在芝加哥的西比尔·莫霍利-纳吉写信讲道："欧洲的情况令人触目惊心。这里的人每当看到有外人来访，就像看到救命稻草一样一哄而上。"[17] 有些人准备从苏联管控区去找格罗皮乌斯，只要能和格罗皮乌斯谈上半个小时，就算是 30 个小时的路程他们也愿意承受。人们希望格罗皮乌斯能够创造奇迹，恢复城市昔日的容貌。可是格罗皮乌斯深知，也承认自己实在无能为力，爱莫能助。

在写给萨库丝夫妇的信中，格罗皮乌斯表示回到德国让他痛心不已。信中这样说道：

> 若不是亲眼所见，就算发挥最大的想象力我也无法想到这场战争给欧洲带来的灾难。我亲眼目睹了我的同胞们，尤其是包豪斯旧友们的现状。回到美国之后，我身心俱疲。我向军事长官提出了对城市重建的建议，但是现在，那里绝望的人们只要有一个能够遮风避雨的家就会心满意足。在这种境况下，我不知道该如何去开展系统而复杂的城市重建计划。[18]

格罗皮乌斯经过英国返回美国，但这次的旅途无人陪伴，因为去年夏天，伊势出了一场车祸。这场车祸导致伊势右脚踝粉碎性骨折，肋骨断裂。伊势接下来可能需要一年的时间坐着轮椅养伤，接下来的几年还要依靠拐杖行走。伊势一个人在家中，感到失望透顶，她时常抱怨沃尔特可以走遍世界，而自己却被困在马萨诸塞州的林肯市。伊势没有事情可以消遣，也不知道沃尔特的安排和计划。沃尔特前往英国布里奇沃特参加战后第一次国际现代建筑协会会议。伊势写了封信给格罗皮乌斯，却不知道格罗皮乌斯多久才能收到这封信。伊势在信中问道："布里奇沃特在哪里？"[19]显然，伊势将萨默塞特郡的布里奇沃特和德文郡的布里德波特弄混了。伊势搞不清楚这两个地方情有可原，布里奇沃特是萨默塞特郡的一个偏远乡镇，像国际性建筑师会议这样高端的会议选择在这种小乡镇举行确实有些不合常理。但出席会议的人都是著名的建筑大师，数量也十分可观。70 位建筑师远赴英国参加会议，在布里奇沃特齐聚一堂。大会的主题是"重申国际现代建筑协会的目标"[20]。在法西斯掌控欧洲的最后十年里，"政治、经济和社会问题都已经上升到了一个新的高度"。

一行人来到布里斯托尔航空公司的造铝厂参观，随后在这里合影留念。我们可以在照片中看到一些国际现代建筑协会成员熟悉的面孔：勒·柯布西耶、西格弗里德·吉迪恩、海伦娜·萨库丝（时任大会副主席）和何塞普·布兰科·塞尔特。他们与打着领带的格罗皮乌斯一起坐在前排。在这场在英国举办的会议中，当地众多的现代艺术家，如麦克斯韦·福莱、威尔斯·科茨、杰克·普里查德等人也相聚一堂。格罗皮乌斯在 1934 年第一次到英国的时候与劳恩街的这些住户结下了深厚的友谊，所以会议顿时成为这些劳恩街公寓住户的小型聚会派对。格罗皮乌斯就自己在德国的所见所闻做了主题演讲。他在演讲中表示重建社会的任务迫在眉睫，呼吁大家要为各个阶层的人民谋福祉，并且强调了各有所长的建筑家们互相合作的重要性。格罗皮乌斯提出了一个美好的愿景，倡导在建筑设计实践中应该采用全新的建筑结构，乐观地表达了自己对战后"新概念建筑"[21]的看法。

格罗皮乌斯批判国际风格的"错误设计理念"，他认为这种风格与苏联社会现实主义的毫无灵魂的经典主义别无两样。格罗皮乌斯提出了建筑学上的去中心化概念，认为整个国家应该以邻舍为单位重建，这种应用于英国花园城市的现代化理念也非常适合德国战后的复兴修建。他认为独栋建筑之间空出来的公共空间可以用来修建广场、公共设施，建立一个"基础交通干道网络系统"。在格罗皮乌斯所提出的这个极富创造力的基本框架的基础上，大会成员经讨论后一致同意修建一个连接学校的社区中心。格罗皮乌斯和福莱所设计的因平顿乡村学院就是一种连接学校的社区中心。在当前的情况下，修建社区中心是战后重建的重中之重。格罗皮乌斯说道："因为这些中心是文化孵化基地，可以让社区中的每个人都得到高度发展。"

我们能够看出格罗皮乌斯对各种场合应对自如。然而，格罗皮乌斯内心的绝望却未能逃过玛格蕾特·舒特·理荷茨基的眼睛。在布里斯托尔航空公司造铝工厂合影的时候，玛格蕾特就坐在格罗皮乌斯旁边，仔细地观察了他的神情和一举一动。自1929年在法兰克福的现代国际建筑协会的会议结束以后，玛格蕾特与格罗皮乌斯已有近20年没见面了。玛格蕾特看到格罗皮乌斯的变化之后，甚是诧异。

> 格罗皮乌斯的外表没有发生很大的变化，但是他脸色苍白、心力交瘁，显得十分沮丧。这是他自战争以来第一次回到德国，满目疮痍的城市给他的打击着实不小。他对我说："当然，我们可以通过听新闻、读报纸了解战事。当你距这个是非之地千里之外的时候，你也可以选择对一切充耳不闻，与世隔绝！"[22]

重返柏林对格罗皮乌斯来说无疑是一场心碎之旅，他在会议期间从未露出过一丝笑容。

【注释】

关于本章节，我十分感谢格罗皮乌斯的侄子沃尔夫·布尔查德博士及其家人向我提供背景信息。感谢菲奥纳·艾略特为格罗皮乌斯的家庭信件进行翻译。

1 沃尔特·格罗皮乌斯对玛农·布尔查德所言，1945 年 9 月 16 日，HLH。

2 伊势·格罗皮乌斯对玛农·布尔查德所言，1946 年 10 月 31 日，HLH。

3 同注释 1，1946 年 10 月 31 日，HLH。

4 伊势·格罗皮乌斯对杰克和莫莉·普里查德所言，1945 年 10 月 29 日，UEA。

5 海伦娜·萨库丝，致沃尔特·格罗皮乌斯的电报，1945 年 6 月 6 日，HLH。

6 西·亚·马修森对沃尔特·格罗皮乌斯所言，1945 年 10 月 8 日，HLH。

7 莉莉·希尔德布兰特对沃尔特·格罗皮乌斯所言，1946 年 1 月 30 日，HLH。

8 沃尔特·格罗皮乌斯对莉莉·希尔德布兰特所言，1946 年 6 月 10 日，HLH。

9 玛格丽特·莱森内对沃尔特·格罗皮乌斯所言，1946 年 10 月 4 日，HLH。

10 莱内尔·费宁杰对沃尔特·格罗皮乌斯所言，1948 年 6 月 22 日，HLH。

11 伊势·格罗皮乌斯对麦克斯韦·福莱所言，1947 年 3 月 3 日，HLH。

12 伊势·格罗皮乌斯对杰克·唐纳森所言，1948 年 3 月 18 日，唐纳森家庭珍藏集。

13 伊势·格罗皮乌斯对菲利普·约翰逊所言，1947 年 9 月 8 日，HLH。

14 玛格蕾特·舒特·理荷茨基，"法兰克福，包豪斯和沃尔特·格罗皮乌斯"，舒特·理荷茨基文件，维也纳应用艺术大学。

15 沃尔特·格罗皮乌斯对约亨·布尔查德所言，1946 年 9 月 21 日，HLH。

16 沃尔特·格罗皮乌斯对伊势·格罗皮乌斯所言，1947 年 8 月 5 日，

HLH。

17 沃尔特·格罗皮乌斯对西比尔·莫霍利－纳吉所言，1947年10月8日，HLH。

18 沃尔特·格罗皮乌斯对希蒙·萨库丝和海伦娜·萨库丝所言，1948年4月20日，HLH。

19 伊势·格罗皮乌斯对沃尔特·格罗皮乌斯所言，1947年9月3日，HLH。

20 埃里克·芒福德，《国际现代建筑协会话语城市主义1928—1960》（马萨诸塞州剑桥，2002），第172页。

21 沃尔特·格罗皮乌斯"城市主义"，《建筑家期刊》，1947年9月25日，第277～281页。

22 玛格蕾特·舒特·理荷茨基，"沃尔特·格罗皮乌斯的记忆"，舒特·理荷茨基文件，维也纳应用艺术大学。

22 哈佛大学与协和建筑师事务所：1948—1952

　　1947 年，阿尔玛也回到了欧洲。阿尔玛重返维也纳的心情与格罗皮乌斯重返柏林的心情一样沉重而绝望。她在自己的回忆录中写道："维也纳简直就是地狱。歌剧院、城堡剧院、圣史蒂芬大教堂都毁于一旦。"[1] 她的那幢霍赫沃特别墅也破败不堪。她说："屋顶消失了，顶层地板坍塌，房子里灰尘弥漫，加热器、水电都不能用，曾经用来做浴室的大理石面板也坏掉了。"阿尔玛在克兰茨旅馆中的一间满是老鼠的房间休息。幸好她早有准备，来之前从加利福利亚寄了一些罐头，现在她只能靠这个活下去。

　　阿尔玛去维也纳是为了拿回一些属于自己的东西，尤其是爱德华·蒙克的那幅美丽神奇的油画作品——《海边夏夜》。这幅画是格罗皮乌斯 1916 年为纪念玛农的出生送给阿尔玛的礼物，因此对阿尔玛意义重大。1937 年，阿尔玛将这幅画连同自己收藏的其他四幅作品暂借给丽城的奥地利美术馆。阿尔玛和弗朗兹·韦尔费尔在纳粹德国吞并奥地利时离开了奥地利，之后，阿尔玛的继父卡尔·莫尔取回了这幅画，但之后又以 7000 帝国马克的价格将这幅画出售给了奥地利美术馆。

　　阿尔玛指责卡尔·莫尔没有权利出售自己的财产。她同母异父的妹妹玛利亚和玛利亚的丈夫理查德·艾尔伯斯托勒都是纳粹分子，阿尔玛从来没有向任何人透露过这件事。1938 年，阿尔玛的母亲在去世之前让卡尔·莫尔接管阿尔玛的财产。所以事情并不像阿尔玛说的那样简单。

1947 年，当阿尔玛回到维也纳时，维也纳当局仍在对卡尔·莫尔和艾尔伯斯托勒夫妇进行调查，虽然是在 1945 年，苏联红军进驻维也纳之前，他们三人已经在两代人同住的自家住宅中服毒自杀，但维也纳地方最高法院的赔偿委员会仍然不依不饶，并传召了几名证人。这些证人一口咬定阿尔玛在战前和战中一直与莫尔一家保持着紧密的联系。后来上诉被驳回，阿尔玛一气之下离开维也纳，从此之后再也没有回到这里。1968 年，正逢古斯塔夫·马勒百年纪念大会，阿尔玛非但没有出席，甚至强烈抵制纪念大会的举办。

2007 年，新法律规定纳粹分子非法搜刮的艺术作品需返还给失主。在新规定下，奥地利赔偿委员会才极不情愿地交出格罗皮乌斯送给阿尔玛的那幅画，将其返还给阿尔玛的孙女玛丽娜·马勒。

1949 年 8 月，阿尔玛的七十大寿在比佛利山庄举行，共有 60 余名宾客参加了此次盛大的晚宴，场面十分壮观。如今阿尔玛茕茕孑立。弗朗兹·韦尔费尔在几轮心脏病发作后于 1945 年夏去世，阿尔玛仍然坚持自己不参加葬礼的原则。现在阿尔玛与格罗皮乌斯一样成了一名美国公民。在那个时候的合影里，阿尔玛看起来虽已年老，但风姿绰约。她宛如好莱坞明星一样，梳着一头复古卷发，散发着迷人的魅力。服务生把一杯又一杯的香槟和阿尔玛订购的甜酒递给络绎不绝的宾客。到场的宾客还有利翁·福伊希特万格、作家卡尔·楚克迈耶、伊戈尔·斯特拉文斯基以及年轻的作曲家本杰明·布里顿。布里顿是 20 世纪 30 年代英国最早的一批马勒支持者之一，如今他是阿尔玛的助手。晚宴上，乐队在派对会场演奏了以马勒为主题的生日赋格曲。

人们对阿尔玛赞不绝口。托马斯·曼恩送给阿尔玛一本自己的新作，题字："致阿尔玛，1949 年 8 月 31 日阿尔玛生日，来自仰慕她的老朋友。"² 作家威利·哈斯更是热情洋溢地赞美阿尔玛，他对阿尔玛说，没有人会相信她已经 70 岁了，她看起来好像刚过 35 岁。哈斯说："你有着永恒的美。你是被上帝'眷顾保佑'的女人，两个优秀的男人的一生因你而精彩，是你造就了现在辉煌的他们。"³

晚宴结束之后，阿尔玛在日记中写道："只有古斯塔夫·马勒和弗朗兹·韦尔费尔才是我生命中最重要的人，其他人都是浮云，只不过有些人是强势的积云，而有些人只是地平线上微不足道的一丝卷云罢了。"⁴ 阿尔玛已经渐渐遗忘了沃尔特·格罗皮乌斯的存在。在阿尔玛和其他人心中，格罗皮乌斯这个阿尔玛的第二任丈夫就像从来没有存在过一样。

实际上格罗皮乌斯向阿尔玛送去了生日祝福，阿尔玛写道："亲爱的沃尔特，真心感谢你，我多么希望我们能再次相见，但我们总是擦肩而过。"⁵ 阿尔玛在信的最后以当初她和格罗皮乌斯热恋时用过的名字——阿尔玛·玛利亚署名。阿尔玛当然不会让她曾经的追求者也是她前夫的格罗皮乌斯轻易忘了她。

阿尔玛同时也收到了来自奥斯卡·柯克西卡的生日贺信，柯克西卡目前和他的妻子奥尔达·帕尔克夫斯卡在英国定居。原来激情高昂的柯克西卡在战争中饱受折磨。抵制纳粹分子、不忍看到奥地利时局动荡的柯克西卡在 1934 年选择离开维也纳来到布拉格，在这里居住了四年。在德国占领苏台德地区后，柯克西卡又离开布拉格来到英国。1946 年柯克西卡回到饱受战争摧残的布拉格，却发现自己那已经成了寡妇的姐姐患上了白血病，孤苦伶仃地住在破屋里。柯克西卡这次回到布拉格就像当时格罗皮乌斯回到柏林一样伤心欲绝。

1949 年，柯克西卡写信给阿尔玛："对我而言，在那个战争四起、灾难不断的年代，我们在一起的时光就如同虚幻的神话。"⁶ 格罗皮乌斯和奥斯卡·柯克西卡依然保持着微妙的联系。他们不再因对阿尔玛的爱意而心生妒忌，由于二战的缘故，他们曾经深信不疑的价值观完全破碎了，现在的他们同病相怜。

————

1948 年 5 月，格罗皮乌斯 65 岁，他的精神日渐萎靡。年末的时候，他去医院做了膀胱和前列腺手术。出院后的格罗皮乌斯体重只有 60 多公斤，伊势认为他需要好好休养一阵子。在沃尔特恢复期间，伊势必须回医院进行腿骨移植。车祸留下的后遗症依然影响着她的日常活动，所以接下来的几个月她的腿还要继续打着石膏。如今，格罗皮乌斯在别墅的生活日渐安静。

阿提再也没有和自己的养父母一起生活了。她总是任性妄为，叫人难以捉摸。她和伊势之间的关系也不是一直和和睦睦。一年前，她离开了黑山学院，定居纽约。美国杂志《时尚》曾邀请阿提加入，但阿提婉言拒绝了，因为她不想要一份长久、稳定的工作，不要过一眼望到头的生活，更不想为女性杂志社做碌碌无为的工作。之后，阿提嫁给了男友查尔斯·弗伯。查尔斯曾在哈佛大学的研究生学院就读，是格罗皮乌斯的学生，现在他成了一个年轻的建筑师。1948 年，查尔斯获得了去欧洲游学的奖学金。他和阿提游历了斯堪的纳维亚、意大利、法国和瑞士。到伦敦后，阿提带查尔斯去劳恩街公寓看望普里查德一家。1936 年的阿提还是个懵懂无知的小孩，那时普里查德一家对她关怀备至，让她一直心存感激、难以忘怀。

身在林肯市的格罗皮乌斯夫妇越来越感觉政治局势不容乐观。1945 年 8 月，美国先后在日本广岛和长崎投下两颗原子弹。格罗皮乌斯对未来充满了忧虑。伊势表示，她再也不能专心看书了："现在做什么都是于事无补，我们都等着原子弹来将我们炸得粉身碎骨。"[7]

1947 年 2 月，格罗皮乌斯收到了爱因斯坦的来信，爱因斯坦代表在普林斯顿的原子能科学家紧急委员会请求格罗皮乌斯帮忙宣传原子能的基本知识和其对社会的影响。爱因斯坦在信中说道："原子能的诞生可以说是继人类发现火种之后的又一革命性历程。"[8]格罗皮乌斯深信原子弹的危险性，便于 1946 年 3 月写信给美国参议员莱弗里特·索顿斯托尔。格罗皮乌斯在信中指出军队研发核能的危险性，呼吁对核能进行控制。1954 年，格罗皮乌斯游历广岛后才亲眼见到美国核能政策给世界带来的悲剧与伤痛。

战后，大家都投入德绍包豪斯的恢复重建工作。起初格罗皮乌斯的忠实支持者——弗里茨·黑塞经复职重新做起了德绍市的市长。弗里茨·黑塞先是与曾就读于包豪斯的学生——休伯特·霍夫曼一起担任德绍包豪斯的负责人。霍夫曼在战时的工作令人怀疑，因为他曾经在纳粹占领地——立陶宛（第三帝国殖民地）担任设计师。幸好他有先见之明，在俾斯麦附近的森林里掩埋了自己的纳粹制服和身份文件等。格罗皮乌斯拒绝了让他重回德绍的邀请，但他的一些旧时包豪斯的同僚又重新返回了德绍包豪斯。

然而，复兴包豪斯这个想法没能维持多久。1946 年，苏联军队进驻德绍。苏联共产党宣布接管了德绍，霍夫曼失势，弗里茨·黑塞在政府机关的职位也由亲苏党人士接替。1949 年，德国分裂为以波恩为首都的西德和以东柏林为首都的东德。正好位于苏占区的魏玛和德绍包豪斯沦为了狂热分子的攻击目标。在崇尚社会现实主义的政权下，先锋派艺术被视作堕落艺术。格罗皮乌斯领导下的包豪斯被认为是资产阶级狂妄自大的产物，遭到猛烈的抨击；而在汉内斯·迈耶领导下彰显出明显共产主义倾向的包豪斯，却为人称赞。两个政府对包豪斯截然不同的态度反映了东德和西德之间的冲突与差异。

美国与苏联共和国之间的矛盾日益激化，这让格罗皮乌斯更加左

右为难。在 1948 年冷战期间，格罗皮乌斯成为具有影响力的标志性
人物，被西方人尊称为"现代英雄"。在人们眼中，格罗皮乌斯是值
得敬佩的德国人，是在二战和冷战期间的欧洲现代主义发展中起到决
定性作用的领军人物。格罗皮乌斯身上所散发的人文主义高级知识分
子的气质，是被纳粹党蹂躏之前的真正的德国人的特点。格罗皮乌斯
所赋予包豪斯的国际性、世界性以及理想主义，一直是美国人所看重、
强调的特点，是被纳粹分子所残忍践踏并扼杀的德国原始传统文化。

格罗皮乌斯的威望也给他带来了不小的压力。1948 年，美国兴
起了反共产主义风潮——"红色恐慌"。文艺界和政府部门煽动人们
互相揭发，并对有亲共嫌疑的公众人物进行迫害。格罗皮乌斯过去与
苏联存在某些容易引发争议的联系，所以格罗皮乌斯对待自己的过去
必须愈加谨慎小心。格罗皮乌斯开始注意与自己早期实践性表现主义
风格的作品保持距离，与自己亲自招募到德绍包豪斯的汉内斯·迈耶
断绝关系。我们不知道格罗皮乌斯在近期申请取得美国公民身份时，
是如何对自己曾参加莫斯科苏维埃宫殿设计招标的事实进行解释的。
但我们清楚的是，格罗皮乌斯现在必须像 20 世纪 30 年代在柏林时
一样，小心翼翼地对待自己的政治立场。这种被迫自我纠正的过程对
格罗皮乌斯来说痛不欲生。

协和建筑师事务所的成立让格罗皮乌斯更加忙碌。该组织除格罗
皮乌斯之外，还有 7 位初创者：路易斯·麦克米伦、罗伯特·麦克米兰、
本·汤普森和两对夫妇——约翰（切普）和莎莉·哈克尼斯以及珍和
诺曼·弗莱彻。这 7 人都才 30 多岁，而格罗皮乌斯却已经 60 多岁了。
协和建筑师事务所在美国成为最大的建筑事务所实体，在 1995 年关
闭之前，该事务所名下共有百名员工。有不少人一直认为，格罗皮乌
斯成立并加入协和建筑师事务所对他的建筑事业来说有一定的负面影
响，这样的观点未免有些过于绝对。虽然格罗皮乌斯和这些人的伙伴

关系并不如他和马塞尔·布鲁尔的伙伴关系那样平等，他在很多地方都必须做出让步，但只有这样做才能让格罗皮乌斯在美国的地位更加稳固、找到更多的归属感。

协和建筑事务所成立的时候不太正式。格罗皮乌斯在哈佛大学时的学生切普，现取代布鲁尔成为格罗皮乌斯的教师助理。切普和诺曼·弗莱彻纷纷在史密斯大学居民建筑设计比赛中分别获得第一和第二的好成绩。受到肯定的两人备受鼓舞，开始计划着手建筑设计。也正是在那个时候，哈克尼斯来到格罗皮乌斯的办公室，希望他可以加入他们的团队。格罗皮乌斯向侄子约亨表示：为了成立最棒的建筑事务所，"我从新一代建筑师中挑选了最好的一批人"[9]。格罗皮乌斯这个描述可能并不完全准确，因为实际情况恰恰相反，并不是格罗皮乌斯选择了切普和诺曼·弗莱彻等人，而是他们选择了格罗皮乌斯。切普和诺曼·弗莱彻等人认为格罗皮乌斯的荣誉和经验能为他们带来更多的建筑项目与机会。

格罗皮乌斯与切普和诺曼·弗莱彻等人的关系从 1945 年 12 月开始逐渐趋于平等与正常。他们的关系更加民主，而不是从前"老板"和"员工"的等级制度关系。格罗皮乌斯说道："他们五个跟我一样有权力做决定（这里的五个人包括两对夫妻）。所以我们相处融洽，所有的工作进展顺利。"那一段时间，他们充满了希望。经过战争磨砺的年轻事务所成员对未来充满了积极和美好的愿景。本·汤普森曾在美国海军部队做过副官，不喜欢军队的切普·哈克尼斯加入了美国场地服务队，两人兴趣广泛，都壮志凌云。弗莱彻、麦克米伦和麦克米兰都曾就读于耶鲁建筑学院，三人一直都向往成立一家所谓的"国际协作事务所"——一家不仅专注于建筑，也承包绘画和雕塑业务的事务所。莎莉·哈克尼斯表示协和建筑师事务所的目标就是要享誉全球。

协和建筑师事务所与包豪斯的风格差异巨大。事务所早期的一个重要的建筑项目作品是哈佛研究生中心。我们可以看到一张事务所成员聚集在哈佛研究生中心合影留念的照片。照片上，男成员身穿套装，系着领带。莎莉·哈克尼斯却穿着用荷叶边装饰的美式针织棉衣裙，活像一名俄克拉何马唱诗班的演员。以包豪斯派的标准来看，莎莉·哈克尼斯的衣着打扮十分怪诞。虽然协和建筑师事务所与包豪斯风格大相径庭，但两者仍有一定的相似之处。格罗皮乌斯在战争时期为了应对各种摧残和触目惊心的浪费而创立了包豪斯派，而事务所是在战争结束以后建立的。所以两者的目标相同，那便是凝聚各方力量以实现共同的理想。本·汤普森和其他事务所成员现在虽可能还达不到约瑟夫·艾尔伯斯、马塞尔·布鲁尔、保罗·克利，以及瓦西里·康定斯基等人的高度，但他们至少为格罗皮乌斯找回了包豪斯的追求和理念。

1946 年 12 月拉兹洛·莫霍利 - 纳吉因身患罕见的白血病而去世，这又一次触发了格罗皮乌斯对包豪斯深深的怀念之情。格罗皮乌斯前往芝加哥参加莫霍利的葬礼并发表了演讲，整个过程他都痛苦万分。在包豪斯成员中，莫霍利是他最亲密的朋友。他在写给莫霍利的遗孀西比尔·皮兹史的信中说道："没有莫霍利的贡献，包豪斯不可能有如此大的成就。"[10] 格罗皮乌斯告诉西比尔，自己非常想念莫霍利这个自己最为感激、最富智慧的朋友和合作伙伴。他对莫霍利的感情根本没有办法用语言来描述。

在格罗皮乌斯的举荐下，塞吉·希玛耶夫接替了莫霍利在芝加哥设计所的职务。可惜这次任命以及整个设计所的命运都是短暂的。回顾以前的雄心壮志和诸多成就，格罗皮乌斯不禁想到包豪斯派和早期理想主义塑造了当时激进的自己，年轻的自己还是十环社的创立者。有了协和建筑师事务所的基础，1946 年后格罗皮乌斯又变得激进，否决了单体星形建筑的方案。单体星形建筑方案代表的是建筑师个人的灵感，而现在的格罗皮乌斯更看重的是一种共通和理性的社区重建理念。格罗皮乌斯向约亨·布尔查德解释说："我关心的是城市规划这种大问题，我不会再去考虑某个单体建筑本身是否具有平衡性，除非这个单体建筑对大背景、大环境能够发挥一定的功能和作用。"[11]

"团队合作"是协和建筑师事务所的新法宝，是事务所发展的动力。格罗皮乌斯对合作这一概念并不陌生，他在包豪斯与劳恩街公寓时已经深有体会。但是这一原则在美国这个新的背景下转变成了不同的内容。

首先，事务所坐落于哈佛广场附近的朴实无华、毫不起眼的建筑区域。事务所每周都会召开一次会议，所有成员，没有长幼尊卑之分，都要在会议上接受评估。成员们称格罗皮乌斯为"格罗普"。大家围坐在桌边，用直白的语言一起讨论他们的项目。

"所有协和建筑师事务所的人都认识格罗普，"后期加入事务所的成员佩里·金·纽鲍尔回忆，"我们都认为格罗普在设计方面有真知灼见，饱含哲学理念。但当然，他也有遇到令人抓耳挠腮的问题和建筑设计瓶颈期的时候。我们敬佩他之前所取得的成就，相信他的判断，但也因能够与他共事而微感敬畏和胆怯。"[12]

一直以来都有协和建筑师事务所女性成员受到不公平待遇的谣言，但事实上，格罗皮乌斯在对待莎莉·哈克尼斯以及珍·弗莱彻时，从来没有过任何的偏袒与私心。关于这一点，2006 年时莎莉在一次记者发布会上早已对格罗皮乌斯歧视女性的谣言进行了澄清。莎莉·哈克尼斯以及珍·弗莱彻两人都在剑桥大学学习建筑园艺设计，她们也是美国第一届在这些领域荣获硕士学位的研究生。1938 年，格罗皮乌斯到美国发表了第一次公开演讲，表示了自己赞成对女性一视同仁、赋予女性同等机会的立场。

这个时候的格罗皮乌斯也推崇强调他的"团队合作"理念，但有人认为，正是因为这个理念，格罗皮乌斯丧失了自己的建筑风格。协和建筑师事务所追求医院、学校、民用建筑等大规模城市建筑之间的连贯性，这样一来，建筑全都是千篇一律的。何塞普·布兰科·塞尔特恶狠狠地评论道："如果沃尔特能够放弃这些涉世未深的年轻人，他也许还有药可救。"[13]

弗兰克·劳埃德·赖特这位德高望重的明星建筑师鼻祖对格罗皮乌斯这个理念也持有极大的看法。1945 年 7 月，格罗皮乌斯与弗兰克·劳埃德·赖特先后来到墨西哥，出席了在一位名叫麦克斯·塞托的墨西哥裔德国建筑师家中举行的晚宴。艺术家迭戈·里维拉也在场。格罗皮乌斯这样记录了他与弗兰克·劳埃德·赖特见面的故事：

> 当我刚开始讨论团队合作的理念时，赖特就在我旁边坐了下来，面带微笑倾听我的演讲。在我结束发言后，赖特向我发问："沃尔特，如果你想要一个孩子，你不会向邻居寻求帮助吧？"我回答说："如果邻居刚好是个女的，那我很有可能会去。"[14]

协和建筑师事务所还融合了嬉皮士元素。20 世纪 50 年代，成员们一改早期正式的西服和领带的穿衣风格，换上了休闲、舒适的灯芯绒和牛仔布面料服饰，这也正标志着这种现代近邻关系开始在美国发展开来。这种现代近邻关系的代表之一就是位于莱克星顿、剑桥西的郊区的六月山。六月山的 28 幢房屋是由事务所成员切普和莎莉·哈克尼斯、诺曼和珍·弗莱彻、鲍勃·麦克米兰、本·汤普森逐一亲手设计的，他们很喜欢在这里与自己的家人、志同道合的朋友共同居住。六月山风景秀美，一木一石都充满灵气。这些房子沿着弯曲的小巷建成，中心人行道上铺有绿色草皮。六月山占地面积为 2000 平方米，设计风格多样，各具特色。六月山在设计中还结合了木制结构，并加入大量的玻璃元素，让人不禁联想起格罗皮乌斯在莱克星顿的房子。除此之外，六月山充分利用了光线，使朝向太阳的房屋能够获得充足的阳光，采集绿色能源。综上所述，六月山绝对可以称得上是一座站在当时时代前沿的建筑。

本和玛丽·汤普森与他们的五个孩子共住在月山路40号。他们共育有三个男孩、两个女孩。汤普森的女儿玛丽娜仍记得他们一家人搬到月山路时的情景。那时的玛丽娜只有4岁，第一次看到月山路新家的她觉得这栋两层楼高的房子简直就是游乐场。生活在20世纪50年代六月山的孩子们都"不太服从管教"。他们在房屋间穿梭，到处飞奔，没有他们到不了的地方。汤普森的儿子安东尼描述这两层楼高的房子时表示："天花板上挂着的用光亮纸制成的纸灯照亮了整幢别墅，这座房子的焦点无疑就是独立、宽敞的壁炉，各个房间摆满了各种现代画作和雕塑品。考尔德风铃静静地挂在楼梯和烟囱之间。在下楼的时候，只要伸手就可以碰触到这些风铃。"[15]钟爱斯堪的纳维亚风格的本·汤普森在地下室建了一个芬兰风格的桑拿室。他经常半裸着坐在餐桌前吃早饭，当时的男人都有这种习惯。玛丽娜说："我们可以接受比较自大的人。"[16]后来，本和玛丽两人分居，本随后又娶了一位名叫珍·麦卡洛的记者。这不仅仅是一场婚姻背叛，还显示出了六月山这个战后天堂慢慢衰落的趋势。

乡村生活相对而言自由自在、无拘无束。格罗皮乌斯和伊势定期来到六月山参加感恩节晚会和其他活动。每当格罗皮乌斯夫妇来到汤普森家，汤普森都是以正式的皇家礼仪接待他们。大多数人都认为格罗皮乌斯是六月山建筑的原创设计师。玛丽·汤普森常常因为格罗皮乌斯的到来而感到惊慌失措，因为格罗皮乌斯对蒜过敏，这让玛丽更加不知如何是好，怎么样才能做一道没有蒜的菜品呢？格罗皮乌斯有些沉默寡言，异常安静。他坐在沙发上弯着腰和汤普森的孩子们聊天，孩子们也亲切地叫他格罗金叔叔。面对孩子们的问题，他总能一一做出回答。伊势显然更加喜欢这样的场合，她显得非常活跃，举手投足之间散发着欧洲贵族的魅力。玛丽娜对伊势的样子感到非常震惊，尤其是她那头火红色的头发，甚至连她的眉毛也被染成了红色，这种"复杂"的妆容让玛丽娜印象深刻，她觉得伊势有种"女王风格"。

格罗皮乌斯夫妇每逢圣诞节都要回六月山给孩子们带去圣诞礼物，有一年他们给六月山所有的孩子带了巴克敏斯特·富勒的"圆顶形"攀登架。格罗皮乌斯和伊势与富勒这位著名的穹顶建筑师成了要好的朋友。富勒在格罗皮乌斯身上看到了自己对技术的热情，两人都认为新型材料和技术可以开创精神分析新领域。在林肯市吃完午餐后，富勒在福雷斯特写信给伊势，信中说道："你的丈夫非常厉害，因为他改变了人类外在的进化。通过他的作品，人们可以平衡内向性和外向性状态——自私和无私两种状态。"[17] 巴克敏斯特·富勒认为格罗皮乌斯对艺术和科学都能保持同样的尊重。

格罗皮乌斯所信奉的总体艺术理念是包豪斯建立的中心原则之一。格罗皮乌斯早在《包豪斯宣言》中就用强有力的日耳曼语言表达了这种原则："这种伟大的总体艺术，我们未来的信仰，将会在日常生活中的微小之处放射光芒。"[18] 格罗皮乌斯依然秉承最初建立包豪斯的理念——团结人才，集体合作，将建筑与艺术相融合。在战后美国的大背景下，哈佛大学研究生中心见证了这种艺术与建筑的高度融合。

协和建筑师事务所建立早期，建筑项目少之又少，经济上入不敷出，营业艰难。格罗皮乌斯无奈向哈佛大学校长詹姆斯·科南特和美术学院院长保罗·巴克寻求帮助。两位领导于是便委托事务所设计7栋可供575名学生居住的三层楼住房以及一栋一层楼高的学生活动中心，供学生就餐和休息使用。这片呈楔形的建筑群将占据校园北部边缘的大片区域。

格罗皮乌斯带头，整个事务所都投入这项工程。在哈佛大学进行的这个建筑项目并没有像格罗皮乌斯德绍别墅那样别出心裁、吸引眼球，没有那种引领新艺术风格思想风潮的架势。但研究生中心传统的连贯性却将事务所的优势完美地体现了出来。研究生中心所有的建筑都是钢铁构架，风格多样。建筑中心是一个凹陷的花园，充满了随意性与多样性。不仅每个建筑本身是十分重要的元素，建筑之间的空间也起着至关重要的作用。这种概念创造了"全新的空间感"：建筑并不是孤立的存在，而应该是更大、更广，进出自由，大众的背景以及系列连贯视觉美景的重要组成部分。这种概念就是格罗皮乌斯在那个时期最关注的事情之一。

这样大胆的现代建筑群放在哈佛大学里有些突兀，因为哈佛大学的建筑整体上是新格鲁吉亚风格，这两种风格似乎非常矛盾。但是格罗皮乌斯在《纽约时报》上发表了一篇文章，捍卫了事务所在哈佛大学的设计理念，格罗皮乌斯表示："我们不能再走老路……中世纪主义和殖民主义都无法体现 21 世纪的人类生活面貌。建筑只有进行时，没有完成时。"[19]

从哈佛大学研究生中心的建筑成果中，我们可以看到格罗皮乌斯善于根据各建筑师的特长与经验，为他们分配适合的责任与工作。格罗皮乌斯认为艺术不仅是建筑项目的重要组成部分，更彰显了他与自己敬佩之人之间的信任和友谊。格罗皮乌斯请约瑟夫·艾尔伯斯为哈克尼斯活动中心的娱乐室设计了一座大型砖体抽象风格建筑；请赫伯特·拜耳设计了一面贴有彩色瓷砖的墙，这面墙一直向以柱子作为支撑的走廊深处延伸。赫伯特·拜耳还应邀为小食堂设计了一幅壁画，但这幅画似乎并没有得到同学们的青睐，甚至还被调侃为"午间眩晕墙"。与格罗皮乌斯一样流亡在外生活在美国的欧洲人——来自匈牙利的科普斯（现称格奥尔格）受到格罗皮乌斯的委托，负责研究生中心门廊的世界地图。

格罗皮乌斯还请琼·米罗为哈克尼斯活动中心餐厅设计一面六米长的油画墙。这面抽象风格的油画墙现收藏于纽约现代艺术博物馆，而哈克尼斯活动中心餐厅的墙壁替换成了米罗瓷砖镶嵌板，当然，这个瓷砖镶嵌板也是复制品。汉斯·阿尔普设计的两幅美国红木壁画仍放置在餐厅原来的位置。两幅名为《群星璀璨》的壁画充分地体现了阿尔普崇尚美丽的大自然、变幻莫测的宇宙以及生物之间互相联系的和谐状态的理念。格罗皮乌斯与阿尔普都讲德语，相同的语言使两人在制作壁画的过程中更加容易理解对方的理性和神秘，让他们的工作更有效率。格罗皮乌斯特邀请阿尔普为哈佛大学做设计之举，更多的是希望同学们可以在经过大楼时看到更多的风景。教育并不是简单地增加教育设施，更需要符合视觉审美。

阿尔普在接受格罗皮乌斯的委托之前早已在美国有众多的联系人与仰慕者。1948 年，艾尔伯斯曾邀请阿尔普来黑山学院任教，阿尔普虽然拒绝了这个请求，但是这并不意味着他否认了未来在美国生活发展的一切可能性。在接到格罗皮乌斯的邀请后，阿尔普亲自来到林肯之家与他商讨，甚至还在那里住了一段时间。格罗皮乌斯与阿尔普两人的缘分可以追溯到 1938 年，两人曾在德意志工作联盟的展览上有过一面之缘，并在那时结下了深厚的友谊。阿尔普观展后写信给格罗皮乌斯："我希望这么美妙的建筑能够让你满意。"[20] 阿尔普同时也在信中向协和建筑师事务所的其他成员问好："致敬事务所的领导者。"格罗皮乌斯的林肯之家附近经常有各式各样的鸟儿出没，如山雀、蓝知更鸟、啄木鸟和旋木雀，这绝对称得上是格罗皮乌斯别墅的一大特色。伊势喜欢给它们喂煎饼和花生黄油。这些鸟儿显然给阿尔普留下了深刻的印象，因为阿尔普在信中还表示，希望伊势可以代他向她的蜂鸟问好。

下一件哈佛艺术作品是出自美国雕塑师理查德·利波尔德的室外雕塑。理查德·利波尔德曾就读于芝加哥艺术学院，专攻工业设计专业，并于 1937 年顺利毕业。利波尔德后因几何金属建筑声名鹊起。他为哈佛大学设计的不锈钢雕塑作品——《世界之树》，高 10 米，位于哈克尼斯活动中心前的草坪中。格罗皮乌斯与协和建筑师事务所的另外五位男性成员曾经在这座雕塑上拍照留念。五人分别是麦克米伦、本·汤普森、罗伯特·麦克米兰、诺曼·弗莱彻以及约翰·哈克尼斯，而格罗皮乌斯就在这五人中间。照片中的他们满脸笑容、扬扬得意，气氛和谐，甚至有几分包豪斯老照片的影子。但如果你认为实际情况真的像照片中洋溢出的喜悦一样的话，那就大错特错了。从 20 世纪 50 年代早期起，格罗皮乌斯和哈佛大学之间的关系就已经开始出现裂痕，随后愈演愈烈，最后在痛苦与羞辱中画上了句号。

————

1937 年春，当格罗皮乌斯还沉浸在刚来到哈佛大学的欢乐中时，他与哈佛大学设计研究生院新任院长约瑟夫·赫德纳特的关系却在无声无息中开始恶化。虽然是赫德纳特本人首先主动任命格罗皮乌斯为建筑学院的院长，那时的赫德纳特也一腔热血地致力于将哈佛大学学院派的建筑培养风格模式转变为更加现代化的包豪斯风格，但也正是从那时起，赫德纳特对格罗皮乌斯的态度发生了变化。可能是出于嫉妒，古板守旧、做事小心谨慎的赫德纳特开始逐渐怨恨格罗皮乌斯的魅力和权威，以及他的国际影响力。在《哈佛猩红报》中，我们可以看到一则哈佛的内部评论，内容是这样写的：

……赫德纳特十分清楚，无论研究生院取得什么样的成就，学校都会将功劳全部归于格罗皮乌斯。这样一来，身为设计研究生院院长的他只会越来越相形见绌、黯然失色。所以对于格罗皮乌斯这样的存在，赫德纳特心生妒忌与怨恨也是情有可原的。赫德纳特开始经常说起"学习只与经验有关，与权威和名气无关"。但所有人都明白赫德纳特口中所指的权威到底是谁。[21]

伊势后来又解释说，那个时候的赫德纳特已经完全放弃他对现代建筑的信仰，他百般阻挠格罗皮乌斯将包豪斯的基本设计课程引进哈佛教授课程中。伊势回忆道："格罗皮乌斯与赫德纳特之间展开了真正的较量。"[22]1948年，格罗皮乌斯和赫德纳特的冲突达到高峰。

赫德纳特展开了对格罗皮乌斯的报复：毫不避讳地当着其他教职员工的面对格罗皮乌斯冷嘲热讽，无视格罗皮乌斯成立的委员会，对协和建筑师事务所的成员冷眼相对。这些来自赫德纳特的攻击让格罗皮乌斯近乎疯狂。我们可以在1948年哈佛教职工会议上格罗皮乌斯潦草的会议记录中看到格罗皮乌斯的抗议，比如，"病态地嫉妒""出卖我""从此你我为敌""分歧与统治""被阴谋所蒙蔽""没人相信他"等词语[23]。

就在同年，格罗皮乌斯收到了令他震惊的噩耗——他在哈佛大学的任职生涯即将结束。

我们不难看出，格罗皮乌斯在刚接到赫德纳特的任命时就坚信自己可以终身享有哈佛大学建筑学院院长的头衔。如今的格罗皮乌斯却收到了哈佛大学校长詹姆斯·科南特的来信，信中告知格罗皮乌斯到1949年6月30日，也就是第二年夏天，格罗皮乌斯就到了退休年龄。格罗皮乌斯义愤填膺，立刻回信给詹姆斯·科南特，提示科南特校方在聘用他的时候告诉他，他的年龄并不是问题，因为像他这样"杰出、卓越的伟人正是哈佛大学期待已久却不可多得的人才"。格罗皮乌斯还用恳求的语气表示，自从到学校任职后，学校任务数量多、任务重，占据了他大部分的时间，所以自己基本无暇顾及私人建筑设计。如果这个时候从哈佛退休，自己肯定会深陷经济危机之中。科南特最终决定将格罗皮乌斯的退休时间延缓至 1953 年 6 月 30 日，也就是格罗皮乌斯 70 岁的时候。但格罗皮乌斯与赫德纳特之间的矛盾非但没有缓和，反而不断升级。建筑学院的教职员工的规模和权利也有所缩减，其中在建筑学院任职的格罗皮乌斯协和事务所成员越来越难以得到赏识与重用。随着建筑学院的经费不断地大规模缩减，格罗皮乌斯终于不堪重负、失去耐心，于 1952 年 6 月 19 日递交了辞职信。

格罗皮乌斯在信中对科南特对自己的照顾表达了感激之情，同时也对赫德纳特进行了强烈的抨击。格罗皮乌斯在信中说道："我努力地说服自己，一个好学校必须要有自己的内在发展动力。多年来，赫德纳特消极的态度使整个学院士气大跌，给全体教职员工带来了不利的影响，成为学校自由前进和发展的绊脚石。如果赫德纳特这种病态情绪为哈佛大学带来了不良声誉，我不想为此承担任何责任，搭上任何关系。"[24] 不久之后，赫德纳特也到了退休的年纪，离开了哈佛大学。

1952 年 3 月 25 日，格罗皮乌斯在哈佛的亨特大厅为广大听众上了最后一课，内容是"工业社会中的建筑师"。现场气氛庄严而正式，这与格罗皮乌斯当初离开包豪斯时在场的人无不动容、伤心的景象大相径庭。哈佛大学也开始着手招聘格罗皮乌斯的接班人。在几位候选人中，有两位是格罗皮乌斯较为看好的：一位是身在米兰的欧内斯托·罗杰斯，他是英国建筑师理查德·罗杰斯的叔叔；另一位是西班牙籍的现代建筑协会成员何塞普·布兰科·塞尔特。最终，何塞普·布兰科·塞尔特于 1953 年接任了哈佛大学建筑学院院长一职。

后来，伊势对于格罗皮乌斯在哈佛大学所遇之事的分析非常在理。她在采访中表示：

在哈佛大学留任是非常困难的。格罗皮乌斯一生都我行我素。他胸怀壮志，怀揣着包豪斯的理想。包豪斯的教职员工每一位都是经他精挑细选、与他志同道合的伙伴。他呕心沥血地经营包豪斯长达9年。当初去哈佛任职时，他瘦弱的身体撑不起宽大的服装。包豪斯最鼎盛时期，学生才不过150人。但格罗皮乌斯很开心，因为他坚信，把一件小事认真做好带来的影响远远大于做一件大事却半途而废所产生的影响。[25]

1948年，曾经遭到赫德纳特强烈反对的包豪斯基本设计课程最终被引入哈佛大学的夏令营实验课程。瑙姆·加博是教授此课程的第一人，后来该课程又由约瑟夫·艾尔伯斯负责。但这对格罗皮乌斯来说为时已晚。

【注释】

收录在由让尼娜·菲德勒和彼得·法伊尔阿本德所编著的《包豪斯》（波茨坦，2013）中，由保罗·贝茨撰写的两篇文章《包豪斯和国家社会主义——现代主义的黑暗篇章》和《德意志民主共和国的包豪斯——在形式主义与实用主义之间》向我们揭示了战后各界各派对于包豪斯的政治态度。更多信息可参阅收录在由大卫·克罗利和简·帕维特所编著的维多利亚和阿尔伯特博物馆的展览目录（伦敦，2008）中的《现代"冷战"：设计1945—1970》一文。

关于格罗皮乌斯在哈佛大学教学生涯的重新评估，请参阅吉尔·珀尔曼的作品《创造美国现代主义：约瑟夫·赫德纳特，沃尔特·格罗皮乌斯和哈佛大学的包豪斯遗产》（弗吉尼亚州，2007）。

关于协和建筑师事务所的起源及其20世纪60年代中期前的作品，请参阅《协和建筑师事务所公司》（巴塞罗那，1966）。这份内容丰富、详细的调查报告包含了格罗皮乌斯和其他创始合作伙伴的评论。关于后期对于这一阶段的格罗皮乌斯的重新评估和有趣的回忆，请参阅 2013 年夏《波士顿建筑》杂志"美国人格罗皮乌斯"一期。从协和建筑师事务所合作伙伴佩里·金·纽鲍尔执导的纪录片《依然矗立》，以及佩里·金·纽鲍尔对约翰和莎莉·哈克尼斯以及诺曼·弗莱彻的访谈中，我们可以获得大量的相关信息与内幕。我曾于 20 世纪 70 年代与约翰·哈克尼斯见过面，于 2016 年与亚历克斯·茨维亚诺维奇（简·汤普森闻名）见过面，还曾对玛丽娜·汤普森进行了电话采访，这些都为我的传记提供了大量的宝贵信息。

1 马勒，《桥》，第 274 页。

2 托马斯·曼恩，引用马勒的《桥》，第 277 页。

3 威利·哈斯，写给阿尔玛·马勒的生日簿，引用西尔麦斯，第 259 页。

4 同注释 1，第 277 页。

5 阿尔玛·马勒对沃尔特·格罗皮乌斯所言，1949 年 9 月，HLH。

6 奥斯卡·柯克西卡，写给阿尔玛·马勒的生日簿，引用西尔麦斯，第 260 页。

7 伊势·格罗皮乌斯对杰克和莫莉·普里查德所言，1945 年 10 月 29 日，UEA。

8 阿尔伯特·爱因斯坦对沃尔特·格罗皮乌斯所言，1947 年 2 月 10 日，HLH。

9 沃尔特·格罗皮乌斯对阿希姆·布尔查德所言，1947 年 9 月 21 日，HLH。

10 沃尔特·格罗皮乌斯，拉兹洛·莫霍利－纳吉葬礼演说稿，1946 年 12 月，HLH。

11 同注释 9。

12 佩里·金·纽鲍尔，《波士顿建筑》中的信，2013 年秋。

13 何塞普·布兰科·塞尔特，《泰晤士报文学副刊》，1986 年 5 月 2 日。

14 沃尔特·格罗皮乌斯对 J. M. 理查兹所言，1953 年 10 月 5 日，HLH。

15 安东尼·汤普森，"月山路 40 号"，2011 年夏，第 17 页。

16 玛丽娜·汤普森，作者采访，2016 年 9 月 26 日。

17 巴克敏斯特·富勒对伊势·格罗皮乌斯所言，1950 年 1 月 27 日，HLH。

18 《1919 年包豪斯宣言》，引用马塞尔·弗朗西斯科诺，《沃尔特·格罗皮乌斯和魏玛时期包豪斯的建立》（厄巴纳，1971），第 142 页。

19 沃尔特·格罗皮乌斯，《纽约时报》，1949 年，引用吉尔伯特·卢普弗和保罗·西格尔，《格罗皮乌斯》（科隆，2006），第 81 页。

20 汉斯·阿尔普对伊势·格罗皮乌斯所言，1950 年 6 月 11 日，HLH。

21 迈克尔·麦可比，《哈佛猩红报》，1952 年 12 月 11 日。

22 伊势·格罗皮乌斯，"微小却完美的事物"，采访记录，约 1980，1984 年转录，BHA。

23 沃尔特·格罗皮乌斯笔记，约 1948 年 6 月，引用艾萨克斯，第 263 页。

24 沃尔特·格罗皮乌斯对詹姆斯·科南特所言，1952 年 6 月 19 日，HLH。

25 同注释 22。

23 流浪的星星——日本、巴黎、伦敦、巴格达、柏林：1953—1959

1928 年，格罗皮乌斯和阿尔玛离婚后，和玛丽亚·贝内曼有过一段短暂的恋情。那时既追求快乐又寻找自由的格罗皮乌斯认为自己是在宇宙中流浪的一颗星星。如今，70 岁高龄的格罗皮乌斯又成了那颗流浪之星。在格罗皮乌斯离开哈佛大学后的几年，协和建筑师事务所逐渐接到越来越多的来自国外的重要建筑设计的委托，格罗皮乌斯也因此有机会可以环游世界。格罗皮乌斯还经常出国参加各大国际盛典，比如，他曾赴巴西出席了马塔拉佐基金会的建筑师最高奖项颁奖典礼，并荣获国际奖。除此之外，格罗皮乌斯还获得了悉尼大学的荣誉博士头衔，并赴悉尼大学站在千人会场的舞台上做公开演讲。悉尼新闻报称赞格罗皮乌斯的演讲对建筑师的意义就如同爱因斯坦的演讲对物理学家的意义一样非同一般。这些赞赏令格罗皮乌斯十分欣慰与高兴，这样的高度赞扬与肯定在一定程度上弥补了格罗皮乌斯之前遭受的不公正待遇。身为一个极富创造力的建筑大师和建筑界权威人士，格罗皮乌斯的才能却经常在勒·柯布西耶、密斯·凡·德·罗和弗兰克·劳埃德·赖特的耀眼光芒下黯然失色。

如往常一样，旅行让格罗皮乌斯精神高涨，使他获得了全新的历史政治观，每一处路过的景观细节都令他兴奋至极。1954 年 5 月 19 日，格罗皮乌斯夫妇从菲律宾出发，经过 10 个小时的飞行最终抵达日本。

12 名记者和蜂拥的人群在日本机场挥舞旗帜、欢呼雀跃，热烈地迎接两人的到来。格罗皮乌斯直接在机场等待室召开了第一场新闻发布会。格罗皮乌斯夫妇在由弗兰克·劳埃德·赖特设计，于 1923 年正式营业的玛雅复兴皇家酒店下榻。伊势对阿提和查尔斯·弗期伯表示："最后我们来到了赖特设计的复古建筑下，被一群人围着转。我们不知道他们是谁，而他们却很了解我们。另外我们还要参加各种议论会，满满当当的行程让我们头晕目眩。"[1] 在伊势眼里，皇家酒店"各个方面都深受沃尔特喜爱。皇家酒店应该是亚瑟王和他的骑士们居住的地方"。但她告诉阿提这个激进的现代主义者说："可能你对皇家酒店有些反感，但皇家酒店宏大的空间布局以及对细节的把控都是极好的，这一点是毋庸置疑的。"

谈到建筑和设计，格罗皮乌斯的概念和日本人的自律严谨、极简主义一拍即合。但日本建筑师对格罗皮乌斯了解多少呢？其实他们之间早已互有联系。日本建筑制图员山口文象曾经在格罗皮乌斯的柏林工作室工作过。这一次山口文象与格罗皮乌斯在东京愉快相聚，并共进晚餐。山口文象在饭局中拿出了 1929 年波茨坦大街工作室的成员合影，他本人就站在照片正中央。许多日本建筑师去参观过魏玛和德绍包豪斯。岩俊一和山胁美智子在 1930 年到 1931 年也曾在包豪斯就读。回国后，两人在银座成立了一家建筑师培训中心，培训中心所开设的课程深受约瑟夫·艾尔伯斯的影响。不幸的是，1936 年日本军事政府强制关闭了培训中心。从某种程度上讲，包豪斯在当时的日本还是一个具有巨大影响力的名字。格罗皮乌斯有意在东京举办一场包豪斯展。也是抱着这样的想法，格罗皮乌斯来到日本进行实地考察。格罗皮乌斯在日本办展的愿望最后成真，他本人也莅临了这场日本包豪斯展。

日本人对格罗皮乌斯充满了复杂的情感。战后，同盟国对日本实行了军事控制，一直持续到 1952 年。美国又对东京进行轰炸，整个城市惨不忍睹。伊势写道："从酒店房间向外看却是另一番景象。酒店被炸毁的区域已经在重建当中，但是酒店周围的地区仍然是一片废墟。穷苦人民尽全力重建房屋，他们没有水源和任何卫生设施，这一切都让人触目惊心。"[2] 作为洛克菲勒基金会的首批代表团成员之一，格罗皮乌斯本次访日的另一目的是促进东西方文化交流。身为德国人的格罗皮乌斯与日本人一样都属于战败国的人民，但格罗皮乌斯同时也获得了美国公民的身份，所以格罗皮乌斯名义上也代表了美国。格罗皮乌斯现在的处境是极其矛盾的。德国驻东京的大使馆全体成员对格罗皮乌斯大献殷勤，可是美国大使馆的工作人员却完全无视他。伊势尖锐地表示，他们对这两种不同的态度已经习以为常了。

日本这个国家就如同一个洋葱，你一层一层地剥皮，但它总是还有下一层。格罗皮乌斯的日本之行都记录在伊势的日记中。她的长篇叙述生动地描绘了这次意外之行的各种细节。第一次在飞机上欣赏富士山的经历完全刷新了他们的视觉体验。在亲眼看到富士山之前，格罗皮乌斯夫妇一直以为富士山的美被世人夸大了，但当这番他们认为被艺术夸大了的景象终于真真切切地摆在他们眼前时，他们终于相信富士山的美是"不争的事实"。

到达东京后，他们的行程便由国际办公室文化交流中心主管松本重治负责安排。松本重治身高一米八，在人群中显得十分突出。松本重治为格罗皮乌斯安排了政府接待和讲座，行程紧凑。其中有一场讲座是在日本的近藤清光礼堂举行的，到场观众多达 3800 人，远远超过了礼堂的容纳上限，所以现场显得比较拥挤。但是格罗皮乌斯当时在日本并不受欢迎，尤其是一些年轻的日本建筑师，他们怀疑格罗皮乌斯的讲座实质上就是美国人向他们强行灌输西方价值观的举动。就连《建筑新闻报》也刊登了一篇充满敌意的文章：

格罗皮乌斯此次的日本之行有两个不为人知的目的：第一个目的是宣传美国文化，向我们证明高度发展的美国文化是日本文化无法轻易企及的；另一个目的是想把日本文化贬低到历史洪流中。他企图通过大肆宣传传统、低端的文化来限制日本机器工业化的快速发展，同时向日本手工业体系施加压力。这样一来，美国就可以更加长久地对日本殖民地进行控制。[3]

崇尚现代主义的格罗皮乌斯同时也十分欣赏日本传统民间工艺，所以此时的他饱受争议，骑虎难下。格罗皮乌斯对艺术灵敏的嗅觉和广泛的爱好遭到了人们的质疑。加之当时日本政坛暗流涌动，这也让格罗皮乌斯的日本之行变得更加艰难。

格罗皮乌斯和伊势还是尽量躲开松本先生，他们有自己的安排。两人走在熙熙攘攘的大街上，流连忘返于各种从来没见过的场景。至少三分之一的日本女性还穿着和服和木屐。伊势说道："沃尔特非常喜欢这种日式风格，但我或多或少地觉得这些女人很可怜，因为这些和服和木屐穿起来应该并不舒服。"[4]格罗皮乌斯与伊势在东京街道上偶遇一群孩子去参加节日集会。孩子们都穿着统一的传统服饰，这让伊势想起了以前包豪斯举行晚宴的时候，每个人都会穿着符合主题的服装。他们所见之景让他们感受到了异域的无限魅力。格罗皮乌斯还去参观了贫民窟，这更使格罗皮乌斯意识到让人口激增的众多东京城镇平民安家落户才是重中之重。这个问题同时也是柏林目前的当务之急。

在东京待了两周后，格罗皮乌斯夫妇启程前往京都。他们徜徉在日本的乡村田间，不禁赞叹日本农民所搭建的农庄建筑。屋顶上覆盖着厚厚的稻草，屋内用米纸和木板做成的移动拉门将空间简单地隔成一个个小房间。格罗皮乌斯夫妇看到村民将和服挂放在门前晾晒。"他们用一根竹竿从和服的袖子中穿过，看起来就像许多身穿和服的村民张开手臂欢迎你一样。"格罗皮乌斯和伊势还发现在很多房屋前挂着鲤鱼旗，挂这些旗是庆祝日本男儿节的传统习俗。"每条鱼代表一个男孩儿，如果门前有很多这样的旗，那是一件值得骄傲的事情。树上和每栋房子周围都有这样的旗，看起来就令人开心。"

在火车上，他们看到了水稻和茶叶种植园"这一天堂般的美景"[5]。伊势写道：

> 农民们把农业变成了名副其实的艺术，这个国家看起来就如同一个巨大的"基础设计园"。我无法想象这些村民是如何做到这一切的。人们只要看到这些场景，定会流连忘返，感慨万千，深陷其中。热情似火的沃尔特足足花费三个小时为这如诗如画的风景拍照。期间他努力地在颠簸的列车上保持平衡，任由呼啸而过的狂风将他的头发吹得凌乱不堪。

能够亲眼见到桂离宫是本次京都之旅最令格罗皮乌斯欢喜的事情。早在 17 世纪，智仁亲王受到《源氏物语》的启发，在桂离河南岸建造了这所皇家别墅。多年来，格罗皮乌斯对桂离宫魂牵梦萦。格罗皮乌斯认为桂离宫是世界上最纯粹的建筑，而现实中的桂离宫更是超乎寻常。伊势在写给协和事务所成员的长信中表示："我想让你们知道，看到桂离宫近乎完美的平衡和宁静，我们感慨万千、感动不已。没有炫目的光环和逼人的气势，桂离宫以至简的方式展现了自己独特的魅力。"桂离宫展现了建筑理念的直率，而这种毫不浮夸的风格却是对格罗皮乌斯信奉的现代主义风格基本原则的否定。

虽然在京都的这段时间一直阴雨绵绵，但格罗皮乌斯夫妇仍能感受到宫殿、寺庙、花园之间的交融之美。两人拜访了佛教寺庙和日本神道教祠堂，格罗皮乌斯尤其对禅宗的理念产生了深刻的印象。禅宗对建筑理念上的幻象和抽象有着微妙的理解与呈现，这种观念代表了对大千世界孜孜不倦的探索。禅宗花园中的瀑布被巨石围住，溪水在卵石缝隙间缓缓流动的景象为格罗皮乌斯夫妇带来了无限灵感。他们发现卵石摆放的位置直接带动了水的流动，决定了水的流向。此景不禁让格罗皮乌斯想起了汉斯·阿尔普、约瑟夫·艾尔伯斯和布朗·库西，要是他们也能欣赏到这番美景那该有多好。

在日本期间，格罗皮乌斯对传统茶道深感兴趣。茶道是禅学衍生出来的一种仪式，对这个国家的建筑所呈现出的优雅与克制的风格产生了深远的影响。格罗皮乌斯十分欣赏日本传统陶艺，在京都的美国文化中心发表演讲的过程中更是表达了自己对日本传统工艺的欣赏与喜爱。就在格罗皮乌斯演讲结束后不久，制陶师伯纳德·利奇前来与格罗皮乌斯会面。在远东地区出生、长大的伯纳德·利奇和日本仍然有很深的联系。伯纳德·利奇年轻的时候参加过白桦派运动。白桦派由日本理想主义人士组成，提倡在学习西方文化的同时，也要致力于保护本土的民间工艺。在移居伦敦后，伯纳德·利奇凭借自己精湛的技艺和理念成为受人尊敬的专家。利奇和格罗皮乌斯都与达汀顿有不解之缘。埃尔姆斯特夫妇那时曾建议利奇在他们的地产中的新芬桥成立一个陶器工作室。两年前，也就是1952年，世界工艺大会于达汀顿举行，而利奇也正是本次大会的主要人物之一。

伯纳德·利奇这位高水平的工艺家一定早就对包豪斯的陶瓷工艺有所耳闻。被格罗皮乌斯在京都的演讲深深打动的伯纳德·利奇表示，如果他再年轻一些，他可以"尝试加入格罗皮乌斯的团队"[6]。伊势写道："我们从未料到，与手工艺运动关系如此密切、对手工艺运动如此忠诚的伯纳德·利奇会对我们说出这样一番话。"格罗皮乌斯与伯纳德·利奇两人都是自我意识极强的人，如果利奇加入并与格罗皮乌斯共事的话，他们之间必会产生碰撞与争执。但就像利奇所觉察到的一样，就艺术的理想主义而言，他与格罗皮乌斯所见略同。

格罗皮乌斯和伊势从京都绕道而行，来到了广岛——这个8年前惨遭美国原子弹投掷的城市。他们在路上了解到，原子弹爆炸改变了当地的地理结构，广岛一直洪灾不断，科学家们也在当地的果蔬中发现了残留的放射性物质。在参加了建筑师的官方晚宴之后，格罗皮乌斯夫妇被带到了城市后面的山顶。在这里他们可以一览城市全貌，两人驻足良久，眼前接近瘫痪的城市景象让他们内心无比难受。"一座座山脊连绵不断，在浓雾中若隐若现；广袤的平原一望无际；河流形成了六处狭长的港湾，并最终汇聚在长岛港口。大概只有里约热内卢的美景才能够与这里的景色媲美。"[7]伊势评论道："我想，如果全世界知道这绝美的人间仙境已经从地球上消失的事实的话，一定会使人类感到比原子弹更大规模的冲击。"属于古老的广岛的一切美好景色都被原子弹摧毁，留下的只有炸成碎片的废墟。如今，广岛正在进行大规模的重建工作，在格罗皮乌斯看来，其所用的建筑模式与现代化、商业化的美国和欧洲城市所用的模式完全不同。

丹下健三也参加了当天的晚宴。丹下健三是深受勒·柯布西耶建筑风格影响的日本年轻一代建筑师。丹下健三早在国际现代建筑协会就对格罗皮乌斯有所耳闻。1949年，丹下健三一举赢得了广岛和平纪念公园设计大赛。除此之外，那时的丹下健三还有两个设计项目即将完工：一个是展览厅和博物馆，另一个是社区中心。格罗皮乌斯称赞丹下健三的设计充满空间感和紧凑感，象征着国际上的和谐关系。这个整体建筑最后一项工程是一座礼堂，但原本应由丹下健三设计的礼堂最后却被一个平庸的建筑所取代。格罗皮乌斯对此提出了严肃的批评，他表示，在现在这样敏感的国际氛围下，这无疑是有失道德、欠缺考虑的行为。

　　纪念公园远处是丹下健三设计的遇难者纪念馆，这个纪念馆当时正在修建当中。纪念馆抽象的砖体建筑的形状与日本原始房屋的形状十分相似。这种日本原始小模型也经常被用作骨灰盒，许多埋在土地深处的骨灰盒在炸弹碎片的冲击下重见天日。曾为卡普政变遇难者设计纪念碑的格罗皮乌斯无疑将自己的作品与丹下健三的纪念碑做了比较。格罗皮乌斯很赞赏丹下健三对遇难者的理解与纪念之情。

　　在离开广岛之前，格罗皮乌斯还要完成一个比较艰巨的任务——做一场大型演讲。这场演讲将在下午举行，届时到场听众将多达800人。听众几乎都是男性，其中很多人不远万里来到这里只为见他一面。如往常一样，在冗长的欢迎词和恭贺之后，格罗皮乌斯开始了自己的演讲。他的长篇演讲被成段地翻译成日语。格罗皮乌斯现在的政治立场十分危险，因为就在广岛遭到原子弹炸毁之后不久，格罗皮乌斯就成了美国公民。但是身为建筑师的格罗皮乌斯一生都致力于建设城市，而不是去毁灭城市。格罗皮乌斯声情并茂地说道，广岛经历了战争时期"艰难的命运"[8]，他相信广岛人民一定会鼓起勇气、重新振作。那天天气炎热，酷暑难耐，伊势看见在格罗皮乌斯演讲期间，很多人都把裤脚挽到了膝盖上方。让格罗皮乌斯夫妇感到欣慰的是，在演讲结束后，他们受邀在船上享受了一顿宁静的晚餐。小船在他们就餐期间将他们一路带到了河边。这次广岛之旅对格罗皮乌斯夫妇来说无疑是一场任务极其艰巨、氛围十分凝重的旅行。

　　在回东京途中，格罗皮乌斯又发现了一些新鲜事物。日本传统的能剧表演，剧情漫长，风格固定。经常在包豪斯欣赏奥斯卡·施莱默独创实验性戏剧作品的格罗皮乌斯和伊势发现，他们能够很快地接受并融入能剧表演的氛围。格罗皮乌斯夫妇此次回到东京主要是为了参加在现代艺术馆举行的包豪斯展览开幕仪式。令他们深感欣慰的是，曾就读于包豪斯的学生将一些包豪斯的物品于二战前带回日本，并为这次展览贡献出了这些珍贵的收藏品。30 年前，山泽胁谷一家人在离开包豪斯时带走了马塞尔·布鲁尔的椅子，一直珍藏至今。东京展览设计精美，井然有序，让格罗皮乌斯不禁萌生了在日本建立一个全新的包豪斯的想法。格罗皮乌斯认为那个时候的日本有与生俱来的手工技艺，这种对设计的敏感度是其他国家不能企及的。格罗皮乌斯越发觉得在日本找到一种家乡的感觉了。

格罗皮乌斯和伊势在东京的时候，去看望了他们的朋友，同时也是勒·柯布西耶的合作伙伴——夏洛特·佩瑞安。夏洛特·佩瑞安的日式小屋中的家具都是由她自己亲自设计的。

夏洛特·佩瑞安随后便要回到法国。现在的她正在计划写一本书，以现代的角度审视日本房屋的结构。与格罗皮乌斯一样，身为忠实的现代主义设计师的夏洛特·佩瑞安也在尽心尽力地探寻东西方文化之间的关系。

格罗皮乌斯和伊势最终于 8 月初离开东京，他们的行李装满了丝绸织物以及在东京为沃尔特定制的手工衬衫。两人一路悠闲自在地欣赏途经的香港、加尔各答、卡拉奇和巴格达的美景。他们在开罗停下脚步，参观了金字塔和卢克索，之后又前往雅典。1954 年 8 月 25 日中午时分，格罗皮乌斯夫妇与阿提和查尔斯在卫城顶部团聚。

他们打算去巴黎看望勒·柯布西耶，但不幸的是勒·柯布西耶恰好不在。格罗皮乌斯通过勒·柯布西耶的秘书给他留下了一个日本木匠沿用至今的"非常有趣的木匠工具"[9]。这个木器是国际现代建筑协会的成员、日本建筑师吉阪隆正在东京送给他的礼物，吉阪隆正希望格罗皮乌斯能够将这个木器传承下去。格罗皮乌斯还留下了一张 7 世纪的弥勒佛像的精美照片。格罗皮乌斯在奈良时经常能够看到弥勒佛，他觉得柯布西耶也一定会喜欢。

格罗皮乌斯夫妇在离开日本时感觉自己人生的一个重要章节终于

画上了句号。这场日本之旅对格罗皮乌斯来说就是美妙与惊喜的体验。"世界向格罗皮乌斯展现出了他意想不到的美景，这让格罗皮乌斯深感震撼。"[10]这次旅行还让格罗皮乌斯体验到了一种全新的文化。正如伊势所说："每件事情所蕴含的爱抚之情和仪式感，这在西方人眼中是一种十分奇妙的体验。"[11]格罗皮乌斯虽年岁已高，但他适应、接受新鲜事物的心却依然未老。

在回到马塞诸塞州的家后，格罗皮乌斯和伊势立刻在餐厅的窗外修建了一座日式花园。

———

格罗皮乌斯在 20 世纪 50 年代中期经常返回巴黎。在联合国教科文组织的委托下，格罗皮乌斯负责设计位于丰特努瓦广场的世界教科文组织总部大楼。这次设计任务聚集了五大建筑设计名人，他们分别是来自法国的柯布西耶、来自意大利的欧内斯托·罗杰斯、来自瑞典的斯文·马克利乌斯、来自巴西的卢西奥·科斯塔和代表美国的沃尔特·格罗皮乌斯。格罗皮乌斯再次成为设计小组的主席。

联合国教科文组织的首要任务是选择一位可以肩负这一战后大型建筑项目重任的建筑师。柯布西耶最初十分垂涎于项目负责人这个位置，但由于他的政治倾向，美国对他投了否决票。联合国教科文组织最开始选择了法国建筑师尤金·博杜安负责此项目，可是之后大家又否定了他的设计。后来联合国教科文组织又指定了一开始根本不在项目负责人候选名单范围之内的马塞尔·布鲁尔，计划让他和当时世界上最有经验的钢筋混凝土结构工程师皮埃尔·路易吉·奈尔维以及法国建筑师伯纳德·泽尔夫斯三人共同合作，为联合国教科文组织设计新大楼。芬兰籍美国建筑师埃罗·沙里宁负责对项目进行指导。

　　布鲁尔接受这个项目完全是个偶然。那时，布鲁尔在纽约的工作室和在巴黎圣日耳曼的工作室的处境越发艰难，于是他来到欧洲度假散心。而与此同时，格罗皮乌斯与除了勒·柯布西耶以外的其他联合国教科文组织设计委员会的成员正坐在杜玛戈咖啡馆外举行会议。格罗皮乌斯联系布鲁尔并邀请他加入会议。布鲁尔清楚地表达了自己希望获得新项目的强烈愿望，以及自己第二天正好要动身前往罗马的计划。委员会很快做出决定并联系已经到达罗马的布鲁尔，这样一来布鲁尔就可以和来自意大利的皮埃尔·路易吉·奈尔维首次见面。相信格罗皮乌斯一定早就在心中有了聘用布鲁尔的想法。布鲁尔和格罗皮乌斯两人从包豪斯开始就一起合作，在伦敦一起生活、工作，在哈佛大学一起教课，在剑桥大学建立了合作伙伴关系。两人虽有一些不愉快的经历，但格罗皮乌斯始终视布鲁尔为自己的同道中人。

　　联合国教科文组织大楼由两部分组成：中央秘书处大楼和旁边的楔形会议大楼。秘书处大楼的主体部分建立在 72 根圆形柱之上，整体在方特诺伊广场上呈曲线形。这个设计无疑是布鲁尔和奈尔维共同合作探索雕塑混凝土无限可能性的作品，是两人尝试将技术和艺术融合的成果。布鲁尔在联合国教科文组织大楼中所体现的理念就像格罗皮乌斯在哈佛大学设计建筑一样，他们都邀请艺术界各领域的大师为项目设计艺术品。联合国教科文组织大楼无疑是一个大规模的"总体艺术"项目，内置许多艺术珍品，如琼·米罗的壁画、亚历山大·考尔德的螺旋风铃、汉斯·阿尔普设计的图书馆墙壁、毕加索那幅充满争议的壁画《伊卡洛斯的坠落》以及贾科梅蒂的作品《行走的人》。除此之外，还有日本雕塑家野口勇受托设计的雕塑花园，以及与格罗皮乌斯和布鲁尔在二战前在伦敦时就结下深厚友谊的亨利·摩尔的作品——黑色大理石雕像《侧卧像：斜倚的人》。

　　布鲁尔在巴黎的设计大获成功后，一举成为大规模公共建筑设计

位于巴黎的联合国教科文组织大楼，摄于 1971 年

的风向标。布鲁尔很快就接到了来自欧洲和美国的设计邀请。凭借自己的规划与布局，从 20 世纪 60 年代起，布鲁尔在建筑界的国际舞台上的名声已经取代甚至超越了格罗皮乌斯。看到布鲁尔这个曾经微不足道的包豪斯拥护者现在取得的辉煌成就，格罗皮乌斯感到十分欣慰，因为布鲁尔的成功就是对格罗皮乌斯的建筑教育工作以及理念的肯定。

————

1956 年 4 月，格罗皮乌斯返回伦敦参加英国皇家建筑师学会举办的建筑师皇家金奖典礼。在移民美国后，格罗皮乌斯曾多次回到伦敦。比如，他曾于 1951 年特意来到伦敦感受英国的节日气氛。当格罗皮乌斯在 1934 年第一次来到英国进行演讲时，英国皇家建筑师学会就曾授予格罗皮乌斯一个荣誉奖项。所以对格罗皮乌斯来说，这次重回英国意义非凡。

在格罗皮乌斯夫妇动身前往伦敦之前，伊势慌忙写信给莫莉·普里查德，询问伦敦最近流行的时装样式。"沃尔特去庆功晚宴是否需要穿无尾礼服？现在的女士都做些什么呢？"伊势询问道，"我该带上长款还是短款的晚礼服？是低颈露肩还是带纽扣的？或者是中长款呢？你要知道，在美国几乎穿什么都可以，没有什么特别的规定。"[12]格罗皮乌斯经常参加国际会议，她必须事先了解当地的一些忌讳。比如，在澳大利亚是绝对不能穿正式长裙的。在日本，伊势发现，着装方面唯一需要注意的地方就是要穿可以优雅地蹲起的宽松裙子。

"我希望英国能够坚守自己的传统习俗，知道该穿什么。所以，除非你希望看到我穿着紧身紫色长裤参加派对品尝鸡尾酒，在美国这是完全可行的粗暴的穿着方式，你最好给我一些提示与警告。"

杰克·普里查德计划在颁奖仪式之后办一个庆功晚宴。伊势在写给莫莉的信中表示，她希望杰克也能邀请汉纳·林德曼参加这场庆功宴。汉纳·林德曼曾是格罗皮乌斯在包豪斯时的秘书，现在她就住在伦敦。"汉纳总是尽心尽力地帮助我们，对格罗皮乌斯忠诚如一，我们欠她太多了。唉，虽然她不漂亮，但她做过格林妇女公会的主席。这对一个外国人来说是非常光荣的事。"最后，果不其然，汉纳·林德曼的名字出现在了庆功宴的座位图上。

露西娅·莫霍利当时也住在伦敦。伊势·格罗皮乌斯向普里查德夫妇发出了警告，担心他们可能会邀请露西娅·莫霍利参加庆功宴。伊势说："我想说的是，最近我们和露西娅的关系不太好。她可能会起诉沃尔特，指控沃尔特将她的包豪斯照片作品占为己有。"伊势以她的视角向莫莉说起了这件事情的来龙去脉：1933年露西娅离开德国的时候扔掉了许多照片，莫霍利－纳吉将这些被丢掉的照片交给格罗皮乌斯保管。这些照片后来随其余的包豪斯资料一起打包寄到美国。伊势表示："我们并不知道露西娅只是不记得这些照片放在哪里了，我们都以为她根本不在乎这些照片了。"但露西娅还是认为格罗皮乌斯随意霸占她的版权，抢夺她的作品。

露西娅之所以现在想要找回这些照片，是因为现在包豪斯又开始在建筑界掀起了一场轩然大波。

> 事实就是，在纳粹党统治下的那几年，每一位包豪斯成员都巴不得将一切与包豪斯有关的事物扔掉。现在时代与形势不同了，露西娅想向杂志社出售包豪斯作品的复印件，这也是很自然的事情。我们表示会立即将她所有的照片寄给她，但她却要求赔偿，搞得双方都很难受。

这个结局对以团结合作著称的包豪斯来说无疑是非常痛苦的。不用说都知道，露西娅·莫霍利最终确实没有被邀请参加格罗皮乌斯的庆功宴。

沃尔特与伊势于 1956 年 4 月 7 日抵达伦敦，夫妇两人此次的行程由德国政府赞助。由英国皇家建筑协会举办的颁奖仪式将于 4 月10 日举行。《曼彻斯特卫报》对这一颁奖典礼进行了报道，称格罗皮乌斯"十分激动地"[13]接受了颁奖。颁奖典礼两天后，协会又在伦敦的艾洛梦基大厅为格罗皮乌斯举行了一场十分正式的晚宴。20 年前，格罗皮乌斯的伦敦告别晚宴在英国伦敦沙夫茨伯里大街附近的特罗卡迪罗餐厅举行，所以这次晚宴正是为了纪念格罗皮乌斯离开英国20 周年。20 年前曾参加在特罗卡迪罗餐厅举行的格罗皮乌斯晚宴的一些嘉宾现已逝世，比如，拉兹洛·莫霍利 – 纳吉、赫伯特·乔治·威尔斯、查尔斯·赖利。但还有一些格罗皮乌斯的老朋友和支持者再次来到了晚宴现场，其中有赫伯特·瑞德（已被授予爵士称号）、乔丹·拉塞尔（同样已被授予爵士称号）、阿什利·哈文登和亨利·摩尔。

曾经出席过 20 年前晚宴的朱利安·赫胥黎这次也如期而至。朱利安·赫胥黎在晚宴上发言表示，他将分别身为科学界和艺术界代表的自己与格罗皮乌斯进行了比较，他认为他与格罗皮乌斯的交会点早已在介于生态学和进化学之间的包豪斯设计实践理念中得到了充分的体现：

> 我认为这就是格罗皮乌斯最伟大的成就，他能处理并安排好科学与社会规划、技术与艺术、追求欣赏美的意识几者之间的关系，让这些因素都能为建筑所用。我认为沃尔特·格罗皮乌斯是我们这个时代最富创造力的人物之一。他的创造力不仅表现在个人生活中，还表现在他对艺术所产生的影响上。[14]

朱利安·赫胥黎还提及当自己还是伦敦动物园的秘书的时候，他有幸通过动物园现代建筑设计项目与格罗皮乌斯相识。那时格罗皮乌斯给他留下了深刻的印象。没有格罗皮乌斯，就没有惠普斯耐德的企鹅泳池和大象屋。朱利安·赫胥黎还对当时仍在施工中的巴黎联合国教科文组织大楼大加赞赏。朱利安·赫胥黎表示，他已经预测到这个项目将会成为未来 20 年最激动人心的现代建筑。作为艺术品咨询建议委员会的一员，朱利安·赫胥黎表示如果没有格罗皮乌斯对参与联合国教科文组织大楼项目的建筑师的指导与支持，这座大楼是不可能完成的。

朱利安·赫胥黎又在演讲中回忆起他和格罗皮乌斯在因平顿乡村的点点滴滴。赫胥黎与当时的许多人都因"英国没有抓住天赐的绝佳机会将格罗皮乌斯留在我们国家"[15]而遗憾不已。这是当时大多数人的态度，更有甚者认为格罗皮乌斯应为英国所用。麦克斯韦·福莱也出席了晚宴。原本坐在贵宾席上的福莱上前即兴作了一首自由诗，回忆自己和格罗皮乌斯的旧时光，流露出自己的真情实感，称格罗皮乌斯"是上天赐给福莱的礼物"[16]！

> 福莱继续吟诗抒情道：
> 就在这个需重振雄风的关键时刻，
> 就在这个灵感枯竭、曾经的豪言壮语被遗忘的时刻，
> 就在这个郡委员会的每一项工作都举步维艰的时刻，
> 援兵出现了，带着他们那颗背井离乡的忧郁的心出现了，
> 格罗皮乌斯、布鲁尔和欢乐勇敢的莫霍利都来了！
> 他们的停留很短暂，工作稀少紧缺，
> 然而，富足的我们却并没有向他们抛出橄榄枝，
> ——根本没有人在意。
> 当生活多姿多彩，天神与我们相伴之时，
> 我们还缺什么呢？能有什么让我们害怕的呢？
> 无论那时还是现在，我们都有沃尔特·格罗皮乌斯，
> 该如何形容他呢？
> ——格罗皮乌斯就是我们最珍贵的宝藏！

最后，格罗皮乌斯起身说道："我仍不敢相信现在正在发生的一切。希望你们能够原谅我的感慨。现在的感觉就像是在梦中回顾自己过去所做的对与错，但醒来后却发现所有人都是一副什么都没有发生过的样子，自己也只好装作一副习以为常的样子。"[17]格罗皮乌斯从不后悔离开英国，但离开英国还是让他感慨不已、时常追忆。

———

"在浪花返回岸上之前要尽快回来，早上的浓雾笼罩着底格里斯河。"[18] 这就是格罗皮乌斯对巴格达的印象。格罗皮乌斯从小就梦想着能够回到浪漫的美索不达米亚。1957 年，格罗皮乌斯接到一个重要的大型建筑项目——为新巴格达大学设计建筑群落。这个包含 273 座建筑的群落中有可容纳 5000 人的教学楼礼堂，以及坐落在底格里斯河处女地岸边且可以容纳 12000 名学生的宿舍。这将成为在巴格达南部建起的具有先进教育意义的建筑群。

当时，在费萨尔二世国王统治下的伊拉克想建造一系列可带来视觉美感的新建筑，他们换掉了 20 世纪 20 年代在巴格达工作且主张英国殖民风格的建筑师，取而代之的是整个国际现代主义建筑师团队。这个现代主义风格的建筑工程包括格罗皮乌斯设计的巴格达大学、勒·柯布西耶设计的公共体育设施群落、阿尔瓦·阿尔托设计的博物馆和艺术中心、吉奥·庞蒂所设计的计划署大楼，以及弗兰克·劳埃德·赖特所设计的歌剧院。

在尼扎尔·贾达特的介绍和推荐下，格罗皮乌斯获得了巴格达大学设计项目。尼扎尔是一位年轻的建筑师，他和他的美国妻子艾伦曾是格罗皮乌斯在哈佛大学教过的学生，两人于毕业后回到伊拉克工作。格罗皮乌斯和伊势从日本回家途中特意来到巴格达看望尼扎尔夫妇。贾达特为格罗皮乌斯夫妇安排了一个鸡尾酒晚宴，格罗皮乌斯夫妇也在宴会上见到了很多巴格达大学的教授。尼扎尔的父亲阿里·贾达特·埃尤比是伊拉克总理，这个关系更加确保了这个大学项目格罗皮乌斯势在必得。在这个大型工程开始之前，格罗皮乌斯写道："与贾达特父子的关系对我来说非常重要。有了他们，我在任何事情上都能抢先一步。尼扎尔和艾伦给了我很大的帮助，一切事情都十分顺利。"[19]

事实证明，格罗皮乌斯对这个项目过于乐观。工程在进行仅一年后，伊拉克政局就发生了动荡。支持巴格达建筑改革的费萨尔国王在阿比德·阿尔·卡里姆·卡西姆将军领导的国家政变中惨遭暗杀，阿里·贾达特·埃尤比虽九死一生，却彻底丧失了政治实权。为了保证工程顺利进行，格罗皮乌斯必须主动与新任政权接触示好。1959年夏，格罗皮乌斯和卡西姆将军在巴格达见面。在双方会面的房间中，站在一旁的侍卫手持机关枪，格罗皮乌斯和协和建筑师事务所成员路易斯·麦克米伦努力不去在意这些士兵，尽量保持镇定。伊势告诉普里查德，卡西姆支持格罗皮乌斯继续负责巴格达大学的建筑工程，但要求格罗皮乌斯"建筑要建得更大，速度要更快"[20]。伊势在信中写道：

> 想要发展、壮大一个政权，就必须努力提高教育水平，培养更多的年轻人。所以他们拆掉了弗兰克·劳埃德·赖特的歌剧院，甚至延迟了阿尔托的艺术中心工程。这样一来，他们可以集中精力设计巴格达大学和勒·柯布西耶的公共体育馆。要将草图设计付诸实践意味着什么，你应该再清楚不过了。

要将草图设计付诸实践意味着什么呢？新建的巴格达大学是一个巨大的理想主义概念，有意识地融合了东西方建筑形态，将现代技术与阿拉伯地区的地理环境有机结合。大学里宽敞的引道两旁、庭院和泳池边、排水沟和喷泉处都种上了枣椰树和桉树。全新的巴格达大学也许就是格罗皮乌斯建筑理念的最终体现——统一与多变、融合与差异的有机结合。巴格达大学的设计借鉴了格罗皮乌斯从20世纪20年代包豪斯创立起积攒的大量的学校建筑与住宅建筑方面的设计经验，汲取了格罗皮乌斯后来在美国协和建筑师事务所一起合作设计大学和学院建筑时所不断改进提升的精华。巴格达大学与美国哈佛大学一样，其设计强调建筑内外空间的交互，以促进来自不同国家的学生社交与相互之间的理解。巴格达大学的建筑非常典型：高耸入云的教学楼、形状像巴克敏斯特·富勒式张拉索网格穹顶的未来主义风格的清真寺，还有矗立在校门处一座充满希望、象征着知识大门的"开放思想"塔式建筑。

格罗皮乌斯希望保持这样良好的势头，所以经常去巴格达。1960年年初，瑞士银行提供了充足的资金，工程进展顺利。这时，格罗皮乌斯命两名协和建筑师事务所成员和15名建筑项目员工去罗马招募了90名草图设计师，以尽快完成工程制图工作。这是格罗皮乌斯一生中最纷繁复杂且最具雄心壮志的项目。意大利艺术历史学家朱利奥·卡洛·阿尔甘写了一首抒情诗，深情地歌颂这所在"遥远又迷人的国家"[21]拔地而起的大学。在诗中，朱利奥·卡洛·阿尔甘将他的想象力发挥到了极致，将格罗皮乌斯比作托马斯·曼恩，称两人是"同时代杰出的德国人"，称由格罗皮乌斯所设计的巴格达大学为"丝毫不逊色于反巴别尔的建筑，是来自世界各地人民相遇、交会的地方"，是理性原则以及建筑与文化的发展的具体体现。阿尔甘又在1960年的文章中表示："过去，人们对昌迪加尔赞不绝口；现在，人们对巴西利亚叹为观止；未来，人们会对巴格达大学交口称誉。"

可是格罗皮乌斯的愿望又一次落空了。由于伊拉克政局动荡不安，永无安宁之日，巴格达大学的工程设计最后以失败告终。在1968年伊拉克又一次发生政变，社会复兴党夺取政权。巴格达大学大型建筑群落最终只有教学塔楼、"开放思想"拱门和几座教学楼修建完成。格罗皮乌斯逝世之后，巴格达大学的项目进度依然停滞不前，自1979年萨达姆·侯赛因掌权之后，伊朗的政局也没出现任何稳定的态势。在英国学习建筑设计的建筑大师里法特·查德基在伊拉克建筑界享有盛誉，他非常支持协和建筑师事务所的工程。复兴党因此下令逮捕了查德基，并判他在阿布格莱布监狱服刑一年零八个月。查德基的作品《无名军士》雕像被替换成了萨达姆的雕像。但无论萨达姆的政权，还是萨达姆的雕像，最终都于 2003 年在他的反对党派的反抗下彻底崩塌。查德基服刑不久后被释放出狱，负责监管另一项工程。这是在萨达姆立志将巴格达打造成建筑奇迹之都时期所策划的另一个世界之最工程。1980 年，巴格达大学的修建工程再次启动，但由于巨大的经济压力和没有偿还债务的能力，不堪重负的协和建筑师事务所最终在 1995 年破产倒闭。而接踵而至的两伊战争以及后来的第一次海湾战争彻底击碎了格罗皮乌斯想要启蒙世界的伟大梦想。如今，标志着费萨尔国王雄心壮志的建筑只剩残垣断壁。

———

格罗皮乌斯在 20 世纪 50 年代经常去德国，除了办公事以外，他还会去看自己的家人。1953 年，格罗皮乌斯动身前往乌尔姆参加德国奥芬巴赫设计学院的开学典礼。格罗皮乌斯视奥芬巴赫设计学院为包豪斯的化身，并在开学典礼上做了演说。当时 90 多岁高龄的亨利·凡·德·威尔德对这种战后德美合作的首创方案表示赞成和支持。只有这种合作精神才能改善与修复第二次世界大战后美国和西德文化之间的关系。

奥芬巴赫设计学院位于乌尔姆市的山丘上。乌尔姆这座位于德国东部的城市曾被美国占领，也曾在战争中经历过严重的连番轰炸。奥芬巴赫设计学院出身纯正。学院的创始人英奇·肖勒曾在慕尼黑建立了一个反纳粹组织"白玫瑰"。英奇·肖勒的兄弟姐妹也曾是"白玫瑰"的成员及积极分子，但最终惨遭纳粹分子的极端处刑。英奇·肖勒带着对兄弟姐妹的追悼与思念继续维持着这个组织。奥芬巴赫设计学院在驻德国的美国最高指挥部和西德政府联合资助下得以建立，旨在纪念当初奋力抵抗纳粹分子的英勇人民，是为了能够找回德国过去对包豪斯所寄托的情感，也是对于当年包豪斯悲惨结局的救赎与弥补。格罗皮乌斯在汉普斯特德的旧友、不久之后就会晋升为英国文化委员会工业设计部部长的保罗·莱利表示：乌尔姆"在设计上象征着对极权主义的反抗，是仍视纳粹主义为一切审美的根与魂的东德的对立面"[22]。奥芬巴赫设计学院包容与慷慨的设计理念代表弥补和赎罪。任命马克斯·比尔为第一任校长的举动更进一步强调了包豪斯和奥芬巴赫设计学院的联系。来自瑞士的马克斯·比尔是一位多才多艺的设计师，他总能把功能主义者的价值观讲得头头是道。马克斯·比尔在1927—1929 年期间曾就读于德绍包豪斯。

当然，意识形态并不是那么简单的事情。奥芬巴赫学院在成名之后就不再是包豪斯的复制品了。随着时代的变迁，奥芬巴赫学院理念与包豪斯理念渐行渐远，甚至背道而驰，引发了很多质疑与争论。奥芬巴赫学院开始将重心向企业形象规划转移，并参与商业产品设计。奥芬巴赫学院曾与布劳恩合作，为电气产品设计新方案，为布劳恩的设计师员工迪特尔·拉姆斯寻求以最小成本打入市场的方法。"商业恐怖"一直以来就是一个争议不断的话题，奥芬巴赫学院到底应该引入资本主义商业模式还是应该严格保持自己的纯洁？ 1957 年，马克斯·比尔辞职，托马斯·马尔多纳多接任。托马斯一口否决了乌尔姆奥芬巴赫学院之前秉承的消费主义的理念，对更加深奥的纯粹符号以及系统思维更加推崇。

虽然格罗皮乌斯似乎因奥芬巴赫学院的骚乱而逐渐失去耐心，但他仍对学院信心满满。历史是不断重复上演的，乌尔姆的意识形态之争与之前格罗皮乌斯在包豪斯的经历如出一辙。学院对于意识形态的争论是开办教育机构的必经之路。1968 年，在金融危机和内部矛盾的激化下，奥芬巴赫学院打算闭校停办。学校的这一计划引发了广泛的抗议，格罗皮乌斯也参与其中。格罗皮乌斯打着领结，头戴贝雷帽，在游行队伍中大声抗议。但反对游行无济于事，奥芬巴赫学院最终还是在 9 月份破产倒闭。评论家雷纳·班纳姆在《新社会》中发文表示，奥芬巴赫学院倒闭无关紧要，因为众多严谨的设计学院在那个时候已经"欣然接纳乌尔姆式课程"[23]。事实证明雷纳·班纳姆的判断与言论是正确的。

格罗皮乌斯在西柏林承接了一个新设计项目——国际建筑。国际建筑项目旨在在位于西柏林城中心，对因连番轰炸而遭到严重破坏的汉萨维尔特尔区进行住宅开发。与联合国教科文组织大楼一样，国际建筑也是充满寓意的战后建筑代表，是汇聚了来自世界各地的建筑师精英的建筑项目。这个项目旨在向世人展示与证明柏林修复与重建城市的能力，并为国际社会尤其是东欧国家提供了战后理想现代城镇景观的设计蓝图。来自 14 个国家的 60 多个建筑师参加了此项目的竞标。作为项目委员会的成员，格罗皮乌斯主要负责项目工程监管和建筑师选拔的工作。建筑师的候选人员包括阿尔瓦·阿尔托、来自瑞典的斯文·马克利乌斯、来自巴西的奥斯卡·尼迈耶和法国的勒·柯布西耶。性格倔强的柯布西耶表示自己要在柏林城边上单独设计国际建筑，其态度十分坚决。

作为入选的建筑师团队成员之一，格罗皮乌斯于 1955 年 8 月飞往柏林，为最终敲定他所计划的公寓区域事宜。由两名德国官员和一群记者组成的接待团一如既往地在机场迎接格罗皮乌斯的到来。晚上，格罗皮乌斯在柏林中心繁华的选帝候大街的一家咖啡馆与几名包豪斯成员一起用餐。格罗皮乌斯意外地发现自己下榻的阿姆祖酒店竟然是格罗皮乌斯家族曾经住过的公寓，这样的巧合让他陷入了困惑和迷惘。格罗皮乌斯这次的西柏林之旅不仅让他回到了祖国的怀抱，更是唤起了他在家族旧宅的儿时记忆，这样的巧合就像梦境一般令人难以置信。

格罗皮乌斯设计的国际建筑共9层，其中包括两套面积较大的顶楼公寓，还有62套三室一厅套间，每套都足够容纳一户中产阶级家庭。这座混凝土结构建筑整体呈微微弯曲的弧形，墙壁以轰炸后遗留下来的碎石块进行填充，给人一种涅槃重生的感觉。整幢建筑设计灵活，还有专供孩童玩耍的区域，所以，建筑的设计深得人心，也营造出一种乐观积极的氛围。但格罗皮乌斯明显并不满足，他表示，只有一幢国际建筑是远远不够的，"柏林仍是一副荒凉、悲惨的景象，远远落后于其他西方国家"[24]。而这正是西柏林当时在短时间内难以改变的现状。

格罗皮乌斯回到柏林时受到了英雄般的待遇与尊敬。1955年9月19日，格罗皮乌斯做了一场公众演讲。当时有1300人挤满了整个大厅，另外还有几百人因为无法进入演讲大厅而引发了一阵骚动，

格罗皮乌斯设计的国际建筑，摄于1957年

直到警察到来才得以平息。现在，格罗皮乌斯在柏林所承接的项目规模越来越大，"最重要的是，"格罗皮乌斯对伊势说道，"他们想让我成为柏林建筑界的风向标和主导者。"[25]格罗皮乌斯拒绝了大多数人的请求。实际上，1951 年，原科隆市市长、当时的德国总理康拉德·阿登纳曾私下联系过格罗皮乌斯，希望他为自家住宅的设计与建设提出一些建议。虽然康拉德·阿登纳还有意无意地提及了战前格罗皮乌斯夫妇去拜访他时，他对包豪斯和包豪斯所遇到的问题都十分感兴趣的那段故事，但格罗皮乌斯还是婉拒了他的请求。然而，格罗皮乌斯在 1957 年接受了哈佛大学前任校长詹姆斯·科南特（时任美国驻德国的高级专员）委托的一个大型项目——为位于西柏林东南方、占地 260 公顷的大型住宅开发区做整体规划与设计。

接下来的几年，格罗皮乌斯和协和建筑师事务所都在忙于布里茨—巴克欧—鲁杜欧新镇的规划与设计，该项目旨在为 45000 人提供 16000 个居住单元。项目计划在沿地铁路线的宽敞公共绿化区周围修建 600 栋建筑。这样的设计既可以形成视觉上的统一效果，又能促进社区活动的展开与进行。布里茨—巴克欧—鲁杜欧新镇的设计概念与协和建筑师事务所的六月山公共开发区项目不谋而合，只不过镇区项目的规模更大而已。为了表达对格罗皮乌斯的敬意，这个镇区后来更名为格罗皮乌斯城。

耄耋之年的格罗皮乌斯所享有的荣誉也越来越多。1957 年，格罗皮乌斯前往德国汉堡参加汉萨同盟歌德奖的颁奖典礼。大会对格罗皮乌斯"建立包豪斯而为教育事业所做出的贡献""提出生活与工作平衡融合的理念使工业社会更加人性化"而表示高度认同和赞扬。自己能够在大型公开场合与歌德相提并论，令格罗皮乌斯兴奋不已，更让他陷入了对魏玛的深深回忆：由魏玛包豪斯学生在公园设计的歌德纪念碑，位于山丘上歌德花园房附近的保罗·克利的那间杂乱、拥挤的工作室。对于格罗皮乌斯来说，这十年就是他不断寻找与过去交会的岁月。

但此时不是自贺自喜的时候。1958年春发生了一件令格罗皮乌斯震惊不已的事情，也是这件事令他的威望大大受损。阿尔玛一直在整理自己的回忆录，她的自传《桥即是爱》在美国出版。阿尔玛在书中描述自己和格罗皮乌斯的关系，称她嫁的这个男人无礼、不修边幅。阿尔玛自传中格罗皮乌斯的形象被扭曲得连格罗皮乌斯自己都差点认不出来。

弗朗兹·韦尔费尔逝世之后，在丧偶后心情好时自称"阿尔玛·马勒·韦尔费尔"的阿尔玛从洛杉矶搬到纽约，住进了她于1945年购置的位于曼哈顿73号街房子最高的两层楼。这栋公寓里挂满了阿尔玛这一生所积攒下来的战利品：阿尔玛从维也纳找回的她父亲埃米尔·雅克布·辛德勒的画作、古斯塔夫·马勒骄傲地坐在工作室博兰斯勒钢琴上的照片以及奥斯卡·柯克西卡亲手绘制的阿尔玛肖像。肖像中的阿尔玛虚幻神秘、令人难以捉摸。阿尔玛非常自豪地告诉埃利亚斯·卡内蒂："我就是鲁克蕾齐亚·波吉亚。"[26]奥斯卡·柯克西卡曾送给阿尔玛7幅扇画，有一幅在格罗皮乌斯的盛怒之下被摔坏，而剩下的6幅阿尔玛珍藏至今。阿尔玛和柯克西卡依然断断续续地保持着联系，在信中继续维持他们疯狂的性关系，甚至在年老的时候依然分享着这种疯狂且怪异的性幻想。奥斯卡·柯克西卡在其中的一封信中表示，他要定制一个与自己同身大小的木雕像，并将自己的阴茎放置在阿尔玛最喜欢的位置上。

阿尔玛这套幽闭的纽约公寓也见证了她跌宕起伏的生活。阿尔玛和她的共同作者E.B.阿什顿断断续续地写完了《桥即是爱》。这本书奇特异常、杂乱无章，但充满逸闻趣事，笔锋从天真的自我揭露突转到谨慎的自我辩护。阿尔玛在书里大多讲述了自己与马勒·古斯塔夫、弗朗兹·韦尔费尔以及奥斯卡·柯克西卡的关系，很少涉及自己与格罗皮乌斯之间的婚外情和婚姻。阿尔玛似乎根本没有把她与格罗皮乌斯的感情放在眼里。阿尔玛表示，在托比尔巴德邂逅的那个年轻帅气的德国小伙子只是让她想起了瓦格纳作品《纽伦堡的名歌手》中的年轻骑士沃尔特·冯·施托尔而已。自己对格罗皮乌斯的兴趣如昙花一现般稍纵即逝，很快她对他的爱意就像疲倦的黄昏一样消失殆尽。在讲到格罗皮乌斯发现阿尔玛十月怀胎的儿子并不是他的亲生骨肉，而是弗朗兹·韦尔费尔之子的故事时，阿尔玛暗指格罗皮乌斯是一个命运悲惨的可悲之人。阿尔玛用讽刺的语气称格罗皮乌斯那雄心勃勃的包豪斯"使命"在她眼中一文不值，格罗皮乌斯的作品对她来讲更是天方夜谭。阿尔玛在传记中还愤慨、细致地还原了她与格罗皮乌斯为争夺玛农抚养权时两人盎盂相击的场面。任何男人都无法忍受阿尔玛的这番冷嘲热讽，更别说像格罗皮乌斯这样自尊心极强的男人了。阿尔玛在描述自己的前夫格罗皮乌斯时的语气就好像是在谈论一个无关紧要的路人。

格罗皮乌斯给阿尔玛写信，语气愤慨且强烈："书中关于你我之间的故事并不属实。我原本以为，对慕兹的思念和记忆至少可以让你珍惜我们曾一起度过的时光。但你现在通过传记将我们的故事全都昭告天下，你将我仅存的美好回忆都打碎了。剩下的我已经没有什么好说的了。"[27]

阿尔玛立即回信宽慰格罗皮乌斯，称自己当时身体抱恙、头脑发昏。这一切都怪自己的代笔作家和出版社。阿尔玛让他们先将草稿寄给格罗皮乌斯审阅，可他们显然没有按照她的要求行事，她也丝毫不知情。几个月之后，阿尔玛又写信给格罗皮乌斯，信中说道："我希望你能原谅我，也许你认为我是罪魁祸首，但我是无辜的。"[28] 阿尔玛在信中打起了同情牌，她告诉格罗皮乌斯，自玛农逝世后，自己就变成了孤家寡人。阿尔玛在信中同时表态称格罗皮乌斯是一个好人，这一点她心知肚明。

阿尔玛在不久之后又开始写起了另一部自传。这本新自传与其说是一本新书，不如说是换汤不换药，增添了更多罗曼史细节的《桥即是爱》修订版。阿尔玛的新自传《我的人生》于1960年在德国出版。这次，她在处理自己与格罗皮乌斯关系时变得更加小心翼翼。阿尔玛告诉自己的共同作者维利·哈斯，对待仍健在的人物措辞要小心谨慎，特别是像沃尔特·格罗皮乌斯这样的名人。阿尔玛提醒哈斯，格罗皮乌斯是个很腼腆的人，不愿意将他们之间的关系在聚光灯下曝光。

毫无疑问，这本新自传给格罗皮乌斯造成了二次伤害。现在，大家都认为格罗皮乌斯非常无趣，心里只有包豪斯，是阿尔玛·马勒永无止境的名人猎圈中的一个小角色。在由汤姆·莱雷尔于1965年创作的讽刺小曲"阿尔玛"中，格罗皮乌斯是以这样的形象出现的：

> 维也纳最可爱的姑娘
> 就是阿尔玛，她也是最聪明的女子。
> 一旦你倾心于她，
> 就再也无法摆脱她的魅力。
>
> 她的情人多又杂，
> 从她跳起比津舞的那天起。
> 她下嫁于三位名人，
> 但没有人知道她到底有几个男人……
>
> 嫁给古斯塔夫后，她邂逅格罗皮乌斯，
> 随后纵身跃向沃尔特。
> 为逝去的古斯塔夫，她泪流满面，

面对祭台流干了泪。

可是他（格罗皮乌斯）总是在包豪斯工作到很晚，

无法经常回家。

她说道："难道我的家是食品店？"

是时候换男伴了。[29]

　　阿尔玛在 1964 年离开人世，她的葬礼于当年 12 月在纽约举行。她的遗体随后被送回维也纳，埋葬在格林津墓地的玛农墓旁。据说后来格罗皮乌斯在听到汤姆·莱雷尔针对他的讽刺小曲后，只是耸了耸肩，然后又继续做别的事情了。

【注释】

　　关于格罗皮乌斯 1954 年的日本之旅，请参见目前收录在哈佛大学霍顿图书馆的伊势·格罗皮乌斯旅行日记打字稿，以及目前收录在东安格利亚大学中伊势·格罗皮乌斯写给阿提和查尔斯·弗期伯以及协和建筑师事务所其他成员的信件。

　　关于马塞尔·布鲁尔，请参阅罗伯特·麦卡特的《布鲁尔》（伦敦，2016）。关于马塞尔·布鲁尔后期建筑事业的发展，请参阅贝利·伯格的《马塞尔·布鲁尔：包豪斯传统，野兽派发明》（纽约，2016）。

　　关于乌尔姆的背景信息，请参见杰里米·安斯利的《设计现代德国》（伦敦，2009）、收录在由菲利普·奥斯沃尔特所编著的《包豪斯冲突，争议与对手1919—2009》（奥斯菲尔敦，2009）中保罗·贝茨所撰写的《包豪斯作为冷战武器》一文，以及收录在《"冷战"现代：设计 1945—1970》（伦敦，2008）展览目录中的简·帕维特的文章《设计与民主理想》。

1 伊势·格罗皮乌斯对阿提和查尔斯·弗伯所言，1954 年 5 月 22 日，UEA。

2 同上。

3 小川正孝《格罗皮乌斯与日本文化》一文，引用艾萨克斯，第 275 页。

4 同注释 1。

5 同注释 1，1954 年 6 月 16 日，UEA。

6 同注释 1，1954 年 7 月 18 日，UEA。

7 同注释 1，1954 年 6 月 30 日，UEA。

8 沃尔特·格罗皮乌斯，广岛演讲草稿，HLH。

9 沃尔特·格罗皮乌斯对勒·柯布西耶所言，1954 年 9 月 12 日，LCP（法国勒·柯布西耶基金会）。

10 伊势·格罗皮乌斯对协和建筑师事务所成员所言，1954 年 8 月 23 日，UEA。

11 伊势·格罗皮乌斯对阿提和查尔斯·弗伯所言，1954 年 6 月 2 日，UEA。

12 伊势对莫莉·普里查德所言，1956 年 2 月 23 日，UEA。

13 《曼彻斯特卫报》，格罗皮乌斯 1956 年 4 月 12 日晚宴，UEA。

14 朱利安·赫胥黎，格罗皮乌斯晚宴演讲，1956 年 4 月 12 日，UEA。

15 亨利·莫里斯，格罗皮乌斯晚宴演讲，1956 年 4 月 12 日，UEA。

16 麦克斯韦·福莱在格罗皮乌斯晚宴发表的自由诗，1956 年 4 月 12 日，UEA。

17 沃尔特·格罗皮乌斯，格罗皮乌斯晚宴演讲，1956 年 4 月 12 日，UEA。

18 沃尔特·格罗皮乌斯对伊势·格罗皮乌斯所言，1960 年 2 月 9 日，引用艾萨克斯，第 281 页。

19 同上，1957 年 11 月 6 日，引用艾萨克斯，第 281 页。

20 伊势·格罗皮乌斯对杰克和莫莉·普里查德所言，1959年7月2日，UEA。

21 朱利奥·卡洛·阿尔甘，打字稿，1960年，HLH。

22 保罗·莱利，《设计》55，1953年7月，第16页。

23 雷纳·班纳姆，《设计》234，1968年6月，第21页。

24 沃尔特·格罗皮乌斯对伊势·格罗皮乌斯所言，1955年9月23日，BHA。

25 同上。

26 埃利亚斯·卡内蒂，《眼睛游戏》（伦敦，1990），第53页。

27 沃尔特·格罗皮乌斯对阿尔玛·马勒所言，1958年8月17日，引用艾萨克斯，第283页。

28 阿尔玛·马勒对沃尔特·格罗皮乌斯所言，1960年4月6日，引用艾萨克斯，第283页。

29 汤姆·莱雷尔，《正是那一年，正是那一年》，重奏唱片公司，圣弗朗西斯科，1965年。

24 新英格兰：1960—1969

　　在我看来，建于 1958 年和 1963 年之间，位于纽约的泛美航空公司（之后是美国大都会人寿保险公司）大楼是格罗皮乌斯最具争议性、最华丽耀眼的建筑作品。格罗皮乌斯与来自南斯拉夫的年轻建筑师——亚历克斯·茨维亚诺维奇紧密合作，共同负责该项目。茨维亚诺维奇也是格罗皮乌斯协和建筑师事务所的同事，于 1960 年加入了团队。格罗皮乌斯与亚历克斯·茨维亚诺维奇两人几乎每周都要到纽约来查看工程进展情况。这个项目给协和建筑师事务所的建筑师们施加了额外的压力，因为这栋建筑位于纽约中央车站的正上方，但他们却不能任意暂停或控制火车的运行。

　　茨维亚诺维奇在后来表明了自己与格罗皮乌斯之间的关系："我们之间的关系就好比我是他从来没有过的儿子，而他就像我小时候就失去的父亲。"[1] 两人的关系之所以如此紧密，部分原因是他们都有相同的背景——他们都经历过欧洲那动荡不安、以乱治乱的年代。茨维亚诺维奇的父亲在一场党派知识分子清洗运动中被谋杀，家中财产全部充公。与协和建筑师事务所许多其他成员相对稳定和富足的童年生活相比，茨维亚诺维奇的童年确实异常艰难。还有一个原因是格罗皮乌斯与茨维亚诺维奇两人都是外国人，两人的美式英语都带着明显的欧洲口音。他们有着共同的欧洲文化背景、对音乐的热爱以及广泛的阅读爱好，甚至对深奥的《圣经》也颇有研究。两人无论从职位上还是情感上都惺惺相惜。茨维亚诺维奇与格罗皮乌斯的养女阿提同年同月生，这让茨维亚诺维奇更加确定为什么看到格罗皮乌斯会有一种亲人般的感觉。由于与格罗皮乌斯的关系十分亲密，茨维亚诺维奇后来也遭到了事务所中所有美国伙伴的羡慕和嫉妒。情绪高涨的格罗皮乌斯是个完美主义者，是一个态度强硬的工头，但正是他的这份敬业精神激励了年轻一代的建筑师。茨维亚诺维奇多年后谈及格罗皮乌斯时依然饱含深情，充满敬意。

泛美航空公司大楼所在的帕克大道是名副其实的商业开发区。高耸入云的大厦坐落于城市中央，共有59层楼高，有 218 322 平方米的办公区。格罗皮乌斯和意大利建筑师皮耶特罗·贝鲁斯基共同参与了泛美航空公司大楼的设计，但在现代主义运动遭受非议的时期，两人中知名度更高的格罗皮乌斯备受抨击与谴责。简·雅各布在 1961 年出版的《美国大城市的死与生》一书中对包括泛美航空公司大楼在内的那些拔地而起的高楼开发区表示批评与反对，称这些高楼在当时带来了相当大的不良影响。针对格罗皮乌斯所设计的泛美航空公司的批评主要集中在：泛美航空公司建筑挡住了帕克大道的视野、高楼投射

泛美航空公司大楼，摄于 2005 年

的阴影会影响周围区域的采光，以及两万五千名办公室员工挤进这原本就拥挤不堪的街道的问题。在格罗皮乌斯的批斗者中，评论最恶毒的当属西比尔·莫霍利和令人十分意外的菲利普·约翰逊。菲利普·约翰逊认为此地应该修建绿化广场。面对批评，格罗皮乌斯不以为然，认为这只是城镇人民得了便宜还卖乖的言论罢了。

现在看来，泛美航空公司大楼跟周围其他建筑相比小得多，格罗皮乌斯的理念终于得到了尊重，并开始兴盛起来。这栋高楼的形状十分有趣，一个延伸开的八边形被两个不同高度且没装玻璃的柱廊横向分隔成两部分。这样轻盈的结构不显沉重也不显单调，这是在其他大型预制混凝土和玻璃建筑中很少能够看到的。我们称泛美航空公司大楼为一个巨型极简主义雕塑也不为过。泛美航空公司大楼选用的建筑材料也是惊人的丰富与奢华，如抛过光的青铜色花岗岩以及带有纹理的玻璃。泛美航空公司大楼内置的装饰艺术品包括约瑟夫·艾尔伯斯用胶木制成的壁画《城市》以及理查德·利波尔德的作品——大型金属线雕塑。乘坐自动扶梯下行来到纽约中央车站便可以纵览老式牡蛎餐馆和鸡尾酒酒吧，相信很少有人能抵住美食与美酒的诱惑。

泛美航空公司大楼让我们不禁回想起同坐落于城市中心、代表着城市权威和壮志的那个梦幻般的玻璃建筑的设计。1923 年，格罗皮乌斯参加《芝加哥论坛报》大厦设计竞标却不幸落选。所以这次的泛美航空公司大楼设计可以看作是对格罗皮乌斯当年与《芝加哥论坛报》大厦失之交臂的补偿。

如果说英国建筑师理查德·罗杰斯设计的劳埃德大楼概括了 20 世纪 80 年代伦敦的典型特征，那么格罗皮乌斯设计的泛美航空公司大楼则彰显了 20 世纪 60 年代美国作为资本主义国家的踌躇满志与自信。

为什么格罗皮乌斯会承接泛美航空公司大楼项目？这个问题非常

有趣。为什么格罗皮乌斯要参加这个让他背叛自己原则的建筑设计呢？其中有部分原因是显而易见的：格罗皮乌斯经营着协和建筑师事务所这个大型事务所，而协和建筑师事务所需要足够的项目才能继续正常运营下去。另一方面，天性叛逆、性格顽固的格罗皮乌斯希望可以通过泛美航空公司大楼及其散发的强烈感情一改人们对协和建筑师事务所以往建筑作品的一贯看法。

格罗皮乌斯与密斯·凡·德·罗长期以来的僵持关系也是一方面原因。自在彼得·贝伦斯工作室一起工作起，两人表面上互相敬重有加，实则关系势如水火，矛盾一触即发，这是所有人都知道的事实。自1938年定居美国以来，密斯的个人工作室做得风生水起，就连伊势也经常拿密斯的知名度与格罗皮乌斯的知名度相比较。1958年，密斯设计的38层楼高，同坐落于帕克大道的施格兰大厦竣工，获得了各界的一致好评与称赞。年轻的英国野兽派建筑师皮特·史密森更是对施格兰大厦给予了极高的评价，称其他建筑与施格兰大厦相比一个个都像是骄傲自满的大型超市。这样的评论是无公平可言的，但不得不承认，无论从建筑前景还是资质来看，格罗皮乌斯设计的泛美航空大楼都无法与施兰格大厦所散发出的经典气质和优雅姿态相媲美。

20世纪60年代中期，格罗皮乌斯着手准备伦敦皮卡迪利商业圈的重新开发工作。20世纪50年代以后那批臭名昭著的英国房地产开发商的领头人物——杰克·科顿是皮卡迪利广场的开发商。而科顿又和另一位备受争议的开发商查尔斯·克罗尔有一定的联系。克罗尔擅长恶意收购，控制和买断上市公司的股份，以此取代各大公司的经理和董事，独霸江山。按照常理来讲，格罗皮乌斯应该对这样的项目嗤之以鼻、不屑一顾。

1955年，科顿计划在皮卡迪利商业圈开发莫尼科项目，莫尼科一名取自现已被拆毁的一家曾叫莫尼科的咖啡馆。在科顿最初的提议被否决后，科顿的商业伙伴、泛美航空公司的局长欧文·沃尔福森建议科顿去请沃尔特·格罗皮乌斯来策划方案，并尊重格罗皮乌斯的意见。于是科顿便向泛美航空公司大楼投资了 2500 万美元，并聘请格罗皮乌斯担任皮卡迪利大街项目的设计顾问，与伦敦机构的建筑师理查德·卢埃林·戴维斯和约翰·威克斯共同合作。从中我们不难看出格罗皮乌斯愿意接手皮卡迪利大街设计的原因。在一次采访中，格罗皮乌斯表明了自己浪漫的城市中心观："我不断地问自己，皮卡迪利大街到底代表着什么？我逐渐理解，所有英国人都喜欢大街上的这种华丽与热闹的气氛。我设计的这座大楼一定要保持这个大街的生气、维持这里原有的精神面貌。我们想要在建筑的墙上打广告，与大街上的其他建筑保持一致，因为这是皮卡迪利大街的一部分。"[2] 但因莫尼科工程牵扯太多的利益纠纷，所以该项目最后被迫停工搁置。

科顿性格开朗，经常系着领结，在衣服纽扣中间插上一朵红色康乃馨。格罗皮乌斯与科顿之间一直保持着断断续续的合作关系，但是两人大多数项目都失败夭折，唯一成功的合作只有伯明翰城市中心建筑项目。伯明翰城市中心建筑是位于伦敦帕克大道上一座中规中矩的大楼，内设公寓、办公室和商铺。

此时的科顿住在伯明翰城市中心建筑附近的多尔切斯特酒店套房 210 室。为了工作方便也暂时入住多尔切斯特酒店的格罗皮乌斯表示，与科顿关系过近让他备感压力。1960 年，格罗皮乌斯向伊势悲叹道："我花了昨天和今天整整两天才从科顿的折磨下恢复过来……我被科顿搞得疲惫不堪。科顿除了数字剩下的都不关心，但他非常热心，对我也十分照顾。"[3] 但伊势对待科顿的看法却不像格罗皮乌斯这样潇洒。伊势后来写道："我不清楚我的丈夫能容忍杰克·科顿先生多久。科顿是格罗皮乌斯在美国遇到的所有客户中，最专断霸道的一个。"[4] 1964 年，科顿在巴哈马突发心脏病去世。没有科顿的支持，格罗皮乌斯的工程沦落为一个邦尼俱乐部，但早就对此习以为常的格罗皮乌斯对于自己作品的悲惨下场只是一笑而过。

20世纪60年代，格罗皮乌斯在德国进行了他最耗时，也是他最成功的合作项目。由犹太人老菲利普·罗森达尔于1879年创办的瓷器厂在纳粹党的控制下被迫停止运营。罗森达尔1934年辞掉了自己瓷器厂厂长一职，并在三年后于1937年与世长辞。菲利普·罗森达尔的儿子菲利普战时被流放到英国。1950年菲利普回国，此时的他已经是个地地道道的英国人。菲利普成功地找回了自己的家族企业——罗森达尔股份公司。罗森达尔股份公司秉承现代主义理念，受到了众多欧洲和美国知名建筑师的青睐和委托。菲利普·罗森达尔和格罗皮乌斯合作紧密，他们甚至还一起旅行，成了要好的朋友。

1963年11月，菲利普·罗森达尔和格罗皮乌斯开始了两人第一个合作工程——在巴伐利亚州的塞尔布修建罗森达尔瓷器厂。这栋大楼不但满足员工的需求，为他们提供了良好、高效的工作条件，更为其创造了鼓舞人心的文化环境。格罗皮乌斯起初为塞尔布设计了一个图书馆和音乐厅，随后格罗皮乌斯又在工作区域中心设计了一个宽敞的花房，里面植物和鸟类一应俱全，让人仿佛置身于室外鸟语花香的美景之中。亚历克斯·茨维亚诺维奇也加入了罗森达尔瓷器厂项目之中。茨维亚诺维奇表示自己曾询问过菲利普工厂一般如何庆祝新年，罗森达尔回答道："员工们会在工厂里抓猪，接着我们就可以享用烤猪大餐了。"[5]格罗皮乌斯虽认为工厂的这个习俗有些野蛮粗暴，但他还专为猪设计了一个特殊的大理石屋，名叫"可可屋"。格罗皮乌斯表示："（可可屋）就在工厂附近。"

格罗皮乌斯为菲利普·罗森达尔设计的下一个项目是位于安伯格的托马斯玻璃工厂。为了解决制玻璃造成的环境问题，格罗皮乌斯决定为菲利普设计一个带有又高又陡的斜屋顶的大型吹制玻璃厅，这栋建筑就是我们所熟知的玻璃教堂。玻璃教堂是格罗皮乌斯继法古斯工厂后又一最引人瞩目、成功的工业建筑。员工们可以获得补贴，以低廉的价格住进大楼内。

在接到罗森达尔要求设计瓷茶杯和咖啡杯的委托后，格罗皮乌斯兴奋不已。格罗皮乌斯一直对餐具设计颇有兴趣，他不但在包豪斯开设了陶器工作室，更有意将陶器制作和工业生产结合起来。协和建筑师事务所成员路易斯·麦克米伦和凯瑟琳·德索萨也参与了此次设计，负责餐具的初步构想与设计，最后再由格罗皮乌斯定夺。黑白亮色双拼的茶具展现出无与伦比的纯洁和优雅。这套茶具面世以来已有60多年，但拿到当今来看仍不失现代风格的韵味，并且至今仍在生产。论设计精品与经典，非这套茶具莫属。

格罗皮乌斯与协和建筑师事务所成员
1969年设计的茶具

格罗皮乌斯与罗森达尔的合作为格罗皮乌斯带来了意外的惊喜——他收到了几十年来一直销声匿迹的玛丽亚·贝内曼的来信。玛丽亚·贝内曼表示在看到了一篇关于格罗皮乌斯和罗森达尔的新闻报道后，与格罗皮乌斯的种种回忆如潮水般涌上她的心头。此时的玛丽亚·贝内曼也在撰写自己的回忆录。在她的故事中，她表示格罗皮乌斯在事业上是充满热情、鼓舞人心的包豪斯创始人，但他在爱情上却是一个不折不扣的逃兵，是一颗自成一派的流浪之星。玛丽亚·贝内曼在写给格罗皮乌斯的信中说道：

亲爱的格罗皮乌斯！

我从最新一期的《时代周刊》上看到了关于你的消息。看到你仍在建筑界如鱼得水，我欢喜至极。最近几年，很少能看到关于你的消息，我甚至不知道你是否仍健康地在这个世界上生活。看到你虽年事已高，但仍能干出一番惊天动地的事业，我真的非常高兴。当年正是因为你在魏玛创立了包豪斯，众多师生才有机会深入探索与了解人类社会内在的价值和意义。塞尔布罗森达尔瓷器厂厂长似乎有将包豪斯精神发扬光大的意图和决心。但愿在这个"机器化"的时代，每一位支持包豪斯理念的人都可以获得成功，将包豪斯精神传递给每一位工人。

我十分盼望能够与你再次相见。这种急迫的心情无须多言，相信你可以理解。在最近几周，我每天都会回想起那些在魏玛市内和在魏玛周边度过的日子。那个时候的我们心中充满希望，每一个人都发自内心地盼望国家可以早日复兴。为了防止这些珍贵的记忆被遗忘，我现在正将它们记录下来。就算这个回忆录不会广为流传，但至少可以让我的子孙后代更好地了解我们的时代。思绪回转，我想到了我们之间的爱情。你总是在流浪，早已习惯了从你身边穿梭而过的生命。你这颗流浪之星如此闪耀，却依然让我魂牵梦萦。

祝福你和你的爱人幸福快乐。

你的老友玛丽亚·贝内曼[6]

格罗皮乌斯在收到信的几个月之后才回信给玛丽亚·贝内曼，至于他们后来有没有重逢，我们就不得而知了。

————

20 世纪 60 年代，东德政府一改原本对包豪斯批判与压制的态度和政策，人们开始视包豪斯为社会主义性质的企业，视格罗皮乌斯为英雄。面对东德政府向自己发出的参观邀请，格罗皮乌斯十分小心谨慎。格罗皮乌斯担心自己如果应邀，那么美国政府可能会将此举解读为他有支持社会主义政权的倾向。1964 年，格罗皮乌斯同意参加在柏林举行的准备会，他在会上表达了自己希望参观德绍和魏玛两市以及参与包豪斯重建工作的愿望。格罗皮乌斯怎么能抵挡住这样的诱惑呢？为了创办包豪斯，他付出了多少心血！德绍包豪斯经重新修复后最终于 1976 年 12 月重新对外开放。

东西德之间原本僵持紧张的关系逐渐缓和。1968 年春，东德与西德在斯图加特联合举行了一场别开生面的展览会——"包豪斯的50 年"，这场展览会由德意志联邦共和国和包豪斯档案馆联合赞助。同年秋，展览会又在伦敦皇家艺术学会举行。格罗皮乌斯很喜欢讲包豪斯的这段历史故事，他着重强调了包豪斯早期开设的基础课程、设置的工作室，以及他钦点的艺术家和教师。包豪斯虽历经百般挫折，却笑到了最后。但对于在汉内斯·迈耶管理下的包豪斯的那段黑历史，格罗皮乌斯却只字未提。

包豪斯总是遭到来自那些自大者的反抗与拒绝。设计这场展览会的赫伯特·拜耳表示："你应该听说过，包豪斯与艾尔伯斯、与妮娜·康定斯基之间存在巨大的问题。"[7] 他们邀请密斯·凡·德·罗来参加展览会，却被密斯的一句"我与包豪斯毫无联系"拒之千里之外。赫伯特·拜耳表示："尽管如此，我们还是在展览会展出了未出席的密斯以及艾尔伯斯的作品，但现场效果与他们亲临现场的效果相比肯定是大打折扣的。我敢肯定，这场展览会之后，我们就不剩多少朋友了。"

格罗皮乌斯参加了斯图加特和伦敦展览会的开幕式。《时代周刊》对格罗皮乌斯进行了报道，称格罗皮乌斯以低沉而富有磁性的嗓音为听众带来了斗志昂扬的演讲。两次参展人数十分可观，均有近万人。此时的包豪斯已经达到了有史以来的传奇巅峰地位，格罗皮乌斯也被尊称为现代主义的先驱，但某些批评家则仍持有不同意见。在学生暴动和知识分子骚动频繁发生的年代，有些人，尤其是那些原本在艺术界德高望重、仍持有传统审美观念的权威人士指责包豪斯一直戴着有色眼镜看待旧事物。

———

1968 年 5 月 18 日是格罗皮乌斯 85 岁生日，家人和朋友们齐聚一堂为格罗皮乌斯举办了生日庆祝会。生日派对是从魏玛包豪斯时期起就一直保留下来的传统，人们在哈佛广场举行了盛大的晚会，晚会上摆满了鲜花、气球、草莓和香槟，气氛十分温馨。前来为格罗皮乌斯庆生的人们都头戴帽子，帽子上的缎带写有"支持格罗普"的字样。学生们手拿标语牌，上面写着"全力支持格罗皮乌斯"。

格罗皮乌斯在别墅举行了小范围的亲友聚会。现在，格罗皮乌斯的家族越来越壮大了。阿提于 1957 年收养了一名名叫萨丽娜的德国孤儿女孩。阿提也有了自己的孩子。1960 年，阿提的女儿埃里卡·弗期伯出生。阿提与查尔斯·弗伯离婚后又嫁给了建筑师约翰·乔纳森。与查尔斯·弗伯一样，约翰·乔纳森也是格罗皮乌斯在哈佛大学教过的学生。约翰·乔纳森与马塞尔·布鲁尔、菲利普·约翰逊、兰蒂斯·戈尔斯和艾略特·诺伊斯五人并称"哈佛五人组"，五人还曾一起合作在新迦南设计了几幢赫赫有名的现代房屋。

分布在全世界各地的包豪斯人纷纷为格罗皮乌斯送上生日祝福卡片和贺信，许多贺卡上面还带有精致的插画。玛丽安·布兰德送了一幅超现实主义自画像，茱莉亚·费宁杰送给格罗皮乌斯一幅设计精巧独特的木版画，菲利克斯·克利从伯尔尼送上了自己的祝福，拜耳和布鲁尔夫妇也送来深情的问候，约瑟夫·艾尔伯斯送给格罗皮乌斯一套自己的作品集——《方块赞礼》。

格罗皮乌斯在这十年将大部分的精力都放在了讲述自己在包豪斯见证过的故事上。包豪斯现如今名扬天下，越来越多的人开始关注并想要了解包豪斯，格罗皮乌斯需要花费巨大的精力去整理他留给世人的宝贵遗产。这项任务十分艰巨，格罗皮乌斯也遭到了苛刻的批评。以自己的角度去叙述自己的人生是年事渐高之人的特权之一。格罗皮乌斯开始一点点将从纳粹德国找回的记录、文档以及信件进行整理与分类，大大小小的文件加在一起足足有二十万件，所以这项任务确实艰巨而繁重，所有的材料都需要审阅与校对。一切准备就绪后，这些材料将送往达姆施塔特包豪斯档案馆存档。包豪斯档案馆后迁至柏林的一幢由格罗皮乌斯亲自设计的大楼中。

在那段时间，许多人都对包豪斯的历史产生了浓厚的兴趣，格罗皮乌斯和伊势也经常被研究人员围得水泄不通。伊势向她的老朋友彼得·诺顿抱怨道："现在的生活逐渐被过去的回忆侵蚀，这是一件十分耗时的事情。艺术历史学家、建筑历史学家、教育家、社会学家突然开始挖掘包豪斯一战前后的故事，就好像这些故事是已经发生在几个世纪前的陈年旧事。如今仍健在的人成为他们同情的对象。"[8] 每当做完一次长时间访谈后，格罗皮乌斯都会看上一部西部片或侦探剧来放松自己。

与此同时，一部关于格罗皮乌斯的传记引起了格罗皮乌斯和伊势的注意。格罗皮乌斯对他的姐姐玛农说道："有人正在写一部关于我的书籍，传记作者经常向我和伊势打听一些消息和日期。那些我曾经认为无关紧要的事情，突然变得十分重要。我承认我现在开始好奇我是如何一路走到今天的。"[9]

写自传并不是格罗皮乌斯突然萌生的新想法。早在 1951 年，赫伯特·拜耳就建议格罗皮乌斯写一部自传。1954 年，西格弗里德·吉迪恩出版了一部篇幅较短的格罗皮乌斯传记。格罗皮乌斯的包豪斯同事亚历山大·桑迪·沙文斯基曾写过一部更具批判性的格罗皮乌斯传记，但并未出版。最终这项任务，可以说这一杯毒酒，落在了雷金纳德·艾萨克斯身上。艾萨克斯曾经在哈佛大学师从格罗皮乌斯，1953 年，艾萨克斯被任命为哈佛大学区域规划院的教授。

1962 年，格罗皮乌斯与艾萨克斯开始了传记的筹备工作。格罗皮乌斯和艾萨克斯几乎每周都会见面讨论自传的整体框架和内容。1983 年，这本传记率先在德国出版，书名为《沃尔特·格罗皮乌斯：其人与其作品》，该书的英文缩减版于 1991 年出版。这部合著传记基本上是按照格罗皮乌斯的想法与观点所撰写的。

在整个包豪斯材料与格罗皮乌斯写给子女信件的整理与翻译的过程中，伊势发挥了至关重要的作用。伊势感叹，自己为档案馆整理信件的那段时间，经常忙到凌晨两点才能睡觉，七点就要起床开始整理。伊势每天都过得十分充实。有人认为虽然任务辛苦，但伊势却乐在其中，并热情永不退。当伊势在新英格兰，坐在由包豪斯设计、曾与格罗皮乌斯并肩一起工作的双人书桌旁，翻译着自己的丈夫写给旧情人的情书时，当她读到格罗皮乌斯写给他那亲爱的小莉莉、莉莉猫的信中的情欲，写给玛丽亚·贝内曼的那封"流浪之星"信件的洒脱时，我们不禁好奇，伊势会是怎样的心情呢？当她翻译到赫伯特·拜耳在

20 世纪 30 年代写给她的那一封封充满强烈爱意的情书时，伊势的心会感到澎湃与不安吗？答案极有可能是否定的。在包豪斯这个真正强调合作伙伴精神的大家庭中，伊势一直扮演着一个举足轻重的角色。伊势一直认为，做好整理资料与记录的工作是自己的责任。

从某种程度上来讲，艾萨克斯可以说是从主观的视角对格罗皮乌斯的生平事迹进行了叙述。话虽如此，但是我们如何理解格罗皮乌斯的那些照片呢？艾萨克斯版的格罗皮乌斯传记对于他的职业生涯的叙述丰富详细，但对于他的情感历程的描写却略显单薄。从艾萨克斯的传记中，我们很难获得格罗皮乌斯与阿尔玛·马勒相爱的故事细节，也很难看出格罗皮乌斯希望能够与女儿玛农建立亲密的父女关系的迫切愿望。艾萨克斯也没有将格罗皮乌斯背井离乡的复杂心情以及他时常自我怀疑的矛盾心理清晰地呈现出来。为什么格罗皮乌斯一直无法放下包豪斯以及包豪斯的过去？为什么格罗皮乌斯与那几位虽然偶尔会与他发生冲突，但在包豪斯一直陪伴在他左右的挚友——拜耳、布鲁尔和沙文斯基能成为一辈子最亲密的朋友？

对于 85 岁高龄的格罗皮乌斯来说，他的工作负担十分巨大，但他依然还在处理协和建筑师事务所的工程项目，并参与了 20 世纪 60 年代早期波士顿政厅广场大厦项目。格罗皮乌斯仍然坚持在设计中加入他所欣赏的艺术家们的作品。比如，在波士顿政厅广场大厦项目中，格罗皮乌斯加入了罗伯特·马瑟韦尔的壁画和迪米特里·哈德兹的雕塑作品《塞莫皮莱》。

格罗皮乌斯和伊势热爱旅行，并乐此不疲。1968 年 12 月，他们来到秘鲁参观印加宝藏博物馆，随后又来到了阿根廷。格罗皮乌斯曾在布宜诺斯艾利斯接受了为驻阿的德国大使设计新住所的委托。此次前来阿根廷，格罗皮乌斯也是特意与大使商量住宅设计的相关事宜。途中，他们在巴西利亚停留数日，"格罗皮乌斯一直很关心巴西利亚这座从无到有、逐步发展起来的城市"[10]。伊势写信给她的朋友诺顿夫妇说道："最后我们去了特立尼达拉岛体验热带小岛之美，然后回家和阿提一家欢度圣诞节……只有和皮乌斯相伴时，你才会忘记人类的极限。"沃尔特对新鲜事物所表现出的热忱有时甚至让伊势颇感意外。

种种迹象表明，格罗皮乌斯的身体状况越来越糟糕，他越来越力不从心了。格罗皮乌斯经常会和伊势去亚利桑那州。亚利桑那州带有神秘色彩的仙人掌、牛仔和印第安土著等一切事物都让格罗皮乌斯魂牵梦萦，仿若自己年少时的梦想在那里全部实现了一般。格罗皮乌斯与伊势留宿在富丽堂皇的城堡温泉酒店。在亚利桑那州的那几日，格罗皮乌斯经常骑马放松自己。在一张 1968 年的照片上，格罗皮乌斯满头银发，身穿亮色的格子衬衫，骑在马背上。

1969 年 4 月底，在他们夫妇二人从亚利桑那州回来后，格罗皮乌斯就表示自己经常感到疲倦，胸口也阵阵发痛。身体抱恙的格罗皮乌斯只能削减除协和建筑师事务所以外的所有工作，取消了国外委托设计项目。5 月过完 86 岁生日后，格罗皮乌斯病情加重，随后被送往波士顿的普拉特诊断医院。格罗皮乌斯被确诊患有致命的血液葡萄球菌感染疾病，他的一片心脏瓣膜也受到了病毒感染。

刚开始，格罗皮乌斯拒绝安装人工心脏瓣膜，他说道："我命数已定，为什么还要奢求更多呢？"[11]但在他人的劝说下，格罗皮乌斯最后改变了主意，并于 6 月 25 日接受了手术。在接下来的一两周内，格罗皮乌斯似乎恢复得不错，但是情况仍不乐观。阿提在写给杰里米·普里查德的信中言简意赅地表达了格罗皮乌斯一家忧心如焚的焦虑心情："我可怜的父亲过去一个月一直躺在医院。他先是患上了严重的葡萄球菌感染疾病，接着出现了致命的心脏衰竭问题，后来又马上进行了心脏手术。最近，他的身体有些好转，但这只是暂时的。伊势和我无时无刻不在担忧他的状况。日子就在提心吊胆中一天又一天、一周又一周地度过。"[12]

　　只有少数亲友见到了格罗皮乌斯最后一面，其中有一位是格罗皮乌斯的朋友兼建筑事务所的同事——理查德·诺伊特拉。在格罗皮乌斯弥留之际，除了亲近的家属以外，其他人一律被拒之门外。但诺伊特拉却成功地避开了护士的拦截，溜进格罗皮乌斯的病房，坐在格罗皮乌斯床前，紧握他的双手。这一别便是天人永隔，诺伊特拉的悲伤溢于言表。格罗皮乌斯一直在诺伊特拉的心中占据着十分特殊和重要的位置。格罗皮乌斯不但与理查德同为背井离乡的欧洲移民，更对他的建筑生涯产生了巨大的影响。

　　1969 年 7 月 4 日晚，沃尔特·格罗皮乌斯去世。在他生命的最后几天，他几乎一直昏迷不醒。格罗皮乌斯走的时候没有遭到病痛的折磨，安静地离开了人世。

———

　　格罗皮乌斯去世后，哀悼信如洪水般涌来。其中最深情、最感人的悼念非麦克斯韦·福莱莫属。麦克斯韦·福莱在他从伦敦发来的电报中写道："沃尔特结束了他美妙的一生，我们的心与你们同在。世界上再没有人可以像格罗皮乌斯这样为我们做出如此多的贡献，为我们留下最美好的回忆。他的作品将被世人牢记，永垂不朽。"[13]英国建筑师威廉姆·霍夫德的妻子玛乔里从收音机里听到这个消息后泪如雨下。格罗皮乌斯的逝世牵动着全世界人的心，赫尔辛基的阿尔瓦·阿尔托、斯德哥尔摩的斯文·马克利乌斯、马略卡岛的琼·米罗和东京的设计师金素丽·柳由香纷纷发来了哀悼信。德意志制造联盟成员亨利·凡·德·威尔德、塔里辛协会成员和弗兰克·劳埃德·赖特也前来吊唁。

　　当时的西德外交部长，后晋升为德意志联邦共和国总理的维利·勃兰特也送来了安慰信。格罗皮乌斯的逝世让众人不禁陷入对往事的回忆之中。特地从马萨诸塞州的韦尔弗利特赶来看望伊势的塞吉·希玛耶夫特想起了他与格罗皮乌斯之前在树林中举行的疯狂派对，喝得酩酊大醉的格罗皮乌斯和沙文斯基在凌晨一点将所有人从梦中叫醒，大家一起在月光中沐浴、游泳。

大家没有为格罗皮乌斯举行正式的葬礼。格罗皮乌斯的朋友们安静地聚集在协和建筑师事务所的一间屋子中。格罗皮乌斯最亲密的同僚亚历克斯·茨维亚诺维奇朗读了格罗皮乌斯的遗嘱。早在30多年前，在希特勒掌权不久后，格罗皮乌斯就已写下了这份遗嘱：

> **遗嘱 1933 年 4 月**
>
> 将我火化，不要留骨灰。留着灰烬也是不彻底的。
>
> 将它们丢掉吧。
>
> 不要为我哀悼。
>
> 如果我现在的朋友和昔日故友能够在我与世长辞后相聚一堂，像旧时在包豪斯一样狂欢庆祝、把酒言欢、开怀大笑，享受人间真情，这才是美妙的事情。我会在天堂和你们一起。这比在墓地中做慷慨激昂的演讲更有意义。
>
> 爱是万物的本质。
>
> 伊势，你是我最爱的人，请你妥善管理并整理我的精神遗产；至于我手头上的财产，你可以随意支配。[14]

格罗皮乌斯又在1948年6月加上了一则附言："永远不忘我深爱的阿提。"毫无疑问，姐姐玛农也是格罗皮乌斯放不下的最深爱的亲人。

在格罗皮乌斯成年后，他生命中近一半的时间都在异乡漂泊，但他始终没有忘记自己的信念：对艺术和美的追求。就像在集体哀悼时，格罗皮乌斯的一位朋友评价的一样，格罗皮乌斯为我们留下了"千变万化的火焰"[15]。

———

1970年5月20日，"一场包豪斯式的狂欢派对"如期举行，这个"格罗皮乌斯节"在剑桥协和建筑师事务所拉开序幕。1929年，在格罗皮乌斯离开德绍包豪斯后，包豪斯举行了一场别开生面的"金属节日"主题派对。"格罗皮乌斯节"沿用了当年的主题，每位入场的嘉宾都必须严格穿戴"金属服饰"[16]。千名到场的嘉宾身穿闪闪发亮的金属箔服装，伴着两个摇滚乐队欢乐舞动，观看由实验创新的戏剧小组带来的裸体秀，对多媒体幻灯片和电影秀的神奇效果惊叹不已。

不难猜到，几位包豪斯成员也出席了本次派对，他们分别是艾尔伯斯、布鲁尔和沙文斯基。伊势穿着黑白长袍，头戴用铝圆片制成的三重冕；阿提戴着一顶金属卷刨花做的假发；艾丽卡头戴用锡箔纸制成的花状王冠。哈佛大学的学生、年轻的艺术家和建筑家纷纷来到派对现场。聚会上觥筹交错、欢声笑语，场面十分温馨。这场面像极了当年包豪斯举办的华丽壮观的庆祝宴会，承载了过去满满的回忆。不难想象，格罗皮乌斯也一定身在其中，与大家同在。

【注释】

本章的主要信息来源是我与格罗皮乌斯的孙女艾丽卡·普法马特和格罗皮乌斯协和建筑师事务所同事亚历克斯·茨维亚诺维奇之间的对话。此外，我还与弗雷德·诺伊斯和佩里·金·纽鲍尔进行了讨论，并受益匪浅。

关于泛美航空公司大楼，我参考了梅雷迪思·克劳森的《泛美航空公司大楼和现代主义梦的破碎》（马萨诸塞州剑桥市，2005）。

关于杰克·科顿和英国房地产开发商的信息，我参考了理查德·达文波特 - 海恩斯的《英国事务：香气时代的性别、阶级和权力》（伦敦，2013）。

关于约翰·约翰森，威廉·厄尔斯，我参考了彼得·麦克马洪的《新迦南哈佛五世》（纽约，2006）和克里斯汀·西普里亚尼的作品《科德角现代：外部海角的中世纪建筑和社区》（纽约，2014）。

关于格罗皮乌斯最后一次生病，我参考了伊势·格罗皮乌斯写给杰克和莫莉·普里查德以及彼得·诺顿（泰特美术馆档案馆）的信件。

1 亚历克斯·茨维亚诺维奇，《波士顿建筑》，2013 年夏，第 29 页。

2 沃尔特·格罗皮乌斯，《思考》中的采访，1962 年 9 月。

3 沃尔特·格罗皮乌斯对伊势·格罗皮乌斯所言，1960 年 9 月 1 日，HLH。

4 伊势·格罗皮乌斯对大卫·艾略特所言，1973 年 2 月 24 日，大卫·艾略特私人信函。

5 同注释 1。

6 玛丽亚·贝内曼对沃尔特·格罗皮乌斯所言，1967 年 10 月 17 日，BHA。

7 赫伯特·拜耳对沃尔特·格罗皮乌斯所言，1967 年 12 月 8 日，HLH。

8 伊势·格罗皮乌斯对彼得·诺顿所言，1960 年 4 月 21 日，泰特美术馆档案馆。

9 沃尔特·格罗皮乌斯对玛农·布尔查德，1963 年 2 月 16 日，引用艾萨克斯，第 13 页。

10 伊势·格罗皮乌斯对福德·诺顿和彼得·诺顿所言，1969 年 10 月 30 日，泰特美术馆档案馆。

11　沃尔特·格罗皮乌斯对伊势·格罗皮乌斯所言，1969 年 6 月，引用艾萨克斯，第 311 页。

12　阿提·格罗皮乌斯·约翰森对杰里米·普里查德所言，日期不详，UEA。

13　麦克斯韦·福莱对伊势·格罗皮乌斯所言，1969 年 7 月 8 日，HLH。

14　沃尔特·格罗皮乌斯，BHA。

15　引用伊势·格罗皮乌斯对彼得·诺顿所言，1969 年 4 月 21 日，泰特美术馆档案馆。

16　罗伯特·莱因霍尔德，"纪念格罗皮乌斯的格罗皮乌斯节"，《纽约时报》，1970 年 5 月 20 日。

后记：回响

第一次见到伊势·格罗皮乌斯是在 1979 年的夏天。与之前和沃尔特·格罗皮乌斯见面一样，这次与伊势的见面也是由神通广大的杰克·普里查德安排的。当我见到伊势时，她已 82 岁高龄。我和我的丈夫于当天早上 11 点抵达伊势的家。当天，伊势身穿豹纹家居服，打扮得十分得体漂亮，脸上的妆容与以往一样美丽精致，每一缕头发都像过去的电影明星一样干练地梳在脑后。作为举世闻名的建筑师的遗孀，伊势·格罗皮乌斯有着超乎常人的奉献精神和神通广大的社交人脉。

伊势带我们仔细地参观了林肯之家。置身于林肯之家宛如置身于一幢欧式住宅，更确切地说，是置身于充满冷酷和自信的包豪斯风格的建筑物之中。我们很快就认出了曾经在照片中欣赏过的家具：马塞尔·布鲁尔镀铬椅和手杖、随格罗皮乌斯和伊势辗转多地的夫妻两人过去常肩并肩一起工作用的双人办公桌，还有圆形餐桌。伊势也向我们介绍了许多来自朋友的礼物，如塞吉·希玛耶夫、拉兹洛·莫霍利－

纳吉、赫伯特·拜耳的作品，以及亨利·摩尔的《倾斜的青铜人像》。

格罗皮乌斯夫妇在汉普斯特德期间，他们收藏的最令人印象深刻的作品分别是由埃贡·里斯设计的企鹅丛书驴驮篮书架，以及马塞尔·布鲁尔所设计的伊索肯长椅。在观赏了前哥伦比亚和墨西哥民间艺术设计后，格罗皮乌斯夫妇于1946年来到墨西哥亲自感受与体验。格罗皮乌斯夫妇床头挂着一张20世纪60年代协和建筑师事务所合作伙伴路易斯·麦克米伦在伊拉克萨马拉购买并送给他们的色彩鲜艳的羊毛地毯；楼梯正下方的壁龛被用作伊势的衣柜，里面挂着伊势的外套，每一件都设计得十分巧妙。对于伊势来说，这座别墅承载着她生命的故事、充斥着满满的回忆，饱含着两人一生所秉承的激情与信念。正如我们所了解的一样，伊势在包豪斯的发展过程中发挥着至关重要的作用。伊势经常强调包豪斯的理念就是第二个自己，晚年的伊势仍不遗余力地为包豪斯的声誉和价值观进行辩护。

在我们拜访伊势后不久，伊势不幸多次中风。伊势在生命的尾声经常卧病在床。20世纪80年代初，伊势提笔写信给她的旧情人赫伯特·拜耳。信中伊势的字体歪歪扭扭，仅能勉强辨认。自格罗皮乌斯14年前去世以来，伊势再也没有收到过任何关于拜耳的消息。阿提回忆："伊势的信仍充满旧时的随意与激情，当然，写这封信花了她很长时间。在她回顾自己的一生时，她没有丝毫后悔。"[1]我们并没有找到拜耳回复伊势信件的材料和证据。伊势·格罗皮乌斯最终于1983年去世。

包豪斯到底为我们带来了什么？格罗皮乌斯与伊势的创新协作影响了一代又一代的年轻人。包豪斯不仅仅是一种风格，更是一种全新的生活方式。德国文化历史学家尼尔·麦格雷戈表示："魏玛包豪斯与魏玛共和国一样，在德国传统价值观的基础上构建了一个新社会。事实上，包豪斯改变了世界。如果没有格罗皮乌斯和包豪斯所倡导的兼具功能性和优雅性的理念，就没有我们现在的城市、房屋、家具和版式设计。"[2]

传承包豪斯理念的设计公司与设计师不胜枚举，比如，格罗皮乌斯协和建筑师事务所的合作伙伴本·汤普森 20 世纪 50 年代初在美国创立的"设计研究"家具店、特伦斯·考伦于 20 世纪 60 年代开办的致力于为英国带来更多优秀设计的日常家居用品商店"栖息地"，以及 1943 年在瑞典成立、掀起拆装家具热潮的宜家家具公司。格罗皮乌斯从十多年前就开始致力于为中等收入家庭设计一系列简化标准家具。

新英格兰的许多家庭都认为格罗皮乌斯和伊势的生活方式对他们产生了极大的影响。格罗皮乌斯夫妇的生活方式流畅而灵活。他们家中陈列的每一件物品都是经过精挑细选的。格罗皮乌斯夫妇决不允许与他们朝夕为伴的家具用品和自己的审美标准背道而驰。除了对格罗皮乌斯的高度评价外，也存在许多对格罗皮乌斯的负面评论。格罗皮乌斯的反对者经常强调格罗皮乌斯过于崇尚朴素，表示他的这种简朴苦行之风不仅体现在他的艺术风格上，也体现在他的日常生活中。这样的评价对于格罗皮乌斯来说显然是不公平的。即便格罗皮乌斯有时可能略显不善变通，但这也并不足为奇，因为这是在日耳曼固有民族传统环境下成长和接受教育的格罗皮乌斯所无法违背的本性。从某种程度上来讲，格罗皮乌斯仍是一名轻骑兵第十五军团军官。他的一生经历了太多的情感磨难与创伤，这是我们不能忽视的因素：与阿尔玛·马勒的婚外恋而传出的绯闻、他们二人痛苦的婚姻生活、被迫与女儿玛农分离两地、对玛农香消玉殒的悲痛、迫不得已的背井离乡……

格罗皮乌斯努力战胜了这些感情创伤。他是一个十分重感情的男人，但经常将自己感性的一面隐藏起来。汤姆·沃尔夫在《从包豪斯到我们家》中讽刺格罗皮乌斯的教条主义、墨守成规，这无疑是对事实的扭曲。格罗皮乌斯在新英格兰的生活让我们看到了一个与平时截

然不同、更加乐善好施的格罗皮乌斯。格罗皮乌斯每天早上都会喂
鸟，在门廊处的乒乓球桌上跟别人打一场激烈的乒乓球比赛。当然，
格罗皮乌斯也是一个充满魅力、慷慨大方、极富想象力的男人。他能
迅速地与孩子打成一片，同时他也十分欣赏和尊重孩子的创造能力，
这一点是无人能及的。格罗皮乌斯坚持要将他孙女的艺术作品放在赫
伯特·拜耳和莫霍利－纳吉大师级别的作品旁，在自己的格罗皮乌斯
之家中展示出来。艾丽卡·普法马特儿时为格罗皮乌斯制作的拼贴画
现在仍然在格罗皮乌斯之家中展出。格罗皮乌斯视教育为一种信仰。
他坚持认为，教育除了讲究功能实用性之外，还必须是"满足人类灵
魂的美感的另外一种形式"[3]。

格罗皮乌斯去世后，各界人士都悲痛不已，从美国的《纽约时报》
到世界各地的人都纷纷送上自己的悼念之词。然而当谈及格罗皮乌斯
时，更多人会认为格罗皮乌斯只是一名像法国的勒·柯布西耶或芬兰
的阿尔瓦·阿尔托一样优秀的建筑师，只有极少数人认为他是一位具
有现代生活艺术思想的伟大的建筑思想家。与格罗皮乌斯同为背井离
乡的海外移民的尼古拉斯·佩夫斯纳仍视凭借包豪斯达到事业顶峰的
格罗皮乌斯为心目中的英雄。尼古拉斯·佩夫斯纳在伦敦《观察者》
上对格罗皮乌斯做出了最恰当的评价。"格罗皮乌斯身上所具备的英
国人的品质，"佩夫斯纳评论道，"赋予了包豪斯能够同舟共济、
有难同当的精神，而也正是凭借包豪斯，格罗皮乌斯才能够在 20 世
纪的艺术和建筑史上永垂不朽。"[4]格罗皮乌斯协和建筑师事务所同
事莎莉·哈克尼斯后来以更加言简意赅的语言对格罗皮乌斯做出了评
价："所有人都认为格罗皮乌斯是世界上最伟大的建筑师之一，但他
并不是。格罗皮乌斯是世界上最伟大的哲学家之一。"[5]

在拜访伊势后，我才彻底理解格罗皮乌斯的生活方式的重要性，
夫妇两人在包豪斯宣传时的处事态度，以及为了自由不惜与反对势力

展开唇枪舌剑的争辩。包豪斯一贯坚持实验创新的态度、赏心悦目的审美，强调选择与我们共存事物的重要意义。格罗皮乌斯的理念对现在的社会仍具深远的影响和意义。

那么沃尔特·格罗皮乌斯到底是谁？在经过五年的研究，在德国、英国和美国长途旅行、实地考察格罗皮乌斯设计的建筑物，并寻找和采访曾与格罗皮乌斯合作过或熟悉格罗皮乌斯的知情人士后，我是否可以更加精准地回答罗杰·格拉夫1967年在纪录片中提出的问题呢？除了坚信技术主义外，格罗皮乌斯也是浪漫主义与理想主义的捍卫者。在这点上，格罗皮乌斯与威廉·莫里斯十分相似，他们在对待自己的信仰时都坚持包容的原则。格罗皮乌斯一生都认为艺术不是生活的附属品，而是必需品。格罗皮乌斯与莫里斯一样，相信艺术本身就是生命。而没有灵魂的建筑、对自然的洗劫，以及对社会否定的观念一直是格罗皮乌斯所强烈批判和谴责的对象。格罗皮乌斯晚年又将讽刺的对象转向了资本主义，称正是资本主义的压榨与贪婪彻底毁掉了美国城市规划。

"如果上天赋予我某种天赋，我希望我可以拥有能够看清事物之间联系的能力。"[6]这是格罗皮乌斯在罗杰·格拉夫执导的电影中的最后一句台词。

格罗皮乌斯所具备的退一步思考的能力正是我们应该学习的精神。格罗皮乌斯深知人类并不是一座座与世隔绝的岛屿。在这个日益破裂与专业化的社会中，沃尔特·格罗皮乌斯以联系的视角看待事物的观点对我们来说具有十分重要的借鉴与参考意义。

【注释】

关于伊势·格罗皮乌斯和位于林肯的格罗皮乌斯之家，请参考阿提·格罗皮乌斯·约翰森的作品《伊势·格罗皮乌斯》（历史新英格兰，2013）、伊势·格罗皮乌斯的作品《马萨诸塞州林肯格罗皮乌斯之家之史》（新英格兰文物保护协会，1977）、《波士顿建筑》（"美国人格罗皮乌斯"一期，2013年夏中的文章《他们珍惜的事物》），以及乌尔里克·穆勒的《包豪斯女性》（巴黎，2009）中关于伊势·格罗皮乌斯的章节。

1 阿提·格罗皮乌斯·约翰森，《伊势·格罗皮乌斯》，第23页。

2 尼尔·麦格雷戈，《德国：一个国家的回忆》（伦敦，2014），第356页。

3 引用彼得·盖伊，《艺术与表演》（纽约，1976），第145页。

4 尼古拉斯·佩夫斯纳，《格罗皮乌斯：建筑中的道德力量》，讣告，《观察者》，1969年7月6日。

5 莎莉·哈克尼斯，引用《波士顿建筑》（"美国人格罗皮乌斯"一期，2013年夏）。

6 沃尔特·格罗皮乌斯，引用纪录片《谁是沃尔特·格罗皮乌斯？》，罗杰·格拉夫为英国广播公司录制的电影，1967年。

引用及参考资料

    每一位现代格罗皮乌斯传记作者都应该向雷金纳德·艾萨克斯的《格罗皮乌斯，包豪斯创始者的插图传记》这部鼻祖致谢。雷金纳德·艾萨克斯从 1962 年就开始专注于这本传记，每周都会针对传记内容进行讨论。格罗皮乌斯在 1969 年去世前曾阅读并评论了雷金纳德·艾萨克斯早期的传记草稿。格罗皮乌斯的妻子伊势一直以来都在为雷金纳德·艾萨克斯提供大量的信息和建议、整理格罗皮乌斯庞杂的文件，甚至在 1983 年与世长辞前还在一直致力于格罗皮乌斯德文信函的翻译工作。

    雷金纳德·艾萨克斯的格罗皮乌斯传记初稿字数不下百万，这样的长度与篇幅让美国出版商都不禁叹为观止，望而生畏。最后，该传记以《沃尔特·格罗皮乌斯：其人与其作品》（柏林，1983—1984）为书名，以德文分为两卷出版。由杰拉德·范德伦和布蕾克·莱芙莉编著的英文删减版最终于 1991 年在美国出版。美国版本的格罗皮乌斯传记的内容主要出自一名格罗皮乌斯的哈佛大学朋友兼同事的

565

表述，具有一定的局限性。但艾萨克斯的原德语版本却是真正的宝藏，里面特别涵盖了许多关于格罗皮乌斯早年的家庭背景和信息。

在对沃尔特·格罗皮乌斯进行探索以及撰写格罗皮乌斯传记的过程中，我主要参考了大量从未发表过的材料，其中包括伊势·格罗皮乌斯关于第一次与格罗皮乌斯见面的浪漫场景的叙述，以及伊势以精彩细致、略带刻薄的语言记载魏玛和德绍包豪斯点点滴滴的日记。

柏林和美国格罗皮乌斯档案馆存放着格罗皮乌斯写给他的第一任妻子阿尔玛·马勒、后来的情人莉莉·希尔德布兰特和玛丽亚·贝内曼，以及伊势的大量信件。这些信件原文多为德文，所以信件大多是由伊势·格罗皮乌斯亲自翻译的。艾萨克斯版本的传记很少提及格罗皮乌斯的私人生活，但在我的格罗皮乌斯传记版本中，我希望能够通过加大对格罗皮乌斯私人生活叙述的比例，更好地让读者了解并理解格罗皮乌斯这个充满激情与不屈不挠精神的男人。

我没有一味枯燥地罗列二手资料，而是在每个章节的后面都标注了我在研究过程中发现的与本章相关的有趣而精彩的书籍和论文。

其他常用引用资料来源缩写如下：

西尔麦斯

奥利弗·西尔麦斯，《恶毒的缪斯：阿尔玛·马勒的生活》，唐纳德·亚瑟译（波士顿，2015）

艾萨克斯

雷金纳德·艾萨克斯，《格罗皮乌斯，包豪斯创始者的插图传记》（波士顿，1991）

马勒，《桥》
阿尔玛·马勒·韦尔费尔，《桥即是爱》（伦敦，1959）

奈丁格
温菲尔德·奈丁格，《建筑师沃尔特·格罗皮乌斯》，哈佛大学布什雷辛格博物馆展览目录，柏林包豪斯档案馆，1985 年

诺伊曼
埃克哈特·诺伊曼（编），《包豪斯与包豪斯人》（纽约，1993）

赖德尔
詹姆斯·赖德尔，《沃尔特·格罗皮乌斯：写给天使的信1927—1935》，沃尔特·格罗皮乌斯与玛农·格罗皮乌斯之间的信件，詹姆斯·赖德尔译，《建筑史学家协会杂志》（加州大学出版社，2010 年 3 月）

惠特福德
弗兰克·惠特福德，《包豪斯，大师和学生》（伦敦，1992）

资料来源：
AAA
华盛顿史密森尼学会美国艺术档案馆
　　– 沃尔特与伊势·格罗皮乌斯文件
　　– 伊势·格罗皮乌斯包豪斯日记 1924-8
　　– 赫伯特·拜耳与伊势·格罗皮乌斯的信函
　　– 马塞尔·布鲁尔与伊势·格罗皮乌斯的信函

BHA

柏林包豪斯档案馆

– 沃尔特·格罗皮乌斯文件

BRM

哈佛大学布什雷辛格博物馆展览目录

– 格罗皮乌斯及其同事的建筑图纸，平面图和照片

DHA

埃克塞特达汀顿大厅档案馆

– 沃尔特·格罗皮乌斯信函及其平面图

GRI

洛杉矶盖蒂研究所

– 莉莉和汉斯·希尔德布兰特文件

GSD

哈佛大学档案馆设计研究生院

– 沃尔特·格罗皮乌斯文件

HLH

哈佛大学霍顿图书馆

    – 沃尔特·格罗皮乌斯文件，赫尔女士 208 系列 3，来自沃尔特·格罗皮乌斯的信件

    – 伊势·格罗皮乌斯日本日记，1954 年

LCP

法国勒·柯布西耶基金会

    – 沃尔特·格罗皮乌斯与勒·柯布西耶之间的信函

ONV

维也纳奥地利国家图书馆，艾达·格鲍尔手稿集

    – 沃尔特·格罗皮乌斯与玛农·格罗皮乌斯之间的信函

UEA

诺里奇东安格利亚大学

    – 普里查德文件

    – 伊索肯家具公司记录，劳恩街公寓信函

    – 麦克斯韦·福莱信函

UPP

宾夕法尼亚费城大学

– 马勒 - 韦尔费尔文件，吉斯拉克特别收藏中心，稀有书籍与手稿

– 阿尔玛·玛勒的日记以及阿尔玛·玛勒的回忆录草稿"闪闪发光的道路"

ZBZ

苏黎世中央图书馆

– 阿尔玛·马勒与奥斯卡·柯克西卡文件

注：沃尔特·格罗皮乌斯去世后，他的遗孀伊势·格罗皮乌斯将沃尔特的私人文件整理成两大部分。1936 年前的相关文件原件被存放在柏林包豪斯档案馆中，复印件被存放在哈佛大学霍顿图书馆。1937 年后的相关文件原件被存放在哈佛，复印件被存放在柏林。

致

谢

感谢艾丽卡·普法马特特许我引用格罗皮乌斯的家庭信件；感谢玛丽娜·马勒特许我引用阿尔玛·马勒的信件；感谢乔纳森·普里查德特许我引用普里查德的家庭信件。我也十分感谢格罗皮乌斯的侄孙沃尔夫·布尔查德博士、沃尔夫的父亲艾基·布尔查德以及沃尔夫的姨妈阿尔穆特·法耶对格罗皮乌斯家族史所发表的见解。感谢詹姆斯·赖德尔允许我引用由他所翻译的格罗皮乌斯写给女儿玛农的信件；感谢菲奥纳·艾略为本书将众多信函和文件的德文原稿进行翻译。我还要感谢亨利·艾萨克斯能够为他父亲雷金纳德·艾萨克斯的《沃尔特·格罗皮乌斯传记》一书补充更多的背景信息，也十分感谢亨利·艾萨克斯对本书的支持与兴趣。

感谢柏林包豪斯档案馆的馆长安玛丽·杰西以及档案管理员妮娜·舒尼希；感谢哈佛大学的霍顿图书馆现代书籍及手稿馆长莱斯利·A. 莫里斯以及莱斯利手下众多乐于助人的员工。感谢哈佛大学布什雷辛格博物馆的研究馆长劳拉·缪尔和罗伯特·威辛保。感谢苏黎世中央图书馆的露丝·豪斯勒博士和柯克西卡·比奎斯特。感谢维也纳应用艺术大学奥斯卡·柯克西卡中心的帕特里克·沃纳教授以及东英吉利大学普里查德文件档案管理员布丽奇特·吉利斯。

关于本书中涉及格罗皮乌斯德国、英国和美国的长途旅行的信息，我很感谢以下在百忙之中参加格罗皮乌斯建筑会议、讨论和评论的相关人士，他们分别是格罗皮乌斯的孙女艾丽卡·普法马特、贝利·伯格、罗斯玛丽·哈格·布赖特教授、伊恩·博伊德怀特教授、路易斯·坎贝尔教授、已故的什本·卡塔古兹诺、哈里·查林顿教授、亚历克斯·茨维亚诺维奇和玛丽娜·汤普森、罗斯·迪肯、大卫·艾略特、马格努斯·英格伦、简·埃弗雷特和理查德·埃弗雷特、马丁·菲勒、弗朗西斯卡·佛尔提、哈特穆特·弗兰克教授、克里斯托弗·弗莱林爵士教授、迈克尔·弗雷恩、查尔斯·詹克斯教授、阿黛尔·刘易斯、勒内·洛特、贾尔斯·德·拉·马蕾、彼得·麦克马洪、温迪·摩尔、理查德·莫菲特、迪特里希·穆勒、佩里·金·纽鲍尔、弗雷德·诺伊斯、吉尔·珀尔曼、艾伦·鲍尔斯、乔纳森·普里查德和玛丽亚·普里查德、迈克尔·拉特克利夫、尼尔瓦纳·罗梅尔、约瑟夫·里克沃特教授、迪耶·萨迪奇、已故的简·汤普森、玛丽亚·汤普森、埃德蒙·德·瓦尔、尼古拉斯·福克斯·韦伯、已故的弗兰克·惠特福德、克里斯托弗·威尔克和苏珊·赖特。

我的建筑师和设计师朋友一直以来向我提供了许多建筑及设计原理知识和灵感。特别感谢以下几位朋友的鼎力帮助与支持：露西·安南和斯宾塞·德·格雷、黛娜·卡森和艾伦·摩西、阿德里安和奥黛丽·盖尔、伯金·霍华德和乔安娜·范·黑宁根、理查德·霍利斯和波西·西芒德斯、迈克尔和帕蒂·霍普金斯、艾伦·欧文、伊娃·吉里克纳、荷西·曼瑟和已故的迈克尔·曼瑟。

关于我的家人，感谢我的儿媳——摄影师海伦·梅勒特为这书拍摄了许多独特的彩色照片。2016 年，我的儿子科林携我们全家自驾出游，我们从柏林法古斯工厂大楼一路来到了德绍包豪斯。我的小孙子对我们那次"包豪斯体验"十分感兴趣，甚至还在曾经是学生宿舍的房间中住了一晚。我的平面设计师女儿克莱尔·梅勒多年来一直以她对欧洲先锋派的热情对我产生了潜移默化的影响。

感谢劳拉·哈桑和埃里欧·卡尔森两位编辑。感谢凯特·沃德和埃莉诺·克劳策划了这本与主题密切相关的书籍。感谢埃莉诺·里斯的辛苦审稿、伊恩·巴拉米的仔细校对、莎拉·埃若拉的索引编辑、杰克·墨菲的制作工作，以及培迪·福克斯的美编工作。感谢出版社的档案管理员罗伯特·布朗向我的出版商提供了大量的格罗皮乌斯的资料。感谢斯蒂芬·佩奇一直以来的关注和支持。

感谢我永远深受欢迎的代理人迈克尔·西松斯一直以来对我的支持。不幸的是，在这本书最终出版之前，迈克尔便已离开人世。感谢接替迈克尔成为我在彼得弗雷泽和邓禄普的代理人的菲奥娜·佩特拉姆、我在美国的代理人彼得·马森，以及哈佛大学出版社的出版团队。

感谢我办公室中的露丝·艾略特协助我进行研究，并将我的手写稿件录入到电脑中。

最后，感谢德国和维也纳 20 世纪艺术和建筑专家、伦敦泰特美术馆令人难忘的奥斯卡·柯克西卡百年展览的策展人——理查德·卡沃雷西在我工作的过程中对我的文章进行专业的阅读与评论。我将此书献给理查德·卡沃雷西。

图
片
版
权
信
息

077 | Courtesy of Harvard Art Museums/Busch-Reisinger Museum, Gift of Ise Gropius: © President and Fellows of Harvard College

089 | Source from WIKIMEDIA COMMONS © Hermann Schieberth

090 | Source from WIKIMEDIA COMMONS

091 | Source from WIKIMEDIA COMMONS © Hugo Erfurth

099 | Source from WIKIMEDIA COMMONS © Edvard Munch

103 | Source from National Library of Israel, Schwadron collection © Erich Büttner

117 | Source from www.reddit.com © Lyonel Feininger

120 | above: Source from www.grandtourofmodernism.com/bottom: Source from Deutsches Historisches Museum, Berlin: Bauhaus – Zeitschrift für Gestaltung, 2. Jg., Nr. 2/3 (1928), Titelblatt (Cover)

126 | Source from Weimar Hauptfriedhof. Denkmal der Märzgefallenen Architect 1921 Walter Gropius © Felix O.

135 | Source from Thomas Kain/ Mona Meister/ Franz-Joachim Verspohl (Hrsg.): Paul Klee in Jena 1924. Der Vortrag. Minerva. Jenaer Schriften zur Kunstgeschichte, Band 10, Kunsthistorisches Seminar, Jenoptik AG, Druckhaus Gera, Jena 1999 © Alexander Eliasberg

136 | Source from WIKIMEDIA COMMONS

142 | Courtesy of Harvard Art Museums/Busch-Reisinger Museum, Gift of Ise Gropius © President and Fellows of Harvard College

157 | Source from WIKIMEDIA COMMONS © Paula Stockmar

170 | above: Source from Museum Folkwang © Hugo Erfurth/bottom: Source from

de:Oskar Schlemmer, de:László Moholy-Nagy, de:Farkas Molnár: Die Bühne im Bauhaus. Band 4, München 1925. © Oskar Schlemmer

173 | above: Source from WIKIMEDIA COMMONS © Hugo Erfurth/bottom: Source from www.moholy-nagy.org © László Moholy-Nagy

182 | Courtesy of the Nationaal Archief © Joop van Bilsen / Anefo

183 | Source from WIKIMEDIA COMMONS © Herbert Bayer/László Moholy-Nagy

203 | Courtesy of Harvard Art Museums/Busch-Reisinger Museum, Gift of Ati Johanssen © President and Fellows of Harvard College

215 | Source from WIKIMEDIA COMMONS © Aufbacksalami

216 | Courtesy of Harvard Art Museums/Busch-Reisinger Museum, Gift of Walter Gropius © President and Fellows of Harvard College

217 | Source from www.moma.org, Gift of Herbert Bayer

224 | Source from WIKIMEDIA COMMONS © Spyrosdrakopoulos

231 | Source from www.bauhaus100.de © Hermann Bunzel

235 | Source from Wulf Herzogenrath: Die Überwindung der Schwere. Die Bauhaustreppe - zur Geschichte eines Bildes und einer Epoche, in: Wulf Herzogenrath: Das Bauhaus gibt es nicht. Berlin : Alexander, 2019 © Oskar Schlemmer

238 | Source from WIKIMEDIA COMMONS © Edmund Collein

253 | Source from WIKIMEDIA COMMONS © Hugo Erfurth

263 | Source from www.bauhaus100.de © Werner Rohde

332 | Source from WIKIMEDIA COMMONS © gillfoto

343 | Source from WIKIMEDIA COMMONS © Sarbjit Bahga

For the Work entitled Walter Gropius: Visionary Founder of the Bauhaus

Copyright © Fiona MacCarthy 2019

Translation copyright © 2021, by Guangxi Normal University Press Group Co., Ltd.

著作权合同登记号桂图登字：20-2020-085 号

图书在版编目(CIP)数据

格罗皮乌斯：包豪斯缔造者／（英）菲奥娜·麦卡锡（Fiona MacCarthy）著；夏薇译 .—桂林：广西师范大学出版社，2021.10
（文学纪念碑）

书名原文：WALTER GROPIUS：Visionary Founder of the Bauhaus

ISBN 978-7-5598-2414-1

Ⅰ．①格… Ⅱ．①菲… ②夏… Ⅲ．①格罗皮乌斯-传记

Ⅳ．① K835.166.16

中国版本图书馆 CIP 数据核字 (2019) 第 260241 号

格罗皮乌斯：包豪斯缔造者

GELUOPIWUSI：BAOHAOSI DIZAOZHE

出 品 人：刘广汉

责任编辑：季　慧

封面设计：王鸣豪

版式设计：六　元

广西师范大学出版社出版发行

（广西桂林市五里店路 9 号　　邮政编码：541004

网址：http://www.bbtpress.com ）

出版人：黄轩庄

全国新华书店经销

销售热线：021-65200318　021-31260822-898

山东新华印务有限公司印刷

（山东省济南市高新区世纪大道 2366 号 邮政编码：250104）

开本：650mm×960mm　　1/16

印张：37.25　　　　　字数：460 千字

2021 年 10 月第 1 版　　2021 年 10 月第 1 次印刷

定价：168.00 元

如发现印装质量问题，影响阅读，请与出版社发行部门联系调换。